Lars Döring

Fundament für Europa

Zur Zukunft Europas

herausgegeben von

Professor (em.) Dr. Dr. h. c. Winfried Böttcher
(Institut für Politische Wissenschaft der RWTH Aachen)

Band 5

LIT

Lars Döring

Fundament für Europa

Subsidiarität – Föderalismus – Regionalismus

LIT

Ausgeschieden von
Landtagsbibliothek
Magdeburg
am ....

Bibliografische Information Der Deutschen Bibliothek
Die Deutsche Bibliothek verzeichnet diese Publikation in der Deutschen
Nationalbibliografie; detaillierte bibliografische Daten sind im Internet
über http://dnb.ddb.de abrufbar.

ISBN 3-8258-7693-4

© LIT VERLAG Münster 2004
Grevener Str./Fresnostr. 2   48159 Münster
Tel. 0251–235091   Fax 0251–231972
e-Mail: lit@lit-verlag.de   http://www.lit-verlag.de

Vorwort

Die vorliegende Arbeit von Lars Döring untersucht gründlich, engagiert und kritisch die wichtigen Prinzipien einer zukünftigen Architektur Europas: Subsidiarität – Föderalismus – Regionalismus.

Ausgangspunkt seiner Untersuchung ist die allseitig bekannte Tatsache, dass die Europäische Union unter einem erheblichen Demokratiedefizit leidet: schwache Legitimation, fehlende Bürgernähe, geringe Transparenz der Entscheidungen, noch immer fehlende Rechte des Europäischen Parlaments, keine Trennung der Gewalten, institutionelles Durcheinander, Zuständigkeitswirrwarr usw. Dies sind nur die wichtigsten Mängel des politischen Systems der EU.

Um eine Europäische Union mit 25 Mitgliedern in einer globalisierten Welt handlungsfähig zu machen, müssen wir wegkommen vom bisher funktionalistischen und hinkommen zu einem föderalistischen Ansatz. Nur eine föderale Europäische Union ist in der Lage, die Zukunft Europas effizient und demokratisch zu gestalten.

Grundlage des Föderalismus, der weder eine Kopie des deutschen noch des US-amerikanischen sein darf, ist die konsequente Umsetzung des Subsidiaritätsprinzips auf allen gesellschaftlichen und staatlichen Ebenen. So reicht es nicht aus, wie im Artikel 5 des Amsterdamer Vertrages geregelt, Subsidiarität nur auf das Verhältnis der Europäischen Union zu ihren Mitgliedsstaaten anzuwenden. Jedoch liegt diese Beschränkung in der Logik der Vertragsgestaltung zwischen den Mitgliedsstaaten. Die Mitgliedsstaaten mit ihren Souveränitätsansprüchen können natürlich keine Eingriffsrechte der Union in innerstaatliche Machtverhältnisse dulden. Andererseits hat die Verankerung des Subsidiaritätsprinzips in den Verträgen dazu beigetragen, das mitgliedsstaatliche Misstrauen gegen zunehmende Zentralisierung in der Union abzubauen.

Nach den Überlegungen zu einem föderalistischen Ansatz für eine europäische Einigung reicht allerdings dieser Subsidiaritätsgedanke nicht aus. In einem föderalistisch organisierten Europa, etwa nach dem Schweizer Modell, beginnt Subsidiarität bei der kleinsten Einheit einer Gesellschaft, nämlich dem Individuum.

Der einzelne Mensch in seinem lokalen und regionalen Umfeld ist zugleich Träger und Adressat von Politik. Seine Aufgaben wahrnehmen kann er jedoch nur in einem gegliederten Gemeinwesen, in dem die Machtverteilung von unten nach oben sich vollzieht und nicht umgekehrt. Der Föderalismus als das grundlegende verfassungs- und staatswissenschaftliche Strukturprinzip verteilt Macht und Kompetenzen in einer optimalen Balance. Im Zusammenspiel von Föderalismus und Subsidiarität übernimmt die erste Prinzip die Organisationsaufgabe in einem Gemeinwesen, während das andere Prinzip die Verteilungsaufgabe regelt. Mittelfristig werden ja in einem zukünftigen Europa, das nicht mehr funktionalistisch, sondern vielmehr föderalistisch strukturiert ist, vier Ebenen einen Macht- und Kompetenzausgleich suchen müssen: die Ebene der Union, der Nationalstaaten, der Regionen und der Gemeinden.

Hierbei spielen die Regionen und Gemeinden eine herausragende Rolle.

Regionales, Nationales und Supranationales artikuliert sich auf der lokalen Ebene. Im Zuge der Globalisierung wird die lokale Ebene auch deshalb immer wichtiger, weil das Individuum ohne eine feste Verankerung in einem überschaubaren Umfeld seine

Orientierung, das heißt seine Identität verliert. Diese „Redefinition des Lokalen" (Ulrich Beck) ist eine angemessene Antwort auf die Globalisierung und die mit ihr verbundenen Probleme wie zum Beispiel Arbeitsmarkt, sozialstaatliche Entwicklung, Verteilungsungerechtigkeit, Ressourcenbeherrschung u.ä. Dort wo die Menschen am stärksten existentiell von Politik betroffen sind, in ihrem unmittelbaren Lebenskreis, wo die Auswüchse der Globalisierung unmittelbar erfahren werden, können die Bürger nur selbst im gleichberechtigten Diskurs Abwehrmechanismen entwickeln. Europa von unten hat nur eine Chance, wenn es den Bedürfnissen der Menschen in Bildung, Kultur, Freiheit und sozialer Sicherheit entgegenkommt, was eine Beteiligung der Menschen vor Ort voraussetzt bei einhergehenden institutionellen Reformen.

Die institutionellen Reformen können nur in einen dezentralen Föderalismus münden. Zentralismus als politische Ausdrucksform des Nationalstaates wird abgelöst durch Regionalismus mit der Region als Ort unmittelbarer Alltagserfahrung.

Die Finalität wird ein Europa der Regionen sein, überethnisch und föderal, kulturell vielfältig und politisch nicht repräsentativ sondern partizipativ.

Für das Fundament einer solch föderalen, subsidiären und regionalen Europäischen Union liefert die vorliegende Arbeit wichtige Bausteine.

Aachen, im März 2004   Winfried Böttcher

INHALTSVERZEICHNIS

1 EINLEITUNG UND FORSCHUNGSINTERESSE 11

    11   Einführung ins Thema 11
    12   Forschungsinteresse 18
    13   Quellenlage 21

2 DAS SUBSIDIARITÄTSPRINZIP: ARCHITEKTURPRINZIP DER EU 23

    21   Subsidiarität: Begriff und Geschichte 23
    22   Das Subsidiaritätsprinzip in der Europäischen Gemeinschaft 42
    23   Verfassungsrechtliche und politische Wirkung seit Maastricht 62
    24   Erstes Fazit 111

3 FÖDERALISMUS: NOTWENDIGES STRUKTURPRINZIP DER EU 116

    31   Staatswissenschaftliche Einordnung des Föderalismus 116
    32   Föderalismus und die Europäische Union 127
    33   Eine föderale Ordnung als Finalität 149
    34   Zweites Fazit 174

4 REGIONALISMUS: VORAUSSETZUNG EINER LEGITIMIERTEN EU 179

    41   Konkurrenz zwischen Europäischer und regionaler Kompetenz 179
    42   Mitwirkung der Regionen vor und nach Maastricht 191
    43   Legitimation der Europäischen Union durch Regionalisierung 214
    44   Drittes Fazit 218

5 VERGLEICHENDE UND KRITISCHE GESAMTANALYSE 223

6 QUELLEN- UND LITERATURVERZEICHNIS 235

    61   Verzeichnis der Gesetzes- und Vertragstexte 235
    62   Literaturverzeichnis 243

7 ANHANG 288

„Dieser edle Kontinent, der alles in allem die schönsten und kultiviertesten Gegenden der Erde umfasst und ein gemässigtes, ausgeglichenes Klima geniesst (sic!), ist die Heimat aller grossen Muttervölker der westlichen Welt. Hier sind die Quellen des christlichen Glaubens und der christlichen Ethik. Hier liegt der Ursprung fast aller Kulturen, Künste, philosophischen Lehren und Wissenschaften des Altertums und der Neuzeit. Wäre jemals ein vereintes Europa imstande, sich in das gemeinsame Erbe zu teilen (sic!), dann genössen seine drei- oder vierhundert Millionen Einwohner Glück, Wohlstand und Ehre in unbegrenztem Ausmasse." [1]

---

[1] CHURCHILL, Winston: Rede von Winston Churchill an die akademische Jugend. Aula der Universität Zürich. 19. September 1946. In: Neue Zürcher Zeitung. Nr. 217, 18.09.1996, S. 3.
CHURCHILL dokumentiert einen ausgeprägt europazentristischen Standpunkt. Anlass hierzu bildet die Erkenntnis des Vereinigten Königreichs, dass die ehemalige Weltmachtstellung Europas zunehmend durch die USA und die Sowjetunion abgelöst wird. Seit dem Zweiten Weltkrieg ist der Einfluss Europas in der Welt erheblich zurückgegangen. Nur durch ein sich vereinigendes Europa kann dieser Machtverlust kompensiert werden.
Nur ein vereinigtes Europa ist darüber hinaus in der Lage, seinen Bürgern Frieden und Wohlstand zu sichern. Zur Vereinigung Europas bedarf es einer Europäischen Identität. Die Bürger müssen die Vorzüge Europas erkennen und sich mit Europa identifizieren Vor dem Hintergrund dieser Zielsetzung ist der Ausspruch CHURCHILLS als gelungen zu bewerten.

1 EINLEITUNG UND FORSCHUNGSINTERESSE

1.1 Einführung ins Thema

Die Europäische Union leidet unter einem Demokratiedefizit. Entscheidungen der Europäischen Union sind nicht bürgernah und demokratisch nur schwach legitimiert.[2] Trotz der seit dem Vertrag von Maastricht angestrebten Unionsbürgerschaft fühlen sich die Menschen innerhalb der Union nicht als „Europäische Staatsbürger".[3] Das Defizit der Europäischen Union äußert sich als Beteiligungsdefizit. Europawahlen – im Jahr 2004 steht die nächste an – finden kaum das Interesse der Bürger. Diese abwertende Einstellung zu Wahlen zum Europäischen Parlament begründet sich unter anderem aus der Randstellung des Europäischen Parlamentes im Miteinander der Entscheidungsträger auf Europäischer Ebene. Das Europäische Parlament hat auf die Entscheidungsprozesse der Union zur Zeit keinen ausreichenden Einfluss. Zwar hat sich das Europäische Parlament seit der Einführung der Direktwahl im Jahr 1979 zahlreiche Kompetenzen erkämpft, auch wird der Einfluss des Europäischen Parlamentes zunehmend ausgebaut, dennoch aber sind die Rechte und Mitwirkungsmöglichkeiten des Europäischen Parlaments immer noch weit davon entfernt, mit nationalstaatlichen Parlamenten vergleichbar zu sein.

Legislative Entscheidungen werden innerhalb der Europäischen Union durch das „Europäischste"[4] aller Organe der EU, die Europäische Kommission, vorbereitet und vorangetrieben. Die Europäische Kommission gilt als Motor der Europäischen Integration, allerdings sind Entscheidungen und Beschlüsse der Kommission demokratisch unbefriedigend legitimiert, denn die Europäische Kommission unterliegt einer nur schwachen demokratischen Kontrolle durch das Europäische Parlament und einer noch schwächeren durch die Bürger.[5]

Neben der Kommission als Vorbereiterin Europäischer Beschlüsse gilt die intergouvernementale Zusammenarbeit der Mitgliedsstaaten als wichtigstes Instrument der Entscheidungsfindung. Grundsatzentscheidungen über die Fortentwicklung der Europäischen Union, aber auch Grundsatzbeschlüsse zu zentralen politischen Themen der Union werden durch den Europäischen Rat getroffen. Der Europäische Rat setzt sich aus den Staats- und Regierungschefs sowie den Außenministern der

---

[2] Vgl. hierzu auch ESTERBAUER, Fried: Europäische Integration von den Anfängen zum Vertrag von Maastricht (Veröffentlichungen der österreichischen Sektion des CIFE. Bd. 13). Wien 1994 (Braumüller), S. 78f (Im Folgenden zitiert als ESTERBAUER: Europäische Integration.).

[3] Wird im Folgenden die männliche Form gewählt, ist hiermit gleichzeitig die weibliche Form gemeint (Vgl. hierzu auch allgemein das Ziel der Gleichstellung von Mann und Frau in Art. 2 EGV.).

[4] „Europäisch" und andere von Europa abgeleitete Adjektive werden in dieser Arbeit jeweils *dann* groß geschrieben, wenn sie einen direkten Bezug zur Europäischen Gemeinschaft oder Europäischen Union bilden. Damit kann das politische „Europäische" des „Europa" der Gemeinschaft vom geographischen Begriff Europa unterschieden werden, denn Europa besteht nicht nur aus den Mitgliedsstaaten der EU. Um demnach beide Europabegriffe in den folgenden Ausführungen voneinander trennen zu können, wird zwischen Groß- und Kleinschreibung getrennt.

[5] Die Europäische Kommission kann gemäß Art. 201 EGV-A-N durch Misstrauensantrag des Europäischen Parlaments mit einer Mehrheit von zwei Dritteln der abgegebenen Stimmen und der Mehrheit der abgegebenen Stimmen zum geschlossenen Rücktritt gezwungen werden.

einzelnen Mitgliedsstaaten der EU und dem Präsidenten der Kommission zusammen. Turnusgemäß jedes halbe Jahr tritt der Europäische Rat zusammen und beschließt über die Grundsatzfragen Europäischer Politik. Auch diese Entscheidungen sind nur schwach legitimiert, da den Staats- und Regierungschefs das Mandat zur Ausübung ihrer Tätigkeiten auf Europäischer Ebene nicht unmittelbar von den Bürgern erteilt wurde, sondern über die mitgliedsstaatlichen Parlamente.

Ebenso wie der Europäische Rat ist auch der Rat der Europäischen Union nicht ausreichend legitimiert. Der Rat der Europäischen Union – für die jeweiligen politischen Fachgebiete sind die mitgliedsstaatlichen Fachminister im sogenannten Ministerrat verantwortlich – ist das legislative Arbeitsorgan der Europäischen Union bzw. der Europäischen Gemeinschaft. Auch hier gilt die notwendige Kritik der nicht ausreichend vorhandenen Legitimation.

Dieses Defizit grundsätzlicher Legitimation wird genährt durch das undurchsichtige Geflecht an Zuständigkeiten auf der Ebene der EU. Der Prozess der Rechtsetzung ist für die Bürger der Europäischen Union nur schwer durchschaubar. Anders als auf nationalstaatlicher mitgliedsstaatlicher Ebene ist eine klare Gewaltenteilung auf der Ebene der EU nicht erkennbar. Verantwortlichkeiten verschwimmen – demokratische Kontrolle wird hierdurch erschwert.

Dieser erhebliche Mangel an Transparenz und Legitimation führt zu einer mangelnden Identifikation der Bürger mit der Europäischen Integration im Allgemeinen und mit der Europäischen Union im Besonderen. Dieser Mangel positiver Identifikation mit der EU mündet schließlich in mangelnde Akzeptanz der Beschlüsse der EU.

An diesem neuralgischen Punkt wird deutlich, warum die Europäische Union einer belastbareren Legitimation bedarf. Politische und administrative Beschlüsse werden nur dann akzeptiert, wenn sie von einer Körperschaft getroffen werden, welche legitimiert ist. Eine solche Legitimation wird durch die Stärkung demokratischer Mitwirkungsrechte geschaffen, grundsätzlich aber auch durch die klare Abgrenzung von Zuständigkeiten und Verantwortlichkeiten im Rechtsetzungsprozess.

Das institutionelle Durcheinander von Europäischem Rat, Rat der Europäischen Union und Ministerrat, Europäischer Kommission und Europäischem Parlament mit ihrem Geflecht aus Befugnissen und Mitwirkungsmöglichkeiten muss übersichtlicher werden. Diese Notwendigkeit zur Überschaubarkeit im Sinne einer klaren Zuweisung von Kompetenzen als Ausdruck einer Gewaltenteilung gilt jedoch nicht nur ausschließlich für die Ebene der Europäischen Union, sondern auch das Verhältnis der EU zu den Mitgliedsstaaten bedarf einer belastbaren Struktur. Die Europäische Union ist der Zusammenschluss von zur Zeit 15 souveränen Europäischen Staaten. In Zukunft werden es voraussichtlich 25 oder mehr Mitgliedsstaaten sein. Die Notwendigkeit einer Klärung der Zuständigkeiten und der Wege der Beschlussfassung muss daher über die Ebene der Europäischen Union hinaus auch auf das unmittelbare Verhältnis zwischen der EU und ihren Mitgliedsstaaten ausgedehnt werden.

Seit den Römischen Verträgen nimmt die Zuständigkeit der Europäischen Ebene zu. Mit dem Vertrag zur Einheitlichen Europäischen Akte und im Besonderen seit dem Vertrag von Maastricht treten die einzelnen Europäischen Mitgliedsstaaten der Union zunehmend Befugnisse und damit Macht zur Entscheidung ab. Der Prozess der

Europäischen Integration mit seiner zunehmenden Verlagerung von bis dahin nationalstaatlicher Entscheidungsgewalt auf die Europäische Union wird durch die mangelnde Transparenz Europäischer Entscheidungswege, mit der mangelhaft ausgeprägten Gewaltenteilung und dem damit einhergehenden erheblichen Legitimationsdefizit stark beeinträchtigt. Der Erfolg des Prozesses fortschreitender Europäischer Integration hängt, gerade auch im Hinblick auf die EU-Osterweiterung, maßgeblich davon ab, inwieweit es gelingt, dargelegte Probleme des Kompetenztransfers auf die Ebene der EU zu beheben.

Der Erfolg voranschreitender Europäischer Integration, aber auch die Sicherung bereits vollzogener Integration ist demnach nur dann gewährleistet, wenn nicht nur innerhalb des Geflechts der Europäischen Organe untereinander, sondern eben auch im Verhältnis zwischen den Mitgliedsstaaten und der Union eine belastbare und nachvollziehbare Trennung von Zuständigkeiten und Verantwortlichkeiten entsteht. Genau mit dieser notwendigen Aufgabe der Trennung von Zuständigkeiten befasst sich die vorliegende Arbeit.

Es bedarf einer verfassungsrechtlich belastbaren Zuweisung von Zuständigkeiten und Verantwortlichkeiten, denn nur in einem überschaubaren Kompetenzgefüge kann Legitimation entstehen. Entscheidungen der Europäischen Union finden nur dann ausreichend Legitimation, wenn allgemein nachvollziehbar wird, dass vollzogene Aufgaben notwendig auf Europäischer Ebene anzusiedeln sind. An einer solch klaren Zuständigkeitsordnung mangelt es zur Zeit.

Zu diesem Defizit fehlender Ordnung gesellt sich das Problem des unklaren Verhältnisses der Europäischen Union zu den mitgliedsstaatlichen Untergliederungen.[6] Legitimationsdefizite sind nur zu beheben, wenn Entscheidungen möglichst bürgernah getroffen werden. Die Kommunen, die Regionen und die Länder tragen in diesem Sinne maßgebliche Verantwortung.

Die Entscheidungen auf der Ebene der EU werden weit von den Bürgen entfernt getroffen. Bürgernähe kann auf diese Weise, selbst bei gutem Willen, kaum entstehen. Diese Problematik macht deutlich, dass die Europäische Union zur Stärkung ihrer Legitimation das partnerschaftliche Miteinander mit den unterstaatlichen mitgliedsstaatlichen Körperschaften braucht. Genau an einem solchen Miteinander jedoch mangelt es zur Zeit gewaltig. Schlimmer noch: Die EU auf der *einen* Seite und die Mitgliedsstaaten und ihre Länder, Regionen und Kommunen auf der *anderen* Seite erzeugen ein Verhältnis gegenseitigen Argwohns.

Mit Argwohn betrachten die Mitgliedsstaaten den zunehmenden Kompetenztransfer auf die Ebene der EU. Besonders die unterstaatlichen Gliederungen kämpfen gegen den Verlust von Kompetenzen ihrer Ebene. Die EU wiederum beklagt das mangelnde Vertrauen in ihre Problemlösungsfähigkeiten. Es muss deutlich werden, dass alle staatlichen Akteure zur Schaffung von Legitimation staatlicher Akte – egal, ob nun

---

[6] Mit „mitgliedsstaatlichen Untergliederungen" bzw. „unterstaatlichen Gliederungen" sind die Gliederungen innerhalb der einzelnen Nationalstaaten gemeint. Hierzu zählen die Regionen, besonders auch die Bundesländer, sowie die Kommunen. Die deutschen Bundesländer gelten zwar nach h.M. als eigene Staaten, in angeführter Bezeichnung „unterstaatliche Gliederungen" jedoch werden sie den Regionen anderer Nationalstaaten gleichgestellt, denn auch sie sind auf der Ebene unterhalb des Nationalstaats anzusiedeln.

auf Europäischer oder mitgliedsstaatlicher Ebene – mitwirken müssen. Aus dem gegenseitig vorgetragenen Argwohn muss ein fruchtbares Verhältnis zur adäquaten Zuweisung von Kompetenzen werden. Grundsätzliche Reformen sind notwendig. Das Verhältnis zwischen Union auf der *einen* Seite und Mitgliedsstaaten auf der *anderen* Seite muss entkrampft werden.

Wie zu zeigen sein wird, ist dieses Ziel eines fruchtbaren Miteinanders aller Ebenen vermittels der Grundprinzipien der Subsidiarität, des Föderalismus und des Regionalismus zu erreichen. Die drei angeführten Prinzipien ordnen das Verhältnis zwischen der Union und den Mitgliedsstaaten samt deren Untergliederungen und gewährleisten schließlich ein besseres Miteinander.

Subsidiarität, Föderalismus und Regionalismus sind unabdingbar, wenn das Ziel legitimierter Europäischer Integration erreicht werden soll. Vorliegende Arbeit untersucht die Prinzipien der Subsidiarität, des Föderalismus und des Regionalismus im Zusammenhang Europäischer Integration. Die Arbeit wird nachweisen, dass eine Legitimation Europäischer Entscheidungen mit allen ihren Auswirkungen auf die Mitgliedsstaaten und ihre Bürger nur mit subsidiären, föderalen und regionalen Strukturen herstellbar ist. Nur eine subsidiär, föderal und regional verfasste Europäische Union ist auf Dauer überlebensfähig, weil nur so ihre Entscheidungen und Rechtsakte legitimiert und akzeptiert werden. Dies wird darzulegen sein.

Das Prinzip der Subsidiarität hält mit dem Vertrag von Maastricht Einzug in die Rechtsetzungspraxis der Europäischen Gemeinschaft. Das Subsidiaritätsprinzip wird als Architekturprinzip der EU gefeiert. Demnach bildet es den ersten der drei Schwerpunkte vorliegender Arbeit.

Zunächst ist der Frage nach dem Ursprung des Subsidiaritätsprinzips nachzugehen. Mit der Erkenntnis über die lange allgemeine Tradition des Subsidiaritätsprinzips folgt sodann im weiteren Verlauf des Kapitels 2 die konkrete Untersuchung zur Verankerung des Subsidiaritätsprinzips in den Verträgen zur Gründung der Europäischen Union. Im Besonderen wird der Frage nachgegangen, welche Auswirkungen die Verankerung des Subsidiaritätsprinzips im Hinblick auf die adäquate Zuweisung von Kompetenzen entwickelt. Welche Hilfestellung leistet das Subsidiaritätsprinzip bei der zentralen Frage nach adäquater Zuweisung von Macht innerhalb des Gefüges von Union und Mitgliedsstaaten? Ist das Subsidiaritätsprinzip in der Lage, d as Verhältnis zwischen Union und Mitgliedsstaaten in Bezug auf die Verteilung von Kompetenzen abschließend zu regeln? Der Schwerpunkt der Betrachtung wird dabei auf der Schutzwirkung des Subsidiaritätsprinzips vor ausgreifender Zentralisierung und damit schwindendem Kompetenzverlust der unteren Ebenen liegen. Darüber hinaus wird der Frage nachgegangen, inwieweit das Subsidiaritätsprinzip, so wie es im Maastrichter Vertrag niedergelegt wird, ausreicht, gemeinschaftlichen Entscheidungen Legitimation im angeführten Sinne zu verschaffen?

Das Subsidiaritätsprinzip gilt, wie zu zeigen sein wird, nicht für alle Entscheidungen der Europäischen Ebene. Die Wirkung des Subsidiaritätsprinzips ist maßgeblich eingeschränkt. Diese Einschränkung wird in vorliegender Arbeit zu erläutern sein. Darüber hinaus wird der Frage nachzugehen sein, inwieweit es sinnvoll und notwendig ist, das Subsidiaritätsprinzip auf alle Entscheidungen aller politischen Felder der Union auszudehnen und damit seine vertragliche Beschränkung aufzuhebe n.

Schließlich stellt sich die Frage nach der verfassungsrechtlichen Belastbarkeit des Subsidiaritätsprinzips. Ist das Subsidiaritätsprinzip rechtlich einklagbar? Ist das Subsidiaritätsprinzip justiziabel? Mit diesen Fragen drängt sich die Prüfung zum Status der Verträge zur Europäischen Union auf. Besitzen die Unionsverträge Verfassungsrang? Diese Frage ist gerade deshalb von solch zentraler Bedeutung, da mit ihrer Beantwortung der Status der EU im Allgemeinen einer Klärung zugeführt werden könnte.

Ein weiterer Schwerpunkt des Kapitels 2 bildet schließlich die Erörterung der Durchgriffstiefe des Subsidiaritätsprinzips. Gemäß den Verträgen zur Europäischen Union entfaltet das Subsidiaritätsprinzip seine Wirkung lediglich in Bezug auf das Verhältnis zwischen der Union (Gemeinschaft) und ihren Mitgliedsstaaten. Dem Ziel einer Erhöhung der Legitimation von Gemeinschaftsentscheidungen ist hiermit jedoch nicht ausreichend Rechnung getragen. Legitimation durch Bürgernähe bedeutet, dass gerade auch die unterstaatlichen Gliederungen, soweit wie möglich, in die Entscheidungswege und die Entscheidungsfindung auf übergeordneter Ebene einbezogen werden müssen.

Kann das Subsidiaritätsprinzip der Maastrichter Verträge oder seine Weiterentwicklung mit Amsterdam oder Nizza diesem Grundsatz gerecht werden? Ist es politisch gewollt und wäre es verfassungsrechtlich gedeckt, dass das Europäische Subsidiaritätsprinzip Wirkung auch auf souveräne mitgliedsstaatliche Strukturen erzielt?

In Kapitel 3 wird das Strukturprinzip des Föderalismus in seinem Bezug auf die Europäische Integration untersucht. Entsprechend der Darstellungen zum Subsidiaritätsprinzip werden zunächst auch beim Prinzip des Föderalismus geschichtliche Wurzeln vorgestellt.

Die Herstellung und Gewährleistung einer Balance innerhalb eines Bundes im Sinne von adäquater Zuweisung von Macht und Kompetenz stellt die Schlüsselfunktion des Föderalismus dar. Föderalstaatliche Strukturen stellen über die föderal fruchtbare Konkurrenz zwischen dem Bund und seinen Teilstaaten das Instrumentarium zur Verfügung, um staatliche Verantwortung auf der jeweils sinnvollen Ebene anzusiedeln. Insofern könnte das Prinzip des Föderalismus maßgeblich dazu beitragen, Legitimation für Beschlüsse der Europäischen Gemeinschaft in Kooperation mit ihren Mitgliedsstaaten und deren Untergliederungen herzustellen.

Vorliegende Arbeit soll den Nachweis erbringen, dass föderale Strukturen innerhalb der Europäischen Union unabdingbar sind. Ohne Föderalismus erleiden Rechtsakte der Union zunehmend Legitimationsprobleme. Ohne Föderalismus ist eine Ausweitung von EU-Kompetenzen nicht legitimiert darstellbar.
Fraglich ist, inwieweit sich die Europäische Union mit der Verankerung föderaler Prinzipien zur Verwirklichung dieses Ziels der Schaffung ausreichender Legitimation verändern muss. Es ist also der Frage nachzugehen, welchen staatsrechtlichen Status die EU derzeit einnimmt.
Letztlich stellt sich die Frage nach dem Charakter der Europäischen Union. Ist die Europäische Union ein Staatenbund mit nach wie vor souveränen und sehr eigen-

ständigen Nationalstaaten? Oder ist die EU eher als Bundesstaat zu klassifizieren? Damit im Zusammenhang steht die Frage nach der Eigenstaatlichkeit der Europäischen Union. Ist die Europäische Union ein klassischer Staatskörper? Besitzt die EU eine eigene Rechtspersönlichkeit – eine eigene Souveränität?[7]
Es wird zu zeigen sein, dass die Europäische Union derzeit bereits implizit föderal strukturiert ist: Auch wenn das explizit klassifizierende Wort „Föderalismus" ausdrücklich an keiner Stelle innerhalb der Vertragstexte zur Europäischen Union auftaucht, basiert das Miteinander und Gegeneinander von Union und Mitgliedsstaaten derzeit schon auf föderalen Prinzipien. Diese zu stärken, auszubauen und schließlich auch verfassungsrechtlich zu verankern, stellt eine dringliche Aufgabe zukünftiger Europäischer Verfassungspolitik dar.

Im weiteren Verlauf des Föderalismuskapitels dieser Arbeit wird ein Vergleich der beiden Prinzipien der Subsidiarität und des Föderalismus angestellt. Ein solcher Vergleich wird allein schon deshalb notwendig, weil sich *beide* Prinzipien als Schlüsselprinzipien einer legitimierten Europäischen Integration herausstellen werden, jedoch nur eines von beiden, nämlich das Subsidiaritätsprinzip, explizite Verankerung in den Verträgen zur Europäischen Union gefunden hat.
Welche Stärken und welche Schwächen sind mit den beiden Prinzipien jeweils verbunden? In welchem Verhältnis stehen beide Prinzipien zueinander? Welche zukünftige Entwicklung müssen beide Prinzipien nehmen, um dem angeführten Ziel maximaler Legitimation von EU-Entscheidungen Rechnung zu tragen?

Kapitel 4 widmet sich dem Regionalismus. Neben den beiden Prinzipien der Subsidiarität und des Föderalismus stellt der Regionalismus die dritte Voraussetzung zur Gewährleistung einer legitimierten Europäischen Union dar.
Es wird zu zeigen sein, dass der Regionalismus als konkret fassbares Ergebnis subsidiärer und föderaler Strukturen begriffen werden kann. Insofern hebt die Betrachtung der Integrationsleistung des Regionalismus für die Europäische Union ab auf seinen unmittelbaren Bezug auf den Föderalismus und die Subsidiarität. Eine darüber hinaus reichende allgemeine Betrachtung würde den Rahmen dieser Arbeit sprengen. Deshalb wird bei der Darstellung des Regionalismus auf weitreichende entwicklungsgeschichtliche Ausführungen verzichtet. Regionalismus wird zwar als eigenständig zu betrachtendes Prinzip einer legitimierten Europäischen Union verstanden, jedoch bedeutet Regionalismus dennoch letztlich konsequent umgesetzte Föderalität und Subsidiarität.
Zur Erläuterung der Charakteristik des Regionalismus in Bezug auf die Europäische Union hilft also weniger eine umfangreiche Darstellung der geschichtlichen Entwicklung des Regionalismus oder die Auflistung aller regionalen Strukturen innerhalb unterschiedlicher Länder als vielmehr der Bezug des Regionalismus zum Föderalis-

---

[7] Der auf Jean BODIN zurückgehende Begriff der Souveränität ist vielschichtig und vieldeutig. Allgemein wird unter Souveränität die Eigenschaft eines Staates verstanden, auf seinem Hoheitsgebiet die ausschließliche und höchste Entscheidungsgewalt zu besitzen. Souveränität bedeutet nach klassischem Sinne auch die Unabhängigkeit von anderen Staaten. Diese klassische Charakterisierung von Souveränität ist in jüngster Zeit mit der Übertragung staatlicher Aufgaben auf zwischenstaatliche Einrichtungen wie z.B. die Europäische Union eingeschränkt worden. Das Recht zur Letztentscheidung in eigenen Angelegenheiten und die Kompetenzen-Kompetenz treten als Charakteristika in den Vordergrund.

mus und zur Subsidiarität. Ein solch vergleichender Bezug findet sich im Föderalismuskapitel.

Das Kapitel zum Regionalismus beinhaltet im Schwerpunkt die Untersuchung regionaler Mitwirkung auf der Ebene der Europäischen Union. Es wird zu zeigen sein, dass sich zur Zeit drei grundsätzliche Möglichkeiten regionaler Mitwirkung an Entscheidungsprozessen auf Europäischer Ebene unterscheiden lassen. Die wichtigste der drei Mitwirkungsmöglichkeiten ist die institutionelle regionale Beteiligung an Entscheidungsprozessen.

Mit dem Vertrag von Maastricht wird der Ausschuss der Regionen ins Leben gerufen. Zunächst ist dieser Ausschuss der Regionen nicht als vollwertiges Organ im Geflecht Europäischer Institutionen konzipiert. Dennoch stellt er einen ersten Schritt einer institutionalisierten regionalen Mitwirkung dar.

Die vorliegende Arbeit geht konkret den Fragen nach der Zukunft des Ausschusses der Regionen nach. Welchen Grad der Einflussnahme müssen die Regionen erlangen, um die Legitimation der Europäischen Union und ihrer Entscheidungen gerade auch vor Ort bei den Bürgern zu stärken?

Sollte dem Ausschuss der Regionen ein eigenes Klagerecht vor dem Europäischen Gerichtshof eingeräumt werden?

Sind die Befugnisse des Ausschusses zu vergrößern und vor allem, wie wäre dies leistbar und umsetzbar?

Schließlich stellt sich die Frage, welche innerstaatlichen mitgliedsstaatlichen Veränderungen die Europäische Aufwertung der Regionen mit sich bringt. Kann regionale Aufwertung im Aufbau der Union dazu führen, regionale Selbständigkeit, oder zumindest aber regionales Bewusstsein innerhalb der Mitgliedsstaaten zu fördern? Europäische Politik würde somit grundlegend in die Strukturen ihrer souveränen Mitgliedsstaaten eingreifen. Wäre ein solcher Eingriff politisch und verfassungsrechtlich gedeckt?

Um die Legitimation der Europäischen Union ist es zur Zeit auch deshalb so schlecht bestellt, weil seitens der Mitgliedsstaaten und im Besonderen seitens der mitgliedsstaatlichen Untergliederungen ein zu weit reichender Kompetenztransfer auf die Europäische Ebene mit Sorge kritisiert wird. Die Mitgliedsstaaten, aber im Besonderen die Länder und Regionen, bemängeln die zunehmende Zuständigkeit und die ausufernde Kompetenz der Union bzw. der Gemeinschaft und bangen um ihre angestammte Eigenständigkeit. Gerade diese Entwicklung zunehmenden Kompetenztransfers und die in allen Auseinandersetzungen mitschwingende mitgliedsstaatliche und regionale Angst vor Verlust eigener originärer Hoheitsrechte gestalten die Betrachtung der Prinzipien der Subsidiarität, des Föderalismus und des Regionalismus umso Erfolg versprechender. Die drei angesprochenen Prinzipien schützen vordringlich die unteren staatlichen Ebenen wie auch die Mitgliedsstaaten vor unnötigem und nicht begründbarem Kompetenztransfer auf die Ebene der Europäischen Union.

Es wird zu zeigen sein, dass die drei Prinzipien der Subsidiarität, des Föderalismus und des Regionalismus entscheidend dazu beitragen, mitgliedsstaatliche und regionale Souveränität zu sichern und darüber hinaus zwangsläufig abgetretene Souveränität mittelbar über die wachsende Souveränität der EU zurück zu erlangen. Diese

Arbeit wird unter Beweis stellen, dass die Ebene der Europäischen Union mit den Mitgliedsstaaten und den Regionen eine fruchtbare und für alle Beteiligten optimal symbiotische Beziehung zueinander aufbauen kann. Diese Beziehung zwischen der Union und ihren Untergliederungen kann schließlich so strukturiert werden, dass dem Gesamtkonstrukt maximale Legitimation und maximale Souveränität zuteil wird und damit maximaler Nutzen für die Bürger der Union entsteht. Die Darstellung der hierfür notwendigen Reformen bzw. das hierfür notwendige Verständnis der Prinzipien der Subsidiarität, des Föderalismus und des Regionalismus liefert vorliegende Arbeit.

Noch ein abschließender Gedanke zur Einführung im Hinblick auf die anstehende Erweiterung der Europäischen Union: Mit der Vorlage des Verfassungsentwurfes des EU-Verfassungskonvents zur Mitte des Jahres 2003 wird eine allgemeine Auseinandersetzung um die Ziele und die Prinzipien der Europäischen Union entbrennen. Auch wird die Frage nach der verfassungsrechtlichen Charakteristik der Europäischen Union aktueller denn je. Mit der Erweiterung der EU auf voraussichtlich 25 Mitglieder bedarf es ohne Zweifel einer Reform derzeitiger Entscheidungswege. Besonders grundlegend notwendig bleibt es auch weiterhin, der Union eine weiterreichendere Grundlage an Legitimation zu verschaffen. Bei diesem Prozess können die drei angeführten Prinzipien strukturierend und ordnend wirken.

Mit Einreichung vorliegender Arbeit zur Mitte des Jahres 2003 überschneidet sich die angeführte politische Auseinandersetzung um den Verfassungsentwurf des Konvents mit den im Folgenden vorgelegten wissenschaftlichen Erkenntnissen. Insofern versteht sich diese Arbeit als wissenschaftlicher Beitrag für die zu erwartende Auseinandersetzung um die Ziele und die Prinzipien der Europäischen Union.

12 Forschungsinteresse

Das Forschungsinteresse dieser Arbeit lässt sich mit *vier* grundlegenden Gedanken erklären.
Zunächst einmal liegt das Interesse auf der Frage nach der Zukunft der Europäischen Union im Lichte des zunehmenden mitgliedsstaatlichen und regionalen Kompetenztransfers auf die Europäische Ebene.[8] Innerhalb der letzten Jahre hat sich die Zuständigkeit der Europäischen Union auf immer zahlreichere, bis dahin angestammt hoheitliche Aufgaben der Mitgliedsstaaten bzw. deren Untergliederungen ausgedehnt. In diesem Zusammenhang sind besonders die Auswirkungen des Binnenmarktes und der Wirtschafts- und Währungsunion anzuführen (erste Säule). Aber auch auf den Feldern der zweiten und dritten Säule der Unionspolitik, der Gemeinsamen Außen- und Sicherheitspolitik sowie der Zusammenarbeit in der Innen- und Justizpolitik, verlagert sich inhaltliche Entscheidungsfindung zunehmend auf die Ebene des Ministerrates oder anderer Europäischer Organe. Die Mitgliedsstaaten erleben einen sich beschleunigenden Prozess wachsender Unmündigkeit.

---

[8] Der Schwerpunkt dieser Prüfung liegt auf dem Verhältnis der Europäischen Union zum Mitgliedsstaat Bundesrepublik Deutschland. Anzumerken ist, dass die gesamte nachfolgende Untersuchung ohnehin aus deutscher Perspektive erfolgt.

Es besteht demnach ein Forschungsinteresse daran, den sich realiter darstellenden mitgliedsstaatlichen und regionalen Kompetenzverlust und den sich daraus ableitenden Souveränitätstransfer auf die EU zu erklären. Wie müssen die Verträge zur Europäischen Union demnach gestaltet sein, wie müssen die derzeitigen Verträge interpretiert und ausgelegt werden, um diese gravierende Veränderung innerhalb des Gleichgewichts zwischen Union und Mitgliedsstaaten aufzufangen?

Wie müssen mögliche Reformen der Unionsverträge aussehen, um den zukünftig noch weitreichenderen Unions- und Gemeinschaftsentscheidungen notwendige Legitimation zu verschaffen? Kurzum: Wie wird es möglich, das Verhältnis zwischen Union und Mitgliedsstaaten sowie deren Untergliederungen noch ausgeprägter subsidiär, föderal und regional zu gestalten?

Das *zweite* und zentrale Forschungsinteresse dieser Arbeit besteht in der systematischen Aufarbeitung der Entwicklung der Prinzipien der Subsidiarität und des Regionalismus seit ihrer Verankerung im Vertrag von Maastricht. Auch die vertraglich implizite Verankerung des Föderalismus unterliegt seit Maastricht steter Veränderung. Vor rund zehn Jahren gelang den Vertragsparteien mit dem Vertrag von Maastricht zur Gründung der Europäischen Union ein beachtliches Vertragskonstrukt. Der Vertrag von Maastricht wird gefeiert als die Geburtsstunde der Europäischen Union und als Meilenstein Europäischer Integration. Inzwischen ist dieser Vertrag in zahlreichen Teilen abgeändert und der veränderten allgemeinen politischen Situation angepasst worden.

Mit den Verträgen von Amsterdam und Nizza, im Besonderen aber mit dem vorgelegten Verfassungsentwurf des Verfassungskonvents zur Mitte des Jahres 2003, unterliegen die angeführten Prinzipien beachtlichen Veränderungen: Das Subsidiaritätsprinzip soll ausgebaut werden. Die Union gestaltet sich seit Maastricht föderaler. Auch der Regionalismus innerhalb der Union erlangt eine zunehmend einflussreichere Rolle.

Es wird darum gehen, die Unabweislichkeit dieser Entwicklung zur Subsidiarität, zum Föderalismus und zum Regionalismus nachzuweisen. Ein solcher Nachweis über die Unabweislichkeit nimmt der vollzogenen und angestrebten Entwicklung die Schärfe und mindert allgemeine Befürchtungen, die immer dann auftreten, wenn Altes und organisatorisch Verinnerlichtes einem Wandel unterliegt.

Zehn Jahre nach Maastricht ist eine Überprüfung der seinerzeit verankerten Grundsätze angebracht. Eine Reflexion und darüber hinaus Bewertung dieser Entwicklung schließen sich jeweils an.

Das *dritte* grundsätzliche Forschungsinteresse dieser Arbeit liegt in der Untersuchung der sich abzeichnenden Staatswerdung der Europäischen Union. Alle drei angeführten Schlüsselprinzipien steuern und forcieren die Staatswerdung der Europäischen Union, denn sie steuern die Verteilung von Kompetenz, Zuständigkeit und damit auch Macht. Deshalb sind gerade diese drei Prinzipien hervorragend in der Lage, die zentralen Fragen während des Europäischen Staatswerdungsprozesses zu beantworten.

Diese Arbeit dokumentiert diesen sich besonders seit Maastricht beschleunigenden Staatswerdungsprozess und untersucht, welchem Staatstyp – Staatenbund versus Bundesstaat – sich diese Entwicklung nähert.

Das *vierte* Forschungsinteresse liegt in dem Ehrgeiz, eine *umfassende* Untersuchung – sicherlich mit Einschränkungen und Zugeständnissen – zur Wirkung der drei Schlüsselprinzipien bei Steigerung Europäischer Legitimation anzustellen.
In der zur Verfügung stehenden Literatur zu diesem Thema werden zwar alle drei Prinzipien bearbeitet, dies allerdings mit *zwei* grundsätzlichen Einschränkungen.
Die *erste* Einschränkung besteht darin, dass sich weite Teile der zur Verfügung stehenden Literatur auf eines der drei Prinzipien beschränken. Eine Zusammenschau aller drei Prinzipien erfolgt demnach nur selten. In vorliegender Arbeit werden jedoch alle drei Prinzipien zusammengeführt, denn das verfassungskonstituierende Triumvirat der Union aus Subsidiarität, Föderalismus und Regionalismus kann nur – so der Tenor dieser Arbeit – vergleichend betrachtet werden. Diese Notwendigkeit zur parallelen Untersuchung aller drei Prinzipien wird durch die untersuchungsleitende Frage bestimmt, wie die Legitimation Europäischer Entscheidungen gesteigert werden kann.
Nur die gleichzeitige Bearbeitung aller drei Prinzipien ermöglicht einen Vergleich der Wirkungsweise und verfassungsrechtlich konstitutionellen Kraft aller drei Prinzipien untereinander. Nur in der Zusammenschau aller drei Prinzipien ist eine Abgrenzung untereinander und damit ihr tieferes Verständnis möglich. Gerade der Vergleich ihrer unterschiedlichen Wirkungsweise und die Untersuchung ihrer verfassungsrechtlichen Belastbarkeit schärft den Blick für die Tatsache, dass nur das Zusammenwirken aller drei Prinzipien die Legitimation Europäischer Entscheidungen ausreichend stärken kann.
Die *zweite* Schwäche publizierter Literatur besteht darin, dass sie in weiten Teilen von der rasanten Entwicklung der Europäischen Union überrollt wurde. Literatur, welche unmittelbar frisch nach Maastricht auf dem Markt kam, muss inzwischen in weiten Teilen als überholt gelten.

Zu den vier angeführten grundsätzlichen Gedanken zum Forschungsinteresse ist anzumerken, dass vorliegende Arbeit den Schwerpunkt auf eine theoretisch politikwissenschaftliche und verfassungsrechtliche Analyse legt. Die Untersuchung zur Zukunft der Europäischen Union im Lichte voranschreitender Kompetenzverlagerung ist somit theoretischer Natur. Dies bedeutet konkret, dass die theoretischen Ursachen und Folgen zunehmender Kompetenzverlagerung beschrieben und diskutiert werden. Entsprechendes gilt auch für die Untersuchung der drei Prinzipien Subsidiarität, Föderalismus und Regionalismus. Es wird theoretisch aufgezeigt, dass alle drei Prinzipien innerhalb der Europäischen Union eine unverzichtbare Rolle spielen bzw. einnehmen müssen. Auch die Untersuchung zur Staatswerdung der Europäischen Union folgt diesem theoretischen Ansatz.
Eine praxisorientierte Erörterung darüber hinaus, z.B. darüber, welche Konsequenzen die drei angeführten Prinzipien auf die konkrete Konstituierung der Europäischen Organe in ihrem Binnenverhältnis zueinander haben, würde den Gesamtrahmen dieser Arbeit überschreiten und erfolgt daher eher am Rande.

Wissenschaftstheoretisch folgt diese Untersuchung keiner Schule (normativontologisch, kritisch-dialektisch, funktional-strukturell oder kritisch-empirisch). Deskriptive Ausführungen werden kritisch gewürdigt, politische Sachverhalte von unterschiedlicher Seite beleuchtet sowie Gesetzes- und Vertragstexte rechtlich beurteilt.

13 Quellenlage

Zur Quellenlage ist im Weiteren noch Folgendes auszuführen:
Ein Vorteil der vorliegenden Thematik besteht darin, dass sich der Charakter der drei Schlüsselprinzipien grundsätzlich kaum verändert. Subsidiarität, Föderalismus und Regionalismus bleiben auch nach der rasanten Europäischen Integration der letzten zehn Jahre relativ konstante Größen.
Der Wandel, der diese drei Prinzipien beeinflusst und damit ihre Darstellung in der Literatur schnell für überholt erklärt, besteht in ihrer konkreten Anwendung. Die konkrete Praxis der Rechtsetzung innerhalb der Europäischen Union hat sich seit Maastricht rasant und umfassend verändert. Die Einführung von Mehrheitsentscheiden und die Abkehr von intergouvernementalen Entscheidungswegen sind besonders augenfällige Veränderungen. Insofern überrascht es nicht, dass auch die konkrete Anwendung aller drei Prinzipien einem Wandel unterliegt. Richtig gefolgert muss gar der Schluss gezogen werden, dass diese drei Schlüsselprinzipien an der Forcierung der dargestellten Entwicklung mit beteiligt sind, Teil des Prozesses sind und damit selber wiederum einer Anpassung an die sich veränderten Rahmenbedingungen bedürfen. Daher kann die zur Verfügung stehende Literatur geradezu dazu benutzt werden, diesen sich gegenseitig beeinflussenden Wandel der Europäischen Verfassungspraxis zu untersuchen.

Vergegenwärtigt man sich die enorme Menge vorhandener Literatur zu den drei Prinzipien, ist man versucht zu behaupten, die Prinzipien der Subsidiarität, des Föderalismus und des Regionalismus seien ausreichend analysiert.
Es muss jedoch ausdrücklich betont werden, dass sich vorhandene, zumeist doch bis zu zehn Jahre alte Literatur auf politische Zustände bezieht, die heute nicht mehr aktuell sind. Insofern sind die vorhandenen Quellen zwar notwendig, um die grundsätzlichen Charakteristika aller drei Prinzipien darzulegen, jedoch weisen diese älteren Quellen gerade dann Schwächen auf, wenn es darum geht, die adäquate politische und rechtliche Ausprägung der drei Prinzipien zur Schaffung Europäischer Legitimation in der heutigen Zeit zu gestalten.

Zur Quellenlage zu den einzelnen der drei Schlüsselprinzipien lässt sich konkret Folgendes ausführen: Das Prinzip der Subsidiarität hat seit dem Jahr 1992 seinen Niederschlag in zahllosen Schriften gefunden. Nach der positiven Aufregung zum Subsidiaritätsprinzip als dem großen Wurf des Jahres 1992 nimmt die Zahl der Neuveröffentlichungen allerdings rapide ab. Erst neuerdings lässt sich wieder, gerade auch im Rahmen des Verfassungskonvents, eine Renaissance erkennen.

Das Thema des Föderalismus ist ebenso zahlreich wissenschaftlich erfasst. Allerdings mangelt es an spezifischen Werken, die einen Europäischen Föderalismus untersuchen. Dieser Tatbestand findet seine Erklärung sicherlich darin, dass seit Maastricht das Prinzip der Subsidiarität sämtliche Aufmerksamkeit auf sich gezogen hat und die politische Auseinandersetzung um eine föderale Konstituierung der Europäischen Union bewusst unterdrückt wurde.
Auch hier lässt sich feststellen, dass sich in jüngster Zeit die Quellenlage entspannt. Gerade aus der wachsenden Erkenntnis heraus, dass die Europäische Union implizit

faktisch föderal verfasst ist und auch nur mit einer föderalen Verfassung eine Zukunft haben wird, steigt das Bedürfnis zur wissenschaftlichen Untersuchung des Europäischen Föderalismus.

Der Regionalismus ist mit Abstand das jüngste Prinzip im Europäischen Einigungsprozess. Mit der Verankerung des Ausschusses der Regionen im Maastrichter Vertrag wird ein Anfang regionaler Beteiligung an Europäischen Entscheidungsprozessen gemacht. Dennoch sind die Kompetenzen des Ausschusses der Regionen und, allgemein betrachtet, die Mitwirkungsmöglichkeiten der Regionen bei weitem noch nicht genügend ausgebaut. Demnach ist es nicht verwunderlich, dass gerade zu diesem Thema zahlreiche aktuelle und vor allem auch zukunftsorientierte Literatur vorhanden ist.

2 DAS SUBSIDIARITÄTSPRINZIP: ARCHITEKTURPRINZIP DER EU

21 Subsidiarität: Begriff und Geschichte

„Subsiduum" ist ein militärischer Begriff des römischen Heerwesens. Mit „subsiduum" wurde eine militärische Reserveeinheit bezeichnet, welche in einer Schlacht zunächst im Hintergrund blieb, ohne aktiv am Kampfgeschehen teilzunehmen. [9] Erst bei erheblicher Gefahr wurde diese Reserveeinheit zur Unterstützung der bereits geschwächten kämpfenden Einheiten eingesetzt. Von diesem Verständnis des „subsiduums" leitet sich sprachlich das Subsidiaritätsprinzip ab.

Subsidiarität ist aus dieser Betrachtung heraus ein Prinzip der Solidarität.[10] Hilfe dann zu bieten, wenn sie aus Gründen eines Hilfeersuchens bzw. bei Hilflosigkeit erforderlich ist, ist Grundeigenschaft einer auf Subsidiarität aufgebauten Beziehung.[11] Subsidiarität kann somit als ein gemeinschaftliches Prinzip beschrieben werden, in dem sich Solidarität vollzieht.[12] Subsidiarität regelt das „Wann" und das „Wie" solidarischer Hilfe. Es zielt dabei aber nicht nur auf die Hilfe der unteren Ebene, sondern auch auf den Schutz der übergeordneten ab.

Subsidiarität ist ein Begriff, welcher in der politischen Philosophie nicht sehr geläufig ist. Die Theoriebildung rund um diesen Begriff entstammt der jüngeren Wissenschaft. Das Subsidiaritätsprinzip ist kein explizit verfassungsrechtliches Konzept.[13] Die politische Philosophie befasst sich weitaus mehr mit der Begrifflichkeit des Föderalismus.[14]

Subsidiarität hilft, die grundsätzliche Höherwertigkeit des Individuums im Vergleich zum Sozialkörper zu erklären, zu begründen und schließlich gar zu strukturieren. Subsidiarität klärt und strukturiert jedoch nicht nur das Verhältnis zwischen dem

---

[9] Vgl. BÖTTCHER, Winfried/ Krawczynski, Johanna: Europas Zukunft. Subsidiarität. Ein Plädoyer für eine europäische Verfassung. Aachen 2000 (Shaker), S. 15 (Im Folgenden zitiert als BÖTTCHER: Europas Zukunft.). Die Kurzzitation wird nur für solche Quellen eingeführt, welche mindestens fünffach zitiert werden.
[10] Vgl. die Ausführungen zur Solidarität und zum „Sich-helfen-lassen" bei NELL-BREUNING, Oswald von: Aktuelle Fragen der Gesellschaftspolitik. Köln 1970 (Bachem), S. 14.
[11] Angesichts der Novellierung des Bundessozialhilfegesetzes und des Jugendwohlfahrtsgesetzes erlangt das Subsidiaritätsprinzip in den 50er und 60er Jahren des 20. Jahrhunderts einen hohen Stellenwert. Bis heute durchzieht das Subsidiaritätsprinzip die Sozial- und Jugendhilfegesetzgebung: Solidarität und Unterstützung durch den Staat, wo immer erforderlich, aber erst dann, wenn unbedingt notwendig: vgl. hierzu HEINZE, Rolf G.: „Neue Subsidiarität" – Zum soziologischen und politischen Gehalt eines aktuellen sozialpolitischen Konzepts. In: DERS. (Hrsg.): Neue Subsidiarität: Leitidee für eine zukünftige Sozialpolitik? Beiträge zur sozialwissenschaftlichen Forschung. Bd. 81. Opladen 1986 (Westdeutscher Verlag), S. 13 (Im Folgenden zitiert als HEINZE: „Neue Subsidiarität".).
[12] Vgl. auch LINK, Ewald: Das Subsidiaritätsprinzip. Sein Wesen und seine Bedeutung für die Sozialethik. Freiburg 1955 (Herder), S. 89f (Im Folgenden zitiert als LINK: Subsidiaritätsprinzip.).
[13] Vgl. CALLIEß, Christian: Föderalismus und Subsidiarität im Bereich der Umweltpolitik der Europäischen Gemeinschaft. In: EVERS, Tilmann (Hrsg.): Chancen des Föderalismus in Deutschland und Europa. Föderalismus-Studien. Bd. 2. Baden-Baden 1994 (Nomos), S. 173 (Im Folgenden zitiert als CALLIEß: Föderalismus und Subsidiarität.).
[14] Vgl. HÖFFE, Otfried: Subsidiarität als staatsphilosophisches Prinzip? In RIKLIN, Alois/ BATLINER, Gerard (Hrsg.): Subsidiarität. Ein interdisziplinäres Symposium. Baden-Baden 1994 (Nomos), S. 21 (Im Folgenden zitiert als HÖFFE: Subsidiarität.).

einzelnen Mensch und der Gemeinschaft, sondern auch das Zusammenwirken unterschiedlicher Sozialkörper miteinander: Familie und Kommune, Kommune und Region, Region und Staat, Staat und übergeordnete Staatengemeinschaft.

Das Subsidiaritätsprinzip trägt dafür Sorge, dass die Glieder des Sozialkörpers nicht überflüssig werden.[15] Allzu willfähriges Abgeben von Kompetenz durch das Individuum an die übergeordnete Ebene, meist an den Staat, wird hinterfragt. Schließlich wird durch die Nicht-Zuständigkeit des Staates aus den Prinzipien der Subsidiarität heraus unnötige Kompetenzverlagerung unterbunden. Die parallel ablaufende Entwicklung, die Anhäufung von Kompetenz initiiert durch die staatliche übergeordnete Ebene, wird ebenso verhindert. Das Subsidiaritätsprinzip schafft insoweit ein gesundes Gleichgewicht in der Verteilung von Zuständigkeit und Kompetenz zwischen Individuum und Staat. Durch dieses gesunde Gleichgewicht können auch tragfähige Zwischeninstanzen zwischen Individuum und Staat erhalten werden.

„Wenn eine Gesellschaft dem Individuum nicht zu wenig Eigenrechte lassen will, dann richte sie intermediäre Instanzen ein."[16]

Das Subsidiaritätsprinzip beinhaltet, der katholischen Soziallehre folgend, jedoch nicht die Regel, prinzipiell möglichst viele Kompetenzen auf möglichst niedrige Zuständigkeitsebenen zu drängen. Die grundsätzliche Norm der Subsidiarität verlangt stets, die Kompetenzverteilung unter dem Aspekt des maximalen Nutzen für das gesamte System zu betrachten. Die Kompetenzzuweisung auf die unterste oder untere Ebene stellt keinen Selbstzweck dar.[17] Stets ist zu prüfen, auf welcher Ebene die Ausübung einer Zuständigkeit für das Gesamtsystem am meisten Sinn macht. Eine Effizienz- oder auch Nutzenuntersuchung ist unumgänglich.

Der Begriff der Subsidiarität ist „vagabundierend".[18] Subsidiarität wirkt in verschiedene Regelungsbereiche unterschiedlicher Verfassungen hinein. Gleichzeitig ist der Begriff der Subsidiarität schwer konkret greifbar und selten explizit genannt oder gar erklärt. Der Begriff der Subsidiarität wird meist im Kontext mit anderen Verfassungsprinzipien angeführt und dies in sehr unterschiedlichen Kontexten.

„Seine Abstraktionshöhe und Allgemeinheit rufen offenbar nach Konkretisierung. Andererseits bildet er aber auch eine fruchtbare ‚Inspirationsquelle', schafft er ein Kraftfeld, in dem sich subsidiaritätsnahe Prinzipien verdichten und zu geltendem Recht ‚werden'."[19]

Diese Schwierigkeit eines unmissverständlichen Begreifens veranlasste Jacques DELORS, Kommissionspräsident der Europäischen Union der Jahre 1985 bis 1994, zu

---

[15] Vgl. ISENSEE, Josef: Subsidiaritätsprinzip und Verfassungsrecht. Eine Studie über das Regulativ des Verhältnisses von Staat und Gesellschaft (Schriften zum Öffentlichen Recht. Bd. 80). Berlin 1968 (Duncker und Humblot), S. 28 (Im Folgenden zitiert als ISENSEE: Subsidiaritätsprinzip und Verfassungsrecht.).
[16] HÖFFE: Subsidiarität, S. 29.
[17] Vgl. ebd., S. 30.
[18] HÄBERLE, Peter: Das Prinzip der Subsidiarität aus der Sicht der vergleichenden Verfassungslehre. In RIKLIN, Alois/ BATLINER, Gerard (Hrsg.): Subsidiarität. Ein interdisziplinäres Symposium. Baden-Baden 1994 (Nomos), S. 297 (Im Folgenden zitiert als HÄBERLE: Subsidiarität und Verfassungslehre.).
[19] Ebd.

der ironisch gemeinten Auslobung, dass derjenige, der den Begriff der Subsidiarität auf einer Seite Papier darstellen könne, einen Beratervertrag mit einer Dotierung von 400.000 DM erhalte.[20]

Subsidiarität ist für viele ein Begriff, der sich kaum fassen lässt.[21] Subsidiarität bleibt unbestimmt, experimentell und vor allem neu. Da sich Subsidiarität erst in jüngster Zeit offener politischer Auseinandersetzung erfreut und auch erst in jüngster Zeit Interesse innerhalb des wissenschaftlichen Diskurses erlangt, gehen Definitionen und Darstellungen zur Begrifflichkeit des Subsidiaritätsprinzips weit auseinander.

Aus dieser Erkenntnis heraus ist die Ansicht vieler Politiker und Wissenschaftler nachvollziehbar, dass das Subsidiaritätsprinzip nicht einfach anwendbar ist, sondern es sich vielmehr im jeweiligen Zusammenhang erschließt und auch nur in konkreten Zusammenhängen und konkreten Fragestellungen konkretisierbar ist.[22] Subsidiarität ist hiernach ein „Korrelatbegriff" sowie ein „Relationsbegriff".[23]

Es handelt sich um „(...) ein freiheits- und gerechtigkeitsorientiertes Prinzip, das den europäischen Juristen als solchen auf das höchste fordert."[24]

Die abendländischen Wurzeln des Subsidiaritätsprinzips

Der Ursprung des Begriffes der Subsidiarität liegt im aufgeklärten okzidentalen christlichen Kulturkreis.[25] Subsidiarität als Prinzip ist in anderen Kulturkreisen nicht annähernd so stark präsent. Dies liegt vor allem darin begründet, dass die Anwendbarkeit des Subsidiaritätsprinzips ein komplexes Staatswesen mit unterschiedlichen Machtebenen verlangt.[26] Subsidiarität verlangt einen relationalen Staatsaufbau. Relational muss der Staatsaufbau insoweit sein, als dass unterschiedliche Machtebenen in einem Austauschverhältnis zueinander stehen. Das Verhältnis der unterschiedlichen Machtebenen unterliegt ferner der relativen Veränderung zueinander.[27] Darüber hinaus ist ein philosophisches Moment der Individualität, der Menschenrechte (Grundrechte) sowie der Aufklärung unverzichtbar. In Europa sind diese beiden Voraussetzungen gemeinsam vorhanden. Subsidiarität ist ein europäischer Begriff, ein Prinzip aus dem Abendland. Subsidiarität ist ein Prinzip, welches den Ursprüngen des Sozialen entstammt. Um das Subsidiaritätsprinzip von seinen Ursprüngen her zu verstehen, sollte ein Rückblick in die Geschichte des Sozialen weiterhelfen.

Bereits ARISTOTELES betont die wechselseitige Abhängigkeit der Menschen untereinander und antizipiert, das Soziale menschlicher Existenz beschreibend, das Subsidi-

---

[20] Vgl. Frankfurter Allgemeine Zeitung. Jg. 1992. 26.11.1992, S. 15.
[21] Vgl. ISENSEE: Subsidiaritätsprinzip und Verfassungsrecht, S. 14.
[22] Vgl. HÄBERLE: Subsidiarität und Verfassungslehre, S. 300.
[23] Ebd., S. 300f.
[24] Ebd., S. 309.
[25] Vgl. BISKUP, Reinhold: Dimensionen Europas. In: DERS. (Hrsg.): Dimensionen Europas. Beiträge zur Wirtschaftspolitik. Bd. 68. Bern/ Stuttgart/ Wien 1998 (Paul Haupt), S. 38f (Im Folgenden zitiert als BISKUP: Dimensionen Europas.).
[26] Vgl. GIORDANO, Christian: So viel Staat wie nötig, so wenig Staat wie möglich: Ein interkultureller Vergleich. In RIKLIN, Alois/ BATLINER, Gerard (Hrsg.): Subsidiarität. Ein interdisziplinäres Symposium. Baden-Baden 1994 (Nomos), S. 135.
[27] Vgl. ebd., S. 137.

aritätsprinzip. ARISTOTELES geht vom Individuum als dem Grundbaustein des Sozialen aus und beschreibt, dass Mann und Frau, aber auch Herr und Knecht soziale Grundeinheiten darstellen: einerseits zur Fortpflanzung, andererseits zur Bewältigung der tagtäglichen existenzerhaltenden Arbeit. Verbunden mit der neuen Generation, dem Nachwuchs, entsteht nach ARISTOTELES die zentrale Grundeinheit des Sozialen: der „oikos", die Hausgemeinschaft.
Die Anforderungen an den Familienverband wachsen jedoch. Die Unzulänglichkeit des „oikos" zur Bewältigung komplexer Anforderungen bedingen die Entstehung übergeordneter sozialer Einheiten, z.B. die „kôme", die Dorfgemeinschaft, und die sich darauf aufbauende Ebene, die „polis".[28] Diese übergeordneten Ebenen unterstützen die untergeordneten Einheiten bei der Erfüllung ihrer Aufgaben. Die „kôme" und die „polis" konstituieren sich demnach aus der Überforderung der untergeordneten Einheiten und agieren daher subsidiär.

Johannes ALTHUSIUS (1557-1638) stellt den Aufbau des Sozialwesens ähnlich dar. Auch aus seinen Darstellungen wird ersichtlich, dass übergeordnete Ebenen des Sozialen aus der Notwendigkeit entstehen, dass die bis dahin ausgereifte Ebene den gewachsenen Ansprüchen und ihrer Bewältigung nicht mehr genügt. Die daraus erwachsende Notwendigkeit der Verschiebung von Kompetenz auf die neue höhere soziale Ebene ist für deren Etablierung konstitutiv. Deshalb gilt ALTHUSIUS als erster Theoretiker des Föderalismus.[29]

Im Zeitalter des Absolutismus in Vergessenheit geraten, wurde ALTHUSIUS erst wieder im späten 19. Jahrhundert, besonders durch den deutschen Genossenschaftsrechtler Otto von GIERKE, wiederentdeckt.[30] In der Zeit absolutistischer Gesellschaftsordnung werden föderalistische Elemente nur insoweit angetroffen, als dass der Zentralstaat alle die Aufgaben und Pflichten, die unwichtig erscheinen, kostspielig oder unbequem sind, auf untergeordnete Ebenen verweist. Die unteren Ebenen erhalten Kompetenz und Macht nur für gewisse Bereiche und schließlich nur aufgrund der Gnade oder Zuweisung von oben.

Nach ALTHUSIUS ist die Grundeinheit des Sozialen die „consociatio symbiotica", die Lebensgemeinschaft. Die kleinste Einheit ist die Ehegemeinschaft. Darauf aufgebaut sind Familie, die Genossenschaft, die Gemeinde, die Stadt, schließlich das Land, die Provinz und das Reich (Zuständigkeitspyramide).[31] Dass bei Johannes ALTHUSIUS, dem großen Staatsphilosophen der Reformation, der Gedanke an eine dem Reich übergeordnete Ebene noch fehlt, eine Ebene, die das heutige vereinigte Europa darstellt, darf nicht verwundern.
ALTHUSIUS kämpft in seinen Überlegungen für eine Umkehrung dieser Zuständigkeitspyramide.

---

[28] ARISTOTELES: Politik. Buch I. Berlin 1991 (Akademie), Buch 1 Kapitel 1ff.
[29] Vgl. HÜGLIN, Thomas O.: Althusius – Vordenker des Subsidiaritätsprinzips. In RIKLIN, Alois/ BATLINER, Gerard (Hrsg.): Subsidiarität. Ein interdisziplinäres Symposium. Baden-Baden 1994 (Nomos), S. 99f (Im Folgenden zitiert als HÜGLIN: Althusius.).
[30] Vgl. ISENSEE: Subsidiaritätsprinzip und Verfassungsrecht, S. 37, 41f.
[31] Vgl. FRIEDRICH, Carl Joachim: Johannes Althusius und sein Werk im Rahmen der Entwicklung der Theorie von der Politik. Berlin 1975 (Duncker und Humblot), S. 113ff.

„Quod omnes tangit, ab omnibus quoque approbari debet."[32]

Das, was alle betrifft, muss von allen einvernehmlich geregelt werden. Dies bedeutet, dass die Verwaltung von Zuständigkeiten zur Erfüllung von Aufgaben den Betroffenen obliegt. Auf der unteren Ebene entstehende Probleme sollen nach Möglichkeit auch dort gelöst werden. Falls dies aufgrund der Komplexität der Aufgabe oder der mangelnden Fähigkeit der unteren Ebene nicht funktioniert, soll einvernehmlich die Bündelung von Kompetenz auf höherer Ebene erfolgen: Föderalismus von unten.[33]

Für die Ausprägung des Föderalismus von unten ist das Prinzip der Subsidiarität von entscheidender Bedeutung. Subsidiarität regelt das Procedere der Verteilung von Macht. Das bis ALTHUSIUS klassisch vorherrschende Gesellschaftsbild, ein Vertrag zwischen Herrschern und Beherrschten, der Herrschaftsvertrag, wird um eine entscheidende Komponente erweitert. Diese Komponente regelt die Art und Weise der Verteilung von Macht. Im bis dahin vorherrschenden Modell eines Gesellschaftsvertrages (vgl. bspw. Bodin, Hobbes oder auch Rousseau) war ausschließlich geregelt, dass das Volk dem Herrscher Kompetenzen überträgt, um sicherer und besser zu leben. Der Herrscher war verpflichtet, das Wohl der Beherrschten zu mehren. Alle diese Modelle jedoch tun sich schwer in der Frage, wie einem Missbrauch durch den Herrscher begegnet werden kann. Wie kann verhindert werden, dass die Ausübung von Macht durch den Herrscher nicht mehr der Mehrung des Volkswohles dient? Noch schwieriger ist die Frage zu beantworten, wann ein solcher Missbrauch vorliegt. An welchen Kriterien kann ein solcher Missbrauch festgemacht werden?

ALTHUSIUS bietet als Lösung für diese schwierigen Fragen eine Ergänzung des Herrschaftsvertrages an. Der Herrschaftsvertrag wird um einen Gesellschaftspakt erweitert. Bei ALTHUSIUS ist der Gesellschaftspakt Voraussetzung für einen funktionierenden Herrschaftsvertrag.

ALTHUSIUS „(...) umschreibt den Gesellschaftspakt als einen konsozialen Einigungsbund, durch welchen sich die symbiotischen Gesellschaftsmitglieder auf die gegenseitige Kommunikation alles dessen verpflichten, was für ein harmonisches Socialleben nützlich und notwendig ist. Politik wird in erster Linie als horizontale Partnerschaft definiert."[34]

Die gemeinsame Kommunikation bildet die Grundlage des Gesellschaftspaktes und generiert letztendlich die Charakteristika des Herrschaftsvertrages. Damit gerät der Herrschaftsvertrag in unmittelbare Abhängigkeit des Vorhandenseins eines Gesellschaftspaktes. Darüber hinaus ist er aber auch abhängig von dessen Ergebnissen. Die gesellschaftliche Kommunikation legt mit ihrem konsensualen Ergebnis die Verteilung der Macht zwischen den Ebenen fest. Auf diese Art und Weise verliert der Dualismus Herrscher und Beherrschte – untere und obere Ebene – an Schärfe. Der

---

[32] ALTHUSIUS, Johannes: Politica methodice digesta of Johannes Althusius (Althaus). New York 1979 (Arno Press), S. 18.
[33] Vgl. HAHN, Karl: Föderalismus. Die demokratische Alternative. Eine Untersuchung zu P.-J. Proudhons sozialrepublikanisch-föderativem Freiheitsbegriff. München 1975 (Vögel), S. 239 (Im Folgenden zitiert als HAHN, K.: Föderalismus.); vgl. auch ISENSEE: Subsidiaritätsprinzip und Verfassungsrecht, S. 147.
[34] HÜGLIN: Althusius, S. 106.

Konsens um Aufgabenverteilung und Delegation kann Machtkämpfe und Zuständigkeitsstreitereien im Idealfalle auflösen.

Diese kommunikative Ergänzung des Verhältnisses der verschiedenen Ebenen mündet in das Prinzip der Subsidiarität. Dabei erfüllt das Subsidiaritätsprinzip zwei grundlegende Funktionen: Subsidiarität ist *einerseits* das Ergebnis dieser Kommunikation. Machtverteilung erfolgt subsidiär. Gleichzeitig aber stellt Subsidiarität *andererseits* auch das Schmiermittel genau dieses Prozesses der Kommunikation dar.

Der Beschreibung von Subsidiarität als Schmiermittel der kommunikativen gesellschaftlichen Prozesse hat folgenden Hintergrund: Subsidiarität gerät im Laufe der Kommunikation mehr und mehr zu einem unabhängigen und durchaus abstrakten Prinzip. Durch diese Abstrahierung ermöglicht es das Subsidiaritätsprinzip, Fehlentwicklungen im Kommunikationsprozess zwischen unterer und oberer Ebene offen zu legen.
Eine zentrale Fehlentwicklung wäre beispielsweise die Weigerung untergeordneter Ebenen, Kompetenzen nach oben zu delegieren, und zwar auch in solchen Fällen, wo es sinnvoll wäre.[35] Das Subsidiaritätsprinzip greift dort, wo es dem Einzelnen sinnvoll erscheint, Zuständigkeiten egoistisch möglichst auf niedrigster Ebene anzusiedeln und damit den eigenen und persönlichen Nutzen zu maximieren, obwohl es nicht dem Allgemeinwohl dient.

„Mindeststandards müssen von allen eingehalten werden können. Ist dies nicht der Fall, darf die übergeordnete Instanz ‚von oben' und ‚subsidiär' eingreifen und ausgleichen."[36]

Die Erklärung des Sozialen durch ARISTOTELES oder ALTHUSIUS folgt der natürlichen Entwicklung. Bei beiden entwickelt sich das Soziale organisch und sukzessive ohne bewusstes und gelenktes Hinzutun der Betroffenen. So entsteht die Ebene der Ehe und des „oikos" durch biologische Gegebenheiten des Triebes zur Fortpflanzung oder zur Subsistenz. Auch die Entstehung übergeordneter Ebenen wie der Dorfgemeinschaft oder der „polis" ist auf die menschliche Natur zurückzuführen. Zum *einen* dient die „polis" der Befriedigung gestiegener Ansprüche an die Subsistenz, zum *anderen* hat der Mensch ein artspezifisches Interesse am gelungenen Leben (eudaimonia). Dies setzt die natürliche Lebensgemeinschaft einer Gruppe von Menschen voraus.[37]

Dieser biologische Automatismus von Entstehung eines Sozialgefüges macht zunächst jede Auseinandersetzung über die Kompetenz unterschiedlich gewachsener Ebenen überflüssig. Die Kompetenzzuweisung erfolgt auf natürlichem Weg. Erst mit der Reflexion dieses biologischen Wachsens des Sozialen und mit bewusster Ausformung in der modernen politischen Welt beginnt die Notwendigkeit eines Diskurses.

---

[35] Vgl. ebd., S. 115.
[36] Vgl. ebd., S. 111.
[37] Vgl. HÖFFE: Subsidiarität, S. 35.

Das Subsidiaritätsprinzip als allgemeine Richtschnur der Kompetenzverteilung

Wer oder was entscheidet nun darüber, welchen Ebenen welche Zuständigkeiten zugeordnet sind?[38] Sobald eine Reflexion über das Dasein der unterschiedlichen gewachsenen oder in der modernen Welt auch geschaffenen Ebenen erfolgt, stellt sich unweigerlich die Frage nach dem Zusammenwirken dieser einzelnen sozialen Ebenen. Warum ausgerechnet hat die eine Ebene diese Kompetenzen und warum hat eine andere wiederum andere?

Hierauf muss eine wissenschaftliche Reflexion Antwort geben. Das Subsidiaritätsprinzip hält für diese grundsätzliche Frage eine Richtschnur parat.

„Wenn eine höhere Sozialeinheit tätig werden will, so muss sie subsidiär wirken; und: Wenn eine höhere Einheit das Überleben oder das Gutleben der niedrigeren Einheit gefährdet, so muss sie ihre Tätigkeit einschränken – es sei denn, und hier tritt unsere Metaregel auf den Plan, damit werde einer noch niedrigeren Einheit gedient, insbesondere der entscheidenden Referenz, dem homo singularis."[39]

Entscheidend ist demnach, welche Machtverteilung den jeweils untersten Ebenen zum größtmöglichen Vorteil gereicht. Aus der historischen Betrachtung der Entstehung von Sozialsystemen wird deutlich, dass übergeordnete soziale Ebenen stets und ausschließlich dem Zweck dienen, das Wohl der unteren Ebenen zu vermehren. So entsteht die Dorfgemeinschaft, um das bessere Überleben der Familienverbände und Sippen zu gewährleisten. Ohne eine solche Ebene hätten die Familienverbände geringere Überlebenschancen. Die Stadt, auch die „polis", entsteht, weil die Dorfgemeinschaften wiederum vor Aufgaben stehen, z.B. der Landesverteidigung, die sie, auf sich allein gestellt, nicht zufriedenstellend lösen können.

Übergeordnete Ebenen sind demnach durch ihren Nutzen für die darunter liegenden sozialen Gruppen legitimiert. Die Konzentration von Macht und Kompetenz auf diesen übergeordneten Ebenen begründet sich durch die Überforderung der untergeordneten Ebenen. Um beim Beispiel der Landesverteidigung zu bleiben: Da die einzelne Dorfgemeinschaft nicht in der Lage ist, sich und ihre Familien hinreichend gegen Überfälle und kriegerische Akte von außen zu schützen, schließen sich zahlreiche Dorfgemeinschaften zu einem Verteidigungsbündnis zusammen. Dass mit diesem Zusammenschluss Kompetenzen auf die nun neue überdörfliche Ebene verschoben werden, versteht sich im Prinzip von selbst. Hier ist beispielsweise an die nur von der obersten Ebene aus zu koordinierende Aufgabe der Organisation des Wehrwesens zu denken.

Das Subsidiaritätsprinzip aus dieser Betrachtung heraus stellt somit die Grundregel auf, wann und warum Kompetenzen zwischen den einzelnen Ebenen verschoben werden. Gleichzeitig jedoch kann vermittels des Subsidiaritätsprinzips den Auswüchsen von Machtkonzentration auf der *einen* Seite und Entmachtung auf der *anderen* Seite begegnet werden. Grundsätzlich neigt die übergeordnete Ebene dazu, immer

---
[38] „Quis iudicabit?" – „Wer entscheidet?": ebd., S. 34.
[39] Ebd., S. 36.

mehr Kompetenzen an sich zu ziehen und somit die unteren oder auch intermediären Ebenen zu entmachten. Das Subsidiaritätsprinzip stellt insofern ein „Staatseinschränkungsprinzip" dar.[40] Auch tendieren manche unteren Ebenen aus mangelndem Verantwortungsbewusstsein oder auch aus Bequemlichkeit dazu, bereitwillig Befugnisse nach oben zu delegieren. Dies führt zu einer Machtverschiebung innerhalb des gesamten sozialen Gefüges, welche schlussendlich nicht mehr den untersten Ebenen, den Menschen und Familien, dienlich ist.

Das Subsidiaritätsprinzip hilft an dieser Stelle:

„Der neuzeitliche Staat beansprucht bekanntlich Souveränität, das heißt, das höchste und umfassende Rechts- und Gewaltmonopol. Gegen die darin liegende Tendenz jedes Staates zur Selbstüberschätzung erinnert das Subsidiaritätsprinzip daran, dass die Souveränität und überhaupt jede politische Macht nicht von oben kommt und gegebenenfalls wie eine Gnade nach unten weitergegeben wird. Sie wird vielmehr von unten, von der Civitas verliehen und dem Staat nur unter der Bedingung übertragen, dass er damit der Civitas dient." [41]

Subsidiarität als Prinzip schützt nicht nur untergeordnete Ebenen davor, Macht und Zuständigkeit ohne sinnvolle Begrenzung an übergeordnete Ebenen zu verlieren und dadurch machtpolitisch auszubluten. Auch in umgekehrter Richtung entwickelt das Subsidiaritätsprinzip regelnde Wirkung. Es verhindert, dass übergeordnete Ebenen mit Befugnissen und Zuständigkeiten überlastet und auch überfordert werden.[42]

Wie kann nun Subsidiarität konkret funktionieren? Zwar bietet das Subsidiaritätsprinzip eine rechtliche Richtschnur, anhand derer Kompetenzstreitigkeiten und Auseinandersetzungen um die Verteilung von Zuständigkeiten entschieden werden können. Es steht jedoch außer Frage, dass abstrakte Rechtssätze und rechtliche Richtlinien allein keine Garantie dafür abgeben, dass auch im Sinne dieser gehandelt und gedacht wird. Subsidiarität als rechtliche Richtschnur muss mit Leben erfüllt werden.

Subsidiarität ist demnach ohne eine funktionierende Zivilgesellschaft und ausgeprägte Bürgertugend nicht denkbar. Subsidiarität, Zivilgesellschaft und Bürgertugend stehen in gegenseitiger Dependenz. Nur wenn alle drei Prinzipien bzw. Charakteristika innerhalb einer Gesellschaft vorhanden sind, nur wenn alle drei aufeinander verweisen, kann eine demokratisch verfasste, stabile Gesellschaft entstehen.

Eine Zivilgesellschaft vermag nur aufgrund von Bürgerengagement, welches für das Allgemeinwesen erbracht wird, zu überleben. Dieses Engagement zeichnet sich dadurch aus, dass es rechtlich nicht erzwungen, sondern freiwilliger Natur ist. Dieses Bürgerengagement, diese Bürgertugend kann jedoch nur dann eingebracht werden, wenn innerhalb der Gesellschaft nicht alle Befugnisse und Zuständigkeiten restlos auf zentrale Behörden oder zentrale Aufgabenträger übergegangen sind. Ohne Subsidiarität ist also Bürgertugend und damit Zivilgesellschaft nicht denkbar.

---

[40] HEINZE: „Neue Subsidiarität", S. 18.
[41] HÖFFE: Subsidiarität, S. 40.
[42] Vgl. BUTTIGLIONE, Rocco: Eine philosophische Interpretation des sozialethischen Prinzips der Subsidiarität. In RIKLIN, Alois/ BATLINER, Gerard (Hrsg.): Subsidiarität. Ein interdisziplinäres Symposium. Baden-Baden 1994 (Nomos), S. 58.

Subsidiarität wiederum kann als gelebtes Prinzip nur dort vorhanden sein, wo eine starke Zivilgesellschaft der Zentralisierung aller Macht entgegensteht. Ohne zivilen Druck, genährt aus gelebtem Engagement der Bürger gegen eine drohende übermäßige Zentralisierung, bleibt das Subsidiaritätsprinzip nur ein zahnloser Papiertiger.

Bürgertugend schließlich kann sich nur dort ausprägen, wo durch das Prinzip der Subsidiarität gesichert ist, dass überhaupt noch auf unterer Ebene Zuständigkeiten vorhanden sind.[43]

Subsidiarität als Idee institutioneller Reform

Subsidiarität als Prinzip findet in unterschiedlichen Zusammenhängen den Weg auf die Tagesordnung politischer Diskussionen.

Oftmals wird das Subsidiaritätsprinzip als Idee institutioneller Reform in politische Auseinandersetzungen eingebracht. Zentralisierte Entscheidungs- und Machtbefugnisse werden infrage gestellt und eine Reform dieser Missstände durch das Subsidiaritätsprinzip angestrebt. Zentrale Aufgabenträger sollen hiernach ihre Zuständigkeiten auf eine niedrigere Ebene zurückdelegieren, weil diese genauso gut bzw. sogar besser die übertragenen Aufgaben bewältigen kann.

Diese gesellschaftsreformerische Stoßrichtung des Subsidiaritätsprinzips, der Druck auf effiziente Erledigung von Aufgaben auf unterer Ebene, leitet in den Utilitarismus über. Unabhängig von Unzufriedenheit über das politische System und unabhängig von politischem Druck zur Einleitung von Reformen dominiert beim utilitaristischen Aspekt von Subsidiarität die Zweckrationalität. Im Mittelpunkt aller Betrachtung steht die Frage nach einer effizienten Aufgabenbewältigung. Ein gesellschaftliches System funktioniert dann besser und effizienter, wenn manche Aufgaben auf möglichst niedriger Ebene erledigt werden.

Abweichend von diesem zweckrationalen Verständnis begründet sich das Subsidiaritätsprinzip dann *wertrational*, wenn unabhängig vom politischen Druck und unabhängig von der Überlegung zur Effizienz schlichtweg die Auffassung vom Recht der unteren Ebene zur Erledigung von Aufgaben dominiert. Erst durch Delegation und einvernehmlichen Beschluss der unteren Ebene wird Macht auf die nächsthöhere Ebene verschoben.[44]

Interessant wird dieser wertrationale Ansatz des Subsidiaritätsprinzips durch die Frage, wie klein denn nun die kleinste Einheit des Sozialwesens sein soll. Fraglich ist, auf welche gesellschaftliche Einheit sich die grundsätzliche Nachrangigkeit des Staates bezieht. Steht das Individuum im Mittelpunkt, ist also das Individuum Ausgangspunkt jeglicher Macht, kommt das Subsidiaritätsprinzip liberalen Ideen sehr

---

[43] Vgl. MÜNKLER, Herfried: Subsidiarität, Zivilgesellschaft und Bürgertugend. In RIKLIN, Alois/ BATLINER, Gerard (Hrsg.): Subsidiarität. Ein interdisziplinäres Symposium. Baden-Baden 1994 (Nomos), S. 65 f.
[44] Vgl. GESER, Hans: „Subsidiarität" im gesellschaftlichen Wandel. In RIKLIN, Alois/ BATLINER, Gerard (Hrsg.): Subsidiarität. Ein interdisziplinäres Symposium. Baden-Baden 1994 (Nomos), S. 167 (Im Folgenden zitiert als GESER: „Subsidiarität" im gesellschaftlichen Wandel.).

nahe.[45] Hiernach hat nur das Individuum einen eigenständigen Wert. Alles Handeln übergeordneter Ebenen erfüllt keinen Selbstzweck, sondern dient einzig der Mehrung des Wohls des Einzelnen.

Das subsidiäre Gesellschaftsbild der katholischen Soziallehre

In der katholischen Soziallehre steht nicht das Individuum als unterste Ebene im Mittelpunkt, sondern die Familie. Auch die Gemeinde wird als eigenständige und wertvolle Einheit im Sozialgefüge akzeptiert, deren Wohlergehen ein vom Individuum unabhängiger Wert beigemessen wird. Die Familie und die Gemeinde sind zentrale Einheiten des Sozialwesens. Insofern wird *diesen* Ebenen auch eigenes Wohlergehen zugebilligt.

In konservativen Gesellschaftstheorien kommt auch dem Gesamtstaat eine eigenständige Bedeutung zu. Der rein dienende Charakter von Familie, Gemeinde oder Staat, also die Vermehrung des individuellen Glücks als deren alleinige Aufgabe, wird verneint.[46] Dennoch steht auch hier die Eigenverantwortlichkeit im Vordergrund. Dieses Spannungsfeld zwischen Individuum, kleinen Gruppen und Staat und die Auflösung dieser Spannung sind Gegenstand zahlreicher kirchlicher Schriften.

Die Enzyklika „Rerum Novarum" von Papst Leo XIII. aus dem Jahr 1891 stellt das Wohl des Individuums auf eine höhere Stufe als das des Gemeinwesens. Aufgabe der Gemeinschaft ist es, das Wohl des Einzelnen zu fördern. Die Enzyklika fordert, Tätigkeiten der Gesellschaft daraufhin zu prüfen, ob sie dem Einzelmenschen nutzen oder diesen behindern.

Welche Leitgedanken für den Aufbau einer Gesellschaft vermag das Subsidiaritätsprinzip, der katholischen Soziallehre folgend, nun zu bieten?

In der Sozialenzyklika „Quadragesimo Anno" des Papstes Pius XI. aus dem Jahr 1931, welche an die 40 Jahre zuvor erschienene Enzyklika „Rerum Novarum" anknüpft, werden die Probleme der modernen Gesellschaft erörtert.[47] „Modern" bezieht sich in diesem Kontext auf die rasanten gesellschaftlichen Veränderungen und zivilisatorischen Brüche des ausgehenden 19. Jahrhunderts und der ersten Jahrzehnte des 20. Jahrhunderts im Vergleich zu den traditionellen Strukturen in Staat, Gesellschaft und Familie vorangegangener Zeiten.

Der entscheidende Passus, das Subsidiaritätsprinzip betreffend, befindet sich im Kapitel „Societas ordo instaurandus".[48] Die Ausführungen der Enzyklika zum veränderten modernen Verhältnis zwischen Individuum und Staat münden in ein grundsätzlich postuliertes Prinzip für die Aufteilung von Zuständigkeiten und Macht – das

---

[45] Vgl. ebd.
[46] Vgl. ebd.
[47] Vgl. LINK: Subsidiaritätsprinzip, S. 3.
[48] „Societas ordo instaurandus": Die Gesellschaftsordnung, die einzurichten ist./ Die rechte Gesellschaftsordnung.

Subsidiaritätsprinzip.[49] Das Subsidiaritätsprinzip stellt der Enzyklika folgend das oberste sozialphilosophische Grundprinzip schlechthin dar.[50]

„Auch wenn es wahr ist, [...] daß wegen der veränderten Verhältnisse vieles jetzt nur von großen Gemeinschaften geleistet werden kann, was in früherer Zeit auch von kleinen gelei s- tet wurde, so bleibt dennoch in der Moralphilosophie jener äußerst gewichtige Grundsatz fest und unverrückbar: wie das, was von einzelnen Menschen auf eigene Faust und in eigener Tätigkeit vollbracht werden kann, diesen nicht entrissen und der Gemeinschaft übertragen werden darf, so ist es ein Unrecht und zugleich ein schwerer Schaden und eine Störung der rechten Ordnung, das auf eine größere und höhere Gemeinschaft zu übertragen, was von kleineren und niedrigeren Gemeinschaften erreicht und geleistet werden kann; denn jede gesellschaftliche Tätigkeit muß ihrem Wesen und ihrer Natur nach den Gliedern des gesellschaftlichen Leibes Unterstützung leisten, darf sie aber niemals zerstören und aufsaugen. [...]
Deshalb sollen die Machthaber davon überzeugt sein: je vollkommener durch die Beachtung dieses Prinzips des ‚subsidiären' Handelns die hierarchische Ordnung unter den verschiedenen Gemeinschaften blüht, desto hervorragender wird die soziale Autorität und Wirksamkeit und desto glücklicher und erfreulicher der Zustand des Gemeinwesens sein."[51]

Die Enzyklika sieht gesellschaftliche Strukturen – Familie, die Sippe oder ähnliche – in der modernen Gesellschaft zerschlagen. Übrig geblieben ist ausschließlich das Individuum und der allmächtig erscheinende Staat. Das Individuum verliert zusehends Kompetenzen an den Staat oder gibt diese Kompetenzen gar bereitwillig ab. Das Soziale auf der untersten Ebene verkümmert, denn Soziales bedeutet Aufgabe, Zuständigkeit und Verantwortung. Wird diese soziale Verantwortung nun weg von den Individuen hinauf auf die Ebene des übergeordneten Staates verschoben, so verliert die unterste Ebene der Gesellschaft ihre soziale Struktur. Hatten bislang Familien und Sippen oder auch Dorfgemeinschaften Kompetenzen zur Regelung der über das Individuum hinausgehenden und vom Individuum alleine nicht zu bewerkstelligenden Aufgaben, so hat sich diese Befugnis und Aufgabenzuweisung seit die letzte Jahrhundertwende mehr und mehr von dieser mittleren Ebene auf die höchste Ebene des Staates verschoben.[52] Genau mit dieser Entwicklung verschwindet die soziale Verantwortung der unteren Ebene. Der soziale Zusammenhalt wird aufgelöst. An dieser Fehlentwicklung setzt, wie bereits zitiert, die Kritik des Papstes an.

In „Pacem in Terris" von Johannes XXIII. aus dem Jahr 1963 wird das angeführte anzustrebende subsidiäre Verhältnis zwischen Staat und Individuum auf das Verhältnis zwischen einzelnem Nationalstaat und der Staatengemeinschaft übertragen:

---

[49] Vgl. BORCHMANN, Michael/ MEMMINGER, Gerd: Das Subsidiaritätsprinzip. In: BORKENHAGEN, Franz H.U./ BRUNS-KLÖSS, Christian/ DERS./ STEIN, Otti (Hrsg.): Die deutschen Länder in Europa: Politische Union und Wirtschafts- und Währungsunion. Baden-Baden 1992 (Nomos), S. 18 (Im Folgenden zitiert als BORCHMANN: Das Subsidiaritätsprinzip.).
[50] „in philosophia morali gravissimum illud principium": PAPST PIUS XI.: Quadragesimo Anno. 1931. Nr. 203 zitiert nach DENZINGER, Heinrich: Kompendium der Glaubensbekenntnisse und kirchlichen Lehrentscheidungen. 37. Aufl. Freiburg (Breisgau), Basel, Rom, Wien 1991 (Herder), S. 1028.
[51] Ebd.
[52] Vgl. LINK: Subsidiaritätsprinzip, S. 5.

„Wie es in den einzelnen Staaten nötig ist, daß die Beziehungen, die zwischen der öffentlichen Autorität und den Bürgern, Familien und dazwischen angesiedelten Gesellschaften bestehen, nach dem Prinzip des subsidiären Handelns geregelt und geordnet werden, so müssen nach demselben (Prinzip) die Beziehungen gestaltet werden, durch die die allgemeine öffentliche Autorität mit den öffentlichen Autoritäten der einzelnen Nationen in Verbindung steht."[53]

Das konkurrierende Verhältnis zwischen dem Gemeinwesen, dem Staat auf der *einen* Seite und dem Individuum, dem Bürger auf der *anderen* Seite wird in Fällen, wo es möglich erscheint, stets zugunsten des Individuums ausgelegt.[54] Der Staat hat zurückzutreten, die Eigenverantwortlichkeit des Bürgers ist zu stärken – dies ist praktizierte Subsidiarität.

Verfassungsrechtliche und parteipolitische Verankerung von Subsidiarität

Neben den bislang angeführten theoretisch gebliebenen Ausführungen zur Entwicklung des Subsidiaritätsprinzips findet sich auch das Prinzip der Subsidiarität auch in praktischer Anwendung staatsrechtlicher Verfassungen. Vor der Verankerung des Subsidiaritätsprinzips in den Verträgen zur Europäischen Union und Gemeinschaft findet es bereits Niederschlag in zwei österreichischen Landesverfassungen.
Das Subsidiaritätsprinzip tritt rechtlich und vertraglich positiviert unter anderem in Art. 7 Abs. 1 der Landesverfassung Vorarlberg in Erscheinung:

„Das Land hat die Aufgabe, die freie Entfaltung der Persönlichkeit des einzelnen sowie die Gestaltung des Gemeinschaftslebens nach den Grundsätzen der Subsidiarität und der Solidarität aller gesellschaftlichen Gruppen zu sichern. Selbstverwaltung und Selbsthilfe der Landesbürger sind zu fördern."[55]

Ähnlich formuliert Artikel 7 Absatz 1 der Tiroler Landesverfassung:

„Das Land Tirol hat unter Wahrung des Gemeinwohls die freie Entfaltung der Persönlichkeit des Einzelnen zu sichern, die Selbsthilfe der Landesbewohner und den Zusammenhalt aller gesellschaftlicher Gruppen zu fördern und den kleineren Gemeinschaften jene Angelegenheiten zur Besorgung zu überlassen, die in ihrem ausschliesslichen oder überwiegenden Interesse gelegen und geeignet sind, von ihnen mit eigenen Kräften besorgt zu werden."[56]

Bei beiden angeführten Verfassungsauszügen handelt es sich um klare Subsidiaritätsartikel: bei der Verfassung Vorarlbergs explizit formuliert, in Tirol implizit, dem Sinne nach.

---

[53] PAPST JOHANNES XXIII.: Pacem in Terris. 1963. Nr. 294 zitiert nach DENZINGER, Heinrich: Kompendium der Glaubensbekenntnisse und kirchlichen Lehrentscheidungen. 37. Aufl. Freiburg (Breisgau), Basel, Rom, Wien 1991 (Herder), S. 1151.
[54] Vgl. OLK, Thomas: „Neue Subsidiaritätspolitik" – Abschied vom Sozialstaat oder Entfaltung autonomer Lebensstile? In: HEINZE, Rolf G. (Hrsg.): Neue Subsidiarität: Leitidee für eine zukünftige Sozialpolitik? Beiträge zur sozialwissenschaftlichen Forschung. Bd. 81. Opladen 1986 (Westdeutscher Verlag), S. 285.
[55] Art. 7 Abs. 1 Landesverfassung Vorarlberg (LGBl. 1984. 12. Stück. Nr. 30 vom 31.05.1984).
[56] Art. 7 Abs. 1 Landesverfassung Tirol (LGBl. 1988. 28. Stück vom 09.12.1988).

Die Freiheit des Einzelnen, die Entwicklung der Persönlichkeit, stehen im Mittelpunkt. Der Staat hat sich weitestgehend aus den Bereichen der Persönlichkeit und der kleinen Gemeinschaften herauszuhalten. Reichen die Kompetenzen oder Fähigkeiten der besagten gesellschaftlichen Gruppen zum Verfolg der gefassten Ziele nicht aus, soll die übergeordnete Ebene eingreifen, zunächst aber einmal ausschließlich als Hilfe zur Selbsthilfe.

Mit diesen beiden Beispielen erschöpft sich die Liste innerstaatlicher Verfassungen oder Gesetzestexte mit klarem Bezug auf das Prinzip der Subsidiarität nicht. Verwiesen sei auf Abschnitt 3 dieses Kapitels, in welchem der subsidiäre Charakter des Grundgesetzes aufgezeigt wird.

Wie modern und allgemein akzeptiert das Prinzip der Subsidiarität ist, dokumentieren Auszüge aus politischen Wahl- und Grundsatzprogrammen der Parteien aus jüngster Zeit. Es wird deutlich, dass das Subsidiaritätsprinzip über die rein theoretische Befassung durch ARISTOTELES und ALTHUSIUS sowie der katholischen Kirche zum Ende des 20. Jahrhunderts im politischen Alltagsgebrauch angekommen ist.

Die Mannheimer Erklärung der CDU aus dem Jahr 1975 widmet sich dem Thema der Subsidiarität wie folgt:

„Unsere Politik sichert den notwendigen Freiraum für Initiative und verschafft den Grundsätzen der Subsidiarität, Selbstverwaltung und Selbsthilfe auch in der nachindustriellen Gesellschaft Geltung. Diese Politik steht im Gegensatz zur sozialistischen Strategie, die unsere Wirtschafts- und Gesellschaftsordnung durch die Übertragung immer größerer Wirtschafts- und Dienstleistungsbereiche auf den Staat und öffentliche Einrichtungen von Grund auf verändern will."[57]

Drei Jahre später stellt das Grundsatzprogramm der CDU Subsidiarität und Solidarität in Zusammenhang:

„Solidarität und Subsidiarität gehören zusammen. Der Staat soll dem Bürger eigene Initiative und verantwortliche Selbsthilfe im Rahmen des Möglichen erleichtern und zumuten."[58]

Fraglich ist, was „im Rahmen des Möglichen" präzise bedeutet. Bedeutet hier „Mögliches" das Machbare oder eher Sinnvolles, weil Effektives? Die Formulierung „Subsidiarität im Rahmen des Möglichen" bleibt vage und unbestimmt.
Auch wenn die CDU in angeführter Programmatik das Subsidiaritätsprinzip nicht in aller Deutlichkeit einfordert, wird aber zumindest ihre grundsätzliche Vorstellung

---

[57] CHRISTLICH DEMOKRATISCHE UNION DEUTSCHLANDS: Mannheimer Erklärung (1975). Kapitel 2.1: Wirtschafts- und Finanzpolitik. In: CHRISTLICH DEMOKRATISCHE UNION DEUTSCHLANDS (CDU-Bundesgeschäftsstelle): Die Programme der CDU. Dokumentation. Ahlener Programm (1947). Düsseldorfer Leitsätze (1949). Hamburger Programm (1953). Berliner Programm (1971) mit Beschlüssen des Hamburger Parteitages (1973). Mannheimer Erklärung (1975). Bonn o.J., S. 136.
[58] CHRISTLICH DEMOKRATISCHE UNION DEUTSCHLANDS: Grundsatzprogramm 1978. Ziffer 24. In: FROEMER, Fried (Hrsg.): Parteiprogramme. Grundsatzprogrammatik und aktuelle Ziele. SPD, CDU, CSU, F.D.P., DKP, NPD, Die Grünen. Das Parteiengesetz; Daten, Finanzen, Fakten (Heggen-Dokumentation 1). 13. akt. u. erw. Aufl. Leverkusen 1982 (Heggen), S. 215.

erkennbar, dass die Prinzipien Bürgernähe, Selbsthilfe und Eigenverantwortung gestärkt werden sollen.

Das Grundsatzprogramm der CDU beleuchtet nicht nur das Verhältnis zwischen Individuum und Staat, sondern darüber hinaus auch das Beziehungsgeflecht zwischen einzelnen staatlichen Ebenen:

„Wir bekennen uns zum Föderalismus als Leitbild für Europa. Er beruht auf dem gegenseitigen Respekt der Völker. Er erleichtert es, Einheit zu erreichen und in ihr Vielfalt zu bewahren. Er sichert die Verteilung und Kontrolle von Macht nach dem Grundsatz der Subsidiarität, das heißt: Was besser durch die Gemeinden, die Regionen und die Staaten entschieden, ausgeführt und kontrolliert werden kann, soll der jeweiligen Ebene vorbehalten bleiben."[59]

Viel weiter als die Formulierung aus dem Grundsatzprogramm aus dem Jahr 1978 hilft diese Darstellung allerdings auch nicht. Unklar bleibt auch hier die konkrete Ausprägung des Verhältnisses zwischen den einzelnen Ebenen: „Was besser" wo entschieden, ausgeführt und kontrolliert werden kann, ist eine Formulierung, welche kaum belastbar erscheint. Dennoch tritt deutlich der Wille zutage, den unteren staatlichen Ebenen bis hin zum Individuum möglichst viel Kompetenz und Macht zuzugestehen. Offen bleibt jedoch die Frage, nach welchen Kriterien und durch welches Verfahren die Verteilung einzelner Aufgaben und die Zuweisung von Machtbefugnis erfolgen sollen.

Die Antwort auf diese grundsätzliche Frage zur Subsidiarität wird im Wahlprogramm der Union zur Bundestagswahl 1983 vorgestellt.[60] Diesen Ausführungen folgend muss stets gefragt werden, ob die untere Ebene die ihr zugewiesenen Aufgaben erfüllen kann. Scheint sie hierzu in der Lage, so soll ihr auch die Zuständigkeit zur Erledigung der zugewiesenen Aufgabe übertragen werden.[61]

Die übergeordnete Ebene darf jedoch der unteren Ebene nicht nur nicht im Wege stehen, sie soll vielmehr die untere Ebene in die Lage versetzen, die ihr zugewiesenen Aufgaben zu erfüllen. Eine aktive Unterstützung der unteren Ebene durch die obere Ebene bildet somit das maximale Maß an Subsidiarität.[62] Soweit als eben möglich und machbar werden Aufgaben auf möglichst niedriger organisatorischer Ebene erfüllt.

„Wir wollen mehr Eigeninitiative und weniger Staat. Der Staat soll auf die Übernahme von Aufgaben verzichten, die der einzelne, Vereine, die Familie oder freiwillige Zusammenschlüsse von Bürgern erfüllen können. Subsidiarität bedeutet Vorfahrt für die jeweils kleinere

---

[59] CHRISTLICH DEMOKRATISCHE UNION DEUTSCHLANDS: Grundsatzprogramm 1978. Ziffer 139. In: FROEMER, Fried (Hrsg.): Parteiprogramme. Grundsatzprogrammatik und aktuelle Ziele. SPD, CDU, CSU, F.D.P., DKP, NPD, Die Grünen. Das Parteiengesetz; Daten, Finanzen, Fakten (Heggen-Dokumentation 1). 13. akt. u. erw. Aufl. Leverkusen 1982 (Heggen), S. 260.
[60] Vgl. OLK, Thomas: „Neue Subsidiaritätspolitik" – Abschied vom Sozialstaat oder Entfaltung autonomer Lebensstile? In: HEINZE, Rolf G. (Hrsg.): Neue Subsidiarität: Leitidee für eine zukünftige Sozialpolitik? Beiträge zur sozialwissenschaftlichen Forschung. Bd. 81. Opladen 1986 (Westdeutscher Verlag), S. 283.
[61] Vgl. HEINZE: „Neue Subsidiarität", S. 17.
[62] Vgl. HÄBERLE: Subsidiarität und Verfassungslehre, S. 298.

Einheit, bedeutet aber auch, dass der Staat die kleineren Einheiten in die Lage versetzt, ihre Aufgabe aus eigener Kraft zu erfüllen.[63]

Das Prinzip „Hilfe zur Selbsthilfe" steht als zentraler Baustein dieser Ausprägung eines subsidiären Staatswesens im Mittelpunkt der Betrachtung. Die übergeordnete Ebene wird durch das Subsidiaritätsprinzip verpflichtet, die untere Ebene ausreichend mit Mitteln und Kompetenz auszustatten, so dass diese die zugewiesenen Aufgaben erfolgreich erfüllen kann. Nur in solchen Fällen, in denen selbst bei ausreichender Hilfe zur Selbsthilfe die untere Ebene nicht imstande ist, Aufgaben ausreichend und zufriedenstellend zu erledigen, greift die obere Ebene derart ein, dass sie Aufgaben eigenständig erfüllt. Hilfe zur Selbsthilfe – subsiduum referre – ist im Wahlprogramm der Union unbedingter Baustein von Subsidiarität.

Das Programm der anderen Volkspartei, der SPD dieser Zeit lässt vom Geist der Subsidiarität nicht viel erkennen. Die Sozialdemokraten der 70er und 80er Jahre des 20. Jahrhunderts bauen stärker auf das Prinzip der Solidarität, welches eine stärkere Machtfülle des Staates, der übergeordneten Ebene, mit sich bringt.[64]

Dezentralisierung und Legitimation – Bedingung und Ergebnis der Subsidiarität

In komplexen gesellschaftlichen Systemen wuchern Administration und Verwaltung. Je höher ein Staat entwickelt ist, desto einflussreicher und ausgebauter ist seine Verwaltung. Aus gerade dieser Steigerung von Komplexität kann die Notwendigkeit von Subsidiarität als Prinzip der Verteilung von Kompetenz erklärt werden. Die globalisierte Welt wird zunehmend komplexer. Zunehmende Komplexität bedingt zumindest augenscheinlich größere und damit mächtigere Verwaltungsstrukturen. Diese mächtigen und einflussreichen Verwaltungen neigen zu Zentralismus.[65] Hoch entwickelte und damit verwaltungstechnisch komplex organisierte Sozialwesen werden durch zentralisierte Verwaltungen dominiert.[66]

Die Aktualität und Präsenz des Subsidiaritätsprinzips ist Ausfluss der Probleme gerade dieser zentralisierten Gesellschaften.[67] Dies erklärt, warum Subsidiarität als

---

[63] CDU/CSU: Wahlprogramm zur Bundestagswahl 1983. Ziffer 5 zitiert nach HÄBERLE: Subsidiarität und Verfassungslehre, S. 296.
[64] Vgl. auch allgemein zum Verhältnis der SPD zu Europa: HRBEK, Rudolf: Die SPD – Deutschland und Europa. Die Haltung der Sozialdemokratie zum Verhältnis von Deutschland-Politik und West-Integration (1945-1957). Bonn 1972 (Europa Union). (Auch nach Verabschiedung der Maastrichter Verträge betonten die Sozialdemokraten die Problematik des Subsidiaritätsprinzips, so z.B. die Gefährdung einer Renationalisierung: vgl. KLOSE, Hans-Ulrich: Grundfragen der Europäischen Integration – Eine sozialdemokratische Politik für Europa. In: HELLWIG, Renate (Hrsg.): Der Deutsche Bundestag und Europa. München/ Landsberg (Lech) 1993 (mvg), S. 162.)
[65] Vgl. hierzu auch die Begriffsbestimmung von Zentralisierung/ Dezentralisierung in bezug auf die EG/EU durch MÜLLER-GRAF: „(...) läßt sich mit Zentralisierung eine Verstärkung des Entscheidungsgewichts auf Gemeinschafts- bzw. Unionsebene, mit Dezentralisierung hingegen eine Verstärkung des Entscheidungsgewichts auf nationaler oder regionaler Ebene verstehen.": zitiert nach MÜLLER-GRAF, Peter-Christian: Zentralisierungsversus Dezentralisierungstendenzen – Vektoren in der Entwicklung eines europäischen Gemeinwesens. In: BORKENHAGEN, Franz H.U./ FISCHER, Thomas/ FRANZMEYER, Fritz u.a.: Arbeitsteilung in der Europäischen Union – die Rolle der Regionen. Gütersloh 1999 (Bertelsmann), S. 55.
[66] Vgl. GESER: „Subsidiarität" im gesellschaftlichen Wandel, S. 166.
[67] Vgl. auch LINK: Subsidiaritätsprinzip, S. 48f.

Prinzip eher in komplexen Gesellschaften als Idee geboren bzw. gefördert wird. Subsidiarität wird „Idee institutioneller Reform" und schließlich zu deren Motor.[68] Diese Leistung des Subsidiaritätsprinzips soll im Folgenden erläutert werden.

Subsidiarität steuert die Delegation von Kompetenzen auf niedrigere gesellschaftliche Ebenen.[69] Diese Entwicklung zur Dezentralisierung ist grundsätzlich positiv zu werten, denn gerade komplexe und hoch zentralisierte Sozialwesen profitieren von einer maßvollen und sinnvoll strukturierten Dezentralisierung. Dezentralisierung fördert im Gesamtsystem eine höhere Effizienz.In der freien Wirtschaft kennt man diese von der Zentrale ausgehende und von hier aus gesteuerte Dezentralisierung als Diversifikation in sogenannte „profit center". Die Verfolgung des sogenannten „management buyout" fällt unter eine ähnliche Kategorie.[70]

„Die Subsidiarität verhindert, dass der Staat überfordert ist und schliesslich an übertriebenen Ansprüchen zugrunde geht."[71]

Die angeführte Dezentralisierung zentraler Organisationen, bewusst verfolgt sowohl von übergeordneter als auch untergeordneter Ebene, ist erklärungsbedürftig. Sie ist deshalb erklärungsbedürftig, weil komplexe Sozialwesen prinzipiell zu Zentralismus und Machtakkumulation neigen.
Warum vollzieht sich also eine Hinwendung zu zentral initiierter und zentral gelenkter Dezentralisierung? Diese Frage stellt sich gerade deshalb, weil Dezentralisierung auf den ersten Blick die Zentrale schwächt. Die Zentrale gibt Macht und Zuständigkeiten ab und verliert hierdurch an Einfluss. Diese Sichtweise trügt jedoch, denn sie ist zu verkürzt.
Diese Betrachtungsweise sticht nur, wenn Macht und Verantwortung als bivariabel ausgeprägte Faktoren gesehen werden: Entweder ist Macht vorhanden oder eben nicht. Entweder besitzt eine Ebene die gesamte Verantwortung oder eben nicht. Macht und Einfluss sind zwischen zwei möglichen Polen von Trägern der Macht verteilt. Diese zu verteilende Macht ist begrenzt und somit nur in bestimmter Weise verteilbar. Was der eine Pol an Macht und Einfluss besitzt, kann der andere nicht haben.
Fraglich ist, ob diese Sichtweise zutreffend ist. Bei der Verteilung von Macht h andelt es sich nämlich nicht um ein bivariables ausgeprägtes, sondern im Gegenteil um ein komplementäres System wie folgende zwei Grafiken deutlich machen.[72]
Das bivariable System gestaltet sich wie folgt:

dezentralisiert   zentralisiert

---

[68] GESER: „Subsidiarität" im gesellschaftlichen Wandel, S. 166.
[69] Vgl. ISENSEE: Subsidiaritätsprinzip und Verfassungsrecht, S. 19.
[70] GESER: „Subsidiarität" im gesellschaftlichen Wandel, S. 170.
[71] BUTTIGLIONE, Rocco: Eine philosophische Interpretation des sozialethischen Prinzips der Subsidiarität. In RIKLIN, Alois/ BATLINER, Gerard (Hrsg.): Subsidiarität. Ein interdisziplinäres Symposium. Baden-Baden 1994 (Nomos), S. 56.
[72] GESER: „Subsidiarität" im gesellschaftlichen Wandel, S. 170/ 171.

Die Machtverteilung ist bivariabel: Entweder liegt die Macht auf zentralisierter Ebene, oder eben auf dezentralisierter Ebene.

Ein komplementäres System hingegen verteilt die Macht nicht bivariabel, sondern innerhalb eines mehrdimensionalen Raumes, wie nachfolgende Abbildung verdeutlicht.

Zentralisierte
Kontrolle

Dezentralisierte
Kontrolle

Die Zentrale verliert demnach nicht zwingend durch Delegation von Kompetenz an andere. Machtverteilung ist *kein* Nullsummenspiel.[73]

Macht zu delegieren ist auch immer ein Anzeichen von grundlegender Stärke. Nur ein konsolidiertes System kann unbeschadet einmal an sich gezogene Macht wieder abtreten. Nur aus der eigenen Stärke heraus wird ein machtvolles Zentrum unbeschadet und freiwillig Befugnisse nach unten abtreten.

„Voraussetzung ist allerdings, dass die Dezentralisierungen auf reversible, jederzeit revidierbare Weise erfolgen, was voraussetzt, dass das Systemzentrum innerhalb dieses Prozesses nicht nur erhalten bleibt, sondern – paradoxerweise – eine gesicherte Suprematie beibehält oder im Vergleich zu vorher sogar an Stärke gewinnt."[74]

Diese Wesensart starker Machtzentren, auf eigene unmittelbare Macht zu verzichten und untere Ebenen damit auszustatten, führt demnach zu einer Stärkung seiner selbst.
Das mächtige Zentrum demonstriert seine starke Machtposition, welche selbst durch eben diese Abgabe von Einfluss nicht gefährdet zu sein scheint. Nur starke Strukturen können sich dies erlauben. Schwache Machtzentren, bspw. die zentrale Macht einer nicht durch die unteren Ebenen legitimierten Diktatur, verlieren nicht nur die abgegebene Macht, sondern auch grundsätzlich maßgebliche Teile ihrer gesamten Macht. Schwache Machtzentren können es sich nicht erlauben, innergesellschaftlich

---

[73] Vgl. hierzu auch die Kritik am vermeintlichen Nullsummenspiel Europäischer Machtverteilung: WESSELS, Wolfgang: Staat und (westeuropäische) Integration. Die Fusionsthese. In: KREILE, Michael (Hrsg.): Die Integration Europas. Politische Vierteljahreschrift. Sonderheft 23/1992. Opladen 1992 (Westdeutscher Verlag), S. 39 (Im Folgenden zitiert als WESSELS: Staat und Integration.).
[74] GESER: „Subsidiarität" im gesellschaftlichen Wandel, S. 172.

eine Diskussion über Verteilung von Macht zuzulassen, weil dies die letzte Quelle ihrer Legitimation, nämlich ihre Machtfülle, liquidieren würde.[75]

Die zentrale Voraussetzung einer funktionierenden Macht auf oberster Ebene ist das Vorhandensein von Legitimation. Ist die oberste Macht legitimiert, und zwar nicht nur aufgrund der ihr obliegenden Machtfülle, kann sie diese, gerade auch zur Dokumentation ihrer Macht, teilweise auf untere Ebenen delegieren.[76] Mit einer solchen Delegation verfestigt sich das Bild einer starken und unzerstörbaren Zentralmacht. Beide Ebenen gewinnen. Formal betrachtet ergänzen sich beide Ebenen komplementär, denn ohne die Loyalität der Subsysteme kann die Zentrale nicht überleben.[77]

Loyalität kann über die Delegation von Macht erzielt werden. Die unteren Ebenen werden das obere Machtzentrum eher akzeptieren, wenn sie Kompetenzen auf ihrer Ebene erhalten können. Diese Macht auf der Subebene trägt dazu bei, dass auch die unteren Ebenen Beiträge für den Erhalt des Gesamtsystems erbringen können. Die Legitimation des Gesamtsystems steigt. Durch Delegation von Macht von oben nach unten wird die Zentrale von kleinräumigen und für das Gesamtsystem eher unwichtigen Verwaltungsaufgaben entlastet.[78] Die Zentrale kann sich auf die Leitung des Gesamtsystems und vor allem auch auf die Aufsicht über die Arbeit der Subsysteme konzentrieren.[79] Damit erlangt das gesamte System in summa erheblich mehr Macht.

Die Zentrale erhält Macht als Aufsicht und Lenkerin sowie als strategische Planungsinstanz. Dies ist eine qualitative Ausweitung von Macht im Vergleich zum Vorzustand. Im Vorzustand mussten die Subsysteme als tote Einheiten bedient werden. Im nun generierten Zustand sind alle Ebenen aktiv in gesellschaftliche Prozesse eingebunden. Auch wenn die unteren Ebenen zunächst zur Ausführung von Aufgaben herangezogen werden, bleibt die übergeordnete Ebene nicht ausgeschlossen, denn sie bildet sozusagen das „subsiduum". Im Falle mangelnder Kompetenz der Subebene zur Ausübung der ihr zugewiesenen Aufgaben in ihrem Machtbereich muss die Zentrale nach wie vor noch in der Lage sein, eingreifend von sich aus die notwendigen Maßnahmen zu ergreifen.[80] Die Zentrale muss subsidiär eingriffsbereit sein. Dies führt schlussendlich dazu, dass die abgegebenen Aufgaben zur Subebene theoretisch immer noch durch die Zentrale ausführbar sein müssen. Dies wiederum bedeutet, dass die Zentrale ihre Macht in der Praxis bei der Ausführung von Aufgaben zwar abgibt, diese jedoch in der Theorie behält. Diese theoretische, subsidiäre Macht wird schließlich dann Praxis, wenn sich eine Subebene als unfähig zur Ausübung erweist.[81]

---

[75] Vgl. ebd., S. 173.
[76] Vgl. ebd., S. 172; vgl. auch LOTTES, Günther: Subsidiarität und Souveränität in den Staatsbildungsprozessen im Westeuropa der Frühen Neuzeit. In: RIKLIN, Alois/ BATLINER, Gerard (Hrsg.): Subsidiarität. Ein interdisziplinäres Symposium. Baden-Baden 1994 (Nomos), S. 251.
[77] Vgl. GESER: „Subsidiarität" im gesellschaftlichen Wandel, S. 181.
[78] Vgl. hierzu GRETSCHMANN, Klaus: Das Binnenmarktprojekt 1992 – Herausforderung, Chance oder Irrweg für Nordrhein-Westfalen? In: ALEMANN, Ulrich von/ HEINZE, Rolf G./ HOMBACH, Bodo (Hrsg.): Die Kraft der Region: Nordrhein-Westfalen in Europa. Bonn 1990 (Dietz), S. 252.
[79] Vgl. GESER: „Subsidiarität" im gesellschaftlichen Wandel, S. 175.
[80] Zunächst ist demnach stets abzuwarten, inwieweit die untergeordnete Einheit fähig ist, notwendige Aufgaben zu erfüllen. Vgl. hierzu LINK: Subsidiaritätsprinzip, S. 84.
[81] Vgl. GESER: „Subsidiarität" im gesellschaftlichen Wandel, S. 177.

„Nicht selten entsteht eine echte ‚neue Subsidiarität' in dem Sinne, dass sich das ganze umfassende System immer ausschliesslicher als Unterstützungsagentur für seine Subeinheiten organisiert, ohne darüber hinaus eigenständige Ziele zu verfolgen."[82]

Auch das Subsystem erhält erheblichen Machtzuwachs. Die von der Zentrale empfangene Zuständigkeit findet eine Erweiterung in der den Subsystemen möglichen Feingliederung. Das Subsystem kann die kleinen zu regelnden Maßnahmen innerhalb seines Einflussbereiches weitaus stärker ausweiten, als dies dem zentralen Machtapparat je möglich gewesen wäre. Es kommt zu einer Ausdifferenzierung von Macht auf der Subebene.

Interaktion, Kommunikation, Koordination sowie soziale Kontrolle können von den unteren Ebenen aus weitaus konkreter und zielspezifischer gesteuert werden als von übergeordneter Ebene.[83] Die Aufnahme von Informationen aus der direkten Umgebung sowie deren Wichtung kann nur auf unterster Ebene hinreichend geleistet werden.[84] Auch die Ausführung kleinräumiger, unmittelbarer sach- oder personenspezifischer Maßnahmen kann optimal durch Subebenen gewährleistet werden.[85]

Die übergeordnete Zentrale beschränkt sich mehr und mehr auf koordinierende Funktionen. Rechtsetzung und die materielle Ausstattung der Subebenen (Haushaltsmittel) sind die zentralen Instrumentarien der Kontrolle. Das ausführende Organ in einem solchen Modell bildet die Subebene. Die Verwaltungen der Subebenen sind demnach auch besser ausgestattet als die der Zentrale. Vor allem sind sie tiefer gestaffelt.
So arbeiten konkret betrachtet beispielsweise in Deutschland auf der Ebene der Bundesländer weitaus mehr Beschäftigte als auf Bundesebene. In den Gemeinden wiederum sind noch einmal mehr Menschen in der Verwaltung beschäftigt als auf Ebene der Länder. Auch die Europäische Union hat mit rund 20.000 Beschäftigten einen im Vergleich zu ihren Mitgliedsstaaten eher bescheidenen Apparat.[86] Die Ausführung von Verordnungen sowie die Umsetzung anderer Rechtsakte erfolgt durch die Verwaltungen der Mitgliedsstaaten.[87] Die Ausführung von Maßnahmen erfolgt durch die Subebenen.[88]

Die Delegation von Macht auf die Subebenen bedeutet eine komplementäre und sich gegenseitig ergänzende Erweiterung des gesamten Machtspektrums innerhalb des Gesamtsystems.

---

[82] Ebd., S. 176.
[83] Dezentralisierung, Bürgernähe und Legitimation bedingen einander: vgl. hierzu auch ESTERBAUER, Fried: Zur Notwendigkeit von Demokratiereformen. In: BÖTTCHER, Winfried (Hrsg.): Europäische Perspektiven. Zur Zukunft Europas. Bd. 3. Münster/ Hamburg/ London, 2002 (Lit), S. 27.
[84] Dies gilt im Besonderen für den Bereich der Wirtschaft: Vgl. KOPP, Reinhold: Föderalismus – demokratische Struktur für Deutschland und Europa. In: BOHR, Kurt (Hrsg.): Föderalismus. Demokratische Struktur für Deutschland und Europa. München 1992 (Beck), S. 179f (Im Folgenden zitiert als KOPP: Föderalismus.).
[85] Vgl. GESER: „Subsidiarität" im gesellschaftlichen Wandel, S. 187.
[86] Vgl. HARTMANN: System der Europäischen Union, S. 118.
[87] Vgl. hierzu HALLSTEIN: Der unvollendete Bundesstaat, S. 34; vgl. PIEPER: Subsidiarität, S. 192; vgl. auch HARTMANN: System der Europäischen Union, S. 121ff.
[88] Vgl. GESER: „Subsidiarität" im gesellschaftlichen Wandel, S. 179.

Der moderne föderale und regionale Verfassungsstaat erlebt eine zunehmende vertikale Politikverflechtung. Zentrale und Subeinheiten ergänzen sich gegenseitig und sind schließlich symbiotisch voneinander abhängig.[89]

„Danach verstehen wir unter Subsidiarität die aktive Unterstützung eines Nationalstaates oder der Europäischen Union, die lokalen und regionalen Subsysteme im Sinne demokratischer Partizipation höher zu entwickeln, selbst unter Hinnahme eigenen Machtverlusts."[90]

22 Das Subsidiaritätsprinzip in der Europäischen Gemeinschaft

Das Prinzip der Subsidiarität hält Einzug in Europa:

Der Politikbereich „Umweltschutz" ist Vehikel zum Einstieg des Subsidiaritätsprinzips in die Europäischen Verträge.

„Die Umwelt ist ein Bereich von geteilten Kompetenzen",[91]

formuliert die EG-Kommission bei Beschlussfassung zur Einheitlichen Europäischen Akte und macht deutlich, dass um die Zuständigkeit für diese Kompetenzen nicht nur juristisch, sondern gerade auch politisch gerungen werden muss.

Die Einheitliche Europäische Akte ergänzt mit ihrem Inkrafttreten im Jahr 1987 die Verträge zur Europäischen Gemeinschaft um die Umweltartikel 130r bis 130t EGV-EEA[92], welche Regelungscharakter für das neue Politikfeld „Umweltschutz" entwickeln.[93] Mit Art. 130r ff EGV-EEA wird erstmals das Ziel „Umweltschutz" in die Euro-

---

[89] Vgl. ebd., S. 183.
[90] BÖTTCHER: Europas Zukunft, S. 50.
[91] Kommission der Europäischen Gemeinschaft zitiert nach BINSWANGER, Hans Christoph/ WEPLER, Claus: Umweltschutz und Subsidiaritätsprinzip. Weiterentwicklung der Entscheidungsprozesse in der Europäischen Union. In RIKLIN, Alois/ BATLINER, Gerard (Hrsg.): Subsidiarität. Ein interdisziplinäres Symposium. Baden-Baden 1994 (Nomos), S. 416 (Im Folgenden zitiert als BINSWANGER: Umweltschutz und Subsidiaritätsprinzip.) (Originalquelle organisieres: Kommission der Europäischen Gemeinschaft: Environment Legislation. Vol. 1 General Policy. Luxemburg 1992).
[92] „-EEA" verweist auf Artikel des EG-Vertrages mit Einführung der Einheitlichen Europäischen Akte, „-M" bildet den Verweis auf die Nomenklatur des Vertrages von Maastricht; „-A" steht für Amsterdam, „-N" für Nizza und „-VK" für den Entwurf des Verfassungskonvents.
[93] *Art. 130r Abs. 4 EGV-EEA:*
Die Gemeinschaft wird im Bereich der Umwelt insoweit tätig, als die in Absatz 1 genannten Ziele besser auf Gemeinschaftsebene erreicht werden können als auf der Ebene der einzelnen Mitgliedstaaten. Unbeschadet einiger Maßnahmen gemeinschaftlicher Art tragen die Mitgliedstaaten für die Finanzierung und Durchführung der anderen Maßnahmen Sorge.
In der Neufassung in Art. 174-176 EGV-A-N fehlt vorgenannte Formulierung zur Subsidiarität. Darüber hinaus jedoch gleichen sich Art. 130r-130t EGV-EEA und die heute vorliegenden Art. 174-176 EGV-A-N weitgehend.
Artikel 174 EGV-A-N:
(1) Die Umweltpolitik der Gemeinschaft trägt zur Verfolgung der nachstehenden Ziele bei:
— Erhaltung und Schutz der Umwelt sowie Verbesserung ihrer Qualität;
— Schutz der menschlichen Gesundheit;
— umsichtige und rationale Verwendung der natürlichen Ressourcen;
— Förderung von Maßnahmen auf internationaler Ebene zur Bewältigung regionaler oder globaler Umweltprobleme.

päischen Verträge aufgenommen.[94] In Art. 130r Abs. 4 EGV-EEA findet sich das Subsidiaritätsprinzip im Rahmen des Europäischen Umweltschutzes wieder. Erstmals wird damit das Subsidiaritätsprinzip explizit in die Vertragswerke zur Europäi-

---

(2) Die Umweltpolitik der Gemeinschaft zielt unter Berücksichtigung der unterschiedlichen Gegebenheiten in den einzelnen Regionen der Gemeinschaft auf ein hohes Schutzniveau ab. Sie beruht auf den Grundsätzen der Vorsorge und Vorbeugung, auf dem Grundsatz, Umweltbeeinträchtigungen mit Vorrang an ihrem Ursprung zu bekämpfen, sowie auf dem Verursacherprinzip.
Im Hinblick hierauf umfassen die den Erfordernissen des Umweltschutzes entsprechenden Harmonisierungsmaßnahmen gegebenenfalls eine Schutzklausel, mit der die Mitgliedsstaaten ermächtigt werden, aus nicht wirtschaftlich bedingten umweltpolitischen Gründen vorläufige Maßnahmen zu treffen, die einem gemeinschaftlichen Kontrollverfahren unterliegen.
(3) Bei der Erarbeitung ihrer Umweltpolitik berücksichtigt die Gemeinschaft
— die verfügbaren wissenschaftlichen und technischen Daten;
— die Umweltbedingungen in den einzelnen Regionen der Gemeinschaft;
— die Vorteile und die Belastung aufgrund des Tätigwerdens bzw. eines Nichttätigwerdens;
— die wirtschaftliche und soziale Entwicklung der Gemeinschaft insgesamt sowie die ausgewogene Entwicklung ihrer Regionen.
(4) Die Gemeinschaft und die Mitgliedsstaaten arbeiten im Rahmen ihrer jeweiligen Befugnisse mit dritten Ländern und den zuständigen internationalen Organisationen zusammen. Die Einzelheiten der Zusammenarbeit der Gemeinschaft können Gegenstand von Abkommen zwischen dieser und den betreffenden dritten Parteien sein, die nach Artikel 300 ausgehandelt und geschlossen werden.
Unterabsatz 1 berührt nicht die Zuständigkeit der Mitgliedsstaaten, in internationalen Gremien zu verhandeln und internationale Abkommen zu schließen.
Artikel 175 EGV-A-N
(1) Der Rat beschließt gemäß dem Verfahren des Artikels 251 und nach Anhörung des Wirtschafts- und Sozialausschusses sowie des Ausschusses der Regionen über das Tätigwerden der Gemeinschaft zur Erreichung der in Artikel 174 genannten Ziele.
(2) Abweichend von dem Beschlußverfahren des Absatzes 1 und unbeschadet des Artikels 95 erläßt der Rat auf Vorschlag der Kommission und nach Anhörung des Europäischen Parlaments, des Wirtschafts- und Sozialausschusses sowie des Ausschusses der Regionen einstimmig
— Vorschriften überwiegend steuerlicher Art,
— Maßnahmen im Bereich der Raumordnung, der Bodennutzung - mit Ausnahme der Abfallbewirtschaftung und allgemeiner Maßnahmen - sowie der Bewirtschaftung der Wasserressourcen,
— Maßnahmen, welche die Wahl eines Mitgliedsstaats zwischen verschiedenen Energiequellen und die allgemeine Struktur seiner Energieversorgung erheblich berühren.
Der Rat kann nach dem Verfahren des Unterabsatzes 1 festlegen, in welchen der in diesem Absatz genannten Bereiche mit qualifizierter Mehrheit beschlossen wird.
(3) Der Rat beschließt gemäß dem Verfahren des Artikels 251 und nach Anhörung des Wirtschafts- und Sozialausschusses sowie des Ausschusses der Regionen in anderen Bereichen allgemeine Aktionsprogramme, in denen die vorrangigen Ziele festgelegt werden.
Der Rat legt nach Absatz 1 bzw. Absatz 2 die zur Durchführung dieser Programme erforderlichen Maßnahmen fest.
(4) Unbeschadet bestimmter Maßnahmen gemeinschaftlicher Art tragen die Mitgliedsstaaten für die Finanzierung und Durchführung der Umweltpolitik Sorge.
(5) Sofern eine Maßnahme nach Absatz 1 mit unverhältnismäßig hohen Kosten für die Behörden eines Mitgliedsstaats verbunden ist, sieht der Rat unbeschadet des Verursacherprinzips im Rechtsakt zur Annahme dieser Maßnahme geeignete Bestimmungen in folgender Form vor:
— vorübergehende Ausnahmeregelungen und/oder
— eine finanzielle Unterstützung aus dem nach Artikel 161 errichteten Kohäsionsfonds.
Artikel 176 EGV-A-N
Die Schutzmaßnahmen, die aufgrund des Artikels 175 getroffen werden, hindern die einzelnen Mitgliedsstaaten nicht daran, verstärkte Schutzmaßnahmen beizubehalten oder zu ergreifen. Die betreffenden Maßnahmen müssen mit diesem Vertrag vereinbar sein. Sie werden der Kommission notifiziert.

[94] Vgl. MÜLLER-BRANDECK-BOQUET, Gisela: Europäische Integration und deutscher Föderalismus. In: KREILE,, Michael (Hrsg.): Die Integration Europas. Politische Vierteljahreschrift. Sonderheft 23/1992. Opladen 1992 (Westdeutscher Verlag), S. 170 (Im Folgenden zitiert als MÜLLER-BRANDECK-BOQUET: Europäische Integration.); vgl. auch ESTERBAUER: Europäische Integration, S. 42.

schen Integration eingeführt.[95] Explizit eingeführt bedeutet, dass mit der Einheitlich Europäischen Akte das Subsidiaritätsprinzip erstmals ausdrücklich Vertragsbestandteil der Gemeinschaft wird. Vor dieser expliziten Verankerung liegt eine Phase politischer Zustimmung und damit einhergehend impliziter Verwendung, deren genauer Beginn allerdings aufgrund der Vielzahl der Debatten und Auseinandersetzungen nur schwer zu konkretisieren ist.[96]

Art. 130r Abs. 4 EGV-EEA lautet:

„Die Gemeinschaft wird im Bereich der Umwelt insoweit tätig, als die in Absatz 1 genannten Ziele (gemeint sind die Ziele des Umweltschutzes, d.Verf.) besser auf Gemeinschaftsebene erreicht werden können als auf Ebene der Mitgliedsstaaten."

Die Gemeinschaftsebene wird gemäß Art. 130r Abs. 4 EGV-EEA demnach dann tätig, wenn Ziele zum Umweltschutz besser auf Europäischer Ebene erreicht werden können als auf der Ebene der Mitgliedsstaaten.
Im Mittelpunkt der Prüfung um angemessene Kompetenzverteilung steht also die Frage der „Effizienz". Art. 130r EGV-EEA wird einerseits dem Ziel eines möglichst dezentralisierten Umweltschutzes gerecht, aber auch dem Ziel der Schaffung eines Binnenmarktes.
Dies begründet sich wie folgt: Der ursprüngliche Sinn zur Verankerung des Subsidiaritätsprinzips in Art. 130r Abs. 4 EGV-EEA ist in der Schwierigkeit zu sehen, einen gemeinsamen Binnenmarkt zu realisieren, gleichzeitig aber auch dem Gut „Umweltschutz" Rechnung zu tragen. Die unterschiedliche nationalstaatliche Regelungsdichte und die unterschiedliche Regelungstiefe im Bereich des Umweltschutzes erschweren die Realisierung des Binnenmarktes.[97] Mit der Verfolgung des Zieles „Binnenmarkt" entsteht ein großes Interesse daran, für die gesamte EG einheitliche Rechtsvorschriften in möglichst vielen Politikfeldern zu realisieren.[98] Umweltschutz als politische Aufgabe ist allerdings nicht grundsätzlich gemeinschaftsweit regelbar.[99]

Eine gemeinschaftsweite Vereinheitlichung von Richtlinien und eine gemeinschaftsweite Koordinierung von Maßnahmen ist dem Ziel „Umweltschutz" nicht unbedingt zweckdienlich.[100] Umweltschutz ist abweichend der Regelungen zum Binnenmarkt

---

[95] Mit dem Vertrag von Maastricht, der seit dem 1. November 1993 in Kraft ist, wird das bislang ausschließlich im politischen Feld des Umweltschutzes verankerte Prinzip der Subsidiarität zur grundsätzlichen Norm erhoben. Nun findet es sich in Art. 3b-M EGV als Grundsatznorm wieder. Im neuen Art. 130r EGV-M wurde es gestrichen.
[96] Die Beantwortung der Frage nach dem Beginn dieser Phase ist nicht Ziel dieser Ausführungen. Es bleibt festzuhalten, dass das Subsidiaritätsprinzip erstmals mit der EEA rechtlich belastbarer Vertragsbestandteil der Gemeinschaft wird. Vgl. auch WASCHKUHN, Arno: Was ist Subsidiarität? Ein sozialpsychologisches Ordnungsprinzip: Von Thomas von Aquin bis zur „Civil Society". Opladen 1995 (Westdeutscher Verlag), S. 9f.
[97] Vgl. CALLIEß: Föderalismus und Subsidiarität, S. 180f.
[98] Vgl. ESTERBAUER: Europäische Integration, S. 53.
[99] Vgl. ESTERBAUER, Fried: Die „Regionalistischen Leitsätze". In: HUBER, Stefan/ PERNTHALER Peter (Hrsg.): Föderalismus und Regionalismus in Europäischer Perspektive. Schriftenreihe des Instituts für Föderalismusforschung. Bd. 44/ Veröffentlichungen der österreichischen Sektion des CIFE. Bd. 10. Wien 1988 (Braumüller), S. 73, 77.
[100] Vgl. FARTHMANN, Friedhelm: Die Bedeutung der Regionen in der Europäischen Gemeinschaft der Zukunft. In: ALEMANN, Ulrich von/ HEINZE, Rolf G./ HOMBACH, Bodo (Hrsg.): Die Kraft der Region: Nordrhein-Westfalen in Europa. Bonn 1990 (Dietz), S. 182.

nicht ausschließlich großräumig zu bewerkstelligen. Umweltschutz kann und muss auch kleinräumig erfolgen.[101]
Genau diesem Grundsatz einer differenzierten Sichtweise wird Art. 130r Abs. 4 EGV-EEA gerecht. Das hier verankerte Subsidiaritätsprinzip normiert, dass nicht automatisch die Europäische Ebene für den Umweltschutz zuständig ist, sondern nur dann, wenn ein gemeinschaftsweites Handeln der Zielerreichung dienlicher ist als die Erledigung auf der Ebene der Mitgliedsstaaten.
Die politische Konkurrenz zwischen Mitgliedsstaaten und Europäischer Ebene, geregelt durch das Subsidiaritätsprinzip, wird im Bereich „Umweltschutz" exemplarisch. Gerade am Beispiel „Umweltschutz" wird deutlich, dass die Abwägung um die Kompetenzverteilung von Eingriff und Regelung zwischen gemeinschaftlicher und mitgliedsstaatlicher Ebene neben rechtlicher auch politischer Natur ist.

„Dabei geht es nicht nur um die Kompetenzregelung im Sinne des Subsidiaritätsprinzips als Schutz der untergeordneten Einheiten, sondern auch darum, die Verantwortlichkeiten für die Wahrnehmung des Umweltschutzes zu verdeutlichen."[102]

Umweltschutz stellt, vereinfacht formuliert, die Gegenüberstellung der Kosten zur Beseitigung entstandener Umweltschäden ex post auf der *einen* Seite sowie der Kosten zur Verhinderung der Umweltschäden ex ante auf der *anderen* Seite dar. Grenzkostenkurven sind zu erstellen.[103]
End-of-pipe-Strategien müssen sich mit Vorsorge- und Präventionsstrategien messen lassen. Zur abschließenden Beurteilung beider möglichen Maßnahmen müssen stets die konkreten Verhältnisse vor Ort berücksichtigt werden. Es muss untersucht werden, welche konkrete Unweltbelastung in einer bestimmten Region vorhanden ist und welche Kosten diese verursacht. Dieser Erkenntnis muss entgegengestellt werden, welche konkreten Möglichkeiten regional vor Ort bestehen, Umweltbelastung zu senken, und welche Kosten dies verursachen würde.
Maßnahmen zum Umweltschutz sind, dieser Sichtweise folgend, regional determiniert.
Dieser Regionalisierung des Umweltschutzes steht jedoch ein entscheidendes Faktum entgegen: die Realisierung des Binnenmarktes.[104] Maßnahmen des Umweltschutzes greifen elementar in den Wirtschafts- und Arbeitsprozess ein.
Mit der Regionalisierung des Umweltschutzes geht eine Differenzierung der Wirtschafts- und Arbeitsprozesse einher. Gemeinsame Wirtschafts- und Arbeitsbedingungen werden unterlaufen. Deshalb muss der Umweltschutz aus seinem regionalen Charakter herausgelöst und mit seinen Auswirkungen auf den Binnenmarkt der Gemeinschaft betrachtet werden.
Aus dem Blickwinkel des reinen Umweltschutzes wäre dem Subsidiaritätsprinzip entsprechend die Verantwortung einer möglichst niedrigen politischen Ebene zuzuordnen (Art. 130r Abs. 4 EGV-EEA). Diese grundsätzliche Zuständigkeitsvermutung

---

[101] Vgl. MALCHUS, Viktor Freiherr von: Partnerschaft an europäischen Grenzen. Integration durch grenzüberschreitende Zusammenarbeit. Bonn 1975 (Europa Union), S. 49 (Im Folgenden zitiert als MALCHUS: Partnerschaft an europäischen Grenzen.).
[102] BINSWANGER: Umweltschutz und Subsidiaritätsprinzip, S. 418.
[103] Vgl. ebd., S. 420.
[104] Vgl. ebd., S. 422.

zugunsten der unteren Ebene wird durch die Verfahrensvorschrift unterlaufen, dass die Verantwortung auf unterer Ebene nur soweit und solange legitimiert ist, wie nicht auf höherer Ebene effektiver oder aus Gründen der Erforderlichkeit Zuständigkeit anzusiedeln ist. Besonders die wirtschaftspolitischen Anforderungen zur Schaffung des gemeinschaftlichen Binnenmarktes können eine notwendige Einschränkung in diesem Sinne sein.

Es drängt sich aus dieser Darstellung folgende Frage auf: Gibt es grundsätzliche Bereiche des Umweltschutzes, welche es erfordern, auf Gemeinschaftsebene erledigt zu werden? Es handelt sich hierbei um die Frage nach dem Ort der Ansiedelung von Zuständigkeit aus dem Blickwinkel der Erforderlichkeit und Effizienz. Zur Beantwortung dieser Frage muss der Umweltschutz mit seinen Auswirkungen differenziert werden.

Zwei grundsätzliche Pole sind zu unterscheiden:
Erstens: Die Nutznießer der Umweltbeeinträchtigung sind lokal oder regional begrenzt, die Leidtragenden gemeinschaftsweit gestreut.
Zweitens: Die Nutznießer sind verstreut, die Leidtragenden regional begrenzt.
Beispiele für den erstgenannten Pol sind alle diejenigen Konstellationen, in denen vor Ort durch den Wirtschaftsprozess Gewinnabschöpfung erfolgt, die aus diesem Prozess entstehende Umweltverschmutzung jedoch auf die Gemeinschaft externalisiert wird. Intensive Landwirtschaft beispielsweise oder grundsätzlich die Produktion von Gütern, welche nicht bei der Produktion, sondern durch den gemeinschaftsweiten Konsum Umweltschäden hervorrufen, bspw. Entstehung von Abfall, sind anzuführen.[105] Die Menschen vor Ort erlangen einen ökonomischen Vorteil. Die Lasten dieses Wirtschaftens reichen jedoch weit über die eigene Region hinaus und beeinträchtigen die Umwelt gemeinschaftsweit.
Eine Steuerung des Umweltschutzes im vorliegenden Fall kann demnach nicht von regionaler Seite erfolgen, denn die ökologischen Auswirkungen des regionalen wirtschaftlichen Handelns reichen, wie aufgezeigt, gemeinschaftsweit.[106] Insofern muss auch die Verantwortung und Steuerung für solche Umweltbeeinträchtigung auf Europäischer Ebene liegen.
Ein Beispiel für den zweitgenannten Pol ist dann gegeben, wenn die Nutznießer von Umweltverschmutzung gemeinschaftsweit verstreut sind. Die Beeinträchtigung der Umwelt ist lokal und regional begrenzt. Lärm und Luftverschmutzung nahe von Autobahnen oder Flugplätzen, Risiken in der Nähe von Atommülllagerungsstätten oder Abfalldeponien sind anzuführende Beispiele.[107]
Die Gemeinschaft genießt die Vorteile, Leidtragende der zu erwartenden Umweltverschmutzung sind die Menschen vor Ort.
Die Kompetenz zur Regelung und Steuerung solcher Umweltverschmutzung ausschließlich auf Gemeinschaftsebene anzusiedeln, wäre nicht zielführend im Sinne

---

[105] Vgl. ebd., S. 426.
[106] Vgl. STRÜBEL, Michael: Nationale Interessen und europäische Politikformulierung in der Umweltpolitik. In: KREILE, Michael (Hrsg.): Die Integration Europas. Politische Vierteljahreschrift. Sonderheft 23/1992. Opladen 1992 (Westdeutscher Verlag), S. 275.
[107] Vgl. BINSWANGER: Umweltschutz und Subsidiaritätsprinzip, S. 426; vgl. auch STRÜBEL, Michael: Nationale Interessen und europäische Politikformulierung in der Umweltpolitik. In: KREILE, Michael (Hrsg.): Die Integration Europas. Politische Vierteljahreschrift. Sonderheft 23/1992. Opladen 1992 (Westdeutscher Verlag), S. 280.

des Umweltschutzes. Den Geschädigten muss die Möglichkeit eröffnet werden, ausreichend Einfluss auf die sie konkret betreffenden Maßnahmen zu nehmen. Eine gemeinschaftsweite Regelung kann dies nicht gewährleisten. Die Regelungskompetenz muss demnach weitestgehend den Mitgliedsstaaten und innerhalb dieser wiederum der regionalen Ebene obliegen.

Am Beispiel des Umweltschutzes wird deutlich, dass eine differenzierte Betrachtung der zu regelnden Politikbereiche unabdingbar ist.[108] Stets ist zu fragen, auf welcher Ebene die Betroffenheiten liegen und auf welcher Ebene deshalb die Regelungskompetenz sinnvoller Weise angesiedelt werden sollte.[109] Einschlägiges Verfahren zur Klärung dieser Fragen ist, wie gesehen, das Subsidiaritätsprinzip.

„Mit Blick auf das Subsidiaritätsprinzip und die implizit darin enthaltene Vermutung zugunsten der untergeordneten Einheiten ergibt sich aus diesen sachlichen Überlegungen, dass Subsidiarität sowohl eine Delegation der Entscheidungen nach unten *und* nach oben bedeuten kann, wenn man von den Menschen ausgeht, die durch Umweltschäden betroffen werden."[110]

Das Subsidiaritätsprinzip im Vorfeld von Maastricht
Der Entwurf des Europäischen Parlaments

Mit der Revision der Verträge zur Gründung der Europäischen Wirtschaftsgemeinschaft in der Einheitlichen Europäischen Akte im Jahr 1986 findet das Subsidiaritätsprinzip, wie dargelegt, erstmals Einzug in die Gemeinschaftsverträge. Mit Art. 130r Abs. 4 EGV-EEA wird im Bereich der Umweltpolitik das Subsidiaritätsprinzip eingeführt.
Nicht nur diese explizite Verankerung des Subsidiaritätsprinzips verdeutlicht den Wandel der politischen Stimmungslage. Viel stärker als die konkrete Verankerung des Prinzips führt die seit dieser Zeit ausgiebig geführte Diskussion um die adäquate Kompetenzverteilung zwischen gemeinschaftlicher und mitgliedsstaatlicher Ebene zu einer Veränderung des Bewusstseins.

Die Entwürfe des EP[111] sowie die ohne Unterlass gestellte Frage nach der Zukunft der EWG und dem sich bei fortschreitender Integration darstellenden Verhältnis zwischen Nation und Europa wecken Bereitschaft zur Reflexion.[112]

---

[108] Eine Differenzierung der Betrachtung ist auch deshalb nicht vermeidbar, weil stets zu fragen ist, wo der Schwerpunkt der Betrachtung liegt. Am vorliegenden Beispiel wird deutlich, dass es zur Bewertung einzelner Sachverhalte entscheidend ist, ob der eigene Schwerpunkt auf notwendigem Umweltschutz oder auf der Realisierung des Binnenmarktes liegt.
[109] Vgl. STRÜBEL, Michael: Nationale Interessen und europäische Politikformulierung in der Umweltpolitik. In: KREILE, Michael (Hrsg.): Die Integration Europas. Politische Vierteljahreschrift. Sonderheft 23/1992. Opladen 1992 (Westdeutscher Verlag), S. 276.
[110] BINSWANGER: Umweltschutz und Subsidiaritätsprinzip, S. 428.
[111] EP: Europäisches Parlament
[112] Vgl. hierzu die Entwicklung integrationspolitischer Vorschläge durch das Europäische Parlament bei BIEBER, Roland: Integrationspolitische Initiativen aus dem Europäischen Parlament. In: VORSTAND DES ARBEITSKREISES

Diese Notwendigkeit einer Reform artikuliert Punkt 1 der Präambel des Entwurfes des Europäischen Parlaments zur Gründung einer Europäischen Union:

„In dem Bestreben, das Werk der demokratischen Einigung Europas, dessen erste Verwirklchung die Europäischen Gemeinschaften, das Europäische Währungssystem und die Europäische Politische Zusammenarbeit sind, fortzusetzen und ihm neuen Auftrieb zu verleihen, und überzeugt, dass es für Europa immer wichtiger wird, seine Identität zu bestätigen".[113]

Um das Subsidiaritätsprinzip in seiner heutigen Form besser einordnen und verstehen zu können, bedarf es neben der rechtswissenschaftlichen Auslegung der Gesetzes- und Vertragstexte einer Untersuchung der unterschiedlichen politischen Konnotationen, welche das Subsidiaritätsprinzip während der Debatte um die Ziele Europäischer Integration begleitet haben.

Konkret und explizit als Begrifflichkeit erwähnt wird das Subsidiaritätsprinzip seit dem Jahr 1982 durch einen Vertragsentwurf des Europäischen Parlaments in der Auseinandersetzung um die Ausgestaltung der Gemeinschaftsverträge. Mit dem Subsidiaritätsprinzip werden von Beginn dieser grundlegenden Diskussion an unterschiedliche Interpretationen verbunden und unterschiedliche Interessen verfolgt. Besonders zwei Formulierungen des EP-Vertragsentwurfs lassen das Subsidiaritätsprinzip als Strukturprinzip einer zukünftigen Europäischen Union sichtbar werden. In der Präambel des EP-Entwurfes aus dem Jahr 1982 heißt es wie folgt:

„- In der Absicht, gemeinsamen Institutionen nach dem Grundsatz der Subsidiarität nur die Zuständigkeiten zu übertragen, die sie benötigen, um die Aufgaben zu bewältigen, die sie wirkungsvoller wahrnehmen können als jeder einzelne Mitgliedstaat für sich".[114]

Dem Vorschlag dieser Formulierung folgend soll die Union subsidiär arbeiten. Grundsätzlich liegt alle Verantwortung bei den Mitgliedsstaaten.
In Art. 12 des angeführten Entwurfes wird das in der Präambel eingeführte vorgestellte Subsidiaritätsprinzip konkretisiert. Art. 12 Abs. 2 formuliert:

„Weist dieser Vertrag der Union eine konkurrierende Zuständigkeit zu, so handeln die Mitgliedsstaaten, so weit die Union nicht tätig geworden ist. Die Union wird nur tätig, um die Aufgaben zu verwirklichen, die gemeinsam wirkungsvoller wahrgenommen werden können als von einzelnen Mitgliedstaaten allein, insbesondere Aufgaben, deren Bewältigung ein Handeln der Union erfordert, weil ihre Ausmaße oder ihre Auswirkungen über die nationalen Grenzen hinausreichen. (...)"[115]

EUROPÄISCHE INTEGRATION E.V. (Hrsg.): Integrationskonzepte auf dem Prüfstand. Jahreskolloquium 1982. Baden-Baden 1983 (Nomos), S. 113ff.
[113] EUROPÄISCHES PARLAMENT: Entwurf eines Vertrages zur Gründung der Europäischen Union vom 14. Februar 1984. Präambel Punkt 1 zitiert nach BIEBER, Roland/ SCHWARZE, Jürgen: Verfassungsentwicklung in der Europäischen Gemeinschaft. Baden-Baden 1984 (Nomos), S. 96.
[114] EUROPÄISCHES PARLAMENT: Entwurf eines Vertrages zur Gründung der Europäischen Union.. Abl. Nr. C 238/25. 13.09.1982. Präambel zitiert nach PIEPER, Stefan Ulrich: Subsidiarität: Ein Beitrag zur Begrenzung der Gemeinschaftskompetenzen (Völkerrecht – Europarecht – Staatsrecht. Bd. 6). Köln 1994 (Carl Heymanns), S. 218 (Im Folgenden zitiert als PIEPER: Subsidiarität.).
[115] EUROPÄISCHES PARLAMENT: Entwurf eines Vertrages zur Gründung der Europäischen Union.. Abl. Nr. C 238/25. 13.09.1982. Art. 12 Abs. 2 zitiert nach PIEPER: Subsidiarität, S. 218.

Erst im Jahr 1987 setzt wieder eine verstärkte Diskussion über die Verankerung des Subsidiaritätsprinzips in einen zukünftigen angestrebten Unions- und Gemeinschaftsvertrag ein, nachdem der Verfassungsentwurf des Europäischen Parlaments aus dem Jahr 1984 ohne große Reaktion verhallt war. Auch die Stuttgarter Erklärung der Regierungschefs der Mitgliedsstaaten sowie die angeführte Entschließung des EP zur Notwendigkeit des Subsidiaritätsprinzips verhallten ohne große Wirkung. Seit dem Jahr 1987 nach Verabschiedung der EEA allerdings wird institutionell übergreifend die Auseinandersetzung um Verankerung des Subsidiaritätsprinzips gesucht. Auch wenn der erste Entwurf des EP ohne politisches Echo verhallt, ist ihm zugute zu halten, dass er erster grundlegender Einstieg in die Diskussion um die Verankerung des Subsidiaritätsprinzips in den Gemeinschaftsverträgen darstellt.[116] Im allen EP-Entwürfen zum EU-Vertrag fehlt allerdings eine Generalermächtigung entsprechend des später geschaffenen Art. 235 EGV-M.[117] Diese Generalermächtigung, wie sie sich schließlich im Maastrichter Vertrag niederschlägt, erlaubt es der Gemeinschaft, Kompetenzen an sich zu ziehen, und zwar auch solche, für die eine Gemeinschaftszuständigkeit bis dato nicht explizit vertraglich verankert ist. Art. 235 EGV-M stellt insofern einen Gegenpart zu Art. 3b EGV-M (Subsidiarität) dar.[118]

Art. 235 EGV-M ist ein Ermächtigungsartikel, welcher die Gemeinschaft für unvorhergesehene Fälle in die Lage versetzt, notwendige Kompetenz an sich zu ziehen.[119] Da eine solche Generalermächtigung im EP-Entwurf gänzlich fehlt, schwächt der Entwurf des Europäischen Parlaments die Möglichkeiten der Kompetenzübernahme durch die Union gravierend.[120]

Fraglich ist jedoch, ob diese Einschränkung einer möglichen Ausweitung von Gemeinschaftskompetenzen zweckdienlich ist, denn der Vorschlag des EP weist dadurch grundsätzliche Schwächen auf. Fraglich ist zunächst, ob der Vertrag ohne eine Generalklausel gemäß Art. 235 EGV-M (Art. 308 EGV-A-N) überhaupt praktikabel ist. Kein Gesetz, kein Vertrag ist in der Lage, stets abschließend Unvorhergesehenes und alle Eventualitäten abzudecken. Verträge und Gesetze sind stets zur Regelung eines konkreten Sachverhaltes gedacht und auf die Zukunft gerichtet. Der Geist

---

[116] Darüber hinaus handelt es sich beim Verfassungsentwurf des Europäischen Parlaments um ein klares Bekenntnis zur Schaffung einer föderalen Europäischen Union (siehe auch Kapitel 3): vgl. GIERING, Claus: Europa zwischen Zweckverband und Superstaat. Die Entwicklung der politikwissenschaftlichen Integrationstheorie im Prozeß der europäischen Integration (Münchener Beiträge zur Europäischen Einigung. Bd. 1). München 1997 (Europa Union), S. 121 (Im Folgenden zitiert als GIERING: Europa zwischen Zweckverband und Superstaat.).
[117] *Art. 235 EGV-M/ Art. 308 EGV-A-N lautet wie folgt:*
„Erscheint ein Tätigwerden der Gemeinschaft erforderlich, um im Rahmen des Gemeinsamen Marktes eines ihrer Ziele zu verwirklichen, und sind in diesem Vertrag die hierfür erforderlichen Befugnisse nicht vorgesehen, so erlässt der Rat einstimmig auf Vorschlag der Kommission und nach Anhörung des Europäischen Parlaments die geeigneten Vorschriften."
[118] Vgl. HAHN, Hugo J.: Der Vertrag von Maastricht als völkerrechtliche Übereinkunft und Verfassung. Anmerkungen anhand Grundgesetz und Gemeinschaftsrecht. Baden-Baden 1992 (Nomos), S. 91 (Im Folgenden zitiert als HAHN, H: Vertrag von Maastricht.).
[119] Vgl. HÖLSCHEIDT, Sven/ SCHOTTEN, Thomas: Von Maastricht nach Karlsruhe: Der lange Weg des Vertrages über die Europäische Union. Rheinbreitbach 1993 (NDV), S. 12f (Im Folgenden zitiert als HÖLSCHEIDT: Von Maastricht nach Karlsruhe.).
[120] Eine solche Möglichkeit des Kompetenztransfers ist gerade bei dominanten Mitgliedsstaaten notwendig. Vgl. CALLIEß: Föderalismus und Subsidiarität, S. 174.

eines Vertrags oder Gesetzes, die Interpretation eines solchen ist somit neben der wörtlichen Auslegung grundlegend. Um die Interpretation und Auseinandersetzung zum Regelungsgehalt eines Vertrages oder Gesetzes nicht zur wilden Spekulation ausarten zu lassen, helfen Generalklauseln der Steuerung. In den Entwürfen des EP zum Unionsvertrag fehlen solche Generalklauseln. Damit bleibt der Vertrag starr und kann sich kaum der sich verändernden politischen Realität anpassen.
Dieses Defizit versucht der EP-Entwurf auszugleichen, indem er das Tätigwerden der Union im Rahmen der konkurrierenden Zuständigkeit nicht so eng fasst wie schließlich Art. 3b EGV-M (Art. 5 EGV-A-N).

Art. 3b EGV-M (Art. 5 EGV-A-N) lautet wie folgt:

(Einzelermächtigung, Subsidiarität): „Die Gemeinschaft wird innerhalb der Grenzen der ihr in diesem Vertrag zugewiesenen Befugnisse und gesetzten Ziele tätig.
In den Bereichen, die nicht in ihre ausschließliche Zuständigkeit fallen, wird die Gemeinschaft nach dem Subsidiaritätsprinzip nur tätig, sofern und soweit die Ziele der in Betracht gezogenen Maßnahmen auf Ebene der Mitgliedsstaaten nicht ausreichend erreicht werden können und daher wegen ihres Umfangs oder ihrer Wirkungen besser auf Gemeinschaftsebene erreicht werden können.
Die Maßnahmen der Gemeinschaft gehen nicht über das für die Erreichung der Ziele dieses Vertrags erforderliche Maß hinaus."[121]

Im EP-Entwurf besteht die subsidiäre Einschränkung für das Tätigwerden der Gemeinschaft ausschließlich im Bezug auf die Wirkung („(...) die sie wirkungsvoller wahrnehmen können als jeder einzelne Mitgliedsstaat für sich"). Die Gemeinschaft wird nach dem EP-Entwurf tätig, wenn ihr Handeln *wirkungsvoller* auf Gemeinschaftsebene erfolgt als auf Ebene der Mitgliedsstaaten. „Wirkungsvoller" bleibt unbestimmt.
In Artikel 3b EGV-M jedoch wird eine weitaus konkretere und belastbarere Formulierung der Einschränkung gewählt. Das Erforderlichkeitsprinzip und die Einschränkungen „sofern" und „soweit" sowie die Einschränkungen aus Art. 3b Absatz 3 EGV-M finden sich im EP-Entwurf nicht wieder.

Die Reaktion der Europäischen Kommission

Der angeführten ausgreifenden Entwicklung des Hinterfragens gewachsener Gemeinschaftsstrukturen und des Einforderns von Subsidiarität durch das Europäische Parlament können sich mit voranschreitendem Diskussionsstand auch die anderen Organe der Gemeinschaft nicht länger verschließen.[122] Neben dem EP fordert nun

---

[121] Art. 5 EGV-A-N
[122] Aufgrund seines geringen Einflusses ist das Europäische Parlament darauf angewiesen, dass seine Vorschläge von mächtigeren Organen der EG, bzw. von den mitgliedsstaatlichen Regierungen übernommen werden: vgl. BIEBER, Roland: Integrationspolitische Initiativen aus dem Europäischen Parlament. In: VORSTAND DES ARBEITSKREISES EUROPÄISCHE INTEGRATION E.V. (Hrsg.): Integrationskonzepte auf dem Prüfstand. Jahreskolloquium 1982. Baden-Baden 1983 (Nomos), S. 119.

auch die Europäische Kommission, das Subsidiaritätsprinzip wichtiger zu nehmen und es in den Verträgen zu verankern. Jacques DELORS, Präsident der Kommission zu dieser Zeit, kommt das Verdienst zu, dass sich auch die Kommission zunehmend dem Prinzip der Subsidiarität öffnet.[123] Dieses Öffnen der Kommission ist auf *zwei* Gründe zurückzuführen.

Der *erste* Grund stellt sich wie folgt dar: Um den Prozess voranschreitender Integration nicht zu gefährden, muss sich der Diskussion um die Verankerung des Subsidiaritätsprinzips in den Gemeinschaftsverträgen ernsthaft angenommen werden, da die Durchsetzung der Gründung einer Union gegen Mitgliedsstaaten, Bundesländer und Regionen das Ende Europäischer Einigungsbewegung bedeuten würde.

Der *zweite* maßgebliche Grund für das Einschwenken der Kommission in das Fahrwasser der Subsidiarität ist rein pragmatischer Art. Die Kommission als „Exekutive" der Gemeinschaft ist mit ihrem verhältnismäßig kleinen Apparat nicht in der Lage, Rechtsakte der Gemeinschaft bis ins Detail hinein einer Regelung zuzuführen.

Unabhängig dieser geringen administrativen Ausstattung der Kommission wächst die Erkenntnis, dass eine gemeinschaftsweite Regelung aller Details für alle Mitgliedsländer unmöglich ist.[124] Die Kommission sieht sich also gezwungen, in Kooperation und Koordination mit dem Rat und dem Parlament Grundsätze der Vereinheitlichung und Angleichung vorzuschlagen. Nur so kann sie der Motor der Integration bleiben und die gesamte integrative Entwicklung der Gemeinschaft steuernd vorantreiben.[125] Die *konkrete* Ausgestaltung und Umsetzung erfolgt sodann durch die Mitgliedsländer und deren staatliche Gliederungen. Eine fruchtbare und nicht belastete Zusammenarbeit ist für das Funktionieren der Gemeinschaft unabdingbar. Die Kommission kann und darf sich deshalb der ausgreifenden Diskussion um Verankerung des Subsidiaritätsprinzips nicht verschließen.

Die Kommission verlangt folgende Auslegung von Subsidiarität innerhalb der Europäischen Verträge (1990):

„Die Frage der Subsidiarität hängt eng mit der Neudefinition bestimmter Kompetenzen zusammen. Dieses vernünftige Prinzip müßte nach Ansicht der Kommission in den Vertrag aufgenommen werden. Im Rahmen eines zu überarbeitenden Artikels 235, in dem der Hinweis auf wirtschaftliche Ziele fehlt, müßte es den Organen als Leitprinzip dienen, dem Grundsatzbeschluß über neue Gemeinschaftsaktionen zur Durchführung der allgemeinen Ziele des Vertrages einstimmig zu fassen. Durch eine nachträgliche Kontrolle der Akte der

---

[123] Vgl. BORCHMANN: Das Subsidiaritätsprinzip, S. 19; vgl. auch ISENSEE, Josef: Einheit in Ungleichheit: der Bundesstaat – Vielfalt der Länder als Legitimationsbasis des deutschen Föderalismus. In: BOHR, Kurt (Hrsg.): Föderalismus. Demokratische Struktur für Deutschland und Europa. München 1992 (Beck), S. 170 (Im Folgenden zitiert als ISENSEE: Einheit in Ungleichheit.).

[124] Vgl. PIEPER, Stefan Ulrich: Subsidiarität: Ein Beitrag zur Begrenzung der Gemeinschaftskompetenzen (Völkerrecht – Europarecht – Staatsrecht. Bd. 6). Köln 1994 (Carl Heymanns), S. 224 (Im Folgenden zitiert als PIEPER: Subsidiarität.).

[125] Vgl. EINERT, Günther: Europa auf dem Weg zur politischen Union? Politische Entwicklungsaspekte aus nordrhein-westfälischer Sicht. In: ALEMANN, Ulrich von/ HEINZE, Rolf G./ HOMBACH, Bodo (Hrsg.): Die Kraft der Region: Nordrhein-Westfalen in Europa. Bonn 1990 (Dietz), S. 51 (Im Folgenden zitiert als EINERT: Europa auf dem Weg zur politischen Union?); vgl. auch HALLSTEIN, Walter: Die echten Probleme der europäischen Integration. Kieler Vorträge gehalten im Institut für Weltwirtschaft an der Universität Kiel. Bd. 37. Kiel 1965, S. 8.

Organe könnte gewährleistet werden, daß es bei der Ausübung der Befugnisse nicht zu Zuständigkeitsüberschreitungen kommt."[126]

Das Subsidiaritätsprinzip wird Anfang der 90er Jahre mehrheitsfähig. Die diesbezügliche Auseinandersetzung um den Vertrag von Maastricht kreist nun nicht mehr um das Ob einer Verankerung, sondern um das Wie. Zunehmend stellt sich in den Auseinandersetzungen die Frage, welchem konkreten Ziel die Verankerung des Subsidiaritätsprinzips in den Gemeinschaftsverträgen verpflichtet sein soll.[127]

Über dieses „Wie", über die konkrete Ausprägung des Subsidiaritätsprinzips scheiden sich die Geister, wie im Folgenden noch zu zeigen sein wird.

Noch einmal ist ein Entwurf des Europäisches Parlamentes anzuführen (1990):

„Die Gemeinschaft wird zur Erfüllung der ihr durch die Verträge übertragenen Aufgaben und zur Erreichung der vertraglich bestimmten Ziele tätig. Sind der Gemeinschaft zu diesem Zweck bestimmte Befugnisse nicht ausschließlich oder nicht vollständig zugewiesen, so wird sie bei der Durchführung ihrer Tätigkeit nur soweit tätig, als die Erreichung dieser Ziele ihr Eingreifen erfordert, weil ihre Ausmaße oder Auswirkungen über die Grenzen der Mitgliedsstaaten hinausreichen oder von der Gemeinschaft wirkungsvoller wahrgenommen werden können als von den einzelnen Mitgliedsstaaten allein."[128]

Grundlage dieser Entschließung des Europäischen Parlaments, welche erheblich von der Entschließung aus dem Jahr 1984 abweicht und schließlich der in Art. 3b EGV-M niedergelegten Formulierung sehr nahe kommt, ist der GISCARD D'ESTAING-Bericht aus dem Jahr 1990. Die Verankerung des Subsidiaritätsprinzips durch die Einheitliche Europäische Akte wird begrüßt. Das EP erhebt die Forderung, das Subsidiaritätsprinzip von seiner Einschränkung auf das Politikfeld Umwelt zu befreien und zum Grundpfeiler der Gemeinschaftspolitik zu machen.

Erste Überlegungen im föderalen Deutschland

Konkreter Anlass einer vertieften Auseinandersetzung um das Subsidiaritätsprinzip in Deutschland ist die Befürchtung und Erkenntnis der Bundesländer, mit voranschreitender Europäischer Integration zunehmend politischen Einfluss zu verlieren.[129]

---

[126] EUROPÄISCHE KOMMISSION. Stellungnahme vom 21.10.1990 zitiert nach WEIDENFELD, Werner (Hrsg.): Wie Europa verfaßt sein soll – Materialien zur Politischen Union (Strategien und Optionen für die Zukunft Europas. Arbeitspapiere 7). Gütersloh 1991 (Bertelsmann), S. 135ff.
[127] Vgl. PIEPER: Subsidiarität, S. 230.
[128] EUROPÄISCHES PARLAMENT: Bericht des institutionellen Ausschusses über den Grundsatz der Subsidiarität. Sitzungsdokumente PE 143.075 ENDG. 31.10.1990. GISCARD D'ESTAING-Bericht zitiert nach PIEPER: Subsidiarität, S. 238.
[129] Die Wahrung der Länderinteressen im Rahmen der Europäischen Integration, besonders bei Verwirklichung des Binnenmarktes und der Wirtschafts- und Währungsunion ist die zentrale Aufgabe der Europakommission der Bundesländer. Vgl. KALBFLEISCH-KOTTSIEPER, Ulla: Die Europakommission der Länder und die Verhandlungen in Brüssel – auf dem Weg zu einer neuen Staatspraxis? In: BORKENHAGEN, Franz H.U./ BRUNS-KLÖSS, Christian/ MEMMINGER, Gerhard/ STEIN, Otti (Hrsg.): Die deutschen Länder in Europa: Politische Union und Wirtschafts- und Währungsunion. Baden-Baden 1992 (Nomos), S. 9 (Im Folgenden zitiert als KALBFLEISCH-KOTTSIEPER: Europakommission der Länder.); vgl. auch ALEMANN, Ulrich von/ HEINZE, Rolf G./ HOMBACH,

Schon im innerdeutschen Machtgefüge sind die Bundesländer durch ausgreifende Kompetenzen des Bundes politisch marginalisiert. Bereits ohne die Europäische Integration mit einhergehendem Verlust von Kompetenz fehlt den Bundesländern innerstaatliche Souveränität entsprechend Art. 30 GG.[130] Die Maßgabe des Art. 79 Abs. 3 GG i.V.m. Art. 20 GG, welche die föderalen Strukturen und die Souveränität der Länder garantiert, ist bereits schon ohne die EG/EU und ihre neue Kompetenz grundlegend gefährdet.[131] Die grundgesetzlich normierte Vorrangigkeit der Länder gemäß Art. 30 GG entspricht nicht mehr der politischen Realität. Mit den ausgereiften Plänen zur Europäischen Union macht sich bei den Ländern eine grundsätzliche Befürchtung um ihre föderale Fortexistenz bemerkbar.[132]

„Um dieser doppelten Zangenbewegung zu entkommen, ist von den Ländern – wohl von der Bayerischen Staatsregierung – der Begriff der Subsidiarität in die Diskussion eingeführt worden."[133]

Mit den Münchener Thesen der Landesregierungschefs vom Oktober des Jahres 1987 manifestiert sich die Forderung der Bundesländer, an der Auseinandersetzung um die Zukunft der Gemeinschaft beteiligt zu werden. Die „Zehn Münchener Thesen" kritisieren besorgt die fortschreitende Zentralisierung der Gemeinschaft und stellen die Notwendigkeit der Übernahme neuer Politikbereiche durch die Gemeinschaft infrage.[134]
Die deutschen Bundesländer wollen das Subsidiaritätsprinzip wie folgt verstanden wissen (1990):

„Die Gemeinschaft übt die ihr nach diesem Vertrag zustehenden Befugnisse nur aus, wenn und soweit das Handeln der Gemeinschaft notwendig ist, um die in diesem Vertrag genannten Ziele wirksam zu erreichen und hierzu Maßnahmen der einzelnen Mitgliedsstaaten bzw. der Länder, Regionen und autonomen Gemeinschaften nicht ausreichen."[135]

Auch die Kommunen und Regionen werden von diesem Sog geforderter Einmischung erfasst. Im Jahr 1988 tritt die „Europäische Charta der kommunalen Selbstverwaltung" in Kraft.[136] Darüber hinaus fordert der „Beirat der regionalen und kom-

---

Bodo: Europa im doppelten Umbruch – Eine Einführung. In: DIES. (Hrsg.): Die Kraft der Region: Nordrhein-Westfalen in Europa. Bonn 1990 (Dietz), S. 19.
[130] Art. 30 GG lautet wie folgt:
„Die Ausübung der staatlichen Befugnisse und die Erfüllung der staatlichen Aufgaben ist Sache der Länder, soweit dieses Grundgesetz keine andere Regelung trifft oder zuläßt."
[131] Vgl. PIEPER: Subsidiarität, S. 208.
[132] Vgl. MEMMINGER, Gerd: Die Forderungen der Länder im Gefüge des Grundgesetzes. In: BORKENHAGEN, Franz H.U./ BRUNS-KLÖSS, Christian/ DERS./ STEIN, Otti (Hrsg.): Die deutschen Länder in Europa: Politische Union und Wirtschafts- und Währungsunion. Baden-Baden 1992 (Nomos), S. 140 (Im Folgenden zitiert als MEMMINGER: Forderungen der Länder.).
[133] PIEPER: Subsidiarität, S. 210.
[134] Vgl. BORCHMANN: Das Subsidiaritätsprinzip, S. 20; vgl. auch PIEPER: Subsidiarität, S. 221.
[135] DEUTSCHER BUNDESRAT: Entschließung des Bundesrates zur Regierungskonferenz der Mitgliedsstaaten der Europäischen Gemeinschaften über die Politische Union und zur Wirtschafts- und Währungsunion. 24.08.1990. BR-Drucks. 550/90. Punkt I, 1.
[136] Vgl. SPAUTZ, Jean: Die Stellung der Kommunen im europäischen Einigungswerk. In: KNEMEYER, Franz-Ludwig (Hrsg.): Die Europäische Charta der kommunalen Selbstverwaltung: Entstehung und Bedeutung. Länderberichte und Analysen. Baden-Baden 1989 (Nomos), S. 19f.

munalen Gebietskörperschaften" bei der Kommission die Einhaltung des Subsidiaritätsprinzips und eine Beteiligung an Entscheidungsprozessen der Gemeinschaft.[137] Die Länder ergreifen auch ihrerseits Partei für die Eigenverantwortlichkeit der Kommunen. Das in Art. 28 GG normierte Selbstverwaltungsrecht der untersten staatlichen Einheit, der Kommunen, muss erhalten bleiben. Mit den Gemeinschaftsbeschlüssen zum Kommunalwahlrecht für Ausländer beispielsweise oder dem Erlass der Richtlinien zur Vergabe öffentlicher Aufträge wird die kommunale Selbstverwaltung allerdings eingeschränkt.[138] Die Länder und Kommunen fordern, dass bei solchen sie direkt betreffenden Beschlüssen Beteiligungsverfahren vorausgehen müssen.

Das Subsidiaritätsprinzip sollte zusammengefasst nach Auffassung der Länder den Erlass von gemeinschaftlichen Rechtsakten unter den Vorbehalt eines Beteiligungsverfahrens der Betroffenen setzen.

Die Regionen Europas fordern in einer Resolution aus dem Jahr 1990 das Subsidiaritätsprinzip wie folgt:

„Die Gemeinschaft übt die ihr nach diesem Vertrag zustehenden Befugnisse nur aus, wenn und soweit das Handeln der Gemeinschaft notwendig ist, um die in diesem Vertrag genannten Ziele wirksam zu erreichen und hierzu Maßnahmen in den einzelnen Mitgliedsländern insbesondere durch Länder, Regionen und autonome Gemeinschaften als unmittelbar unterhalb der Ebene der Zentralstaaten bestehenden regionale Gebietskörperschaften nicht ausreichen."[139]

Die Konferenz der Parlamente der EG im Jahr 1990 in Rom schlägt vor,„(...), daß der Grundbesitz, der jede neue Übertragung von Befugnissen an die Union bestimmen muß, das Subsidiaritätsprinzip ist, was bedeutet, daß die Union nur zur Erfüllung der ihr durch die Verträge übertragenen Aufgaben und der vertraglich bestimmten Ziele tätig wird; sind der Union Aufgaben nicht ausschließlich oder vollständig zugewiesen, so wird sie bei der Durchführung ihrer Tätigkeit nur insoweit tätig, als die Erreichung dieser Ziele ihr Eingreifen erfordert, weil ihr Ausmaß oder ihre Auswirkungen über die Grenzen der Mitgliedsstaaten hinausreichen oder von der Union wirkungsvoller wahrgenommen werden können als von den einzelnen Mitgliedsstaaten allein."[140]

Alle vorgenannten Formulierungsvorschläge, das Subsidiaritätsprinzip in den Gemeinschaftsverträgen betreffend, machen deutlich, dass für die konkrete Verankerung des Subsidiaritätsprinzips seine ursprünglich genuine Charakteristik stark eingeschränkt wird.[141] Der grundsätzliche Vorrang aller unteren Ebenen wird maßgeblich beschnitten. Erforderlichkeitsgesichtspunkte rücken in den Mittelpunkt. Formulierungen wie „*wenn und soweit ... notwendig ... besser als ... wirksam ... nicht ausreichen*" sind beinahe allen Vorschlägen gemeinsam.

---

[137] Vgl. PIEPER: Subsidiarität, S. 221f.
[138] Vgl. ebd., S.211.
[139] VERSAMMLUNG DER REGIONEN EUROPAS: Resolution vom 06.09.1990 zitiert nach PIEPER: Subsidiarität, S. 238.
[140] KONFERENZ DER PARLAMENTE DER EUROPÄISCHEN GEMEINSCHAFTEN. Rom. 17.-30.11.1990 zitiert nach WEIDENFELD, Werner (Hrsg.): Wie Europa verfaßt sein soll – Materialien zur Politischen Union (Strategien und Optionen für die Zukunft Europas. Arbeitspapiere 7). Gütersloh 1991 (Bertelsmann), S. 229 f.
[141] Vgl. PIEPER: Subsidiarität, S. 240.

Subsidiarität wird zwar immer noch als Schutzinstrument der unteren Ebenen verstanden, jedoch eröffnen alle Regelungen ausgiebig Möglichkeiten zur Ausnahme.

Unterschiedlich weit reichen die Vorschläge, was die Tiefe des Eingriffs in die Strukturen anbelangt.[142] Einige Vorschläge möchten das Subsidiaritätsprinzip nur zwischen der Europäischen Gemeinschaft und ihren Mitgliedsstaaten etablieren.
Die Bundesländer und die regionalen Zusammenschlüsse hingegen wollen durch die Verankerung des Subsidiaritätsprinzips ihre *eigene* Position schützen bzw. stärken und fordern demnach die Ausweitung subsidiärer Arbeitsweise auch auf die Ebene der Länder, Regionen und gar Kommunen.[143]
Subsidiarität kann somit nach außen und nach innen wirken. Die Außenwirkung ist die folgende: Es geht um Regelung der Frage, welche Macht den Europäischen Institutionen zufließt und welche Kompetenzen bei den Nationalstaaten verbleiben.
Neben dieser „Außenwirkung" des Subsidiaritätsprinzips als Regulierungsinstanz zwischen Europa und seinen Mitgliedsstaaten entwickelt das Subsidiaritätsprinzip inoffiziell eine nicht minder große „Innenwirkung" auf das innerstaatliche Verhältnis zwischen den einzelnen Nationalstaaten und deren Subebenen.

Das Subsidiaritätsprinzip wird in den „(...) Staaten mit traditionell föderalen Strukturen wie der Bundesrepublik Deutschland oder ausgeprägten regionalen Kulturen wie etwa Belgien oder Spanien eine konservative Wirkung entfalten, während es in den alten Zentralstaaten Europas wie Frankreich oder England Umgestaltungen der gewachsenen Verfassungsverhältnisse in Gang setzen würde, die dort vielleicht als noch weitreichender empfunden würden als die Abgabe von Souveränitätsrechten an ein europäisches Zentrum."[144]

Das Subsidiaritätsprinzip schützt zwar auf der einen Seite die Mitgliedsstaaten der Europäischen Union vor allzu großem Verlust eigener Souveränität. Der Zentrale Europa sollen nur diejenigen Aufgaben übertragen werden, deren Ausführung die Fähigkeiten und Kompetenzen der Einzelstaaten überschreiten.
Der politische Verfolg dieses Prinzips führt *aber* innerstaatlich dazu, dass sich die Nationalstaaten gegenüber ihren jeweiligen Subebenen für Machtfülle und Zentralismus ebenso verantworten müssen.

Eine solche Einbeziehung der Länder, Regionen und lokalen Gebietskörperschaften findet sich formal in Art. 3b EGV-M/ Art. 5 EGV-A-N ausdrücklich nicht wieder. Aus Perspektive des Grundsatzes der Subsidiarität wäre aber auch fraglich, ob durch Europäische Verträge so tief in die Organisationshoheit und die Souveränität der Mitgliedsstaaten eingegriffen werden darf. Subsidiarität bedeutet, dass möglichst alle Aufgaben auf möglichst niedriger Ebene bewältigt werden. Zu dieser Regelungsfrei-

---

[142] Vgl. BORCHMANN: Das Subsidiaritätsprinzip, S. 18.
[143] Vgl. BÖTTCHER: Europas Zukunft, S. 21; vgl. hierzu auch ENGEL, Christian: Kooperation und Konflikt zwischen den Ländern: Zur Praxis innerstaatlicher Mitwirkung an der deutschen Europapolitik aus der Sicht Nordrhein-Westfalens. In: HRBEK, Rudolf (Hrsg.): Europapolitik und Bundesstaatsprinzip. Die „Europafähigkeit" Deutschlands und seiner Länder im Vergleich mit anderen Föderalstaaten. Schriftenreihe des Europäischen Zentrums für Föderalismus-Forschung. Bd. 17. Baden-Baden 2000 (Nomos), S. 51f.
[144] LOTTES, Günther: Subsidiarität und Souveränität in den Staatsbildungsprozessen im Westeuropa der Frühen Neuzeit. In RIKLIN, Alois/ BATLINER, Gerard (Hrsg.): Subsidiarität. Ein interdisziplinäres Symposium. Baden-Baden 1994 (Nomos), S. 245.

heit gehört sicherlich auch die Organisationshoheit der Mitgliedsstaaten. Insofern obliegt es den Mitgliedsstaaten, subsidiär ihre innere Organisation zu bestimmen.[145] Eine Normierung des Europäischen Subsidiaritätsprinzips auch für die unterstaatlichen Ebenen der Mitgliedsstaaten widerspräche dem Grundsatz der Subsidiarität. Ein gemeinschaftlicher Eingriff in die innerstaatliche Organisation derart, dass dort das Subsidiaritätsprinzip Geltung erlangt, würde demnach ein Paradoxon darstellen (vgl. hierzu die vertiefende Untersuchung im Abschnitt 3 dieses Kapitels).

Die politischen Erfolge der Diskussion um das Subsidiaritätsprinzip sind groß. Mit der Auseinandersetzung um die Verankerung des Subsidiaritätsprinzips in den Gemeinschaftsverträgen ist eine erhebliche Sensibilisierung bei der Entwicklung des Europäischen Machtgefüges einhergegangen.[146]

Die Beteiligten auf mitgliederstaatlicher Ebene sind misstrauischer geworden, die Akteure auf gemeinschaftlicher Ebene behutsamer.

Der Einzug des Subsidiaritätsprinzips in die Gemeinschaftsverträge

Mit dem voranschreitenden Prozess der Europäischen Einigung, besonders aber mit dem Vertrag von Maastricht im Jahr 1992 rückt das Prinzip der Subsidiarität in den Mittelpunkt der Diskussion um eine adäquate Verteilung von Kompetenzen. In der wissenschaftlichen Auseinandersetzung, gerade auch in der politischen Philosophie erlangt das Prinzip der Subsidiarität gegenüber dem klassischen politischen Prinzip des Föderalismus an Bedeutung.

An diese Erkenntnis der wachsenden Bedeutung des Subsidiaritätsprinzips und der Problematik der Delegation souveräner Kompetenzen auf die Gemeinschaftsebene schließt sich unweigerlich die Frage an, wie viel ihrer Kompetenz die einzelnen Mitgliedsstaaten an die übergeordnete Ebene abzugeben bereit sind.[147] Welche Kompetenzen erlangt Europa? Über welche Macht verfügt die Europäische Union? Diese Frage nach der Kompetenzverteilung zwischen übergeordneter Ebene und untergeordneter Ebene lenkt den Blickwinkel wiederum zurück auf das Prinzip der Subsidiarität.

Das Subsidiaritätsprinzip als Kompetenzverteilungsprinzip

Im Jahr 1992, mit dem Vertrag von Maastricht und der Vollendung des Binnenmarktes, wird Subsidiarität der „Europabegriff des Jahres".[148] Erstmals findet sich die

---

[145] Vgl. PIEPER: Subsidiarität, S. 245.
[146] Vgl. MÜLLER-BRANDECK-BOQUET: Europäische Integration, S. 179.
[147] Die Europäischen Mitgliedsstaaten werden sich nicht auflösen. Auch scheint zur Zeit kaum vorstellbar, dass die Europäischen Mitgliedsstaaten jemals auf das Kompetenzniveau eines deutschen Bundeslandes oder eines französischen Departements, betrachtet im Verhältnis zu ihrem gesamten Staatswesen – Bundesrepublik Deutschland oder Republik Frankreich –, zu degradieren sind.
[148] PERISSISH, Riccardo: Le principe de subsidiarité, fil conducteur de la politique de la Communauté dans les années a venir. In : Revue du Marche Unique Européen 3/1992, S. 5.

Begrifflichkeit „Subsidiarität" als allgemeines und strukturierendes Prinzip in den Verträgen zur Europäischen Einigung.
Die Bewertungen zur Verankerung des Subsidiaritätsprinzips im Vertrag von Maastricht gehen weit auseinander.
Einerseits besteht die große Befürchtung, dass das Subsidiaritätsprinzip einer Renationalisierung auf dem bis dahin recht erfolgversprechenden Weg Europäischer Einigung Vorschub leistet.[149] Diese Befürchtung bedarf einer Erklärung. Geschaffen wurde das Prinzip der Subsidiarität, um übermächtige Zentralinstanzen zu verhindern. Die Europäische Union soll kein Moloch werden, der alle Kompetenzen der Mitgliedsstaaten an sich zieht und die untergeordneten Ebenen ihrer Zuständigkeiten beraubt. Diese allzu scharfe Betonung der Zuständigkeit untergeordneter Ebenen droht jedoch in eine Tendenz zur Renationalisierung umzuschlagen. Die Bereitschaft zur Integration sinkt.[150] Eine solch grundsätzliche Weigerung der Mitgliedsstaaten jedoch, Zuständigkeiten nach Europa abzugeben, wird dem Prinzip der Subsidiarität grundsätzlich *nicht* gerecht.

Die grundsätzlich *andere* Position ist die folgende: Die Einführung des Prinzips der Subsidiarität in die Europäischen Verträge wird als Meilenstein politischer Entwicklung zur Europäischen Einigung gefeiert. Das Subsidiaritätsprinzip hat die Maastrichter Verträge „gerettet".[151]
Das Subsidiaritätsprinzip wird als „Magna Charta der Europäischen Architektur" begrüßt und als „clausula integrationis" empfunden.[152] Aus beiden Polen der Einschätzung ist ein gesunder Mittelweg zu ermitteln.

Unabhängig jeglicher Wertung der Verankerung des Subsidiaritätsprinzips muss wertneutral festgehalten werden, dass das Prinzip der Subsidiarität grundlegend zur Klärung einer der wichtigsten Fragen innerhalb des Prozesses der Europäischen Einigung beiträgt. Das Prinzip der Subsidiarität ist bei der Frage nach dem richtigen Maß der Verteilung von Kompetenz aus der politischen Diskussion nicht mehr wegzudenken.
Seit Beginn aller Überlegungen Europäischer Zusammenarbeit und Europäischer Integration stellt sich nämlich, wie bereits erörtert, die Frage nach der Reichweite Europäischer Macht. Wie viel Macht und wie viel Kompetenz sollen, können und dürfen die Mitgliedsstaaten an die Europäische Administration bzw. an die Europäischen Gremien abgeben?
Subsidiarität bildet die Balance zwischen der Delegation von Verantwortung einerseits und der Eigenverantwortung andererseits. Es stellt sich die Frage, wo genau die Grenze zwischen Delegation und Eigenverantwortung zu ziehen ist. Das Prinzip der

---

[149] Vgl. das britische und dänische Verständnis zum Subsidiaritätsprinzip: BÖTTCHER: Europas Zukunft, S. 8.
[150] Vgl. KLOSE, Hans-Ulrich: Grundfragen der Europäischen Integration – Eine sozialdemokratische Politik für Europa. In: HELLWIG, Renate (Hrsg.): Der Deutsche Bundestag und Europa. München/ Landsberg (Lech) 1993 (mvg), S. 162; vgl. auch HÖFFE: Subsidiarität, S. 23.
[151] MENZ, Lorenz: Föderalismus: Stärke oder Handicap deutscher Interessenvertretung in der EU? (I). In: HRBEK, Rudolf (Hrsg.): Europapolitik und Bundesstaatsprinzip. Die „Europafähigkeit" Deutschlands und seiner Länder im Vergleich mit anderen Föderalstaaten. Schriftenreihe des Europäischen Zentrums für Föderalismus-Forschung. Bd. 17. Baden-Baden 2000 (Nomos), S. 72 (Im Folgenden zitiert als MENZ: Föderalismus.).
[152] KNEMEYER, Franz-Ludwig: Subsidiarität – Föderalismus, Dezentralisation. Initiativen zu einem „Europa der Regionen". In: Zeitschrift für Rechtspolitik. Jg. 23. 5/1990, S. 173.

Subsidiarität ist keine Messgröße im physikalischen Sinn. Dies bedeutet, dass mittels des Prinzips der Subsidiarität nur schwer konkret festgelegt werden kann, welche Befugnisse und welche Kompetenz auf welcher Ebene beheimatet sein sollen. Unterliegt damit der Prozess der Kompetenzverteilung und -zuweisung stets der Auseinandersetzung zwischen untergeordneter und übergeordneter Ebene?

Nachfolgende Frage ist demnach grundlegend: Kann Subsidiarität die Frage der Verteilung von Kompetenzen nun hinreichend aus sich heraus klären oder nicht?[153]

„Ist das Subsidiaritätsprinzip überhaupt fähig, Probleme der Gesellschaftspolitik und der Staatskompetenzen zu lösen? Verbindet es zu diesem Zweck ein hinreichendes Maß an Orientierung und Entscheidung mit genügend Offenheit für die je verschiedenen Probleme?"[154]

Diese Debatte um die Kompetenzen und deren Zuweisung wird im Kontext der Europäischen Einigung noch durch eine *weitere* grundlegende Frage verkompliziert: Wie weit reichen die Fähigkeiten des Subsidiaritätsprinzips zur Steuerung des Zusammenspiels *souveräner* Staaten und der zunehmend *souveränen* Europäischen Gemeinschaft?
Die Europäische Einigung erfolgt durch den Zusammenschluss souveräner Staaten. Diese sich zusammenschließenden und „funktionierenden" Staaten bilden bislang die oberste Stufe in der Hierarchie der Kompetenz. Bislang herrscht die Auffassung vor, dass das organisch gewachsene nationale Staatswesen den Abschluss einer Entwicklung darstellt. Dem Nationalstaat fällt die Aufgabe zu, als höchste Ebene innerhalb des Zuständigkeitsgefüges zu wirken.[155]

Überall stellt also bislang der Gesamtstaat die höchste Ebene der Ausübung von Kompetenz dar und zwar über viele Jahrzehnte und teilweise Jahrhunderte. Der Staat gilt als organisch gewachsene höchste Instanz im Rahmen der Subsidiarität. Diese über Jahrzehnte bzw. Jahrhunderte geprägte Ordnung wird nun mit der Europäischen Einigung völlig in Frage gestellt und umgebaut.[156]

---

[153] Das Prinzip der Subsidiarität stellt zwar einen Schlüsselbegriff der Europäischen Union dar, seine Wirkungsweise und besonders seine Wirkungstiefe sind allerdings umstritten: vgl. HUMMER, Waldemar: Subsidiarität und Föderalismus als Strukturprinzipien der Europäischen Gemeinschaften? In: Zeitschrift für Rechtsvergleichung (2/1992), Wien 1992, S. 81.
[154] HÖFFE: Subsidiarität, S. 23 .
[155] Grundsätzlich ist weiterhin zu bedenken, dass das Subsidiaritätsprinzip innerhalb der Gesellschafts- und Regierungssysteme der Europäischen Staaten unterschiedlich stark ausgeprägt ist. In stärker föderal strukturierten Staaten wie Deutschland, Belgien oder Spanien kann das Subsidiaritätsprinzip eine höhere Legitimation entfalten und beanspruchen als in Staaten, die zentralistisch aufgebaut sind wie beispielsweise Frankreich oder das Vereinigte Königreich.
Unabhängig von der konkreten Ausprägung von Subsidiarität in den einzelnen Europäischen Staaten ist grundsätzlich noch einmal festzustellen, dass in allen Staaten eine Teilung von Zuständigkeiten auf unterschiedliche staatlichen (Verwaltungs-)Ebenen besteht.
Zur Kategorisierung der einzelnen Mitgliedsstaaten in Föderalstaat und Einheitsstaat vgl. ENGEL, Christian: Regionen in der Europäischen Gemeinschaft – eine integrationspolitische Rollensuche. In: BORKENHAGEN, Franz H.U./ BRUNS-KLÖSS, Christian/ MEMMINGER, Gerhard/ STEIN, Otti (Hrsg.): Die deutschen Länder in Europa: Politische Union und Wirtschafts- und Währungsunion. Baden-Baden 1992 (Nomos), S. 190f.
[156] Bei Staaten wie Frankreich ist von jahrhundertelanger Ordnung und Tradition zu sprechen, bei Staaten wie Deutschland und Italien, die ihren Einigungsprozess erst zum Ende des 19. Jahrhunderts abgeschlossen haben eher von jahrzehntelanger Tradition.

Innerhalb relativ kurzer Zeit wird den Staaten Kompetenz entzogen und diese auf eine neu geschaffene Ebene verlagert. Der bislang souveräne Einzelstaat verliert Teilbereiche seiner Souveränität.[157] Widerstände gegen diesen Verlust von Souveränität sind gerade aus dieser langen souveränen Tradition der Einzelstaaten heraus verständlich.[158]
Es stellt sich daher die Frage nach der Legitimation des Anspruchs, seitens der Europäischen Ebene auf diese bislang mitgliedsstaatlichen Zuständigkeiten zuzugreifen, denn anders als in der organisch gewachsenen Struktur der Einzelstaaten mit ihren unterschiedlichen Ebenen der Kompetenz erscheint die Gründung der Europäischen Gemeinschaft bzw. der Europäischen Union weniger organisch, sondern vielmehr konstruiert.

Das Subsidiaritätsprinzip als Legitimationsgrundlage Europäischer Einigung

Wie bereits zu Beginn der Untersuchung ausgeführt, entsteht Legitimation der übergeordneten Ebene zur Ausübung von Macht aus der erkannten Notwendigkeit, dass diese übergeordnete Ebene eher zur Ausführung bestimmter Aufgaben geeignet ist als die kleineren unteren Ebenen. Aus dieser unbewussten und zumeist unreflektierten Einsicht heraus sind die Nationalstaaten geschichtlich gewachsen. Dieser Prozess verlief zumeist über lange Zeiträume hinweg und organisch, d.h. aus sich selbst heraus.
Die Europäische Einigung hingegen vollzieht sich innerhalb eines geschichtlich kurzen Zeitraums von bisher nicht einmal 50 Jahren. Der Prozess der Europäischen Einigung ist bewusst gesteuert und nicht natürlich gewachsenen Ursprungs.[159] Legitimation entsteht für die neue Ebene des Brüsseler und Straßburger Europas demnach kaum durch geschichtliche Tradition. Legitimation muss durch die allgemeine Einsicht entstehen, dass die bislang höchste Ebene, die Einzelstaaten, nicht mehr ausreichend imstande sind, notwendige Aufgaben zu erfüllen.
„Subsiduum referre" ist das entscheidende Stichwort. Die Einzelstaaten erkennen, dass viele politische und wirtschaftliche Fragen der heutigen Zeit nicht mehr ausreichend und befriedigend eigenständig gelöst werden können.[160] Aus dieser Erkenntnis heraus ist die Gründung einer über den Einzelstaaten liegenden, mit entsprechenden Kompetenzen ausgestatteten Ebene nachvollziehbar. Das Prinzip der Subsidiarität hilft, das Ausmaß von Kompetenzverlagerung auf die neue Europäische Ebene festzulegen. Gleichzeitig liefert das Instrument der Subsidiarität die Möglichkeit, eine übermäßige und vor allem aus Sicht der Einzelstaaten nicht notwendige

---

[157] Vgl. HÖFFE: Subsidiarität, S. 41.
[158] Es handelt sich bei dieser Skepsis weniger auf eine grundsätzliche EU-Kritik als vielmehr um die Skepsis zur Notwendigkeit der ausgreifenden Europäischen Macht. Vgl. NEWHOUSE, John: Sackgasse Europa: Der Euro kommt, die EU zerbricht. München 1998 (Droemer), S. 38 (Im Folgenden zitiert als NEWHOUSE: Sackgasse Europa.).
[159] Die Nützlichkeit, die Notwendigkeit und die Unabwendbarkeit Europäischer Einigung wird durch HALLSTEIN beschrieben. Diese Erkenntnis steuert sodann die voranschreitende Europäische Integration: vgl. HALLSTEIN, Walter: Die echten Probleme der europäischen Integration. Kieler Vorträge gehalten im Institut für Weltwirtschaft an der Universität Kiel. Bd. 37. Kiel 1965, S. 4f.
[160] Der nationalstaatliche Einfluss auf Wirtschaftsprozesse schwindet. Globalisierung und Regionalisierung der Wirtschaft füllen zunehmend das Vakuum nationalstaatlicher Machtlosigkeit. Vgl. auch NEWHOUSE: Sackgasse Europa, S. 40f.

Machtfülle auf Europäischer Ebene zu verhindern.[161] Macht und Kompetenz, die ohne Sachzwänge bei den Einzelstaaten verbleiben kann, verbleibt auch dort, folgt man dem Subsidiaritätsprinzip.[162]

Neben dem Subsidiaritätsprinzip, welches zur Legitimation des Europäischen Einigungsprozesses beiträgt, muss aber auch ein anderes grundsätzliches Faktum erfüllt sein: Legitimation entsteht letztlich nur dann, wenn ein Europäischer gemeinsamer Wille vorhanden ist. Dies bedarf einer Erklärung:

„Damit die neue, europäische Staatlichkeit funktionieren kann, muss es einerseits einen gemeinsamen Hintergrund geben, eine gewisse Wertegemeinschaft, die ein Wir-Gefühl vermittelt, ohne dass es gemeinsame Vorfahren geben müsste. Andererseits braucht es ein Forum, und zwar im Plural, auf dem die unterschiedlichen Interessen, auch die unterschiedlichen Interpretationen gemeinsamer Werte in ein Gespräch treten, ein Forum, auf dem Missverständnisse entdeckt, Konflikte ausgetragen und Lernprozesse in Gang gesetzt werden; ein Forum, auf dem über ausstehende Entscheidungen diskutiert wird und sich wenn möglich ein neuer Konsens anbahnt."[163]

Subsidiarität und Wertegemeinschaft als Prinzipien sowie Austausch und Reflexion darüber sind zentrale Bedingung einer funktionierenden Europäischen Einigung. Die Wertegemeinschaft scheint in Europa relativ gefestigt:[164] griechische Philosophie, christliches Denken, römisches Recht, gemeinsame Musik, Literatur und Kunst, die Aufklärung verbunden mit der Wertschätzung der Persönlichkeit und der Individualität.[165] Eine politische Öffentlichkeit bezüglich dieses Austausches zu gemeinsamen Werten und Zielen fehlt jedoch.[166] Eine Auseinandersetzung über den Fortgang der Europäischen Einigung findet kaum Raum.[167] Diskussionen und Auseinandersetzungen über die Zukunft Europas werden in der Bevölkerung so gut wie gar nicht ge-

---

[161] Die Zentralisierung von Macht und Kompetenz ist vor Verankerung des Subsidiaritätsprinzips unbeschränkt. „Soviel wie möglich" ist die administrative Maxime. Diese weicht nun der Erkenntnis „Soviel Einheit wie nötig, so viel Vielfalt wie möglich!". Vgl. hierzu auch MOHN, Reinhard: Geistige Orientierung als Grundlage der Gemeinschaftsfähigkeit im Prozeß der europäischen Integration. In: BISKUP, Reinhold (Hrsg.): Dimensionen Europas. Beiträge zur Wirtschaftspolitik. Bd. 68. Bern/ Stuttgart/ Wien 1998 (Paul Haupt), S. 103.
[162] Vgl. HAHN, H: Vertrag von Maastricht, S. 84.
[163] HÖFFE: Subsidiarität, S. 43.
[164] Vgl. LÜBBE, Hermann: Europa. Philosophische Aspekte. In: BISKUP, Reinhold (Hrsg.): Dimensionen Europas. Beiträge zur Wirtschaftspolitik. Bd. 68. Bern/ Stuttgart/ Wien 1998 (Paul Haupt), S. 81f; vgl. auch STARBATTY, Joachim: Politik oder Markt als Wegbereiter der Integration Europas? In: BISKUP, Reinhold (Hrsg.): Dimensionen Europas. Beiträge zur Wirtschaftspolitik. Bd. 68. Bern/ Stuttgart/ Wien 1998 (Paul Haupt), S. 179f.
[165] Vgl. BISKUP: Dimensionen Europas, S. 36f; vgl. auch REICHEL, Peter (Hrsg.): Politische Kultur in Westeuropa. Bürger und Staaten in der Europäischen Gemeinschaft. Schriftenreihe der Bundeszentrale für politische Bildung. Bd. 209. Bonn 1984, S. 12f; vgl. darüber hinaus auch HÖFFE: Subsidiarität, S. 44.
[166] Die fehlende Europäische Öffentlichkeit kritisiert schon ESTERBAUER im Jahr 1976: vgl. ESTERBAUER, Fried: Kriterien föderativer und konföderativer Systeme. Unter besonderer Berücksichtigung Österreichs und der Europäischen Gemeinschaften. Österreichische Schriftenreihen für Rechts- und Politikwissenschaft. Bd. 1. Wien 1976 (Braumüller), S. 142 (Im Folgenden zitiert als ESTERBAUER: Kriterien föderativer und konföderativer Systeme.); vgl. auch SÜSSMUTH, Rita: Die Rolle des deutschen Bundestages im Europäischen Einigungsprozeß zwischen Anspruch und Wirklichkeit. In: HELLWIG, Renate (Hrsg.): Der Deutsche Bundestag und Europa. München/ Landsberg (Lech) 1993 (mvg), S. 19.
[167] Vgl. GRIMM, Dieter: Braucht Europa eine Verfassung? (Carl Friedrich von Siemens Stiftung, Themenband 60). München 1994, S. 41.

führt.[168] Das Subsidiaritätsprinzip soll dieses Defizit lindern helfen. Dies jedoch ist kein geradliniger Weg.

Zur Schaffung von Legitimation der Europäischen Ebene ist das Subsidiaritätsprinzip zwar in den Verträgen die Europäische Einigung betreffend verankert, über seine Tragweite jedoch herrscht große Unklarheit. Von der Bevölkerung der Europäischen Union verbindet nur ein verschwindend kleiner Teil überhaupt etwas konkret mit dem Prinzip der Subsidiarität. Die Tragweite dieses Prinzips wird nicht erkannt. Dieses mangelnde Bewusstsein um die Wirkung des Subsidiaritätsprinzips ist konkreter Ausfluss des Defizits politischer Öffentlichkeit in Europa.
Aber nicht nur in der Bevölkerung ist das Subsidiaritätsprinzip ein mehr oder weniger unbeschriebenes Blatt. Auch in der Kontroverse um die Zukunft Europäischer Einigung, die von Politikern, Wissenschaftlern und Interessengruppen geführt wird, findet sich das Subsidiaritätsprinzip in höchst unterschiedlichen Zusammenhängen wieder. Das Verständnis des Subsidiaritätsprinzips klafft weit auseinander.

Eine *weitere* Problematik ist zu beachten: Es mangelt völlig an einer kommunikativen Ebene, auf welcher das Subsidiaritätsprinzip „Schmiermittel" darstellt. Subsidiarität gebärdet sich zu stark abstrahiert. Der Gesellschaftspakt des ALTHUSIUS, aus dem heraus das Subsidiaritätsprinzip ableitbar ist, wird im Europäischen Einigungsprozess weitgehend ignoriert. Zwar herrscht das Subsidiaritätsprinzip formal vor, jedoch fehlt ein tieferes Verständnis und vor allem eine Auseinandersetzung darüber. So bedürfen nachfolgende Fragen einer näheren Betrachtung: Welche Rolle spielen die Regionen im Europäischen Einigungsprozess? Wie ist der Ausschuss der Regionen in diesem Kontext zu bewerten?[169] Welche Möglichkeiten haben Verbände, Unternehmen und schließlich jeder einzelne Bürger, um auf den Prozess der Europäischen Einigung Einfluss zu nehmen? Welchen Einfluss schließlich haben die untergeordneten Ebenen auf das Alltagshandeln der Europäischen Union?[170]

23 Verfassungsrechtliche und politische Wirkung seit Maastricht

Die verfassungsrechtlichen Präliminarien zu Art. 3b EGV-M

Subsidiarität als Rechtsnorm Europäischer Verträge und Gesetzestexte hat keine lange Tradition, dennoch hat auch das Subsidiaritätsprinzip eine Europäische Geschichte. Wie bereits dargestellt, ist das Subsidiaritätsprinzip nicht erst seit der konkreten Diskussion um die Maastrichter Verträge präsent.
Das Subsidiaritätsprinzip ist kein „poetischer" Begriff, der in den Vertragswerken zur Europäischen Einigung als diskussionsöffnende Norm ohne klare Auslegung erscheint. Vom Charakter eines unbestimmten Rechtsbegriffs ist der gewählte Vertragstext weit entfernt. Anderseits ist Subsidiarität kein fest eingrenzbarer Rechts-

---

[168] Vgl. auch GYSI, Gregor: Ja zu Europa, aber nein zu Maastricht – Der Standpunkt der PDS/ Linke Liste. In: HELLWIG, Renate (Hrsg.): Der Deutsche Bundestag und Europa. München/ Landsberg (Lech) 1993 (mvg), S. 192.
[169] Vgl. HÜGLIN: Althusius, S. 115.
[170] Verwiesen wird auf die Ausführungen in Kapitel 4.

begriff. Im Maastrichter Vertrag wird das Subsidiaritätsprinzip nicht ausreichend umfassend in seiner Wirkungsweise und seiner Anwendung spezifiziert. Die Europäische Rechtsprechung hat mit dem Begriff der Subsidiarität Neuland zu bearbeiten. So frisch die Begrifflichkeit des Subsidiaritätsprinzips aber auch ist und so jung die Verankerung im Europäischen Verfassungszusammenhang auch erscheint, eine Auslegung juristischer Art beginnt nicht im Bodenlosen. Die Rechtsprechung kann auf die bisherige Nutzung des Begriffs der Subsidiarität zurückgreifen.[171] Bevor Verfassungsbegrifflichkeiten und rechtliche Prinzipien in Gesetzesform fließen, sind sie in kulturell vielfältigen Prozessen gewachsen. Sie sind in Auseinandersetzungen unterschiedlicher gesellschaftlicher Gruppen eingeflossen und haben demnach eine Geschichte. Bevor sie zu Normen mit Verfassungs- oder Gesetzesrang werden, stellen sie unbestimmte rechtskulturelle Allgemeinübereinkünfte dar, welche erst allmählich greifbar werden. Diesen Prozess des Aufstiegs vom „Kulturgut eines Rechtsstaates" zum Prinzip mit Verfassungsrang durchläuft auch das Subsidiaritätsprinzip.

Im Vorfeld der Beschlüsse zu Maastricht wird, wie beschrieben, in unterschiedlichsten Gremien und Verbänden nach Formulierungen für das gewünschte Prinzip der Eigenverantwortlichkeit der untersten bzw. unteren Ebenen gesucht. Dies ermöglicht es der Forschung zum Subsidiaritätsbegriff heute, mehr über die ursprünglichen Intentionen und Überlegungen hinsichtlich des Subsidiaritätsprinzips in Erfahrung zu bringen (Bestimmung des Rechtsbegriffs aus seiner Entstehung heraus). Noch einmal soll deshalb in diesem Kontext und dieser Perspektive folgend die Genese des Subsidiaritätsprinzips beleuchtet werden.

Im Jahr 1984 taucht, wie bereits erwähnt, der Begriff der Subsidiarität erstmals auf, und zwar im Entwurf des Europäischen Parlaments für eine Europäische Union.

Drei Jahre später formuliert die Ministerpräsidentenkonferenz der deutschen Bundesländer zur Verankerung des Subsidiaritätsprinzips in den Unionsverträgen wie folgt (1987):

„Die Europäische Gemeinschaft soll neue Aufgaben nur übernehmen, wenn ihre Erfüllung auf europäischer Ebene im Interesse der Bürger unabweisbar notwendig ist und ihre volle Wirksamkeit nur auf Gemeinschaftsebene erreicht werden kann. Deutschland muss neben dem Verwaltungsvollzug als Kern eigener Aufgaben verbleiben, wie beispielsweise die Kultur-, Erziehungs- und Bildungspolitik, die regionale Strukturpolitik, die Gesundheitspolitik. Auch künftig sollen die Länder alle Fragen regeln, die von ihnen sachgerechter, bürgernäher und besser geleistet werden können."[172]

Hierbei handelt es sich schon klar erkennbar um den später „Subsidiaritätsprinzip" genannten Vertragsbestandteil von Maastricht.

Die Arbeitsgruppe der Ministerpräsidentenkonferenz „Europa der Regionen" schlägt im Jahr 1990 folgenden Text für die Gemeinschaftsverträge vor:

---

[171] Vgl. HÄBERLE: Subsidiarität und Verfassungslehre, S. 273.
[172] MINISTERPRÄSIDENTENKONFERENZ: Beschluss vom 21.-23.10.1987 in München. Punkt 2 (Verwirklichung des Subsidiaritätsprinzips) zitiert nach HÄBERLE: Subsidiarität und Verfassungslehre, S. 277f.

„Subsidiaritätsprinzip: Die Gemeinschaft übt die ihr nach diesem Vertrag zustehenden Befugnisse nur aus, wenn und soweit das Handeln der Gemeinschaft notwendig ist, um die in diesem Vertrag genannten Ziele wirksam zu erreichen und hierzu Massnahmen der einzelnen Mitgliedsstaaten bzw. der Länder, Regionen und autonomen Gemeinschaften nicht ausreichen."[173]

Die Konditionalformulierung „wenn" macht deutlich, welche Prüfung vor jedem Gemeinschaftshandeln erfolgen muss. Die Europäischen Organe müssen, diesem Vertragsentwurf folgend, stets prüfen, inwieweit nicht auch untergeordnete Ebenen in der Lage sind, angestrebte Aufgaben zu erfüllen.[174]

Die angeführte Formulierung zum Subsidiaritätsprinzip vom Anfang des Jahres 1990 wird schließlich im Dezember desselben Jahres wie folgt präzisiert:

„Föderalismus und Subsidiarität haben sich als prägendes Strukturelement deutscher Politik seit Jahrzehnten bewährt... Föderalismus und Subsidiarität müssen Architekturprinzipien des einigen Europas werden. [...]
Föderalismus ist unverzichtbar, denn er bedeutet eine Ausprägung des Subsidiaritätsprinzips auf staatlicher Ebene... [...]
Das Subsidiaritätsprinzip muss grundlegendes Strukturelement der Politischen Union sowohl bei der Verteilung von Kompetenzen als auch bei der Ausübung von Befugnissen sein. Es ist als justitiabler Grundsatzartikel im EWG -Vertrag zu verankern."[175]

Werden diese Vorschläge mit dem angeführten Original-Vertragstext selbst verglichen, sind inhaltliche Übereinstimmungen auffällig.
Die Präambel des Vertrages über die Europäische Union lautet wie folgt:

„(...) Entschlossen, den Prozeß der Schaffung einer immer engeren Union der Völker Europas, in der die Entscheidungen entsprechend dem Subsidiaritätsprinzip möglichst bürgernah getroffen werden, weiterzuführen (...)".[176]

Die durch Unionsvertrag vorgesehenen Ziele der Union werden vermittels des Subsidiaritätsprinzips vollzogen:

(Ziele der Union) „Die Union setzt sich folgende Ziele: (...) Die Ziele der Union werden nach Maßgabe dieses Vertrags entsprechend den darin enthaltenen Bedingungen und der darin vorgesehenen Zeitfolge unter Beachtung des Subsidiaritätsprinzips, wie es in Artikel 3b des Vertrages zur Gründung der Europäischen Gemeinschaft bestimmt ist, verwirklicht." [177]

---

[173] MINISTERPRÄSIDENTENKONFERENZ: Bericht der Arbeitsgruppe „Europa der Regionen". 27.05.1990 zitiert nach HÄBERLE: Subsidiarität und Verfassungslehre, S. 278.
[174] Über diese einmalige Prüfung hinaus wäre eine turnusmäßige Überprüfung der Ansiedlung von Kompetenzen sinnvoll. Das Prinzip der „Sunset laws", eine zeitliche Befristung der Übertragung von Aufgaben und die sich daran anschließende erneute Prüfung, würde die Kompetenzverteilung zwischen den einzelnen Ebenen noch transparenter gestalten (vgl. die Praxis in der Schweiz): EICHENBERGER, Reiner/ HOSP, Gerald: Die institutionellen Leitplanken wirkungsvollen Föderalismus – Erfahrungen aus der Schweiz. In: PERNTHALER, Peter/ BUßJÄ-GER Peter (Hrsg.): Ökonomische Aspekte des Föderalismus. Institut für Föderalismus. Bd. 83. Wien 2001 (Braumüller), S. 99 (Im Folgenden zitiert als EICHENBERGER: Leitplanken wirkungsvollen Föderalismus.).
[175] MINISTERPRÄSIDENTENKONFERENZ: Beschluss vom 10./21.12.1990 zitiert nach HÄBERLE: Subsidiarität und Verfassungslehre, S. 278f.
[176] Präambel EUV-M-A-N.
[177] Art. B Satz 2 EUV-M.

Im angeführten Vertragstext wird Artikel 3b des Vertrages zur Gründung der Europäischen Gemeinschaft explizit angesprochen. Mit dem Vertrag von Amsterdam aus dem Jahr 1997 ändert sich die Nomenklatur dieses Artikels in Art. 5 EGV-A. Dieser lautet wie folgt:

(Einzelermächtigung, Subsidiarität): „Die Gemeinschaft wird innerhalb der Grenzen der ihr in diesem Vertrag zugewiesenen Befugnisse und gesetzten Ziele tätig.

In den Bereichen, die nicht in ihre ausschließliche Zuständigkeit fallen, wird die Gemeinschaft nach dem Subsidiaritätsprinzip nur tätig, sofern und soweit die Ziele der in Betracht gezogenen Maßnahmen auf Ebene der Mitgliedsstaaten nicht ausreichend erreicht werden können und daher wegen ihres Umfangs oder ihrer Wirkungen besser auf Gemeinschaftsebene erreicht werden können.

Die Maßnahmen der Gemeinschaft gehen nicht über das für die Erreichung der Ziele dieses Vertrags erforderliche Maß hinaus."[178]

Aus der o.g. Konditionalformulierung der Ministerpräsidentenkonferenz bzw. deren Arbeitsgruppe „Europa der Regionen" aus dem Jahr 1990 ist mit Art. 3b EGV -M eine noch weitaus eindeutiger die Kompetenz der Gemeinschaft einschränkende Formulierung geworden. Hiernach wird die Gemeinschaft nur tätig, *„sofern"* und *„soweit"* die Ziele nicht auch auf Mitgliedsebene erreicht werden können und wegen ihrer weitreichenden Wirkungen oder ihres Umfangs *„besser"* auf der Gemeinschaftsebene angegangen werden.[179] Es handelt sich also um drei Prüfungstatbestände:

1) Können die Ziele durch die Mitgliedsstaaten grundsätzlich erreicht werden?
2) Können die Ziele durch die Mitgliedsstaaten auch *vollständig* erreicht werden?
3) Sind diese Ziele von ihrer Wirkung her bzw. aufgrund ihres Umfangs geeignet, eine Europäische Aufgabe darzustellen?[180]

---

[178] Art. 3b EGV-M, Art. 5 EGV-A-N.
[179] Vgl. hierzu auch die noch weitergehenden Forderungen des Bundesrates im Vorfeld der Regierungskonferenz von Amsterdam bei FISCHER, Thomas: Die Zukunft der Regionen in Europa – Kompetenzbestände und Handlungsspielräume. In: BORKENHAGEN, Franz H.U./ FISCHER, Thomas/ FRANZMEYER, Fritz u.a.: Arbeitsteilung in der Europäischen Union – die Rolle der Re gionen. Gütersloh 1999 (Bertelsmann), S. 34f.
[180] Ergänzend zu den drei angeführten Prüfungsfragen wird nachfolgend der Gesamtkatalog der Prüfungsfragen vorgestellt. „Versammlung der Regionen Europas" 1992: Entschließung zum Subsidiaritätsprinzip und Entwurf einer Prüfung mittels des sogenannten Subsidiaritätsbogens: „1. Kompetenzgrundlage im EG-Vertrag: a) Auf welchen Artikel stützt sich die geplante Massnahme? b) Enthält dieser Artikel einschränkende Voraussetzungen für die Inanspruchnahme der Gemeinschaftskompetenz?; 2. Verfolgte dies EG-Vertrags: a) Welche konkreten Ziele verfolgt die Aktion? b) Woraus ergibt sich ein konkreter Handlungsbedarf? c) Steht die geplante Massnahme im Zusammenhang mit einer früheren Massnahme der Gemeinschaft?; 3. Erforderlichkeit der Gemeinschaftsaktion: a) Welche Mitgliedsstaaten sind von dem Problem betroffen? Stellt sich das Problem in allen diesen Staaten in gleicher Weise? b) In welchen Mitgliedsstaaten wurde das Problem bisher behandelt? Wie wurde das Problem von diesem Staaten bisher gelöst? c) Welche alternativen Lösungsmöglichkeiten bieten sich auf den Ebenen unterhalb der Gemeinschaftsebene? Aus welchen Gründen können die angestrebten Ziele auf Ebene der Mitgliedsstaaten nicht ausreichend erreicht werden? d) We lche Nachteile bzw. Kosten („coûts de la Non-Europe") entstehen, wenn die Gemeinschaft untätig bleibt? e) Welche Gründe sprechen dafür, dass durch die geplante Massnahme die Ziele der Gemeinschaft besser als durch Massnahmen auf der Ebene der Mitgliedsstaaten erreicht werden können?; 4 Form der Gemeinschaftsaktion: a) Reicht eine Koordinierung zwischen den Mitgliedsstaaten oder eine Unterstützung der nationalen Massnahmen durch die Gemeinschaft zur Erreichung der Ziele? Wenn nein: Warum nicht? b) Hat die Gemeinschaft in diesem Bereich bereits eine Empfehlung ausgesprochen, der die Mitgliedsstaaten nicht gefolgt sind? c) Ist eine gegenseitige Anerkennung unterschiedlicher nationaler Regelungen möglich? Wenn nein: Warum nicht? d) Ist eine vollständige Harmonisierung erforderlich oder reicht der Erlass von Mindestvorschriften? e) Reicht der Erlass einer Rahmenregelung? Wenn nein: Warum nicht? f) Ist eine unmittelbar geltende und einheitliche Regelung (Verordnung) erforderlich

Verfassungsrechtliche Implikation und politische Wirkung des Art. 5 EGV-A-N

Das Subsidiaritätsprinzip soll nach Auffassung der Regionen Europas nicht nur die Verteilung von Macht und Zuständigkeit zwischen der Europäischen Ebene und ihren Mitgliedsstaaten regeln. Mit vollzogener Diskussion und schließlich Verankerung in den Verträgen zur Europäischen Union erlangt das Subsidiaritätsprinzip eine grundsätzliche Bedeutung auch für das innerstaatliche Machtgefüge der Mitgliedsländer. Zwar ist gerade diese Art von Subsidiarität in den Verträgen von Maastricht, Amsterdam und Nizza *nicht* verankert und auch bewusst nicht gewollt, dennoch aber sind Auseinandersetzungen um die innerstaatliche Verteilung von Macht, ausgelöst durch die Verankerung des Subsidiaritätsprinzips, nicht einfach von der politischen Tagesordnung zu streichen. Explizit formuliert Art. 5 EGV-A-N, dass das Subsidiaritätsprinzip ausschließlich die Zuständigkeitsverteilung zwischen Europa und seinen Mitgliedsstaaten regeln soll. Soweit und sofern die Mitgliedsstaaten eine vertraglich nicht ausschließlich der Union zustehende Aufgabe nicht ausreichend erfüllen können, werden die Europäischen Organe aktiv. Über dieses Verfahren hinausreichende innerstaatliche Auseinandersetzungen werden schlichtweg nicht erwähnt und ausgeschlossen.[181]

Fraglich ist jedoch, inwieweit zur Beantwortung der Frage, ob nun die Mitgliedsstaaten *oder* die Europäische Union zur Ausführung gewisser Aufgaben herangezogen werden, auch die innerstaatlichen Macht- und Zuständigkeitsprinzipien beachtet werden müssen. Grundsätzlich lassen sich *zwei* unterschiedliche Betrachtungsweisen festmachen (eine bipolare Auslegung und eine umfassende Auslegung): Bei der *bipolaren* Auslegung von Subsidiarität, eine Ansicht, welche nach wörtlicher Auslegung des Artikels 5 EGV-A-N die mögliche Konkurrenz um Zuständigkeit nur zwischen zwei Ebenen sieht, nämlich zwischen Europa und seinen Mitgliedsstaaten, erscheint das Procedere relativ simpel. Zunächst muss die Europäische Ebene die Ausführung von Aufgaben an die Mitgliedsstaaten delegieren. Die Europäische Ebene wird schließlich gemäß Art. 5 S. 2 EGV-A-N nur dann aktiv, *sofern* und *soweit* die Ziele der in Betracht gezogenen Maßnahmen auf Ebene der Mitgliedsstaaten nicht ausreichend erreicht werden können und wegen ihres Umfangs *besser* auf der Gemeinschaftsebene bearbeitet werden können.

Die bipolare Auslegung unterstellt, dass die der Prüfung unterzogene Aufgabe entweder *seitens* der Europäischen Union oder *andererseits* durch die Mitgliedsstaaten erfüllt werden kann.

---

oder genügt der Erlass einer Richtlinie? g) Reicht eine befristete Regelung? h) Ist die Regelung in der vorgesehenen Regelungsdichte erforderlich?; 5. Erstreckung der Gemeinschaftsaktion: a) Ist der Erlass von Durchführungsvorschriften erforderlich und auf welcher Ebene werden sie gegebenenfalls erlassen? b) Falls ausnahmsweise der Vollzug der Gemeinschaftsaktion der Gemeinschaftsebene vorbehalten sein soll: Aus welchen Gründen reicht der Vollzug auf der Ebene der Mitgliedsstaaten/Regionen nicht aus? c) Falls für die Überwachung des richtigen Vollzugs die Gemeinschaft zuständig sein soll: Aus welchen Gründen kann diese Aufgabe nicht von den Mitgliedsstaaten wahrgenommen werden? d) Wer kontrolliert die Erreichung der Ziele der Gemeinschaftsaktion anhand welcher Kriterien?" zitiert nach HÄBERLE: Subsidiarität und Verfassungslehre, S. 280f.
[181] Vgl. MÜLLER-BRANDECK-BOQUET: Europäische Integration, S. 160.

Diese enge Auslegung kann jedoch einer grundsätzlicheren und damit umfassenderen Auslegung des Artikels 5 EGV-A-N weichen. Hiermit wird die *zweite* Variante der Auslegung eingeführt.
Bei Beantwortung der Frage, inwiefern zur Ausführung bestimmter Aufgaben eher die Europäische Union oder eher die Mitgliedsstaaten herangezogen werden, muss den Mitgliedsstaaten die Möglichkeit eingeräumt werden, *intern* die bestmögliche Vorgehensweise zur Lösung der Aufgabe zu wählen. Daraus folgt, dass auch innerhalb der Mitgliedsstaaten die Debatte um Subsidiarität geführt werden muss, zumindest aber geführt werden kann.
Die Ausführung zugewiesener Aufgaben muss nicht zwingend auf der Ebene der Nationalstaaten selbst erfolgen, sondern kann eben auch auf der Ebene der Länder, Regionen oder gar Gemeinden vollzogen werden. In dem Maße, wie die Mitgliedsstaaten Kompetenzen von der Union erlangen, kann diese Kompetenz auch innerstaatlich an unterstaatliche Gliederungen abgetreten werden. Subsidiarität kann und soll also auch innerstaatlich gelten.
Ausdrücklich ist noch einmal darauf hinzuweisen, dass die Regelungen zum Subsidiaritätsprinzip im Maastrichter Vertrag *keine* Subsidiarität innerhalb der Mitgliedsstaaten *vorschreiben*. Den Mitgliedsstaaten sollte jedoch das Recht *eingeräumt* werden, zur Beantwortung der Frage, inwieweit sie zur Bewältigung von Aufgaben aus Art. 5 EGV-A-N in der Lage sind, auf innerstaatlich subsidiäre Strukturen zurückzugreifen. Mit der daraus erwachsenden Vergrößerung gesamtmitgliedsstaatlicher Kompetenz auf Kosten der Europäischen Ebene verschiebt sich Macht und Kompetenz innerhalb des Gesamtgefüges der Europäischen Union weiter nach unten.
Aus sich heraus können die Mitgliedsstaaten ihre Länder, Regionen und Kommunen zur Stärkung ihrer eigenen Kompetenz gegenüber Europa einbeziehen. Ein Recht der Regionen, Länder und lokalen Gebietskörperschaften auf Beteiligung besteht jedoch in umgekehrter Stoßrichtung nicht. Die innerstaatliche Beteiligung der Länder, Regionen und lokalen Gebietskörperschaften ist nicht einklagbar. Die innerstaatlichen Ebenen sind dem Wohlwollen ihres Staates ausgesetzt. Sie müssen darauf vertrauen, dass dieser die Vorteile einer Beteiligung erkennt.[182]
Dieses Defizit aufgreifend, fordert die Schlusserklärung der Vierten Generalversammlung der Regionen Europas vom 4. Februar 1992 wie folgt:

„Die Generalversammlung der Regionen Europas (...) stellt dazu fest (zu Maastricht, d.Verf.), dass das im Vertrag verankerte Subsidiaritätsprinzip nicht nur zwischen der Europäischen Gemeinschaft und den Mitgliedsstaaten, sondern auch im Verhältnis zur regionalen Ebene gilt und eine Anwendung erfordert, die vom Vorrang der jeweils näheren Ebene ausgeht und es im übrigen jeder Ebene (Gemeinschaft-Mitgliedsstaat-Region) erlaubt, entsprechend ihrer Zuständigkeiten die gegebenen Aufgaben zu erfüllen."[183]

---

[182] Anders verhält es sich in der Bundesrepublik Deutschland, wie noch zu zeigen sein wird: Durch die Übertragung von Kompetenzen auf übergeordnete Ebene darf das Maß an Mitwirkungsmöglichkeiten der Bundesländer, konkret also die innerstaatliche Balance an Macht, nicht grundlegend beeinträchtigt werden. Vgl. hierzu auch DOCKTER, Helmut: Die innerstaatliche Ratifikation – Mitwirkungsmöglichkeiten der dritten Ebene. In: BORKENHAGEN, Franz H.U./ BRUNS-KLÖSS, Christian/ MEMMINGER, Gerhard/ STEIN, Otti (Hrsg.): Die deutschen Länder in Europa: Politische Union und Wirtschafts- und Währungsunion. Baden-Baden 1992 (Nomos), S. 169.
[183] IV. GENERALVERSAMMLUNG DER REGIONEN EUROPAS: Schlusserklärung vom 04.02.1992 zitiert nach HÄBERLE: Subsidiarität und Verfassungslehre, S. 281.

Die Hauptversammlung der Versammlung der Regionen Europas am 22. Januar 1993 formuliert:

„Die Versammlung ... begrüsst ... die Tatsache, dass der Europäische Rat die besondere Bedeutung hervorgehoben hat, die er dem Subsidiaritätsprinzip als Basis der Europäischen Union beimisst; bedauert jedoch, dass für die Anwendung dieses Subsidiaritätsprinzips und des Art. 3 b des Unionsvertrags die regionale Ebene nicht erwähnt und damit der Eindruck erweckt wird, als ob das Subsidiaritätsprinzip ausschliesslich auf das Verhältnis zwischen der Europäischen Gemeinschaft und der nationalen Ebene anzuwenden wäre...; fordert, dass das Subsidiaritätsprinzip klar definiert wird, so dass bei dessen Verletzung Rechtsmittel beim Europäischen Gerichtshof eingelegt werden können."[184]

Rechtsangleichung und Vertragslückenschließung –
Gemeinschaftsinstrumente subsidiärer Natur?

Im Jahr 1957 gründen die sechs Staaten Belgien, Deutschland, Frankreich, Italien, Luxemburg und die Niederlande mit den Römischen Verträgen die Europäische Wirtschaftsgemeinschaft. Zu Beginn dieses Prozesses Europäischer Einigung werden nur solche Aufgaben auf die EWG übertragen, welche seitens der Mitgliedsstaaten nicht in zufriedenstellendem Maß oder ausreichend effektiv gelöst werden können. Die Europäische Ebene wird nur subsidiär tätig. Von dieser Betrachtung ausgehend ist die Europäische Einigung zunächst dem Grundsatz der Subsidiarität verpflichtet – und dies implizit, weil eine explizite Formulierung des Subsidiaritätsprinzips fehlt.[185]

Der Europäischen Wirtschaftsgemeinschaft obliegt zunächst beinahe ausschließlich die Aufgabe, die großen Europäischen Wirtschaftszusammenhänge und die größer werdenden Märkte zu koordinieren, also eine Aufgabe, welche die Fähigkeiten der einzelnen Mitgliedsstaaten überfordert.[186] Gerade auf dem Gebiet internationaler Wirtschaftspolitik wird die Überforderung der einzelnen Staaten deutlich. Den einzelnen Industrienationen wächst die Koordination und Lenkung der boomenden, immer mehr die Ländergrenzen überschreitenden Marktwirtschaft über den Kopf. Nationalstaatlicher Souveränitätsverlust ist die Folge. Um diese verlorene Souveränität wieder zu erlangen, erscheint die EWG als das richtige Instrumentarium. Die Wirtschaft überschreitet die Ländergrenzen und entzieht sich zunehmend nationalstaatlicher Kontrolle. Es bedarf einer Institution, welche auch über die Ländergrenzen hinweg lenkend und Einfluss nehmend agieren kann.[187]

---

[184] VERSAMMLUNG DER REGIONEN EUROPAS: Schlusserklärung vom 22.01.1993 zitiert nach HÄBERLE: Subsidiarität und Verfassungslehre, S. 282.
[185] Vgl. BRUHA, Thomas: Das Subsidiaritätsprinzip im Recht der Europäischen Gemeinschaft. In RIKLIN, Alois/ BATLINER, Gerard (Hrsg.): Subsidiarität. Ein interdisziplinäres Symposium. Baden-Baden 1994 (Nomos), S. 379 (Im Folgenden zitiert als BRUHA: Subsidiaritätsprinzip im Recht der Europäischen Gemeinschaft.).
[186] Das Defizit nationalstaatlicher Problembewältigungskompetenz wird weiter zunehmen: vgl. GIERING: Europa zwischen Zweckverband und Superstaat, S. 152.
[187] Darüber hinaus ist zu berücksichtigen, dass der wirtschaftliche Zusammenschluss der sechs EWG-Gründungsnationen auch das Ziel verfolgt, ihre expandierende Wirtschaft zu fördern. Die boomende Import- und Exportwirtschaft der sechs Gründungsmitglieder profitiert von der EWG. Insofern dient die Gründung der EWG nicht nur der Wiederherstellung verlorener Souveränität über die eigene Wirtschaft, sondern eben auch der

Die EWG und später die EG agieren demnach in solchen Politikfeldern, welche sich einer nationalstaatlichen Kontrolle entzogen haben. Die materielle Ausformung der Europäischen Wirtschaftsgemeinschaft – die Schaffung des Gemeinsamen Marktes – ist demnach subsidiärer Natur. Zu prüfen ist, ob auch die formale Ausformung, die Wege und Maßnahmen der Gemeinschaft zur Erreichung dieses materiellen Zieles dem Subsidiaritätsprinzip entsprechen. Es stellt sich demnach die Frage, ob die Europäische Gemeinschaft mit ihrem Instrumentarium über Art. 5 EGV-A-N hinausgehend subsidiär geprägt ist.

Zentrale formale Schrittmacher funktionaler Umsetzung der Gemeinschaftsziele sind neben dem Subsidiaritätsprinzip des Art. 5 EGV-A-N die Verfahren der Rechtsangleichung und der Vertragslückenschließung. Vermittels der Rechtsangleichung können grundlegend unterschiedliche Rechtsgrundsätze und Rechtsanwendungen innerhalb der Mitgliedsstaaten im Bereich der Wirtschaft vereinheitlicht werden. Erfährt der angestrebte Gemeinsame Markt aufgrund zu stark divergierender Rechtsgrundlagen Hemmnisse, sollen durch Rechtsangleichung mitgliedsstaatliche wirtschaftsrechtliche und wirtschaftspolitische Unterschiede einander angeglichen werden.[188]
Vermittels der Vertragslückenschließung kann die Gemeinschaft bislang ihr nicht vertraglich explizit übertragene Aufgaben an sich ziehen. Damit kann sich die Kompetenz der Gemeinschaft über die explizit vertragstextliche Zuweisung hinaus ausdehnen.

Zur formalen Erreichung des vertraglich verankerten Ziels der Realisierung des Binnenmarkts und der Schaffung einer Wirtschafts- und Währungsunion bildet der Regelungsgehalt der Art. 94 und 95 EGV-A-N sowie des Art. 308 EGV-A-N die allgemeine Grundlage gemeinschaftlichen Handelns.[189]

Förderung und dem Ausbau der Wirtschaft durch bessere internationale Wirtschaftsbedingungen. Europäische Einigung hat eine funktional orientierte Ausprägung. Vgl. auch FRANZMEYER, Fritz: Zentralisierungs- und Dezentralisierungskräfte im europäischen Mehrebenensystem – zur Dynamik von Wirtschafts- und Finanzpolitik in Binnenmarkt und EWU. In: BORKENHAGEN, Franz H.U./ FISCHER, Thomas/ FRANZMEYER, Fritz u.a.: Arbeitsteilung in der Europäischen Union – die Rolle der Regionen. Gütersloh 1999 (Bertelsmann), S. 44f.
[188] Vgl. SCHNEIDER, Heinrich: Europäische Integration: die Leitbilder und die Politik. In KREILE, Michael (Hrsg.): Die Integration Europas. Politische Vierteljahresschrift. Sonderheft 23/1992. Opladen 1992 (Westdeutscher Verlag), S. 15 (Im Folgenden zitiert als SCHNEIDER: Europäische Integration).
Rechtsangleichung trägt zur Zentralisierung bei, während die durch Richtlinien geprägte konkrete Umsetzung von Gemeinschaftsrecht auf mitgliedsstaatlicher Ebene der Tendenz der Dezentralisierung unterliegt: vgl. MÜLLER-GRAF, Peter-Christian: Zentralisierungs- versus Dezentralisierungstendenzen – Vektoren in der Entwicklung eines europäischen Gemeinwesens. In: BORKENHAGEN, Franz H.U./ FISCHER, Thomas/ FRANZMEYER, Fritz u.a.: Arbeitsteilung in der Europäischen Union – die Rolle der Regionen. Gütersloh 1999 (Bertelsmann), S. 62.
[189] *Artikel 94 EGV-A-N (ex-Artikel 100 EGV-M:*
Der Rat erläßt einstimmig auf Vorschlag der Kommission und nach Anhörung des Europäischen Parlaments und des Wirtschafts- und Sozialausschusses Richtlinien für die Angleichung derjenigen Rechts- und Verwaltungsvorschriften der Mitgliedsstaaten, die sich unmittelbar auf die Errichtung oder das Funktionieren des Gemeinsamen Marktes auswirken.
Artikel 95 EGV-A-N (ex-Artikel 100 a EGV-M):
(1) Soweit in diesem Vertrag nichts anderes bestimmt ist, gilt abweichend von Artikel 94 für die Verwirklichung der Ziele des Artikels 14 die nachstehende Regelung. Der Rat erläßt gemäß dem Verfahren des Artikels 251 und nach Anhörung des Wirtschafts- und Sozialausschusses die Maßnahmen zur Angleichung der Rechts- und Verwaltungsvorschriften der Mitgliedsstaaten, welche die Errichtung und das Funktionieren des Binnenmarktes zum Gegenstand haben.

Gemäß Art. 94 EGV-A-N obliegt dem Rat die Aufgabe, auf Vorschlag der Kommission und nach Anhörung von EP und WSA[190] Richtlinien für das Erreichen und das Funktionieren des Gemeinsamen Marktes zu erlassen. Die Realisierung des Gemeinsamen Marktes bedeutet die konsequente Angleichung mitgliedsstaatlicher Wirtschaftsbedingungen.[191] Durch das Verfahren der Rechtsangleichung kann *einerseits* die über die einzelnen Mitgliedsstaaten ausgreifende Wirtschaft eingefangen werden, dies deshalb, weil gleiches oder doch zumindest angeglichenes Recht es den Mitgliedsstaaten erlaubt, über den Umweg der Europäi-

---

(2) Absatz 1 gilt nicht für die Bestimmungen über die Steuern, die Bestimmungen über die Freizügigkeit und die Bestimmungen über die Rechte und Interessen der Arbeitnehmer.
(3) Die Kommission geht in ihren Vorschlägen nach Absatz 1 in den Bereichen Gesundheit, Sicherheit, Umweltschutz und Verbraucherschutz von einem hohen Schutzniveau aus und berücksichtigt dabei insbesondere alle auf wissenschaftliche Ergebnisse gestützten neuen Entwicklungen. Im Rahmen ihrer jeweiligen Befugnisse streben das Europäische Parlament und der Rat dieses Ziel ebenfalls an.
(4) Hält es ein Mitgliedsstaat, wenn der Rat oder die Kommission eine Harmonisierungsmaßnahme erlassen hat, für erforderlich, einzelstaatliche Bestimmungen beizubehalten, die durch wichtige Erfordernisse im Sinne des Artikels 30 oder in bezug auf den Schutz der Arbeitsumwelt oder den Umweltschutz gerechtfertigt sind, so teilt er diese Bestimmungen sowie die Gründe für ihre Beibehaltung der Kommission mit.
(5) Unbeschadet des Absatzes 4 teilt ein Mitgliedsstaat, der es nach dem Erlaß einer Harmonisierungsmaßnahme durch den Rat oder die Kommission für erforderlich hält, auf neue wissenschaftliche Erkenntnisse gestützte einzelstaatliche Bestimmungen zum Schutz der Umwelt oder der Arbeitsumwelt aufgrund eines spezifischen Problems für diesen Mitgliedsstaat, das sich nach dem Erlaß der Harmonisierungsmaßnahme ergibt, einzuführen, die in Aussicht genommenen Bestimmungen sowie die Gründe für ihre Einführung der Kommission mit.
(6) Die Kommission beschließt binnen sechs Monaten nach den Mitteilungen nach den Absätzen 4 und 5, die betreffenden einzelstaatlichen Bestimmungen zu billigen oder abzulehnen, nachdem sie geprüft hat, ob sie ein Mittel zur willkürlichen Diskriminierung und eine verschleierte Beschränkung des Handels zwischen den Mitgliedsstaaten darstellen und ob sie das Funktionieren des Binnenmarktes behindern.
Trifft die Kommission innerhalb dieses Zeitraums keine Entscheidung, so gelten die in den Absätzen 4 und 5 genannten einzelstaatlichen Bestimmungen als gebilligt.
Die Kommission kann, sofern dies aufgrund des schwierigen Sachverhalts gerechtfertigt ist und keine Gefahr für die menschliche Gesundheit besteht, dem betreffenden Mitgliedsstaat mitteilen, daß der in diesem Absatz genannte Zeitraum gegebenenfalls um einen weiteren Zeitraum von bis zu sechs Monaten verlängert wird.
(7) Wird es einem Mitgliedsstaat nach Absatz 6 gestattet, von der Harmonisierungsmaßnahme abweichende einzelstaatliche Bestimmungen beizubehalten oder einzuführen, so prüft die Kommission unverzüglich, ob eine Anpassung dieser Maßnahme vorschlägt.
(8) Wirft ein Mitgliedsstaat in einem Bereich, der zuvor bereits Gegenstand von Harmonisierungsmaßnahmen war, ein spezielles Gesundheitsproblem auf, so teilt er dies der Kommission mit, die dann umgehend prüft, ob sie dem Rat entsprechende Maßnahmen vorschlägt.
(9) In Abweichung von dem Verfahren der Artikel 226 und 227 kann die Kommission oder ein Mitgliedsstaat den Gerichtshof unmittelbar anrufen, wenn die Kommission oder der Staat der Auffassung ist, daß ein anderer Mitgliedsstaat die in diesem Artikel vorgesehenen Befugnisse mißbraucht.
(10) Die vorgenannten Harmonisierungsmaßnahmen sind in geeigneten Fällen mit einer Schutzklausel verbunden, welche die Mitgliedsstaaten ermächtigt, aus einem oder mehreren der in Artikel 30 genannten nichtwirtschaftlichen Gründe vorläufige Maßnahmen zu treffen, die einem gemeinschaftlichen Kontrollverfahren unterliegen.
Art. 308 EGV-A-N (ex-Art. 235 EGV-M) lautet wie folgt:
Erscheint ein Tätigwerden der Gemeinschaft erforderlich, um im Rahmen des Gemeinsamen Marktes eines ihrer Ziele zu verwirklichen, und sind in diesem Vertrag hierfür erforderlichen Befugnisse nicht vorgesehen, so erläßt der Rat einstimmig auf Vorschlag der Kommission und nach Anhörung des Europäischen Parlaments die geeigneten Vorschriften.
[190] WSA: Wirtschafts- und Sozialausschuss. Zur Funktion und Stellung des WSA vgl. KOHLER-KOCH, Beate: Interessen und Integration. Die Rolle organisierter Interessen im westeuropäischen Einigungsprozeß. In: KREILE, Michael (Hrsg.): Die Integration Europas. Politische Vierteljahresschrift. Sonderheft 23/1992. Opladen 1992 (Westdeutscher Verlag), S. 89f.
[191] Die angestrebte Angleichung ist weitreichend: So erklärt bspw. schon die 2. Europäische Raumordnungsministerkonferenz im Jahr 1973, dass es wichtig ist, in den unterschiedlichen Europäischen Regionen möglichst angeglichene soziale Bedingungen und Umweltbedingungen sowie einen vergleichbaren Beschäftigungs- und Einkommensstandard anzustreben. Vgl. hierzu MALCHUS: Partnerschaft an europäischen Grenzen, S. 18f.

schen Gemeinschaft ihre Wirtschaft konsequenter zu lenken bzw. unerwünschte Fehlentwicklungen zu verhindern.

Anderseits erlangt die Wirtschaft durch Angleichung von Gesetzen und Rechtspraktiken innerhalb der Gemeinschaft den Vorteil, über die eigenen Grenzen hinweg rechtssicher und ohne größere Reibungsverluste agieren zu können.

Gemäß Art. 94 EGV-A-N dürfen Rechtsvorschriften nur dann erlassen werden, wenn dadurch die Errichtung des Gemeinsamen Marktes gefördert bzw. das Funktionieren dieses Marktes gesichert bzw. verbessert wird.

Die Funktionalität steht im Mittelpunkt des Interesses. Klar erkennbar in diesem Zusammenhang wird das Prinzip der Subsidiarität: Die Gemeinschaft wird nur *dann* aktiv, wenn die Mitgliedsstaaten allein auf sich gestellt mit der Sicherstellung des Gemeinsamen Marktes überfordert sind. Da die Gewährleistung des Gemeinsamen Marktes die mitgliedsstaatlichen Möglichkeiten beinahe grundlegend überfordert, wird die Schaffung des Gemeinsamen Marktes zunehmend und ausschließlich die Aufgabe der Gemeinschaft. Dennoch bleibt die Regelungskompetenz der Gemeinschaft nur das „subsiduum" für mangelnde mitgliedsstaatliche Kompetenz.

Auch das Verfahren der *Vertragslückenschließung* ist, grundsätzlich betrachtet, Ausfluss des Subsidiaritätsprinzips, denn prinzipiell betrachtet ist das Prüfverfahren zur Vertragslückenschließung ein Prüfverfahren der Subsidiarität. Die Vertragslückenschließung erlaubt es der Europäischen (Wirtschafts-) Gemeinschaft, Regelungskompetenzen an sich zu ziehen und Rechtsvorschriften zu erlassen, auch wenn etwas inhaltlich Dementsprechendes nicht explizit vertraglich zwischen den Mitgliedsstaaten vereinbart ist.

Zunächst wird geprüft, ob und inwieweit das Tätigwerden der Gemeinschaft erforderlich ist. Ist ein solches Tätigwerden der Gemeinschaft erforderlich, sind demnach die Mitgliedsstaaten, aus welchem Grund auch immer, nicht in der Lage, notwendige Maßnahmen allein und selbständig vorzunehmen, wird hernach geprüft, auf Basis welcher vertraglichen Bestimmungen ein Tätigwerden der Gemeinschaft gerechtfertigt ist. Wird also die Erforderlichkeit des Gemeinschaftshandelns bejaht, fehlt hierfür jedoch eine vertragliche Grundlage, kann diese Vertragslücke gemäß Art. 308 EGV-A-N geschlossen werden.[192] Diese Prüfung entspricht aufgrund inhärenter prinzipieller Nachrangigkeit der Gemeinschaft dem Prüfverfahren der Subsidiarität. Da die Erweiterung der vertraglichen Grundlage der Einstimmigkeit des Rates bedarf, ist darüber hinaus gewährleistet, dass nur mit der Zustimmung aller Mitgliedsstaaten die Zuständigkeit der Gemeinschaft erweitert werden kann.[193]

---

[192] Da grundsätzlich das Prinzip der Einzelermächtigung gilt, erhält das Verfahren gemäß Art. 308 EGV-A-N ergänzende und flankierende Funktion: vgl. BORCHMANN, Michael: Der Art. 235: Generalklausel für EG-Kompetenzen. In: BORKENHAGEN, Franz H.U./ BRUNS-KLÖSS, Christian/ MEMMINGER, Gerhard/ STEIN, Otti (Hrsg.): Die deutschen Länder in Europa: Politische Union und Wirtschafts- und Währungsunion. Baden-Baden 1992 (Nomos), S. 101.
[193] Vgl. GRIMM, Dieter: Braucht Europa eine Verfassung? (Carl Friedrich von Siemens Stiftung, Themenband 60). München 1994, S. 30; vgl. auch MAGIERA, Siegfried: Kompetenzverteilung in Europa – Möglichkeiten und Grenzen der Beachtung der dritten Ebene. In: BORKENHAGEN, Franz H.U./ FISCHER, Thomas/ FRANZMEYER, Fritz u.a.: Arbeitsteilung in der Europäischen Union – die Rolle der Regionen. Gütersloh 1999 (Bertelsmann), S. 24 (Im Folgenden zitiert als MAGIERA: Kompetenzverteilung in Europa.); vgl. darüber hinaus auch IPSEN, Hans-Peter: Zur Tragfähigkeit der Verfassungsprinzipien der EG. In: VORSTAND DES ARBEITSKREISES EUROPÄISCHE

Trotz dieser Einschränkung im Verfahren der Vertragslückenschließung – die Einstimmigkeit in der Mitwirkung – und trotz der allgemeinen Zustimmung zum grundsätzlichen Ziel – Schaffung des Binnenmarktes – stößt die Schaffung des Gemeinsamen Marktes auf Widerstand der Mitgliedsstaaten.[194] Der Spannungsbogen zwischen den einzelnen Ebenen generiert sich durch den Protektionismus der Einzelstaaten und durch die Betonung eigener Partikularinteressen, welche die zügige Umsetzung des Gemeinsamen Marktes hemmen. Die Schaffung des Gemeinsamen Markts, das Erreichen dieses gemeinsamen Ziels, erfordert demnach eine durchsetzungsstarke Europäische Ebene. Die EG muss ausreichend mit Macht ausgestattet sein, um notwendige Rechts- und Verwaltungsvorschriften zur Schaffung des Gemeinsamen Markts einzuführen, umzusetzen und schließlich auch zu kontrollieren. Rechtsangleichung und Vertragslückenschließung werden daher in der Frage des Gemeinsamen Marktes intensiv zugunsten der Europäischen Gemeinschaft ausgelegt.[195] Dies hat die Europäische Ebene zu einer „Totalharmonisierung" genutzt.[196] Diese Totalharmonisierung allerdings bedeutet gleichzeitig Uniformierung und zerstört fruchtbare heterogene regionale Kräfte.[197]

Die angeführte gefährliche Tendenz zur Totalharmonisierung entsteht dadurch, dass die Realisierung des Gemeinsamen Markts als wirtschaftspolitische Vereinbarung nach gemeinschaftlicher Auffassung nicht nur ausschließlich das Politikfeld „Wirtschaft" beinhaltet. In diesen Bereich hinein spielen darüber hinaus zahlreiche andere Politikbereiche wie Arbeitsmarktpolitik, Umweltpolitik, Technikpolitik, Verbraucherschutzpolitik und Sozialpolitik. Mit der großzügigen Machtfülle der EG, die Umsetzung des Gemeinsamen Marktes betreffend, und dem Einverständnis der Mitgliedsstaaten hierzu öffnet sich der Einfluss- und Regelungsbereich der Gemeinschaft erheblich.[198]

Da mit dem Ziel des Gemeinsamen Markts, wie gesehen, noch zahlreiche andere Politikfelder zusammenhängen, erlangt diese freiwillige Verschiebung von Kompetenz durch die Mitgliedsstaaten auf die Europäische Gemeinschaft erhebliche Brisanz. Im Rahmen des „subsiduum referre" haben die Mitgliedsstaaten Kompetenz und Macht nach oben delegiert und haben dann feststellen müssen, dass ihre Entmachtung weit über den scheinbar solitär wirtschaftspolitischen Bereich der Schaffung des Gemeinsamen Markts hinausreicht.

INTEGRATION E.V. (Hrsg.): Integrationskonzepte auf dem Prüfstand. Jahreskolloquium 1982. Baden-Baden 1983 (Nomos), S. 19 (Im Folgenden zitiert als IPSEN: Tragfähigkeit der Verfassungsprinzipien.).
[194] Der EP-Abgeordnete VON WOGAU fordert gar das Ziel „Schaffung eines „Europäischen Heimatmarktes", zitiert nach FRANZMEYER, Fritz: Zentralisierungs- und Dezentralisierungskräfte im europäischen Mehrebenensystem – zur Dynamik von Wirtschafts- und Finanzpolitik in Binnenmarkt und EWU. In: BORKENHAGEN, Franz H.U./ FISCHER, Thomas/ FRANZMEYER, Fritz u.a.: Arbeitsteilung in der Europäischen Union – die Rolle der Regionen. Gütersloh 1999 (Bertelsmann), S. 51.
[195] Vgl. SCHNEIDER: Europäische Integration, S. 15.
[196] BRUHA: Subsidiaritätsprinzip im Recht der Europäischen Gemeinschaft, S. 384.
[197] Vgl. BÖTTCHER, Winfried: Mehr Demokratie für Europa wagen durch Regionalismus. In: DERS. (Hrsg.): Europäische Perspektiven. Zur Zukunft Europas. Bd. 3. Münster/ Hamburg/ London, 2002 (Lit), S. 47 (Im Folgenden zitiert als BÖTTCHER: Mehr Demokratie für Europa.).
[198] Als jüngstes Beispiel ist der Erlass zum gemeinschaftsweiten Tabakwerbeverbot anzuführen. Da der EU in der Gesundheitspolitik entsprechende Kompetenzen fehlen, wird das Tabakwerbeverbot über den Binnenmarkt und die Notwendigkeit zur Schaffung einheitlicher wirtschaftlicher bzw. wettbewerblicher Verhältnisse begründet.

Der Europäische Gerichtshof rechtfertigt gerade diese Ausweiterung des Gemeinschaftsrechts auf weitere Regelungsbereiche.[199] Nach Vertragsauslegung durch den Europäischen Gerichtshof erlangt die Gemeinschaftsebene zu Recht weitere Kompetenz, denn die Schaffung des Binnenmarktes ist keine singuläre Aufgabe.[200] Am EuGH[201] herrscht die Auffassung vor, dass ein Ausgreifen gemeinschaftlicher Zuständigkeit auf unterschiedliche Politikbereiche im Rahmen der Realisierung des Binnenmarkts gerechtfertigt ist.[202] Beispielhaft sei hier die Einschätzung des EuGH-Richters Rodrigues IGLESIAS zur Rolle des EuGH angeführt:

„Der Gerichtshof hat sich als entscheidender Faktor für eine zielgerichtete, dynamische und expansive Auslegung der Gemeinschaftskompetenzen sowie eine gemeinschaftsfreundliche Auslegung in Bezug auf Zuständigkeiten der Mitgliedsstaaten bewährt."
Darüber hinaus ist er der Auffassung, „dass ein bestimmtes Ergebnis auch gegen den Wortlaut der anzuwendenden Vorschrift durchgesetzt werden muss."[203]

Diese durch den EuGH betriebene schleichende Vertragsänderung muss aus einer verfassungsrechtlichen Erwägung der Gewaltenteilung heraus deutlich kritisiert werden.[204] Auch bei den Mitgliedsstaaten stößt diese Rechtsprechung und Rechtsanwendung des Europäischen Gerichtshofes auf erheblichen Widerstand, bangen sie doch um ihre Vertragsfreiheit.[205] Der EuGH betreibt durch Richterrecht einen deutlichen Wandel der Europäischen Gemeinschaftsverträge – demnach quasi einen Verfassungswandel.[206]
Das ursprüngliche Ziel – Schaffung eines Gemeinsames Marktes – besteht in der gemeinschaftlichen Angleichung des Wirtschaftslebens und der mitgliedsstaatlichen Wirtschaftspolitik. Mit der Erkenntnis, dass die Realisierung des Binnenmarktes nicht nur auf die Wirtschaft als solche Auswirkungen hat, sondern dass letztlich zur Realisierung des Gemeinsamen Marktes auch weitaus mehr Politikfelder einer Vereinheit-

---

[199] Der Europäische Gerichtshof urteilt als Gemeinschaftsorgan gemeinschaftsfreundlich. Vgl. hierzu auch HALLSTEIN, Walter: Der unvollendete Bundesstaat. Europäische Erfahrungen und Erkenntnisse. Düsseldorf/ Wien 1969 (Econ), S. 37 (Im Folgenden zitiert als HALLSTEIN: Der unvollendete Bundesstaat.).
[200] Laut Vorgabe des Weißbuches zur Vollendung des Binnenmarktes müssen zur Harmonisierung allein 279 Richtlinien erlassen werden: vgl. auch HOMBACH, Bodo: Nordrhein-Westfalen: Eine europäische Region formiert sich. Ausgangslage, Perspektiven und Handlungsbedarf. In: ALEMANN, Ulrich von/ HEINZE, Rolf G./ HOMBACH, Bodo (Hrsg.): Die Kraft der Region: Nordrhein-Westfalen in Europa. Bonn 1990 (Dietz), S. 79.
[201] EuGH: Europäischer Gerichtshof
[202] Der EuGH ist neben der Kommission einziges genuin gemeinschaftliches Organ, denn sowohl Rat als auch EP sind mitgliedsstaatlich konstituiert und somit nicht genuin der Gemeinschaft verpflichtet. Demnach ist der EuGH neben der Kommission prädestiniertes Organ zur Ausweitung von Gemeinschaftskompetenzen. So fordert der EuGH beispielsweise explizit die Suprematie des Europäischen Rechts über das der Mitgliedsstaaten: vgl. hierzu auch HARTMANN, Jürgen: Das politische System der Europäischen Union. Eine Einführung. Frankfurt (Main) 2001 (Campus), S. 152, 158f (Im Folgenden zitiert als HARTMANN: System der Europäischen Union.).
[203] IGLESIAS, Rodriguez, spanischer Richter am EuGH, zitiert nach BRUHA: Subsidiaritätsprinzip im Recht der Europäischen Gemeinschaft, S. 384.
[204] Die Urteile des EuGH haben meist eine „integrationsmehrende Tendenz": HAHN, H: Vertrag von Maastricht, S. 84f.
Zur fehlenden Gewaltenteilung vgl. auch IPSEN: Tragfähigkeit der Verfassungsprinzipien, S. 23.
[205] Vgl. SCHNEIDER: Europäische Integration, S. 10.
[206] Der EuGH betrachtet die Vertragstexte der Europäischen Union als Verfassungsdokumente. Damit hebt sich der EuGH ausdrücklich von den Vertragsstaaten ab, welche die Auffassung vertreten, dass der Union keine eigene Konstitutionalität zukommt. Vgl. hierzu auch BISKUP: Dimensionen Europas, S. 47f; vgl. auch MÜLLER, Günther: Faß ohne Boden. Die Eurokratie von Brüssel und unser Geld. München 1994 (Herbig), S. 66 (Im Folgenden zitiert als MÜLLER: Faß ohne Boden.).

lichung bedürfen, strebt die Europäische Gemeinschaft die Schaffung von rechtlicher Gleichheit in allen das Wirtschaftsleben berührenden Politikbereichen an.[207]

Für den zentralen gemeinschaftlichen Bereich – Schaffung eines Binnenmarktes – wird deutlich, dass die Europäische Ebene eine Eigendynamik in der Vergrößerung ihres Einflussbereiches entwickelt und dies noch nicht einmal ungerechtfertigt. Der Weg zur Realisierung eines Gemeinsamen Marktes führt, scheinbar unweigerlich, auch zur Rechtsangleichung der Wirtschaft nahestehender Bereiche und somit zu einer zunehmenden Entmündigung der Mitgliedsstaaten. Einstimmigkeitsprinzip und Intergouvernement dürfen nicht darüber hinwegtäuschen, dass mit dem Wunsch zur Schaffung des Binnenmarktes Macht und Kompetenz auf die Gemeinschaftsebene verlagert wird. Dieser Prozess ist gar, wie aufgezeigt, vom Prinzip der Subsidiarität gedeckt.

Es wurde gezeigt, dass die gemeinschaftsvertraglich normierten Verfahren „Rechtsangleichung" und „Vertragslückenschließung" subsidiärer Natur sind. Es wurde deutlich, dass diese beiden zentralen Verfahrensvorschriften über das explizit verankerte Prinzip der Subsidiarität in Art. 5 EGV-A-N hinaus den subsidiären Charakter des Gemeinschafts- bzw. Unionsvertrags stärken.

Weiterer klarer Ausfluss des Subsidiaritätsprinzips im Maastrichter Vertrag sind die Schutzklauseln und Notstandsklauseln. So enthält beispielsweise Art. 30 EGV-A-N eine Auflistung von Möglichkeiten, welche ein Abweichen der Mitgliedsstaaten von ihren Verpflichtungen aus Art. 28 und 29 EGV-A-N (Verbot der mengenmäßigen Einfuhr- und Ausfuhrbeschränkung) erlauben.

Art. 39 Abs. 3 EGV-A-N begründet eine Ausnahme vom Prinzip der Freizügigkeit der Arbeitnehmer im Falle der Gefährdung der öffentlichen Ordnung, der Sicherheit oder der Gesundheit in einem Mitgliedsstaat. Weitere Regelungen zur Befreiung vom Gemeinschaftsrecht im Notfall finden sich in Art. 46 EGV-A-N (Niederlassungsrecht) und in Art. 55 EGV-A-N (Freier Dienstleistungsverkehr).[208]

Eine grundsätzliche Notstandsklausel bildet Art. 296 EGV-A-N. Gemäß Art. 296 EGV-A-N kann ein Mitgliedsstaat bei vermuteter Verletzung seiner Sicherheitsinteressen die Suspendierung gemeinschaftlicher und vertraglicher Verpflichtungen veranlassen.[209]

Das Subsidiaritätsprinzip aus Art. 5 EGV-A-N normiert, dass die Europäische Ebene nur dann Befugnisse erlangt, wenn ihr Handeln besser zur Problemlösung geeignet ist als ein Handeln der Mitgliedsstaaten. Formal dürften die angeführten Notstands- und Schutzklauseln inhaltlich also bereits durch das Subsidiaritätsprinzip abgedeckt sein. Aus Perspektive des Subsidiaritätsprinzips erscheint die Öffnung des Vertragswerkes durch Schutzklauseln und die Befreiung von vertraglichen Verpflichtungen durch Notstandsklauseln demnach überflüssig, denn in den angeführten Fällen der Schutz- und Notstandsklauseln muss allein schon aus dem Verständnis des Subsidiaritätsprinzips heraus die Verantwortung auf die Mitgliedsstaaten zurückfallen.

---

[207] Vgl. SCHOSER, Franz: Die Vollendung des Europäischen Binnenmarktes – End- oder Zwischenstufe der europäischen Integration? In: BISKUP, Reinhold (Hrsg.): Europa – Einheit in der Vielfalt. Orientierungen für die Zukunft der europäischen Integration. Beiträge zur Wirtschaftspolitik. Bd. 50. Bern/ Stuttgart/ Wien 1998 (Paul Haupt), S. 95f; vgl. auch BRUHA: Subsidiaritätsprinzip im Recht der Europäischen Gemeinschaft, S. 384 f.
[208] Vgl. auch PIEPER: Subsidiarität, S. 191.
[209] Vgl. ebd., S. 192.

Aus den vorangegangenen Ausführungen ist grundsätzlich zu erkennen, dass das Subsidiaritätsprinzip nicht allein durch Art. 5 EGV-A-N zur Grundlage der Europäischen Gemeinschaft gemacht wird, sondern dass sich dieses Prinzip durch zahlreiche Teile des Vertrags hindurchzieht. Das Subsidiaritätsprinzip stellt einen die Verträge durchdringenden Grundpfeiler dar. Es ist ein Grundprinzip der Gemeinschaftsordnung. Besonders allen Kritikern der sich beschleunigenden Europäischen Einigungsbestrebung ist das Subsidiaritätsprinzip Schutzklausel sine qua non.

Legitimation der EU auf mitgliedsstaatlicher Ebene:
Das Grundgesetz der Bundesrepublik Deutschland

In Deutschland wird mit der Diskussion um die Maastrichter Verträge eine grundsätzliche Diskussion über das Subsidiaritätsprinzip und schließlich dessen Ausprägung eingeläutet, die bis heute anhält. Mit Art. 23 GG wird die grundgesetzliche Legitimationsgrundlage für die deutsche Beteiligung am sich beschleunigenden Europäischen Einigungsprozess geschaffen.[210] Art. 23 GG bricht das Abstraktum des Art. 5 EGV-A-N auf bundesrepublikanische Verhältnisse um.[211]

Dies bedarf im Folgenden einer Erläuterung: Mit Artikel 23 GG erlangt das Prinzip der Subsidiarität auf bundesdeutscher Ebene Rechtskraft im angeführten Sinne. In der Frage der Einbeziehung der deutschen Bundesländer in Europäische Angele-

---

[210] Vgl. DI FABIO, Udo: Der neue Art. 23 des Grundgesetzes. Positivierung vollzogenen Verfassungswandels oder Verfassungsneuschöpfung? In: Der Staat. Zeitschrift für Staatslehre, öffentliches Recht und Verfassungsgeschichte (Heft 1/4 . Bd. 32, 1993) Berlin 1993 (Duncker und Humblot), S. 191 (Im Folgenden zitiert als DI FABIO: Art. 23 des Grundgesetzes.).

[211] *Artikel 23 (Europäische Union):*
(1) Zur Verwirklichung eines vereinten Europas wirkt die Bundesrepublik Deutschland bei der Entwicklung der Europäischen Union mit, die demokratischen, rechtsstaatlichen, sozialen und föderativen Grundsätzen und dem Grundsatz der Subsidiarität verpflichtet ist und einen diesem Grundgesetz im wesentlichen vergleichbaren Grundrechtsschutz gewährleistet. Der Bund kann hierzu durch Gesetz mit Zustimmung des Bundesrates Hoheitsrechte übertragen. Für die Begründung der Europäischen Union sowie für Änderungen ihrer vertraglichen Grundlagen und vergleichbare Regelungen, durch die dieses Grundgesetz seinem Inhalt nach geändert oder ergänzt wird oder solche Änderungen oder Ergänzungen ermöglicht werden, gilt Artikel 79 Abs. 2 und 3.
(2) In Angelegenheiten der Europäischen Union wirken der Bundestag und durch den Bundesrat die Länder mit. Die Bundesregierung hat den Bundestag und den Bundesrat umfassend und zum frühestmöglichen Zeitpunkt zu unterrichten.
(3) Die Bundesregierung gibt dem Bundestag Gelegenheit zur Stellungnahme vor ihrer Mitwirkung an Rechtsetzungsakten der Europäischen Union. Die Bundesregierung berücksichtigt die Stellungnahmen des Bundestages bei den Verhandlungen. Das Nähere regelt ein Gesetz.
(4) Der Bundesrat ist an der Willensbildung des Bundes zu beteiligen, soweit er an einer entsprechenden innerstaatlichen Maßnahme mitzuwirken hätte oder soweit die Länder innerstaatlich zuständig wären.
(5) Soweit in einem Bereich ausschließlicher Zuständigkeiten des Bundes Interessen der Länder berührt sind oder soweit im übrigen der Bund das Recht zur Gesetzgebung hat, berücksichtigt die Bundesregierung die Stellungnahme des Bundesrates. Wenn im Schwerpunkt Gesetzgebungsbefugnisse der Länder, die Einrichtung ihrer Behörden oder ihre Verwaltungsverfahren betroffen sind, ist bei der Willensbildung des Bundes insoweit die Auffassung des Bundesrates maßgeblich zu berücksichtigen; dabei ist die gesamtstaatliche Verantwortung des Bundes zu wahren. In Angelegenheiten, die zu Ausgabenerhöhungen oder Einnahmeminderungen für den Bund führen können, ist die Zustimmung der Bundesregierung erforderlich.
(6) Wenn im Schwerpunkt ausschließliche Gesetzgebungsbefugnisse der Länder betroffen sind, soll die Wahrnehmung der Rechte, die der Bundesrepublik Deutschland als Mitgliedsstaat der Europäischen Union zustehen, vom Bund auf einen vom Bundesrat benannten Vertreter der Länder übertragen werden. Die Wahrnehmung der Rechte erfolgt unter Beteiligung und in Abstimmung mit der Bundesregierung; dabei ist die gesamtstaatliche Verantwortung des Bundes zu wahren.
(7) Das Nähere zu den Absätzen 4 bis 6 regelt ein Gesetz, das der Zustimmung des Bundesrates bedarf.

genheiten besteht nun keine Freiwilligkeit mehr.[212] Vielmehr erhalten die Länder nun ein einklagbares Recht auf Beteiligung an der Gemeinschaftspolitik des Bundes.

Art. 23 Abs. 1 GG wird als Struktursicherungsklausel bezeichnet, da durch ihn nicht jedweder Ausprägung einer Europäischen Einigung der Weg geebnet wird.[213] Die Europäische Einigung kann und darf nur unter den genau angeführten Grundsätzen dieses Art. 23 Abs. 1 GG erfolgen. Eine deutsche Beteiligung an Europäischer Einigung ist gemäß Art. 23 GG nur dann grundgesetzkonform, wenn die EU subsidiär, föderal und demokratisch-rechtsstaatlich strukturiert ist.[214]
Explizit findet sich das Subsidiaritätsprinzip im Grundgesetz nur in Art. 23 GG wieder. Dennoch aber lässt das Grundgesetz darüber hinaus einen grundsätzlich subsidiären Charakter erkennen. Das Subsidiaritätsprinzip ist inhaltlich allgegenwärtig. Die Sicherung der Familie (Art. 6), aber auch die Vereinigungsfreiheit (Art. 9) verbürgen den unwiderruflichen Schutz kleinerer Einheiten.[215] Familie und Verband sind kleine soziale Einheiten innerhalb des gesamten Staatswesens. Dass ihnen das Grundgesetz einen grundrechtlichen Schutz garantiert, dokumentiert unter anderem den subsidiären Charakter des Grundgesetzes.

Aber nicht nur der Schutz kleinerer sozialer Einheiten, sondern auch der Schutz der individuellen Rechte jedes Einzelnen gegenüber dem Staat (Grundrechte) verdeutlichen, dass nicht der Staat als Gemeinwesen im Mittelpunkt des Schutzinteresses steht, sondern gerade die kleinste Einheit, nämlich das Individuum.

So formuliert schon Art. 1 Abs. 1 des Verfassungsentwurfes von Herrenchiemsee, einer der ersten Entwürfe zum neuen Grundgesetz aus dem Jahr 1947:

„Der Staat ist um des Menschen Willen da, nicht der Mensch um des Staaten willen."[216]

Auch in zahlreichen Landesverfassungen wird dieser Grundsatz des Vorrangs des Individuums vor dem Gesamtwesen „Staat" normiert, so beispielsweise in Art. 1 Abs. 2 der Verfassung des Landes Baden-Württemberg:

„Der Staat hat die Aufgabe, den Menschen (...) zu dienen."

Der Staat organisiert das Wohlergehen der Individuen, indem er sie nicht über das notwendige Maß hinaus in ihren Rechten beschränkt und schließlich den Bestand und die Sicherung dieser Rechte gewährleistet. Aus dieser Betrachtungsweise heraus, nämlich dass die Individuen und ihre individuellen Rechte sowie die kleineren sozialen Einheiten den Schutz der übergeordneten Ebene verlangen und diese sich

---

[212] Vgl. auch MAGIERA: Kompetenzverteilung in Europa, S. 29.
[213] Art. 23 GG bildet den Schwerpunkt des „Grundgesetz-Änderungsgesetzes" zur Anpassung des Grundgesetzes an die Beschlüsse von Maastricht. Vgl. HÖLSCHEIDT: Von Maastricht nach Karlsruhe, S. 77f.
[214] Vgl. HÄBERLE: Subsidiarität und Verfassungslehre, S. 283.
[215] Vgl. ebd., S. 285.
[216] Vgl. hierzu auch DEUTSCHER BUNDESTAG/ BUNDESARCHIV (Hrsg.): Der Parlamentarische Rat 1948-1949. Akten und Protokolle (Bd. 2. Der Verfassungskonvent von Herrenchiemsee). Boppart (Rhein) 1981 (Boldt), S. 580.

in den Dienst der unteren Ebene stellt, erlangt das Prinzip der Sub sidiarität unmittelbare Anwendung.

Über diesen konkreten Schutz der Grundrechte hinaus kann festgestellt werden, dass im Grundgesetz auch allgemein subsidiäre Prinzipien verankert werden. Besonders die Verfassungsprinzipien des Föderalismus und des Selbstverwaltungsrechts der Kommunen sind anzuführen, wenn es aufzuzeigen gilt, wie ausgeprägt subsidiär der Charakter der Grundgesetzes ist. An dieser Stelle soll sicherlich keine detaillierte Ausführung zu Föderalismus, Regionalismus und kommunalen Rechten erfolgen – es sei auf die ausdrücklich diesen Prinzipien vorbehaltenen Kapitel verwiesen –, dennoch dürfen sie bei Darstellung des subsidiären Charakters des Grundgesetzes nicht fehlen.

Art. 30 GG formuliert wie folgt:

„Die Ausübung der staatlichen Befugnisse und die Erfüllung der staatlichen Aufgaben ist Sache der Länder, soweit dieses Grundgesetz keine andere Regelung trifft oder zuläßt."

Artikel 30 GG begründet die grundsätzliche Zuständigkeitsvermutung der Länder. Artikel 30 GG dokumentiert somit einen genuin subsidiären Charakter. Die staatliche Ebene der Länder erhält einen grundsätzlichen Vorrang vor der oberen staatlichen Ebene, dem Bund. Auch wird grundsätzlich eine Zuständigkeit zugunsten der unteren staatlichen Ebene der Länder vermutet.
Nur bei politischen Entscheidungen und Verwaltungsakten, bei denen es Bedarf nach einheitlicher und übergeordneter Koordination gibt, wird der Bund aktiv. Nur in diesen Bereichen, wo es also für das gesamte Staatswesen sinnvoller und zweckmäßiger ist, Macht und schließlich deren Ausübung für alle Länder gemeinsam zu übernehmen, ist der Bund als Klammer der Länder gefragt.
Der Regionalismus ist in Deutschland nicht verfassungsmäßig verankert. Das Grundgesetz unterscheidet zwischen Bund, Ländern und Kommunen. In jüngster Zeit erhalten jedoch korporative Zwischenorganisationen, eingelagert zwischen Ländern und Kommunen, erhebliche Bedeutung: die Regionen. In Deutschland stellt der keimende Regionalismus eine Ergänzung zum vorhandenen Bund-Länder-Föderalismus dar. Zunehmend bilden sich regionale Identitäten, deren Akteure sich innerhalb der Länderstrukturen, teilweise gar Landesgrenzen übergreifend, organisieren und Eigeninteressen artikulieren.
Der keimende Regionalismus stellt als Ergänzung des „offiziellen" Föderalismus in Deutschland einen weiteren Baustein des subsidiären Staatsaufbaus dar.[217]
Auch die kommunale Selbstverwaltung wird als Element eines subsidiär organisierten und subsidiär strukturierten Staates betrachtet. Artikel 28 Absatz 2 GG legt fest:

„Den Gemeinden muß das Recht gewährleistet sein, alle Angelegenheiten der örtlichen Gemeinschaft im Rahmen der Gesetze in eigener Verantwortung zu regeln. Auch die Gemeindeverbände haben im Rahmen ihres gesetzlichen Aufgabenbereiches nach Maßgabe der Gesetze das Recht der Selbstverwaltung. Die Gewährleistung der Selbstverwaltung umfaßt auch die Grundlagen der finanziellen Eigenverantwortung; zu diesen Grundlagen

---

[217] Vgl. NEWHOUSE: Sackgasse Europa, S. 45.

gehört eine den Gemeinden mit Hebesatzrecht zustehende wirtschaftskraftbezogene Steuerquelle."

Der Charakter dieser grundgesetzlichen Norm erscheint nur ansatzweise subsidiär. Art. 28 Abs. 2 GG verankert subsidiäre Strukturen nur ansatzweise, da er vom grundsätzlichen Prinzip der Allzuständigkeit der möglichst unteren Ebene abweicht. Den Kommunen steht in Deutschland nicht grundsätzlich die gesamte Regelung aller Politikfelder zu, sondern lediglich die Erledigung aller *eigenen* Angelegenheiten. Dies scheint im Vergleich zur Subsidiaritäts-Norm mit ihrer grundsätzlich angenommenen Allzuständigkeit der unteren Ebene eine deutliche Einschränkung.

Fraglich ist jedoch, ob diese Einschränkung kommunaler Zuständigkeit wirklich eine gravierende Beschneidung des allgemeinen Subsidiaritätsprinzips darstellt. Es ist nämlich kritisch zu prüfen, auf welche Weise die Kommunen überhaupt Angelegenheiten erledigen sollen und können, die nicht Angelegenheiten der eigenen örtlichen Gemeinschaft darstellen. Genau an diesem Punkt greift die Kompetenzzuweisung des Subsidiaritätsprinzips, welches zwar zunächst grundsätzlich alle Macht und alle Zuständigkeit auf möglichst niedriger (staatlicher) Ebene verankert, dies jedoch immer unter den Vorbehalt einer effektiven und sinnvollen Erfüllung der Aufgaben auf der entsprechenden staatlichen Ebene stellt.

Eine einzelne Kommune darf keine Angelegenheiten entscheiden, welche auch andere Kommunen betreffen und damit in deren Zuständigkeit fallen. Auch ist eine einzelne Kommune nicht in der Lage, grundsätzliche regionale oder gar gesamtstaatliche Entscheidungen zu treffen, geschweige denn diese dann auch eigenverantwortlich auszuführen.[218]

Der einschränkende Passus des Subsidiaritätsprinzips, dass zwar Zuständigkeit und Macht auf möglichst niedriger Ebene angesiedelt sein sollen, dies aber nur insoweit, wie die betroffene Ebene auch zur Wahrnehmung in der Lage ist, versöhnt demnach das Subsidiaritätsprinzip mit der im Grundgesetz normierten kommunalen Selbstverwaltung. Die Kommunen erledigen die in ihrem Zuständigkeitsbereich liegenden und die von ihnen grundsätzlich zu leistenden Angelegenheiten. Alle weiteren Aufgaben darüber hinaus werden anderen staatlichen Ebenen zur Erfüllung übertragen. Nicht nur im Grundgesetz gilt die kommunale Selbstverwaltung als ein unabdingbarer Bestandteil eines subsidiär organisierten Staates.

Art. 11 Abs. 4 der Bayerischen Landesverfassung normiert:

„Die Selbstverwaltung der Gemeinden dient dem Aufbau der Demokratie in Bayern von unten nach oben."

Die kommunale Selbstverwaltung als Ausprägung eines subsidiären Staatswesens kann kaum klarer formuliert werden.

Die Europäische Charta der kommunalen Selbstverwaltung bringt die Konnexität von kommunaler Selbstverwaltung und Subsidiarität auf einen Punkt:

---

[218] Vgl. hierzu auch grundsätzlich KNEMEYER, Franz-Ludwig: Gemeindefreiheit – kommunale Selbstverwaltung – als Stütze der Demokratie. In: ESTERBAUER, Fried/ KALKBRENNER, Helmut/ MATTMÜLLER, Markus/ ROEMHELD, Lutz (Hrsg.): Von der freien Gemeinde zum föderalistischen Europa. Festschrift für Adolf Gasser zum 80. Geburtstag. Berlin 1983 (Duncker und Humblot), S. 299f.

„Die Wahrnehmung öffentlicher Aufgaben obliegt im allgemeinen vorzugsweise den Behörden, die den Bürgern am nächsten sind. Bei der Aufgabenzuweisung an andere Stellen sollte Umfang und Art der Aufgabe sowie den Erfordernissen der Wirksamkeit Rechnung getragen werden."[219]

In der Präambel der Charta heißt es:

„(...) überzeugt, dass das Bestehen kommunaler Gebietskörperschaften mit echten Zuständigkeiten eine zugleich wirkungsvolle und bürgernahe Verwaltung ermöglicht; in dem Bewusstsein, dass der Schutz und die Stärkung der kommunalen Selbstverwaltung in den verschiedenen europäischen Staaten einen wichtigen Beitrag zum Aufbau eines Europa darstellen, das sich auf die Grundsätze der Demokratie und der Dezentralisierung der Macht gründet (...)".[220]

Zur Konformität von EU-Vertrag und Grundgesetz

Der Europäische Einigungsprozess in seinem heutigen Zustand der Europäischen Union greift mit der Ausdehnung Europäischer Befugnisse erheblich in das innerstaatliche Machtgefüge und die innerstaatliche politische und verfassungsmäßige Ordnung der Mitgliedsstaaten ein. Einem solch radikalen Eingriff in das innerstaatliche Machtgefüge von außen steht das Grundgesetz entgegen.

Der Europäische Eingriff ist doppelter Natur: Zum *einen* werden der Europäischen Ebene zahlreiche bislang mitgliedsstaatliche Kompetenzen übertragen, zum *anderen* vollzieht sich die Ausführung übertragener Aufgaben auf der Ebene der Union, wie aufgezeigt, wenig transparent.[221] Die drohende und teilweise bereits vollzogene massive Veränderung des innerstaatlichen Machtgefüges stößt an die Grenzen des Veränderungsverbots des Art. 79 Abs. 2 und 3 GG. Es ist demnach zu prüfen, wie weit der Europäische Einigungsprozess, verbunden mit der Konzentration souverän sich darstellender Kompetenzen auf der Gemeinschaftsebene, durch das Grundgesetz abgedeckt bleibt.[222] Über diese Frage hinaus muss in diesem Zusammenhang erörtert werden, inwieweit das verankerte Subsidiaritätsprinzip des Art. 5 EGV-A-N grundsätzlich den Anforderungen des deutschen Grundgesetzes entspricht.

Bis zur Verankerung des Art. 23 im Grundgesetz stellt Art. 24 GG die grundgesetzliche Norm für den Europäischen Einigungsprozess dar. Art. 24 Abs. 1 formuliert:

„Der Bund kann durch Gesetz Hoheitsrechte auf zwischenstaatliche Einrichtungen übertragen."

---

[219] Art. 4 Abs. 3 Europäische Charta der kommunalen Selbstverwaltung zitiert nach KNEMEYER, Franz-Ludwig (Hrsg.): Die Europäische Charta der kommunalen Selbstverwaltung: Entstehung und Bedeutung. Länderberichte und Analysen. Baden-Baden 1989 (Nomos), S. 274 (Im Folgenden zitiert als KNEMEYER: Charta der kommunalen Selbstverwaltung.).
[220] Zitiert nach ebd. 273.
[221] Vgl. BIEBER, Roland/ SCHWARZE, Jürgen: Verfassungsentwicklung in der Europäischen Gemeinschaft. Baden-Baden 1984 (Nomos), S. 28 (Im Folgenden zitiert als BIEBER: Verfassungsentwicklung.).
[222] Vgl. HÖLSCHEIDT: Von Maastricht nach Karlsruhe, S. 78f.

Eine solche Übertragung kann auch dann ohne die Zustimmung der Bundesländer erfolgen, wenn deren unmittelbare Interessen betroffen sind.[223] Eine Einschränkung bildet jedoch Art. 59 Abs. 2 GG.[224]
Die Übertragbarkeit deutscher Hoheitsrechte begrenzt Art. 24 GG auf zwischenstaatliche Einrichtungen. Zwischenstaatliche Einrichtungen besitzen keinerlei Staatsqualität und keine eigene staatsrechtliche Souveränität.[225] Die Europäische Wirtschaftsgemeinschaft ist ursprünglich als eine solch zwischenstaatliche Einrichtung konzipiert.
Mit fortschreitender Europäischer Integration durch EWG und EG jedoch erlangt die Europäische Ebene zusehends unmittelbare Steuerung und unmittelbaren Einfluss auf die sie konstituierende Staatengemeinschaft. In immer mehr politischen Teilbereichen werden der Europäischen Gemeinschaft Kompetenzen zugewiesen. Im Umkehrschluss verlieren die Mitgliedsstaaten unmittelbaren Einfluss auf die übertragenen Politikfelder.[226] Dennoch kann bis zum Jahr 1992 *noch* nicht von einem souveränen oder auch völlig autonomen Charakter der Europäischen Gemeinschaft gesprochen werden, weil die EG durch die Verträge der sie begründenden Mitgliedsstaaten konstituiert wird und von den zugewiesenen Aufgaben entbunden werden kann.[227] Die Europäische Wirtschaftsgemeinschaft und auch die Europäische Gemeinschaft müssen bis zum Zeitpunkt der Vertragsschließung zur Europäischen Union als zwischenstaatliche Einrichtung bezeichnet werden.[228]
Die Verträge von Maastricht mit der Gründung der Europäischen Union werfen allerdings die Frage auf, ob die EU noch als zwischenstaatliche Einrichtung verstanden werden darf.

Die Union erlebt eine enorme Steigerung von Macht und Kompetenz. Zwangsläufig verschieben sich Merkmale staatlicher Souveränität von den Mitgliedsstaaten nach

---

[223] Vgl. SCHARPF, Fritz W.: Regionalisierung des europäischen Raums. Die Zukunft der Bundesländer im Spannungsfeld zwischen EG, Bund und Kommunen. In: ALEMANN, Ulrich von/ HEINZE, Rolf G./ HOMBACH, Bodo (Hrsg.): Die Kraft der Region: Nordrhein-Westfalen in Europa. Bonn 1990 (Dietz), S. 32.
[224] *Art. 59 GG (Völkerrechtliche Vertretungsmacht):*
   (1) Der Bundespräsident vertritt den Bund völkerrechtlich. Er beschließt im Namen des Bundes die Vertr ä- ge mit auswärtigen Staaten. Er beglaubigt und empfängt die Gesandten.
   (2) Verträge, welche die politischen Beziehungen des Bundes regeln oder sich auf Gegenstände der Bundesgesetzgebung beziehen, bedürfen der Zustimmung oder der Mitwirkung der jeweils für die Bundesgesetzgebung zuständigen Körperschaften in der Form eines Bundesgesetzes. Für Verwaltungsabkommen gelten die Vorschriften über die Bundesverwaltung entsprechend.
Vgl. hierzu auch HAHN, H: Vertrag von Maastricht, S. 114.
Eine umgekehrte Untersuchung wäre interessant: Wie selbständig und souverän können Bundesländer, aber auch die Kommunen (lokale grenzüberschreitende Zusammenarbeit) internationale Ankommen treffen'? Vgl. hierzu BEYERLIN, Ulrich: Rechtsprobleme der lokalen grenzüberschreitenden Zusammenarbeit. Beiträge zum ausländischen öffentlichen Recht und Völkerrecht. Bd. 96. Berlin/ Heidelberg/ New York u.a. 1988 (Springer), S. 180ff.
[225] Vgl. DI FABIO: Art. 23 des Grundgesetzes, S. 192.
[226] Im Besonderen die mitgliedsstaatlichen Parlamente verlieren zunehmend Möglichkeiten der Einflussnahme: vgl. SASSE, Christoph: Regierungen. Parlamente. Ministerrat. Entscheidungsprozesse in der Europäischen Gemeinschaft. Europäische Studien des Instituts für Europäische Politik. Bd. 6. Bonn 1975 (Europa Union), S. 125ff (Im Folgenden zitiert als SASSE: Regierungen. Parlamente. Ministerrat.).
[227] Vgl. DI FABIO: Art. 23 des Grundgesetzes, S. 192.
[228] Bis zum Zeitpunkt der Gründung der Europäischen Union stellt die Europäische Ebene im Vergleich zu ihren Mitgliedsstaaten eher eine „‚schwache' Instanz" dar. TÖMMEL, Ingeborg: System-Entwicklung und Politikgestaltung in der Europäischen Gemeinschaft am Beispiel der Regionalpolitik. In: KREILE, Michael (Hrsg.): Die Integration Europas. Politische Vierteljahresschrift. Sonderheft 23/1992. Opladen 1992 (Westdeutscher Verlag), S. 199.

Brüssel. Mit den Verträgen zur Europäischen Union ist nun fraglich, ob die Entwicklung Europäischer Einigung noch durch Artikel 24 GG rechtlich abgesichert ist.[229]

„Zumindest jeder, der die ungeheure Zentripetalwirkung des datumsmäßig festgelegten Binnenmarktes beobachtet hat, weiß, daß nunmehr ein weiterer und entscheidender Motor mit festen Datenvorgaben angeworfen ist, der zwangsläufig mit der unitarisierten Währungspolitik den ganzen Kranz an wirtschaftlicher Globalsteuerung, Struktur-, Steuer- und Sozialpolitik über kurz oder lang zum Zentrum treiben wird."[230]

Sicherlich ist es noch zu früh, der EU schon mit Maastricht 1992 eine eigene Staatlichkeit und eigene Souveränität zuzusprechen.[231] Dennoch aber lässt sich ohne Mühe feststellen, dass mit den Verträgen von Maastricht, Amsterdam und Nizza erheblicher politischer und verfassungsrechtlicher Sprengstoff entsteht. Die Auseinandersetzung um die Verschiebung von Souveränität von den Mitgliedsstaaten und ihren Untergliederungen auf die Union verschärft sich.[232]
Immer mehr bislang nationalstaatliche Politikfelder unterliegen von nun an der Verantwortung der Brüsseler Verwaltung. Die Kommission und der Rat, in begrenzter Weise auch das Europäische Parlament greifen zunehmend stärker in angestammte Hoheitsrechte der Europäischen Mitgliedsstaaten ein.[233]

Spätestens seit den Maastrichter Verträgen darf die Europäische Gemeinschaft, jetzt Europäische Union, nicht mehr als zwischenstaatliche Einrichtung gemäß Art. 24 GG verstanden werden. Mit dieser Erkenntnis waren die Mitgliedschaft Deutschlands in der Europäischen Union und konkret die Verträge von Maastricht nicht mehr durch das Grundgesetz abgedeckt.[234]

Günter VERHEUGEN, zu Beginn der 90er Jahre Vorsitzender des Bundestagssonderausschusses „Europäische Union", fordert deshalb die notwendige Anpassung des Grundgesetzes. Nur mit einer Änderung des Grundgesetzes kann die Mitgliedschaft Deutschlands in der Europäischen Union weiterhin grundgesetzkonform bleiben und auch nur so legitimiert werden:

„Erstens. Die europäische Union mit ihren weitreichenden Gestaltungsmöglichkeiten und mit ihren eigenen Organen, vor allen Dingen ihren Rechtssetzungsbefugnissen, ist keine zwischenstaatliche Einrichtung mehr. Zweitens. Das bisher praktizierte Verfahren der Übertragung von Hoheitsrechten hat Verfassungsdurchbrechungen in großem Ausmaß erlaubt, jedenfalls ermöglicht, die bis in den absolut geschützten Kernbereich unseres Grundgesetzes vorgedrungen sind. Aus dem Verfassungstext läßt sich jedenfalls keine Ermächtigung

---

[229] Die Ermächtigung durch Art. 24 GG ist keineswegs schrankenlos. Die verfassungsmäßig garantierte Grundordnung der Bundesrepublik darf nicht verletzt werden: vgl. MEMMINGER: Forderungen der Länder, S. 147.
[230] DI FABIO: Art. 23 des Grundgesetzes, S. 193.
[231] Eine eigene Souveränität der Föderation selbst wird geradezu ausgeschlossen: vgl. hierzu HAHN, K.: Föderalismus, S. 261; vgl. auch HAHN, H: Vertrag von Maastricht, S. 111.
[232] Vgl. MÜLLER-GRAF, Peter-Christian: Zentralisierungs- versus Dezentralisierungstendenzen – Vektoren in der Entwicklung eines europäischen Gemeinwesens. In: BORKENHAGEN, Franz H.U./ FISCHER, Thomas/ FRANZMEYER, Fritz u.a.: Arbeitsteilung in der Europäischen Union – die Rolle der Regionen. Gütersloh 1999 (Bertelsmann), S.57.
[233] Vgl. SCHNEIDER: Europäische Integration, S. 10.
[234] Vgl. HAHN, H: Vertrag von Maastricht, S. 107.

mehr herauslesen, Teile unserer Gesetzgebungshoheit auf die europäische Ebene zu transferieren, ohne daß auf dieser Ebene das Demokratieprinzip dieselbe Gültigkeit hätte, wie hier. Drittens. Die bisherige innerstaatliche Gestaltung des Integrationsprozesses hat die nach dem Grundgesetz ausgewogene Balance zwischen den Verfassungsorganen Bundestag, Bundesrat und Bundesregierung empfindlich und nachhaltig gestört."[235]

Eine Änderung des Grundgesetzes wird, wie ausgeführt, auch aus nachfolgendem Grund unumgänglich: Der Macht- und Kompetenzzuwachs der Union, welcher durch die Verträge zur Europäischen Union von den Mitgliedsstaaten legitimiert wird, stellt das gesamte innerstaatliche bundesrepublikanische Machtgefüge infrage. Gesetzgebungsrechte verschieben sich vom Bund nach Europa. Die Mitwirkungsrechte der Länder bei der Bundesgesetzgebung werden empfindlich beeinträchtigt. Der gesamte Staatsaufbau der Bundesrepublik, die bis dato gelebte Praxis eines Gleichgewichts zwischen Bund, Ländern und Gemeinden wird durcheinander gewirbelt.

Ein Ende der Entwicklung des Machtzuwachses der Union ist nicht in Sicht. Eine ausreichende Kompensation für den erlittenen Machtverlust ist nicht erkennbar.

„Zur Bewältigung eines zunehmenden (doppelten) Ebenen- und Entscheidungsdilemmas verschmelzen die Regierungen und Verwaltungen interdependenter westeuropäischer Wohlfahrts- und Dienstleistungsstaaten in wachsendem Maße innerhalb und durch die Europäische Gemeinschaft. Durch spezifische gegenseitige Beteiligungsformen entsteht ein fusionierter Föderalstaat, der in historischer Perspektive als neue Phase in der Entwicklung westeuropäischer Staaten verstanden werden kann."[236]

Es ist demnach fraglich, wie für eine solch grundlegende Zerrüttung des Staatsaufbaus eine grundgesetzliche Grundlage zu schaffen ist.

Eine noch *grundsätzlichere* Frage drängt sich auf: Kann das Grundgesetz überhaupt der neuen politischen Konstellation Europa-Bund-Land-Kommune angepasst werden? Ist eine Anpassung des Grundgesetzes an die neuen Rahmenbedingungen ohne eine Verletzung der Ewigkeitsgarantien des Grundgesetzes überhaupt denkbar?[237]

Diesen Fragen soll im Folgenden nachgegangen werden.

Die Stoßrichtung des neuen Art. 23 GG wird in Abs. 1 deutlich. Art. 23 GG soll die Gründung einer Europäischen Union ermöglichen. Diese Europäische Union muss jedoch den in Art. 20 GG für die Bundesrepublik unumstößlich geltenden Grundsätzen entsprechen. Nach Art. 23 GG muss die EU „demokratisch, rechtsstaatlich, sozial und föderal verfasst und dem Grundsatz der Subsidiarität verpflichtet" sein.[238]

---

[235] VERHEUGEN, Günter: Redebeitrag im Bundestag. PlProt. 12/ 126, S. 10834 zitiert nach DI FABIO: Art. 23 des Grundgesetzes, S. 194.
[236] WESSELS: Staat und Integration, S. 40.
[237] Vgl. auch MEMMINGER: Forderungen der Länder, S. 147.
[238] Vgl. CLOSTEMEYER, Claus-Peter: Fragen zur „Europafähigkeit" Deutschlands und seiner Länder im internationalen Vergleich – eine Einführung. In: HRBEK, Rudolf (Hrsg.): Europapolitik und Bundesstaatsprinzip. Die „Europafähigkeit" Deutschlands und seiner Länder im Vergleich mit anderen Föderalstaaten. Schriftenreihe des Europäischen Zentrums für Föderalismus-Forschung. Bd. 17. Baden-Baden 2000 (Nomos), S. 10.

In Art. 20 GG findet sich der Grundsatz der Subsidiarität nicht, was darauf hinweist, dass die Europäische Union neben den Grundsätzen, die für Deutschland gemäß Art. 20 GG gelten, ein weiteres Prinzip auferlegt bekommt.

Vermittels dieser Ergänzung der Prinzipien der Europäischen Union wird der Versuch unternommen, den zunehmenden Verlust von Souveränitäts- und Hoheitsrechten der Bundesrepublik nach Brüssel zu steuern und einzudämmen.

Dies ist insofern dringend geboten, weil, wie bereits aufgeworfen, grundsätzlich fraglich ist, wie weitreichend Deutschland auf seine grundgesetzlich verankerten Souveränitäts- und Hoheitsrechte verzichten darf. Die Auseinandersetzung um genau diese Frage beschäftigt Verfassungsrechtler landauf landab. Genau an dieser Frage kristallisiert sich die Gretchenfrage des Europäischen Einigungsprozesses. Dürfen die Zuständigkeiten der Europäische Union uneingeschränkt wachsen? Darf die Europäische Union den Charakter eines souveränen Staatskörpers anstreben?

Die Schranken des Grundgesetzes sind grundlegend und können auch nur grundlegend diskutiert werden. Das Subsidiaritätsprinzip spielt in dieser Auseinandersetzung eine entscheidende Rolle. Wie noch zu zeigen sein wird, generiert das Prinzip der Subsidiarität den Ausweg aus dem Dilemma der scheinbaren Unvereinbarkeit des einerseits gewollten Europäischen Einigungsprozesses und des andererseits verfassungsrechtlich verankerten nationalstaatlichen Souveränitätsvorbehaltes. Damit wird das Subsidiaritätsprinzip zum wichtigsten Rückhalt einer *grundgesetzkonformen* Europäischen Einigung.

Zunächst einmal gilt es, den derzeitigen Status der Europäischen Union zu charakterisieren. Wie bereits angeführt, wird der Europäischen Union zum Zeitpunkt der Maastrichter Vertragsschließung eine eigenständige Staatlichkeit abgesprochen. Jedoch gilt es festzuhalten, dass die Europäische Ebene mit den zunehmenden Kompetenzen eine eigene Dynamik und auch einen eigenen Charakter entwickelt. Der Weg zur eigenen Souveränität ist geebnet.[239]

Die Eigenstaatlichkeit der Union, ausgeprägt durch zahlreiche Kompetenzen, wird zur Zeit jedoch vor allem deshalb noch nicht anerkannt, weil noch keine Kompetenzen-Kompetenz besteht.[240] Machtzuwachs und Einfluss auf bislang noch nicht beeinflusste Politikfelder bedürfen nach wie vor der Zustimmung der Mitgliedsstaaten.[241] Die bislang der EG zugewiesenen Kompetenzen können zurückgeholt werden, indem Teile der bestehenden Verträge gekündigt werden. Dies klingt selbstredend leichter, als es in der Praxis sein dürfte. Dennoch aber besteht die grundsätzliche Möglichkeit des Ausstiegs aus der Gemeinschaft, gar aus der Union, was bedeutet,

---

[239] Vgl. WESSELS: Staat und Integration, S. 49.
[240] Vgl. BUNDESVERFASSUNGSGERICHT: BVerfGE 89, 155 – 214 Maastricht. Urteil des Zweiten Senats vom 12.10.1993. In: GRIMM, Dieter/ KIRCHHOF, Paul (Hrsg.): Entscheidungen des Bundesverfassungsgerichts. Studienauswahl 2. 2. erw. Aufl. Tübingen 1997 (Mohr Siebeck), S. 453ff.
[241] Vgl. TÖMMEL, Ingeborg: System-Entwicklung und Politikgestaltung in der Europäischen Gemeinschaft am Beispiel der Regionalpolitik. In: KREILE, Michael (Hrsg.): Die Integration Europas. Politische Vierteljahresschrift. Sonderheft 23/1992. Opladen 1992 (Westdeutscher Verlag), S. 203.

dass die erlangten Souveränitäts- und Hoheitsrechte derzeit nur verliehen sind.[242] Der Ausstieg allerdings erscheint mit voranschreitender Integration immer unmöglicher. Mit Vollendung des Binnenmarktes und besonders mit der Wirtschafts- und Währungsunion ist ein rückwärts orientiertes nationalstaatliches Souveränitätsdenken nur noch in einzelnen Politikfeldern denkbar.[243]

Grundsätzlich ist anzuführen, dass das Europäische Parlament keine legislative Vertretungskörperschaft im klassisch demokratietheoretischen Sinne darstellt.[244]

Selbst für *den* Fall, dass das Europäische Parlament eine ähnliche Rechtsposition bei Gesetzesverfahren und bei der Regierungskontrolle erhält wie beispielsweise in Deutschland der Bundestag, wäre die derzeitige Konstitution des Europäischen Parlaments nicht dazu geeignet eine Vertretungskörperschaft für ein einheitliches Europäisches Volk darzustellen. Hierzu ist es erforderlich, eine gesamteuropäische Parteienlandschaft zu fördern und damit auch schrittweise von nationalen Sitzkontingenten Abschied zu nehmen. Auch die nach wie vor dominierende Identifizierung der Europarlamentarier mit dem entsendenden Mitgliedsstaat muss als Handicap betrachtet werden.[245]

Die Europäischen Bürger fühlen sich nicht als gemeinsames Volk, welches seine Vertretungskörperschaft wählt. Das Ausmaß der entwickelten gemeinsamen Identität sowie die Ausprägung gemeinschaftsweiter Solidarität sind Messlatte voranschreitender Europäischer Integration.[246]

„Wo spielt der politische Konsument in seiner Eigenschaft als Bürger im europäischen Staat mit? Seit 1979 darf er das Europäische Parlament mitwählen. Aber die Europawahl hat für die EU-Europäer keine größere Bedeutung als für die Durchschnittsdeutschen die Sozialwahl, d.h. das Recht zur Wahl der Vertreterversammlung der Allgemeinen Ortskrankenkassen und der Ersatzkassen."[247]

Die geringe Wahlbeteiligung bei den Wahlen zum Europäischen Parlament dokumentiert das allgemeine Desinteresse der Unionsbürger an der Wahrnehmung ihrer demokratischen Mitwirkungsrechte.

---

[242] In der Frage der Kündbarkeit der Europäischen Verträge scheiden sich die Geister. Jürgen HARTMANN vertritt die Auffassung, dass die „(...) Vertragspartner Teile ihrer Souveränität unwiderruflich zugunsten gemeinsamer Institutionen preisgegeben haben." Zumindest im Zusammenhang mit der WWU und konkret mit Einführung der gemeinsamen Währung ist wohl von Unwiderruflichkeit auszugehen. Vgl. hierzu HARTMANN: System der Europäischen Union, S. 13; vgl. auch ESTERBAUER: Kriterien föderativer und konföderativer Systeme, S. 127 oder HAHN, H: Vertrag von Maastricht, S. 119f.
[243] Vgl. STRAUBHAAR, Thomas: Strategien für die europäische Integration. In: BISKUP, Reinhold (Hrsg.): Dimensionen Europas. Beiträge zur Wirtschaftspolitik. Bd. 68. Bern/ Stuttgart/ Wien 1998 (Paul Haupt), S. 220.
[244] Vgl. HARTMANN: System der Europäischen Union, S. 129; vgl. KREILE, Michael (Hrsg.): Die Integration Europas. Politische Vierteljahresschrift. Sonderheft 23/1992. Opladen 1992 (Westdeutscher Verlag), S. VIII (Im Folgenden zitiert als KREILE: Integration Europas.); vgl. auch IPSEN: Tragfähigkeit der Verfassungsprinzipien, S. 27.
[245] Vgl. IPSEN: Tragfähigkeit der Verfassungsprinzipien, S. 26; vgl. hierzu auch Art. 189 EGV-A-N.
[246] Vgl. GIERING: Europa zwischen Zweckverband und Superstaat, S. 21.
[247] HARTMANN: System der Europäischen Union, S. 43.

Nachfolgende Tabelle gibt Auskunft über die Wahlbeteiligung bei den Wahlen zum Europäischen Parlament in den Jahren 1994 und 1999 und bei nationalen Parlamentswahlen (in v.H.).[248]

Europawahl	1994	nationale Parlamentswahl	1999	nationale Parlamentswahl
Belgien*	90,7	92,7 (1991)	91	91.1 (1995)
Dänemark	52,5	84,3 (1994)	50,4	85,9 (1998)
Deutschland	60,1	79,0 (1994)	45,2	82,3 (1998)
Finnland	57,6	68,4 (1991)	30,1	71,9 (1995)
Frankreich	52,4	68.9 (1993)	46,8	67,9 (1997)
Griechenland	80,4	78 (1993)	75,3	76 (1996)
Großbritannien	57,6	77,7 (1992)	30,1	71,2 (1997)
Irland	44,0	75 (1992)	50,7	67 (1997)
Italien	74,8	86 (1994)	70,8	85 (1996)
Luxemburg*	88,5	82,5 (1994)	85,5	85,9 (1999)
Niederlande	35,6	78,3 (1994)	29,9	73,2 (1998)
Österreich	67,7	81,9 (1995)	49	80,4 (1999)
Portugal	35,6	67,8 (1991)	40,4	66,3 (1995)
Schweden	41,6	86,8 (1994)	38,3	80,3 (1998)
Spanien	59,6	77,3 (1993)	64,4	78 (1996)

*Wahlpflicht.

Da sich die Europäischen Bürger nicht als gemeinsames Volk verstehen, repräsentiert das Europäische Parlament auch kein Unionsvolk. Insofern kann sich im Europäischen Parlament auch kein volonté générale bilden.[249] Dies bedeutet, dass Europa nicht als einheitsgestifteter und erst recht nicht als einheitsstiftender Staatskörper angesehen werden kann.[250] Erst wenn diese Grundsätze erfüllt sind, sich die Bürger der Union also als gemeinsames Volk verstehen, kann von einer souveränen Union gesprochen werden. Bis zu diesem Zeitpunkt erlangt die Europäische Union kaum eine eigene Souveränität. Alle Souveränität bleibt bis dahin durch die Mitgliedsstaaten verliehen.[251]

Zur Erreichung einer einheitlichen Europäischen Identität eines Europäischen Volkes wäre „(...) eine lebensweltliche kulturelle Verankerung und Amalgamation dieses Volkes zwingend erforderlich, damit der für demokratische Politik unverzichtbare Resonanzboden einer in den Grundorientierungen zusammengeschlossenen demokratischen Öffentlichkeit entsteht."[252]

---

[248] Ebd., S. 137.
[249] Vgl. DI FABIO: Art. 23 des Grundgesetzes, S. 202.
[250] HARTMANN: System der Europäischen Union, S. 137.
[251] Die Identitätsbildung der Bürger ist zur Zeit noch nationalstaatlich charakterisiert; vgl. BÖTTCHER: Europas Zukunft, S. 60.
[252] DI FABIO: Art. 23 des Grundgesetzes, S. 203.
Die Erfahrungen zur Sprachenproblematik in Belgien untermauern die Richtigkeit diese Aussage.

Es bedarf einer Europäischen öffentlichen Meinung.[253] Die Europäische Union kann heute als „Staat" ohne Nation bezeichnet werden.[254] Noch einschränkender ist die Charakterisierung der EU als „Markt ohne Staat".[255] Unabhängig dieser gravierenden Defizite enthalten die Verträge zur Gründung der EU allerdings keine grundlegenden Schranken zu dem, was den möglichen Einflussbereich der Union charakterisiert. Diese fehlende „Finalität des Gemeinschaftsrechts" begründet die Annahme, dass eine Zuständigkeit der Union stets dort gesehen und vermutet werden darf, wo „politisch ein Integrationsfortschritt möglich ist."[256]

Besonders die Art. 94 und 308 EGV-A-N sichern der EU den Erstzuschlag im politischen Kampf um Zuständigkeitsverteilung.[257]

„Im Ergebnis deutet sich ein Entwicklungsprozeß an, in dem die europäische Ebene die entscheidende staatliche Rechtsmacht an sich zieht, aus formalen oder institutionellen Gründen dieser Ebene die Staatsqualität jedoch noch abgesprochen wird. Bei den Mitgliedsstaaten verläuft der Prozeß andersherum. Bei ihnen verbleiben die Insignien der souveränen Staatlichkeit, indes sie ihre rechtförmliche Entscheidungsgewalt bis in den Kernbereich staatlicher Handlungsfähigkeit hinein verlieren."[258]

Die EU wird zwangläufig mehr Einfluss und Macht erhalten. Damit einhergehen wird ein erheblicher Einfluss auf die Politik und Verwaltung der Mitgliedsstaaten. Souveränitätstransfer auf die Ebene der Gemeinschaft wird zwangsläufiges Attribut dieser Entwicklung.

„Der Faktor ‚Souveränität' steht – ex definitione – notwendigerweise in einem umgekehrten Verhältnis zur Integrationsentwicklung."[259]

Diesem Verlust an Souveränität entgegen steht die *verfassungsmäßig* verankerte Souveränität der Nationalstaaten, die durch eine eben solche Entwicklung verletzt

---

[253] Zur Gewährleistung einer Europäischen öffentlichen Meinung wäre beispielsweise eine vereinheitlichte kulturelle Europäische Medienlandschaft sinnvoll. Haupthindernis zur Realisierung eines Europäischen Kommunikationsraumes ist sicherlich die Sprachenvielfalt: vgl. KLEINSTEUBER, Hans J./ ROSSMANN, Torsten: Kommunikationsraum Europa? Die Medienpolitik der EG und die europäische Integration. In: KREILE: Integration Europas, S. 294f. Vgl. auch DI FABIO: Art. 23 des Grundgesetzes, S. 203.

[254] Diese Formulierung wird verwendet, um die Situation mit der Lage Deutschlands vor Staatsgründung der Jahre 1866/1867 bzw. 1871 zu vergleichen. Deutschland wird vor seiner Einigung als „Nation ohne Staat" gesehen. Bei der heutigen Europäischen Union verhält es sich quasi umgekehrt. Von der Verfasstheit kommt die Union einem Staat schon recht nahe, es mangelt jedoch an einer einheitlichen Nation – einem vereinheitlichten Volkskörper.

[255] FARTHMANN, Friedhelm: Die Bedeutung der Regionen in der Europäischen Gemeinschaft der Zukunft. In: ALEMANN, Ulrich von/ HEINZE, Rolf G./ HOMBACH, Bodo (Hrsg.): Die Kraft der Region: Nordrhein-Westfalen in Europa. Bonn 1990 (Dietz), S. 185.

[256] DI FABIO: Art. 23 des Grundgesetzes, S. 196.

[257] Vgl. auch BLECKMANN, Albert: Nationales und europäisches Souveränitätsverständnis. Strukturalistisches Modelldenken im Europäischen Gemeinschaftsrecht und im Völkerrecht. In: RESS, Georg (Hrsg.): Souveränitätsverständnis in den Europäischen Gemeinschaften. Schriftenreihe des ARBEITSKREISES EUROPÄISCHE INTEGRATION E.V. Bd. 9. Baden-Baden 1980 (Nomos), S. 46., vgl. auch BORCHMANN, Michael: Der Art. 235: Generalklausel für EG-Kompetenzen. In: BORKENHAGEN, Franz H.U./ BRUNS-KLÖSS, Christian/ MEMMINGER, Gerhard/ STEIN, Otti (Hrsg.): Die deutschen Länder in Europa: Politische Union und Wirtschafts- und Währungsunion. Baden-Baden 1992 (Nomos), S. 101.

[258] DI FABIO: Art. 23 des Grundgesetzes, S. 197.

[259] MALCHUS: Partnerschaft an europäischen Grenzen, S. 75.

würde. Verfassungskonflikte sind die Folge und schließlich ist damit auch die grundsätzliche Fragestellung nach der Entwicklungsrichtung der Europäischen Integration verbunden. Dieser die politische Zukunft der Europäischen Union begleitende Zielkonflikt ist nur schwer zu lösen.

Diese Entwicklung zentripetaler Beschleunigung nach Brüssel soll Art. 23 GG einerseits legitimieren, andererseits soll er aber auch die Grenzen dieser Entwicklung setzen. Fraglich ist, ob dies gelingt, denn in Art. 23 GG kontrastieren Anspruch und Möglichkeit deutlich. Art. 23 GG wird ins Grundgesetz aufgenommen, um den nicht mehr ausreichend die Europäische Entwicklung abdeckenden Art. 24 GG zu ersetzen. Der Europäische Einigungsprozess und im Besonderen die Gründung der EU soll auf einen verfassungsrechtlich sicheren Boden gestellt werden.

Zum Verfolg dieses Ziels scheint der Art. 23 GG jedoch unzureichend bzw. nicht zweckmäßig, denn er eröffnet der EU *im Gegenteil* weitaus weitreichendere Möglichkeiten als die pure Legitimation des erlangten Status quo. Gemäß Art. 23 Abs. 1 GG soll die EU, wie bereits erörtert, den demokratischen, rechtsstaatlichen, sozialen und föderativen Grundsätzen des Grundgesetzes, vor allem des Art. 20 GG verpflichtet sein. Hinzu kommt, dass die Gemeinschaftspolitik und die gemeinschaftliche Verwaltung entsprechend der Prinzipien der Subsidiarität agieren müssen.

Ein Staatswesen kann jedoch nur dann föderal verfasst sein, wenn es Souveränität besitzt.[260] Subsidiarität wiederum kann auch nur *dort* bestimmendes Prinzip werden, wo Ansprüche übergeordneter staatlicher Ebenen, zumindest aber teilsouveräner Ebenen zurückgewiesen werden müssen. Mit der Festlegung der EU auf eben diese Prinzipien des Art. 20 GG (Föderalismus und Subsidiarität) spricht sich Art. 23 GG somit nicht *gegen* eine EU mit souveränem Charakter aus, sondern *fördert* diese geradezu.

Diese somit durch Art. 23 GG eröffnete Entwicklungsrichtung der Union zu einem souveränen Staatskörper ist jedoch andererseits gerade durch das Grundgesetz nicht abgedeckt. Dieser Entwicklung entgegenstehen würde der Art. 79 Abs. 3 GG. Art. 79 Abs. 3 GG setzt einer Veränderung des Grundgesetzes materielle Schranken. Hiernach darf das Grundgesetz nicht geändert werden, wenn hierdurch die grundsätzliche Mitwirkung der Länder bei der Gesetzesgebung (Föderalismus) oder die in Art. 1 GG und Art. 20 GG niedergelegten Grundsätze berührt werden.[261] Es ist fraglich, ob die Realisierung einer Europäischen Union mit eigener Souveränität und damit die Beeinträchtigung der Souveränität der Bundesrepublik Deutschland noch durch Art. 79 Abs. 3 GG i.V.m. Art. 20 GG abgedeckt bleibt.[262]

Da jedoch genaue diese Entwicklung durch Art. 23 Abs. 1 GG nicht ausgeschlossen wird, gar avisiert wird, ist die Verfassungskonformität des Art. 23 GG, würde er so ausgelegt, zu bezweifeln. Allerdings bietet jedoch das Subsidiaritätsprinzip auch für diesen Verfassungskonflikt, wie noch zu zeigen sein wird, eine Lösung an.

---

[260] Vgl. DI FABIO: Art. 23 des Grundgesetzes, S. 198; vgl auch allgemein Kapitel 3.
[261] Vgl. BLECKMANN, Albert: Nationales und europäisches Souveränitätsverständnis. Strukturalistisches Modelldenken im Europäischen Gemeinschaftsrecht und im Völkerrecht. In: RESS, Georg (Hrsg.): Souveränitätsverständnis in den Europäischen Gemeinschaften. Schriftenreihe des Arbeitskreises Europäische Integration e.V. Bd. 9. Baden-Baden 1980 (Nomos), S. 63.
[262] Vgl. auch HAHN, H: Vertrag von Maastricht, S. 127.

Es lassen sich demnach aus Artikel 23 Abs. 1 GG *zwei* grundlegende Problemkreise festmachen, welche von zwei Seiten seine Konformität mit dem Grundgesetz angreifen. *Erstens*: Eine völlig souveräne Europäische Union ist derzeit nicht in Sicht. Es mangelt am einheitlichen Europäischen Volkskörper, welcher, wie aufgezeigt, einem souveränen Staatsgebilde vorausgehen muss. Schießt Art. 23 GG also über sein Ziel hinaus?

Auf der *anderen* Seite sichert Art. 79 Abs. 3 GG als Ewigkeitsgarantie den pouvoir constitutant. Eine Änderung der in Art. 20 GG verankerten Grundprinzipien, über Art. 79 Abs. 3 GG geschützt, würde somit einer Verneinung der deutschen Verfassung in toto gleichkommen.

Der weitere Europäische Einigungsprozess muss demnach, diese doppelte Problematik aufgreifend, so gestaltet sein, dass die allseits erstrebte fortzuführende Integration verfassungskonform vollzogen wird. Den Ausweg aus diesem Zielkonflikt bietet, wie bereits eingeworfen, das Subsidiaritätsprinzip. Der drohende Souveränitätsverlust der Mitgliedsstaaten bei einer gemäß der Prinzipien aus Art. 20 GG in die Souveränität strebenden Union kann eingedämmt werden, wenn das Subsidiaritätsprinzip ausreichend Geltung erlangt. Das Subsidiaritätsprinzip findet sich, wie dargestellt, in Art. 23 Abs.1 GG als unabdingbares Charakteristikum der Europäischen Union. Vermittels des Subsidiaritätsprinzips kann der anstehende, die weitere Europäische Integration gefährdende Zielkonflikt – Europäische Souveränität versus verfassungsrechtlich normierte nationalstaatliche Souveränität – gelöst werden.

Das Subsidiaritätsprinzip bildet die Grundlage der Machtverteilung zwischen der Europäischen Union und ihren Mitgliedsstaaten. Das Subsidiaritätsprinzip normiert, dass alle anstehenden Aufgaben auf möglichst niedriger organisatorischer Ebene erledigt werden müssen. Damit obliegen der EU gemäß Art. 23 Abs. 1 GG i.V.m. Art 5 EGV-A-N[263] ausschließlich diejenigen Angelegenheiten, welche nicht ausreichend bzw. effizient seitens der Mitgliedsstaaten Erledigung finden. Entsprechend dem Subsidiaritätsprinzip werden demnach auf Europäischer Ebene nur solche Aufgaben erledigt, deren Ausführung die Mitgliedsstaaten überfordert.

Dieser Grundsatz legt fest, dass mit den Verträgen von Maastricht und einer Entwicklung der EU entlang dieser Verträge kein originärer Souveränitätsverlust der Mitgliedsstaaten zu beklagen sein wird. Die EU wird nämlich erst *dann* aktiv, wenn die Nationalstaaten bereits überfordert sind.

Die Aufgaben und Zuständigkeiten, welche aufgrund des Subsidiaritätsprinzips von den Mitgliedsstaaten zur EU delegiert werden, generieren und charakterisieren auf der Ebene der Mitgliedsstaaten keine Souveränität mehr. Die Mitgliedsstaaten wären mit diesen übertragenen Aufgaben und Zuständigkeiten allein schlichtweg überfordert. Ihnen ist die Souveränität, diese Aufgaben und Politikbereiche ausreichend souverän auszufüllen, abhanden gekommen. Deshalb verlieren die Mitgliedsstaaten keine eigene Souveränität. Vielmehr dürfen sie „dankbar" sein, dass die von ihnen

---

[263] Die Verbindung des Art. 5 EGV-A-N mit Art. 2 Satz 2 EUV-A-N wird an späterer Stelle untersucht.

ehemals souverän ausgefüllten Bereiche, welche ihnen (zwangsläufig) entglitten sind, nun auf der Ebene der EU souverän ausgefüllt werden. Auf der Ebene der EU wird für diese Politikfelder eine überstaatliche Souveränität ausgebildet. Somit bleibt den Mitgliedsstaaten mittelbar die Souveränität über diese Politikfelder erhalten. Mittelbarer Souveränitätsgewinn löst schleichenden (unausweichlichen) Souveränitätsverlust ab. Die Gesamtsouveränität der Mitgliedsstaaten steigt. Das Subsidiaritätsprinzip ist Vehikel für diesen Prozess.

Zusammenfassend stellt sich die Lösungskompetenz des Subsidiaritätsprinzips für die angeführten verfassungsrechtlichen und politischen Zielkonflikte wie folgt dar: Das Subsidiaritätsprinzip sichert gegen eine die Grundlagen der Mitgliedsstaaten zerstörende Konstituierung der Europäischen Union ab. Die Verankerung des Prinzips der Subsidiarität beinhaltet, dass die Europäische Ebene *nachrangig* zur Erledigung anfallender Aufgaben herangezogen wird. Nur in solchen Politikfeldern, in denen die Mitgliedsstaaten überfordert sind, darf die Europäische Ebene Kompetenz und Macht konzentrieren.

Da in eben *diesen* Politikfeldern jedoch ein mitgliedsstaatliches Handeln nicht opportun wäre und zudem aufgrund der Aufgabenkomplexität nicht ratsam und zweckmäßig, wird den Mitgliedsstaaten de facto keinerlei Souveränität entrissen. Die nun bei der Europäischen Union liegende Verantwortung zur Lösung dieser für die Mitgliedsstaaten zu komplexen Aufgabe führt zu einer Souveränität Europas. Diese Souveränität verkürzt die Souveränität der Mitgliedsstaaten nicht, sie ergänzt diese. Verwiesen sei an dieser Stelle auf die Ausführungen zur allgemeinen Delegation von Macht und Kompetenz in Abschnitt 1 dieses Kapitels).

Das Subsidiaritätsprinzip wird mit den Maastrichter Verträgen zur Gemeinschaftsnorm. Das Subsidiaritätsprinzip gewährleistet, dass im fortschreitenden Einigungsprozess unabänderliche und nicht abdingbare Souveränitätsrechte bei den Mitgliedsstaaten verbleiben, gleichzeitig aber die Europäische Union zunehmend, Politikbereich für Politikbereich, ihrerseits Souveränität hinzuerlangt.

Zur Zeit stellt sich das verfassungsrechtliche Verhältnis zwischen den Mitgliedsstaaten und der EU so dar, dass Teilsouveränität der EU vertraglich akzeptiert wird, Kernkompetenzen aber (am Beispiel Deutschland gemäß Art. 20 GG) bei den Mitgliedsstaaten verbleiben.[264]

„Das deutsche Volk bleibt im Besitz der verfassungsgebenden Gewalt, die Verfassungsorgane handhaben die Staatgewalt nur treuhänderisch. Trotz aller völkerrechtlichen oder supranationalen Bindungen muß deshalb – wenn die Identität des Grundgesetzes gewahrt bleiben soll – die grundsätzliche Kompetenz-Kompetenz beim Volk verbleiben."[265]

---

[264] So fehlt der Europäischen Union beispielsweise das Recht, hoheitlich eigene Steuern zu erheben. Dieser Vorbehalt zur Souveränität verbleibt den Mitgliedsstaaten. Vgl. METTE, Stefan: Steuerpolitik zwischen nationaler Souveränität und europäischer Harmonisierung. In: KREILE: Integration Europas, S. 254f; vgl. auch DI FABIO: Art. 23 des Grundgesetzes, S. 199, 206.
[265] Ebd., S. 206.

Das neue subsidiäre Verhältnis von Bund und Ländern

Mit Art. 23 GG haben die Bundesländer verfassungsrechtlich verankerte Mitwirkungsrechte an denjenigen gemeinschaftspolitischen Entscheidungen des Bundes erhalten, durch welche sie konkret betroffen sind. Mit Art. 23 GG erhält die Zusammenarbeit zwischen Bund und Ländern in Fragen der Europapolitik eine völlig neue Qualität.[266]

„Die 16 Länder haben bewiesen, dass sie zu Prozessinnovationen fähig sind und die Bundesregierung sollte dieses auch in den Ländern vorhandene integrationsorientierte kreative Potential künftig nicht ungenutzt lassen."[267]

Trotz des Beitritts zur Europäischen Union werden die Länderrechte nicht beschnitten, die kommunale Selbstverwaltung bleibt garantiert. Mit Art. 23 Abs. 2 bis 7 GG wird die Europäische Einigung genutzt, konkret der Vertrag von Maastricht, um das innerstaatliche bundesrepublikanische Machtgefüge in Bezug auf das grundsätzliche Verhältnis der Bundesrepublik zur EU neu zu bestimmen.[268]

Das Rechtsverhältnis zwischen Bund und Ländern wird mit Art. 23 Abs. 2 bis 7 GG der Entwicklung des sich veränderten Beziehungsgeflechts zwischen Deutschland und der EU angepasst.[269] Dies wird deshalb notwendig, weil der Bund seine sich mit Maastricht verändernde Position gegenüber der Gemeinschaft in Abstimmung mit seinem Binnenverhältnis zu den Bundesländern bringen muss.[270] Bund und Länder erhalten durch Art. 23 GG ein neues Verhältnis zueinander, auch wenn dies, wie noch zu zeigen sein wird, verfassungsrechtlich nicht unproblematisch ist.

Mit Art. 23 Abs. 2 bis 7 GG werden als Reaktion auf Maastricht zahlreiche Veränderungen im innerstaatlichen Machtgefüge eingeführt, leider jedoch nicht konkret und explizit das Subsidiaritätsprinzip. Die Einführung des Subsidiaritätsprinzips der EU

---

[266] Vgl. SCHÖNFELDER, Wilhelm: Föderalismus: Stärke oder Handicap deutscher Interessenvertretung in der EU? (II). In: HRBEK, Rudolf (Hrsg.): Europapolitik und Bundesstaatsprinzip. Die „Europafähigkeit" Deutschlands und seiner Länder im Vergleich mit anderen Föderalstaaten. Schriftenreihe des Europäischen Zentrums für Föderalismus-Forschung. Bd. 17. Baden-Baden 2000 (Nomos), S. 75.
[267] KALBFLEISCH-KOTTSIEPER: Europakommission der Länder, S. 13.
[268] Vgl. BORKENHAGEN, Franz H.U.: Mitwirkung in Europa – eine Standortbestimmung der deutschen Länder. In: BORKENHAGEN, Franz H.U./ FISCHER, Thomas/ FRANZMEYER, Fritz u.a.: Arbeitsteilung in der Europäischen Union – die Rolle der Regionen. Gütersloh 1999 (Bertelsmann), S. 14.
[269] Schon mit dem Gesetz zu den Verträgen vom 25. März 1957 zur Gründung der Europäischen Wirtschaftsgemeinschaft und der Europäischen Atomgemeinschaft (27.07.1957 – BGBl. II S. 753-1223) – Ratifikationsgesetz zur Gründung der EWG und Euratom – werden rudimentäre Länderbeteiligungsverfahren implementiert. Hier heißt es in Art. 2: „Die Bundesregierung hat Bundesrat und Bundestag über die Entwicklung im Rat der Europäischen Wirtschaftsgemeinschaft und im Rat der Europäischen Atomgemeinschaft laufend zu unterrichten. Soweit durch den Beschluß eines Rates innerdeutsche Gesetze erforderlich werden oder in der Bundesrepublik Deutschland unmittelbares Recht geschaffen wird, soll die Unterrichtung vor der Beschlussfassung des Rates erfolgen."; vgl. auch die Forderung nach Adjustierung des Verhältnisses zwischen Bund und Ländern in Angelegenheiten der EWG bei RIEMER, Horst-Ludwig: Das Landesparlament und das Europa der Regionen. In: ALEMANN, Ulrich von/ HEINZE, Rolf G./ HOMBACH, Bodo (Hrsg.): Die Kraft der Region: Nordrhein-Westfalen in Europa. Bonn 1990 (Dietz), S. 205f.
[270] Die kontrollierende Funktion der Bundesländer über den Bundesrat muss auch bei Europäischen Entscheidungen erhalten bleiben, zumindest dann, wenn Länderinteressen unmittelbar berührt sind. Vgl. hierzu auch GÖRNER, Rüdiger: Einheit durch Vielfalt. Föderalismus als politische Lebensform. Opladen 1996 (Westdeutscher Verlag), S. 148 (Im Folgenden zitiert als GÖRNER: Einheit durch Vielfalt.).

(Art. 3b EGV-M) in Art. 23 Abs. 1 GG wäre jedoch ein guter Anlass gewesen, dieses auch für das binnenstaatliche Verhältnis durchzudeklinieren. Dies ist jedoch bewusst nicht gewollt. Es bleibt lediglich bei der Anpassung des binnenstaatlichen Machtgefüges an die Gemeinschaftsrealität. Diese Anpassung ist ambivalent zu bewerten:

„Allerdings hat die Idee, Gestaltungsverlusten auf Landesebene durch Einflussgewinne im Bund zu begegnen, ihre Ambivalenzen. An die Stelle vertikaler Differenzierung, regionaler Pluralität, die im großen und ganzen gewährleistete par conditio der Bundesländer, treten, notgedrungen aus ihrer Sicht, horizontale Komplexität und die Konkurrenz oder Koalition der Exekutiven des Bundes und der Bundesländer."[271]

Gemäß Art. 23 Abs. 5 Satz 2 GG hat der Bund bei seiner Arbeit auf Unionsebene die Auffassung des Bundesrates „maßgeblich zu berücksichtigen", wenn auf Europäischer Ebene Beschlüsse anstehen, durch welche die Gesetzgebungsbefugnisse der Länder, die Einrichtung ihrer Behörden oder ihre Verwaltungsverfahren betroffen sind.[272] Verhandelt die Bundesregierung demnach auf Europäischer Ebene eine dieser Angelegenheiten, ist die Meinung des Bundesrats maßgeblich hinzuzuziehen. Um ein Letztentscheidungsrecht der Bundesländer handelt es sich bei vorliegender Regelung, auch wenn ihrerseits gefordert, jedoch nicht.[273]

Die Beteiligung der Länder im Europäischen Willensbildungsprozess kommt somit dem Abstimmungsverfahren zwischen Bund und Ländern bei sogenannten Zustimmungsgesetzen nahe.
Art. 23 Abs. 6 GG dehnt die Mitwirkung der Länder aus. Stehen auf Gemeinschaftsebene ausschließlich Länderinteressen zur Diskussion, können die Länder gar einen der Ihren, einen Vertreter der Länder und eben keinen des Bundes, delegieren. Damit erhalten die Länder über Art. 23 Abs. 2 bis 7 GG im gesamten Prozess Europäischer Willensbildung ausreichend Möglichkeit, sich einzubringen und schließlich bestimmend einzugreifen.[274]
Die Vertretungskörperschaft des Bundes, der Bundestag, hat – im Verhältnis zum Vorzustand und im Vergleich zum Bundesrat – weitaus weniger konkrete Möglichkeit, sich in das Willensbildungsverfahren auf Europäischer Ebene einzuklinken.[275]

„Es mangelt nicht nur an einer direkten Legitimation der Gemeinschaftsbeschlüsse, sondern es belastet auch die Parlamente der Mitgliedsstaaten, die eine Fülle von nationalen Kompe-

---

[271] RIXECKER, Roland: Grenzüberschreitender Föderalismus – eine Vision der deutschen Verfassungsreform zu Artikel 24 Abs. 1 des Grundgesetzes. In: BOHR, Kurt (Hrsg.): Föderalismus. Demokratische Struktur für Deutschland und Europa. München 1992 (Beck), S. 204.
[272] Vgl. CALLIEß, Christian: Innerstaatliche Mitwirkungsrechte der deutschen Bundesländer nach Art. 23 GG und ihre Sicherung auf europäischer Ebene. In: HRBEK, Rudolf (Hrsg.): Europapolitik und Bundesstaatsprinzip. Die „Europafähigkeit" Deutschlands und seiner Länder im Vergleich mit anderen Föderalstaaten. Schriftenreihe des Europäischen Zentrums für Föderalismus-Forschung. Bd. 17. Baden-Baden 2000 (Nomos), S. 15 (Im Folgenden zitiert als CALLIEß: Innerstaatliche Mitwirkungsrechte.).
[273] Vgl. DI FABIO: Art. 23 des Grundgesetzes, S. 206.
[274] Vgl. hierzu auch BORKENHAGEN, Franz H.U.: Mitwirkung in Europa – eine Standortbestimmung der deutschen Länder. In: BORKENHAGEN, Franz H.U./ FISCHER, Thomas/ FRANZMEYER, Fritz u.a.: Arbeitsteilung in der Europäischen Union – die Rolle der Regionen. Gütersloh 1999 (Bertelsmann), S. 15.
[275] Vgl. MEMMINGER: Forderungen der Länder, S. 142; vgl. hierzu auch die Kritik schon vor den Beschlüssen von Maastricht bei EINERT: Europa auf dem Weg zur politischen Union? S. 54f.

tenzen auf die europäische Ebene übertragen haben und dafür kein demokratisches Äquivalent zurückerhalten."[276]

Gemäß Art. 23 Abs. 2 Satz 2 informiert die Bundesregierung den Bundestag und den Bundesrat über die Entwicklungen in Brüssel. Dieses Mitwirkungsrecht des Bundestags bei Rechtsetzungsakten auf Gemeinschaftsebene beschränkt sich jedoch auf die Gelegenheit zur Stellungnahme sowie auf die Verpflichtung der Bundesregierung, die Stellungnahmen des Bundestags zu berücksichtigen (Art. 23 Abs. 3 GG).[277] Einer „maßgeblichen Berücksichtigung" des artikulierten Willens des Bundesrates steht nur eine „Berücksichtigung" des Bundestags gegenüber.

„Der Bundestag erhält demnach kein Äquivalent für seine eingebüßte Bundesgesetzgebungskompetenz wie der Bundesrat."[278]

Die Anpassung des Grundgesetzes an die Entwicklung auf Europäischer Ebene verläuft also nicht systemgerecht. Der Bundestag verliert im Vergleich zu den Ländern, vertreten durch den Bundesrat, an Einfluss.

An diese Erkenntnis schließen sich zwei Fragen an: Ist diese scheinbar nicht systemgerechte Anpassung des Grundgesetzes mit der Ewigkeitsgarantie des Art. 79 Abs. 3 GG i.V.m. Art. 20 GG (hier: Garantie der föderalen Ordnung) verfassungsgemäß?[279] Der Hintergrund dieser Frage bedarf nochmaliger Erläuterung. Art. 23 Abs. 2 bis 7 GG will das innerstaatliche Machtgefüge zwischen den einzelnen staatlichen Ebenen, konkret zwischen Bund und Ländern, neu ordnen. Der Bundesrat erhält bei Rechtsetzung der Gemeinschaft einen erheblichen Zugewinn an Beteiligungs- und Einflussmöglichkeiten. Der Bundestag jedoch erhält *nur* Mitwirkungsmöglichkeiten. Damit erhält der Bundesrat eine im Vergleich zum Bundestag nicht zu rechtfertigende Aufwertung. Dies könnte gegen Art. 79 Abs. 3 GG verstoßen.

Die *zweite* Frage ist weitaus politischer. Wenn die angeführte Grundgesetzänderung dazu führt, die Machtbalance in Deutschland innerhalb der Ebenen zu verschieben und zwar auf eine untere Ebene, muss dann *dies* im Zusammenhang mit der erstmalig expliziten Verankerung des Subsidiaritätsprinzips verstanden werden als generelle Machtverschiebung nach unten? An diese politische *zweite* Frage schließen sich folgende Fragen an: Art. 23 Abs. 2 bis 7 GG scheint das Machtgefüge zwischen Bund und Ländern zu ändern. Die Aufnahme des Subsidiaritätsprinzips in Art. 23 Abs. 1 GG lässt, den politischen Willen dazu vorausgesetzt, eine noch weitaus grundsätzlichere Machtverschiebung zu. Wie ernst ist dies zu nehmen? Welche Entwicklung des innerstaatlichen Machtgefüges wird in Zukunft – auch vor dem Hintergrund der weiter voranschreitenden Europäischen Einigung – zu erwarten

---

[276] SÜSSMUTH, Rita: Die Rolle des deutschen Bundestages im Europäischen Einigungsprozeß zwischen Anspruch und Wirklichkeit. In: HELLWIG, Renate (Hrsg.): Der Deutsche Bundestag und Europa. München/Landsberg (Lech) 1993 (mvg), S. 18.
[277] Vgl. HÖLSCHEIDT: Von Maastricht nach Karlsruhe, S. 68f.
[278] DI FABIO: Art. 23 des Grundgesetzes, S. 209.
[279] Vgl. HAHN, H: Vertrag von Maastricht, S. 133.

sein? Inwieweit – und hier treffen sich beide Fragenkomplexe wieder – wäre eine solche Entwicklung von unserem Grundgesetz abgedeckt?
Grundsätzlich bieten sich für die angeführten Fragen aus verfassungsrechtlicher Sicht *drei* Lösungsmodelle an. Zunächst zu zwei klassischen Lösungsmodellen: Beide „klassischen" Möglichkeiten der Konfliktbehebung sind rigoroser Natur und daher kritisch in ihrer Anwendung.
Zum *einen* könnte der Standpunkt vertreten werden, Art. 23 GG sei durch die angeführten grundsätzlichen Verstöße bei wörtlicher Auslegung nicht mit dem Grundgesetz im Allgemeinen vereinbar, vor allem der Ewigkeitsgarantie entgegenstehend, und daher nichtig. Dies würde sodann zu einer Streichung des Art. 23 GG führen, verbunden mit dem Auftrag einer grundgesetzkonformen Neufassung.

Der *zweite*, noch radikalere Lösungsweg besteht nun darin, die Geltung des Art. 23 GG aufrechtzuerhalten und einen Ausweg in der kompletten Neufassung des Grundgesetzes zu sehen.
Gemäß Art. 146 GG verliert das Grundgesetz seine Gültigkeit an *dem* Tage, an dem eine Verfassung in Kraft tritt, die vom deutschen Volk in freier Entscheidung erwählt wurde. Die Tragweite des Art. 146 GG ist umstritten. Fraglich ist, ob Art. 146 GG überhaupt die Möglichkeit eröffnet, unter Missachtung der bislang geltenden Grundsätze des Art. 20 GG eine komplette Neufassung des Grundgesetzes zu beschließen. Vertritt man die Auffassung, dass dies sehr wohl möglich sei, wäre sicherlich zu bezweifeln, ob dieses Verfahren mit der Neufassung des Art. 23 GG, also für einen eher niederrangigen Grundsatz des Grundgesetzes in diesem Gesamtzusammenhang sinnvoll und überhaupt vorstellbar ist.
Gemäß Art. 146 GG beschließt das deutsche Volk die mögliche neue Verfassung. Die neue Verfassung kann und darf nicht von dritter Seite beschlossen werden. Die Neufassung des Art. 23 GG, wie vorliegend, wurde jedoch ausdrücklich *nicht* vom Volk beschlossen und somit natürlich auch der Weg zu einer dadurch neuen Verfassung *nicht* durch das Volk legitimiert.

Nun könnte die Auffassung vertreten werden, dass die vorliegende Neufassung des Art. 23 GG in Vertretung des Volkes erfolgt sei. Diese Vertretung müsste hernach mit der konkreten Vorlage des durch Art. 23 GG grundlegend veränderten Grundgesetzes durch Abstimmung in einem Volksentscheid legitimiert werden.[280]

Auch wenn diese Diskussion eher hypothetischer Natur ist, weil, wie gesagt, nur die Neufassung des Art. 23 GG nicht zur Neufassung des gesamten Grundgesetzes ausreicht, wird jedoch deutlich, auf welchem Wege notwendigerweise eine Reform des Grundgesetzes vollzogen werden muss. Eine Umsetzung der Maastrichter Verträge zur Gründung der EU *dergestalt* und eine Fortsetzung Europäischer Integration *dergestalt*, dass grundlegende Souveränität und Hoheitsbefugnisse der Mitgliedstaaten auf die Ebene der Europäischen Union verschoben werden, sodass eine grundlegende Reform des Grundgesetzes notwendig wäre, wäre somit nur mittels eines Volksentscheids denkbar.

---

[280] Vgl. DI FABIO: Art. 23 des Grundgesetzes, S. 211.

Werden die Maastrichter Verträge zur Europäischen Union als Realisierung einer souveränen Union verstanden, wäre eine Legitimation durch das Volk unabdingbar.[281]

Die Auseinandersetzung um die Maastrichter Verträge hat jedoch mehr als deutlich gemacht, dass ein solch weitreichender Souveränitätstransfer der Mitgliedsstaaten zugunsten einer Souveränität der Europäischen Union keinesfalls gewünscht oder angestrebt wird. Die Union soll nach wie vor vertraglich konstituiert bleiben. Die Vertragsparteien besitzen nach wie vor das Recht, aus bestehenden Verträgen auszusteigen und somit das Recht, den Status quo ante wiederherzustellen, wie auch immer dieser in heutiger Zeit dann aussehen mag.[282]

Mit vorangegangenen Ausführungen wird deutlich, dass die Neufassung des Art. 23 GG nicht die angeführte radikale Stoßrichtung haben kann, die bei wörtlicher Auslegung zutage träte. Der Gesetzgeber hat eine solch weitreichende Wirkung nicht erzielen wollen. Weder Art. 23 Abs. 1 GG mit seiner Option auf Souveränitätsverlust noch der gravierende Eingriff in das bestehende Gefüge der innerstaatlichen Machtbalance kann demnach beabsichtigt sein.

Diese Ausführungen eröffnen den angesprochenen *dritten* Weg zur Lösung des angeführten Dilemmas. Das Grundgesetz muss weder völlig neu gefasst werden (Art. 146 GG mit seinen Folgen) noch ist zwingend erforderlich, Art. 23 GG aufgrund von Nichtigkeit zu streichen.

Der folgende dritte Weg verfassungsrechtlicher Methodenlehre ermöglicht es, die Veränderung des Grundgesetzes so auszulegen, dass weder Nichtigkeit noch Verfassungsneufassung zwingendes Ergebnis darstellen.[283] Die Veränderung des Grundgesetzes wird *so* aufgefasst, als ob der Gesetzgeber von Beginn an nichts anderes als eine verfassungskonforme Veränderung geplant hat. Die Neufassung des Art. 23 GG und seine Verankerung im Grundgesetz wird nun von dieser Warte aus interpretiert.

„Im hier zur Untersuchung gestellten Fall des Art. 23 GG ist deshalb die Frage zu beantworten, ob das vorgetragene Verständnis des Regelungsgehalts die einzig einleuchtende respektive vertretbare Auslegung darstellt, oder ob sich nicht auch noch ein anderes Verständnis gewinnen läßt, das den Verstoß gegen Art. 79 Abs. 3 GG vermeidet."[284]

Zunächst zum Konflikt um die fehlende Finalität Europäischer Einigung: Zu Art. 23 Abs. 1 GG lässt sich festhalten, dass die Europäische Union mit Attributen der Souveränität ausgestattet sein kann, aber nicht ausgestattet sein muss. Die Auseinandersetzung des Europäischen Rates in Maastricht dokumentiert dies deutlich. Die Staats- und Regierungschefs verneinen ausdrücklich eine eigenständige Europäi-

---

[281] Der Volksentscheid zum Maastrichter Vertragswerk stellt hier die Grundlage und Voraussetzung der Ratifikation dar.
[282] Vgl. hierzu wie oben: HARTMANN: System der Europäischen Union, S. 13.
[283] Vgl. DI FABIO: Art. 23 des Grundgesetzes, S. 213.
[284] Ebd., S. 214.

sche Souveränität. Das in Art. 23 Abs. 1 GG eröffnete mögliche avisierte Fernziel einer Europäischen Souveränität gibt demnach nicht hinreichend die Beschlüsse des Europäischen Rates von Maastricht wieder. Art. 23 Abs. 1 GG muss dergestalt interpretiert werden, dass es die gemeinschaftspolitische Intention der Maastrichter Verträge widerspiegelt. Vollständige Souveränität der Europäischen Union ist somit zunächst nicht zu befürchten. Art. 23 Abs. 1 GG befördert demnach eine solche ebenso wenig.

Welchen Ausweg bietet nun das dargelegte dritte Verfahren zur Lösung des zweiten Konfliktes, des Konfliktes aus Art. 23 Abs. 2 bis 7 GG? Gezeigt wurde, dass bei wörtlicher Auslegung des Art. 23 Abs. 2 bis 7 GG eine Veränderung der innerstaatlichen Machtbalance einsetzen würde, welche grundgesetzlich fraglich ist.

Die mögliche Asymmetrie kann verhindert werden, wenn die Interpretation der Absätze 3 und 5 im Sinne einer „grundgesetzlich konformen" Machtverschiebung erfolgt. Bei wörtlicher Auslegung werden die Eingaben des Bundestages nur „berücksichtigt", die des Bundesrates jedoch „maßgeblich berücksichtigt".
Die Auslegung erfolgt nun derart, dass die Bundesregierung die Willenserklärungen des Bundestages stets berücksichtigt und die des Bundesrates nur dann berücksichtigen muss, wenn dieser auch in einem Gesetzgebungsprozess innerhalb der Bundesrepublik maßgeblich zu beteiligen wäre.[285]
Das Wort „maßgeblich" im Verfahren bezieht sich demnach weniger auf das *Wie* der Berücksichtigung der Willenserklärung des Bundesrates als auf das *Wann*. Die Bundesregierung müsste demnach die Meinung des Bundesrates immer *dann* ausreichend berücksichtigen, wenn dieser maßgeblich bei Bundesgesetzen zu beteiligen wäre. Damit relativiert sich der Einfluss des Bundesrates auf den Willensbildungsprozess der Bundesregierung auf Europäischer Ebene gewaltig. Der Bundestag jedoch ist, da die Rechtsetzung auf der Gemeinschaftsebene stets den Bund als Ganzen berührt, in nahezu allen Fällen zu hören und zu beteiligen.[286]

Art. 23 GG steht nach diesen Überlegungen wieder auf dem Boden des Grundgesetzes. Dies gelingt jedoch nur dadurch, dass Art. 23 GG einer Interpretation unterworfen wird, welche die bei wörtlicher Auslegung sich aufdrängende Frage der Verfassungsfeindlichkeit zugunsten einer Verfassungsharmonie zurückdrängt.

Zusammenfassend lässt sich Folgendes feststellen: Am dargelegten Konflikt um Art. 23 GG wird deutlich, dass die Grenzziehung zwischen Verfassungskonformität und Verfassungsfeindlichkeit in Angelegenheiten der Europäischen Union immer schwieriger wird.[287]
Es wurde bereits ausgeführt, dass die Staats- und Regierungschefs einer eigenständigen Souveränität der EU grundsätzlich ablehnend, zumindest aber mit Argwohn

---

[285] Vgl. ebd., S. 215.
[286] Vgl. hierzu CALLIEß: Innerstaatliche Mitwirkungsrechte, S. 15ff; vgl. auch DI FABIO: Art. 23 des Grundgesetzes, S. 215.
[287] Vgl. BUNDESVERFASSUNGSGERICHT: BVerfGE 89, 155 – 214 Maastricht. Urteil des Zweiten Senats vom 12.10.1993. In: GRIMM, Dieter/ KIRCHHOF, Paul (Hrsg.): Entscheidungen des Bundesverfassungsgerichts. Studienauswahl 2. 2. erw. Aufl. Tübingen 1997 (Mohr Siebeck), S. 453ff.

gegenüberstehen. Dennoch aber ist festzustellen, dass die Europäische Union zunehmend mehr Regelungsbereiche an sich zieht bzw. übertragen bekommt. Der Einfluss der Europäischen Union auf die Politik und Verwaltung der Mitgliedsstaaten wird immer größer. Neben den Politikfeldern Wirtschaft, Währung und Binnenmarkt treten zunehmend andere politische Handlungsfelder in den Verantwortungsbereich der Brüsseler Administration.[288]

Sicherlich ist die derzeit verbreitete Auffassung zu stützen, dass die EU noch keine eigenständige Souveränität besitzt. Der Weg dorthin ist aber absehbar. Formal betrachtet handelt es sich bei der EU immer noch um eine intergouvernementale Organisation, welche jedoch zusehends mehr Einfluss erhält und damit auch einen eigenstaatlichen Charakter. Die Formulierung des Art. 23 Abs. 1 GG ist zwar bei wörtlicher und formaler Auslegung verfassungswidrig, jedoch gestattet sie einen realistisch erscheinenden Ausblick auf die Szenarien der Zukunft.

„Rechtspolitisch ausschlaggebend ist, den Umstand präsent zu halten, daß der Prozeß europäischer Staatsbildung in eine entscheidende Phase eingetreten ist, in der die Fundamente unserer Verfassung und die demokratische Uridee der Volkssouveränität in Bewegung gebracht werden."[289]

Das politische und rechtliche Spannungsfeld des Subsidiaritätsprinzips

Mit der Verankerung des Subsidiaritätsprinzips im Vertragswerk von Maastricht wird nicht nur die Gemeinschaftspolitik, sondern auch die Gemeinschaftsrechtsprechung unmittelbar beeinflusst. Die Auswirkungen des Subsidiaritätsprinzips sind sowohl justiziabler als auch politischer Natur.[290]

Zur *politischen* Reichweite: Das Subsidiaritätsprinzip führt zu einer steten Auseinandersetzung um die adäquate Ausrichtung der Gemeinschaft. Unitarismus und Zentralismus sowie Föderalismus, Konföderalismus und Intergouvernementalismus stellen die Schlagworte dieser Auseinandersetzung dar. Die Diskussion um die subsidiäre Ausprägung der Gemeinschaft hat geholfen, alle Akteure des Europäischen Einigungsprozesses in der Einsicht zur Machtbalance zwischen EU und Mitgliedsstaaten zu sensibilisieren.

Zur *rechtlichen* Tragweite: Es ist zu prüfen, ob das Subsidiaritätsprinzip ein juristisch ausreichend abgesicherter Begriff und demnach einklagbar ist. Mit Verankerung des

---

[288] Trotz des komplizierten institutionellen Rahmens der EU bleibt ihr eine eigene Rechtspersönlichkeit versagt. Vgl. HÖLSCHEIDT: Von Maastricht nach Karlsruhe, S. 9.
[289] DI FABIO: Art. 23 des Grundgesetzes, S. 216.
[290] Für MÜLLER-GRAF handelt es sich bei den Prinzipien der Subsidiarität und des Regionalismus um „rhetorische" Begriffe: vgl. MÜLLER-GRAF, Peter-Christian: Zentralisierungs- versus Dezentralisierungstendenzen – Vektoren in der Entwicklung eines europäischen Gemeinwesens. In: BORKENHAGEN, Franz H.U./ FISCHER, Thomas/ FRANZMEYER, Fritz u.a.: Arbeitsteilung in der Europäischen Union – die Rolle der Regionen. Gütersloh 1999 (Bertelsmann), S. 60.
Der programmatische Aspekt der Verankerung des Subsidiaritätsprinzips scheint als wichtiger eingeschätzt zu werden als seine mögliche Justiziabilität: vgl. HUMMER, Waldemar: Subsidiarität und Föderalismus als Strukturprinzipien der Europäischen Gemeinschaften? In: Zeitschrift für Rechtsvergleichung (2/1992), Wien 1992, S. 90f.

Subsidiaritätsprinzips in den Verträgen zur Europäischen Union wird das Subsidiaritätsprinzip deren Vertragsbestandteil. Die Vertragspartner erlangen nun das Recht, sich auf dessen Einhaltung zu berufen.

Diese doppelte Natur des Subsidiaritätsprinzips ist durchaus kritisch zu beäugen. Problematisch zu werten ist besonders die Tatsache, dass die vertragsrechtliche Wirkung des Subsidiaritätsprinzips in Art. 5 EGV-A-N politischer Auslegung unterliegt. Damit steht der Art. 5 EGV-A-N im Spannungsfeld sowohl gerichtlicher als auch politischer Einwirkung.

Art. 5 EGV-A-N im Vergleich mit Art. 70-72 GG

Das dargelegte Spannungsfeld des Subsidiaritätsprinzips wird deutlich am Vergleich des Art. 5 EGV-A-N mit Art. 72 Abs. 2 GG.

Bevor konkret dieser Vergleich angestellt wird, muss zunächst noch Art. 71 GG eingeführt werden. Art. 71 GG regelt die Befugnisse der Bundesländer im Bereich der *ausschließlichen* Gesetzgebung. Eine eigenständige Gesetzgebung im Bereich der ausschließlichen Gesetzgebung steht den Ländern nicht zu, ihnen steht allerdings die Mitwirkung über den Bundesrat gemäß Art. 77 GG offen.[291]
Auch auf Europäischer Ebene gibt es solche Bereiche ausschließlicher Zuständigkeit. Dies normiert Art. 5 EGV-A-N. Gemäß Art. 5 Satz 2 EGV-A-N berücksichtigt die Gemeinschaft das Subsidiaritätsprinzip bei Erfüllung von Aufgaben *nur* in solchen Bereichen, in denen sie *nicht* ausschließlich zuständig ist. Das Subsidiaritätsprinzip entwickelt Regelungscharakter ausschließlich für die *konkurrierenden* Aufgabenfelder.
In der Bundesrepublik wird die konkurrierende Gesetzgebung durch Art. 72 GG geregelt. Art. 5 EGV-A-N mit seiner subsidiären Wirkung im Rahmen konkurrierender Gemeinschaftsentscheidungen kann somit mit Art. 72 GG verglichen werden.

Ein Vergleich sollte besonders die Schutzwirkung des Art. 72 GG der Schutzwirkung des Subsidiaritätsprinzips gegenüberstellen.

---

[291] *Artikel 70 (Verteilung der Gesetzgebungskompetenzen zwischen Bund und Ländern):*
(1) Die Länder haben das Recht der Gesetzgebung, soweit dieses Grundgesetz nicht dem Bunde Gesetzgebungsbefugnisse verleiht.
(2) Die Abgrenzung der Zuständigkeit zwischen Bund und Ländern bemißt sich nach den Vorschriften dieses Grundgesetzes über die ausschließliche und die konkurrierende Gesetzgebung.
Artikel 71 (Ausschließliche Gesetzgebung des Bundes):
Im Bereiche der ausschließlichen Gesetzgebung des Bundes haben die Länder die Befugnis zur Gesetzgebung nur, wenn und soweit sie hierzu in einem Bundesgesetze ausdrücklich ermächtigt werden.
Artikel 72 (Konkurrierende Gesetzgebung):
(1) Im Bereich der konkurrierenden Gesetzgebung haben die Länder die Befugnis zur Gesetzgebung, solange und soweit der Bund von seiner Gesetzgebungszuständigkeit nicht durch Gesetz Gebrauch gemacht hat.
(2) Der Bund hat in diesem Bereich das Gesetzgebungsrecht, wenn und soweit die Herstellung gleichwertiger Lebensverhältnisse im Bundesgebiet oder die Wahrung der Rechts- oder Wirtschaftseinheit im gesamtstaatlichen Interesse eine bundesgesetzliche Regelung erforderlich macht.
(3) Durch Bundesgesetz kann bestimmt werden, daß eine bundesgesetzliche Regelung, für die eine Erforderlichkeit im Sinne des Absatzes 2 nicht mehr besteht, durch Landesrecht ersetzt werden kann.

Gemäß Art. 72 Abs. 2 GG hat der Bund im Bereich der konkurrierenden Gesetzgebung das Gesetzgebungsrecht, soweit ein „Bedürfnis nach bundesgesetzlicher Regelung" besteht.[292] Ein „Bedürfnis nach bundesgesetzlicher Regelung" besteht *dann*, wenn eine Angelegenheit durch die Gesetzgebung einzelner Länder nicht wirksam geregelt werden kann oder die Regelung einer Angelegenheit durch Landesgesetz die Interessen anderer Länder oder der Gemeinschaft unangemessen beeinträchtigen könnte. Ferner ist die Rechts- oder Wirtschaftseinheit, insbesondere die Einheitlichkeit der Lebensverhältnisse über das Gebiet eines Landes hinaus zu sichern.[293]

Fraglich ist, wie rechtlich belastbar die unbestimmt bleibende Formulierung „Bedürfnis nach bundesgesetzlicher Regelung" ist.[294] Die Norm des Art. 72 Abs. 2 Satz 1 GG bleibt weitgehend einer rechtlichen Überprüfung entzogen und der politischen Auseinandersetzung unterworfen.[295]

„Der Ausgleich kollidierender Interessen ist sozusagen der Inhalt der Politik."[296]

Steht die konkurrierende Gesetzgebung dieser Auslegung folgend der politischen Auseinandersetzung offen und führt dies gleichzeitig dazu, dass sich die Beschränkung zunehmender Bundesgesetzgebung dem Spiel der politischen Kräfte stellen muss, ist der Weg zur Zentralisierung geöffnet.[297]
Auch die Formulierung des Art. 5 EGV-A-N unterliegt stets politischer Auslegung. Art. 5 EGV-A-N ist rechtlich kaum belastbar. Zudem gesellt sich das Problem hinzu, dass Subsidiarität als Begrifflichkeit unterschiedlich interpretiert wird. Was genau unter Subsidiarität zu verstehen ist, unterliegt unterschiedlichen Interpretationen. Demnach unterliegt auch das Subsidiaritätsprinzip aus Art. 5 EGV-A-N solch unterschiedlichem Verständnis.
Zum besseren Verständnis dieser Problematik wird noch einmal auf die Ursprünge Europäischer Einigung aufmerksam gemacht. Die Übertragung von Kompetenzen auf die zwischenstaatliche Organisation EWG/ EG/ EU wird dominiert durch das Funktionale. Die EWG wird gegründet, um die nationalstaatliche Zusammenarbeit auf dem Feld der Wirtschaftspolitik zu verbessern. Bei Gründung der EWG erscheint es notwendig, sich in Fragen der Wirtschaftspolitik zu koordinieren.

---

[292] Vgl. ISENSEE: Subsidiaritätsprinzip und Verfassungsrecht, S. 229f.
[293] Vgl. auch STARZACHER, Karl: Europa – Ende des Föderalismus? In: Verwaltungsrundschau (39. Jg. 7/1993). Stuttgart 1993, S. 218.
[294] Die Brisanz dieser Frage wird deutlich, wenn man bedenkt, dass selbst das Bundesverfassungsgericht diese Frage nicht rechtlich beantwortet, sondern deren Beantwortung der politischen Auseinandersetzung anheim stellt (BVerfGE 13, 230).
[295] Art. 72 GG führt zu einer schleichenden Aushöhlung von Länderinteressen. Vgl. BORCHMANN: Das Subsidiaritätsprinzip, S. 24f.
[296] BRUHA: Subsidiaritätsprinzip im Recht der Europäischen Gemeinschaft, S. 405.
[297] Vgl. FISCHER, Thomas: Die Zukunft der Regionen in Europa – Kompetenzbestände und Handlungsspielräume. In: BORKENHAGEN, Franz H.U./ FISCHER, Thomas/ FRANZMEYER, Fritz u.a.: Arbeitsteilung in der Europäischen Union – die Rolle der Regionen. Gütersloh 1999 (Bertelsmann), S. 32; vgl. auch PIEPER: Subsidiarität, S. 231; vgl. darüber hinaus auch BARDONG, Otto: Die Einheitliche Europäische Akte und die Kompetenzen der Länder der Bundesrepublik Deutschland. In: HUBER, Stefan/ PERNTHALER Peter (Hrsg.): Föderalismus und Regionalismus in Europäischer Perspektive. Schriftenreihe des Instituts für Föderalismusforschung. Bd. 44/ Veröffentlichungen der österreichischen Sektion des CIFE. Bd. 10. Wien 1988 (Braumüller), S. 35 (Im Folgenden zitiert als BARDONG: Einheitliche Europäische Akte.).

Die Kernkompetenz der Gemeinschaft besteht bis heute in der Koordination und der Förderung wirtschaftlicher Zusammenarbeit. Art. 2 EGV-A-N formuliert:

„Aufgabe der Gemeinschaft ist es, durch die Errichtung eines Gemeinsamen Marktes und einer Wirtschafts- und Währungsunion (...) in der ganzen Gemeinschaft eine harmonische, ausgewogene und nachhaltige Entwicklung des Wirtschaftslebens, ein hohes Beschäftigungsniveau und ein hohes Maß an sozialem Schutz, die Gleichstellung von Männern und Frauen, ein beständiges, nicht-inflationäres Wachstum, einen hohen Grad von Wettbewerbfähigkeit und Konvergenz der Wirtschaftsleistungen, ein hohes Maß an Umweltschutz und Verbesserung der Umweltqualität, die Hebung der Lebenshaltung und der Lebensqualität, den wirtschaftlichen und sozialen Zusammenhalt und die Solidarität zwischen den Mitgliedern zu fördern."

Wie zitiert, steht die gemeinsame Wirtschaftspolitik im Mittelpunkt gemeinschaftlicher Tätigkeit. Das gemeinsame Ziel des Binnenmarktes und der Wirtschafts- und Währungsunion beherrscht die Union. Um das Ziel „Realisierung eines Binnenmarktes und der WWU"[298] zu erreichen, ist die Gemeinschaft gezwungen zahlreiche der Wirtschaftspolitik benachbarte oder gar entfernte Politikbereiche zu harmonisieren.[299] Mit dem ursprünglich rein wirtschaftspolitischen Ziel „Realisierung eines Binnenmarktes und der WWU" gemäß Art. 2 EGV-A-N i.V.m. Art. 14 EGV-A-N werden zahlreiche weitere politische Aufgaben der Verantwortung der Gemeinschaft unterstellt. Eine fortschreitende Integration ist die konkrete Folge.

Das Subsidiaritätsprinzip soll bei dieser Entwicklung als Kompetenzverteilungsprinzip Regelungsinstanz werden. Stets soll bei drohender Zunahme von Gemeinschaftsbefugnissen die Frage nach der Vereinbarkeit mit Art. 5 EGV-A-N gestellt werden.[300] Wird bei allen diesen auf die Europäische Ebene übergehenden Kompetenzen das Subsidiaritätsprinzip eingehalten? Ist es mit dem Subsidiaritätsprinzip vereinbar, der EG über die Kernbereiche der Wirtschaft hinaus Kompetenzen zuzuweisen?

Mit dieser nochmaligen zusammengefassten Darstellung der politischen Stoßrichtung des Subsidiaritätsprinzips vor Augen kann nun der angeführte Vergleich zwischen Art. 5 EGV-A-N und Art. 70ff GG erfolgen.
Die Mitgliedsstaaten, welche die Gemeinschaft gründen oder ihr angehören, haben *bewusst* und ausdrücklich eine Einschränkung von Gemeinschaftskompetenzen vertraglich verankert. Anders als im föderalen System der Bundesrepublik soll der Gemeinschaft keine ausgreifende Zuständigkeit zufallen.

Zum Vergleich: Gemäß Art. 70 GG kann der Bund Gesetzgebungsbefugnisse an sich ziehen. Zwar unterliegt diese Zuständigkeitsvermutung zugunsten des Bundes den Schranken der Art. 30 GG und Art. 71ff GG, der Gemeinschaft wird solch eine gravierende Befugnis zur Eigenermächtigung grundsätzlich jedoch abgesprochen.

---

[298] WWU: Wirtschafts- und Währungsunion.
[299] Diese Tendenz zur gemeinschaftsweiten Harmonisierung beginnt schon mit der EWG mit dem Ziel der Zollunion und wird fortgesetzt in der Realisierung des Gemeinsamen Marktes. Vollendung findet dieser Prozess schließlich mit Realisierung des Binnenmarktes. Vgl. hierzu auch ESTERBAUER: Kriterien föderativer und konföderativer Systeme, S. 125f.
[300] Vgl. PIEPER: Subsidiarität, S. 180.

In den Gemeinschaftsverträgen wird demnach nicht nur inhaltlich – von den Vertragspartnern während der Vertragsdiskussion eingebracht –, sondern auch formal – siehe Art. 5 EGV-A-N – dem möglichen Ausgreifen der Gemeinschaft entgegengetreten.[301] In den Gemeinschaftsverträgen ist somit relativ starr festgelegt, auf welchen politischen Feldern die Gemeinschaft tätig werden darf und darüber hinaus auch mit welchen Mitteln sie diese ihr übertragenen Aufgaben zu erledigen hat. Damit erlangt Art. 5 EGV-A-N eine belastbarere Schutzwirkung untergeordneter Ebenen als Art. 70ff GG.

Allerdings bleibt eine relevante Frage gemeinschaftsvertraglich unbeantwortet: Das Subsidiaritätsprinzip des Art. 5 EGV-A-N trifft grundsätzlich keine konkrete Aussage darüber,

„(...) wie weit oder wie tief bzw. umfassend eine zugewiesene Kompetenz von der Gemeinschaft wahrgenommen werden kann."[302]

Aus dieser Unbestimmtheit des Art. 5 EGV-A-N und aus der sich daraus entwickelnden mangelnden rechtlichen Belastbarkeit des Subsidiaritätsprinzips erwächst ein fruchtloses Konkurrenzverhältnis zwischen der Gemeinschaft und den Mitgliedsstaaten.

Leider werden die Zuständigkeitsbereiche der Gemeinschaft nicht numerisch aufgelistet, sondern leiten sich grundsätzlich aus den „Generalklauseln" der Art. 2 und 3 EGV-A-N ab. Konkrete Gemeinschaftsbefugnisse, abgeleitet aus eben diesen Generalklauseln, finden sich verteilt über den gesamten Vertragstext.

Eine enumerative Darstellung der Gemeinschaftskompetenzen, zumindest aber deren systematische Ordnung und Abgrenzung fehlt.[303]

Grundsätzlich können drei mögliche Rechtsgrundlagen für das Handeln der gemeinschaftlichen Organe festgemacht werden. Diese drei Grundlagen bauen aufeinander auf, können somit als „abgestufte Integration" der Gemeinschaft verstanden werden.[304]

Die drei im Folgenden dargestellten Grundlagen gemeinschaftlichen Handelns binden alle auf ihre *besondere* Art das Handeln der Organe der Gemeinschaft. Vorweg einzuführen ist Art. 7 Abs. 1 Satz 2 EGV-A-N. Dieser regelt die Befugnisse der Gemeinschaftsorgane im Allgemeinen:

„Jedes Organ handelt nach Maßgabe der ihm in diesem Vertrag zugewiesenen Befugnisse."

Die Organe der EG werden demnach nur in *den* Fällen tätig und erlangen nur so weit Zuständigkeit, wie dies von den vertragsschließenden Mitgliedsstaaten beschlossen wurde.[305]

Zunächst zur *ersten* und grundlegenden Legitimation jedes Gemeinschaftshandelns: Die Grundlage aller Rechtsakte der Gemeinschaft bilden die unmittelbaren Unions-

---
[301] Vgl. ebd., S. 184.
[302] Ebd., S. 185.
[303] Vgl. ebd., S. 186.
[304] Vgl. ebd.
[305] Vgl. ebd., S. 183.

Grundrechte.[306] Hierzu zählen die direkt und konkret in den Verträgen niedergeschriebenen Rechte, wie z.B. die Warenverkehrsfreiheit (Art. 28ff EGV-A-N), die Arbeitnehmerfreizügigkeit (Art. 39 EGV-A-N) oder auch die Niederlassungs- und Dienstleistungsfreiheit (Art. 43ff EGV-A-N und Art. 49ff EGV-A-N) sowie das diese Grundrechte generierende Generalziel „Realisierung des Binnenmarktes".[307] Die Aufgabe der Gemeinschaft ist es, diese Unions-Grundrechte zu gewährleisten und Maßnahmen zu treffen, diese aufrechtzuerhalten.

Die *zweite* prinzipielle Grundlage gemeinschaftlicher Rechtsakte sind mittelbarer Natur. Mittelbar sind diese Grundlagen insofern, als dass sie Surrogate unmittelbarer Ziele der Gemeinschaftsverträge darstellen. Konkretes Beispiel ist die Generalnorm zur Realisierung des Binnenmarktes Art. 94 EGV-A-N: Die Angleichung und Harmonisierung von Rechts- und Verwaltungsvorschriften der Mitgliedsstaaten zur Realisierung des Binnenmarktes. Zu dieser Kategorie ist auch die Vertragslückenschließung des Art. 308 EGV-A-N zu zählen.

Den *dritten* grundsätzlichen Weg zur Erlangung von Gemeinschaftskompetenz bildet die Europäische Gemeinschaftspolitik selbst. Wenn von allen Vertragsparteien explizit beschlossen, kann die Kompetenz der Union/Gemeinschaft ausgebaut werden. Die Union/ Gemeinschaft kann somit einzelne Aufgaben an sich ziehen, wenn dies der Erfüllung der vertraglich verankerten Ziele zuträglich und förderlich ist.[308] Die Möglichkeit der schleichenden Ausweitung von Gemeinschaftskompetenzen wird somit zwar grundsätzlich eröffnet, dies wird jedoch eingeschränkt durch die notwendige politische Zustimmung aller Mitgliedsstaaten.

Die rechtliche Belastbarkeit eines politischen Prinzips –
Zur Durchgriffstiefe des Subsidiaritätsprinzips

Wie bereits gezeigt, beruft sich das Handeln der Union und der Gemeinschaft auf konkret aus den Verträgen abgeleitete Handlungs- und Rechtsgrundlagen. Es wurde deutlich, dass das Subsidiaritätsprinzip maßgeblich auf den Vollzug dieser Gemeinschaftsakte einwirkt. Dieser Eingriff des Subsidiaritätsprinzips ist jedoch durch seine nicht ausreichend kodifizierte Durchgriffstiefe und mangelnde rechtliche Belastbarkeit Problem behaftet.

Zwei Lösungswege bieten sich für diese Problematik an: Zum *einen* wird das Subsidiaritätsprinzip weniger rechtlich als vielmehr politisch betrachtet. Zum *anderen* muss versucht werden, dem Subsidiaritätsprinzip eine belastbare rechtliche Grundlage zu verschaffen. Beiden Lösungsansätzen ist einiges abzugewinnen.

Zunächst zur politischen Betonung des Prinzips der Subsidiarität:

---

[306] Vgl. KÜHNHARDT, Ludger: Europäische Union und föderale Idee. Europapolitik in der Umbruchzeit (Schriftenreihe des Bundeskanzleramtes: Perspektiven und Orientierungen. Bd. 14). München 1993 (Beck), S. 72f (Im Folgenden zitiert als KÜHNHARDT: Europäische Union und föderale Idee.)
[307] Vgl. PIEPER: Subsidiarität, S. 187.
[308] Vgl. ebd., S. 188.

Eine wirksame Einschränkung des Europäischen Zentralismus erscheint durch eine grundlegend politische Auslegung des Subsidiaritätsprinzips möglich. Hierfür muss das Subsidiaritätsprinzip als Architekturprinzip der Gemeinschaft verstanden werden. Das Verhältnis zwischen Gemeinschaft und Mitgliedsstaaten muss grundlegend subsidiärer Natur sein. Das gesamte Handeln und Wirken der Gemeinschaft ist unter den Einfluss des Subsidiaritätsprinzips zu stellen. Als Architekturprinzip verstanden nähert sich das Prinzip der Subsidiarität dem Staatsgrundsatz des Föderalismus. Adäquate Machtverteilung, Pluralismus und Bürgernähe als Merkmale des Föderalismus werden durch das Subsidiaritätsprinzip funktionalisiert und konkretisiert.

Als Architekturprinzip der Union erhält das Subsidiaritätsprinzip Allzuständigkeit und Omnipräsenz. Inwieweit es auch omnipotent ist, bleibt allerdings fraglich. Subsidiarität regelt demnach Aufgabenzuweisung, Kompetenzverteilung sowie Kompetenzausübung.

Das Subsidiaritätsprinzip aus Art. 5 EGV-A-N begegnet der Europäischen Politik als politische Maxime zur Verhinderung unnötiger Zentralisierung. Subsidiarität sensibilisiert die Gemeinschaftsakteure und warnt vor Zentralisierung und damit vor dem Verlust von Legitimation.[309]

„Es (das Subsidiaritätsprinzip, d.Verf.) wird gegen einen europäischen Einheitsstaat instrumentalisiert. Konkret wird mit dem Subsidiaritätsprinzip die künftige Staatlichkeit diskutiert." [310]

Als Architekturprinzip erlangt das Subsidiaritätsprinzip zentralen Einfluss auf die Politik der Gemeinschaft. Gelingt es nun, das Subsidiaritätsprinzip justiziabel zu machen, könnte es Universalcharakteristikum des Europäischen Einigungsprozesses werden. Subsidiarität wäre der Katalysator Europäischer Einigung.

Der Europäische Einigungsprozess wäre ohne das Subsidiaritätsprinzip weitaus weniger stark legitimiert. Das Referendum zu den Maastricht-Verträgen in Dänemark, aber auch die Volksabstimmung in Frankreich[311] und das „Maastricht-Verfahren" des Bundesverfassungsgerichts dokumentieren, dass die Bevölkerung der Europäischen Mitgliedsstaaten nur dann voranschreitender Europäischer Einigung zustimmt, wenn sie sich durch die Europäischen Institutionen nicht übermäßig gegängelt und bevormundet sehen.[312] Legitimation erlangt die Europäische Union nur dann, wenn sie bürgernah, demokratisch und subsidiär organisiert wird.[313]

---

[309] Vgl. auch ebd., S. 235.
[310] Ebd., S. 235.
[311] Vgl. MÜLLER: Faß ohne Boden, S. 32.
[312] Vgl. HÖLSCHEIDT: Von Maastricht nach Karlsruhe, S. 51ff.
[313] Die Verträge zur Gründung der EWG im Jahr 1957 wurden vor Vertragsschluss in den nationalstaatlichen Parlamenten diskutiert und beschlossen. So verteidigt in der entsprechenden Parlamentsdebatte der Staatssekretär des Auswärtigen Amtes und spätere Kommissionspräsident Walter HALLSTEIN die ausgehandelten Verträge und wirbt um die Zustimmung des Parlaments. Heute werden die mitgliedstaatlichen Parlamente erst nach Vertragsschluss mit Abstimmungen konfrontiert.
Zwar kann auch heute eine maßgebliche Veränderung der Europäischen Verträge nicht ohne die Zustimmung der mitgliedstaatlichen Parlamente vollzogen werden, dennoch aber wird durch die Veränderung der Abfolge der Beratungen und Abstimmungen die geringe Wertigkeit der legislativen Körperschaften (Parlamente) gegenüber der Exekutive (Regierungsvertreter in den Räten der Gemeinschaft und Union) im Vergleich zu

„Die Gemeinschaft hat die prioritäre Aufgabe der Akzeptanzsicherung als Grundvoraussetzung der Effizienz gemeinschaftlicher Politik endlich erkannt."[314]

Akzeptanz erzielt die Gemeinschaft allerdings nur dann, wenn sie bereit ist, Zuständigkeiten auf untere Ebenen zu delegieren bzw. erst gar nicht an sich zu ziehen.[315]

„Die Mitgliedsstaaten der EG haben erkannt, daß der Aufbau eines europäischen Staatenverbundes von einer ‚Herabzonung' von Kompetenzen und von einer Delegation von Aufgaben auf die regionale Ebene begleitet sein muss. (...) Politische Entscheidungen in kleinen, überschaubaren Verwaltungseinheiten haben den Vorteil der ‚Bürgernähe'. In den Regionen kann durch die Wahrung des Subsidiaritätsprinzips die Akzeptanz für Entscheidungen erhöht werden."[316]

Es ist demnach zu prüfen, ob die derzeitig gewählte Form der Verankerung des Subsidiaritätsprinzips in den Unionsverträgen *ausreichend* dem Legitimationsbedarf der EU Rechnung trägt. Fraglich ist, ob das Subsidiaritätsprinzip in den Verträgen zur Europäischen Union justiziabel ist, ob es gar Verfassungsrang erlangt.
Mit dieser Prüfung leitet die oben geplante Untersuchung in den *zweiten* Teil über: die juristische Präzisierung des Subsidiaritätsprinzips. Eine rechtliche Würdigung des Subsidiaritätsprinzips ist besonders deshalb sinnvoll, weil die politisch wünschbare Allzuständigkeit des Prinzips der Subsidiarität rechtlich aus Art. 5 EGV-A-N nicht abzuleiten ist. Die Politik stößt an die harte Realität der Rechtslegung.
Das Subsidiaritätsprinzip aus Art. 5 EGV-A-N ist, wie angeführt, nicht allumfassend. Es gilt ausschließlich in *den* Bereichen Europäischer Politik, welche einer konkurrierenden Gesetzgebung unterliegen. Die politischen Bereiche, welche der ausschließlichen Zuständigkeit der Gemeinschaft unterliegen, werden vom Prinzip der Subsidiarität gar nicht erst erfasst.[317]
Fraglich ist, ob diese Trennung sinnvoll ist. Der ausschließlichen Zuständigkeit Europäischer Politik unterliegen nämlich solche Bereiche, welche bei ihrer Ausführung die Kompetenz der Mitgliedsstaaten bei weitem übersteigen und somit aus Gründen der Erforderlichkeit ausschließlich bei der Union angesiedelt sind. Subsidiarität muss auch in diesen Bereichen kein Tabu bleiben.
Auch in den einzelnen Mitgliedsstaaten gibt es bislang politische Aufgaben, deren Erfüllung der obersten politischen oder administrativen Ebene exklusiv, sprich ausschließlich zustehen. Dennoch stehen selbst diese obersten Ebenen stets unter dem Vorbehalt ausreichender Legitimation. Die ausschließliche Gesetzgebung des Bundes in Deutschland beispielsweise unterliegt einer demokratischen Kontrolle und bleibt deshalb stets der Überprüfung seiner Legitimation unterworfen. Trotz der ausschließlichen Zuständigkeit des Bundes bleibt diese demokratisch überwacht.

---

früheren Zeiten dokumentiert. Vgl. hierzu auch: MÜLLER: Faß ohne Boden, S. 18f. Vgl. BRUHA: Subsidiaritätsprinzip im Recht der Europäischen Gemeinschaft, S. 394.
[314] BRUHA: Subsidiaritätsprinzip im Recht der Europäischen Gemeinschaft, S. 394.
[315] Vgl. SCHMIDHUBER, Peter M.: Die Bedeutung der Europäischen Gemeinschaften für die Kommunen. In: KNEMEYER: Charta der kommunalen Selbstverwaltung, S. 27f.
[316] WORMS, Bernhard: Wie das Landesparlament das Europa der Regionen gestaltet. In: ALEMANN, Ulrich von/ HEINZE, Rolf G./ HOMBACH, Bodo (Hrsg.): Die Kraft der Region: Nordrhein-Westfalen in Europa. Bonn 1990 (Dietz), S. 193.
[317] Vgl. BÖTTCHER: Europas Zukunft, S. 43; vgl. auch BRUHA: Subsidiaritätsprinzip im Recht der Europäischen Gemeinschaft, S. 396.

Dass sich das Subsidiaritätsprinzip nur auf die konkurrierende Gemeinschaftspolitik bezieht, verkürzt die Legitimationsreichweite Europäischer Entscheidungen ganz gewaltig.

Mit dieser Feststellung einher geht die Frage, inwieweit das Subsidiaritätsprinzip gemäß Art. 5 EGV-A-N mit seiner Wirkung auf konkurrierende Gemeinschaftsakte ausreichend konkretisiert ist und somit einer gerichtlichen Überprüfung standhält. Da bei Verankerung des Subsidiaritätsprinzips in den Verträgen zur Europäischen Union keinerlei fest definierte Grundannahmen zum Charakter des Subsidiaritätsprinzips festgeschrieben werden, bleibt seine Belastbarkeit – selbst für den originären Zuständigkeitsbereich konkurrierender Gesetzgebung – fraglich. Es drängt sich der Verdacht auf, dass es sich beim Subsidiaritätsprinzip um einen eher unbestimmten Rechtsbegriff handelt, der sowohl von agierender Politik als auch seitens der Administration gefüllt werden muss.[318]

Ist das Subsidiaritätsprinzip *derart* unbestimmt und nicht belastbar, öffnet dies einem Missbrauch in beide denkbare Richtungen Tür und Tor: Machtkonzentration auf Europäischer Ebene durch Unterschätzung des Subsidiaritätsprinzips versus Renationalisierung durch Überschätzung.

Eine solche Unbestimmtheit des Prinzips der Subsidiarität kann jedoch von den Vertragspartnern kaum gewollt sein. Bestimmtheit und Überprüfbarkeit müssen Grundvoraussetzungen der Verträge sein. Ein allgemeines Einverständnis über die Vertragsinhalte muss vorausgesetzt werden.

Ohne eine wie auch immer geartete nähere Definition und Klärung des Begriffs sowie ohne die Klärung der Frage seiner Reichweite wäre eine gerichtliche Überprüfung seitens des EuGH nicht denkbar.[319] Auch dies kann wohl kaum der Wille der Vertragspartner sein.

Folgendes ist nach den bislang dargestellten Überlegungen zu befürchten: Die relative Unbestimmtheit des Subsidiaritätsbegriffs und die nicht ausreichend geklärte Frage nach den Folgen seiner Verankerung stellt *die* gravierende Schwäche des Art. 5 EGV-A-N dar.

Nur in seinen Grundsätzen scheint das Subsidiaritätsprinzip diskussionsfest zu sein. Dieser durch das Subsidiaritätsprinzip dokumentierte Grundkonsens lautet Bürgernähe und die Beseitigung von Legitimationsdefiziten der Union.[320] Wird jedoch über diesen Grundkonsens hinaus der Frage nachgegangen, wie weitreichend nun die Einflussmöglichkeiten der Mitgliedsstaaten und deren Untergliederungen am Europäischen Alltagsleben sind, muss gepasst werden.[321]

Eine Überprüfung von Rechtsstreitigkeiten über die Reichweite oder auch nur die spezielle Auslegung des Subsidiaritätsprinzips durch das EuGH verkommt somit schneller als gewünscht zur Fortentwicklung des Vertragsrechts durch Richterrecht.

---

[318] Vgl. hierzu das „Protokoll über die Anwendung der Grundsätze der Subsidiarität und der Verhältnismäßigkeit" als integraler Bestandteil der Verträge zur Europäischen Union und Gemeinschaft aus dem Jahr 1997.
[319] Vgl. Bruha: Subsidiaritätsprinzip im Recht der Europäischen Gemeinschaft, S. 399.
[320] Ein wichtiges Ziel des Maastricht-Vertrages ist die Stärkung der demokratischen Legitimation der Union: vgl. HÖLSCHEIDT: Von Maastricht nach Karlsruhe, S. 21.
[321] Vgl. MAGIERA: Kompetenzverteilung in Europa, S. 25; vgl. auch KREILE: Integration Europas, S. VIII.

Dass Richterecht aber nun alles andere als demokratisch legitimierte Rechtsetzung darstellt, braucht nicht gesondert erläutert zu werden.
Unausweichlich stellt sich demnach zusammengefasst die Frage, ob die Verankerung des Subsidiaritätsprinzips in die Gemeinschaftsverträge über die polische Wirkung hinaus rechtliche Auswirkungen eröffnet. Ist das Prinzip der Subsidiarität, so wie es in den Verträgen zur EG und EU verankert wird, justiziabel oder nicht?

„Das globale Ziel, Kompetenzen auf mitliederstaatlicher bzw. untermitgliedsstaatlicher Ebene gegenüber dem Zugriff der Europäischen Gemeinschaft zu sichern, wird von keiner der vorgeschlagenen Definitionen angemessen erfüllt. Das liegt im wesentlichen daran, daß weitgehend unbestimmte Rechtsbegriffe verwandt werden, die ausfüllungsbedürftig sind bzw. einen Beteiligungsspielraum für die politische Ebene signalisieren."[322]

Um die rechtliche Belastbarkeit ausreichend beurteilen zu können, bedarf es weiterer Erläuterung zum Vollzug des Subsidiaritätsprinzips auf Gemeinschaftsebene. Will die Gemeinschaft Kompetenzen auf Europäischer Ebene verankern, unterliegt sie einer Darlegungs- und Begründungspflicht.[323] Zieht die Europäische Ebene Kompetenzen und Macht für bestimmte Politik- und Handlungsfelder an sich, muss sie stets die Erforderlichkeit hierfür begründen.

„Diese Verfahrenspflicht bietet die Grundlagen für einen permanenten legislativen Subsidiaritätsdialog zwischen den Gemeinschaftsorganen und Vertretern der Mitgliedsstaaten."[324]

Zur Untersuchung der rechtlichen Belastbarkeit erscheint es daher unabdingbar, die rechtlichen Rahmenbedingungen des Unionsvertrags über Art. 5 EGV-A-N hinaus zu betrachten. Nur so wird ausreichend deutlich, dass neben der politisch angestrebten weitreichenden Durchgriffstiefe des Subsidiaritätsprinzips diese auch vertraglicher Gesamtbestandteil ist und somit rechtlich belastbarer als nach dem ersten Eindruck.

Art. A Abs. 1 und 2 EUV-M (Art. 1 Abs. 1 und 2 EUV-A-N) formuliert wie folgt:

„Durch diesen Vertrag gründen die hohen Vertragsparteien untereinander eine Europäische Union, im folgenden als ‚Union' bezeichnet.
Dieser Vertrag stellt eine neue Stufe bei der Verwirklichung einer immer engeren Union der Völker Europas dar, in der die Entscheidungen möglichst bürgernah getroffen werden."[325]

Art. 1 EUV-A-N formuliert das immer engere Zusammenwachsen der Mitgliedsländer als Kernziel zur Gründung der Europäischen Union.
Der Vertrag von Maastricht bedeutet eine deutliche Fortentwicklung der bisherigen Gemeinschaftsaktivitäten, da zahlreiche neue Politikbereiche der Union bzw. der Gemeinschaft obliegen: Bildungs- und Jugendschutzpolitik, Gesundheitspolitik, Verbraucherschutzpolitik, Industriepolitik sowie Entwicklungspolitik. Auch die Gewährleistung des wirtschaftlichen und sozialen Zusammenhalts innerhalb der Union

---
[322] PIEPER: Subsidiarität, S. 243.
[323] Vgl. BRUHA: Subsidiaritätsprinzip im Recht der Europäischen Gemeinschaft, S. 401.
[324] Ebd., S. 401.
[325] Mit dieser Formulierung wird die Erwähnung des von mancher Seite ungeliebten Verfassungsprinzips des Föderalismus vermieden. Vgl. SCHNEIDER: Europäische Integration, S. 6.

(Kohäsion) obliegt der zentralen Zuständigkeit der Union.[326] Die Stärkung des Binnenmarktes bleibt im Mittelpunkt. Allen diesen Politikfeldern übergeordnetes Ziel ist die Schaffung einer Wirtschafts- und Währungsunion.[327]
Neben dieser ersten Säule der Gemeinschaftsaufgaben normiert der Maastrichter Vertrag weitere grundlegende Vorhaben zur Europäischen Einigung: die Förderung „Europäischer Politischer Zusammenarbeit" in Form einer „Gemeinsamen Außen- und Sicherheitspolitik (GASP)" als zweite Säule sowie die Zusammenarbeit in den Bereichen Inneres und Justiz (ZIJ) in der dritten Säule der Politik der Europäischen Union.
Mit der politischen Agenda der zweiten und dritten Säule wird die Unionskompetenz erheblich ausgebaut. Gerade diese Politikfelder der zweiten und dritten Säule sind bislang grundsätzlich hoheitliche nationalstaatliche Aufgaben.[328] Auch wenn für diese zweite und dritte Säule das Einstimmigkeitsprinzip gilt und Initiativrechte in diesen Politikfeldern beim Rat und nicht bei der Kommission liegen, ist der Ausbau der Befugnisse der Union beachtlich.
Wird der EU in diesen Politikfeldern Kompetenz überantwortet, steht das Tor zum Souveränitätsabfluss von den Mitgliedsstaaten zur Europäischen Ebene offen. Vor dem Hintergrund dieser Beschlüsse stellt sich demnach umso dringlicher die Frage nach dem Stellenwert des Subsidiaritätsprinzips. Mit dieser enormen Ausweitung von Unions- und Gemeinschaftskompetenzen drängt sich nachhaltig die Frage nach Schaffung *ausreichender* Legitimation auf. Dieser Problematik muss Rechnung getragen werden.
Die Union soll, wie zitiert, möglichst bürgernah sein. Bürgernah bedeutet, dass Entscheidungswege möglichst unkompliziert laufen und auf möglichst niedriger Ebene, nahe am Bürger. Bürgernähe und Subsidiarität ergänzen sich – dies wird noch zu zeigen sein. Art. 1 Abs. 2 EUV-A-N normiert diese Transparenz der Entscheidungswege und eine Verlagerung von Entscheidungen auf möglichst niedrige Ebene. Bürgernähe und Subsidiarität werden in einen Zusammenhang gebracht.
Wenn Art. 1 Abs. 2 EUV-A-N formuliert, dass Entscheidungen möglichst bürgernah getroffen werden sollen, so steht zu vermuten, dass genau *diese* Bürgernähe für Gemeinschaftsentscheidungen *derzeit* nicht angenommen wird. Entscheidungen auf Gemeinschaftsebene sind bei Vertragsschluss nicht bürgernah, sie sind bürgerfern. Entscheidungen durch die EU, so z.B. der Erlass von Rechtsakten, kommen samt und sonders ohne die direkte Beteiligung von Bürgern zustande. Die Gemeinschaftsebene stellt innerhalb des gemeinschaftlichen Machtgefüges die Ebene mit größter politischer Entfernung zum Bürger dar. Das verankerte Prinzip der Bürgernähe soll zu einer weitreichenden Verlagerung von Entscheidungskompetenz auf Ebenen mit mehr Bürgernähe führen, also zu einer Delegation von Kompetenz zur mitgliedstaatlichen Ebene oder gar deren Untergliederungen – so zumindest das hehre Ziel.[329]

Artikel 2 Satz 2 EUV-A-N (Art. B Satz 2 EUV-M) nimmt explizit Bezug auf das Subsidiaritätsprinzip. Entscheidungswege der Union unterliegen hiernach dem Subsidiari-

---

[326] Art. 126, 128, 129, 129a, 130, 130 a-e, 130u EGV-M/ Art. 149, 151, 152, 153, 157, 158-162, 177 EGV-A-N.
[327] Grundlage dieses Zieles stellt der sogenannte „Delors-Plan" dar: vgl. HÖLSCHEIDT: Von Maastricht nach Karlsruhe, S. 19.
[328] Vgl. HARTMANN: System der Europäischen Union, S. 33.
[329] Vgl. KOPP: Föderalismus, S. 176.

tätsprinzip. Bürgernähe und Subsidiaritätsprinzip ergänzen einander: Bürgernähe ist konkreter Ausfluss des Subsidiaritätsprinzips. Gleichzeitig ist Bürgernähe direktes Charakteristikum der Subsidiarität. Dies wird deutlich durch die Formulierung in der Präambel des Unionsvertrages die Subsidiarität betreffend:

„(...) ENTSCHLOSSEN, den Prozeß der Schaffung einer immer engeren Union der Völker Europas, in der die Entscheidungen entsprechend dem Subsidiaritätsprinzip möglichst bürgernah getroffen werden, weiterzuführen (...)".[330]

Der subsidiäre Charakter des Vertrags zur Gründung der Europäischen Union wird ferner auch durch Art. F EGV-M deutlich. Auch diese Festlegung stärkt die rechtliche Gesamtbelastbarkeit des Subsidiaritätsprinzips. Trotz enormer gemeinschaftlicher Regelungsbreite und Regelungsdichte bleibt die Eigenständigkeit der Mitgliedsländer innerhalb der Union erhalten.[331] Dies regelt, wie angeführt, Art. F Abs. 1 EUV-M:

„Die Union achtet die nationale Identität ihrer Mitgliedsstaaten, deren Regierungssysteme auf demokratischen Grundsätzen beruhen."

Dieser Artikel wird im Amsterdamer Vertrag abgeändert. Hier heißt es in Art. 6 Abs. 3 EUV-A-N nun nur wie folgt:

„Die Union achtet die nationale Identität ihrer Mitgliedsstaaten."

Schließlich gleichen sich Art. 6 Abs. 4 EUV-A-N und Art. F Abs. 3:

„Die Union stattet sich mit den Mitteln aus, die zum Erreichen ihrer Ziele und zur Durchführung ihrer Politiken erforderlich sind."

Die Gegenüberstellung von Art. 6 Abs. 3 EUV-A-N/ Art. F Abs. 1 EUV-M und Art. 6 Abs. 4 EUV-A-N/ Art. F Abs. 3 EUV-M macht den subsidiären Spannungsbogen deutlich: *Einerseits* werden die Mitgliedsstaaten in ihrer Identität nicht beschnitten. *Andererseits* aber nimmt die Union für sich in Anspruch, sich selbst mit den notwendigen Mitteln auszustatten, um die im Unionsvertrag verankerten Ziele zu erfüllen.

Art. 6 Abs. 3 EUV-A-N ist ein subsidiärer Auftrag. Die Union darf keine weitreichende eigene Souveränität entwickeln. Stets muss die Identität und damit auch Souveränität der Mitgliedsstaaten gewahrt bleiben. Die nationale Identität der Mitgliedsstaaten kann nur durch Aufrechterhaltung ausreichend nationaler Souveränität gewährleistet werden.[332]
Noch einmal zur Erläuterung: Wäre die Union allzuständig und wären die Mitgliedsstaaten, von gewissen Beteiligungsverfahren abgesehen, ohnmächtig, würden die

---

[330] Präambel EUV-A-N
[331] Vgl. MAGIERA: Kompetenzverteilung in Europa, S. 20.
[332] Dieser Schutz mitgliedsstaatlicher Souveränität bedarf föderaler Strukturen innerhalb der EU (vgl. auch Kapitel 3): vgl. PERNTHALER, Peter: Der österreichische Föderalismus im Spannungsfeld von ökonomischen Notwendigkeiten und politisch-historischer Identität. In: DERS./ BUBJÄGER Peter (Hrsg.): Ökonomische Aspekte des Föderalismus. Institut für Föderalismus. Bd. 83. Wien 2001 (Braumüller), S. 16.

Mitgliedsstaaten ihre Identität verlieren. Die Union wäre dann so dominant, dass den Mitgliedsstaaten die Eigenständigkeit und damit Identität abhanden kommen würde.

Der Auftrag, die nationale Identität zu wahren, kommt somit der Aufforderung gleich, den Mitgliedsstaaten nicht unnötig Kompetenz und somit Souveränität zu nehmen.[333] Der Schutz nationalstaatlicher Identität bildet demnach den Kern des Spannungsfeldes zwischen Mitgliedsstaaten und Union. Dieser Schutzauftrag bildet damit konkreten Ausfluss des Subsidiaritätsprinzips. Das zu schützende Objekt wird klar definiert. Der Schutz scheint rechtlich belastbar.

Dem subsidiären Schutz der Identität der Mitgliedsstaaten steht das allgemeine Prinzip der Subsidiarität als Architekturprinzip der Union gegenüber. Wird der Versuch unternommen, beide Normen aufeinander abzustimmen, entsteht die Schwierigkeit festzulegen, wie die eine Norm der anderen zugeordnet ist. Denkbar sind Überordnung, Unterordnung, aber auch Gleichordnung.
Für eine Überordnung des Subsidiaritätsprinzips aus Art. 2 Satz 2 EUV-A-N i.V.m. Art. 5 EGV-A-N spricht die Ersterwähnung des Art. 2 EUV-A-N vor Art. 6 EUV-A-N. Außerdem wurde das Subsidiaritätsprinzip bereits als Architekturprinzip der Union festgemacht, sodass sich diesem Prinzip alle weiteren Normen als Sonder- oder Spezialfälle unterordnen sollten.

Ein zentrales Argument für die Unterordnung besteht darin, dass die Subsidiarität unter Art. 2 EUV-A-N, also bei den „Zielen der Union" angeführt wird, jedoch die Achtung der nationalen Identität gemäß Art. 6 EUV-A-N eine „Grundlage der Union" darstellt. Die Achtung der nationalen Identität ist somit Grundlage der Union genuin, das Subsidiaritätsprinzip Ausfluss dessen.
Eine Gleichrangigkeit beider Normen scheint insofern schließlich nach einer Abwägung naheliegend, als dass die nationale Identität als Grundlage der Union betrachtet wird. Sie erhält jedoch keinen solch universalen Rang wie das Subsidiaritätsprinzip. Als Grundlage der Unionspolitik mündet Art. 6 EUV-A-N in das Subsidiaritätsprinzip. Ein gegenseitiges Bedingen bindet beide Normen aneinander.

Mit den vorausgegangenen Ausführungen wurde gezeigt, dass der Vertrag zur Gründung der Europäischen Union subsidiären Charakter aufweist. Nicht nur der explizite Subsidiaritätsartikel Art. 5 EGV-A-N, sondern eben auch die Regelungen in Art. 1, 2, 6 EUV-A-N sowie die Präambel dokumentieren, dass die Vertragsschließenden dem Subsidiaritätsprinzip eine weitreichende Geltung verschaffen wollen. Dieser Vertragswille unterstreicht die Auffassung, dass dem Subsidiaritätsprinzip eine hohe Durchgriffstiefe zukommen soll. Es besteht demnach zwischen den Vertragspartnern der Wunsch, das Subsidiaritätsprinzip rechtlich belastbar zu gestalten. Dort, wo diese Belastbarkeit an Grenzen stößt, muss der politische Wille zur Subsidiarität die sich öffnenden rechtlichen Lücken schließen.
Zusammenfassend lässt sich zur Belastbarkeit des Subsidiaritätsprinzips demnach folgendes ausführen: Eine vernünftige Handhabe des Subsidiaritätsprinzips gelingt nur bei sowohl rechtlicher als auch politischer Auslegung.

---
[333] Vgl. PIEPER: Subsidiarität, S. 260.

Zum subsidiären Charakter der zweiten und dritten Säule der Unionspolitik

Mit dem Vertrag von Maastricht zur Gründung der Europäischen Union werden, wie bereits ausgeführt, der neu geschaffenen Union zahlreiche grundlegend neue politische Bereiche überantwortet.[334] Zu prüfen wäre, wie diese Erweiterung des Aufgabenkataloges und der damit einhergehende Zuwachs an Macht auf der Ebene der Union und der Gemeinschaft vor dem Hintergrund des Subsidiaritätsprinzips zu beurteilen ist.
Inwieweit ist diese Entwicklung mit dem Subsidiaritätsprinzip zu vereinbaren?

Gemäß Art. 2 EUV-A-N werden der EU neue Aufgabenfelder zugewiesen. Zu diesen neuen der Union übertragenen Aufgaben gehören die Gemeinsame Außen- und Sicherheitspolitik, der Ausbau der Unionsbürgerschaft und die geplante Zusammenarbeit in den Bereichen Inneres und Justiz. Bei der Betrachtung dieser angeführten neuen Aufgaben wird schnell deutlich, dass es sich bei allen Aufgaben um bislang hoheitlich geprägte Aufgaben der Mitgliedsstaaten handelt. Außen- und Sicherheitspolitik, Innenpolitik und Justizpolitik, aber auch das Bürgerschaftsrecht sind Kern souveräner Staaten. Die Übertragung von Verantwortung für diese Politikfelder auf die EU verdeutlicht, dass die Europäische Integration an einen Punkt gelangt ist, welcher weit über die Realisierung des Binnenmarktes im Bereich der Wirtschaftspolitik hinausgeht.

Wird schon mit der Realisierung des Gemeinsamen Marktes im Rahmen der EWG/EG die zunehmende Eingriffsdichte der Gemeinschaft kritisiert, so wird nun erst recht entsprechende Kritik der EU-Verträge zu erwarten sein.

Es drängen sich folgende *drei* Fragen auf:
Erstens: Wie entwickeln sich die Politikfelder der Außen- und Sicherheitspolitik, Inneres, Justiz und Bürgerschaftsrecht zukünftig vor dem Hintergrund des Subsidiaritätsprinzips? (Die Politik der zweiten und dritten Säule unterliegt dem Vertrag folgend derzeit nicht dem Subsidiaritätsprinzip.[335])
Zweitens: Ist eine gemeinschaftsweite Koordinierung dieser Bereiche überhaupt erforderlich?
Drittens: Inwiefern bleibt bei solch einem enormen Souveränitätsverlust die nationale Identität der Mitgliedsstaaten gemäß Art. 6 Abs. 3 EUV-A-N gewahrt?

Die neuen Politikfelder der Union sind differenziert zu betrachten und im Einzelnen dieser Prüfung zu unterziehen. Auch ist zu erörtern, in welcher Form die Verantwortung und Zuständigkeit aus dem Unionsvertrag heraus normiert wird.
Zur Gemeinsamen Außen- und Sicherheitspolitik (GASP) formuliert Art. 2, 2. Spiegelstrich EUV-A-N:

„(...) die Behauptung ihrer Identität auf internationaler Ebene, insbesondere durch eine Gemeinsame Außen- und Sicherheitspolitik, wozu nach Maßgabe des Art. 17 auch die

---
[334] Vgl. hierzu die Entwicklung der Integration dargestellt bei BISKUP: Dimensionen Europas, S. 21f.
[335] Vgl. BARDONG: Einheitliche Europäische Akte, S. 33.

schrittweise Festlegung einer gemeinsamen Verteidigungspolitik gehört, die zu einer gemeinsamen Verteidigung führen könnte".[336]

Werden die Ausführungen zur GASP näher analysiert, wird sichtbar, dass keineswegs eine solch weitreichende Integration angestrebt wird wie beispielsweise im Bereich des Binnenmarktes. Art. 17 Abs. 1 Satz 6 EUV-A-N stellt dies klar: Die Politik der Union berührt demnach keinesfalls die besonderen Sicherheits- und Verteidigungsinteressen der Mitgliedsstaaten.
Die neue Zuständigkeit der Union geht im Bereich der GASP nicht besonders weit.[337] Vielmehr verstehen die Mitgliedsstaaten die Union als Ort der Koordination und Zusammenarbeit. Auf der Ebene der EU soll die Außen- und Sicherheitspolitik der einzelnen Mitgliedsstaaten koordiniert werden. Es bleibt bei einer konsultarischen Koordination.[338]

Eine Prognose für die Zukunft sei erlaubt: Mit zunehmender Integration wird sich diese bislang eher koordinierende Zuständigkeit ausweiten.[339] Zunehmend wird erkennbar, dass es gemäß dem Subsidiaritätsprinzip „*erforderlich*" wird, eine GASP in ihrem eigentlichen Sinne zu installieren, also unter eigenständiger Verantwortung der Union, wohlwissend dass zur Zeit das Subsidiaritätsprinzip für die zweite und dritte Säule der Union nicht gilt. Dies wird sich jedoch mit zunehmender Notwendigkeit einer konzentrierten GASP ändern.
Der aktuelle Konflikt der Europäischen Union mit dem Machtblock Vereinigte Staaten von Amerika beispielsweise verdeutlicht diese zunehmende Erforderlichkeit dahingehend, dass die EU ihre internationalen Interessen konzentriert.[340] Art. 11 Abs. 2 EUV-A-N weist dieser Entwicklung den Weg. Gemäß Art. 11 Abs. 2 EUV-A-N sind die Mitgliedsstaaten verpflichtet, soweit, wie mit ihrer eigenen Außen- und Sicherheitspolitik vereinbar, die GASP der Union loyal, aktiv und vorbehaltlos zu stützen.
Noch weniger verbindlich erscheint zur Zeit die Zuständigkeit der Union im Bereich der Innen- und Justizpolitik. Die Zusammenarbeit auf Europäischer Ebene gleicht eher einer Kooperation als einer Integration.[341] Dies ist insofern nachvollziehbar, als dass die Bereiche Inneres und Justiz Kernsouveränitäten der Mitgliedsstaaten darstellen.

Art. 2, Spiegelstrich 4 EUV-A-N stellt die Grundsatznorm für diesen Bereich dar:

„(...) die Erhaltung und Weiterentwicklung der Union als Raum der Freiheit, der Sicherheit und des Rechts, in dem in Verbindung mit geeigneten Maßnahmen in bezug auf die Kontrol-

---

[336] *Art. 17 Abs. 1 Satz 1, 2 EUV-A-N:*
„Die Gemeinsame Außen- und Sicherheitspolitik umfaßt sämtliche Fragen, welche die Sicherheit der Union betreffen, wozu auch die schrittweise Festlegung einer gemeinsamen Verteidigungspolitik (im Sinne des Unterabsatzes 2 gehört (*dieser Einschub ist durch die Beschlüsse von Nizza gestrichen*), die zu einer gemeinsamen Verteidigung führen könnte, falls der Europäische Rat dies beschließt. Er empfiehlt in diesem Fall den Mitgliedsstaaten, einen solchen Beschluß gemäß ihren verfassungsrechtlichen Vorschriften anzunehmen."
[337] Vgl. ESTERBAUER: Europäische Integration, S. 99f.
[338] Vgl. PIEPER: Subsidiarität, S. 261.
[339] Diese Einschätzung wird durch den vorgelegten Verfassungsentwurf des Konvents bestätigt.
[340] Vgl. LÜBBE, Hermann: Europa. Philosophische Aspekte. In: BISKUP, Reinhold (Hrsg.): Dimensionen Europas. Beiträge zur Wirtschaftspolitik. Bd. 68. Bern/ Stuttgart/ Wien 1998 (Paul Haupt), S. 96f.
[341] Vgl. ESTERBAUER: Europäische Integration, S. 101.

len an den Außengrenzen, das Asyl, die Einwanderung sowie die Verhütung und Bekämpfung der Kriminalität der freie Personenverkehr gewährleistet ist".

Die Art. 29 – 42 EUV-A-N konkretisieren diese Zusammenarbeit. Gemäß Art. 34 Abs. 1 EUV-A-N beschränkt sich diese Zusammenarbeit allerdings zunächst auf Konsultation, Koordination und Zusammenarbeit der zuständigen mitgliedsstaatlichen Verwaltungsstellen. Es wird deutlich, wie unverbindlich die gemeinschaftliche Zuständigkeit noch ist.

Dennoch lässt sich bereits auch in diesem für die Mitgliedsstaaten elementaren Politikfeld eine schleichende Zuständigkeitsverschiebung zugunsten der EU festmachen. Art. 34 Abs. 2 EUV-A-N regelt die Handlungsweise der Union: Gemeinsame Standpunkte, Rahmenbeschlüsse zur Angleichung von Rechts- und Verwaltungsvorschriften der Mitgliedsstaaten und das Erstellen von Übereinkommen.
Im gesamten Bereich der Unionsbürgerschaft schließlich bleibt die Souveränität der Mitgliedsstaaten erhalten.[342]
Allerdings wird der Verbleib maßgeblicher Bürgerschaftsrechte und elementarer Grundrechte auf mitgliedsstaatlicher Ebene mit zunehmender Integration in Frage gestellt. So muss zum Beispiel mit der Umsetzung der Wirtschafts- und Währungsunion gewährleistet sein, dass einzelne Grundrechte, besonders diejenigen, welche mit der Freizügigkeit, der Berufsfreiheit und anderen wirtschaftlichen Tätigkeiten in enger Verbindung stehen, einer gerichtlichen Überprüfung auf Europäischer Ebene unterzogen werden können.[343]

Mit dem Vertrag von Maastricht wird die Unionsbürgerschaft in die Gemeinschaftsverträge eingeführt. Die Unionsbürgerschaft umfasst unter anderem die Bewegungs- und Aufenthaltsfreiheit innerhalb der Union (Art. 18 EGV-A-N), das Recht, sich mit einer Petition an den EuGH zu wenden (Art. 21 i.V.m. Art. 194 EGV-A-N) und das aktive und passive kommunale Wahlrecht (Art. 19 EGV-A-N).[344] Gemäß Art. 17ff EGV-A-N wird innerhalb der Europäischen Union die Unionsbürgerschaft fortgeführt. Eingeschränkt wird diese jedoch elementar in ihrer Reichweite durch Art. 17 Abs. 1 EGV-A-N:

„Es wird eine Unionsbürgerschaft eingeführt. Unionsbürger ist, wer die Staatsangehörigkeit eines Mitgliedsstaates besitzt. Die Unionsbürgerschaft ergänzt die nationale Staatsbürgerschaft, ersetzt sie aber nicht."

Die Zweispurigkeit Europäischer Integration tritt hier sowie auch bei den anderen Politikfeldern der zweiten und dritten Säule sehr deutlich zu Tage: Mitgliedsstaatliche

---

[342] Vgl. hierzu die grundsätzlichen Überlegungen bei RENGELING, Hans-Werner: Grundrechtsschutz in der Europäischen Gemeinschaft. Bestandsaufnahme und Analyse der Rechtsprechung des Europäisches Gerichtshofs zum Schutz der Grundrechte als allgemeine Rechtsgrundsätze. München 1992 (Beck), S. 2f.
Vgl. im Besonderen BUNDESVERFASSUNGSGERICHT: BVERFGE 73, 339 – 338 SOLANGE II. Beschluss des Zweiten Senats vom 22.10.1986. In: GRIMM, Dieter/ KIRCHHOF, Paul (Hrsg.): Entscheidungen des Bundesverfassungsgerichts. Studienauswahl 2. Bd. 2. 2. erw. Aufl. Tübingen 1997 (Mohr Siebeck), S. 88-106.
[343] Vgl. RENGELING, Hans-Werner: Grundrechtsschutz in der Europäischen Gemeinschaft. Bestandsaufnahme und Analyse der Rechtsprechung des Europäisches Gerichtshofs zum Schutz der Grundrechte als allgemeine Rechtsgrundsätze. München 1992 (Beck), S. 236.
[344] Vgl. auch HAHN, H: Vertrag von Maastricht, S. 135.

Souveränität bleibt weitgehend erhalten, gleichzeitig aber weiten sich die Kompetenzen der Union aus.

„Wenn beklagt wird, das Subsidiaritätsprinzip wirke zugunsten der europäischen Zentralisierung, weil die ausschließlichen Kompetenzen der Gemeinschaft der Geltung des Subsidiaritätsprinzips entzogen seien, mag dies grundsätzlich stimmen. Gleichwohl liegt dies an der vertraglich und integrationspolitischen Grundkonzeption der durch die Gründungsverträge geschaffenen Rechtsordnung schon vor Maastricht. Denn integrierte Bereiche müssen deshalb mitgliedsstaatlichem Zugriff entzogen sein, um sie nicht wieder einer Desintegration zu öffnen."[345]

24 Erstes Fazit

Das Subsidiaritätsprinzip regelt die Kompetenz- und Aufgabenverteilung zwischen der Gemeinschaft und den Mitgliedsstaaten. Einen Eingriff in die innerstaatlichen Machtverhältnisse legitimiert das Subsidiaritätsprinzip, wie gezeigt, nicht. Die Regelung des innerstaatlichen Machtgefüges ist der Gemeinschaft entzogen.
Fraglich ist nun, ob ein Durchgriff der Gemeinschaft auf innerstaatliche Machtgefüge aus dem vertraglich verankerten Subsidiaritätsprinzip abzuleiten ist. Fraglich ist demnach, ob die Wirkungstiefe des Subsidiaritätsprinzips über das Verhältnis Union-Mitgliedsstaaten hinausgeht. Diese Frage bedarf einer Erläuterung: Die Gemeinschaft/ Union agiert entsprechend der Regelung des Subsidiaritätsprinzips nur dann, wenn ein gemeinschaftsweites Handeln erforderlich ist bzw. ein entsprechendes Handeln der Mitgliedsstaaten nicht ausreichend ist.
Dabei gilt grundsätzlich, dass das innerstaatliche Machtgefüge nicht der Einwirkung durch die Gemeinschaft unterliegt.[346] Ein solcher Eingriff könnte jedoch „erforderlich" sein. In einem solchen Fall könnte ein gemeinschaftlicher Durchgriff in das innerstaatliche Machtgefüge aus dem Subsidiaritätsprinzip heraus legitimiert sein.
Es stellt sich die zentrale Frage, ob es seitens der Union „erforderlich" ist, das Subsidiaritätsprinzip in seiner Wirkung auf das innerstaatliche Machtgefüge der Mitgliedsstaaten auszudehnen?[347] Die Prüfung dieser Frage kann nur systemimmanent erfolgen und ist zuvorderst politischer Natur.

Politisch erscheint ein Durchgriff des Subsidiaritätsprinzips aus sich heraus auf die mitgliedsstaatlichen Untergliederungen zum Beispiel dann sinnvoll, wenn Bürgernähe gemäß Art. 1 Abs. 2 EUV-A-N durchgesetzt werden soll. Bürgernähe und Subsidiarität ergänzen sich. Zur Umsetzung einer bürgernahen Union wäre demnach eine gemeinschaftsweite Regelung sinnvoll, welche sämtliche Entscheidungen auch bis in die untersten staatlichen Ebenen hinein subsidiär strukturiert. Das Ziel „Bürgernähe

---

[345] PIEPER: Subsidiarität, S. 263.
[346] Vgl. hierzu grundsätzlich ISENSEE: Subsidiaritätsprinzip und Verfassungsrecht, S. 180ff.
[347] Vgl. hierzu auch die Ausführungen bei STURM, Roland: Die Zukunft des Bundesstaates in der Dynamik europäischer Integration. Ein Beitrag aus politikwissenschaftlicher Perspektive. In: HRBEK, Rudolf (Hrsg.): Europapolitik und Bundesstaatsprinzip. Die „Europafähigkeit" Deutschlands und seiner Länder im Vergleich mit anderen Föderalstaaten. Schriftenreihe des Europäischen Zentrums für Föderalismus-Forschung. Bd. 17. Baden-Baden 2000 (Nomos), S. 193.

und Transparenz" könnte einen Durchgriff des Subsidiaritätsprinzips über das Verhältnis Union versus Mitgliedsstaaten hinaus rechtfertigen.

Die derzeit zu beklagende mangelnde Bürgernähe nährt das vorhandene Legitimationsdefizit der Union. Zur Behebung dieses Defizits könnte ein subsidiärer Durchgriff der Union auf die unterstaatlichen mitgliedsstaatlichen Ebenen zweckdienlich sein. Zur Zeit bleibt die Union bürgerfern und erscheint bei kritischer Betrachtung als volksfernes Konstrukt.

„Die Gemeinschaft existiert mangels eines vorgängigen sozialen Substrats, dem sie ihre Einheit verdankte, überhaupt nur als Rechtsgemeinschaft." [348]

Die Union ist derzeit ausschließlich eine Rechtsgemeinschaft, ein Konstrukt der Mitgliedsstaaten. Die Mitgliedsstaaten sind nach wie vor „Herren der Verträge".[349] Die Staats- und Regierungschefs bilden über den Europäischen Rat den Kern der Union/Gemeinschaft. Der Europäische Rat und der Rat stellen nach wie vor, trotz Aufwertung des Europäischen Parlaments und Stärkung der Kommission, die institutionellen Stützen der Union dar.
Die Beschlüsse des Rates formen die Entwicklung der Union.[350] Gerade vor diesem Hintergrund erscheint die angeführte Kritik am erheblichen Legitimationsdefizit der Union berechtigt.
In Ergänzung zur oben aufgeworfenen Kernfrage des Durchgriffs stellen sich demnach folgende weitere Fragen: Wie kann der Europäische Einigungsprozess stärker legitimiert werden? Wie kann eine stärkere Identifizierung der Bürger Europas mit dem Europäischen Einigungsprozess erreicht werden?
Diese Fragen zur Zukunft der Union sind Kern der Regierungskonferenzen zwischen Maastricht und Nizza.
Zur Beantwortung dieser Fragen kann, wie in den vorangegangenen Ausführungen dargestellt, das Subsidiaritätsprinzip erheblich beitragen. Das Subsidiaritätsprinzip hat mit seiner Verankerung in den Gemeinschaftsverträgen erheblich geholfen, Vorbehalte auf der Seite der Mitgliedsstaaten gegenüber dem fortschreitenden Einigungsprozess abzubauen. Vor der Verankerung des Subsidiaritätsprinzips war auf mitgliedsstaatlicher Ebene eine erhebliche Befürchtung vor Macht- und Souveränitätsverlust präsent. Mit der Verankerung des Subsidiaritätsprinzips werden mitgliedsstaatliche Vorbehalte gegen die ausufernde Zentralisierung der Gemeinschaft gemildert.

Die Unzufriedenheit über mangelnde Beteiligung und die Angst vor Machtverlust verschieben sich nun verstärkt auf das mitgliederstaatliche innerstaatliche Machtgefüge. Die Länder und Regionen haben maßgeblich zur Verankerung des Subsidiaritätsprinzips beigetragen und müssen nun enttäuscht feststellen, dass dieses nur das Verhältnis zwischen Union und ihren Mitgliedern regelt.

---

[348] GRIMM, Dieter: Braucht Europa eine Verfassung? (Carl Friedrich von Siemens Stiftung, Themenband 60). München 1994, S. 28.
[349] Vgl. hierzu auch grundsätzlich ESTERBAUER: Europäische Integration, S. 23.
[350] Vgl. HARTMANN: System der Europäischen Union, S. 39.

Es stellt sich nun die Frage, wie eine sachgerechte Beteiligung der Länder und Regionen an gemeinschaftlichen Entscheidungen gewährleistet werden kann. Die Legitimation des Europäischen Einigungsprozesses darf nicht auf Ebene der Mitgliedsstaaten enden. Vielmehr ist gerade mit den Ländern, Regionen und Kommunen ein Einverständnis um die fortschreitende Beschleunigung der Integration herzustellen. Die Bürger selbst müssen sich mit dem Einigungsprozess identifizieren können. Nur so kann das Legitimationsdefizit der Union behoben werden.[351] Deshalb ist die sachgerechte Beteiligung auch der unteren gesellschaftlichen Ebenen an Gemeinschaftsentscheidungen notwendig und zu gewährleisten. Innerstaatlich muss demnach ein Weg gefunden werden, diese Bürgernähe möglich zu machen.[352]

„Kommunale Selbstverwaltung hat getreu der Lehre des *Freiherrn vom Stein* zunächst die Funktion, eine Basis für die Selbstaktivierung der Bürger und ihr Engagement für das Gemeinwohl zu schaffen. Sie verbreitet die offene, konkurrierende Willensbildung der Bürger und intensiviert somit stärker die Beteiligung des einzelnen Bürgers."[353]

Gelingt dies zentralstaatlichen Einheitsstaaten nicht, kann demnach die eigene Bevölkerung nicht für das Ziel „Europäische Einigung" ausreichend motiviert und schließlich mobilisiert werden, wird hierdurch die Gesamtentwicklung der Gemeinschaftsebene bedroht. Das Referendum in Dänemark zum Vertrag von Maastricht beispielsweise, aber auch das irische Abstimmungsverhalten zum Vertrag von Nizza verdeutlichen dies.[354] Ohne die Bevölkerung an Bord sinkt das Europäische Schiff. Dieser Erkenntnis folgend dürfte es für den Fortbestand der Union „*erforderlich*" sein, Bürgernähe, Bürgerbeteiligung und Transparenz der Entscheidungswege sicherzustellen. Das Subsidiaritätsprinzip, soweit es nur das Verhältnis zwischen Union und Mitgliedsstaaten regelt, greift hier maßgeblich zu kurz.[355]

Diese Erkenntnis stößt paradoxerweise auf die bereits erörterte Schwierigkeit, dass dem Subsidiaritätsprinzip folgend eine gemeinschaftsweite Vereinheitlichung der Beteiligungsverfahren aus Rücksicht auf nationalstaatliche Identitäten kaum umsetzbar ist. Es liegt ein klassisches Dilemma vor. Dieses kann nur politisch gelöst werden.

---

[351] Vgl. KOPP: Föderalismus, S. 176.
[352] Vgl. ROUGEMONT, Denis de: Die Devise des Regionalismus: Keine Freiheit ohne Verantwortung! In: ESTERBAUER, Fried/ KALKBRENNER, Helmut/ MATTMÜLLER, Markus/ ROEMHELD, Lutz (Hrsg.): Von der freien Gemeinde zum föderalistischen Europa. Festschrift für Adolf Gasser zum 80. Geburtstag. Berlin 1983 (Duncker und Humblot), S. 521f.
[353] KNEMEYER, Franz-Ludwig: Gemeindefreiheit – kommunale Selbstverwaltung – als Stütze der Demokratie. In: ESTERBAUER, Fried/ KALKBRENNER, Helmut/ MATTMÜLLER, Markus/ ROEMHELD, Lutz (Hrsg.): Von der freien Gemeinde zum föderalistischen Europa. Festschrift für Adolf Gasser zum 80. Geburtstag. Berlin 1983 (Duncker und Humblot), S. 293.
[354] Eine Kompetenzübertragung auf überstaatliche Einrichtungen bedarf in Dänemark einer Fünf-Sechstel-Mehrheit innerhalb des Parlaments. Wird diese nicht erzielt, sondern nur eine einfache Mehrheit, findet zur vorgelegten Entscheidung ein Volksentscheid statt: vgl. DOCKTER, Helmut: Die innerstaatliche Ratifikation – Mitwirkungsmöglichkeiten der dritten Ebene. In: BORKENHAGEN, Franz H.U./ BRUNS-KLÖSS, Christian/ MEMMINGER, Gerhard/ STEIN, Otti (Hrsg.): Die deutschen Länder in Europa: Politische Union und Wirtschafts- und Währungsunion. Baden-Baden 1992 (Nomos), S. 163.
[355] „Regionalismus und Subsidiarität stehen in einem unauflöslichen Bedingungsverhältnis." zitiert nach BÖTTCHER: Mehr Demokratie für Europa, S. 57.

Dieses Dilemma zeigt sich, noch einmal zusammengefasst, wie folgt: Das Subsidiaritätsprinzip schützt einerseits gemäß Art. 5 EGV-A-N die mitgliedsstaatliche Ebene vor unnötigem Eingriff der Gemeinschaftsebene.
Das Subsidiaritätsprinzip erlaubt allerdings einen Eingriff der Gemeinschaft, falls dieser *erforderlich* ist.

Es ist nun der Frage nach der „Erforderlichkeit" eines gemeinschaftlichen Durchgriffs auf mitgliedsstaatliche Beteiligungsverfahren, also der Frage nach der Notwendigkeit einer gemeinschaftsweiten Vereinheitlichung nachzugehen. Diese Frage nach der Erforderlichkeit eines gemeinschaftsweiten Handelns für einen solchen rigorosen Durchgriff muss differenziert beantwortet werden. Es steht außer Zweifel, dass die Union an einem Legitimationsdefizit leidet. Eine Beteiligung der Bürger, zumindest aber der Kommunen und Regionen an den politischen Prozessen auf Europäischer Ebene erscheint notwendig.[356] Diese notwendige Beteiligung bedarf einer Institutionalisierung. Einheitlich und zentral strukturierte Staaten tun sich mit dieser Aufgabe weitaus schwerer als Staaten mit einer klaren föderalen Struktur und eigenständigen und teilsouveränen Regionen.
Es könnte demnach *erforderlich* sein, in allen Mitgliedsstaaten vereinheitlicht Bürgerbeteiligung und damit konkret Bürgernähe herzustellen, allerdings würde dies einen elementaren Eingriff in das innerstaatliche Machtgefüge bedeuten.
Die Erforderlichkeitsklausel des Subsidiaritätsprinzips verbunden mit dem Auftrag zur Schaffung einer immer stärker integrierten bürgernahen Union könnte diesem Eingriff der Union in das innerstaatliche mitgliedsstaatliche Machtgefüge die Tür öffnen.

Fraglich ist jedoch, ob ein solch elementarer Eingriff verhältnismäßig ist. Zur Klärung der Verhältnismäßigkeit ist zu prüfen, ob das Legitimationsdefizit der Union auf die nicht ausreichende Beteiligung der Bürger, Kommunen und Regionen auf *mitgliedsstaatlicher* Ebene zurückzuführen ist. Die Verhältnismäßigkeit eines solchen Eingriffs scheint zur Zeit nicht gegeben, da zunächst erst einmal die gravierenden legitimatorischen Defizite auf der *Gemeinschaftsebene* selbst abzubauen sind. Nach wie vor wird die Politik der Union vom Europäischen Rat, die Politik der Gemeinschaft vom Rat bestimmt, also von den Regierungen der Mitgliedsländer. Weder das Europäische Parlament noch die nationalen Parlamente sind ausreichend an der Gestaltung der Gemeinschaftspolitik beteiligt. *Vor* einem Durchgriff auf mitgliedsstaatliche Souveränität ist demnach zuallererst einmal an dieser Schwäche anzusetzen.

Der Weg ist also vorgezeichnet: Zunächst muss das institutionelle Gefüge der Union legitimiert werden. Erst nach dieser entscheidenden Weichenstellung kann über einen Durchgriff der Gemeinschaft auf die mitgliedsstaatliche Ordnung nachgedacht werden. Zum jetzigen Zeitpunkt wäre ein solches Durchgreifen in die innerstaatliche mitgliedsstaatliche Autonomie unverhältnismäßig.

---

[356] Bürgernähe auf regionaler oder kommunaler Ebene hat eine weitaus stärker demokratiefördernde Wirkung als Bürgernähe für Bundesbürger oder Europabürger. Bürgernähe vor Ort ist konkret und erfahrbar, Bürgernähe innerhalb eines Gesamtstaates eher nicht. Vgl. hierzu auch PERNTHALER, Peter: Der österreichische Föderalismus im Spannungsfeld von ökonomischen Notwendigkeiten und politisch-historischer Identität. In: DERS./ BUBJÄGER Peter (Hrsg.): Ökonomische Aspekte des Föderalismus. Institut für Föderalismus. Bd. 83. Wien 2001 (Braumüller), S. 17.

Ein weiterer Aspekt sollte bedacht werden. Gemäß Art. 6 Abs. 3 EUV-A-N achtet die Union die nationale Identität ihrer Mitgliedsstaaten. Da mit Artikel 6 EUV-A-N „Grundlagen der Union" dargestellt werden, erhält die Achtung der nationalen Identität grundsätzlichen Charakter. Eine Verletzung dieses Grundsatzes durch einen Zugriff der Gemeinschaft auf das binnenstaatliche Machtgefüge wird insofern in weite Ferne gerückt.

Zur Notwendigkeit einer subsidiären Struktur für alle staatlichen Ebenen lässt sich zusammenfassend feststellen, dass der Eingriff in das innerstaatliche Machtgefüge einen erheblichen Eingriff darstellt. Die Souveränität des betroffenen Staates wird auf elementarer Ebene verletzt. Diese Verletzung ist nicht gerechtfertigt, nicht unabweislich, nicht unumgänglich und auch nicht verhältnismäßig.

Einzig auf politisch freiwilligem Weg, im Rahmen von politischen Auseinandersetzungen, ist eine Vereinheitlichung mitgliedsstaatlicher innerstaatlicher Beteiligungsverfahren erreichbar.

3 FÖDERALISMUS: NOTWENDIGES STRUKTURPRINZIP DER EU

31 Staatswissenschaftliche Einordnung des Föderalismus

Das Prinzip des Föderalismus ist aus der modernen Staatswissenschaft und Verfassungslehre nicht mehr wegzudenken. Föderalismus und Bundesstaatlichkeit sind gängige Prinzipien des Staatsaufbaus und der Staatsorganisation. Die föderale und damit bundesstaatliche Struktur eines Staates verhilft diesem zu höherer Legitimation gegenüber seinen staatlichen Untergliederungen.

Im Gegensatz zum Einheitsstaat mit einer unitarischen Zentrale verteilt sich die Macht innerhalb eines föderalen Bundesstaates zwischen der Zentrale und den staatlichen Untergliederungen. Macht und Kompetenz werden zwischen dem Bund (Zentrale) und seinen Untergliederungen (Länder, Regionen...) aufgeteilt. Diese Aufteilung von Macht bestimmt das sich gegenseitig befruchtende Konkurrenzverhältnis zwischen dem Bund und seinen Bundesländern. Stets wird um die adäquate Verteilung von Zuständigkeiten und Kompetenzen gerungen.[357] Stets ist der bestehende Zustand der Machtverteilung zu hinterfragen. Zur Lösung der Frage adäquater Machtverteilung reicht das Prinzip der Subsidiarität alleine nicht aus. Nur im Zusammenspiel beider „Verfassungs"-Prinzipien – Subsidiarität und Föderalismus – kann sich die Europäische Union legitimiert darstellen – eine Europäische Union ohne Nationalismus.[358]

„Als Ziel der Nachkriegsgeschichte bildet das ‚vereinigte Europa' den Sinnkern der föderalistischen Denkweise; ihre Voraussetzung ist, daß der Föderalismus das wirkungsvollste strukturelle Mittel sei, um den Nationalismus auszuschalten."[359]

Föderalismus ist ein grundlegendes verfassungs- und staatswissenschaftliches Prinzip. Das Prinzip des Föderalismus ist Strukturprinzip – es strukturiert den Staatskörper. Über diese prinzipielle Eigenschaft zur Ordnung eines Staatswesens hinaus jedoch bleibt die Begrifflichkeit des Föderalismus unpräzise.[360]
Das Prinzip des Föderalismus strukturiert einen Staatskörper in diesen selbst konstituierende Gliedstaaten. Über die Reichweite der Eigenständigkeit dieser Untergliederungen herrscht allerdings Unklarheit:

„Man kann zwar den Bundesstaat als einen in ‚Staaten' gegliederten Gesamtstaat definieren. Bei der weiteren Frage, was denn in diesem Zusammenhang die Staatlichkeit der Gliedstaaten ausmache, ist eine sinnvolle allgemeingültige Aussage aber nicht mehr möglich."[361]

---

[357] Vgl. GÖRNER: Einheit durch Vielfalt, S. 17.
[358] Vgl. BÖTTCHER: Europas Zukunft, S. 94.
[359] GÖRNER: Einheit durch Vielfalt, S. 95.
[360] Vgl. LAUFER, Heinz: Föderalismus in der Kritik. In: ASSMANN, Karl/ GOPPEL, Thomas (Hrsg.): Föderalismus. Bauprinzip einer freiheitlichen Grundordnung in Europa. München 1978 (Saur), S. 24 (Im Folgenden zitiert als LAUFER: Föderalismus in der Kritik.).
[361] BOTHE, Michael: Föderalismus – ein Konzept im geschichtlichen Wandel. In: EVERS, Tilmann (Hrsg.): Chancen des Föderalismus in Deutschland und Europa. Föderalismus-Studien. Bd. 2. Baden-Baden 1994 (Nomos), S. 21 (Im Folgenden zitiert als BOTHE: Föderalismus.).

Der Föderalismus im Allgemeinen legt den Grad der Eigenständigkeit bzw. Abhängigkeit der Gliedstaaten nicht fest. Vielmehr bleibt das Geflecht von Macht- und Kompetenzverteilung innerhalb eines föderalen Systems dem jeweiligen politischen Kräftespiel ausgesetzt. Der Föderalismus als Staatsordnung regelt *nur* das grundsätzliche konstitutionelle Verhältnis zwischen dem Gesamtstaat und seinen Gliederungen.[362] Zentrifugalen desintegrierenden Kräften stehen zentripetale integrierende Kräfte gegenüber.[363]

Was sind nun die zentrifugalen, was die zentripetalen Kräfte innerhalb eines föderalen Staatskörpers?
Besonders zentrifugal und damit desintegrierend wirken regional-separatistische Identitäten. Souveräne Untergliederungen mit starker historischer oder auch geographischer Identität werden nur zögerlich und auch nicht ohne Vorbehalte in einen föderierten Bund eintreten und dort aufgehen. Sie werden im Gegenteil ihre bisherige Identität und Eigenart in Abgrenzung zu anderen regionalen im Gesamtstaat vertretenen Identitäten verteidigen und pflegen. Neben kulturellen Identitäten im Allgemeinen sind besonders Sprache, Religionszugehörigkeit oder auch Volkszugehörigkeit als zentrifugale Kräfte anzuführen.
Diesen desintegrierenden Momenten stehen jedoch stets starke zentripetale und damit integrierende gegenüber. Diese werden im Folgenden noch dargestellt. Grundsätzlich ist festzuhalten, dass zentripetale Kräfte stärker sein sollten als die angeführten zentrifugalen. Dies ist allein schon deshalb notwendig, weil ansonsten der föderale Bund nicht von Bestand wäre.

Föderalismus: Bezugsprinzip zwischen Nation und Region

Die Betrachtung und Analyse föderaler Strukturen ist politisch-sozialwissenschaftlich geprägt. Konkret bezeichnet der Föderalismus landläufig das Strukturprinzip zur Konstituierung eines Bundesstaates.[364] Ein tieferes Verständnis des strukturleitenden Verhaltens von Föderalismus wird durch die Untersuchung seines Bezugs zu den staatstheoretischen Kategorien „Nationalstaat", „Republik" und „Demokratie" erzeugt, denn das Prinzip des Föderalismus kann theoretisch nicht abschließend aus sich selbst heraus erklärt werden. Das Begreifen des föderalen Prinzips wird demnach durch die Gegenüberstellung des Föderalismus mit den angeführten staatswissenschaftlichen Kategorien vereinfacht, denn Föderalismus ist ein Bezugsprinzip.[365] Es regelt den Bezug zwischen einzelnen staatlichen Ebenen, es ist praktischer Natur und generiert Konkurrenz und Auseinandersetzung. Wegen dieser Charaktereigenschaft ist die Bezugnahme auf „feste" und belastbarere Kategorien zur näheren Untersuchung der Wirkungstiefe und Wirkungsweise des Föderalismus sinnvoll.

---

[362] Vgl. GOPPEL, Alfons: Föderalismus – Bauprinzip Europas. In: ASSMANN, Karl/ GOPPEL, Thomas (Hrsg.): Föderalismus. Bauprinzip einer freiheitlichen Grundordnung in Europa. München 1978 (Saur), S. 11f (Im Folgenden zitiert als GOPPEL: Föderalismus – Bauprinzip Europas.).
[363] Vgl. BOTHE: Föderalismus, S. 21; vgl. auch ESTERBAUER: Kriterien föderativer und konföderativer Systeme, S. 164f.
[364] Vgl. KÜHNHARDT: Europäische Union und föderale Idee, S. 20.
[365] Vgl. GÖRNER: Einheit durch Vielfalt, S. 17.

Föderalismus ist der Bezug von Nation auf Region und umgekehrt. Darüber hinaus bildet der Föderalismus die Schlichtungsstelle bei Konflikten zwischen Regionen und der gemeinsamen Nation.[366] Die Nation ist seit dem ausgehenden Mittelalter und im Besonderen seit der Französischen Revolution stark einheitsstiftendes und identitätsstiftendes Moment. Die Volksgemeinschaft wird im Nationalstaat zusammengefasst. Das zweite grundlegend einheitsstiftende Prinzip einer Gesellschaft ist darüber hinaus die Region. Die Regionen erlauben die Binnengliederung der Nationalstaaten und somit eine differenzierte Identifizierung ihrer Staatsbürger.[367] Demnach sind sowohl die Nation als auch die Region einheitsstiftende Merkmale eines Staatswesens. Diese doppelte Identifikation stabilisiert den Aufbau und die Struktur des Gesamtstaates. Aus dem Blickwinkel des Zieles einer bürgernahen Gesellschaft ist diese Zweiteilung von Identitätsfindung und Identitätsbindung zu begrüßen. Diese doppelte Identität generiert jedoch auch erhebliche Reibungsverluste, welche dem angeführten Nutzen gegenübergestellt werden müssen: Die Region und die Nation konkurrieren um die Bewahrung und Sicherung ihrer Identität. Sie konkurrieren demnach um gesellschaftlichen und strukturellen Einfluss.

Die stete und quasi institutionalisierte Konkurrenz zwischen Region und Nation bedingt Auseinandersetzungen formaler Art und lenkt dabei allzu oft von der inhaltlichen Auseinandersetzung um die Behandlung auftretender Sachfragen ab. Reibungsverluste zwischen Region und Nation können eine zügige und sachgerechte Erledigung staatlicher und gesellschaftlicher Aufgaben vereiteln. Gelingt es jedoch, diese Reibungsverluste zu minimieren und somit den Nutzen der doppelten Identitätsbindung und der doppelten Zuständigkeit in den Vordergrund zu stellen, ist dieses Modell geteilter Verantwortung besser zur Problemlösung geeignet als das Modell eines unitarischen Einheitsstaates.

Das Strukturprinzip des Föderalismus entschärft das Konkurrenzverhältnis zwischen Nation und Region.[368] Bundesstaatlich föderale oder staatenbundähnlich konföderale Zusammenschlüsse bilden Mechanismen heraus, welche auftretende Kompetenzstreitigkeiten zwischen den einzelnen Ebenen mildern, indem der Versuch unternommen wird, verbindlich zu regeln, welche Zuständigkeit und damit welche Macht auf jeweils welcher Ebene anzusiedeln ist.

„Wieviel Dezentralisierung ist optimal, und welche Kompetenzen sollen welchen staatlichen Ebenen zugeordnet werden, um die Synergien durch Spezialisierung, Arbeitsteilung, gegenseitige Ergänzung, Bürgernähe und Wettbewerb zu maximieren?"[369]

---

[366] Im Kontext der Europäischen Union bildet das Bezugsprinzip des Föderalismus den Bezug von EU und Mitgliedsstaaten. Auch der Bezug zwischen der EU und den mitgliedsstaatlich unterstaatlichen Gliederungen wird vermittels des Föderalismus hergestellt. An dieser Stelle arbeiten die Prinzipien des Föderalismus und des Regionalismus ineinander; vgl. auch ISENSEE: Einheit in Ungleichheit, S. 165f.
[367] Vgl. SCHNEIDER. Hans-Peter: Der Föderalismus im Prozess der deutsch-deutschen Vereinigung. In: EVERS, Tilmann (Hrsg.): Chancen des Föderalismus in Deutschland und Europa. Föderalismus-Studien. Bd. 2. Baden-Baden 1994 (Nomos), S. 81.
[368] Vgl. KINSKY, Ferdinand: Föderalismus als Ordnungsmodell für Europa. In: HUBER, Stefan/ PERNTHALER Peter (Hrsg.): Föderalismus und Regionalismus in Europäischer Perspektive. Schriftenreihe des Instituts für Föderalismusforschung. Bd. 44/ Veröffentlichungen der österreichischen Sektion des CIFE. Bd. 10. Wien 1988 (Braumüller), S. 26.
[369] EICHENBERGER: Leitplanken wirkungsvollen Föderalismus, S. 87.

Der Föderalismus ist dieser Betrachtung folgend das Ergebnis und gleichzeitig das Schmiermittel des Zusammenschlusses von Nation und Region.[370]

Der Föderalismus als Bezugs- und Strukturprinzip formt die Einheit des Gesamtstaates, bestehend aus Nation und Region, durch fünf Charakteristika: *Zunächst* ist das enorm einheitsstiftende Moment des Föderalismus hervorzuheben. Föderalismus generiert eine Einheit in der Vielfalt.

„Das föderative System garantiert die Einheit in der Vielfalt, indem es die Unabhängigkeit der Städte, Kantone und Provinzen respektiert und ihre Souveränität nicht in einer zentralen Autorität absorbiert."[371]

Der Nation als einheitsstiftendes Merkmal stehen die heterogen auftretenden Regionen entgegen. Alle diese Regionen werden allerdings durch ihren Bezug auf und ihre Unterordnung unter die Nation geeint. Die Einheit aller Regionen unter dem Dach der Nation wird föderal generiert.

Diese Einheit wird gefördert durch die *zweite* Charaktereigenschaft des Föderalismus, die Garantie regionaler Autonomien, denn den regionalen Einzelstaaten verbleibt eigene Freiheit und Souveränität.[372] Die Eigenstaatlichkeit und die in ihrer Zuständigkeit verbleibende Regelungskompetenz sichern den regionalen Einzelstaaten eigene Souveränität und eigene Freiheit.[373] Dies erhöht ihre Bereitschaft, sich dem Nationalstaat, dem Gesamtstaat unterzuordnen.

Besonders stabilisierend und möglichen Wettbewerb einschränkend wirkt *drittens* das Prinzip der Gleichheit. Die angestrebte Gleichheit der Gliedstaaten untereinander entschärft die mögliche Konkurrenz zwischen den regionalen Einzelstaaten. Gleiche Lebensverhältnisse werden angestrebt. Mit diesem Ziel verbunden ist die Herstellung eines inneren sozialen Friedens und schließlich auch die Gewährleistung einer starken gesamtstaatlichen Wirtschaftsgemeinschaft.
Damit ist auch das *vierte* Prinzip eingeführt: Föderalismus befördert die innerstaatliche Solidarität.[374] Aus dem ursprünglichen Konkurrenzverhältnis heraus entwickeln die regionalen Einzelstaaten in einer Föderation Einheitsbewusstsein und gegenseitige Solidarität.[375]

Diesem dritten und vierten Prinzip steht das *fünfte* Prinzip kompensatorisch gegenüber:

---
[370] Vgl. SCHNEIDER. Hans-Peter: Der Föderalismus im Prozess der deutsch-deutschen Vereinigung. In: EVERS, Tilmann (Hrsg.): Chancen des Föderalismus in Deutschland und Europa. Föderalismus-Studien. Bd. 2. Baden-Baden 1994 (Nomos), S. 81.
[371] HAHN, K.: Föderalismus, S. 257.
[372] Vgl. CLEMENT, Wolfgang: Auf dem Weg zum Europa der Regionen. In: HESSE, Joachim Jens/ RENZSCH, Wolfgang (Hrsg.): Föderalstaatliche Entwicklung in Europa (Schriften zur Innenpolitik und zur kommunalen Wissenschaft und Praxis. Bd. 5). Baden-Baden 1991 (Nomos), S. 19.
[373] Vgl. ESTERBAUER: Kriterien föderativer und konföderativer Systeme, S. 17.
[374] Vgl. SCHNEIDER. Hans-Peter: Der Föderalismus im Prozess der deutsch-deutschen Vereinigung. In: EVERS, Tilmann (Hrsg.): Chancen des Föderalismus in Deutschland und Europa. Föderalismus-Studien. Bd. 2. Baden-Baden 1994 (Nomos), S. 83.
[375] Vgl. auch GÖRNER: Einheit durch Vielfalt, S. 93.

Föderalismus „(...) verlangt die Abkehr von einem überzogenen *Egalitarismus* auf europäischer Ebene, der nur neue Ungerechtigkeiten schafft, weil er Ungleiches gleich behandelt oder gleich machen muß; sie verlangt Vielheit in der Einheit."[376]

Föderalismus schützt demnach regionale Eigenarten.

Rechtfertigungen des Föderalismus

Im Folgenden sollen die angeführten staatswissenschaftlichen Erklärungsansätze für den Zusammenschluss souveräner Staaten vertiefend dargestellt werden. Im Besonderen soll hierbei auf die Rechtfertigungssätze der amerikanischen Föderalisten in ihren „federalist papers" zurückgegriffen werden.[377]

Zentrales Argument zur Wahl der Föderation als Weg des Zusammenschlusses ist der Wunsch, die regionale und historisch gewachsene kulturelle Vielfalt zu erhalten, gleichzeitig aber nicht auf die unabweislichen Vorteile eines Zusammenschlusses in einem größeren Ganzen verzichten zu müssen.[378] Dieser Wunsch nach Erhaltung der Vielfalt und Eigenheit der Einzelstaaten steht stets in Konkurrenz zur gleichzeitig angestrebten Vereinheitlichung der Lebensverhältnisse innerhalb der Föderation. Der Zusammenschluss zu einer Föderation kann nur auf Dauer Bestand haben, wenn zwischen den sich zusammenschließenden Einzelstaaten keine unüberwindbar kulturellen und wirtschaftlichen Unterschiede zu verzeichnen sind. Dies ist deshalb Voraussetzung, weil Stabilität nur durch gleiches kulturelles und wirtschaftliches Niveau entsteht.

Zwischen dem völligen Erhalt der Vielfalt und der grundsätzlichen Notwendigkeit zur Angleichung sind allerdings vielfältige Zwischenschritte denkbar. Es muss stets darum gehen, trotz notwendiger Harmonisierung weitgehende Eigenständigkeit und regionale Vielfalt zu erhalten.[379] So obliegt es der Politik im neugegründeten Bund wie auch der Politik in den Einzelstaaten, beide möglichen Eckpunkte einer Entwicklung mit- und gegeneinander abzuwägen.

Eng mit dem Erhalt kultureller Vielfalt hängt der Schutz von Minderheiten zusammen.[380]

---

[376] GOPPEL: Föderalismus – Bauprinzip Europas, S. 16.
[377] Die „federalist papers" stellen den Beginn des Diskurses zum Föderalismus dar. Vgl. auch GÖRNER: Einheit durch Vielfalt, S. 16; vgl. auch HARTMANN, Jürgen: Westliche Regierungssysteme. Parlamentarismus, präsidentielles und semi-präsidentielles Regierungssystem. Grundwissen Politik. Bd. 29. Opladen 2000 (Leske + Budrich), S. 32; vgl. darüber hinaus auch VORLÄNDER, Hans: Die Verfassung: Idee und Geschichte. München 1999 (Beck), S. 43ff.
[378] Vgl. BOTHE: Föderalismus, S. 25; vgl. auch KÜHNHARDT: Europäische Union und föderale Idee, S. 18.
[379] Vgl. ESTERBAUER, Fried: Die „Regionalistischen Leitsätze". In: HUBER, Stefan/ PERNTHALER Peter (Hrsg.): Föderalismus und Regionalismus in Europäischer Perspektive. Schriftenreihe des Instituts für Föderalismusforschung. Bd. 44/ Veröffentlichungen der österreichischen Sektion des CIFE. Bd. 10. Wien 1988 (Braumüller), S. 69, 75. Die „Regionalistischen Leitsätze" werden am 03. November 1978 in Brixen beschlossen. Entwickelt werden sie vom Internationalen Institut für Nationalitätenrecht und Regionalismus (Intereg).
[380] Vgl. EICHENBERGER: Leitplanken wirkungsvollen Föderalismus, S. 93f; vgl. auch ESTERBAUER: Europäische Integration, S. 9.

In föderalen Strukturen erhalten kulturelle, sprachliche oder auch religiöse Minderheiten gewisse Eigenständigkeit und Autonomie.[381]
Außerdem gewährleistet der Föderalismus als Staatsform die Freiheit für das einzelne Individuum.[382] Dies bedarf im Folgenden einer Erklärung: Grundsätzliches Prinzip des Föderalismus ist die vertikale Machtverteilung. Im Gegensatz zur horizontalen Machtverteilung mit der Zentralisierung aller Macht auf einer Ebene und an einer zentralen Stelle konstituiert ein föderaler Bund vertikale, also auf unterschiedlichen Ebenen angesiedelte Strukturen. Durch diese vertikale Machtverteilung wird ausgreifender Macht der Zentrale vorgebeugt.
Macht soll stets auf *der* Ebene ausgeübt werden, auf welcher die Ausübung am zweckmäßigsten ist. Zweckmäßig bedeutet in diesem Zusammenhang, dass das angestrebte inhaltliche Ziel erreicht wird, gleichzeitig aber die Vielfalt und Eigenart der einzelnen Ebenen weitestgehend geschont und gar gestärkt wird.[383]

Theoretisch betrachtet wird demnach also die unterste staatlich-gesellschaftliche Einheit, das Individuum, möglichst weitgehend in seiner Autonomie geschützt. Der Föderalismus darf dabei jedoch nicht mit dem Liberalismus verwechselt werden, denn dem Gesamtstaat verbleiben im Konstrukt des Föderalismus wichtige Aufgaben.[384] Die Freiheit des Einzelnen steht keineswegs so deutlich im Mittelpunkt wie im Liberalismus. Im Föderalismus ist diese Freiheit des Einzelnen kein Programm, sondern lediglich Ausfluss angestrebter vertikaler Machtverteilung.

Eine *weitere* grundlegende Rechtfertigung des Föderalismus besteht in der Erkenntnis, dass der Föderalismus die demokratische Entwicklung stärkt, denn ein föderales gesamtstaatliches Mehrebenensystem fördert demokratische Mitwirkung.[385]

„Eine der Haupttugenden des Föderalismus ist, daß er Politik allgemein erfahrbar macht."[386]

Eine Mitwirkung innerhalb eines föderalen Systems findet nicht nur ausschließlich bei der Wahl zur Vertretungskörperschaft des Gesamtstaates statt, sondern vielmehr werden neben dieser gesamtstaatlichen Vertretungskörperschaft auch die Gremien der den Bund konstituierenden Einzelstaaten gewählt.[387]
So entwickeln beispielsweise die Landtagswahlen in Deutschland den Charakter einer doppelten Mitwirkung. *Einerseits* werden die teilsouveränen Landtage und

---

[381] Vgl. VOIGT, Rüdiger: Föderalismus in der Bundesrepublik: Modell für Europa? In: ALEMANN, Ulrich von/ HEINZE, Rolf G./ HOMBACH, Bodo (Hrsg.): Die Kraft der Region: Nordrhein-Westfalen in Europa. Bonn 1990 (Dietz), S. 92f (Im Folgenden zitiert als VOIGT: Föderalismus in der Bundesrepublik.).
[382] Vgl. NIEDERL, Friedrich: Grundlagen und Prinzipien des föderalen Systems. In: ASSMANN, Karl/ GOPPEL, Thomas (Hrsg.): Föderalismus. Bauprinzip einer freiheitlichen Grundordnung in Europa. München 1978 (Saur), S. 43.
[383] Vgl. PERNTHALER, Peter: Föderalismus und Regionalismus. Ein Ansatz zur Überwindung ihrer Gegensätze. In: HUBER, Stefan/ DERS. (Hrsg.): Föderalismus und Regionalismus in Europäischer Perspektive. Schriftenreihe des Instituts für Föderalismusforschung. Bd. 44/ Veröffentlichungen der österreichischen Sektion des CIFE. Bd. 10. Wien 1988 (Braumüller), S. 15 (Im Folgenden zitiert als PERNTHALER: Föderalismus und Regionalismus.).
[384] Vgl. hierzu auch ISENSEE: Subsidiaritätsprinzip und Verfassungsrecht, S. 56.
[385] Vgl. HÄBERLE, Peter: Föderalismus, Regionalismus, Kleinstaaten – in Europa. In: Die Verwaltung, 1/1992, S. 8; vgl. auch EICHENBERGER: Leitplanken wirkungsvollen Föderalismus, S. 90.
[386] GÖRNER: Einheit durch Vielfalt, S. 41.
[387] Vgl. VOIGT: Föderalismus in der Bundesrepublik, S. 96f.

Abgeordnetenhäuser gewählt. *Anderseits* dienen Landtagswahlen auch stets als Stimmungsbarometer der Bundespolitik. Die Wahl zu einem Landtag bedeutet eine mittelbare demokratische Mitwirkung an der Bundespolitik. Der Einfluss der Bundesländer auf die Bundespolitik über den Bundesrat bildet einen *weiteren* zentralen Aspekt föderaler Mitwirkung. In einem Einheitsstaat entfällt eine solche demokratische Mitwirkung und Zwischenbilanz.

Das vertikale Mehrebenensystem des Föderalismus demokratisiert einen Gesamtstaat darüber hinaus wie folgt: In großflächigen Einheitsstaaten entkoppelt sich die Vertretungskörperschaft allzu schnell und leicht von den Bürgerinteressen. In einem Einheitsstaat ist der Bezug zwischen Volksvertretung und Volk weitaus schwächer ausgeprägt als in einem föderalen System, denn im föderalen System findet auf staatlichen Zwischenebenen demokratische Mitwirkung statt.[388] Die Volksvertretung auf mittlerer oder gar unterer Ebene, welche dem Einheitsstaat fehlt, kann mögliche Bürgerferne und Abgehobenheit kompensieren.

Eine solche Kompensation steht jedoch stets unter dem Vorbehalt ausreichender Versorgung mit Macht und Kompetenz. Eine staatliche Zwischenebene wie die der deutschen Bundesländer oder die der amerikanischen Bundesstaaten kann nur *dann* eine demokratische Mitwirkung gewährleisten und sicherstellen, wenn auf ihrer Ebene auch ausreichend politische und administrative Kompetenz verbleibt.[389] Wird die politische und administrative Kompetenz der Bundesländer und Bundesstaaten zu klein, hat sich demnach quasi ein einheitsstaatlicher Charakter etabliert, verkommt die mögliche demokratische Mitwirkung zu einer Farce.

Der Machtverteilung zwischen Bund und Bundesstaaten ist daher eine entscheidende Bedeutung beizumessen. Diese Macht- und Kompetenzverteilung unterliegt stets, wie bereits dargelegt, dem politischen Kräftespiel, da sie im Detail abschließend nicht verfassungsrechtlich abgesichert werden kann.

„Jedoch kommt es auch für das Demokratieargument auf die konkrete Gestaltung der Staatsordnung an. Die Entwicklung des kooperativen Föderalismus in Deutschland mit seiner Politikverflechtung hat das bürokratische Element der Staatslenkung verstärkt und vor allem die Länderparlamente entmachtet, was unter dem Gesichtspunkt demokratischer Partizipation auf Länderebene nicht unproblematisch ist."[390]

Grundlegend für den Föderalismus als Ordnungsprinzip ist das Vertrauen in seine Effizienz. Der Föderalismus als Staatsordnungsprinzip steigert die Effizienz in administrativer Hinsicht. Die unteren staatlichen Einheiten sind besser als ein einheitlicher Gesamtstaat in der Lage, politische und damit administrative Probleme vor Ort zu

---

[388] Vgl. ESTERBAUER, Fried: Die „Regionalistischen Leitsätze". In: HUBER, Stefan/ PERNTHALER Peter (Hrsg.): Föderalismus und Regionalismus in Europäischer Perspektive. Schriftenreihe des Instituts für Föderalismusforschung. Bd. 44/ Veröffentlichungen der österreichischen Sektion des CIFE. Bd. 10. Wien 1988 (Braumüller), S. 71 (Leitsätze 10-12, S. 76).

[389] Weitreichende Selbstverwaltung ist für das Funktionieren einer Föderation unabdingbar: vgl. KINSKY, Ferdinand: Föderalismus als Ordnungsmodell für Europa. In: HUBER, Stefan/ PERNTHALER Peter (Hrsg.): Föderalismus und Regionalismus in Europäischer Perspektive. Schriftenreihe des Instituts für Föderalismusforschung. Bd. 44/ Veröffentlichungen der österreichischen Sektion des CIFE. Bd. 10. Wien 1988 (Braumüller), S. 26.

[390] BOTHE: Föderalismus, S. 26.

lösen.[391] Der Wettbewerb um Kompetenz zwischen den vertikalen Ebenen, aber auch der Wettbewerb zwischen den staatlichen Gliederungen der gleichen Ebene fördert die adäquate Ansiedelung von Macht.[392] Dieser theoretische Entwurf einer optimalen Ansiedelung von Kompetenz durch die Konkurrenz um Erfüllung von Aufgaben weist der Entwicklung des Föderalismus den Weg.[393] Wird diese Verteilung von Kompetenz zeitlich befristet und hernach einer erneuten Prüfung unterworfen (schweizerische „sunset laws"), entwickelt sich das Mit- und Gegeneinander zwischen den einzelnen staatlichen Ebenen noch transparenter.[394]

Föderale Strukturen fördern den Wettbewerb – die einzelnen Staatsgliederungen bleiben relativ unabhängig vom Gesamtstaat und auch untereinander. Diese Unabhängigkeit belebt die Konkurrenz um die Ansiedlung von Kompetenzen.[395] Vermittels dieser Konkurrenz sollte zumindest theoretisch gewährleistet sein, dass jedwede Aufgabe dort erfüllt wird, wo dies sinnvoll erscheint. Konkurrenz dokumentiert die „Vitalität des Föderalismus".[396] Das konkurrierende Verhältnis zwischen den Gliedstaaten und dem Bund ist zur adäquaten Zuweisung von Macht von entscheidender Bedeutung.[397] Konfliktfreiheit wird somit nicht angestrebt. Eine konfliktfreie Staatsordnung bedeutet, dass die Verteilung von Zuständigkeiten grundsätzlich nicht mehr infrage gestellt wird. Damit werden Verbesserungen durch Anpassung erschwert.[398]

Dieses Spiel der Kräfte ist gleichzeitig aber auch der Schwachpunkt der staatswissenschaftlichen Begründung des Föderalismus, denn starke Gliedstaaten befördern Dezentralisierung, schwache Gliedstaaten Zentralisierung von Macht.

Zu starke Dezentralisierung, verursacht durch zu starke Regionen oder durch eine zu schwache Zentrale, kann ins Negative umschlagen und zu „Kompetenzhuberei" und „Provinzialismus" degenerieren.[399] Umgekehrt wird durch eine zu starke Zentralgewalt die fruchtbare Eigenständigkeit der Untergliederungen zerstört.

---

[391] Vgl. PERNTHALER, Peter: Föderalismus als moderner Weg interregionaler Aufgabenteilung. In: ESTERBAUER, Fried/ KALKBRENNER, Helmut/ MATTMÜLLER, Markus/ ROEMHELD, Lutz (Hrsg.): Von der freien Gemeinde zum föderalistischen Europa. Festschrift für Adolf Gasser zum 80. Geburtstag. Berlin 1983 (Duncker und Humblot), S. 505f.
[392] Vgl. MENZ: Föderalismus, S. 68.
[393] Vgl. ISENSEE: Einheit in Ungleichheit, S. 149, 156.
[394] Vgl. EICHENBERGER: Leitplanken wirkungsvollen Föderalismus, S. 99.
[395] Diese fruchtbare Konkurrenz kann aber auch ins Negative umschlagen und zu erheblichen Verwerfungen und zermürbenden Streitereien führen (vgl. weiter unten). Diese Reibungsverluste des Föderalismus gilt es durch die Betonung des gemeinsamen Zieles und des notwendigen Miteinanders zu vermeiden. Vgl. die Ausführungen zum deutschen Föderalismus in: BOHLEY, Peter: Chancen und Gefährdungen des Föderalismus. In: BOHR, Kurt (Hrsg.): Föderalismus. Demokratische Struktur für Deutschland und Europa. München 1992 (Beck), S. 34.
[396] MENZ: Föderalismus, S. 70.
[397] Diese Konkurrenz zum Wohle der Gesamtheit drängt den Vergleich zur Hegelianischen Dialektik auf: These und Antithese (Bundesstaaten und Gesamtstaat) stehen in einem dauerhaften Konkurrenzverhältnis zueinander. Diese Konkurrenz ist jedoch fruchtbarer Natur, da der föderale Diskurs zu einer Optimierung der Gesamtstruktur führt. Vgl. auch GÖRNER: Einheit durch Vielfalt, S. 49; vgl. darüber hinaus auch BOTHE: Föderalismus, S. 28.
[398] Vgl. BÖTTCHER: Mehr Demokratie für Europa, S. 51.
[399] Verantwortungsvoller Föderalismus verhindert eine solche Fehlentwicklung. Vgl. hierzu auch CLEMENT, Wolfgang: Perspektiven der Länder der Bundesrepublik Deutschland im europäischen Integrationsprozeß. In: ALEMANN, Ulrich von/ HEINZE, Rolf G./ HOMBACH, Bodo (Hrsg.): Die Kraft der Region: Nordrhein-Westfalen in Europa. Bonn 1990 (Dietz), S. 639f.

Neben der Frage nach der adäquaten Allokation von Macht zur Erledigung anstehender Aufgaben wirkt demnach die konkrete Stärke oder Schwäche der Gliedstaaten und des Gesamtstaates maßgeblich an der konkreten Machtverteilung mit. Durch diese von Sachfragen losgelöste Konkurrenz um Macht zwischen den Gliedstaaten und dem Gesamtstaat, welche durch Stärke entschieden wird, entkoppelt sich die Ansiedelung von Macht von der konkreten inhaltlichen Fragestellung adäquater Aufgabenerfüllung.

Föderalismus kann dieser Problematik folgend demnach sowohl effizienzsteigernd, bei unkontrollierter Entwicklung aber auch zentralisierend und damit effizienzhemmend wirken.[400]

„Föderalismus als konkrete Realität bewegt sich so immer in einem Spannungsfeld zwischen der auf (zeit-räumliche) Dauer angelegten Ordnung und der situativ notwendigen Möglichkeit, Spielräume für konkretes, soziales und politisches Handeln zur Verfügung zu stellen. Die aus diesem Spannungsverhältnis resultierende Flexibilität verschafft dem Konzept Föderalismus eine hohe Attraktivität in politischen Gestaltungsprozessen."[401]

Inhaltliche Schwerpunkte einer Föderation

Neben den angeführten, eher staatswissenschaftlichen Argumenten zur Föderierung können auch konkret inhaltliche Gründe für die Föderation von Einzelstaaten angeführt werden. Besonders *zwei* inhaltliche Gründe sollen dargestellt werden: gemeinsame Verteidigung und wirtschaftliche Prosperität.

Zunächst zur gemeinsamen Verteidigung: Aufgrund äußerer Bedrohung erscheint es oftmals sinnvoll, gemeinsame Kräfte zu bündeln und sich einer gemeinsamen Verteidigungs- und Sicherheitspolitik zu unterwerfen.
Der Zusammenschluss relativ schwacher regionaler staatlicher Einheiten zu einem in Konkurrenz zu anderen Zusammenschlüssen überlebensfähigen Gebilde ist herausragender Grund der Gründung einer Föderation. Innerhalb einer solchen Föderation wird die gemeinsame Verteidigung organisiert. Sämtliche darüber hinaus reichende staatliche Souveränität kann bei den sich zusammenschließenden Untereinheiten verbleiben.
Mit einer gemeinsamen Sicherheits- und Verteidigungspolitik geht oftmals, notwendigerweise in Ergänzung zu dieser, auch die bisherige Außenvertretung auf den Bund über. Dies ist *insofern* notwendig, da es zur Verwirklichung einer belastbaren Verteidigungspolitik der Koordination dieser Politik mit der Außenpolitik bedarf.
Die Föderation der amerikanischen Kolonien zu den Vereinigten Staaten von Amerika ist durch die gemeinsam erlebte Bedrohung von außen zustande gekommen – als verteidigungspolitische Föderation gegen England.[402] Die Föderation in Kanada

---

[400] Vgl. BOTHE: Föderalismus, S. 29.
[401] SCHUBERT, Klaus: Föderalismus im Spannungsfeld von Politik und Wissenschaft. In: EVERS, Tilmann (Hrsg.): Chancen des Föderalismus in Deutschland und Europa. Föderalismus-Studien. Bd. 2. Baden-Baden 1994 (Nomos), S. 34.
[402] Vgl. HARTMANN, Jürgen: Westliche Regierungssysteme. Parlamentarismus, präsidentielles und semipräsidentielles Regierungssystem. Grundwissen Politik. Bd. 29. Opladen 2000 (Leske + Budrich), S. 100; vgl. auch SCHUBERT, Klaus: Föderalismus im Spannungsfeld von Politik und Wissenschaft. In: EVERS, Tilmann

konstituiert sich gegen die Bedrohung ausufernder kontinentaler Macht der USA. Ähnliches gilt für Australien. In Australien geht es darum, sich gegen die aggressive Ausdehnung Deutschlands und Russlands im Pazifik zu erwehren.[403] Durch das sicherheitspolitische Bedürfnis und die Übertragung von Souveränität verlieren die sich zusammenschließenden staatlichen Gliederungen im föderalen Zusammenschluss Zuständigkeiten und Macht. Die Außenvertretung verlagert sich auf den Bund. Schließlich wird auch die Frage nach Krieg und Frieden auf diese übergeordnete Ebene zu übertragen sein. Der Bund übernimmt somit sukzessive die gesamte Außenvertretung.

Der *zweite* grundlegende Vorteil eines Bundeszusammenschlusses liegt im sich vergrößernden gemeinsamen Wirtschaftsraum. Durch den Wegfall von Wirtschafts- und Handelshemmnissen wächst der Wirtschafts- und Handelsraum. Durch den Wegfall von Zollschranken, aber auch durch positivrechtliche Vereinheitlichung von Arbeits-, Wirtschafts- und Handelsbedingungen erlangen die Akteure der sich zusammenschließenden Föderation Zugang zu einem großen vereinheitlichten Markt. Die Größe des neu entstehenden Wirtschaftsraums und die Vorteile des ungehemmten Handels innerhalb dieses Raumes sind neben den angeführten sicherheitspolitischen Überlegungen ausschlaggebender Grund für die Föderierung der deutschen Einzelstaaten im 19. Jahrhundert, der amerikanischen Kolonien, aber auch der australischen und kanadischen Provinzen.

Zur Bandbreite föderaler Strukturen

Nach der angeführten Darstellung zur staatswissenschaftlichen und auch pragmatisch-inhaltlichen Rechtfertigung des Föderalismus wird nachvollziehbar, dass es problematisch bleibt, die Betrachtung des Föderalismus auf die reine Theorie zu beschränken. Gerade in föderalen Systemen ist die praktische Auseinandersetzung zwischen unterschiedlichen staatlichen Gliederungen um Macht und Kompetenz vorgezeichnet und gewollt. Diese Konkurrenz ist geradezu Grundlage des Föderalismus. Die konkrete Ausgestaltung föderaler Systeme ist somit äußerst vielfältig und vielschichtig.[404] Mit diesem Charakteristikum der Vielschichtigkeit wird auch die Bandbreite föderaler Ausprägung weit gespannt.[405]

Die Bandbreite des Föderalismus entwickelt sich zwischen dem Pol einer lockeren und unverbindlichen Allianz auf der *einen* Seite und dem Pol eines Einheitsstaates auf der *anderen* Seite.[406] Föderalismus kann zwischen stark zentripetaler und ausgeprägt zentrifugaler Ausprägung variieren.

In föderalen Systemen, in welchen der Erhalt von Eigenständigkeit und Vielfalt das oberste Ziel darstellt, konstituiert sich die Föderation als Staatenbund. Am anderen

---

(Hrsg.): Chancen des Föderalismus in Deutschland und Europa. Föderalismus-Studien. Bd. 2. Baden-Baden 1994 (Nomos), S. 35.
[403] Vgl. BOTHE: Föderalismus, S. 24.
[404] Vgl. PERNTHALER: Föderalismus und Regionalismus, S. 16.
[405] Vgl. BRETON, Albert: Öffentliche Güter und die Stabilität des Föderalismus. In: KIRSCH, Guy/ WITTMANN, Walter (Hrsg.): Föderalismus. Wirtschaftswissenschaftliches Seminar. Bd. 5. Stuttgart/ New York 1977 (Fischer), S. 128.
[406] Vgl. KOPP: Föderalismus, S. 172; vgl. auch VOIGT: Föderalismus in der Bundesrepublik, S. 95.

Pol möglicher Entwicklung des föderalen Zusammenschlusses stehen Integration sowie die Gleichheit der Lebensverhältnisse. Sind eben diese Merkmale stark betont, handelt es sich nicht um einen Staatenbund, sondern um einen dezentralisierten Einheitsstaat. Auf den Weg dorthin sind zwei Zwischenmodelle denkbar: der konföderale Bundesstaat und der unitarische Bundesstaat.[407]

„Der Bund des Bundesstaates ist in seiner Existenz von den Gliedstaaten unabhängig und diesen *gleichgeordnet*, der Bund des Staatenbundes ist in seiner Existenz von den Mitgliedsstaaten abhängig, diesen *untergeordnet*. Sowohl im Bundesstaat wie auch im Staatenbund sind die Mitgliedsstaaten in ihrer Existenz vom Bund unabgeleitet."[408]

Die Einordnung eines Systems in die vier angeführten grundsätzlichen Ausprägungsmöglichkeiten des Föderalismus ist kompliziert, da einerseits die Grenzen fließend sind, andererseits aber alle politischen Systeme einem steten Wandel unterliegen. Die fünf folgenden Kriterien erleichtern eine erste Einordnung.

Zunächst muss die territoriale Untergliederung des Gesamtstaates geprüft werden. Die Eigenstaatlichkeit der Einzelstaaten wird umso stärker ausgeprägt sein, je differenzierter sich die Einzelstaaten präsentieren. Je ausgeprägter die Unterschiedlichkeit der Einzelstaaten ist, desto problematischer erscheint die grundlegende Unterordnung unter einen vereinheitlichenden und einander angleichenden Einheitsstaat. Des Weiteren ist *zweitens* nach der Ausprägung der legislativen und exekutiven Gewalt innerhalb der Gliedstaaten zu fragen. Erhält sich in den Einzelstaaten trotz stärker werdender Zentralgewalt eine eigenständige Legislativ- und Exekutivfunktion und bleibt diese in zentralen einzelstaatlichen Politikfeldern autonom, bleibt das Gesamtsystem stark dezentralisiert.

Als *dritter* Punkt ist die Mitwirkung der einzelstaatlichen Akteure an der gesamtstaatlichen Entscheidungsfindung zu berücksichtigen. Leidet der Gesamtstaat an starken Einschränkungen seiner Autonomie durch Eingriffs- und Mitwirkungsrechte der Einzelstaaten, erhalten sich diese also ihre Eigenstaatlichkeit? Je stärker beispielsweise die Bundesländer in Deutschland über den Bundesrat auf die Bundespolitik Einfluss ausüben, desto größer bleibt deren Autonomie.

Als *vierter* Punkt bedürfen die Konfliktlösungsstrategien innerhalb des Gesamtsystems einer näheren Betrachtung. Fraglich ist, welcher der beiden Partner die Oberhand innerhalb dieses zumeist politischen Prozesses der Konfliktlösung behält.

Dieser Prüfung schließt sich sodann das *fünfte* Kriterium zur Prüfung an: Welche Instanzen regeln abschließend die nicht im partnerschaftlichen Dialog oder in fairer

---

[407] Vgl. SCHUBERT, Klaus: Föderalismus im Spannungsfeld von Politik und Wissenschaft. In: EVERS, Tilmann (Hrsg.): Chancen des Föderalismus in Deutschland und Europa. Föderalismus-Studien. Bd. 2. Baden-Baden 1994 (Nomos), S. 37.
Die Formulierung „unitarischer Bundesstaat" stellt im Prinzip eine „contradictio in adjecto" dar, eine Widersprüchlichkeit in sich selbst, da davon ausgegangen wird, dass eine unitarische Zentrale in einem Bundesstaat nicht denkbar ist. Die Bezeichnung „unitarischer Bundesstaat" muss jedoch im Vergleich betrachtet werden und zwar mit der Bezeichnung „(unitarischer) Einheitsstaat".
[408] ESTERBAUER: Kriterien föderativer und konföderativer Systeme, S. 29.

politischer Auseinandersetzung gelösten Streitigkeiten? Für solche Fälle muss es ein sowohl über den Einzelstaaten und als auch über dem Gesamtstaat stehendes Instrumentarium der Konfliktregelung geben: eine Verfassungsgerichtsbarkeit. Diese Gerichtsbarkeit hat alle diejenigen Fälle von Auseinandersetzung zu schlichten und zu entscheiden, welche eben nicht zwischen den Beteiligten direkt zu klären sind. Die Grundausrichtung dieser Gerichtsbarkeit entscheidet daher mit über die konkrete Ausprägung des föderalen Gesamtsystems.[409]

Die angeführten Kriterien zur Prüfung der Ausprägung eines föderalen Systems auf der Skala dezentralisierter Einheitsstaat versus lockere Allianz dokumentieren, dass es nicht *den* föderalen Staat gibt. Das Strukturprinzip des Föderalismus trägt lediglich dazu bei, zwischen dem Gesamtstaat und seinen Einzelstaaten eine Balance zu generieren.[410]

Neben die bereits vorgestellte theoretisch normierte Verteilung von Macht und Kompetenz tritt in der Praxis stets die konkrete Auseinandersetzung um Ansiedelung von Kompetenz und Zuständigkeit. Die Verteilung von Macht und Kompetenz scheint zwar theoretisch geklärt, die praktische Verteilung unterliegt jedoch der Konkurrenz unter der Maßgabe der bereits angeführten politischen, administrativen und rechtlichen Rahmenbedingungen. Föderalismus ist demnach Konkurrenz um Zuständigkeit innerhalb eines festen strukturellen Rahmens.

Föderalismus generiert und fördert heterogene Strukturen.[411] Zwar sind Vereinheitlichung und Angleichung dem Gesamtstaat obliegende Aufgaben, diese Aufgabe jedoch konkurriert mit dem einzelstaatlichen Drang auf Erhalt eigener Souveränität und Unabhängigkeit. Heterogenität und Homogenität liegen somit in steter Konkurrenz. Aus diesem Grund erscheint es wenig sinnvoll, das Strukturprinzip des Föderalismus aus staats- und rechtswissenschaftlicher Perspektive zu analysieren, sondern vielmehr durch eine sozialwissenschaftliche. Das Theoretische des Föderalismus, welches adäquat staats- oder rechtswissenschaftlich dargestellt werden kann, scheitert an der Praxis der konkreten Auseinandersetzung zwischen den staatlichen Ebenen und der gelebten Konkurrenz um Macht und Kompetenz. Diesen Prozess der Auseinandersetzung und der Konkurrenz beschreiben sozial- und politikwissenschaftliche Modelle weitaus besser, denn sozialwissenschaftliche Theorien und Erklärungsmuster erlauben es dem Untersuchungsgegenstand eher als rechtswissenschaftliche Ansätze, sich zu verändern, oder in steter Bewegung zu sein.[412]

32   Förderalismus und die Europäische Union

In den Überlegungen und Theorien zur Einigung Europas wird stets der Vergleich zu den Vereinigten Staaten von Amerika (USA) gesucht, denn die kontinentale Einigung

---

[409] Vgl. SCHUBERT, Klaus: Föderalismus im Spannungsfeld von Politik und Wissenschaft. In: EVERS, Tilmann (Hrsg.): Chancen des Föderalismus in Deutschland und Europa. Föderalismus-Studien. Bd. 2. Baden-Baden 1994 (Nomos), S. 38.
[410] Vgl. hierzu auch ISENSEE: Einheit in Ungleichheit, S. 147ff.
[411] „Staatsbezogener Föderalismus": PERNTHALER: Föderalismus und Regionalismus, S. 15.
[412] Vgl. EVERS, Tilmann: Durch Teile Eins. Nationalstaat, Republik und Demokratie als Kategorien des Föderalismus in der politischen Moderne. In: DERS. (Hrsg.): Chancen des Föderalismus in Deutschland und Europa. Föderalismus-Studien. Bd. 2. Baden-Baden 1994 (Nomos), S. 46.

in Nordamerika stellt prominentes Beispiel der Einigung vormals souveräner Einzelstaaten in einen Gesamtstaat dar.[413]

Das Föderalismuskonzept der Vereinigten Staaten kann bei diesen Vergleichen Vorbildcharakter für den einzuleitenden Europäischen Einigungsprozess darstellen. Die föderale Verfassung der USA gilt als anschauliches Beispiel für eine Föderation nach wie vor einflussreicher Bundesstaaten und demnach als mögliche Antwort auf die Frage nach der Finalität der Europäischen Integration.[414]

Schon weit vor der Gründung der EWG wird der föderale Zusammenschluss der europäischen Nationalstaaten nach dem Vorbild der USA als tragfähiges Modell eines vereinten Europas betrachtet. Die Gründung der „United States of Europe" ist bereits im Februar 1848 die Forderung des außenpolitischen Chefredakteurs des „London Telegraph", Charles MACKENY.[415]

„Der amerikanische Bundesstaat wurde zum meistzitierten Vorbild der europäischen Europäer, das heißt jener, die in Europa ihre Hoffnungen auf einen europäischen Bundesstaat, eine supranationale Integrationsform zum Zwecke der Überwindung langwährender Nationalismen und Antagonismen setzten."[416]

Für die Auseinandersetzung um einen möglichen Zusammenschluss europäischer Staaten spielt im 19. Jahrhundert, wie zitiert, besonders die amerikanische Verfassung eine grundlegende Rolle. Besonders durch die Schrift Alexis de TOCQUEVILLES „De la démocratie en Amerique" aus dem Jahr 1835 wird die Debatte um die Nachahmung der zukunftsweisenden amerikanischen Staatsform forciert.[417]

Aufbauend auf dem Vorbild USA fordert im Jahr 1839 Constantin PECQUEUR die Gründung einer „fédération des nations de ce continent sous l'unité morale et politique d'un congrès général".[418] Seiner Auffassung folgend muss sich Europa zunächst auf wirtschaftlichem Gebiet zu einer Einheit formieren, um sodann nach Beilegung aller wirtschaftlichen Konflikte gar einer politischen Union den Weg zu ebnen. Diese politische Union soll von einer repräsentativen föderalen Gesamtregierung gelenkt werden. Einheitliche Attribute einer solch europäischen Föderation sollen gemeinsa-

---

[413] Vgl. auch NIEDERL, Friedrich: Grundlagen und Prinzipien des föderalen Systems. In: ASSMANN, Karl/ GOPPEL, Thomas (Hrsg.): Föderalismus. Bauprinzip einer freiheitlichen Grundordnung in Europa. München 1978 (Saur), S. 49; vgl. auch GÖRNER: Einheit durch Vielfalt, S. 18.
Auch die deutsche Reichsgründung aus dem Jahr 1871 stellt ein interessantes Beispiel einer Föderierung dar. Der Vorteil der USA als Anschauungsobjekt liegt jedoch in der Tatsache begründet, dass die USA als Staat heute noch existiert, das Deutsche Reich hingegen nicht mehr.
[414] Vgl. hierzu HARTMANN, Jürgen: Westliche Regierungssysteme. Parlamentarismus, präsidentielles und semipräsidentielles Regierungssystem. Grundwissen Politik. Bd. 29. Opladen 2000 (Leske + Budrich), S. 145f; vgl. auch ESTERBAUER: Kriterien föderativer und konföderativer Systeme, S. 14.
[415] Vgl. KÜHNHARDT: Europäische Union und föderale Idee, S. 28.
[416] Ebd., S. 29.
[417] Vgl. MÖCKL, Karl: Föderalismus und Regionalismus im Europa des 19. und 20. Jahrhunderts. Eine Skizze. In: ESTERBAUER, Fried/ KALKBRENNER, Helmut/ MATTMÜLLER, Markus/ ROEMHELD, Lutz (Hrsg.): Von der freien Gemeinde zum föderalistischen Europa. Festschrift für Adolf Gasser zum 80. Geburtstag. Berlin 1983 (Duncker und Humblot), S. 533; vgl. auch KÜHNHARDT: Europäische Union und föderale Idee, S. 28.
[418] „Zusammenschluss europäischer Staaten zu moralischer Einheit und gemeinsamer Politik" (frei aus dem Französischen).

me Währung, einheitliche Maße und Gewichte und schließlich gar eine einheitliche Sprache sein. Im Dezember des Jahres 1847 schlägt PECQUEUR die „Etats-Unis de l'Europe" als Ziel europäischer Entwicklung vor. Auch die sogenannte Friedens- und Freiheitsliga von Giuseppe MAZZINI, Giuseppe GARIBALDI und Viktor HUGO, ins Leben gerufen im Jahr 1867, vertritt die Gründung einer Föderation „Vereinigte Staaten von Europa".[419]

Neben diesem direkten Bezug auf den Föderalismus der USA sind im Rahmen der Darstellung zur Entstehung föderaler Strukturen aber auch die grundlegenden historischen Wurzeln des Föderalismus zu betrachten, denn das Verfassungsprinzip des Föderalismus hat tiefliegende geschichtliche Wurzeln.[420]

Der Begriff des Föderalismus leitet sich vom lateinischen „foedus" ab und bedeutet so viel wie „Bündnis". Bei der Bedeutung von „foedus" steht ein außenpolitisches Bündnis im Vordergrund – ein Bündnis souveräner Staaten zur Verteidigung.[421] Die ersten europäischen Föderationen werden zwischen souveränen Gemeinden im antiken Griechenland gebildet, um sich gemeinsamer Feinde von außen besser erwehren zu können.[422] Trotz dieser Beschränkung auf vordergründig außenpolitische und verteidigungspolitische Belange und dem Verbleib der Souveränität vor Ort kennen diese Städtebünde bereits gemeinsame Repräsentationsorgane. Die Repräsentationsorgane des Achäischen Bundes oder auch des Ätolischen Bundes aus dem vierten Jahrhundert vor Christus beispielsweise haben die Aufgabe, die Außenvertretung der zusammengefassten Städte zu organisieren.[423] Die griechischen Städte leitet die politische Erkenntnis, dass ohne eine solche Zusammenführung eigener Interessen innerhalb eines Bundes die Umsetzung sicherheitspolitischer oder außenpolitischer Interessen kaum möglich ist. Im Mittelpunkt dieser Zusammenschlüsse steht die Idee, dass der Bund eine Zweckgemeinschaft darstellt, welche nicht über die ihr zugewiesenen Aufgaben hinausreicht. Alle innenpolitischen, die spezifischen Probleme der Einzelgemeinden betreffende Angelegenheiten werden nach wie vor autonom vor Ort erledigt. Der Bund hat sich in diese inneren Angelegenheiten nicht einzumischen.[424]

Erste neuzeitliche föderale Überlegungen stammen von Georg PODIEBRAD, böhmischer König im 15. Jahrhundert. Georg PODIEBRAD wirbt für seine Idee eines „Europäischen Friedensbundes". Auch in diesem Entwurf steht die verbleibende Autonomie der bündischen Einzelstaaten im Mittelpunkt. Der Zweck des Bündnisses besteht darin, sich der verstärkenden Türkengefahr zu stellen. Das Ziel des Vorstoßes ist der „Vertrag zu einem Staatenbund zwischen dem König Ludwig XI., König Georg von Böhmen und dem Hohen Rat von Venedig, um den Türken zu widerstehen".[425]

---

[419] Vgl. ESTERBAUER: Europäische Integration, S. 15.
[420] Vgl. GOPPEL: Föderalismus – Bauprinzip Europas, S. 12.
[421] Vgl. ESTERBAUER: Kriterien föderativer und konföderativer Systeme, S. 25; vgl. auch KÜHNHARDT: Europäische Union und föderale Idee, S. 24.
[422] Vgl. KÜHNHARDT: Europäische Union und föderale Idee, S. 24f.
[423] Vgl. ebd., S. 24.
[424] Vgl. ebd. S. 25.
[425] Vgl. ebd.

Der angeführte Vorschlag aus Böhmen ist für die aktuelle Auseinandersetzung zur föderalen Struktur der Europäischen Union gerade deshalb von solch großem Interesse, weil die Überlegungen aus dem 15. Jahrhundert so weitreichend sind, dass sie noch heute Anstoß für Überlegungen zur bündischen Europäischen Struktur darstellen. PODIEBRAD schlägt die Konstituierung einer „congratio europae" vor. Diese soll als Hauptorgan des europäischen verteidigungspolitischen Staatenbundes fungieren. In der „congratio europae" soll nach nationalen Kontingenten abgestimmt werden, demnach also der autonome nationale Charakter der Bundesstaaten erhalten bleiben. Ein Schiedsgericht soll im Falle zwischenstaatlicher Auseinandersetzungen innerhalb des Bundes für Frieden sorgen. Schließlich werden gar Überlegungen zu einer gemeinsamen Bundesarmee, einem Bundesrat und einer gemeinsamen Gerichtsbarkeit angestellt.

Die Länder Böhmen, Polen und Ungarn können sich auf einen solch gemeinsamen Bund einigen, Frankreich und der Vatikan jedoch schließen sich dieser Idee nicht an. So wird aus diesem ersten europäischen Staatenbund schnell eine politische Leiche – vorerst ohne Zukunft.[426]

Die grundsätzliche Basis für den Bundesschluss einzelner Regionen, Länder oder Nationen als Zusammenschluss zu einer höheren Einheit stellen die Föderalismustheorien des 16. Jahrhunderts dar. Vorbildcharakter dieser theoretisch vorgetragenen Modelle bildet der Bund zwischen Gott und den Menschen.[427] Die religiöse Anleihe des Föderalismus beim Bundesschluss Gottes mit den Menschen enthebt diesen jedoch einer realistischen und praktischen Umsetzung.

Besonders die Überlegungen des calvinistischen Rechtsprofessors ALTHUSIUS in seinem Werk „Politica methodice digesta" aus dem Jahr 1603 lassen starke Anleihen aus der Föderaltheologie erkennen.[428] Für ALTHUSIUS übernimmt zwar der zusammengefasste Gesamtstaat die oberste politische Direktive, seine administrativen und politischen Glieder jedoch behalten maßgebliche Anteile ihrer Souveränität. Die Autorität des Gesamtgebildes entsteht durch bewussten und freiwilligen Souveränitätsverlust seiner Glieder.

Zum Verständnis der Entwicklung des Föderalismus sind *weiterhin* die Überlegungen von Charles LEMONIER besonders erwähnenswert, der im Präsidium der Gesellschaft „Ligue internationale et permanente de la Paix" sein Konzept „Etats-Units d'Europe" vorstellt. Die Gesellschaft „Ligue internationale et permanente de la Paix" wird im Jahr 1867 gegründet und verschreibt sich der Friedenssicherung über den Weg der Einigung europäischer Nationalstaaten. Die „Vereinigten Staaten von Europa" sind diesem Konzept folgend explizit föderal konstituiert und organisiert.[429] Mit dem

---

[426] Seit dem Zweiten Weltkrieg beschleunigt sich die Integration Europas: „Die Europäische Gemeinschaft ist die größte Erfolgsgeschichte internationaler Zusammenarbeit und spontaner Koordination seit dem attischen Seebund." zitiert nach SIEVERT, Olaf: Europa – Dominanz des Wirtschaftlichen. In: BISKUP, Reinhold (Hrsg.): Dimensionen Europas. Beiträge zur Wirtschaftspolitik. Bd. 68. Bern/ Stuttgart/ Wien 1998 (Paul Haupt), S. 156.
[427] Vgl. KÜHNHARDT: Europäische Union und föderale Idee, S. 26.
[428] Vgl. grundsätzlich zum Föderalismus des Althusius: ISENSEE: Subsidiaritätsprinzip und Verfassungsrecht, S. 37ff; vgl. auch KÜHNHARDT: Europäische Union und föderale Idee, S. 26.
[429] Vgl. KÜHNHARDT: Europäische Union und föderale Idee, S. 27.

deutsch-französischen Krieg des Jahres 1871 jedoch verlieren diese Ideen politische Relevanz.

Auch ohne explizit als Verfassungsprinzip der EU benannt zu sein, bildet der Föderalismus, wie zu zeigen sein wird, ein notwendiges und unabdingbares Werkzeug zur Lösung von Kompetenzverteilungskämpfen innerhalb der Europäischen Union und zur Behebung ihres Legitimationsdefizits.[430]

„Europa kann nicht gegen die Interessen seiner Nationen konstruiert werden. Doch heute gilt auch umgekehrt: Ohne europäische Problemlösungen sind nationale Interessen nicht zu wahren. Nation und Integration dürfen daher nicht gegeneinander in Stellung gebracht werden. Nur wenn das europäische und das nationale Moment konstruktiv miteinander verknüpft werden, stehen der Union das Potential sowie die Akzeptanz und Legitimation zur effektiven Politikgestaltung zur Verfügung."[431]

Die Zuständigkeitsverteilung, die Kompetenzverteilung und damit die Machtverteilung gehören zu den zentralen Fragen im Europäischen Einigungsprozess. Unmittelbar verbunden hiermit ist die grundlegende Frage nach Schaffung einer ausreichenden Legitimation des ausufernden gemeinschaftlichen Einflusses.

EU-Föderalismus: Struktur zur Kompetenzverteilung

Wie ist das komplizierte und oft auch kontroverse Verhältnis zwischen den Europäischen Nationen und der Europäischen Union zu entkrampfen?
Die Mitgliedsstaaten der Europäischen Union beklagen die unnötig zunehmende Kompetenz der Europäischen Ebene. Gleichzeitig jedoch wird im Rahmen der Globalisierung die mangelnde Problemlösungsfähigkeit der Nationalstaaten mit Sorge zur Kenntnis genommen.[432]

Das Ziel aller Überlegungen muss es demnach sein, einen goldenen Mittelweg zwischen übermäßigem mitgliedsstaatlichen Kompetenzverlust auf der *einen* Seite und ausreichender Kompetenz auf Gemeinschaftsebene zur Erfüllung gemeinschaftsweiter Aufgaben auf der *anderen* Seite zu entwickeln. Diesen Ausgleich der Interessen bei gleichzeitig gemeinsamem Ziel gewährleistet der Föderalismus.[433]

„Der Föderalismus als die vollendete Form des Regionalismus kann die Funktionen des Regionalismus in vermehrter Weise und verschiedene Funktionen überhaupt erst erfüllen.

---

[430] Zur näheren Erläuterung des Prozesses der Integration vgl. BEYERLIN, Ulrich: Rechtsprobleme der lokalen grenzüberschreitenden Zusammenarbeit. Beiträge zum ausländischen öffentlichen Recht und Völkerrecht. Bd. 96. Berlin/ Heidelberg/ New York u.a. 1988 (Springer), S. 31f.
[431] WEIDENFELD, Werner (Hrsg.): Reform der Europäischen Union. Materialien zur Revision des Maastrichter Vertrages 1996. Gütersloh 1994 (Bertelsmann), S. 14 (Im Folgenden zitiert als WEIDENFELD: Reform der Europäischen Union.).
[432] Vgl. WEINGARTNER, Wendelin: Wettbewerb als Bedingung der Leistungsfähigkeit des Föderalismus. In: PERNTHALER, Peter/ BUßJÄGER Peter (Hrsg.): Ökonomische Aspekte des Föderalismus. Institut für Föderalismus. Bd. 83. Wien 2001 (Braumüller), S. 6.
[433] Vgl. ESTERBAUER: Kriterien föderativer und konföderativer Systeme, S. 163.

Der bestmögliche Ausgleich regionaler und überregionaler Interessen erfolgt durch voneinander abhängige Partner im Föderalismus."[434]

Föderale Strukturen innerhalb der Europäischen Union gewährleisten, dass auf der Gemeinschaftsebene ausreichend Macht angesiedelt wird, um die notwendig zugewiesenen Aufgaben zufriedenstellend ausführen zu können. Gleichzeitig wird gewährleistet, dass die Souveränität für ausschließlich die einzelnen Mitgliedsstaaten betreffende Aufgaben bei diesen verbleibt.[435] Die Gefahr einer Totalharmonisierung ist gebannt.[436] Der Kompetenztransfer von unten nach oben ist „partiell" und anders als in einem Einheitsstaat nicht „universell".[437]

Der dennoch festzustellende Kompetenzverlust der Mitgliedsstaaten ist auf vielerlei Gründe zurückzuführen. Einschränkend vorauszuschicken ist, dass die wahrgenommene Machtfülle der Union und im Besonderen der Gemeinschaft bislang von den Mitgliedsstaaten politisch gedeckt wird. Die Globalisierung von Problemen sowie die Notwendigkeit zur Einschränkung von Wettbewerbverzerrung im Binnenmarkt generieren eine Zuständigkeitsvermutung zugunsten der Gemeinschaft. Vermittels der Vertragsbestandteile Art. 94 und 95 EGV-A-N sowie Art. 308 EGV-A-N (Vorschriften für unvorhergesehene Fälle) wird dem formalen Weg einer Verbreiterung der Zuständigkeit der Gemeinschaft die Tür geöffnet – dies alles unter Zustimmung der Mitgliedsstaaten.[438]

„Dynamische, in ständiger Veränderung befindliche Mehrebenensysteme wie die Europäische Union laden dazu ein, Verantwortlichkeiten auf die höhere Ebene abzuschieben."[439]

Föderale Prinzipien müssen demnach in *zweierlei* Richtung Schutzfunktion übernehmen:
Zunächst einmal gilt es, die nationale Identität zu schützen und nationale mitgliedsstaatliche Zuständigkeit nicht über Gebühr zu verletzen. Darüber *hinaus* aber muss die Gemeinschaftsebene davor beschützt werden, Müllabladestelle unliebsamer mitgliedsstaatlicher Verantwortlichkeiten zu werden.[440] Das Kompetenzgeflecht zwischen der Union und ihren Mitgliedsstaaten muss föderal konstituiert werden, demnach also transparent und sachdienlich. Wie dies im Einzelnen vorstellbar ist, wird noch zu klären sein.

Die Heranziehung föderaler Lösungskompetenz wird noch aus einem weiteren Grund erforderlich. Alle Mitgliedsstaaten sind äußerst unterschiedlich verfasst, unterschied-

---

[434] ESTERBAUER, Fried: Die „Regionalistischen Leitsätze". In: HUBER, Stefan/ PERNTHALER Peter (Hrsg.): Föderalismus und Regionalismus in Europäischer Perspektive. Schriftenreihe des Instituts für Föderalismusforschung. Bd. 44/ Veröffentlichungen der österreichischen Sektion des CIFE. Bd. 10. Wien 1988 (Braumüller), S. 71 (vgl. Leitsatz Nr. 7, S. 76).
[435] „Überstaatlicher Föderalismus": PERNTHALER: Föderalismus und Regionalismus, S. 15.
[436] Vgl. auch THRÄNHARDT, Dietrich: Ein deutscher Nationalstaat zwischen europäischer Integration und Eigenständigkeit der Länder. In: ALEMANN, Ulrich von/ HEINZE, Rolf G./ HOMBACH, Bodo (Hrsg.): Die Kraft der Region: Nordrhein-Westfalen in Europa. Bonn 1990 (Dietz), S. 141.
[437] HAHN, K.: Föderalismus, S. 260.
[438] Vgl. BIEBER: Verfassungsentwicklung, S. 42.
[439] WEIDENFELD: Reform der Europäischen Union, S. 22.
[440] Vgl. MENZ: Föderalismus, S. 68f.

lich groß und einflussreich. Die Europäischen Mitgliedsstaaten unterscheiden sich grundlegend in ihren Möglichkeiten, Lösungen für auftretende gesellschaftliche oder wirtschaftliche Probleme zu entwickeln.[441] Manche Probleme können von großen Mitgliedsstaaten noch ausreichend bewältigt werden, während kleinere Mitgliedsstaaten damit schon überfordert sind. Nach Auffassung der kleineren Mitgliedsstaaten wäre nun die Übertragung von Verantwortung auf die Gemeinschaft anzustrebende Lösung, während die größeren Kollegen eine solche Kompetenzverlagerung nicht als notwendig erachten und einen unnötigen Kompetenzabfluss befürchten. Dieser komplizierten Gemengelage steht das Subsidiaritätsprinzip als starres Architekturprinzip machtlos gegenüber. Nur eine politische Auseinandersetzung föderaler Art kann dieser Situation gerecht werden.

Stärken und Schwächen: Föderalismus und Subsidiarität im Vergleich

Das Prinzip des Föderalismus ergänzt das Subsidiaritätsprinzip dort, wo dieses nicht ausreichend rechtlich belastbar erscheint.[442]

Das Subsidiaritätsprinzip gilt zwar als Architekturprinzip der Europäischen Union und erlangt mit seiner Verankerung in den Maastrichter Verträgen universalen Charakter, es regelt aber nur die Verteilung von Zuständigkeit in der konkurrierenden „Gesetzgebung" der Gemeinschaft. Ausdrücklich ausgenommen vom Durchgriff des Subsidiaritätsprinzips sind solche Rechtsakte und solche Gemeinschaftspolitik, welche „*ausschließlich*" der Gemeinschaft unterliegen.

Nicht ausreichend beantworten kann das Architekturprinzip der Subsidiarität die Frage nach der Charakterisierung einer Aufgabe: entweder als *ausschließlich* der Verantwortung der Gemeinschaft obliegend auf der *einen* Seite oder der Konkurrenz zwischen der Gemeinschaft und den Mitgliedsstaaten unterworfen auf der *anderen* Seite.
Diese Schwäche des Subsidiaritätsprinzips erwächst nicht nur aus der grundlegenden Unschärfe des Art. 5 EGV-A-N, sondern ergibt sich im Besonderen auch deshalb, weil das Subsidiaritätsprinzip nur handlungsleitend ist. Dies bedarf einer näheren Erklärung: Das Subsidiaritätsprinzip bildet die Richtschnur bei gemeinschaftlichen Handlungen der konkurrierenden „Gesetzgebung". Es regelt, dass sämtliche Aufgaben, welche bei ihrem Vollzug sowohl von mitgliedsstaatlicher Seite als auch seitens der Gemeinschaft gesteuert werden können, zunächst unter dem Vorbehalt mitgliedsstaatlicher Regelung stehen.
Nur falls erforderlich und falls aus Gründen der Effizienz geboten, soll die Gemeinschaftsebene verantwortlich tätig werden. Damit regelt das Subsidiaritätsprinzip das der Konkurrenz unterworfene Handeln der Gemeinschaft. Die Charakterisierung einer Aufgabe als dieser Konkurrenz unterliegend oder aber der Ausschließlichkeit gemeinschaftlicher Zuständigkeit regelt das Subsidiaritätsprinzip jedoch nicht. Die

---

[441] Vgl. WEIDENFELD: Reform der Europäischen Union, S. 23.
[442] Subsidiarität ist ohne Föderalismus nicht denkbar: vgl. HUMMER, Waldemar: Subsidiarität und Föderalismus als Strukturprinzipien der Europäischen Gemeinschaften? In: Zeitschrift für Rechtsvergleichung (2/1992), Wien 1992, S. 81.

Klärung dieser Meta-Frage leistet das Prinzip des Föderalismus. Genau an dieser Stelle muss das föderale Moment ansetzen.

Das Subsidiaritätsprinzip als Kompetenzverteilungsprinzip steht dem Föderalismus ferner in der Ausprägung angestrebter Heterogenität entgegen. Diese Inkongruenz in der Schaffung heterogener Strukturen wird durch *zwei* grundsätzliche Unterschiede beider Prinzipien begründet:
Einerseits normiert das Subsidiaritätsprinzip eine klarere konkrete Zuordnung von Kompetenzen. Es trifft Aussage darüber, auf welcher gesellschaftlichen oder administrativen Ebene Aufgaben erledigt werden sollen. Größtmögliche Effizienz ist das Ziel subsidiärer Kompetenzverteilung. Im Zweifel steht stets die untere Ebene als ausführende Ebene in der Verantwortung. Das Subsidiaritätsprinzip begründet demnach mit seiner relativ klaren und auch relativ belastbaren Verfügung eine starre Struktur innerhalb des zwischenstaatlichen Kompetenzengeflechts.
Ein *zweiter* grundlegender Unterschied ist anzuführen: Das Subsidiaritätsprinzip ist über die katholische Soziallehre in den politischen Alltag gelangt. Die katholische Soziallehre will mit Etablierung des Subsidiaritätsprinzips dem Einheitsstaat vorbeugen.[443] Die Identität kleiner staatlicher, vor allem aber auch die Identität kleiner gesellschaftlicher Einheiten soll gewahrt bleiben. Die katholische Soziallehre „entwickelt" das Subsidiaritätsprinzip aus der latenten Gefahr der Vereinheitlichung und Zentralisierung. Das Subsidiaritätsprinzip ist somit Schutzprinzip kleiner Einheiten gegen einen um sich greifenden Einheitsstaat. Der Föderalismus hingegen hat völlig andere Wurzeln. Er bildet das Strukturprinzip für sich freiwillig zu einem Gesamtstaat als Bundesstaat vereinende souveräne Einzelstaaten. Der Föderalismus ist demnach nicht als Abwehr gegen einen ausgreifenden Einheitsstaat konzipiert, sondern als vereinbartes Strukturprinzip sich zu einem Gesamtstaat konstituierender Einzelstaaten.

Zwar wirkt das Strukturprinzip des Föderalismus *theoretisch* bestimmend, denn Föderalismus steuert die Machtverteilung zwischen dem Gliedstaat und dem Gesamtstaat, in der *konkreten* Praxis jedoch bietet es nur geringe konkrete Entscheidungshilfe.
Die Frage nach der adäquaten Verteilung von Zuständigkeit im praktischen und konkreten Fall beantwortet das Strukturprinzip des Föderalismus kaum. In einer konkreten Problemlage entfaltet das Subsidiaritätsprinzip eine belastbarere Grundlage.[444] Zur generellen Regelung des Miteinanders von Mitgliedsstaaten und Europäischer Union bleibt der Föderalismus aber als allgemeines und perspektivisches Strukturprinzip der Europäischen Union unverzichtbar.[445] Das Prinzip des Föderalis-

---

[443] Vgl. EVERS, Tilmann: Durch Teile Eins. Nationalstaat, Republik und Demokratie als Kategorien des Föderalismus in der politischen Moderne. In: DERS. (Hrsg.): Chancen des Föderalismus in Deutschland und Europa. Föderalismus-Studien. Bd. 2. Baden-Baden 1994 (Nomos), S. 46.
[444] Vgl. ISENSEE: Subsidiaritätsprinzip und Verfassungsrecht, S. 36, 147.
[445] Besonders die kleineren Mitgliedsstaaten sind bereit, den Europäischen Organen stärkere Befugnisse zu übertragen, denn gerade diese kleineren Staaten sind es, die schon früh die Begrenzung nationalstaatlicher Steuerung erkennen; vgl. SASSE: Regierungen. Parlamente. Ministerrat, S. 117.
Außerdem liegt es im Interesse der kleinen Mitgliedsstaaten, über den Weg einer föderalen Union die originäre Macht der großen und einwohnerstarken Flächenstaaten zu vergemeinschaften; vgl. KÜHNHARDT: Europäische Union und föderale Idee, S. 51f.

mus strukturiert die EU und steigert somit die Funktionsfähigkeit, die Akzeptanz und die Legitimation des gesamten Europäischen Apparates. Die Erfüllung dieser grundsätzlichen Aufgabe des Föderalismus ist ohne die konkretere Verfahrensregel des Subsidiaritätsprinzips kaum denkbar.[446] Das Subsidiaritätsprinzip bietet Hilfestellung für Entscheidungen über die Ansiedelung von Kompetenzen. Die Grundlage der Entscheidung ist der Grundsatz des Föderalismus.[447]

Soviel Einheit wie notwendig und soviel Vielfalt wie möglich – konkret umgesetzt wird diese föderale Maxime durch das Subsidiaritätsprinzip. Es bildet einen Schutz der untergeordneten Ebene innerhalb der föderal gedachten Europäischen Union.

Die grundsätzliche Kompetenzvermutung zugunsten der *unteren* Ebene stellt den Leitfaden sowohl des Subsidiaritätsprinzips als auch des Föderalismus dar. Die Gewährleistung des Schutzes der *übergeordneten* Ebene erscheint weniger erforderlich, da die föderale Zentrale (der Bund) meist mit Kompetenzen-Kompetenz ausgestattet ist.
Für die Bundesrepublik bedeutet dies Folgendes: Art. 72 GG bestimmt, dass die Bundesländer in Bereichen der konkurrierenden Gesetzgebung die Befugnis zur Gesetzgebung haben, *solange* und *soweit* der Bund von seinem Gesetzgebungsrecht keinen Gebrauch macht. Zwar unterliegt das Tätigwerden des Bundes gemäß Art. 72 Abs. 1 GG einer Sperre, dennoch aber kann der Bund Gesetzgebungsbefugnisse über die Bedürfnisklausel gemäß Art. 72 Abs. 2 an sich ziehen – ein Privileg, welches den Ländern nicht zugebilligt wird.
Fraglich ist nun, wie einschränkend und damit wirksam sich die Sperrwirkung des Art. 72 Abs. 1 GG darstellt, denn insbesondere Art. 72 Abs. 2 Punkt 3 bildet das Einfallstor für die Zentralisierung von Kompetenzen auf Ebene des Bundes.[448]

So bietet „die Wahrung der Rechts- und Wirtschaftseinheit, insbesondere die Wahrung der Einheitlichkeit der Lebensverhältnisse über das Gebiet eines Landes hinaus (...)" stets ausreichend Grundlage für die Zuständigkeitsvermutung zugunsten des Bundes.

Die Entwicklung im Föderalstaat Bundesrepublik Deutschland macht die Problematik eines zunehmend stärker werdenden Bundes deutlich. Der Bund beansprucht zunehmend mehr politische und administrative Verantwortung. Die konkurrierende Gesetzgebung in Deutschland führt zu einem kompetentiellen Ausbluten der Bundesländer. Selbst das Bundesverfassungsgericht stellt keinen zuverlässigen Anker der Interessen der Bundesländer mehr dar.[449] Eine föderalstaatliche Konstituierung der Europäischen Union weckt vor diesem Hintergrund nicht unbegründet Ängste vor einem allmächtigen Brüssel und machtlosen Mitgliedsstaaten.
Diese Befürchtungen sind umso mehr berechtigt, als dass der Europäische Gerichtshof meist der Ausweitung gemeinschaftlicher Kompetenz auf Kosten mitgliedsstaatlicher Souveränität den Weg ebnet. Der Europäische Gerichtshof versteht sich nämlich, anders als das Bundesverfassungsgericht, nicht als neutraler Wächter einer

---
[446] Vgl. BORCHMANN: Das Subsidiaritätsprinzip, S. 18; vgl. auch BÖTTCHER: Europas Zukunft, S. 7.
[447] Vgl. GIERING: Europa zwischen Zweckverband und Superstaat, S. 148.
[448] Vgl. auch BARDONG: Einheitliche Europäische Akte, S. 35.
[449] Vgl. SCHNEIDER: Europäische Integration, S. 10.

Verfassung (eine solche besitzt die Union formal gar nicht), sondern als Europäisches Organ. Damit offenbart sich seine pro-gemeinschaftliche Interessenlage.

Der politische Auftrag zur Schaffung gleicher Lebensverhältnisse stellt ein grundlegendes Einfallstor der Schwächung föderaler Prinzipien dar.

„Ergebnis dieser Überlegungen ist eine potentiell totale Dominanz der Gemeinschaft, die aber nach der gegenwärtigen Rechtslage nicht zwingend ist."[450]

Die konstitutionell verankerte Beauftragung des Staates zur Schaffung gleicher Lebensverhältnisse, aber auch die dadurch wachsende Sozialstaatlichkeit führen zum Abbau regionaler Vielfalt und Eigeninitiative:

„Dieses Postulat hat zu der Auffassung geführt, dass im modernen egalitären Sozialstaat es nicht mehr zu rechtfertigen sei, die Staatstätigkeit auf föderalistische Art und Weise aufzusplitten."[451]

Sicherlich fehlt eine dem Art. 72 Abs. 2 GG entsprechende rigorose Zuständigkeitsvermutung im „Vertrags- und Verfassungstext" der Europäischen Union. Die Ausweitung gemeinschaftlicher Kompetenz ist durch das Zustimmungsbedürfnis des Rates eingeschränkt. Damit erlangt die mitgliedsstaatliche Ebene über die jeweils zuständigen Minister unmittelbaren Einfluss auf die Kompetenzverteilung innerhalb des föderalen Konstrukts der Union.[452]

Zu dieser Absage an eine Kompetenzen-Kompetenz der Union gesellt sich die Tatsache, dass in den Politikfeldern der zweiten und dritten Säule der Intergouvernementalismus – also der unmittelbare Einfluss der Mitgliedsstaaten – die Entscheidungsfindung steuert.

Dennoch durchlebt die EU faktisch den Prozess des deutschen Bundes. Der Prozess der Verlagerung von Kompetenz scheint, so wie in der Bundesrepublik Deutschland, zur Zeit auch in der Europäischen Union nur eine Richtung zu kennen, und zwar zur übergeordneten Ebene hin.

Das Subsidiaritätsprinzip bildet eine zentrale Schutzfunktion gegen diesen Automatismus der Verlagerung von Kompetenz und stützt damit die ursprünglich föderale Idee des „soviel Einheit wie nötig und soviel Vielfalt wie notwendig".[453] Die Schwäche des Subsidiaritätsprinzips besteht allerdings in seiner Einschränkung auf die nicht der ausschließlichen Zuständigkeit der Gemeinschaft obliegenden Angelegenheiten. Demnach setzt das Subsidiaritätsprinzip eine gewisse Struktur und Statik an Verteilung von Kompetenzen bereits voraus. Eine solche generiert das Prinzip des Föderalismus.

---

[450] LAUFER, Heinz/ ARENS, Uwe: Die kontinuierliche Ausweisung der EG-Kompetenzen. In: WEIDENFELD: Reform der Europäischen Union, S. 199.
[451] LAUFER: Föderalismus in der Kritik, S. 30.
[452] Vgl. STARZACHER, Karl: Europa – Ende des Föderalismus? In: Verwaltungsrundschau (39. Jg., 7/1993). Stuttgart 1993, S. 217.
[453] Vgl. auch PERNTHALER: Föderalismus und Regionalismus, S. 15.

EU-Föderalismus in der Praxis

Nach den vorangegangenen eher theoretischen Ausführungen zur Bedeutung des Europäischen Föderalismus folgen nun Überlegungen zum „harten politischen Alltag" der konkreten Kompetenzverteilung zwischen der Gemeinschaft und den EU-Mitgliedsstaaten.
Der allgemein vertretene Verfahrensvorschlag zur Abgrenzung von Kompetenzen ist die Erstellung eines Kompetenzkatalogs. In einem solchen sollen alle denkbaren politischen Aufgaben von Union und Mitgliedsstaaten aufgelistet werden und die jeweilige Zuständigkeit festgeschrieben werden. Vor Beschluss über einen solchen Kompetenzkatalog stehen sicherlich harte und schwierige Verhandlungen.

Die geordnete und zielorientierte Auseinandersetzung zwischen Mitgliedsstaaten und der Union in dieser Frage gewährleistet die gemeinsame Basis des Föderalismus. Bei beiden Kontrahenten herrscht Einigkeit über das erstrebte Ziel: Der Gesamtapparat EU/EG *inklusive* seiner Mitgliedsstaaten soll optimal positioniert werden, um bestehende und auftretende gesellschaftliche und wirtschaftliche Probleme zu bewältigen. Mit diesem gemeinsamen Ziel vor Augen moderiert das Prinzip des Föderalismus die gesamte Auseinandersetzung und generiert gemeinsame Standpunkte und allseits akzeptierte Lösungen.
Mit einem Kompetenzkatalog zur Abgrenzung von Kompetenzen zwischen Union und Mitgliedsstaaten kann es gelingen, die immer komplexer werdende vertragliche Struktur innerhalb der Union und das immer komplizierter sich darstellende Verhältnis zwischen der EU und ihren Gliederungen zu strukturieren.[454] Die Transparenz innerhalb der Union wird beflügelt.
Gestützt auf eine solche Übereinkunft klarer und überschaubarer Strukturen lassen sich rechtliche und besonders vertragsrechtliche Streitigkeiten einschränken, denn alle Akteure haben sich prinzipiell und in föderaler Auseinandersetzung auf eine belastbare Kompetenzverteilung geeinigt. Nicht nur die politischen Akteure erlangen eine relativ belastbare Handlungsmaxime, auch der Europäische Gerichtshof kann anhand des niedergelegten Kompetenzkataloges aktuell auftretende Konflikte weniger angreifbar und damit belastbarer richten.[455]

Im Jahr 1990 erarbeitet der Institutionelle Ausschuss des Europäischen Parlaments einen Katalog, welcher alle diejenigen Politikbereiche umfasst, die den Mitgliedsstaaten und deren staatlichen Untergliederungen vorbehalten bleiben sollen. In die ausschließlich mitgliedsstaatliche Zuständigkeit fallen hiernach die nationale und lokale Wirtschaftspolitik, die nationale und lokale Besteuerung, die Bildungs- und Erziehungspolitik, der Sport, die Freiheitsrechte (Presse-, Gewissens- und Religionsfreiheit), die Regelungen des Zivilrechts, des Personen- und Sachenrechts, das Zivilprozessrecht sowie das Personenstandsrecht, das Strafrecht und das Strafprozessrecht sowie die Strafvollzugsordnung, die Politik der Sicherheit und Inneren Ordnung, die Organisation und der Aufbau der Justiz, die Verwaltung und deren Aufbau, die

---

[454] Vgl. WEIDENFELD: Reform der Europäischen Union, S. 25.
[455] Vgl. ebd.

Raumordnung und die Städteplanung.[456] Dieser materielle Positivkatalog mitgliedsstaatlichen Vorbehaltes muss inzwischen als überholt gelten, denn die Anforderungen einer sich globalisierenden Welt an die Politik von heute bedingen *einerseits*, mehr Souveränität auf die Gemeinschaftsebene zu delegieren.
Andererseits aber erscheint es auch zunehmend sinnvoll, kleinräumig Pluralität zu fördern.[457] Diese „Lesart des Vielen", dieses „Verständnis von Vielheit" und dieser „Umgang mit der Vielfalt" stellt den Kern einer föderalen Ordnung dar.[458]

Schwierigkeiten bei Erstellung eines Kompetenzkataloges

Das Erstellen von Kompetenzkatalogen erscheint unkomplizierter, als es in der Praxis sein dürfte. Besonders *drei* Gründe sprechen dafür, dass die Schaffung von Konsens zwischen der Union und den einzelnen Mitgliedsstaaten über die zukünftige Verteilung und Zuweisung von Kompetenz nicht ohne gravierende Auseinandersetzungen ablaufen wird.

Zunächst ist grundsätzlich einzuwerfen, dass ein Kompetenzkatalog niemals abschließend und dauerhaft Kompetenzen zuweisen können wird. Stets wird sich die Verantwortung für ausgesuchte Politikbereiche zwischen den Ebenen verschieben, da sich die Welt in stetem Wandel befindet. Besonders in jüngster Zeit müssen die Europäischen Mitgliedsstaaten erkennen, dass sie im Rahmen der Globalisierung der Wirtschaft zunehmend Einfluss zur Lenkung verlieren. Mit fortschreitender Globalisierung und damit einhergehend fortschreitender Vereinheitlichung der Kulturen wird die Gemeinschaft lenkende Verantwortung übernehmen. Ein bis dahin mühsam ausgehandelter Kompetenzkatalog muss demnach stets der sich verändernden Realität und stets den sich entwickelnden Ansprüchen angepasst werden. Ein Kompetenzkatalog ist demnach trotz seiner stabilisierenden Wirkung steter Veränderung unterworfen.

Die *zweite* grundlegende Problematik bei Erstellung eines Kompetenzkataloges besteht darin, dass der Entwicklung Europäischer Einigung die Finalität fehlt. Mit den vorgenannten Veränderungen des Verhältnisses zwischen der Union und den Mitgliedsstaaten sowie den dargestellten Zielen zur Reform der EU ist zwar die grundsätzliche Marschrichtung Europäischer Entwicklung festgelegt, die Finalität der EU aber noch lange nicht beschlossen.[459] Dazu bedarf es der Auseinandersetzung um die Frage, wohin grundsätzlich die Europäischen Union steuert und welche grundsätzlichen Ziele sie zu erfüllen hat.
Eine solche Unklarheit hat nicht immer in solch klarer Ausprägung bestanden. Mit den Römischen Verträgen und ihrem Ziel der Realisierung des Gemeinsamen Mark-

---

[456] Vgl. LAUFER, Heinz: Kriterien der Kompetenzabgrenzung. In: WEIDENFELD: Reform der Europäischen Union, S. 208f.
[457] Vgl. LÜBBE, Hermann: Europa. Philosophische Aspekte. In: BISKUP, Reinhold (Hrsg.): Dimensionen Europas. Beiträge zur Wirtschaftspolitik. Bd. 68. Bern/ Stuttgart/ Wien 1998 (Paul Haupt), S. 91f.
[458] GÖRNER spricht in diesem Zusammenhang von „Pluralektik". Pluralektik stellt die föderale Form des Diskurses um die Vielfalt in der Einheit dar: vgl. GÖRNER: Einheit durch Vielfalt, S. 16ff.
[459] Das Defizit einer fehlenden Finalität tritt bereits mit den Römischen Verträgen offen zutage. Bis heute hat diese Frage keine verbindliche und vor allem einvernehmliche Beantwortung gefunden. Vgl. SCHNEIDER: Europäische Integration, S. 12; vgl. auch KÜHNHARDT: Europäische Union und föderale Idee, S. 67.

tes steht die Entwicklung der Gemeinschaft im Großen und Ganzen fest.[460] Alle Mitgliedsstaaten wissen, in welche Richtung sich die Gemeinschaft entwickeln wird. Alle Mitgliedsstaaten unterstützen diese gemeinsam beschlossene Entwicklung. Mit Vollendung des Binnenmarktes jedoch und dem Beschluss über die Europäische Union beschleunigt sich die Integrationsbewegung Europas erheblich. Mit Gründung der Europäischen Union erweitert sich die Zuständigkeit und die Verantwortung der Europäischen Ebene gewaltig.

Gemäß Artikel A EGV-M stellt der Vertrag zur Europäischen Union „(...) eine neue Stufe bei der Verwirklichung einer immer engeren Union der Völker Europas dar (...)".

Als politische Maxime klingt diese Zielsetzung der Union äußerst fruchtbar, zur Formulierung einer Finalität der Union ist diese programmatische Aussage aber denkbar ungeeignet.

Die Gründungsmitglieder haben auf eine Formulierung zur Finalität der EU verzichtet – sicherlich auch deshalb, weil wohl kaum ein belastbarer Konsens zustande gekommen wäre.

Die *dritte* grundsätzliche Problematik bei der Erstellung eines Kompetenzkataloges ist pragmatischer Natur. Fraglich ist, ob Kompetenzen zwischen den Mitgliedsstaaten und der Union überhaupt grundsätzlich abgrenzbar sind. Zwischen den Mitgliedsstaaten und der Union herrscht in vielen politischen Aufgabenfeldern enorme Politikverflechtung.[461] Die Entscheidungsebenen durchmischen sich, Kompetenzen überschneiden sich.[462] Ohne explizit föderal verfasst zu sein, ist es gerade diese Politikverflechtung zwischen den einzelnen „staatlichen" Ebenen, die den Charakter des Föderalismus ausmacht.

Föderale Prinzipien im Vollzug Europäischer Politik

Wie föderal ausgeprägt eine Europäische Entscheidung im Einzelfall ist, hängt davon ab, zu welcher der drei Säulen Europäischer Politik diese gehört. In diesem Zusammenhang stellt sich schließlich die Frage, welche Mehrheiten für welche Entscheidungen jeweils notwendig sind.[463]

Alle Entscheidungen innerhalb der ersten Säule, im Besonderen die Wirtschafts- und Währungspolitik, werden im Kern durch Europäische Organe getroffen.[464]

---

[460] Vgl. WEIDENFELD: Reform der Europäischen Union, S. 31.
[461] Vgl. ebd.
[462] Dies sind typische Charakteristika des „kooperativen Föderalismus": vgl. MÜLLER-BRANDECK-BOQUET: Europäische Integration, S. 164.
[463] Die unabdingbare Einstimmigkeit bei Beschlüssen der Hohen Behörde weicht mit der EEA in ausgesuchten Politikfeldern, besonders bei Realisierung des Gemeinsamen Marktes, der qualifizierten Mehrheit. Mit den Verträgen von Maastricht, Amsterdam und maßgeblich auch Nizza werden zunehmend mehr politische Entscheidungen einer qualifizierten Mehrheitsfindung unterstellt: vgl. hierzu auch VOIGT: Föderalismus in der Bundesrepublik, S. 101f.
[464] Besonders das „Europäischste" aller Organe ist hier zu nennen: die Europäische Kommission. Vgl. hierzu auch GRIMM, Dieter: Braucht Europa eine Verfassung? (Carl Friedrich von Siemens Stiftung, Themenband 60). München 1994, S. 33.

Die Politik der ersten Säule obliegt den Europäischen Institutionen quasi unitarisch.[465] *Unitarisch* bedeutet in diesem Zusammenhang, dass die Politik innerhalb dieser Säule weitgehend dem nationalen Einfluss entzogen ist. Die Europäischen Organe besitzen für diese Politikfelder eine erhebliche Eigenständigkeit. Diese Eigenständigkeit geht gar so weit, dass selbst Eingriffe in nationale Politik und nationale Verwaltung mittlerweile akzeptierte Praxis sind. Die Europäische Kommission greift mit ihren Verordnungen, aber auch mit ihren Richtlinien maßgeblich in die politische Entscheidungsfindung der Mitgliedsstaaten ein.[466] Diese Entwicklung zur Zentralisierung von Kompetenzen gefährdet das föderal ausgewogene Miteinander zwischen Europäischer Gemeinschaft auf der einen Seite und den Mitgliedsstaaten und ihren Untergliederungen auf der anderen Seite.

„Der steigende Grad der politischen Integration führe zu Unitarisierung und Zentralisierung, überspringe die auf nationalstaatlicher Ebene ausgebildeten ‚checks and balances' und führe neben der Gewichtsverlagerung auf die europäische Ebene auch zu einer Stärkung der Rolle der zentralstaatlichen Ebene der Mitgliedsstaaten."[467]

Der deutsche Föderalismus beobachtet diese Entwicklung deshalb mit Argwohn.[468] Die Europäische Union erlangt innerhalb des Politikfeldes der ersten Säule erhebliche eigene Souveränität. Die Europäische Union generiert in diesen Politikfeldern eine eigene Rechtspersönlichkeit.[469]

Anders verhält es sich in den Bereichen der zweiten und dritten Säule. Eine Erstzuständigkeit der Union ist hier gerade nicht gewollt.[470] Die Gemeinsame Außen- und Sicherheitspolitik sowie die Zusammenarbeit in der Innen- und Justizpolitik unterliegen stets mitgliedsstaatlicher Letztentscheidung. Alle Entscheidungen dieser Politikfelder bedürfen eines mitgliedsstaatlichen Konsenses.[471]
Bei Entscheidungen der zweiten und dritten Säule erlangt die Union weniger einen souveränen und eigenständigen Charakter als vielmehr eine Mittlerfunktion.[472] Die Union bildet die Plattform, wo sich die Vertreter der Mitgliedsstaaten auf ein gemein-

---

[465] Vgl. SCHOSER, Franz: Die wirtschaftliche Dimension Europas: Wirtschaft als Grundlage und Antriebskraft der europäischen Integration. In: BISKUP, Reinhold (Hrsg.): Dimensionen Europas. Beiträge zur Wirtschaftspolitik. Bd. 68. Bern/ Stuttgart/ Wien 1998 (Paul Haupt), S. 115.
[466] Die Europäische Kommission stellt das einzige originäre Gemeinschaftsorgan dar. Die Kommission ist für die Fortentwicklung der Integration verantwortlich. Vgl. hierzu auch CARSTENS, Karl: Integratoren im Prozeß der europäischen Einigung. In: BISKUP, Reinhold (Hrsg.): Europa – Einheit in der Vielfalt. Orientierungen für die Zukunft der europäischen Integration. Beiträge zur Wirtschaftspolitik. Bd. 50. Bern/ Stuttgart/ Wien 1998 (Paul Haupt), S. 50.
[467] CLOSTERMEYER, Claus-Peter: Die Mitwirkung der Länder in EG-Angelegenheiten. In: BORKENHAGEN, Franz H.U./ BRUNS-KLÖSS, Christian/ MEMMINGER, Gerhard/ STEIN, Otti (Hrsg.): Die deutschen Länder in Europa: Politische Union und Wirtschafts- und Währungsunion. Baden-Baden 1992 (Nomos), S. 171.
[468] Die deutschen Bundesländer, aber die auch die Bundesregierung wollen eine föderal verfasste Europäische Union: vgl. KÜHNHARDT: Europäische Union und föderale Idee, S. 17.
[469] Vgl. TÖMMEL, Ingeborg: System-Entwicklung und Politikgestaltung in der Europäischen Gemeinschaft am Beispiel der Regionalpolitik. In: KREILE: Integration Europas, S. 186.
[470] Vgl. HAHN, H: Vertrag von Maastricht, S. 39.
[471] Vgl. auch SCHOSER, Franz: Die wirtschaftliche Dimension Europas: Wirtschaft als Grundlage und Antriebskraft der europäischen Integration. In: BISKUP, Reinhold (Hrsg.): Dimensionen Europas. Beiträge zur Wirtschaftspolitik. Bd. 68. Bern/ Stuttgart/ Wien 1998 (Paul Haupt), S. 115.
[472] Der Union wird eine eigene Völkerrechtssouveränität ausdrücklich nicht zuerkannt: vgl. hierzu auch HAHN, H: Vertrag von Maastricht, S. 38.

sames Vorgehen einigen. Die Erstzuständigkeit bei allen Entscheidungen verbleibt bei den Mitgliedsstaaten.[473]

Die Entscheidungsfindung innerhalb der zweiten und dritten Säule ist im Interesse der Einzelstaaten ausgeprägt. Hier entspricht die „Verfassung" der Union eher einem Staatenbund als einem Bundesstaat.

„Wenn an ihrem Ende nicht ein Supernationalstaat Europa stehen soll, in dem wie in einem Bundesstaat die Nationen ihre Souveränität an die Europäische Union verlieren, dann kann diese nur als eine ‚Supranationale Union Souveräner Nationen' begriffen werden, in der die Mitglieder nicht nur als Kulturstaaten, sondern ebenso auch als Völkerrechtssubjekte fortbestehen."[474]

Dieses „Sowohl-als-auch-Modell", also ein Modell, in welchem sich staatenbündische (zweite und dritte Säule) mit bundesstaatlichen (erste Säule) Elementen verbinden, spiegelt den derzeitigen Stand Europäischer Entwicklung wider.[475]
Diese Unbestimmtheit des „Sowohl-als-auch" liegt in der unklaren Europäischen Souveränität begründet:

„Der Begriff der Souveränität hat sich längst von seinem zeitgenössischen Hintergrund gelöst. Er ist jedoch ein Leitfossil europäischen Rechtsdenkens und der Staatsphilosophie geblieben, das gleichermaßen wegen seines nationalstaatlichen Profils wie auch wegen seiner Inkongruenz mit dem rechtsstaatlichen Legitimitätsprinzip und dem tatsächlichen Ausmaß internationaler Integration der Staaten fortwährend zur Neuinterpretation oder zur Umformung herausfordert."[476]

Einerseits delegieren die Nationalstaaten erheblichen Einfluss und weitreichende Macht auf die Europäische Ebene. Dies dokumentiert die unitarische Gemeinschaftspolitik der ersten Säule.
Auf der *anderen* Seite aber sind und bleiben die Mitgliedsstaaten souverän. Gerade in den Politikfeldern der zweiten und dritten Säule werden keine Entscheidungen gegen den explizit artikulierten Willen einzelner Mitglieder getroffen. Die eigenstaatliche Souveränität der Mitgliedsstaaten kann daher nicht durch Entscheidungen auf Ebene der Union ausgehebelt werden.
Geschieht dies dennoch, so ist dies das Ergebnis langwieriger Auseinandersetzungen zwischen einzelnen Gruppen von Mitgliedsstaaten im Sinne eines kompromissorientierten Tauschgeschäfts. Einzelne Mitgliedsstaaten stimmen Einstimmigkeit erfordernden Entscheidungen zu und erhalten im Gegenzug die Zustimmung anderer Staaten für andere Beschlüsse. Die Beschlüsse zur Agenda 2000, aber auch die notwendigen Beschlüsse zur EU-Osterweiterung sind aktuelle Beispiele einer solchen am Konsens souveräner Einzelstaaten orientierten Politik der Union.[477]

---
[473] Vgl. MAIHOFER, Werner: Föderativverfassung und Kompetenzverteilung einer Europäischen Union. In: WEIDENFELD: Reform der Europäischen Union, S. 61 (Im Folgenden zitiert als MAIHOFER: Föderativverfassung.).
[474] Ebd., S. 62.
[475] Vgl. BARDONG: Einheitliche Europäische Akte, S. 33.
[476] BISKUP: Dimensionen Europas, S. 51.
[477] Ein solcher Konsens ist jedoch oftmals nur durch weitreichende gegenseitige Zugeständnisse möglich. Die Diskussion um die EU-Osterweiterung verdeutlicht die nach wie vor stark von nationalstaatlichen Interessen

Pragmatische Politik und beherzte Diplomatie sind somit die entscheidenden Instrumente zur Durchsetzung eigenstaatlicher Interessen. Es obliegt weiterhin jedem Mitgliedsstaat selbst, durch eigenes politisches und diplomatisches Taktieren ein möglichst breites Bündel eigener Interessen auf Europäischer Ebene durchzusetzen. Dieser Prozess der politischen Entscheidungsfindung innerhalb der zweiten und dritten Säule Europäischer Politik entspricht dem klassischen Ansatz internationaler Politik souveräner Einzelstaaten.

Die föderale Entwicklung Europäischer Politik

Die vermeintliche Zweiteilung gemeinschaftlicher Kompetenzverteilung stellt lediglich eine Momentaufnahme dar. Deutlich wird dies, wenn man sich vor Augen führt, dass der Integrationsprozess stetig voranschreitet. Auch die Politik der ersten Säule ist zu Beginn der Europäischen Einigung in den 50er Jahren des letzten Jahrhunderts nicht unitarisch konzipiert.
Die EGKS, die Euratom und im weiteren Verlauf die EWG sind keineswegs mit solch elementaren Eingriffsrechten in nationale Politik ausgestattet gewesen wie die heutigen Europäischen Gemeinschaften.[478] Die damalige gemeinsame und gemeinschaftliche Wirtschaftspolitik weist starke Charakterzüge einer supranationalen Organisation souveräner Einzelstaaten auf.[479] In zahlreichen Entscheidungen auf Europäischer Ebene ist die Zustimmung aller Mitgliedsstaaten erforderlich und somit Konsens Voraussetzung aller Beschlüsse: eine „Konföderation mit kooperativen Einschlägen".[480]
Es muss ergänzt werden, dass das Schwinden des regionalen Einflusses schon damals kritisiert wird. Schon mit Gründung der Montanunion im Jahr 1951 warnt der nordrhein-westfälische Ministerpräsident ARNOLD vor einer machtpolitischen Degradierung der Bundesländer. Die Bundesländer sind nicht an der Montanpolitik beteiligt und werden zu reinen Verwaltungskörperschaften herabgestuft.[481]

Die fortschreitende gemeinschaftliche Integration und damit die Tendenz zu zunehmend unitarischen Verhältnissen innerhalb der Feldes der Wirtschaftspolitik gründet auf *zwei* zentrale Ursachen.
Zunächst ist die Eigendynamik von Organisationen anzuführen. Einmal mit Leben erfüllt und mit rudimentärem Einfluss ausgestattet, entwickeln Organisationen einen

---

gelenkte Entscheidungsfindung. „Die Kürzel für die beherrschenden Themen lauteten ‚Vertiefung' und ‚Erweiterung'. Ersteres bedeutete eine stärkere Integration innerhalb der EU selbst. Letzteres bedeutete eine Vergrößerung nach außen. Großbritannien und Nordirland machte sich massiv für eine Erweiterung stark, und sei es auch nur, um eine Vertiefung zu verhindern. Frankreich wünschte die Vertiefung, aber nicht die Erweiterung, denn es ging von der durchaus begründeten Annahme aus, daß neue EU-Mitglieder (...) früher oder später Teil einer deutschen Einflußsphäre werden würden. Deutschland drängte sowohl auf Vertiefung als auch Erweiterung." zitiert nach NEWHOUSE: Sackgasse Europa S. 27.
[478] Vgl. auch BIEBER: Verfassungsentwicklung, S. 54ff.
[479] EGKS und Euratom können als „Konföderation" oder „Supranationale Organisation" charakterisiert werden: ESTERBAUER: Kriterien föderativer und konföderativer Systeme, S. 49; vgl. auch ESTERBAUER: Europäische Integration, S. 34.
[480] ESTERBAUER: Kriterien föderativer und konföderativer Systeme, S. 121.
[481] Vgl. EINERT: Europa auf dem Weg zur politischen Union? S. 61.

eigenständigen und auf Wachstum hin orientierten Charakter. Diese Eigendynamik ist ohne Zweifel auch der Europäischen Gemeinschaft zu unterstellen.[482] Diese abstrakte Erklärung für das Ausgreifen gemeinschaftlicher Kompetenz und die Vermehrung von Eingriffsbefugnissen auf mitgliedsstaatliche Politik wird durch eine weitaus konkretere *zweite* Erklärung maßgeblich ergänzt: Die Mitgliedsstaaten der EWG und später der EG müssen zunehmend den Verlust von Einfluss auf die Ökonomie des eigenen Landes zur Kenntnis nehmen. Die Wirtschaftspolitik innerhalb der Nationalstaaten stößt an Grenzen. Die Wirtschaft agiert zunehmend transnational und international.[483] Auch wenn Globalisierung einen Begriff der 90er Jahre des 20. Jahrhunderts darstellt, ist diese Entwicklung mit den Folgen zunehmender Machtlosigkeit nationalstaatlicher Eingriffe schon weitaus früher zu beobachten. Dieser nationalstaatliche Machtverlust führt zwangsläufig zu nationalstaatlichem Souveränitätsverlust.

„In der Frühzeit der EWG hatte man es mit klar umschriebenen Aufgabenfeldern und Zielvorgaben zu tun. Je weiter die Verflechtung voranschritt und je mehr man über ‚negative Integrationsmaßnahmen' hinaus regulative Entscheidungen zu fällen hatte, desto deutlicher wurde die Interdependenz aller Politikbereiche".[484]

Die kompensatorische Verschiebung von Kompetenzen auf die Ebene der Europäischen Gemeinschaft ist somit eine Reaktion auf diese Entwicklung, denn der internationalen Staatengemeinschaft der Europäischen Gemeinschaft gelingt das Aufrechterhalten politischer Kontrolle über die Wirtschaft weitaus besser als ihren Mitgliedsstaaten allein.[485] Die Verlagerung von Kompetenz auf die Ebene der Gemeinschaft stellt demnach keinen originären mitgliedsstaatlichen Souveränitätsverlust dar, weil eine solche Souveränität bereits im Schwinden begriffen war. Durch die Verlagerung wirtschaftspolitischer Zuständigkeit von der mitgliedsstaatlichen auf die gemeinschaftliche Ebene konservieren die Mitgliedsstaaten im Gegenteil über das Instrument der Europäischen Gemeinschaft wirtschaftspolitische Kompetenz.[486]

Grundsätzlich betrachtet bedeutet also der Kompetenzzuwachs der Gemeinschaft keinen originären Souveränitätsverlust der Mitgliedsstaaten, sondern geradezu im Gegenteil die Rettung verloren gegangener Souveränität mittels einer supranationalen neu geschaffenen Organisation.[487] Die Souveränität der Gemeinschaft ist dem-

---

[482] Vgl. SCHNEIDER: Europäische Integration, S. 14.
[483] So ist bspw. die Währungspolitik der Europäischen Mitgliedsstaaten schon vor der WWU weitgehend abhängig von den Entscheidungen der Deutschen Bundesbank und der internationalen Finanzmärkte. Mit der WWU wird somit bereits verloren gegangene Souveränität mittelbar zurückerlangt: vgl. STARBATTY, Joachim: Politik oder Markt als Wegbereiter der Integration Europas? In: BISKUP, Reinhold (Hrsg.): Dimensionen Europas. Beiträge zur Wirtschaftspolitik. Bd. 68. Bern/ Stuttgart/ Wien 1998 (Paul Haupt), S. 199ff.
[484] SCHNEIDER: Europäische Integration, S. 21.
[485] Die Realisierung des Binnenmarktes verhilft dem Prozess Europäischer Integration zu einen enormen Schub. Ein ähnlicher Schub wird auf den politischen Feldern der zweiten und dritten Säule zu erwarten sein. Der Integrationsprozess innerhalb der EU schreitet in Integrationsschüben voran. Vgl. hierzu KOHLER-KOCH, Beate: Interessen und Integration. Die Rolle organisierter Interessen im westeuropäischen Einigungsprozeß. In: KREILE: Integration Europas, S. 83.
[486] Die föderale Teilung von Macht generiert ein höheres Maß an Souveränität für das Gesamtkonstrukt. Vgl. hierzu: HAHN, K.: Föderalismus, S. 263.
[487] Nach HALLSTEIN meint die Bezeichnung „supranational" das gleiche wie „gemeinschaftlich". Bei Vertragsschluss jedoch haben die Vertragspartner *stets* die Bezeichnung „Gemeinschaft" der „Supranationalität" vorge-

nach zumindest formal legitimiert. Durch die Fülle von Kompetenz entwickelt die Europäische Union punktuelle Hoheitsgewalt.[488]

Der wirtschaftspolitische Unitarismus der Gemeinschaft geht also, wie dargelegt, nicht ausschließlich auf Kosten mitgliedsstaatlicher Souveränität. Abweichend von dieser Betrachtung gibt es sicherlich zahlreiche Beispiele ungerechtfertigter Kompetenzübertragung auf die Gemeinschaft. Diese Übertragung ist immer dann ungerechtfertigt, wenn Kompetenz und damit Souveränität auf der Ebene der Mitgliedsstaaten angesiedelt bleiben könnte. Eine Erklärung für eine solche Fehlentwicklung bietet, wie gezeigt, die Eigendynamik von Organisationen.

Fraglich ist nun, wo dieser Prozess der Kompetenzverschiebung und der Stärkung gemeinschaftlicher Souveränität seinen Abschluss findet. Die Politik der zweiten und dritten Säule unterliegt, wie die Politik der ersten Säule zuvor, dem Druck einer Verschiebung auf die ausschließliche Ebene der Union.[489]
Gilt bislang bei allen Entscheidungen zur GASP sowie zur Innen- und Justizpolitik das Prinzip der Einstimmigkeit, so wird dieses mit dem Vertrag von Nizza und mit den Plänen und Beschlüssen zur EU-Osterweiterung zunehmend aufgeweicht. Durch den Vertrag von Nizza werden Abstimmungsverfahren und Quoren innerhalb des Rates maßgeblich verändert, denn mit Wirkung vom 01.01.2005 wird das Gebot der Einstimmigkeit politischer Entscheidung zugunsten des Prinzips der qualifizierten Mehrheit geschwächt.[490] Damit setzt der Vertrag von Nizza den Prozess wachsender Europäischer Souveränität in politischen Bereichen außerhalb der Wirtschaftspolitik fort.
Dieser Prozess beginnt mit den Verträgen zur EEA. Der mit der EEA im Jahr 1986 begonnene, in Maastricht 1992 maßgeblich fortgesetzte und in Amsterdam 1997 abgerundete Prozess von Kompetenzverlagerung wird mit den Beschlüssen von Nizza noch einmal grundlegend vorangetrieben. Mit der EEA sowie den Verträgen von Maastricht und Amsterdam erlangt die Gemeinschaft bzw. seit Maastricht die Union politischen Einfluss auf Bereiche der GASP sowie der Innen- und Rechtspolitik. Bis Nizza allerdings unterliegen die Entscheidungen der Union in diesen Politikfeldern, wie dargestellt, weitgehend dem Einstimmigkeitsgebot im Rat. Diese Mög-

---

zogen, weil durch die Bezeichnung „supranational" der Eindruck forciert wird, die Nationen mittelfristig aufzulösen: vgl. HALLSTEIN: Der unvollendete Bundesstaat, S. 40.
Entsprechend umschreibend wirkt die Bezeichnung „Union": „Union" bezeichnet die beschränkte Verflechtung der EG-Mitgliedstaaten in bestimmten Tätigkeitsfeldern.: vgl. hierzu BIEBER: Verfassungsentwicklung, S. 73.
[488] Vgl. BLECKMANN, Albert: Nationales und europäisches Souveränitätsverständnis. Strukturalistisches Modelldenken im Europäischen Gemeinschaftsrecht und im Völkerrecht. In: RESS, Georg (Hrsg.): Souveränitätsverständnis in den Europäischen Gemeinschaften. Schriftenreihe des Arbeitskreises Europäische Integration e.V. Bd. 9. Baden-Baden 1980 (Nomos), S. 45.
[489] Der Intergouvernementalismus könnte eine provisorische Arbeitsweise darstellen, welche erste berechtigte Vorbehalte abschleift und Grenzen einreißt. Auf langfristige Sicht betrachtet bildet der Intergouvernementalismus keine legitimierte Struktur, denn die Legitimation einer intergouvernementalen Zusammenarbeit ist nicht besonders stark ausgeprägt. Die Entscheidungen des Rates sind demokratisch nicht legitimiert. Entscheidungsträger innerhalb des Rates sind die für das anstehende Sachproblem jeweils zuständigen Fachminister. Diese werden jedoch prinzipiell nicht vom Volk der jeweiligen Mitgliedsstaates gewählt.
Zur grundsätzlichen Tendenz der Verschiebung von Kompetenz auf die Gemeinschaft vgl. ESTERBAUER: Europäische Integration, S. 34f.
[490] Zur Entwicklung des Mehrheitsprinzips in der EG vgl. IPSEN: Tragfähigkeit der Verfassungsprinzipien, S. 18ff.

lichkeit zum letztinstanzlichen Veto sichert mitgliedsstaatliche Souveränität weitgehend ab.[491]

Mit dem Vertrag von Nizza jedoch wird dieses letztinstanzliche Vetorecht relativiert.[492] Mit dem neuen Verfahren nun wird es denkbar, dass ein Mitgliedsstaat überstimmt werden kann. Durch den Wegfall des Vetorechts verlieren die Mitgliedsstaaten ein erhebliches Potential an Souveränität. Sie unterwerfen sich der Politik der Union und der qualifizierten Mehrheit ihrer Mitglieder. Es können nun Entscheidungen getroffen werden, die gegen die Interessen eines einzelnen Mitgliedsstaates zielen – und dies nun sogar im politischen Feld der zweiten und dritten Säule, welche bis dato originärer mitgliedsstaatlicher Souveränität unterstehen.

Ist diese Entwicklung der Verschiebung mitgliedsstaatlicher Souveränität auf die Ebene der Europäischen Union ähnlich zu erklären wie die vollzogene Verschiebung innerhalb der ersten Säule?

Besteht für die Mitgliedsstaaten zur Übertragung von Kompetenzen auf die Europäische Ebene bei der Politik der zweiten und dritten Säule genau wie bei der Wirtschaftspolitik der ersten Säule eigentlich gar keine Alternative? Ist der Souveränitätsverlust der Mitgliedsstaaten auf dem Gebiet der zweiten und dritten Säule ähnlich dem Souveränitätsverlust auf dem Gebiet der Wirtschaftspolitik vorher schon so weit fortgeschritten, dass eine Verlagerung von Kompetenz auf die Ebene der Europäischen Union als letzter Rettungsanker zum mittelbaren Erhalt von Kompetenz und Souveränität unabdingbar wird?[493] Oder sind es andere Gründe, die eine solche Verlagerung von Kompetenz rechtfertigen?

Über diese inhaltlichen Fragen hinaus drängt sich die Frage nach der daraus folgenden möglichen Veränderung der institutionellen Natur der Union auf. Welche Auswirkungen hat diese Verschiebung von Kompetenz auf das Gleichgewicht der Union? Ist die Union mit den Beschlüssen von Nizza auf dem Weg zu einem unitarischen Einheits- und Superstaat?

Stellt der derzeitige Europäische Föderalismus demnach nur ein „Transitivum" vom Staatenbund zum Einheitsstaat dar?[494] Ist der Europäische Föderalismus nur ein Übergang vom Zusammenschluss souveräner Nationalstaaten zu einem grundlegend vereinheitlichten Zentralstaat?

Diesen zahlreichen Fragen wird im Folgenden nachzugehen sein.

---

[491] Vgl. hierzu die statistischen Erhebungen der EG-Kommission (Eurobarometer) in REICHEL, Peter: Was blieb von der Europa-Euphorie? Zur politischen Kultur der Europäischen Gemeinschaft. In: DERS. Politische Kultur in Westeuropa. Bürger und Staaten in der Europäischen Gemeinschaft. Schriftenreihe der Bundeszentrale für politische Bildung. Bd. 209. Bonn 1984, S. 304f; vgl. auch KOHLER-KOCH, Beate: Interessen und Integration. Die Rolle organisierter Interessen im westeuropäischen Einigungsprozeß. In: KREILE: Integration Europas, S. 91.
[492] Dieses letztinstanzliche Veto sichert auf der einen Seite zwar mitgliedsstaatliche Souveränität, es darf aber nicht dazu führen, die Union handlungsunfähig zu machen bzw. sie zu einem Spielball nationalstaatlicher Privatinteressen zu machen: vgl. GIERING: Europa zwischen Zweckverband und Superstaat, S. 123.
[493] Zu den Notwendigkeiten einer Kompetenzverlagerung auf Europäische Ebene vgl. auch CARSTENS, Karl: Integratoren im Prozeß der europäischen Einigung. In: BISKUP, Reinhold (Hrsg.): Europa – Einheit in der Vielfalt. Orientierungen für die Zukunft der europäischen Integration. Beiträge zur Wirtschaftspolitik. Bd. 50. Bern/ Stuttgart/ Wien 1998 (Paul Haupt), S. 33.
[494] Vgl. LAUFER: Föderalismus in der Kritik, S. 28.

Die Entwicklung in der Politik der zweiten Säule

Nach Art. 17 EUV-N umfasst die Gemeinsame Außen- und Sicherheitspolitik sämtliche Fragen, welche die Sicherheit der Union betreffen, wozu auch die schrittweise Festlegung einer gemeinsamen Verteidigungspolitik gehört. Diese gemeinsame Verteidigungspolitik könnte zu einer gemeinsamen Verteidigung führen, falls der Europäische Rat dies beschließt. Der Europäische Rat, zusammengesetzt aus den Staats- und Regierungschefs, legt demnach die Leitlinien Europäischer Politik fest. Der Europäische Rat ist vom Rat der Europäischen Union zu unterscheiden: Der Rat ist das wichtigste konkrete Entscheidungs- und Rechtsetzungsorgan der Union. Art. 203 EGV-A-N regelt die Zusammensetzung des Rates. Die Fachminister der einzelnen Mitgliedsstaaten sprechen und agieren jeweils vor dem Hintergrund ihrer spezifisch nationalen Interessen. Bei allen Entscheidungen steht nahezu ausschließlich das Wohl des eigenen Mitgliedsstaates im Vordergrund. Damit ist der Rat bzw. der Ministerrat kein originäres Europäisches Organ mit originärem Europäischen Charakter. Der Rat stellt vielmehr ein Konsultativorgan in Unionsangelegenheiten dar. Gerade dies allerdings macht seinen föderalen Charakter aus.[495]

Im Politikfeld der GASP erarbeitet der Rat Gemeinsame Standpunkte (Art. 15 EUV-A-N) oder nimmt Gemeinsame Aktionen an (Art. 14 EUV-A-N).[496] Dabei obliegt dem Rat das Entscheidungs- und Beratungsrecht. Die Politik der zweiten Säule ist durch intergouvernementale Entscheidungsverfahren geprägt.[497] Deutlich wird dies an der Aufforderung des Art. 19 EUV-A-N, in welchem die Mitgliedsstaaten angehalten werden, ihr Handeln in internationalen Organisationen zu koordinieren. Die Europäische Ebene stellt zur Zeit daher nur eine Beratungs- und Konsultationsebene dar. Der nationalstaatliche Einfluss auf das politische Weltgeschehen wird dennoch immer kleiner. Außenpolitik und internationale Politik werden zunehmend durch große Staatenblöcke oder Staatengemeinschaften bestimmt. Die einzige Ausnahme hiervon bildet die „Weltmacht" der Vereinigten Staaten von Amerika. Sogar die ehemaligen Weltmächte als ständige Mitglieder des UNO-Sicherheitsrates sind in ihrem weltpolitischen Einfluss marginalisiert.
Mit abnehmendem Einfluss der NATO aufgrund eines fehlenden Feindbildes und der selbstgewählten Isolation der USA gewinnt die Frage nach der außen- und sicherheitspolitischen Orientierung der einzelnen Nationalstaaten in der sich verkomplizierenden weltpolitischen Lage zunehmend Bedeutung.[498] Die bis zum Ende des Kaltes Krieges zumindest in Ansätzen vorhandene (West-)Europäische Einbindung in die Weltpolitik ist mit dem Auseinanderdriften der NATO völlig infrage gestellt.[499] Ist schon zu Zeiten des Kalten Krieges die nationalstaatliche Außen- und Sicherheitspolitik überfordert und ein internationaler Zusammenschluss unabdingbar, so ist dies heute geradezu obligatorisch. Die Europäischen Mitgliedsstaaten sind weltpolitisch

---

[495] Vgl. HALLSTEIN: Der unvollendete Bundesstaat, S. 60; vgl. auch HALLSTEIN, Walter: Die echten Probleme der europäischen Integration. Kieler Vorträge gehalten im Institut für Weltwirtschaft an der Universität Kiel. Bd. 37. Kiel 1965, S. 8.
[496] Vgl. auch KÜHNHARDT: Europäische Union und föderale Idee, S. 80.
[497] Vgl. BÖTTCHER: Europas Zukunft, S. 170.
[498] Vgl. SEIDELMANN, Reimund: Zur Neuordnung der westeuropäischen Sicherheitspolitik. In: KREILE: Integration Europas, S. 335; vgl. auch BISKUP: Dimensionen Europas, S. 72.
[499] Vgl. WESSELS: Staat und Integration, S. 54.

machtlos. Eine souveräne Außenpolitik ist wirkungslos, eine souveräne eigenstaatliche Verteidigungspolitik undenkbar.[500]

Eine gemeinsame Europäische Außenpolitik verlangt ein koordiniertes und gemeinsames Auftreten. Art. 14 EUV-A-N (Gemeinsame Aktionen), Art. 15 EUV-A-N (Gemeinsame Standpunkte) und auch Art. 19 EUV-A-N (Koordiniertes Auftreten auf internationaler Ebene) dokumentieren diese Einsicht.

Die jüngste Diskussion im Rahmen des Verfassungskonvents zur Zukunft der EU dokumentiert die zu erwartende Entwicklung. Mit einem Europäischen Außenminister erlangt die Union ein außenpolitisches Gesicht. Koordiniertes und engagiertes Auftreten gegenüber Dritten wird somit vereinfacht. Mit solch projektierter Entwicklung wird der Intergouvernementalismus der GASP wieder einen Schritt zurückgedrängt, denn der Europäische Außenminister wird im Laufe der Zeit Europäisches „Organ" werden und damit integriert in das föderale Miteinander zwischen der Brüsseler Zentrale und den Europäischen Mitgliedsstaaten.[501]

Der aktuelle innereuropäische Konflikt um die richtige Strategie zur Entwaffnung des Irak macht deutlich, dass sämtliche staats- und verfassungstheoretischen Debatten um die Verfassung der EU spätestens dann an ihre Grenzen stoßen, wenn sich eine inhaltliche Auseinandersetzung hinzugesellt (form follows function). Die Idee einer Föderation der Europäischen Staaten zu einer gemeinsamen Außen- und Verteidigungspolitik wird regelmäßig vom Konstrukt des Intergouvernementalismus ausgestochen, solange über die inhaltlichen Ziele keine Einigkeit besteht. Der Prozess der Einsicht, dass Europa politisch nur als „global player" überlebensfähig ist und damit zwangsläufig auch zum außenpolitischen Konsens innerhalb einer Föderation verdammt ist, scheint noch lange nicht abgeschlossen.

Wenn die Mitgliedsstaaten der EU eine Gemeinsame Außen- und Sicherheitspolitik anstreben, bedingt dies keineswegs einen mitgliedsstaatlichen Souveränitätsverlust. Vielmehr gewinnen die Mitgliedsstaaten durch die GASP einen Teil verloren gegangener Souveränität zurück. Damit ähnelt diese Entwicklung der Verschiebung von Kompetenzen der Entwicklung innerhalb der ersten Säule. Die Europäische Union kompensiert Souveränität, welche den Mitgliedsstaaten bereits verloren gegangen ist.

---

[500] Der nationalstaatliche Einfluss der europäischen Staaten auf die internationale Politik ist geringer denn je, wie der unabgestimmte Krieg der USA für eigene Interessen und gegen den Islam dokumentiert. Der Unilateralismus der USA mit seiner Ignoranz gegenüber der Weltgemeinschaft, darunter führende Staaten wie Frankreich, Deutschland, Russland und China, dokumentiert, dass in der heutigen weltpolitischen Lage nationalstaatliche Außenpolitik am Ende ist.
Die derzeitige Situation beweist, dass es zur Wiedererlangung außenpolitischer Souveränität des Zusammenschlusses Europas bedarf.
Vgl. BÖTTCHER: Europas Zukunft, S. 171; vgl. auch NEWHOUSE: Sackgasse Europa, S. 29f; vgl. darüber hinaus SCHOSER, Franz: Die wirtschaftliche Dimension Europas: Wirtschaft als Grundlage und Antriebskraft der europäischen Integration. In: BISKUP, Reinhold (Hrsg.): Dimensionen Europas. Beiträge zur Wirtschaftspolitik. Bd. 68. Bern/ Stuttgart/ Wien 1998 (Paul Haupt), S. 114.
[501] Der Intergouvernementalismus scheitert an mangelnder Praktikabilität. Vgl. hierzu WESSELS: Staat und Integration, S. 44.

Die Entwicklung in der Politik der dritten Säule

Wie sieht diese Entwicklung nun auf dem Gebiet der dritten Säule, der Innen- und Rechtspolitik aus? Der bestehende und zu beobachtende Souveränitätsverlust ist hier sicherlich am geringsten ausgeprägt. Nach wie vor ist die mitgliedsstaatliche Souveränität in Fragen der Innenpolitik sowie der Justiz- und Polizeipolitik sehr groß. Allerdings ist zu hinterfragen, inwieweit selbst auf dem Gebiet der Innen- und Rechtspolitik zunehmend mitgliedsstaatlicher Souveränitätsverlust zu beklagen ist. Werden die Nationalstaaten von heute noch den Anforderungen an souveräne Innen- und Justizpolitik gerecht? Im Großen und Ganzen ist dies sicherlich zu bejahen.

Perspektivisch ist allerdings auch auf diesen Politikfeldern eine Verschiebung von Kompetenzen auf die Ebene der EU zu erwarten.

Zunächst ist die auf Vereinheitlichung aller innerpolitischen Verhältnisse drängende gemeinschaftsweite Angleichung der Wirtschaftsverhältnisse anzuführen. Die Schaffung gemeinschaftsweit gleicher wirtschaftlicher Bedingungen erfordert die Angleichung auch der nicht unmittelbar wirtschaftspolitischen Bereiche. Hierzu zählen explizit auch die Innen- und Justizpolitik.

Rechtssicherheit in Form einheitlicher Rechtsbedingungen ist wirtschaftsförderlich. Der Wirtschaftsraum der Europäischen Union, der selbst wiederum internationaler Konkurrenz ausgesetzt ist, wird umso stärker, je einheitlicher die Rechtsverhältnisse und damit auch die Wirtschaftsverhältnisse innerhalb der EU sind. Eine erfolgversprechende Wirtschaftspolitik verstärkt den Druck auf Angleichung auch der innenpolitischen und der rechtlichen Verhältnisse.

Gemäß Art. 29 EUV-N verfolgt die Union das Ziel, ihren Bürgern einem Raum der Freiheit, der Sicherheit und des Rechts zu bieten. Dies erreicht sie, indem sie gemeinsames Vorgehen der Mitgliedsstaaten im Bereich der polizeilichen und justiziellen Zusammenarbeit in Strafsachen fördert sowie Rassismus und Fremdenfeindlichkeit bekämpft.

Gemäß dem Vertrag von Maastricht umfasst die dritte Säule die justizielle, die polizeiliche und die strafrechtliche Zusammenarbeit der Mitgliedsstaaten auf Ebene der Union. Mit dem Vertrag von Amsterdam wird unterstrichen, wie nahe sich in vielen Punkten die gemeinschaftliche Politik der ersten Säule und die Innen- und Rechtspolitik der dritten Säule als Politik der Union stehen. Mit fortschreitender Europäisierung der Wirtschaftspolitik führt schließlich kein Weg an einer vereinheitlichten Innen- und Rechtspolitik vorbei. Dies gilt zumindest für alle diejenigen Bereiche der Innen- und Rechtspolitik, welche in unmittelbarem Zusammenhang mit den gemeinschaftsweiten Wirtschaftspolitik stehen. Asyl- und Visapolitik beispielsweise ist mitgliedsstaatlich kaum selbständig zu organisieren. Auch die Verbrechensbekämpfung erfordert zunehmend unterstützende gemeinschaftsweite Rahmenbedingungen.

Mit dem Vertrag von Amsterdam werden die Bereiche der Visa-, Asyl- und Einwanderungspolitik sowie die Politik des freien Personenverkehrs von der Union in die Zuständigkeit der Gemeinschaft und damit vom Intergouvernementalismus in einen Gemeinschaftsunitarismus überführt

Mit dem Vertrag von Nizza unterliegen selbst die bei der Union verbliebenen Bereiche der Innen- und Rechtspolitik zum Teil dem Mehrheitsprinzip. Der mitgliedsstaatliche Einfluss auf Entscheidungen schwindet.

33 Eine föderale Ordnung als Finalität

Zur fehlenden Finalität der Europäischen Union stellt sich die Frage, ob die Europäische Union zur Erfüllung vorgenannter Zielsetzungen wie ein Bundesstaat oder eher wie ein Staatenbund organisiert sein soll?
Der Auseinandersetzung um diese Frage wird bislang allgemein ausgewichen.[502] So hat die beschlossene Bezeichnung „Europäische Union" den Charme, keine verfassungsrechtlich konstitutive Festlegung zur Struktur des Europäischen Zusammenschlusses zu treffen.

„Dieser Begriff der Europäischen Union hat sich aber in weiterer Folge als genügend flexibel für die europäische Integration erwiesen. Er läßt offen, ob die Union eine konföderative oder föderative ist. Er läßt ferner offen, welche Kompetenzen der Union obliegen."[503]

Um der Beantwortung dieser Frage zur Finalität näher zu rücken, ist zunächst eine Verständigung darüber erforderlich, welche genauen Zielvorstellungen mit der Reform der EU und mit der Reform des Verhältnisses zwischen Mitgliedsstaaten und Europäischer Union verknüpft werden. Erst nach Beantwortung dieser Frage zur Finalität Europäischer Verfasstheit kann die adäquate föderale Ausprägung der Union erörtert werden.[504]

Überlegungen zu einer Reform der Europäischen Union

Das vorrangige Ziel einer Reform der EU muss darin bestehen, innerhalb der Bevölkerung die Akzeptanz für Europa zu steigern. Den Unionsbürgern muss die Notwendigkeit und Sinnhaftigkeit zunehmender Europäischer Integration nachvollziehbar sein.
Nur mit einer ausgewogenen und rational nachvollziehbaren Kompetenzverteilung geht eine solche Zunahme von Legitimation der Union einher.

Das vorgenannte Ziel der Reform kann durch Ausprägung föderaler Strukturen innerhalb der Gemeinschaft erreicht werden.[505] Dies soll im Folgenden näher erläutert werden.
Zunächst einmal gilt es, die Transparenz politischer und administrativer Prozesse innerhalb der Europäischen Union zu vergrößern, denn die politischen und administ-

---

[502] Vgl. KÜHNHARDT: Europäische Union und föderale Idee, S. 47.
[503] ESTERBAUER: Europäische Integration, S. 69.
[504] Die Lösung dieser Problematik Europäischer Finalität wird durch Festlegung auf föderale Strukturen ermöglicht: vgl. BÖTTCHER, Winfried: Europäische Union. Quo vadis Europa? In: d'Letzebuergerland. Nr.1 2003. 03. Januar 2003, S. 26.
[505] Vgl. auch HÄBERLE, Peter: Föderalismus, Regionalismus, Kleinstaaten – in Europa. In: Die Verwaltung, 1/1992, S. 7.

rativen Prozesse innerhalb der Union erscheinen den Bürgern, aber auch selbst den politischen Akteuren zunehmend kompliziert und intransparent.

Zu diesem Defizit der Transparenz gesellt sich die Problematik der unklaren formalen, aber auch unklaren konstitutionellen Struktur der Union. Die EU stellt derzeit den vertraglichen Mantel der Europäischen Einigung dar. Diese EU besitzt jedoch keinen eigenen zwischenstaatlich souveränen Status. Dieser liegt bei den Europäischen Gemeinschaften. Nur diese wirken zwischenstaatlich und in ihren Entscheidungen bindend. Die EG wiederum setzen sich aus mehreren inhaltlich unterschiedlichen, formal aber ähnlich gestalteten Gemeinschaften zusammen (EG, Euratom, EGKS).[506] Dieses Geflecht unterschiedlicher Kompetenzen, Zuständigkeiten und Souveränitäten verhindert den Eindruck von Geschlossenheit sowie von vertrauenserweckender und vernünftiger Verfasstheit.[507]

Hinzu kommen noch die Organe der WWU, besonders das ESZB (Europäisches System der Zentralbanken) mit seiner Nachfolgerin der EZB (Europäische Zentralbank). Die Europäische Zentralbank besitzt mit ihrer unmittelbaren und unteilbaren Zuständigkeit für die Europäische Währung bundesstaatlichen Charakter.[508] Gerade auch die Konvergenzkriterien sowie die drohenden harten Maßnahmen bei mitgliedstaatlichem Bruch des Stabilitätspaktes dokumentieren die ausschließliche Zuständigkeit der Gemeinschaft in Währungsangelegenheiten und damit ihren bundesstaatlichen Einschlag.[509]

Eine positive Identifizierung mit der Europäischen Union wird durch dieses Konglomerat unterschiedlicher Zuständigkeiten unmöglich gemacht. Die Union leidet unter „Akzeptanz-, Identifikations- und Repräsentationsdefiziten".[510]

Nicht nur dieses eigene intransparente politische und rechtliche Geflecht der Union selbst erschwert eine Identifikation mit der EU. Auch das Verhältnis der Union/ Gemeinschaft zu den sie konstituierenden Mitgliedsstaaten wird zunehmend kompliziert und damit unübersichtlich.[511] Zunehmend unklar wird der Ort der Ansiedlung von Kompetenzen. In welchem Rechtsverhältnis stehen Mitgliedsstaaten und Union bzw. Gemeinschaft zueinander? Mit zunehmender Machtfülle der Union erlangt diese Frage drängenden Charakter.

Ein grundsätzlicher Konsens über die Verteilung von Kompetenzen muss in jedem Staatsgebilde vorausgesetzt werden. Insofern ist die Überlegung zur Erstellung eines Kompetenzkataloges angebracht. Fraglich ist allerdings, ob die fortlaufende Veränderung von Zuständigkeiten und die stete Auseinandersetzung zwischen den einzel-

---

[506] Vgl. HÖLSCHEIDT: Von Maastricht nach Karlsruhe, S. 9f.
[507] Vgl. GIERING: Europa zwischen Zweckverband und Superstaat, S. 122.
[508] Vgl. HAHN, H: Vertrag von Maastricht, S. 37, 119f.
[509] Vgl. ebd, S. 78f; vgl. auch STARBATTY, Joachim: Politik oder Markt als Wegbereiter der Integration Europas? In: BISKUP, Reinhold (Hrsg.): Dimensionen Europas. Beiträge zur Wirtschaftspolitik. Bd. 68. Bern/ Stuttgart/ Wien 1998 (Paul Haupt), S. 204f.
[510] GIERING: Europa zwischen Zweckverband und Superstaat, S. 122.
[511] Zum bisherigen Miteinander zwischen Mitgliedsstaaten und ihren Ländern, Regionen und Kommunen wächst die Europäische Ebene mit eigenen Ansprüchen auf Kompetenz und Souveränität: vgl. SCHULTE, Hubert: Länderbelange bei der Wirtschafts- und Währungsunion. In: BORKENHAGEN, Franz H.U./ BRUNS-KLÖSS, Christian/ MEMMINGER, Gerhard/ STEIN, Otti (Hrsg.): Die deutschen Länder in Europa: Politische Union und Wirtschafts- und Währungsunion. Baden-Baden 1992 (Nomos), S. 127.

nen Ebenen einen solchen Kompetenzkatalog auf Dauer erhalten können. Die Erstellung eines Kompetenzkataloges wird demnach nicht als grundlegendes Allheilmittel zu betrachten sein, um *dauerhaft* geklärte und belastbare Machtverteilung zu sichern. Eine noch grundlegendere Auseinandersetzung um die Zuweisung von Kompetenzen ist somit dringend angebracht. Die Darlegung eigener Interessen und die Diskussion um die Finalität der Union bilden in diesem Prozess die notwendige Basis des gegenseitigen Verständnisses.

Zusammengefasst kann festgehalten werden, dass die grundsätzliche Zukunft der Union und damit auch die grundsätzliche Verteilung von Macht auf die politische Tagesordnung, und zwar sowohl auf gemeinschaftlicher als auch auf mitgliedsstaatlicher Ebene gesetzt werden muss.[512]

„Als politisches System hat die Union mittlerweile einen Reifegrad erlangt, für den die vagen Zielbestimmungen der Gemeinschaftsverträge keine angemessene Kompetenzgrundlage mehr sind. Die funktionalen Aufgabenzuweisungen wirken vielfach sektorübergreifend und im Ergebnis wie Generalermächtigungen. Die Verteilung der Zuständigkeiten ist damit nicht mehr kalkulierbar. Sie unterliegt einer gewissen Zufälligkeit und läßt keine eindeutigen Kompetenzschranken erkennen."[513]

Mit den Maastrichter Verträgen und dem mit ihnen verbundenen Zuwachs gemeinschaftlicher Zuständigkeit kulminiert die politische Auseinandersetzung um die Abgrenzung von Verantwortung zwischen den Mitgliedsstaaten und der Union. Die seit den Römischen Verträgen eher sorglose Übertragung von Verantwortung auf die Gemeinschaftsebene stößt an Grenzen. Zunehmend erlangt die Union unmittelbaren Einfluss in originär hoheitlich mitgliedsstaatliche und gar regionale Politikbereiche. Dieser zunehmende Einfluss kann oftmals nicht mehr durch die Erforderlichkeit gemeinschaftsweiter Regelungen oder die Unfähigkeit der Einzelstaaten auf Erledigung dieser Aufgaben begründet werden.[514]

Ein Kompetenzkatalog soll helfen, sich über die originären Aufgaben der Mitgliedsstaaten zu verständigen und ein Ausgreifen gemeinschaftlicher Kompetenz auf diese Politikbereiche zu unterbinden. Die Diskussion um diesen Katalog muss von der Grundannahme geprägt sein, nur diejenigen Aufgaben auf die Union zu übertragen, welche einer gemeinschaftsweiten Koordination bedürfen bzw. ohnehin schon mitgliedsstaatlicher Verantwortung entschwunden sind.
Das föderale Prinzip der Konkurrenz um Zuständigkeiten arbeitet mit einer „prästabilierten" Vermutung zugunsten der Mitgliedsstaaten, der Bundesstaaten: soviel Einheit wie nötig und soviel Vielfalt wie möglich.[515]

„Individualität und kulturelle europäische Vielfalt verlangen Kreativität und Originalität – nicht Starrheit und Einheitlichkeit."[516]

---

[512] Vgl. auch KÜHNHARDT: Europäische Union und föderale Idee, S. 47.
[513] WEIDENFELD: Reform der Europäischen Union, S. 32.
[514] Vgl. FARTHMANN, Friedhelm: Die Bedeutung der Regionen in der Europäischen Gemeinschaft der Zukunft. In: ALEMANN, Ulrich von/ HEINZE, Rolf G./ HOMBACH, Bodo (Hrsg.): Die Kraft der Region: Nordrhein-Westfalen in Europa. Bonn 1990 (Dietz), S. 183f.
[515] WEIDENFELD: Reform der Europäischen Union, S. 32.

Wie bereits dargestellt, kann ein Kompetenzkatalog nicht abschließender Natur sein. Er unterliegt stetem Wandel. Dennoch aber bildet er einerseits Grundlage der Abgrenzung von Verantwortlichkeiten und andererseits steten Anlass zur Debatte um die adäquate Zuweisung von Kompetenz. Diese Auseinandersetzung um die adäquate Ansiedlung von Kompetenz sensibilisiert alle Akteure für die Notwendigkeit ausreichender gemeinschaftlicher Legitimation, andererseits wird auf der Grundlage dieser Debatten zunehmend die Frage nach der Finalität der EU erörtert. Die bestehende Vertragsgemeinschaft kann somit sukzessive in eine Verfassungsgemeinschaft überführt werden.[517]

Welche Grundprinzipien sollen nun bei Suche nach der Finalität der EU berücksichtigt werden? Besonders *drei* Prinzipien sind anzuführen: das Prinzip der *Einzelermächtigung*, das Prinzip der *Verhältnismäßigkeit* und das Prinzip der *Unionstreue*. Alle diese Prinzipien helfen trotz steten Wandels, einen belastbaren Kompetenzkatalog zu generieren. Alle drei angeführten Prinzipien können als Charakteristikum des Föderalismus begriffen werden.

Das Prinzip der Einzelermächtigung

Zunächst zum Prinzip der *Einzelermächtigung*: Gemäß Art. 5 EGV-A-N sind alle Organe der Union auf die vertraglich niedergelegten Ziele und die vertraglich niedergelegten Verfahren festgelegt. Entsprechendes normiert auch Art. 7 EGV-A-N. Das Subsidiaritätsprinzip in Art. 5 EGV-A-N bestimmt, dass die Maßnahmen der Gemeinschaft nicht über das für die Erreichung der Ziele des Vertrages erforderliche Maß hinausgehen dürfen. Mit diesen angeführten vertraglichen Festlegungen wird die klare Begrenzung gemeinschaftlicher Kompetenz verankert. Die Union und die Gemeinschaft können aus eigener Entscheidung heraus und in eigener Verantwortung keine Ausweitung ihrer Zuständigkeiten erzwingen. Eine Kompetenzen-Kompetenz fehlt.

Der „Gesamtstaat" Europäische Union ist daher weitaus weniger einflussreich als der Bundesstaat Deutschland.[518] Der Bund in Deutschland kann sehr wohl eigenständig Kompetenzen an sich ziehen. Neben den ausschließlich zugewiesenen Kompetenzen kann er über den Weg der konkurrierenden Gesetzgebung Kompetenz, welche bis dahin bei den Bundesländern beheimatet ist, an sich ziehen.[519]

Die Europäische Union – wird sie grundsätzlich als Föderation wahrgenommen – gleicht daher eher einem lockeren Staatenbund als einem starken Bundesstaat. Der Union werden Kompetenzen *verliehen*, und zwar durch die Mitgliedsstaaten. Die Kompetenzen-Kompetenz verbleibt bei den Mitgliedsstaaten. Der Bund hat eine schwache Position, die Bundesstaaten eine starke. Die Selbständigkeit der Union bleibt durch ihre Glieder kontrolliert.

---

[516] STRAUBHAAR, Thomas: Strategien für die europäische Integration. In: BISKUP, Reinhold (Hrsg.): Dimensionen Europas. Beiträge zur Wirtschaftspolitik. Bd. 68. Bern/ Stuttgart/ Wien 1998 (Paul Haupt), S. 236f.
[517] Vgl. BÖTTCHER: Europas Zukunft, S. 239.
[518] Vgl. auch HAHN, H: Vertrag von Maastricht, S. 111.
[519] Diese Möglichkeit des Bundes, Kompetenzen an sich zu ziehen (konkurrierende Gesetzgebung) ist bereits weitgehend ausgeschöpft.

Diese mitgliedsstaatliche Kontrolle der Einzelermächtigung wird allerdings vertraglich eingeschränkt.
Zunächst sind die allgemeinen Formulierungen zu den Zielen der Union anzuführen. Art. 2 EUV-A-N (Ziele der Union) formuliert weitreichende und grundlegende Ziele der Europäischen Union: Die Förderung des wirtschaftlichen und sozialen Fortschritts und eines hohen Beschäftigungsgrades, die Behauptung eigener Identität auf internationaler Ebene und die Erhaltung und Weiterentwicklung der Union als Raum der Freiheit, der Sicherheit und des Rechts sind nur einige dieser grundlegenden Ziele. Auch Art. 2 EGV-A-N (Aufgabe der Gemeinschaft) und Art. 3 EGV-A-N (Tätigkeit der Gemeinschaft) implementieren tiefgreifende Zielvorstellungen.[520] Zur Umsetzung

---

[520] *Art. 2 EUV-A-N lautet wie folgt:*
Die Union setzt sich folgende Ziele:
- die Förderung des wirtschaftlichen und sozialen Fortschritts und eines hohen Beschäftigungsniveaus sowie die Herbeiführung einer ausgewogenen und nachhaltigen Entwicklung, insbesondere durch Schaffung eines Raumes ohne Binnengrenzen, durch Stärkung des wirtschaftlichen und sozialen Zusammenhalts und durch Errichtung einer Wirtschafts- und Währungsunion, die auf längere Sicht auch eine einheitliche Währung nach Maßgabe dieses Vertrags umfasst;
- die Behauptung ihrer Identität auf internationaler Ebene, insbesondere durch eine Gemeinsame Außen- und Sicherheitspolitik, wozu nach Maßgabe des Artikels 17 auch die schrittweise Festlegung einer gemeinsamen Verteidigungspolitik gehört, die zu einer gemeinsamen Verteidigung führen könnte;
- die Stärkung des Schutzes der Rechte und Interessen der Angehörigen ihrer Mitgliedsstaaten durch Einführung einer Unionsbürgerschaft;
- die Erhaltung und Weiterentwicklung der Union als Raum der Freiheit, der Sicherheit und des Rechts, in dem in Verbindung mit geeigneten Maßnahmen in Bezug auf die Kontrollen an den Außengrenzen, das Asyl, die Einwanderung sowie die Verhütung und Bekämpfung der Kriminalität der freie Personenverkehr gewährleistet ist;
- die volle Wahrung des gemeinschaftlichen Besitzstands und seine Weiterentwicklung, wobei geprüft wird, inwieweit die durch diesen Vertrag eingeführten Politiken und Formen der Zusammenarbeit mit dem Ziel zu revidieren sind, die Wirksamkeit der Mechanismen und Organe der Gemeinschaft sicherzustellen.
Die Ziele der Union werden nach Maßgabe dieses Vertrags entsprechend den darin enthaltenen Bedingungen und der darin vorgesehenen Zeitfolge unter Beachtung des Subsidiaritätsprinzips, wie es in Artikel 5 des Vertrags zur Gründung der Europäischen Gemeinschaft bestimmt ist, verwirklicht.
Art. 2 EGV-A-N lautet wie folgt:
Aufgabe der Gemeinschaft ist es, durch die Errichtung eines Gemeinsamen Marktes und einer Wirtschafts- und Währungsunion sowie durch die Durchführung der in den Artikeln 3 und 4 genannten gemeinsamen Politiken oder Maßnahmen in der ganzen Gemeinschaft eine harmonische, ausgewogene und nachhaltige Entwicklung des Wirtschaftslebens, ein hohes Beschäftigungsniveau und ein hohes Maß an sozialem Schutz, die Gleichstellung von Männern und Frauen, ein beständiges, nicht inflationäres Wachstum, einen hohen Grad von Wettbewerbsfähigkeit und Konvergenz der Wirtschaftsleistungen, ein hohes Maß an Umweltschutz und Verbesserung der Umweltqualität, die Hebung der Lebenshaltung und der Lebensqualität, den wirtschaftlichen und sozialen Zusammenhalt und die Solidarität zwischen den Mitgliedern zu fördern.
Art. 3 EGV-A-N lautet abschließend wie folgt:
(1) Die Tätigkeit der Gemeinschaft im Sinne dieses Artikels 2 umfaßt nach Maßgabe dieses Vertrags und der darin vorgesehenen Zeitfolge:
    a) das Verbot von Zöllen und mengenmäßigen Beschränkungen bei der Ein- und Ausfuhr von Waren sowie aller sonstigen Maßnahmen gleicher Wirkung zwischen den Mitgliedsstaaten;
    b) eine gemeinsame Handelspolitik;
    c) einen Binnenmarkt, der durch die Beseitigung der Hindernisse für den freien Waren-, Personen-, Dienstleistungs- und Kapitalverkehr zwischen den Mitgliedsstaaten gekennzeichnet ist;
    d) Maßnahmen hinsichtlich der Einreise und des Personenverkehrs nach Titel IV;
    e) eine gemeinsame Politik auf dem Gebiet der Landwirtschaft und der Fischerei;
    f) eine gemeinsame Politik auf dem Gebiet des Verkehrs;
    g) ein System, das den Wettbewerb innerhalb des Binnenmarkts vor Verfälschungen schützt;
    h) die Angleichung der innerstaatlichen Rechtsvorschriften, soweit dies für das Funktionieren des Gemeinsamen Marktes erforderlich ist;
    i) die Förderung der Koordinierung der Beschäftigungspolitik der Mitgliedsstaaten im Hinblick auf die Verstärkung ihrer Wirksamkeit durch die Entwicklung einer koordinierten Beschäftigungsstrategie;

dieser umfangreichen Zielvorstellungen kann kein noch so präziser Kompetenzkatalog abschließend Grenzen setzen. Auch die angeführte Schranke der vertraglichen Einzelermächtigung muss bei dieser umfassenden Zielsetzung Zugeständnisse machen. Die angeführten vertraglich vereinbarten und vertraglich erzielten Übereinkünfte zu den Zielen der Union erfordern das mitgliedstaatliche Zugeständnis eines gewissen Maßes an Eigenständigkeit und Autonomie. Die Union muss ein gewisses Maß an Freiheit erlangen, um erfolgreich die aufgetragenen Ziele erfüllen zu können. Diese allgemeine Forderung findet Niederschlag in Art. 308 EGV-A-N. Gemäß Art. 308 EGV-A-N kann die Gemeinschaft in unvorhergesehenen Fällen ihre vertraglich festgelegte kompetentielle Einschränkung verlassen.[521]

Die angeführten Einschränkungen ausschließlich mitgliedstaatlicher Letztentscheidung erlauben es der Union in der politischen Praxis, ohne allzu umfassende Beschränkungen agieren zu können. Dennoch verbleibt den Mitgliedstaaten vertraglich das letzte Wort, besonders dann, wenn es um grundlegende und weitreichende Ausdehnung gemeinschaftlicher Kompetenzen geht.

Das dargestellte Miteinander und Gegeneinander zwischen Mitgliedstaaten und Union weist föderalen Charakter auf. Als föderal ist es besonders deshalb zu bezeichnen, weil man sich vertraglich *und* im Konsens auf Grundprinzipien der Verteilung von Kompetenz geeinigt hat. Gleichzeitig aber ist dieser Konsens nicht so starr, als dass er realitätsfern und praxisfeindlich wäre.[522] Im Folgenden ist zu prüfen, ob auch die beiden anderen angeführten Leitmotive „Verhältnismäßigkeit" und „Unionstreue" den föderalen Charakter der Union unterstreichen.

Das Prinzip der Verhältnismäßigkeit

Das *Verhältnismäßigkeitsprinzip* statuiert das Übermaßverbot bei Rechtsetzung und Rechtsauslegung. Werden Kompetenzen ausgeübt, so müssen diese stets im adäquaten Verhältnis zu den von ihnen angestrebten Zielen stehen.

---

j) eine Sozialpolitik mit einem Europäischen Sozialfonds;
k) die Stärkung des wirtschaftlichen und sozialen Zusammenhalts;
l) eine Politik auf dem Gebiet der Umwelt;
m) die Stärkung der Wettbewerbsfähigkeit der Industrie der Gemeinschaft;
n) die Förderung der Forschung und technologischen Entwicklung;
o) die Förderung des Auf- und Ausbaus transeuropäischer Netze;
p) einen Beitrag zur Erreichung eines hohen Gesundheitsschutzniveaus;
q) einen Beitrag zu einer qualitativ hochstehenden allgemeinen und beruflichen Bildung sowie zur Entfaltung des Kulturlebens in den Mitgliedstaaten;
r) eine Politik auf dem Gebiet der Entwicklungszusammenarbeit;
s) die Assoziierung der überseeischen Länder und Hoheitsgebiete, um den Handelsverkehr zu steigern und die wirtschaftliche und soziale Entwicklung durch gemeinsame Bemühungen zu fördern;
t) einen Beitrag zur Verbesserung des Verbraucherschutzes;
u) Maßnahmen in den Bereichen Energie, Katastrophenschutz und Fremdenverkehr.
(2) Bei allen in diesem Artikel genannten Tätigkeiten wirkt die Gemeinschaft darauf hin, Ungleichheiten zu beseitigen und die Gleichstellung von Männern und Frauen zu fördern.
[521] Vgl. BIEBER: Verfassungsentwicklung, S. 42.
[522] Vgl. Punkt 3, Sätze 4 und 5 des „Protokolls über die Anwendung der Grundsätze der Subsidiarität und der Verhältnismäßigkeit" aus dem Jahr 1997: „Die Subsidiarität ist ein dynamisches Prinzip und sollte unter Berücksichtigung der im Vertrag festgelegten Ziele angewendet werden. Nach dem Subsidiaritätsprinzips (sic!) kann die Tätigkeit der Gemeinschaft im Rahmen ihrer Befugnisse sowohl erweitert werden, wenn die Umstände dies erfordern, als auch eingeschränkt oder eingestellt werden, wenn sie nicht mehr gerechtfertigt ist."

Der Union werden zur Erreichung der vertraglichen Ziele Kompetenzen übertragen. Umgekehrt gilt jedoch, dass diese Kompetenzen nur im Sinne der Erreichung dieser Ziele eingesetzt werden dürfen. Dabei muss der Einsatz der Mittel der Erreichung des Zieles förderlich sein. Gleichzeitig soll das Ziel mit möglichst geringem und adäquatem Mitteleinsatz erstrebt werden. Mittel und Ziel müssen in einem nachvollziehbaren und überprüfbaren Verhältnis zueinander stehen.[523] Besonders in den der Gemeinschaft ausschließlich obliegenden Verantwortlichkeiten muss der Einsatz des Eingriffs verhältnismäßig sein.[524]
Wichtiger konkreter Ausfluss zur Verhältnismäßigkeit der Mittel ist der veränderte Rechtsetzungsprozess der Europäischen Kommission. Diese bevorzugt entsprechend dem Grundsatz der Verhältnismäßigkeit das Instrument der Richtlinie. Verordnungen werden nur noch in Einzelfällen erlassen.[525]

Der Grundsatz der Verhältnismäßigkeit fokussiert also, zusammengefasst, alle Aufmerksamkeit auf die zu erreichenden Ziele. Die vertraglich vereinbarten Aufgaben müssen umgesetzt werden. Dazu bedarf es der Ausstattung mit ausreichender Kompetenz. Diese übertragenen Kompetenzen dürfen sodann ausschließlich zur Erreichung *dieser* Ziele eingesetzt werden. Dabei sind diejenigen Mittel zu wählen, die einen möglichst geringen Eingriff in die Souveränität der nächst unteren Ebene bedeuten.

Niedergelegt wird das Prinzip der Verhältnismäßigkeit im „Protokoll über die Anwendung der Grundsätze der Subsidiarität und der Verhältnismäßigkeit" aus dem Jahr 1997. Gemäß Art. 311 EGV-A-N wird dieses Protokoll Bestandteil des Gemeinschaftsvertrags und damit die rechtliche Grundlage des gemeinschaftlichen Handelns. Die vereinbarten Grundsätze lauten zusammengefasst wie folgt:

Punkt 1, Satz 2: „Jedes Organ gewährleistet ferner die Beachtung des Verhältnismäßigkeitsgrundsatzes, demzufolge die Maßnahmen der Gemeinschaft nicht über das für die Erreichung der Ziele des Vertrags erforderliche Maß hinausgehen dürfen."

Punkt 2, Satz 1: „Die Grundsätze der Subsidiarität und der Verhältnismäßigkeit werden unter Beachtung der allgemeinen Bestimmungen und der Ziele des Vertrags angewandt, insbesondere unter der Wahrung des gemeinschaftlichen Besitzstandes und des institutionellen Gleichgewichts."

Diese Sicherung des „institutionellen Gleichgewichts" schützt sowohl die Mitgliedsstaaten als auch die Union/ Gemeinschaft vor nicht gerechtfertigtem Kompetenzver-

---

[523] „Verhältnismäßigkeit(sgrundsatz): Für Eingriffe der öffentlichen Hand in verfassungsmäßig geschützte Rechte des Einzelnen gilt grundsätzlich ein *Übermaßverbot*, d.h. das angewendete Mittel darf nicht stärker sein und der Eingriff nicht weiter gehen, als der Zweck der Maßnahme es rechtfertigt." zitiert nach KAUFFMANN, Hans (Hrsg.): Rechtswörterbuch. Begründet von Carl Creifelds. 14. Aufl. München 1997 (Beck), S. 1364.
Nach der ständigen Rechtsprechung des Europäischen Gerichtshofes gilt der Grundsatz der Verhältnismäßigkeit als Bestandteil des primären Gemeinschaftsrechts.
[524] Vgl. WEIDENFELD: Reform der Europäischen Union, S. 37.
[525] Die Gemeinschaft beschränkt sich gerade bei komplizierten und sich in den Mitgliedsstaaten heterog darstellenden Sachverhalten auf den Erlass von Rahmenrichtlinien. Vgl. auch JUNNE, Gerd: Chancen für eine Reregionalisierung der Politik. In: ALEMANN, Ulrich von/ HEINZE, Rolf G./ HOMBACH, Bodo (Hrsg.): Die Kraft der Region: Nordrhein-Westfalen in Europa. Bonn 1990 (Dietz), S. 376f.

lust. Die Union und die Mitgliedsstaaten werden als Partner begriffen. Diese Partnerschaft ist als Föderation denkbar.

Punkt 4, Satz 1: „Jeder Vorschlag für gemeinschaftliche Rechtsvorschriften wird begründet, um zu rechtfertigen, daß dabei die Grundsätze der Subsidiarität und der Verhältnismäßigkeit eingehalten werden (...)."

Diese Norm regelt die Verteidigung mitgliedsstaatlicher Zuständigkeiten. Beansprucht die Gemeinschaft Kompetenzen für sich, muss dies überprüfbar und nachvollziehbar begründet werden. Auf diese Art und Weise bleibt die Transparenz während des Kompetenztransfers erhalten. Gleichzeitig wird das Konsensprinzip aufrechterhalten.

Punkt 6, Sätze 1 und 2: „Für Maßnahmen der Gemeinschaft ist eine möglichst einfache Form zu wählen, wobei darauf geachtet werden muß, daß das Ziel der Maßnahme in zufriedenstellender Weise erreicht wird und die Maßnahme tatsächlich zur Anwendung gelangt. Die Rechtssetzungstätigkeit der Gemeinschaft sollte über das erforderliche Maß nicht hinausgehen."

Punkt 7 des Protokolls strukturiert das Verhältnis zwischen den Mitgliedsstaaten und der Gemeinschaft partnerschaftlich. Auch wenn nicht explizit begrifflich angeführt, kann dennoch von Föderalität gesprochen werden:

„Was Art und Umfang des Handelns der Gemeinschaft betrifft, so sollte bei Maßnahmen der Gemeinschaft so viel Raum für nationale Entscheidungen bleiben, wie dies im Einklang mit dem Ziel der Maßnahme und den Anforderungen des Vertrags möglich ist.
Unter Einhaltung der gemeinschaftlichen Rechtsvorschriften sollten bewährte nationale Regelungen sowie Struktur und Funktionsweise der Rechtssysteme der Mitgliedsstaaten geachtet werden. Den Mitgliedsstaaten sollten in den Gemeinschaftsmaßnahmen Alternativen zur Erreichung der Ziele angeboten werden, sofern dies für eine ordnungsgemäße Durchführung der Maßnahmen angemessen und erforderlich ist."

Diese Vereinbarung zur Verhältnismäßigkeit sichert die Souveränität der Mitgliedsstaaten, zumindest in solchen Bereichen, wo ein Durchgriff der Union nicht sachdienlich, also unverhältnismäßig ist. Auf diese Art und Weise bleiben sowohl die Mitgliedsstaaten als auch die Union überlebensfähig und in den jeweils ihnen obliegenden Verantwortlichkeiten selbständig.

Das Prinzip der Unionstreue

Das *dritte* Leitprinzip zur konsensualen Erstellung eines Kompetenzkataloges ist die „Unionstreue".[526]
Das Prinzip der Unionstreue ist an das föderale Prinzip der Bundestreue angelehnt. Für die Bundesrepublik Deutschland wird die Bundestreue gemäß Art. 20 GG i.V.m. Art. 70 GG statuiert. Es ist grundgesetzlich verankert, dass sich die Glieder des

---

[526] Vgl. hierzu auch allgemein: GIERING: Europa zwischen Zweckverband und Superstaat, S. 158.

Bundes zu gegenseitiger Rücksichtnahme und in Gesamtverantwortung zueinander verpflichten. Die Bundesländer werden zu bundesfreundlichem Verhalten angehalten. Der Bund wiederum ist verpflichtet, die Eigenstaatlichkeit der Länder soweit als möglich zu achten und zu bewahren.[527] Die Bundestreue ist ein Prinzip des Miteinanders und der gegenseitigen Rücksichtnahme.[528]

Dieses bundesrepublikanische Prinzip der Bundestreue findet, wie angeführt, seine Entsprechung im Prinzip der *Unionstreue*. Das Prinzip der Unionstreue ist kaum justiziabel, es handelt sich vielmehr um ein politisches Prinzip.
Die Unionstreue greift als Prinzip gerade in solchen Fällen, wo eine klare und präzise Verteilung von Kompetenz auf Bundesebene (Union und Gemeinschaft) oder auf bundesstaatlicher Ebene (Mitgliedsstaaten und ihre Gliederungen) *nicht* möglich ist. Gerade in diesen komplizierten Fragen der Zuweisung ist politisch motivierte Problemlösung gefragt. Das Prinzip der Unionstreue befördert eine solch politische Lösung, indem es beide Partner zu gegenseitiger Rücksichtnahme verpflichtet.

Die Mitgliedsstaaten werden verpflichtet, ihre souveräne nationale Politik auf die Bedürfnisse der Union auszurichten.[529] Die Union wiederum ist angehalten, sämtliche Entscheidungen ihrerseits auf die Verträglichkeit mit nationaler Politik und nationaler Eigenständigkeit zu überprüfen.
Diese durch die gegenseitige „bündische Treue" hervorgerufene wechselseitige Rücksichtnahme lenkt die Aufmerksamkeit aller Akteure auf die gemeinsam zu erreichenden Ziele und schränkt das Bedürfnis zum Ausbau eigener Kompetenzen auf Kosten des Partners ein.[530]

Stärkung der Legitimation in der Europäischen Union

Mit den Prinzipien der Einzelermächtigung, der Verhältnismäßigkeit und der Unionstreue im Visier kann sich das Verhältnis zwischen Mitgliedsstaaten und Union transparent entwickeln. Die Zuweisung von Zuständigkeiten entwickelt sich aus dem Konsens über die gemeinsamen Ziele und deren Umsetzung. Damit erreicht die Ausübung von Macht auf der jeweiligen Ebene ein erhebliches Maß an Legitimation. Föderale Strukturen innerhalb der Europäischen Union fördern deshalb auf *dreifache* Weise Legitimation.
Zunächst wird die Legitimation gemeinschaftlicher Entscheidungen gesteigert. Föderale Strukturen bewirken, dass die Europäische Ebene durch die mitgliedsstaatliche

---

[527] Vgl. ESTERBAUER: Kriterien föderativer und konföderativer Systeme, S. 34.
[528] Vgl. MENZ: Föderalismus, S. 69.
[529] Die Realität sieht zumeist völlig anders aus: Nationalstaatliche Interessen werden stets wichtiger eingeschätzt als mögliche Solidarität innerhalb der Europäischen Gemeinschaft: vgl. auch REICHEL, Peter: Was blieb von der Europa-Euphorie? Zur politischen Kultur der Europäischen Gemeinschaft. In: DERS. Politische Kultur in Westeuropa. Bürger und Staaten in der Europäischen Gemeinschaft. Schriftenreihe der Bundeszentrale für politische Bildung. Bd. 209. Bonn 1984, S. 293.
[530] Vgl. LAUFER, Heinz: Föderalismus und Verfassungsgerichtsbarkeit. Die bundesstaatliche Ordnung der Bundesrepublik Deutschland in der Rechtsprechung des Bundesverfassungsgerichts. In: ESTERBAUER, Fried/ KALKBRENNER, Helmut/ MATTMÜLLER, Markus/ ROEMHELD, Lutz (Hrsg.): Von der freien Gemeinde zum föderalistischen Europa. Festschrift für Adolf Gasser zum 80. Geburtstag. Berlin 1983 (Duncker und Humblot), S. 423f; vgl. auch WEIDENFELD: Reform der Europäischen Union, S. 34 .

Ebene aufgrund von Unionstreue und aufgrund gemeinsamer Ziele gestärkt wird. Grundsätzliche Kritik an ausgreifender Brüsseler Bürokratie wird durch eine konstruktive föderale Konkurrenz um Kompetenz ersetzt. Dabei muss stets beachtet werden, dass der Europäische Einigungsprozess sehr dynamisch ist und stets mit Ungleichgewichten zu kämpfen hat. Das Defizit an Legitimation der Gemeinschaft kann daher als Durchgangsstadium der bislang rasanten wirtschaftlichen Integration der Gemeinschaft verstanden werden, welches nun nach Vollendung des Binnenmarktes und der WWU behoben werden muss.[531]

Die Europäische Union erlebt einen gravierenden Imagewechsel von einem Feindbild mit unnötiger Akkumulation von Kompetenz zu einer übergeordneten, mit Kompetenz ausgestatteten Konstruktion zur Erreichung gemeinschaftlicher Ziele.[532] Dieses zumindest theoretisch fruchtbare Miteinander innerhalb einer Föderation befördert die Legitimation der Union.

Der *zweite* legitimatorische Effekt einer Europäischen Föderation besteht in der Steigerung mitgliedsstaatlicher Effizienz und damit mitgliedsstaatlicher Akzeptanz. Oftmals ist bislang das politische Geschehen dadurch geprägt, dass mitgliedsstaatliche Vertreter Kompetenzverlust gegenüber der eigenen Bevölkerung beklagen und den Machtzuwachs der Union kritisieren. Gleichzeitig aber sind es gerade oftmals dieselben Politiker, die der Gemeinschaft bei den Entscheidungen innerhalb des Ministerrates großzügig lästige Kompetenzen übertragen.[533] Im Besonderen handelt es sich um solche politischen Sachfelder, welche auf mitgliedsstaatlicher Ebene nicht mehr ausreichend ausgeführt werden können und der gemeinschaftlichen Ausführung bedürfen.[534] Froh, über den Umweg der Union wieder Herr der Lage zu sein, allerdings nur mittelbar, wird dieser Verlust einzelstaatlicher Kompetenz vor Ort als Usurpation durch die Union kritisiert. Nur so glauben die Betroffenen, ihre eigene Machtlosigkeit gegenüber globalisierten Problemen verheimlichen zu können.

Bei unangenehmen Entscheidungen der Union dürfen sich die betroffenen politischen Vertreter darüber freuen, nicht selbst diese treffen zu müssen.

Dieses gesamte, oftmals trügerische Verhalten führt neben großzügiger Überantwortung von Kompetenz auf die Union zu unnötiger Aushöhlung mitgliedsstaatlicher Macht. Im Rahmen föderaler Kooperation zwischen den Mitgliedsstaaten und der Union und der damit einhergehenden gesteigerten Transparenz von Entscheidungen wird diesem freiwillig akzeptierten kompetentiellen Ausbluten der Mitgliedsstaaten Einhalt geboten.[535] Die Mitgliedsstaaten erhalten im Idealfall alle diejenigen Kompetenzen zugewiesen und sind im Idealfall für alle diejenigen Aufgaben zuständig,

---

[531] Vgl. SIEVERT, Olaf: Europa – Dominanz des Wirtschaftlichen. In: BISKUP, Reinhold (Hrsg.): Dimensionen Europas. Beiträge zur Wirtschaftspolitik. Bd. 68. Bern/ Stuttgart/ Wien 1998 (Paul Haupt), S. 173f.
[532] Vgl. hierzu schon die Überlegungen aus den 70er Jahren des letzten Jahrhunderts: SASSE: Regierungen. Parlamente. Ministerrat, S. 16f.
[533] Vgl. hierzu auch die Entwicklung in Deutschland: DARNSTÄDT, Thomas: Die enthauptete Republik. Warum die Verfassung nicht mehr funktioniert. In: Der Spiegel, 20/2003, S. 48f; vgl. auch BISKUP: Dimensionen Europas, S. 33.
[534] Dies gilt z.B. auch für gewisse Bereiche der Außenpolitik: vgl. NEWHOUSE: Sackgasse Europa, S. 20.
[535] Die zu lösenden Sachprobleme werden zunehmend komplizierter. Eine Kooperation zwischen allen beteiligten Ebenen ist somit zweckdienlich: vgl. PERNTHALER, Peter: Der österreichische Föderalismus im Spannungsfeld von ökonomischen Notwendigkeiten und politisch-historischer Identität. In: DERS./ BUBJÄGER Peter (Hrsg.): Ökonomische Aspekte des Föderalismus. Institut für Föderalismus. Bd. 83. Wien 2001 (Braumüller), S. 26.

welche zur Erreichung der erstrebten gemeinsamen Ziele und zur Bewältigung auflaufender Probleme zweckdienlich auf ihrer Ebene anzusiedeln sind.

Der *dritte* legitimatorische Effekt einer Föderalisierung der Europäischen Union besteht im Legitimationszuwachs des Gesamtkonstrukts.[536] Die Mitgliedsstaaten und die Union bilden keinen Antagonismus mehr.[537] Im Mittelpunkt stehen die gemeinsamen Ziele und deren adäquate Umsetzung. Es wird zwar nach wie vor hart um Zuweisung von Kompetenzen gestritten, diese Auseinandersetzung wird jedoch mehr oder weniger zielorientiert geführt und nicht um ihrer selbst willen. Mit einer solch föderalen Vereinbarung steigt die Legitimation des gesamten „Staatskörpers" (die Union als Bund und die Mitgliedsstaaten als Bundesstaaten).

Diese idealistisch und theoretisch vorgetragene legitimationsfördernde föderale Grundeinstellung wird in der Praxis im Besonderen durch *zwei* Umstände beeinträchtigt bzw. gefährdet.

Zunächst ist anzuführen, dass in föderal verfassten Staaten nicht grundsätzlich gesellschaftlicher Friede herrscht. Die idealtypisch dargestellten Auseinandersetzungen um die Zuweisung von Kompetenz mit dem konsensualen Ergebnis einer adäquaten Zuweisung sind in der politischen Praxis des Föderalismus keineswegs Allgemeinzustand. Viel eher finden oftmals erbitterte Auseinandersetzungen darüber statt, eigene Kompetenzen zu sichern und dem Machtzuwachs der jeweils anderen Ebene zu begegnen. Dass diesen Auseinandersetzungen oftmals auch sachlich inhaltliche Dispute zugrunde liegen, sei hier nur am Rande erwähnt.
Auch entwickelt oftmals gerade die übergeordnete Ebene (der Bund/ die Union) eigendynamische Kräfte zur Akkumulation von Macht, denn große und größer werdende Apparate streben zu immer größerem Einfluss.
Im Europäischen Einigungsprozess entlang föderaler Strukturen wird es darum gehen müssen, diese Problematik zu erkennen, sich dieser bewusst zu werden und ihr nach Möglichkeit zu begegnen.

Die *zweite* grundsätzliche und systemimmanente Einschränkung idealer Legitimation aller Ebenen besteht in der praktisch nur schwer erkennbaren demokratischen Struktur innerhalb der Europäischen Union. Es fehlt eine Europäische Öffentlichkeit, es fehlt eine politische und gesellschaftliche Europäische Infrastruktur und grundsätzlich auch ein Europäisches Bewusstsein der Unionsbürger.[538]
Solange die Europäische Ebene an diesen grundsätzlichen legitimatorischen und demokratischen Defiziten leidet, erscheint die Legitimation gemeinschaftlicher Rechtsakte und politischer Entscheidungen grundsätzlich fraglich.[539] Ohne eine solch politische und gesellschaftliche Legitimation agiert die Union in einem legitimatori-

---

[536] Vgl. hierzu auch WEIDENFELD, Werner: Zur Rolle der Europäischen Gemeinschaft in der Transformation Europas. In: KREILE: Integration Europas, S. 321f.
[537] Vgl. auch allgemein HAHN, K.: Föderalismus, S. 259.
[538] Vgl. hierzu die statistischen Erhebungen der EG-Kommission (Eurobarometer) in REICHEL, Peter: Was blieb von der Europa-Euphorie? Zur politischen Kultur der Europäischen Gemeinschaft. In: DERS. Politische Kultur in Westeuropa. Bürger und Staaten in der Europäischen Gemeinschaft. Schriftenreihe der Bundeszentrale für politische Bildung. Bd. 209. Bonn 1984, S. 303f.
[539] Vgl. EINERT: Europa auf dem Weg zur politischen Union? S. 53f.

schen Vakuum – sie ist zwar mit Macht ausgestattet, jedoch nicht aus sich heraus, sondern nur durch mitgliedsstaatliche Zuweisung.[540] Solange demnach eine Europäische Identität der gesellschaftlichen Europäischen Kräfte fehlt und sich die Unionsbürger ausschließlich über ihre Mitgliedsstaaten definieren, kann Europäische Legitimation nur über die mitgliedsstaatliche Zuweisung erfolgen. Die Union beleiht mitgliedsstaatliche Akzeptanz.[541]

Aus dieser Problematik wird deutlich, dass „(...) auch künftig ein erheblicher Teil der Legitimationslast von den Mitgliedsstaaten getragen werden muß. Sie werden in der Verfassungsstruktur der Europäischen Union weiter eine wesentliche Rolle spielen müssen, bei der Fortentwicklung der vertraglichen Grundlagen der Union, bei der europäischen Gesetzgebung und bei der Durchsetzung des europäischen Rechts. Nur in einem System doppelter Repräsentanz, in dem sich europäische und nationale – und damit auch regionale – Legitimationsressourcen in einem Gesamtsystem sinnvoll ergänzen, verfügt die Union über eine ausreichende Legitimationsbasis."[542]

Eine föderal konzipierte Verfassung für die Europäische Union

Die Europäische Union unternimmt den Versuch, mitgliedsstaatlichen Souveränitätsverlust zu kompensieren. Weitaus besser als die einzelnen Mitgliedsstaaten ist die Union in der Lage, Souveränität auch auf dem Gebiet der zweiten und dritten Säule, der Außen und Sicherheitspolitik sowie auf den Politikfeldern der Innen- und Rechtspolitik, zu sichern.
Die Union bildet demnach ein mitgliedsstaatliches Vehikel für die Wahrung von Souveränität. Zwischen den Mitgliedsstaaten und der Gemeinschaft entsteht eine „souveräne Abhängigkeit": Die Mitgliedsstaaten bedürfen zur Wahrung ihrer Interessen der Gründung eines Zusammenschlusses.[543]
Dieser Zusammenschluss entsteht, weil die Mitgliedsstaaten zur Erreichung ausgesuchter Ziele außerstande oder dazu kaum imstande sind. Dieser Zusammenschluss vermag weitaus erfolgreicher als die Mitgliedsstaaten allein diese Ziele zu erreichen. Dieser Zusammenschluss wird dieser Lesart folgend tätig und demnach legitimiert durch die Unfähigkeit der Mitgliedsstaaten zur Erfüllung der angestrebten Ziele.
Ein Zusammenschluss, der sich derart konstituiert und derart legitimiert, ist klassisch subsidiär organisiert.

Es drängt sich die Frage auf, in welcher konkreten Organisationsform ein solcher Zusammenschluss konstituiert sein sollte. Erlangt dieser Zusammenschluss, erlangt also die Europäische Union eigenstaatlichen Charakter, eigene Souveränität?[544]

---

[540] Vgl. hierzu auch IPSEN: Tragfähigkeit der Verfassungsprinzipien, S. 20.
[541] Die Beleihung mitgliedsstaatlicher Legitimation durch die EU ist maßgeblicher Bestandteil und Ausgangspunkt der Fusionsthese zur Europäischen Integration: vgl. hierzu WESSELS: Staat und Integration, S. 51.
[542] WEIDENFELD: Reform der Europäischen Union, S. 39.
[543] GÖRNER: Einheit durch Vielfalt, S. 134.
[544] Zur Frage einer Europäischen Rechtspersönlichkeit vgl. auch HÖLSCHEIDT: Von Maastricht nach Karlsruhe, S. 9f.
Nachfolgende Punkte sprechen dafür, dass die EU zunehmend souveränen Charakter entwickelt: die Direktwahl der EP-Abgeordneten, die zunehmenden „Gesetzgebungsbefugnisse" des EP, die unmittelbare Wirkung von Gemeinschaftserlassen, die gemeinschaftsfreundliche Jurisdiktion des EuGH und die Währungsunion: vgl.

Entwickelt sich die EU zu einer unitarischen Körperschaft? Oder bleibt die Union ein ausgesuchten gemeinsamen Zielen verpflichteter Zweckverband, ein lockerer Staatenbund?[545]

Diese Fragen sind besonders aus *vier* Gründen schwer zu beantworten:

Zunächst einmal stellt man fest, dass innerhalb der Verträge zur Europäischen Union keine explizite Festlegung auf eine staatsrechtliche Organisationsform getroffen wird.[546] Das Wort „Föderation" taucht nicht auf, aber auch Begriffe wie Staatenbund, Souveränität und Rechtspersönlichkeit sucht man vergeblich.
Der Vertrag zur EU ist keineswegs ein klassischer Verfassungstext. Die Vertragspartner der EU in Maastricht haben sich auf die vieldeutig interpretierbare und deshalb verfassungsrechtlich sehr undankbare Formulierung der *Union* geeinigt. Lediglich aus dem Kontext des Vertragstextes sowie schließlich aus der gelebten unions- und gemeinschaftspolitischen Praxis heraus lässt sich eine verfassungsrechtliche Definition der EU ableiten.

Zweitens: Die Größe der Europäischen Union mit ihren derzeit rund 370 Millionen Bürgern verbietet die unreflektierte Übertragung nationalstaatlicher Verfassungsmodelle des 18. und 19. Jahrhunderts auf eine mögliche Europäische Verfassung.[547] Ein Einheitsstaat mit einer solchen Bevölkerungsgröße ist nicht steuerbar. Auf der anderen Seite drohen stets separatistische Bewegungen, die das Gesamtkonstrukt gefährden können.[548]

Als *dritter* Grund ist die Heterogenität der Europäischen Mitgliedsstaaten anzuführen. Die Mitgliedsstaaten unterscheiden sich unabhängig ihrer kulturellen Heterogenität auch im Aufbau ihres Staatswesens.[549] Deutschland als deutlich föderal konstituierter Staatskörper muss bei einer föderalen Fortentwicklung der Europäischen Union Rücksicht auf eher homogene Einheitsstaaten wie Frankreich oder das Vereinigte Königreich nehmen.[550] Diese Heterogenität im mitgliedsstaatlichen Staatsaufbau erschwert die harmonische Festlegung auf eine föderale Konstitution der Union.[551]

Der *vierte* Grund für die schwierige Eingrenzung des verfassungsrechtlichen Charakters der Union liegt in der gewollt unterschlagenen Finalität.

DAUSES, Manfred: Grundrechte als Elemente einer Verfassungsordnung der EU. In: BÖTTCHER, Winfried (Hrsg.): Europäische Perspektiven. Zur Zukunft Europas. Bd. 3. Münster/ Hamburg/ London, 2002 (Lit), S. 29f.
[545] Vgl. ISENSEE: Einheit in Ungleichheit, S. 148.
[546] Vgl. SCHNEIDER: Europäische Integration, S. 6.
[547] Vgl. CLOSTERMEYER, Claus-Peter: Die Mitwirkung der Länder in EG-Angelegenheiten. In: BORKENHAGEN, Franz H.U./ BRUNS-KLÖSS, Christian/ MEMMINGER, Gerhard/ STEIN, Otti (Hrsg.): Die deutschen Länder in Europa: Politische Union und Wirtschafts- und Währungsunion. Baden-Baden 1992 (Nomos), S. 172.
[548] Vgl. auch PERNTHALER, Peter: Föderalismus als moderner Weg interregionaler Aufgabenteilung. In: ESTERBAUER, Fried/ KALKBRENNER, Helmut/ MATTMÜLLER, Markus/ ROEMHELD, Lutz (Hrsg.): Von der freien Gemeinde zum föderalistischen Europa. Festschrift für Adolf Gasser zum 80. Geburtstag. Berlin 1983 (Duncker und Humblot), S. 517.
[549] Vgl. HAHN, K.: Föderalismus, S. 230.
[550] Vgl. HARTMANN, Jürgen: Westliche Regierungssysteme. Parlamentarismus, präsidentielles und semipräsidentielles Regierungssystem. Grundwissen Politik. Bd. 29. Opladen 2000 (Leske + Budrich), S. 192.
[551] Vgl. GOPPEL: Föderalismus – Bauprinzip Europas, S. 16.

Die Europäische Union ist auf stete Fortentwicklung ausgelegt. In der Präambel des Unionsvertrages wird lediglich das allgemeine Ziel des Prozesses formuliert, nämlich die Schaffung einer immer engeren Union der Völker Europas. Die Europäische Union stellt daher keine festgezurrte, verfassungsrechtlich belastbare Rechtspersönlichkeit dar. Die Europäische Union bildet vielmehr einen Prozess, dessen Ende noch dessen Finalität derzeit absehbar ist.

Eine Suche nach dem verfassungsrechtlichen Charakter der Union innerhalb der Vertragstexte ist somit vergeblich. Die Union oszilliert in ihrer verfassungsrechtlichen Ausprägung zwischen bundesstaatlichem Charakter auf der einen Seite und lockerem Staatenbund auf der anderen Seite. Diese Charaktereigenschaft des Prozeduralen und die sich daraus ableitende Schwierigkeit einer verfassungsrechtlichen Definition und Einordnung der EU veranlasst das Bundesverfassungsgericht im Jahr 1989 zur Charakterisierung der EU mit der Wortneuschöpfung als Staatenverbund.[552]

Die gegenwärtig allgemein geführte Debatte um die Notwendigkeit einer Verfassung für die Europäische Union und der im Dezember 2001 eingerichtete Konvent zur Zukunft der EU geben Anlass zur Hoffnung, dass zukünftig eine verfassungsrechtliche Eingrenzung und Charakterisierung der EU deutlicher vollzogen werden kann.

Losgelöst von dieser Problematik einer verfassungsrechtlichen Eingrenzung der EU ist nach der derzeit geübten verfassungsrechtlichen *Praxis* der Unionspolitik zu fragen. Auch bedarf die Frage nach der adäquaten Verteilung von Kompetenzen – entweder in Form einer engen Föderation oder in Form eines lockeren Staatenbundes – einer politikwissenschaftlichen Antwort. Bei allen Beschlüssen der Union bzw. der Gemeinschaft ist zu prüfen, welche Instanz letztendlich entscheidungsberechtigt und handlungsleitend ist.

Zwei Pole bilden die Spannweite möglicher Ausprägung: Liegt die primäre Kompetenz bei der Gemeinschaft selbst, also bei den Gemeinschaftsorganen? Besitzt die Union/ Gemeinschaft bei diesen Entscheidungen demnach eine eigene Persönlichkeit?

Oder liegt die primäre Kompetenz nach wie vor bei den Mitgliedsstaaten, welche über das Forum der Union in Abstimmung mit- und untereinander gemeinsame Beschlüsse fassen? Handelt es sich demnach bei Europäischen Entscheidungen um eine intergouvernementale Kooperation an sich selbständiger Nationalstaaten?[553]

Die Ausprägung gemeinschaftlicher Entscheidungen auf der föderalen Skala von Unitarismus und Intergouvernementalismus ist, wie ausgeführt, von Politikfeld zu Politikfeld unterschiedlich. So wird beispielsweise die Wirtschaftspolitik der Gemeinschaft, im Großen und Ganzen die gesamte Politik der ersten Säule, durch eine stark unitarisch geprägte Brüsseler Zentrale geregelt.[554]

---

[552] Vgl. GIERING: Europa zwischen Zweckverband und Superstaat; vgl. auch direkt BUNDESVERFASSUNGSGERICHT: BVerfGE 89, 155 – 214 Maastricht. Urteil des Zweiten Senats vom 12.10.1993. In: GRIMM, Dieter/ KIRCHHOF, Paul (Hrsg.): Entscheidungen des Bundesverfassungsgerichts. Studienauswahl 2. 2. erw. Aufl. Tübingen 1997 (Mohr Siebeck), S. 453ff.
[553] Vgl. MAIHOFER: Föderativverfassung S. 64.
[554] Durch Vollendung des Binnenmarktes ist die wirtschaftspolitische Verflechtung innerhalb der Gemeinschaft allgegenwärtig. Nahezu kein Wirtschaftsgesetz und keine finanzpolitische Entscheidung wird noch nationalstaatlich getroffen, sondern auf Europäischer Ebene: vgl. EINERT: Europa auf dem Weg zur politischen Union? S. 48.

Völlig anders verhält es sich, wie ebenfalls schon ausgeführt, bei der Politik der zweiten und dritten Säule. Hier obliegt den originären Organen der Gemeinschaft kaum bis keine Initiativbefugnis.

Fraglich ist nun, wie weitreichend dieser Intergouvernementalismus der Politik der zweiten und dritten Säule mit fortschreitender Integration einem stärker unitarisch ausgeprägten Föderalismus weichen wird.[555]
Die Europäische Gemeinschaftspolitik der ersten Säule verdeutlicht die denkbare und mögliche Entwicklung. Aufgrund zunehmender Integration, begründet wie auch immer, nimmt der direkte Einfluss Europäischer Organe, besonders der Kommission, stetig zu. Am Ende dieser Entwicklung steht eine Gemeinschaft, in der von einer Brüsseler Zentrale aus maßgeblich in die mitgliedsstaatlichen Entscheidungen eingegriffen wird. Fortschreitender wirtschaftspolitischer mitgliedsstaatlicher Souveränitätsverlust erzwingt, wie dargestellt, die Stärkung gemeinschaftlicher Kompetenzen. Nur auf diese Weise können die Mitgliedsstaaten mittelbar Souveränität zurückerhalten.[556]
Folgt die Politik der zweiten und dritten Säule dieser Vorgabe, wird auch auf diesen Politikfeldern nachhaltig Kompetenz und damit Souveränität der Europäischen Union zunehmen.[557]

Diese Entwicklung einer integrierten Europäischen Union zeichnet die Erklärung von Laeken aus dem Dezember 2001 nach:

„Die Europäische Union entstand somit nach und nach. Zunächst ging es vor allem um eine wirtschaftliche und technische Intereressensgemeinschaft. Vor zwanzig Jahren wurde mit der ersten Direktwahl des Europäischen Parlaments die demokratische Legitimität, die bis dahin allein durch den Rat gegeben war, erheblich gestärkt. In den letzten zehn Jahren wurde eine politische Union auf den Weg gebracht, und es kam zu einer Zusammenarbeit in den Bereichen Sozialpolitik, Beschäftigung, Asyl, Migration, Polizei, Justiz, Außenpolitik sowie zu einer gemeinsamen Sicherheits- und Verteidigungspolitik."[558]

Diese Nachzeichnung der Entwicklung macht deutlich, dass der Europäische Einigungsprozess und die Entwicklung zu einer immer engeren Union der Völker Europas auch weiterhin kontinuierlich dazu führen kann, mitgliedsstaatliche Kompetenzen auf die Europäischen Ebene zu verlagern.
Dennoch ist oftmals nicht einsichtig, warum manche Zuständigkeit auf Europäischer Ebene angesiedelt wird und nicht auf mitgliedsstaatlicher Ebene verbleibt. Hierzu formuliert die Erklärung von Laeken:

---

[555] Vgl. WESSELS: Staat und Integration, S. 38.
[556] Zu den Erfolgen der gemeinschaftlichen Wirtschaftspolitik vgl. auch BISKUP, Reinhold: Europa – Einheit in der Vielfalt. In: DERS. (Hrsg.): Europa – Einheit in der Vielfalt. Orientierungen für die Zukunft der europäischen Integration. Beiträge zur Wirtschaftspolitik. Bd. 50. Bern/ Stuttgart/ Wien 1998 (Paul Haupt), S. 26.
[557] Dieser sukzessive und schleichende mittelbare Übergang von Souveränitäten dient der Europäischen Integration weitaus adäquater als eine schwarz-weiß Orientierung der Zuweisung von Souveränität: entweder mitgliedsstaatliche oder gemeinschaftliche Souveränität. Den Ausweg aus dieser Schwarz-Weiß-Malerei bietet der dargestellte fließende Übergang. Kooperation und gemeinsames Miteinander stehen im Mittelpunkt: vgl. hierzu auch GIERING: Europa zwischen Zweckverband und Superstaat, S. 125.
[558] ERKLÄRUNG ZUR ZUKUNFT DER EUROPÄISCHEN UNION (Schlussfolgerungen des Europäischen Rates in Laeken vom 14./15. Dezember 2001, Dok. SN 300/01), Kapitel I Abs. 2.

„Der Bürger setzt oft Erwartungen in die Europäische Union, die von dieser nicht immer erfüllt werden; umgekehrt hat er aber mitunter den Eindruck, dass die Union zu viele Tätigkeiten in Bereichen entfaltet, in denen ihr Tätigwerden nicht immer unentbehrlich ist. Es ist daher wichtig, dass die Zuständigkeitsverteilung zwischen der Union und den Mitgliedsstaaten verdeutlicht, vereinfacht und im Lichte der neuen Herausforderungen, denen sich die Union gegenübersieht, angepasst wird. Dies kann sowohl dazu führen, dass bestimmte Aufgaben wieder an die Mitgliedsstaaten zurückgegeben werden, als auch dazu, dass der Union neue Aufgaben zugewiesen werden oder dass die bisherigen Zuständigkeiten erweitert werden, wobei stets die Gleichheit der Mitgliedsstaaten und ihre gegenseitige Solidarität berücksichtigt werden müssen."[559]

Mit den Beschlüssen von Laeken im Dezember 2001 wird der Verfassungskonvent zur Zukunft der EU ins Leben gerufen. Unter Vorsitz des ehemaligen französischen Staatspräsidenten Valery GISCARD D'ESTAING soll dieser Konvent einen Verfassungsentwurf für die zukünftig um die mittel- und osteuropäischen Länder erweiterte Europäische Union erarbeiten.

Im Mittelpunkt dieser Überlegungen zu einer Verfassung der EU stehen die Fragen nach adäquater Verteilung von Zuständigkeiten innerhalb der EU und somit die Frage nach Gewährleistung einer möglichst hohen Legitimation der Europäischen Union vor ihren Bürgern.[560]

Wie bereits in der Erklärung von Laeken angeführt, wird es darum gehen müssen, zwischen den Mitgliedsstaaten auf der *einen* Seite und der Union auf der *anderen* Seite eine sinnvolle Abgrenzung dahingehend zu schaffen, dass Zuständigkeiten auf der jeweils adäquaten Ebene angesiedelt werden. Völlig vernachlässigt wird in diesem Zusammenhang bedauerlicherweise allerdings die Integration der Länder, Regionen und Kommunen.[561] Folgt man der Erklärung von Laeken, welche den Arbeits- und Handlungsauftrag des Verfassungskonvents darstellt, befasst sich der Konvent ausschließlich mit dem unmittelbaren Verhältnis zwischen der Union und ihren Mitgliedsstaaten. Das Verhältnis zwischen Europäischer Union und den unterstaatlichen mitgliedsstaatlichen Körperschaften wird völlig vernachlässigt.[562] Die Länder, Regionen und Kommunen stehen dieser Perspektive folgend in einem ausschließlichen Bezugsverhältnis zu ihren Mitgliedsstaaten. Ein unmittelbares Verhältnis zur Union besteht nicht. Deshalb soll es auch nicht die Aufgabe der Union sein, in dieses Verhältnis einzugreifen. Die Integration der Länder, Regionen und Kommunen obliegt also den Mitgliedsstaaten. Diese Perspektive greift jedoch zu kurz.

---

[559] Ebd., Kapitel II, Abs. 2.
[560] Vgl. CLOSTERMEYER, Claus-Peter: Die Mitwirkung der Länder in EG-Angelegenheiten. In: BORKENHAGEN, Franz H.U./ BRUNS-KLÖSS, Christian/ MEMMINGER, Gerhard/ STEIN, Otti (Hrsg.): Die deutschen Länder in Europa: Politische Union und Wirtschafts- und Währungsunion. Baden-Baden 1992 (Nomos), S. 172.
[561] Im Besonderen die Einbeziehung der Kommunen würde der Demokratisierung der Europäischen Union Vortrieb leisten. Vgl. hierzu auch HOFMANN, Josef: Verankerung der Grundvoraussetzungen kommunaler und regionaler Selbstverwaltung in einer Europäischen Verfassung. In: KNEMEYER: Charta der kommunalen Selbstverwaltung, S. 212f.
[562] Die Europäische Union leidet unter einer „regionalen Blindheit": KALBFLEISCH-KOTTSIEPER, Ulla: Die Rolle der Landesregierungen und -verwaltungen sowie des Ausschusses der Regionen im Europäischen Integrationsprozeß im Hinblick auf die Regierungskonferenz von 1996. In: MAURER, Andreas/ THIELE, Burkhard (Hrsg.): Legitimationsprobleme und Demokratisierung der Europäischen Union (Schriftenreihe der Hochschulinitiative Demokratischer Sozialismus. Bd. 29). Marburg 1996 (Schüren), S. 74.

Mit der Einrichtung des Ausschusses der Regionen hat die Europäische Union dokumentiert, dass für den Europäischen Einigungsprozess und vor allem auch für die Schaffung von Legitimation die Einbeziehung der mitgliedsstaatlichen Untergliederungen unabdingbar ist. Die Institutionalisierung des AdR[563] als erster Schritt einer Einbeziehung der Regionen in gemeinschaftliche Entscheidungen sollte im Verfassungskonvent unbedingt Berücksichtigung finden, weil eine Europäische Verfassung ohne Beachtung und Einbeziehung der Regionen, Länder und Kommunen nicht ausreichend ihr Ziel – Schaffung von Legitimation – erreichen wird.[564]

„Aus diesem Grund ist daher die Einführung eines eigenständigen Verfassungsartikels zu fordern, der die kommunale und regionale Selbstverwaltung absichert. In einer solchen Bestimmung sollte der lokalen und regionalen Ebene auch expressis verbis eine Mitwirkungschance in Form entsprechender Ausschüsse eingeräumt werden, insoweit es um Entscheidungen oder Gesetzesvorbereitungen geht, die für die Kommunen und Regionen von Bedeutung sind."[565]

Es muss schließlich darum gehen, eine Europäische Einheit zu bilden und zu erhalten, ohne die Besonderheiten der Glieder und ihre originären Rechte und Interessen zu verletzen.[566]
Robert SCHUMANN, Außenminister Frankreichs von 1948 bis 1952 und Initiator des SCHUMANN-Plans, formuliert diesen Auftrag wie folgt:

Es geht nicht darum, „die Staaten zu verschmelzen, einen Überstaat zu schaffen", es muss vielmehr Ziel der Europäischen Gemeinschaft sein, auf dem „alten Überbau" der Nationalstaaten „ein neues Stockwerk" zu errichten.
Nur so kann es gelingen, aus „der Solidarität der vom selben Geist geleiteten Nationen, welche die gemeinsamen Aufgaben zum gemeinsamen Nutzen übernehmen", eine gemeinsame Körperschaft zu bauen.[567]

Die Souveränität der Europäischen Union

Wie ist es nun um die Staatsqualität der Europäischen Union bestellt?

„Daß die EG in ihrer höchstrangigen Grundordnung, also in den hierfür einschlägigen Vertragsbestimmungen, über eine Verfassung verfügt, wie Staaten über eine Staatsverfassung, ist evident. (...) Zwar unterscheidet sich die EG vom Typ nationaler Mitbestimmungs-

---

[563] AdR: Ausschuss der Regionen.
[564] Vgl. hierzu Kapitel 4; vgl. auch SCHÄUBLE, Wolfgang: Grundfragen der Europäischen Integration aus der Sicht der CDU/CSU-Fraktion. In: HELLWIG, Renate (Hrsg.): Der Deutsche Bundestag und Europa. München/Landsberg (Lech) 1993 (mvg), S. 158.
[565] HOFMANN, Josef: Verankerung der Grundvoraussetzungen kommunaler und regionaler Selbstverwaltung in einer Europäischen Verfassung. In: KNEMEYER: Charta der kommunalen Selbstverwaltung, S. 67.
[566] Zum Schutz der bayrischen Eigenständigkeit in Europa fordert Alfons GOPPEL – seinerzeit Ministerpräsident von Bayern – schon im Jahr 1978 die Einrichtung einer „Chambre conféderale", eine Vertretungskörperschaft der Regionen auf Europäischer Ebene. Vgl. GOPPEL: Föderalismus – Bauprinzip Europas, S. 18; vgl. auch MAIHOFER: Föderativverfassung, S. 67.
[567] SCHUMANN, Robert zitiert nach MAIHOFER: Föderativverfassung, S. 67f.
„Ohne Solidarität wird es keine europäische Zukunft geben.", formuliert MALCHUS: Partnerschaft an europäischen Grenzen, S. 83.

Organisationsverfassungen der Staaten im Rechtsvorgang ihrer Entstehung, nämlich durch völkerrechtlichen Vertragsschluß, in ihren Aussagen über die Gemeinschaftsaufgaben und -ziele, also Substanzbeschreibungen und Kompetenz-Transfer-Bestimmungen, in Stufen- und Zeitelementen ihrer Dynamisierung (...). Das verkürzt den EG-Verfassungscharakter aber nicht."[568]

Diese Auffassung wird im Folgenden zu überprüfen sein.

Der Gemeinschaft werden Aufgaben übertragen mit dem Ziel, mitgliedsstaatlichen faktischen Souveränitätsverlust mittelbar über die Union zurückzuerlangen.[569] Diese Verlagerung von Aufgaben führt jedoch nicht immer dazu, dass der Gemeinschaft auch die dazugehörigen notwendigen Kompetenzen zugebilligt werden.

„Die Europäische Gemeinschaft krankt an einem Mißverhältnis zwischen den in sie gesetzten Erwartungen und ihrem Entscheidungsertrag. Mit den gewachsenen und stetig neu angehäuften Aufgaben hat ihre Fähigkeit zur kontinuierlichen Erzeugung verbindlicher Antworten nicht Schritt gehalten. Man mag den Grund darin suchen, daß ihr Leistungsvermögen von vornherein maßlos überschätzt wurde, oder auch darin, daß ihre Verfassung grundlegender Reform bedarf."[570]

Die Mitgliedsstaaten bleiben oftmals letzte Instanz und kleben an ihrer Verantwortung. Dabei erkennen die Mitgliedsstaaten nicht, dass diese Verantwortung durch den faktischen Souveränitätsverlust nur noch vermeintlicher Natur ist. Auch in Fragen der Sicherheits- und Außenpolitik schwindet die mitgliedsstaatliche Souveränität. Das Gleiche gilt für die Fragen der Innen- und Justizpolitik. Gleichzeitig aber steht diesem Schwinden mitgliedsstaatlicher Souveränität keine adäquate Kompensation gegenüber.

Diese Unklarheit über die zukünftige Verteilung von Souveränität wird durch den prozeduralen Charakter der Kompetenzverteilungskämpfe verkompliziert. Die machtpolitische Balance zwischen Union und Mitgliedsstaaten ist labil.

Auch innerhalb der Europäischen Union selbst herrscht Unklarheit und Uneinigkeit über die gemeinschafts- bzw. unionsinterne Verteilung von Kompetenzen. Welches Organ soll welche Befugnisse erhalten? Durch diese Unklarheit in der Zuordnung von Kompetenzen erleiden die Organe der Union ein erhebliches Legitimationsdefizit. Dieses Defizit führt wiederum dazu, dass die Mitgliedsstaaten nicht bereit sind und auch keinen Sinn darin sehen, weitere Kompetenzen auf die Europäische Ebene zu delegieren. Das Legitimationsdefizit der Union verhindert demnach die Zuweisung weiterer Verantwortung – ein Circulus vitiosus:[571]

„Es wird deutlich, daß die europäischen Demokratien sich ruinieren, wenn die nationale Politik bei einer immer größeren Zahl brennender Probleme nicht mehr handeln, sondern nur noch ‚europäische Lösungen' fordern kann, während in Brüssel aus langwierigen Verhand-

---

[568] IPSEN: Tragfähigkeit der Verfassungsprinzipien, S. 12.
[569] Vgl. hierzu auch HÄNSCH, Klaus: Das Europäische Parlament – ein Ornament? In: ALEMANN, Ulrich von/ HEINZE, Rolf G./ HOMBACH, Bodo (Hrsg.): Die Kraft der Region: Nordrhein-Westfalen in Europa. Bonn 1990 (Dietz), S. 122f.
[570] Schon aus der Mitte der 1970er Jahre stammt diese Einschätzung von SASSE: Regierungen. Parlamente. Ministerrat, S. 222.
[571] Vgl. SCHARPF, Fritz W.: Autonomieschonend und gemeinschaftsverträglich. Zur Logik einer europäischen Mehrebenenpolitik. In: WEIDENFELD: Reform der Europäischen Union, S. 76.

lungen bestenfalls allseits unbefriedigende Kompromisse herauskommen, für die niemand die Verantwortung übernehmen will."[572]

Im Mittelpunkt der gesamten Auseinandersetzung um die adäquate Zuweisung von Kompetenzen muss die Frage nach der sachgerechten Erledigung politischer Aufgaben stehen. Am Ende dieser Auseinandersetzung muss ein möglichst hohes Maß an allgemeiner Souveränität stehen und damit ein möglichst hohes Maß an Problembewältigungskompetenz. Es bedarf einer klaren Zuweisung von Kompetenzen zwischen den Mitgliedsstaaten und der Europäischen Union. Diese Zuweisung gelingt in einem föderalen System gegenseitiger Rücksichtnahme.

Innerhalb der Europäischen Union ist eine solch klare Trennung von Kompetenzen und damit eine klare Zuweisung von Verantwortung zwar erstrebenswert, derzeit aber *nicht* realistisch.
Wie bereits ausgeführt, könnte eine akkurate und scharfe Trennung von Verantwortlichkeiten zwischen den Mitgliedsstaaten und der Union dazu führen, dass beide Ebenen Souveränität auf den jeweils ihnen zugewiesenen Politikfeldern generieren und damit das Gesamtsystem einen Zugewinn an Souveränität verzeichnet. Um dieses Ziel zu erreichen, bedarf es jedoch eines souveränen Bundes. Genau diese Souveränität, diese Eigenständigkeit fehlt der Union jedoch.[573]
Die Legitimation der Union ist noch nicht *so* weit fortgeschritten, als dass ihr die Mitgliedsstaaten eigenständige Entscheidungen in den Politikfeldern der zweiten und dritten Säule zubilligen würden. Dieses Legitimationsdefizit führt dazu, dass die Union in diesen Politikfeldern keinen Souveränitätsgewinn für das Gesamtsystem generieren kann.

Das langfristige Ziel Europäischer Einigung muss darin bestehen, der EU einen eigenständigen Souveränitätsanspruch zuzubilligen. Dazu bedarf es allerdings eigener Europäischer Legitimation. Genau an dieser mangelt es aber zur Zeit. Die Legitimation der EU ist eine Leihgabe ihrer Mitgliedsstaaten. Die Union hat keine homogene politische Kultur, keine europaweiten Parteien und kaum kulturelle Homogenität.[574] Dies alles ist zwar im Entstehen begriffen, allerdings zur Zeit noch nicht so weit ausgeprägt, als dass aus diesem heraus eigenständige Souveränität abgeleitet werden könnte.

Die Mitgliedsstaaten der EU müssen demnach der Union aus ihrer Legitimation heraus einen Vorschuss geben. Gerade deshalb ist die Bundestreue innerhalb der Europäischen Union ein zentrales anzustrebendes Moment. Nur so kann es gelingen, Legitimation innerhalb der Union aufzubauen. Nur über den Umweg mitgliedsstaatlichen Legitimationsvorschusses erlangt die EU eigene Legitimation und somit eigene Souveränität.[575]

---

[572] Ebd., S. 76.
[573] Der Staatscharakter der Union ist ausschließlich mittelbarer Natur und zwar mittelbar über die ihr zugewiesenen Kompetenzen und Zuständigkeiten. Vgl. hierzu WESSELS: Staat und Integration, S. 41.
[574] Vgl. SCHARPF, Fritz W.: Autonomieschonend und gemeinschaftsverträglich. Zur Logik einer europäischen Mehrebenenpolitik. In: WEIDENFELD: Reform der Europäischen Union, S. 78.
[575] Vgl. WESSELS: Staat und Integration, S. 41.

Dieser Vorschuss an Legitimation und Vertrauen wird letztendlich dazu führen, intergouvernementale Entscheidungsfindung schrittweise in unitarische zu überführen. Letztendlich muss demnach das Ziel der föderativen Entwicklung der Europäischen Union darin bestehen, der Union alle notwendigen Kompetenzen zuzubilligen, damit sie den faktischen mitgliedsstaatlichen Souveränitätsverlust mittelbar zurückgewinnt. So viel Einheit wie notwendig ist das Gebot der Stunde.

Da die Union ausreichend Legitimation für die Politik der zweiten und dritten Säule zur Zeit nicht aus eigener Kraft generieren kann, bedarf es des mitgliedsstaatlichen Legitimationsvorschusses – eine föderale Verflechtung.
Es handelt sich bei dieser föderalen Verflechtung um einen *dualen* Prozess:
Zum *einen* kann das entstehende föderative Europäische Konstrukt mit zunehmender eigenständiger Legitimation der Union entflechtet werden, denn das Ziel dieser Entwicklung besteht im Miteinander von eigenständig legitimierter Union auf der einen Seite und selbständigen kompetenten Mitgliedsstaaten auf der anderen Seite. Der *zweite* Charakterzug dieses dualen Prozesses vom Verflechtungsföderalismus hin zu eigenständiger doppelter Legitimation besteht darin, dass der faktische Souveränitätsverlust der Mitgliedsstaaten durch die Globalisierung zunehmen wird. Damit erweitert sich der Zuständigkeitsanspruch der Union stetig. Dieser Anspruch wird also gespeist – sieht man einmal von der Eigendynamik wachsender Organisationen ab – durch weltpolitische Prozesse, auf die lediglich reagiert werden kann.
An der Schaffung Europäischer Legitimation durch die dargestellte Verflechtung mit den Mitgliedsstaaten führt daher also kein Weg vorbei. Diese Verflechtung, so notwendig sie auch ist, führt jedoch zu Intransparenz.[576] Zuständigkeiten werden durchmischt, Machtabgrenzung erschwert. Besonders die Unionsbürger sehen sich einem Konglomerat verflochtener Strukturen gegenüber, welches eine Identifikation mit der Union erheblich erschwert.
Die Europäische Union muss daher auch identitätsstiftend wirken:

„Wichtig ist dabei, daß die Idee einer Politischen Union Europas nicht nur als ein verstandesmäßig erfaßbares Prinzip begriffen wird, sondern in der Gemeinschaft auch gefühlsmäßig verwurzelt ist und dem einzelnen Bürger als ein Ziel erscheint, mit dem er sich persönlich zu identifizieren vermag."[577]

Dieses prozedural duale Durcheinander wird zur Zeit noch durch die Tatsache verkompliziert, dass die Union bei eigener Zuständigkeit gezwungen ist, sehr heterogene Zustände unter den Mitgliedsstaaten harmonisieren zu müssen.[578] Natürlich muss der Grundsatz gelten „So viel Vielfalt wie möglich!", dennoch aber ist oftmals eine Angleichung und Harmonisierung der Verhältnisse unabdingbar.[579]

---

[576] Vgl. LAUFER: Föderalismus in der Kritik, S. 33f.
[577] BIEBER: Verfassungsentwicklung, S. 85.
[578] Vgl. SCHARPF, Fritz W.: Autonomieschonend und gemeinschaftsverträglich. Zur Logik einer europäischen Mehrebenenpolitik. In: WEIDENFELD: Reform der Europäischen Union, S. 93f.
[579] Für den Bereich der Wirtschaftspolitik ist zu beachten, dass trotz stringenter Harmonisierung der wirtschaftlichen Verhältnisse keine Einigkeit zur Verabschiedung einer weitreichenden Harmonisierung der Sozialsysteme und der sozialen und arbeitsrechtlichen Mindeststandards besteht. Die sogenannte Sozialcharta wird nicht von allen Mitgliedsstaaten getragen und ist darüber hinaus nur magerer Kompromiss ohne durchgreifend harmonisie-

Ein solch starker Harmonisierungsdruck steht jedoch nur zu Beginn der Gemeinschaftspolitik. Sind erst einmal zentrale Bereiche notwendig harmonisiert, greift die Gemeinschaft weitaus unauffälliger und weniger rigoros in die mitgliedsstaatlichen Gegebenheiten ein.
Die Union steht also vor dem großen Problem, dass zu Beginn ihrer Arbeit eine große Harmonisierungswelle ansteht, ein starker und unmittelbarer Eingriff in bislang hoheitlich mitgliedsstaatliche Regelungsbefugnisse. Gerade am Beginn ihrer Arbeit jedoch leidet die Union unter einem Defizit an Legitimation, gerade dieses aber soll ja mit vollzogener Harmonisierung verringert werden. Der mitgliedsstaatliche Legitimationsvorschuss wird demnach direkt zu Beginn so stark wie später nicht mehr einer starken Belastungsprobe ausgesetzt.

Demokratisierung durch eine Staatenkammer

Das Demokratiedefizit der Union ist mit der Verankerung föderaler Strukturen erheblich zu verringern. Eine der großen Stärken des Föderalismus besteht in der möglichen doppelten Repräsentation des Volkes.[580]
Erstens: Eine parlamentarische Körperschaft stellt die direkte, unmittelbare und allgemeine politische Vertretung aller Unionsbürger dar (Europäisches Parlament). Diese Körperschaft existiert bereits, auch wenn dieser nicht ausreichend große Mitbestimmungsrechte zuteil werden.[581] Das Europäische Parlament muss in die Lage versetzt werden, auch bei Entscheidungen der Politik der zweiten und dritten Ebene, aber auch bei ausschließlich dem Rat zustehenden Entscheidungen der ersten Ebene entscheidend mitzuwirken.[582]
Zweitens: Die zweite demokratisch legitimierte Kammer wäre eine sogenannte Staatenkammer.[583] In diese Staatenkammer werden mitgliedsstaatliche Vertreter als direkte Vertreter der Mitgliedsstaaten geschickt.[584] Diese Staatenkammer bildet ähnlich dem Bundesrat ein Gegengewicht zum ausgreifenden Zentralismus der Union und schützt die Interessen der Mitgliedsstaaten.[585]

---

renden Charakter. Vgl. WINDOLF, Paul: Mitbestimmung und „corporate control" in der Europäischen Gemeinschaft. In: KREILE: Integration Europas, S. 133, 138f.

[580] Vgl. STEFFANI, Winfried: Amerikanischer Kongreß und Deutscher Bundestag – ein Vergleich. In: STAMMEN, Theo (Hrsg.): Vergleichende Regierungslehre. Beiträge zur theoretischen Grundlegung und exemplarische Einzelstudien. Wege der Forschung. Bd. CCCLVII. Darmstadt 1976 (Wissenschaftliche Buchgesellschaft), S. 204f.

[581] Vgl. IPSEN: Tragfähigkeit der Verfassungsprinzipien, S. 26f.

[582] Vgl. auch HÄNSCH, Klaus: Das Europäische Parlament – ein Ornament? In: ALEMANN, Ulrich von/ HEINZE, Rolf G./ HOMBACH, Bodo (Hrsg.): Die Kraft der Region: Nordrhein-Westfalen in Europa. Bonn 1990 (Dietz), S. 243. Zur allgemeinen Notwendigkeit der Stärkung des Europäischen Parlamentes vgl. auch ESTERBAUER, Fried: Die institutionelle Sackgasse der Europäischen Gemeinschaft auf dem Wege zur Föderation. In: DERS./ KALKBRENNER, Helmut/ MATTMÜLLER, Markus/ ROEMHELD, Lutz (Hrsg.): Von der freien Gemeinde zum föderalistischen Europa. Festschrift für Adolf Gasser zum 80. Geburtstag. Berlin 1983 (Duncker und Humblot), S. 611f.

[583] Vgl. BÖTTCHER: Europas Zukunft, S. 48.

[584] Vgl. GRAF KIELMANSEGG, Peter: Läßt sich die Europäische Union demokratisch verfassen? In: WEIDENFELD: Reform der Europäischen Union, S. 232.

[585] Werden die Vertreter der Staatenkammer in unmittelbare und direkter Wahl bestimmt, gleicht die Staatenkammer dem amerikanischen Senat. Vgl. auch ESTERBAUER: Kriterien föderativer und konföderativer Systeme, S. 13.

„Die föderativ verfaßte Demokratie ist, so kann man es auch sagen, jedenfalls der Idee nach zugleich beides: eine Republik von Bürgern und eine Republik von Staaten."[586]

Die Legitimation dieser zweiten Kammer ist höher als die des Rates, weil diese Kammer eher zu einem originären Organ der Europäischen Union wird, allerdings – ebenso wie der Rat – ein Organ, welches quasi konstitutionell den Interessen der Mitgliedsstaaten den Vorzug gibt.[587]
Die angeführte doppelte Repräsentation des Volkes wird durch den Ausschuss der Regionen ergänzt. Schließlich entwickelt sich so ein föderales Dreiebenenmodell.
Dieses Dreiebenenmodell könnte folgende Struktur haben:[588]

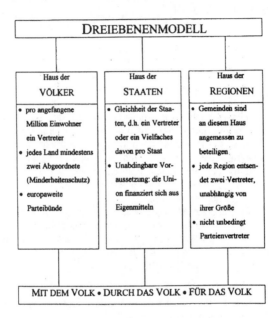

Mit Aufwertung des Europäischen Parlaments und Schaffung einer Europäischen Staatenkammer wäre ein zentraler Schritt getan, um das Demokratie- und damit das Legitimationsdefizit der EU und ihrer Organe zu verringern. Indirekte Legitimation würde durch direkte Legitimation ersetzt. Derzeit stellt sich die Situation so dar, dass weder der Ministerrat noch die Kommission unmittelbar durch das Unionsvolk demokratisch legitimiert sind. Außerdem hat das Europäische Parlament keinen ausreichenden Einfluss:

---

[586] GRAF KIELMANSEGG, Peter: Läßt sich die Europäische Union demokratisch verfassen? In: WEIDENFELD: Reform der Europäischen Union, S. 232.
[587] Zum derzeitigen Demokratiedefizit der Europäischen Union durch die mangelnde demokratische Legitimation des Rates vgl. auch HÄBERLE, Peter: Föderalismus, Regionalismus, Kleinstaaten – in Europa. In: Die Verwaltung, 1/1992, S. 17.
[588] BÖTTCHER: Mehr Demokratie für Europa, S. 66.

„Die Integration gefährdet außer dem Bundesstaatsprinzip in noch stärkerem Maße das Demokratieprinzip; denn die Hoheitsübertragungen an die EG, das heißt an den als Legislative fungierenden, faktisch jedoch eindeutig der Exekutive zuzuordnenden Ministerrat bedeuten eine weitgehende Entparlamentarisierung des europäischen Politikprozesses, da die aufgegebenen nationalen Parlamentsbefugnisse vom Europäischen Parlament nicht angemessen aufgefangen werden können."[589]

Sicherlich ist der Einwand gerechtfertigt, dass es zur Zeit noch kein einheitliches und bekennendes Europäisches Volk gibt. Die Menschen fühlen sich nicht als Unionsbürger. Aus dieser Feststellung heraus begründet sich der skeptische Blick auf die weitere Demokratisierung der Union und ihrer Entscheidungswege. Es mangelt derzeit an einer „gemeinschaftlichen Interessenslage".[590]

Wie aber, so muss man fragen, soll eine Unionsbürgerschaft mit Leben erfüllt werden, wenn nicht auf diesem Weg der Demokratisierung?

Im Vordergrund der Ablehnung einer solchen Demokratisierung der Union stehen die Bedenken der mitgliedsstaatlichen Regierungen, denn mit der Demokratisierung der Organe der Union und mit der Schaffung einer eigenständigen Staatenkammer werden die mitgliedsstaatlichen Regierungen erheblich an Einfluss verlieren.[591] Mit der Überführung der Politik der zweiten und dritten Säule in die Trägerschaft Europäischer Organe wie die des Parlamentes und einer Staatenkammer erwächst eine starke Europäische Souveränität. Profitieren werden hiervon die Bürger der Europäischen Union.

Zur impliziten Föderalstaatlichkeit der Europäischen Union

Weder im Vertragswerk von Maastricht noch in den nachfolgenden Ergänzungen oder vorangegangenen Verträgen findet sich explizit die Begrifflichkeit des Föderalismus.[592] Dieses gravierende Defizit einer klaren verfassungsrechtlichen Präzisierung des Verhältnisses zwischen Union und Mitgliedsstaaten wird dadurch kaschiert, dass davon ausgegangen wird, dass, auch ohne es explizit zu formulieren, alle Vertragspartner die Union föderal konstituiert sehen.

In einer Rede von Jacques DELORS in Brügge im Jahr 1992 wird der Föderalismus als zentrales verfassungsrechtspolitisches Prinzip der EU dargestellt.[593] Ebenfalls ein klares Bekenntnis zur föderalen Verfasstheit der Union dokumentiert Helmut KOHL in seiner Rede in Zürich aus dem gleichen Jahr. KOHL wagt die Vorhersage, dass die Union entweder föderalistisch organisiert sein wird oder gar nicht existieren werde.[594]

---

[589] MÜLLER-BRANDECK-BOQUET: Europäische Integration, S. 163.
[590] Diese Kritik am Demokratiedefizit wird auch schon den Europäischen Gemeinschaften vorgehalten: vgl. hierzu ESTERBAUER: Kriterien föderativer und konföderativer Systeme, S. 133.
[591] Vgl. WESSELS: Staat und Integration, S. 45.
[592] „Union" zur Bezeichnung des Einigungsprozesses ist gerade deshalb besonders geeignet, weil hiermit im Deutschen, im Englischen und im Französischen Unterschiedliches verbunden wird: vgl. BÖTTCHER: Europas Zukunft, S. 66; vgl. auch LÜBBE, Hermann: Föderalismus und Regionalismus in der Europäischen Union. In: WEIDENFELD: Reform der Europäischen Union, S. 111 (Im Folgenden zitiert als LÜBBE: Föderalismus und Regionalismus.).
[593] Vgl. LÜBBE: Föderalismus und Regionalismus, S. 111.
[594] Vgl. ebd.

Dass die EU föderal zu strukturieren ist, erscheint grundsätzlich betrachtet wenig fraglich, denn der Schutz der Vielfalt und die Notwendigkeit gewisser Einheit ist eine politische Aussage, die gar von Euroskeptikern unterschrieben werden kann – nur den Namen „Föderalismus" trägt das Konstrukt nicht.[595] Die namentliche Nennung „Föderales Europa" sowie die Festlegung der konkreten Ausprägung in der politischen Praxis erscheint als ein unüberwindbares Politikum.[596]
In allen Vertragstexten zur Europäischen Union wird, wie ausgeführt, auf eine Festlegung auf den Föderalismus verzichtet. Stattdessen wird das Subsidiaritätsprinzip in die Verträge aufgenommen. Die Bevorzugung dieses europapolitischen Neologismus „Subsidiarität" in den Maastrichter Verträgen statt der Festlegung einer föderalen Orientierung der Union ist leicht erklärbar:[597]
Ein wichtiger Grund hierfür ist die unterschiedliche sprachliche Konnotation des Begriffs „Föderalismus". In der angelsächsischen Sprache meint „federalism" einen engen Zusammenschluss bis dahin souveräner Einzelstaaten. Nach diesem Zusammenschluss verlieren die Einzelstaaten maßgebliche Teile ihrer Souveränität. „Federalism" bildet quasi den Gegenpart zur „confederation".[598]
Im Deutschen ist mit Föderalismus eher genau das Gegenteil gemeint: Föderalismus bedeutet zwar auch hier den Zusammenschluss zu einem größeren Ganzen, einem Bundesstaat, jedoch steht Föderalismus stets als Kontrapunkt zu einem allzuständigen Einheitsstaat. Mit solch unterschiedlicher sprachlicher Konnotation wird verständlich, warum sich die Regierungen bei den Vertragsverhandlungen nicht auf eine Begrifflichkeit wie „Föderales Europa" einigen können.

Neben diese sprachliche Barriere tritt allerdings noch ein weitaus tiefer liegender Grund zur Vermeidung des Terminus „Föderalismus". Im Gegensatz zum Prinzip der Subsidiarität beinhaltet die Festlegung auf das Prinzip des Föderalismus nämlich stets die Genese eines neuen souveränen Staatskörpers.[599]
Wie auch immer dieser Europäische Staatskörper aussehen würde und wie auch immer sein Verhältnis zu seinen Bundesstaaten (Mitgliedsstaaten) aussähe, die Europäische Union würde, wäre sie föderalstaatlich verfasst, einen staatsähnlichen Charakter erhalten.[600] Genau dies soll jedoch – und in dieser Frage herrscht zwischen Deutschen und Briten keine Kontroverse – vermieden werden.
Die Verankerung des Subsidiaritätsprinzips in den Verträgen von Maastricht im Gegensatz zum Prinzip des Föderalismus *hingegen* lässt die Frage nach der Verfasstheit der Union offen. Vermittels der Subsidiarität wird lediglich das Mit- und Gegeneinander der mitgliedsstaatlichen und gemeinschaftlichen Ebene einer grundsätzlichen Regelung unterworfen. Auch wenn diese Ansicht der fehlenden konstituie-

---

[595] Vgl. hierzu auch die Auseinandersetzungen zur Gründung der EWG in HALLSTEIN: Der unvollendete Bundesstaat, S. 40.
[596] Vgl. STRAUBHAAR, Thomas: Strategien für die europäische Integration. In: BISKUP, Reinhold (Hrsg.): Dimensionen Europas. Beiträge zur Wirtschaftspolitik. Bd. 68. Bern/ Stuttgart/ Wien 1998 (Paul Haupt), S. 235.
[597] Vgl. LÜBBE: Föderalismus und Regionalismus, S. 116f.
Alternativ wird die Verwendung des Begriffs „Neo-Föderalismus" vorgeschlagen: vgl. GIERING: Europa zwischen Zweckverband und Superstaat, S. 126.
[598] Vgl. HARTMANN, Jürgen: Westliche Regierungssysteme. Parlamentarismus, präsidentielles und semipräsidentielles Regierungssystem. Grundwissen Politik. Bd. 29. Opladen 2000 (Leske + Budrich), S. 101f.
[599] Vgl. LÜBBE: Föderalismus und Regionalismus, S. 117.
[600] Vgl. KÜHNHARDT: Europäische Union und föderale Idee, S. 20.

renden Wirkung des Subsidiaritätsprinzips bereits als nicht haltbar entzaubert wurde (vgl. Kapitel 2, Abschnitt 3), ist sicherlich zuzugestehen, dass die Verankerung von Subsidiarität in den Maastrichter Verträgen eine weitaus weniger konstitutionelle Festlegung bedeutet als die diskutierte föderale Struktur.

Trotz dieser vermeintlichen Vorteile des Subsidiaritätsprinzips dürfen die Vorzüge des Föderalismus nicht unterschätzt werden.

Föderalismus bedeutet Erhalt gesellschaftlicher Vielfalt. Der Föderalismus stützt den Pluralismus *innerhalb* der Europäischen Mitgliedsstaaten sowie die Vielfalt *zwischen* den einzelnen Mitgliedsstaaten, denn zentral gesteuerte und zentralistisch regierte Staatskörper stoßen zunehmend an administrative und politische Grenzen möglicher Einflussnahme.[601] Die globalisierte Welt ist zugleich eine unübersichtlich heterogene Welt geworden. Eine adäquate politische Reaktion auf eben diese Pluralität wird neben der angeführten notwendigen Zentralisierung von Kompetenzen von einer politischen Zentrale aus immer undenkbarer:

„Nur starke kommunale Selbstverwaltung und handlungsfähige Länder mit ausreichenden Kompetenzen sind bürgernah und flexibel genug, um neue Probleme schnell anzupacken und liebenswerte traditionelle Eigenarten der Regionen zu bewahren. Eine zu starke Zentralgewalt ist daher als gleichmacherisch und uneffektiv abzulehnen. Große und anonyme Einheiten haben Reibungs- und Kommunikationsverluste."[602]

Gerade diese Erkenntnis öffnet dem Prinzip des Föderalismus die Tore.[603]

„Durch einen starken Regionalismus, eingebettet in einen integralen Föderalismus, erhält Europa eine Gestalt, eine Finalität, die es in die Lage versetzt, sich in einer immer stärker globalisierten Welt zurechtzufinden, nicht als Objekt, sondern vielmehr als selbstbestimmtes Subjekt."[604]

Der Föderalismus stellt das Vehikel dieser Selbstbestimmung dar.

„Der Bundesstaat tut sich um vieles leichter als der Einheitsstaat, raumgebende Besonderheit aufzunehmen und politisch-organisatorisch zu bewältigen. Er zeigt sich ihm an Stabilität überlegen."[605]

Die misslungene Planwirtschaft der osteuropäischen sozialistischen Staaten hat diese Überforderung einer zentralen Planung politischer und auch wirtschaftlicher Prozesse nur allzu deutlich offenbart.[606]

---

[601] Vgl. BENDA, Ernst: Die USA, Deutschland und Maastricht: Erfahrungen mit und Prognosen über Föderalismus und Subsidiarität. In: WEIDENFELD: Reform der Europäischen Union, S. 142.
[602] HOMBACH, Bodo: Nordrhein-Westfalen: Eine europäische Region formiert sich. Ausgangslage, Perspektiven und Handlungsbedarf. In: ALEMANN, Ulrich von/ HEINZE, Rolf G./ HOMBACH, Bodo (Hrsg.): Die Kraft der Region: Nordrhein-Westfalen in Europa. Bonn 1990 (Dietz), S. 89.
[603] Verwiesen sei auf HAHN, K.: Föderalismus, S. 195: „Regierung unter aktiver Partizipation und Mitbestimmung eines jeden und jeder Gruppe der pluralen Gesellschaft am politischen Entscheidungsprozeß: republikanische Demokratie oder demokratische Republik."
[604] BÖTTCHER: Mehr Demokratie für Europa, S. 45.
[605] ISENSEE: Einheit in Ungleichheit, S. 156.

Ein föderaler Staat wahrt soweit als möglich die kulturelle und gesellschaftliche Identität seiner Untergliederungen.[607] Mit dem Schlagwort „So viel Vielfalt wie möglich!" wird dieser Grundsatz des Föderalismus deutlich.[608] Nur dem Prinzip des Föderalismus gelingt der Spagat zwischen notwendiger Zentralisierung von Kompetenzen auf der Ebene der Europäischen Union *einerseits* und dem Schutz kleinräumiger Vielfalt *andererseits*.

„Denn aus Europa soll kein Schmelztiegel werden. Europa ist Vielfalt. Wir wollen den Reichtum und die Verschiedenheit der Charaktere, der Anlagen, der Bekenntnisse, der Gewohnheiten, der Sitten, des Geschmacks bewahren. Was wir beseitigen wollen, ist das Trennende, ist der Gebrauch der Kräfte, der Überlegenheiten gegeneinander, ist das Zerstörerische im Nebeneinander der verschiedenen Individualitäten."[609]

34 Zweites Fazit

Die dargestellte Entwicklung der Europäischen Union mit ihren Kompetenzverteilungskämpfen, ihrem Demokratiedefizit und ihrem Legitimationsproblem offenbart die Notwendigkeit zur föderalen Balance innerhalb der Union:

„Wenn in einem föderalistischen Staat das Element der Kooperation und des Konsenses überwiegt, dann drohen die Länder ihre Funktion als (...) Teilgewalt zu verlieren. Überwiegt aber das Konkurrenzelement, das auf größtmögliche Eigenständigkeit der Länder angelegt ist, dann besteht die Gefahr der Desintegration. Der Sinn des ‚aufgeklärten Föderalismus' ist es, eine Balance zwischen beiden Strukturen zu wahren."[610]

Föderale Strukturen müssen konstitutionellen Charakter erlangen.
Das Subsidiaritätsprinzip findet seine Anwendung lediglich in den nicht *ausschließlich* der Gemeinschaft obliegenden Angelegenheiten. Darüber hinaus gilt es grundsätzlich nicht bei politischen Entscheidungen der zweiten und dritten Säule. Das Subsidiaritätsprinzip bildet lediglich die Verfahrensregel für eine eingegrenzte Anzahl von Gemeinschaftsentscheidungen.
So sinnvoll und unabdingbar das Subsidiaritätsprinzip auch ist, mangelt es derzeit noch an einer *Metaregel*, welche die Zuweisung von Entscheidungen in ausschließliche und konkurrierende verantwortet. Darüber hinaus bedarf es einer Metaregel, welche auch die Entscheidungen innerhalb der zweiten und dritten Säule verlässlichen Verfahrensregeln unterwirft. Da sich, wie dargestellt, die Zuständigkeit der Union erheblich vergrößern wird und auch der intergouvernementale Charakter der Union auf Dauer keinen Bestand haben wird, muss diese Regel gerade auch für

---

[606] Vgl. hierzu auch SIEVERT, Olaf: Europa – Dominanz des Wirtschaftlichen. In: BISKUP, Reinhold (Hrsg.): Dimensionen Europas. Beiträge zur Wirtschaftspolitik. Bd. 68. Bern/ Stuttgart/ Wien 1998 (Paul Haupt), S. 141.
[607] Vgl. KOPP: Föderalismus, S. 176.
[608] Eine Volkswirtschaft mit heterogenen Strukturen und heterogenen Regionen ist einer vereinheitlichten und homogenen Volkswirtschaft teilweise überlegen: vgl. WAGNER, Adolf: Das Europa der Regionen – Zukunftssicherung durch Bewahrung der Identität? In: BISKUP, Reinhold (Hrsg.): Dimensionen Europas. Beiträge zur Wirtschaftspolitik. Bd. 68. Bern/ Stuttgart/ Wien 1998 (Paul Haupt), S. 308.
[609] HALLSTEIN: Der unvollendete Bundesstaat, S. 12.
[610] Vgl. GÖRNER: Einheit durch Vielfalt, S. 175.

diese neuen Entscheidungswege verbindliche Regeln aufstellen. Diese Anforderungen an eine solche Regel erfüllt das Prinzip des Föderalismus.[611]

Mit der zukünftig verstärkten Zusammenarbeit in den Politikfeldern der zweiten und dritten Säule und der Erkenntnis, dass zur Wahrung mitgliedsstaatlicher Souveränität eine solch verstärkte Zusammenarbeit unabdingbar ist und schließlich gar durch Europäische Organe, also föderal, wahrgenommen werden muss, wächst die Notwendigkeit, den politischen Verfahren innerhalb der Union ein konstitutionell belastbares Gerüst zu geben.[612] Die Erweiterung der Union um die mittel- und osteuropäischen Länder untermauert diese Notwendigkeit, gerade auch in den bislang intergouvernemental gesteuerten Politikfeldern der zweiten und dritten Säule Reformen durchzuführen. Den ersten Schritt einer Verabschiedung vom Intergouvernementalismus bildet der Vertrag von Nizza mit seiner Öffnung für qualifizierte Mehrheiten bei politischen Entscheidungen des Rates auch innerhalb der zweiten und dritten Säule.[613] Das Gebot der Einstimmigkeit wird zum Teil aufgehoben.[614] Damit entwickelt die Politik der Europäischen Ebene erhebliche Eigendynamik und eine Entkopplung von ausschließlich nationalstaatlich orientierten Entscheidungen.[615]

Ein Europäischer Föderalismus befördert durch seinen demokratisierenden Charakter die demokratische Kultur der Union. Föderalismus ist damit nicht nur ein Kompe-

---

[611] Zur Abhängigkeit der sinnvollen Anwendung des Subsidiaritätsprinzips von föderalen Strukturen vgl. STARZACHER, Karl: Europa – Ende des Föderalismus? In: Verwaltungsrundschau (39. Jg., 7/1993). Stuttgart 1993, S. 220.

[612] Gerade die Beantwortung dieser Frage nach der Ausprägung des Gerüstes scheidet die Geister: vgl. auch ISENSEE: Einheit in Ungleichheit, S. 172.

[613] Die Problematik der Einstimmigkeit wird bereits mit der EEA insofern behoben, als dass bei Entscheidungen zum Binnenmarkt Entscheidungen mit Mehrheit getroffen werden können. Zur Regierungskonferenz in Amsterdam kommen Vorschläge, ein Mehrheitsprinzip auch für politische Fragen der zweiten und dritten Säule zu akzeptieren: vgl. JOPP, Mathias/ SCHMUCK, Otto (Hrsg.): Die Reform der Europäischen Union. Analysen – Positionen – Dokumente zur Regierungskonferenz 1996/97 (Analysen zur Europapolitik des Instituts für Europäische Politik. Bd. 11). Bonn 1996 (Europa Union), S. 11.

[614] Durch den Vertrag von Nizza werden die Abstimmungsmodalitäten wesentlich geändert: In zahlreichen Vertragsbestimmungen tritt die qualifizierte Mehrheit an die Stelle der Erforderlichkeit der Einstimmigkeit, so z.B. in Art. 18 Abs. 2 EGV-N (Unionsbürgerschaft/ Freizügigkeit), Art. 100 Abs. 1 und 2 EGV-N (Wirtschafts- und Währungspolitik/ Maßnahmen bei gravierenden Schwierigkeiten, Art. 111 Abs. 4 2. Alternative EGV-N (Währungspolitik/ Wechselkursfestlegung nach außen), Art. 123 Abs. 4 Satz 3 EGV-N (Errichtung des ESZB und der EZB), Art. 137 Abs. 1 EGV-N (Zusammenarbeit in sozialen Fragen), Art. 161 Abs. 3 EGV-N (Ziele und Organisation der Strukturfonds) und andere. Die qualifizierte Mehrheit wird durch Art. 3 Abs. 1 des Protokolls über die Erweiterung der EU mit Wirkung ab 01.01.2005 neu definiert. Die Stimmengewichtung wird zugunsten der großen Mitgliedsstaaten geändert. Die qualifizierte Mehrheit gemäß Art. 205 EGV-N wird auf 169 Stimmen festgesetzt, welche die Mehrheit der Ratsmitglieder umfassen müssen. Bei der zweiten Alternative des Art. 205 EGV-N müssen mindestens zwei Drittel der Mitglieder des Rates zustimmen. Außerdem wird der Grundsatz der „doppelten Mehrheit" eingeführt. Dies bedeutet, dass, falls ein Ratsmitglied es beantragt, die qualifizierte Mehrheit mindestens 62 % der Gesamtbevölkerung der EU repräsentieren muss. Gemäß Art. 23 Abs. 2 EUV-N, also i.d.F. des Protokolls über die Erweiterung der EU zum Vertrag von Nizza, gilt Art. 205 EGV-N künftig auch für Beschlüsse des Rates im Rahmen der GASP und soweit dort die qualifizierte Mehrheit vorgesehen ist in der dritten Säule mit der Maßgabe, dass die Mehrzahl von 169 Stimmen mindestens zwei Drittel der Ratsmitglieder umfassen muss. (Entnommen aus BORRIES, Reimer von/ ZACKER, Christian (Hrsg.): Europarecht von A-Z. Das Recht der Europäischen Union nach dem Vertrag von Nizza. 3. Aufl. München 2003 (Beck).

[615] Stimmenkauf und das Schachern um Konsens um jeden Preis gehören damit der Vergangenheit an. Vgl. hierzu auch die Kritik am Kosensprinzip bei SIEVERT, Olaf: Europa – Dominanz des Wirtschaftlichen. In: BISKUP, Reinhold (Hrsg.): Dimensionen Europas. Beiträge zur Wirtschaftspolitik. Bd. 68. Bern/ Stuttgart/ Wien 1998 (Paul Haupt), S. 160f; vgl. darüber hinaus auch die nationalstaatliche Durchsetzung von Interessen auf Gemeinschaftsebene bei SASSE: Regierungen. Parlamente. Ministerrat. S. 116.

tenzverteilungsprinzip, sondern politische Kultur.[616] Es führt gerade auch deshalb kein Weg an einer Föderalisierung Europäischer Strukturen vorbei.

Föderale Prinzipien schützen die unteren Ebenen vor unnötiger Abgabe ihrer Kompetenz und damit eigener Souveränität, statten aber gleichzeitig die oberste Ebene dort, wo notwendig, mit Kompetenzen aus. Dieses Miteinander und Gegeneinander zwischen den einzelnen Ebenen generiert einen stetigen politischen und administrativen Diskurs über die adäquate Ansiedelung von Kompetenzen. Dieser Diskurs führt zu einem politischen „Mehrwert", welcher weder in einem Einheitsstaat noch in einem supranationalen Staatenbund erzielt werden kann.

Die Europäische Union braucht eine belastbare Verfassung, mit der das Verhältnis zwischen den Mitgliedsstaaten und der Union definiert und damit abgrenzbar wird.[617] Föderale Prinzipien als Grundlage dieses Verhältnisses müssen eine verfassungsrechtliche Absicherung erfahren.

Zur Sicherung mittelbarer Souveränität faktisch verloren gegangener mitgliedsstaatlicher Souveränität bedarf es, wie dargelegt, mehr als intergouvernementaler Strukturen.

Die Europäische Union braucht eine eigenständige Souveränität, um die mittelbare Souveränität ihrer Mitgliedsstaaten zu gewährleisten.[618] Eine solche ist nur im föderalen Miteinander und Gegeneinander von Union und Mitgliedsstaaten denkbar.

Zur Behebung der bestehenden Defizite an Legitimation ist ein „föderaler Qualitätssprung" notwendig – ein Ausbau der Befugnisse zu demokratisierender Europäischer Organe.[619]

Der Rückgewinn mittelbarer Souveränität über entglittene Politikfelder ist sicherlich Ziel aller Mitgliedsstaaten der Union. Von den Kritikern einer föderalen Ordnung zwischen der Union und den Mitgliedsstaaten wird jedoch verkannt, dass eine solch mittelbare Souveränität nicht aus einem unverbindlich und weitgehend unkoordiniert strukturierten Intergouvernementalismus entstehen kann. Keineswegs bedeutet Europäischer Föderalismus die Gründung eines Europäischen Einheitsstaates. Die Eigenstaatlichkeit der Mitgliedsstaaten der EU soll im Gegenteil gewahrt bleiben. Auch soll die Vielfalt, wo immer möglich und so weit als möglich, aufrechterhalten bleiben.[620]

Zur Erlangung mittelbarer Souveränität ist es jedoch notwendig, der mit Souveränität bedachten Ebene, hier den Organen der EU einen gewissen eigenständigen und

---

[616] Vgl. GÖRNER: Einheit durch Vielfalt, S. 30f.
[617] Vgl. SCHÄUBLE, Wolfgang: Grundfragen der Europäischen Integration aus der Sicht der CDU/CSU-Fraktion. In: HELLWIG, Renate (Hrsg.): Der Deutsche Bundestag und Europa. München/ Landsberg (Lech) 1993 (mvg), S. 159.
[618] STARBATTY ist der Auffassung, dass mit dem bundesstaatlichen Charakter der WWU der halbe Weg mit dem Ziel der „Vereinigten Staaten von Europa" zurückgelegt ist: STARBATTY, Joachim: Politik oder Markt als Wegbereiter der Integration Europas? In: BISKUP, Reinhold (Hrsg.): Dimensionen Europas. Beiträge zur Wirtschaftspolitik. Bd. 68. Bern/ Stuttgart/ Wien 1998 (Paul Haupt), S. 197.
[619] WESSELS: Staat und Integration, S. 56.
[620] Vgl. auch BISKUP, Reinhold: Europa – Einheit in der Vielfalt. In: BISKUP, Reinhold (Hrsg.): Europa – Einheit in der Vielfalt. Orientierungen für die Zukunft der europäischen Integration. Beiträge zur Wirtschaftspolitik. Bd. 50. Bern/ Stuttgart/ Wien 1998 (Paul Haupt), S. 17f.

damit eigenstaatlichen Charakter zuzubilligen. Genau an dieser Stelle aber entsteht das Tabu für einige Europäische Mitgliedsstaaten, beispielsweise Großbritannien und Nordirland (Tabu des „F-Word").[621] Entwickelt sich der Föderalismus, wie als notwendig anerkannt, zu einem Staatsordnungsprinzip innerhalb der Union und wird der Föderalismus damit Grundlage Europäischer Verfassung, ist der Schritt zu einer eigenständigen Europäischen Souveränität vollzogen, denn ein föderales Miteinander zwischen Mitgliedsstaaten und Union setzt geradezu einen Souveränitätsanspruch der EU voraus.[622]

Mit Entstehung dieses Anspruches auf eigene Souveränität wachsen verständlicherweise nationalstaatliche Ängste vor nicht mehr begrenzbarer neuer Europäischer Souveränität und eigenem unnötigen Souveränitätsverlust. Gerade weil *dieser* Übergang vom abhängigen Status der Union zu eigener Identität und Souveränität so kritisch beäugt wird und mit Argwohn begleitet wird, muss der Europäische Föderalismus deutlich machen, dass er ausschließlich dienende Funktion einnimmt.

Die Europäische Union soll alle diejenigen Aufgaben erfüllen, welche ihre Mitgliedsstaaten überfordern. Intergouvernementale Strukturen genügen diesen Ansprüchen jedoch, wie dargestellt, nicht. Mit dieser maßgeblichen expliziten Einschränkung und Begrenzung der Union auf diejenigen Aufgaben, welche mitgliedsstaatlich nicht ausreichend oder überhaupt nicht mehr erledigt werden können, sollte die große Furcht vor einem eigenständigen Europa an Gehalt verlieren. Zwar wird die Union einen staatsähnlichen Charakter zur legitimierten und sachgerechten Erfüllung der ihr zugewiesenen Aufgaben erhalten, die Souveränitätsverluste ihrer Mitgliedsstaaten werden jedoch nicht über das sowieso schon festzustellende Maß hinaus ausgeweitet.

Bezeichnungen für die neue Staatsqualität der Europäischen Union wie z.B. das viel diskutierte Prädikat „Vereinigte Staaten von Europa"[623] in Analogie zu den Vereinigten Staaten von Amerika führen am Kern des Problems vorbei und konterkarieren notwendige Beschlüsse. Darüber hinaus wecken sie Ängste vor einer föderalen Zentrale Brüssel im Sinne Washingtons.[624]

Allen Kritikern und Skeptikern muss deutlich gemacht werden, dass die Europäische Union trotz angestrebter staatlicher Qualitäten nur dienenden Charakter einnehmen soll. Natürlich werden mit Erlangung staatlichen Charakters die Souveränitätsrechte ihrer Mitgliedsstaaten beschnitten. Wann immer sich Staaten in der Vergangenheit zusammengeschlossen haben und in einer Föderation gemeinsame Interessen verfolgt haben, wird Souveränität von mitgliedsstaatlicher Seite auf die Föderation verschoben.[625]

---

[621] Vgl. ISENSEE: Einheit in Ungleichheit, S. 167.
[622] Gerade diese Konsequenz jedoch scheuen die Briten. Vgl. hierzu auch VOIGT: Föderalismus in der Bundesrepublik, S. 99.
[623] CHURCHILL, Winston: Rede von Winston Churchill an die akademische Jugend. Aula der Universität Zürich. 19. September 1946. In: Neue Zürcher Zeitung. Nr. 217, 18.09.1996, S. 3.
[624] Der Bund ist in den USA sicherlich nicht so einflussreich ausgestattet wie in Deutschland, dennoch aber besitzt er ein breites Spektrum von Zuständigkeiten und Kompetenz; vgl. hierzu HARTMANN, Jürgen: Das amerikanische Regierungssystem: eine Skizze aus der Sicht der Vergleichenden Regierungslehre. In: DERS. (Hrsg.): Vergleichende politische Systemforschung: Konzepte und Analysen. Köln/ Wien 1980 (Böhlau), S. 78f.
[625] Vgl. LÜBBE: Föderalismus und Regionalismus, S. 113.

Zwei Gedanken sind abschließend zu berücksichtigen:
Erstens: Stets sind föderale Zusammenschlüsse freiwilliger Natur – so auch bei der Europäischen Union.[626]
Zweitens: Das Eingehen einer Föderation ist niemals Selbstzweck, sondern stets aus eigenen mitgliedsstaatlichen Interessen heraus begründet. Der gemeinsame Aufbau der Wirtschaft und die Sicherung des Friedens in Europa sind die ausschlaggebenden Gründe für den Zusammenschluss zur EWG. Mit der Realisierung des Binnenmarktes und der Einführung der gemeinsamen Währung hat die EU weitgehend die wirtschaftspolitischen Ziele ihrer Gründungsmitglieder umgesetzt. Um diese Ziele zu erreichen, mussten die Gründungs- und Mitgliedsländer spürbare wirtschaftspolitische Einflussmöglichkeiten auf die EWG bzw. die EG übertragen.

Ähnliches vollzieht sich seit Beschlussfassung zur gemeinsamen Politik innerhalb der zweiten und dritten Säule: Die Mitgliedsstaaten werden Teile ihrer außen- und verteidigungspolitischen sowie Teile ihrer innen- und rechtspolitischen Souveränität an die Europäischen Organe abtreten müssen, denn eine föderale Europäische Union stellt die einzige Möglichkeit dar, schwindende Souveränität mittelbar wiederzuerlangen.

Mit Ausnahme der Vereinigten Niederlande transformieren sämtliche Staatenbünde in der Geschichte zu Bundesstaaten. Es ist somit eine klare Entwicklung vom Staatenbund zum Bundesstaat zu erkennen: vgl. ESTERBAUER: Kriterien föderativer und konföderativer Systeme, S. 6.
[626] HAHN spricht von einem „Pakt" der untergeordneten Gliederungen zu einem Zusammenschluss: vgl. HAHN, K.: Föderalismus, S. 248; vgl. auch KÜHNHARDT: Europäische Union und föderale Idee, S. 11.

4 REGIONALISMUS: VORAUSSETZUNG EINER LEGITIMIERTEN EU

41 Konkurrenz zwischen Europäischer und regionaler Kompetenz

Die Zentralisierung der Union und die damit einhergehende Machtkonzentration auf der Ebene der Union stößt zunehmend auf Kritik der mitgliedsstaatlichen Untergliederungen. Die Ausweitung des Tätigkeitsbereiches der Gemeinschaft schreitet voran. Immer mehr bislang regional verantwortete Politikfelder erlangen Europäischen Charakter.[627] Die Europäische Integration entwickelt ungeheure zentripetale Energie. Der Souveränitätsverlust mitgliedsstaatlicher Gliederungen wächst.[628] Die Länder, Regionen und Kommunen sehen sich zunehmend einer Regelungswut der Gemeinschaft ausgesetzt. Intensive und gemeinschaftsfreundliche Auslegung der Verträge führt zu Eingriffen der Gemeinschaft in Zuständigkeitsbereiche der Regionen.[629] Gerade nach der Vertragsrevision des Jahres 1986, der Einheitlichen Europäischen Akte, werden die Möglichkeiten des gemeinschaftlichen Eingriffs in bis dahin angestammt mitgliedsstaatliche Kompetenzen erheblich ausgeweitet.[630] Besonders im Bereich der Regionalpolitik erhält die Gemeinschaft Kompetenzen.[631]

„Diese Ausweitung des gemeinschaftlichen Aufgabenbereichs auf Gebiete mit z.T. deutlichen regionalen Auswirkungen bedeutet, daß die Zahl der von Gemeinschaftspolitik Betroffenen wächst und die gegenseitigen Abhängigkeiten und Verflechtungen zwischen den verschiedenen Ebenen des EG-Systems damit zunehmen."[632]

Die Realisierung des Binnenmarktes sowie die Wirtschafts- und Währungsunion stellen den Abschluss der Europäischen wirtschaftspolitischen Integrationsbemühungen dar.[633] Hiermit erlangt der Europäische Apparat Zugriff auf nahezu sämtliche wirtschaftspolitische und handelspolitische Entscheidungen der Mitgliedsstaaten.

---

[627] Vgl. hierzu SASSE: Regierungen. Parlamente. Ministerrat, S. 15f.
[628] Für den Bereich des Binnenmarktes spricht HARTMANN gar vom „europäischen Staat" und unterscheidet diesen politischen Bereich der ersten Säule von den Bereichen der zweiten und dritten Säule, in denen ausschließlich intergouvernementale Zusammenarbeit vorherrscht: vgl. HARTMANN: System der Europäischen Union, S. 19.
[629] Vgl. MÜLLER-BRANDECK-BOQUET: Europäische Integration, S. 160.
[630] Mit dem Zustimmungsgesetz zur EEA haben die Bundesländer versucht, diesem Verlust von Einfluss entgegenzuwirken: vgl. GÖRNER: Einheit durch Vielfalt, S. 148.
[631] Vgl. auch FRANZMEYER, Fritz: Zentralisierungs- und Dezentralisierungskräfte im europäischen Mehrebenensystem – zur Dynamik von Wirtschafts- und Finanzpolitik in Binnenmarkt und EWU. In: BORKENHAGEN, Franz H.U./ FISCHER, Thomas/ FRANZMEYER, Fritz u.a.: Arbeitsteilung in der Europäischen Union – die Rolle der Regionen. Gütersloh 1999 (Bertelsmann), S. 46.
[632] HRBEK, Rudolf/ WEYAND, Sabine: betrifft: Das Europa der Regionen. Fakten, Probleme, Perspektiven. München 1994 (Beck), S. 82 (Im Folgenden zitiert als HRBEK: Europa der Regionen.).
[633] Grundsätzlich wird am Ziel „Vollendung des Binnenmarktes" nicht gerüttelt. Niemand zweifelt an seinen Vorteilen. So hat bspw. der CECCHINI-Bericht des Jahres 1988 ausreichend dokumentiert, dass alle EG-Staaten von der Vollendung des Binnenmarktes profitieren. Vgl. hierzu HOMBACH, Bodo: Nordrhein-Westfalen: Eine europäische Region formiert sich. Ausgangslage, Perspektiven und Handlungsbedarf. In: ALEMANN, Ulrich von/ HEINZE, Rolf G./ HOMBACH, Bodo (Hrsg.): Die Kraft der Region: Nordrhein-Westfalen in Europa. Bonn 1990 (Dietz), S. 75f. Dennoch dürfen die Risiken des Binnenmarktes nicht außer Acht gelassen werden. Besonders die sozialstaatliche Komponente darf bei Realisierung des Binnenmarktes nicht vernachlässigt werden. Geschieht dies dennoch, ist mit Akzeptanzproblemen des Binnenmarktes zu rechnen. Vgl. hierzu auch BÖTTCHER, Winfried: Stellenwert und Funktion des Sozialen im Integrationsprozeß. In: ALEMANN, Ulrich von/ HEINZE, Rolf G./ HOMBACH, Bodo (Hrsg.): Die Kraft der Region: Nordrhein-Westfalen in Europa. Bonn 1990 (Dietz), S. 461.

Gerade die mit den Aufträgen zur Harmonisierung und Kohäsion verbundenen Durchgriffspotentiale der Gemeinschaft sind hierfür maßgeblich, denn viele nationalstaatliche Politikfelder hängen in irgend einer Form mit der Wirtschaftspolitik zusammen. Gerade auf diese bislang eher nationalstaatlich organisierten Politikbereiche erlangt die Gemeinschaft zunehmend Zugriff. Wettbewerbschranken müssen abgebaut werden, überall sollen gleiche wirtschaftliche Grundbedingungen herrschen, eine möglichst weite Harmonisierung wird angestrebt.

Gemäß Art. 87 EGV-A-N obliegt der Gemeinschaft die Kontrolle über die regionale Strukturpolitik und die Wirtschaftsförderung. Grundsätzlich sind wettbewerbsverzerrende Beihilfen unzulässig. Der Gemeinschaft steht nun gemäß Art. 87 EGV-A-N das Recht zu, die wirtschaftspolitischen Maßnahmen der Mitgliedsstaaten und der Regionen daraufhin zu überprüfen, ob eine unzulässige Wirtschaftsbeihilfe vorliegt, welche Wettbewerbsverzerrungen eröffnet und dem Ziel der Schaffung des Binnenmarkts entgegensteht.[634]

Durch diese Zunahme gemeinschaftlichen Einflusses verlieren aber *nicht* nur die Mitgliedsstaaten erhebliche Kompetenzen in ihrer Gesamtheit, sondern gerade auch deren unterstaatliche Gliederungen. Die Übertragung von Rechtsetzungsbefugnissen an die EG/EU greift zum Teil elementar in die originären Rechte und Kompetenzen der unterstaatlichen Gliederungen ein.

Einschränkung regionaler Mitbestimmung

Die den Bundesländern grundgesetzlich obliegende Souveränität und Eigenstaatlichkeit scheint gefährlich verletzt.[635] Im Rahmen zunehmender Harmonisierungsbemühungen greift die Gemeinschaft grundlegend in innerstaatliches mitgliedsstaatliches Recht ein. Besonders die Bestrebungen zur Erreichung gleicher wirtschaftlicher Bedingungen in den Mitgliedsstaaten, aber auch die Umsetzung von Unionsbürgerrecht mit Freizügigkeit und freier Arbeitsplatzwahl bedingen eine erhebliche Ausweitung gemeinschaftlicher Eingriffe in gewachsene Autonomien.[636]

Die deutschen Bundesländer haben Rechtsetzungskompetenz beispielsweise in Bereichen der Kultur- und Medienpolitik, im Bildungs- und Ausbildungswesen, aber auch in der Gesundheitspolitik oder der Politik für den Umweltschutz und die Landwirtschaft. Besonders die zunehmende Rechtsetzung der EG im Bereich der Bildungs- und Ausbildungspolitik schränkt die Befugnisse der Regionen, vor allem die der deutschen Bundesländer und der belgischen Gemeinschaften erheblich ein.[637]

---

[634] Vgl. HRBEK: Europa der Regionen, S. 82.
[635] Vgl. ebd., S. 84.
[636] Zu den Unionsbürgerrechten ist darüber hinaus das kommunale Wahlrecht für EU-Ausländer anzuführen. Vgl. HÖLSCHEIDT: Von Maastricht nach Karlsruhe, S. 13f; vgl. hierzu auch RENGELING, Hans-Werner: Grundrechtsschutz in der Europäischen Gemeinschaft. Bestandsaufnahme und Analyse der Rechtsprechung des Europäisches Gerichtshofs zum Schutz der Grundrechte als allgemeine Rechtsgrundsätze. München 1992 (Beck), S. 74ff.
[637] Vgl. HRBEK: Europa der Regionen, S. 83f.

Die Erlasse der Gemeinschaft zur gegenseitigen Anerkennung von Diplomen und Prüfungszeugnissen sind Beispiel eines solchen Eingreifens. Auch die in den 1980er Jahren verstärkt aufgelegten Bildungsprogramme stellen einen unmittelbaren Eingriff der Gemeinschaft in bislang originäre regionale Zuständigkeiten dar. Programme wie ERASMUS zur Förderung studentischer Mobilität, LINGUA zur Förderung des Fremdsprachenunterrichts oder auch COMETT zur gemeinschaftsweiten Ausbildung in neuen technischen Berufen machen die Reichweite gemeinschaftlicher Tätigkeiten und deren Auswirkungen auf die Mitgliedsstaaten deutlich.[638]

Die Bildungspolitik ist bislang hoheitliche Aufgabe der Mitgliedsstaaten, in Deutschland hoheitliche Aufgabe der Bundesländer. Mit dem Ziel der Harmonisierung und der Umsetzung von Unionsbürgerrechten scheint diese regionale Autonomie jedoch in Frage gestellt.

Zur Erreichung ihrer Ziele *Vollendung des Binnenmarktes* und *Durchsetzung der Unionsbürgerrechte* muss die Gemeinschaft rechtsetzend tätig werden. Gleichzeitig aber wird dadurch der Einflussbereich der Mitgliedsstaaten bzw. der Regionen beschnitten. Gerade dieser Durchgriff der Gemeinschaft auf die Kompetenzen der unterstaatlichen Gliederungen beschwert das Verhältnis der Regionen zu Europa. Die Regionen haben die Verträge zur Europäischen Gemeinschaft nicht unterzeichnet. Die Regionen haben das Ausufern gemeinschaftlicher Kompetenz nicht legitimiert, denn die Verträge werden von den Regierungen und Parlamenten der 15 Mitgliedsstaaten ratifiziert.[639]

Ohne also die Verträge explizit eigenhändig unterzeichnet zu haben, sind die Regionen zunehmend von den Beschlüssen und der Politik aus Brüssel betroffen.[640] Dieses Spannungsfeld wird umso kritischer, je stärker die EG auf originäre Befugnisse der Regionen durchgreift und durch Rechtsakte deren Zuständigkeitsbereiche beschneidet.

Dieser Konflikt ist zunächst einmal völlig unabhängig davon, ob das Gemeinschaftshandeln aus den Gemeinschaftsverträgen heraus legitimiert ist oder nicht, denn die Regionen sind unbeteiligte, aber betroffene Dritte. Liegt eine gemeinschaftsvertragliche Absicherung des Gemeinschaftshandelns vor, was grundsätzlich der Fall sein dürfte, ändert dies nichts daran, dass die Regionen explizit eine solche Legitimation *nicht* erteilt haben.

Mit der Rundfunkrichtlinie der EG aus Oktober 1989 beispielsweise fühlen sich die deutschen Bundesländer erheblich in ihren eigenstaatlichen Hoheitsbefugnissen verletzt. Die Rundfunkrichtlinie regelt die wirtschaftlichen Aspekte von Funk und Fernsehen.[641] Seitens der Gemeinschaft wird dieser Bereich einer gemeinschaftsweiten Regelung unterzogen, um seine kommerziellen Aspekte wie die Gewährleistung

---

[638] Vgl. ebd., S. 84.
[639] Vgl. HÖLSCHEIDT: Von Maastricht nach Karlsruhe, S. 30f.
[640] Vgl. MÜLLER-BRANDECK-BOQUET: Europäische Integration, S. 161.
[641] Die Fernsehrichtlinie begreift die Regelungen zur mitgliedsstaatlichen Medienlandschaft als Bestandteil der Harmonisierung der Wirtschaftsverhältnisse und Realisierung des Binnenmarktes: vgl. KLEINSTEUBER, Hans J./ ROSSMANN, Torsten: Kommunikationsraum Europa? Die Medienpolitik der EG und die europäische Integration. In: KREILE: Integration Europas, S. 305; vgl. auch MÜLLER-BRANDECK-BOQUET: Europäische Integration, S. 171.

des freien Empfangs von Sendungen, die Werbung und das Recht auf Gegendarstellungen zu harmonisieren.[642]
Für die Länder jedoch steht der kulturelle Aspekt von Funk und Fernsehen im Mittelpunkt. Die wirtschaftlichen Bereiche sind aus ihrer Sicht nur Randprobleme.[643] Aus diesem Grund stellt eine Europäische Regelung für diesen Bereich einen Eingriff in die Kulturhoheit der Länder dar und ist somit nicht legitimiert.[644]
Die Empfehlungen der Richtlinie zum Mindestprogrammanteil Europäischer Sendungen an der Ausstrahlung sowie gesundheitspolitische Vorgaben wie z.b. das Verbot der Werbung für gesundheitsschädliche Produkte wie Tabak und Alkohol unterliegen bislang dem materiellen Regelungsbestand der Länder. Die Länder haben die Zuständigkeit hierfür bislang nicht auf die Gemeinschaft übertragen. Übertragen wird sie durch den Bund, dies jedoch ohne Rücksicht auf Länderinteressen.

Auch die Regionen anderer Mitgliedsstaaten werden zunehmend in ihren regionalen hoheitlichen Kompetenzen beschnitten. Die italienischen Regionen und die spanischen Autonomen Gemeinschaften fühlen sich besonders in den Bereichen des Umweltschutzes und in der Agrar- und Fischereipolitik eingeschränkt.[645]

Neben diesem direkten Einfluss der Gemeinschaft auf Befugnisse der Regionen mindern auch verwaltungstechnische Bestimmungen der EG regionale Souveränität. Die Rechtsakte der Gemeinschaft müssen, zumeist von nationalem Recht gestützt, verwaltungsseitig durch die Regionen umgesetzt werden. Gerade in föderal strukturierten Mitgliedsstaaten obliegt der regionalen Verwaltung die Umsetzung und konkrete Ausführung dieser Beschlüsse. Die Regionen sind deshalb unmittelbar durch die seitens der Gemeinschaft erlassenen Rechtsakte betroffen.[646]

Ein weiteres grundsätzliches Moment regionalen Souveränitätsverlusts stellt die mitgliedsstaatliche Übertragung von Kompetenzen an die Gemeinschaft *dann* dar, wenn die Regionen dadurch bislang beanspruchte mitgliedsstaatliche Mitwirkungsmöglichkeiten verlieren. Können die Regionen oftmals bislang noch Einfluss auf die Gesetzgebung und allgemein die Politik ihres Landes nehmen, wird dies nun erheblich erschwert.

Der *inoffizielle* Kanal der Mitbestimmung ist verkleinert worden. Können die Regionen ihre politischen Standpunkte bislang noch durch allgemeine Lobbyarbeit und gezielte Interessenvertretung auf mitgliedsstaatlicher Ebene darstellen, wird dies durch die Kompetenzverlagerung auf die Europäische Ebene deutlich erschwert. Auf der Gemeinschaftsebene sitzen deutlich mehr Akteure am Tisch. Dadurch wird der Einfluss einer einzelnen Region deutlich verringert. Auch werden die Entscheidungswege immer komplizierter und dadurch der geübte Weg der Einflussnahme verkompliziert.

---

[642] Vgl. HRBEK: Europa der Regionen, S. 84.
[643] Vgl. KLEINSTEUBER, Hans J./ ROSSMANN, Torsten: Kommunikationsraum Europa? Die Medienpolitik der EG und die europäische Integration. In: KREILE: Integration Europas, S. 300.
[644] Vgl. hierzu auch GÖRNER: Einheit durch Vielfalt, S. 146ff.
[645] Vgl. HRBEK: Europa der Regionen, S. 85.
[646] Vgl. ebd.

Aber auch der *formale* Weg der Mitbestimmung wird erschwert. Werden bislang Gesetze des Mitgliedsstaates auf eben dieser Ebene erlassen und ist in diesem Verfahren die Mitbestimmung der Regionen wie auch immer, aber deutlich geregelt, wird dieser formale Weg mit der Verlagerung der Entscheidungen auf die Europäische Ebene versperrt. Auf der Gemeinschaftsebene entscheidet die mitgliedsstaatliche Ebene, nicht die Regionen.

Die Durchsetzung nationaler Interessen auf der Europäischen Ebene wird kaum von regionaler Mitbestimmung geprägt. Mit der Verlagerung mitgliedsstaatlicher Kompetenz auf die Gemeinschaftsebene müssen die Regionen neue Verfahren der Mitbestimmung entwickeln.

Wege zur Kompensation regionalen Machtverlusts

Mit dem Ziel der Etablierung eines neuen Mitbestimmungsverfahrens nehmen die Regionen einen konstruktiv-kritischen Standpunkt gegenüber der Gemeinschaft ein. Dies war nicht immer so. Vor dieser Einstellung zur *konstruktiven* Kritik wird seitens der Länder und Regionen gegenüber der Gemeinschaft eine grundsätzliche Ablehnungsstrategie verfolgt, da sie am Integrationsprozess kaum beteiligt sind.
Besonders die deutschen Bundesländer stehen dem Europäischen Einigungsprozess – vor dem Hintergrund des zunehmenden eigenen Souveränitätsverlustes – kritisch gegenüber. Sie müssen feststellen, dass die Europäische Integration nicht nur die Kompetenzen der Mitgliedsländer aushöhlt, sondern darüber hinaus eben auch in ihre eigenen angestammten hoheitlichen Befugnisse eingreift.

Diese grundsätzliche Haltung des Bremsens gemeinschaftlicher Entwicklung wird erst mit der sich langsam einstellenden Erkenntnis revidiert, dass es zum Europäischen Einigungsprozess prinzipiell keine Alternative gibt.[647] Allmählich setzt sich die Haltung durch, dass der drohenden Zentralisierung der Gemeinschaft nicht durch grundsätzliche Kritik begegnet werden darf, sondern aus dem System heraus Reformwege aufgezeigt werden müssen – der Marsch durch die Institutionen.[648] Regionale Lobbyarbeit und konstruktive Kritik stehen von nun an auf der Agenda.

Diese neue konstruktivere Haltung der Länder und Regionen wird im Folgenden näher untersucht. Die konstruktive Interessenvertretung der Länder und Regionen lässt sich in *drei* Bereiche unterteilen:
Erstens: Die Länder und Regionen bemühen sich in ihrem jeweiligen Mitgliedsstaat um eine direkte Mitbestimmung. Die Länder und Regionen erhalten Mitwirkungsrechte an den gemeinschaftspolitischen Entscheidungen ihres Staates. Die durch regionale Mitwirkung entstandene amalgamierte Gesamtstellungnahme wird schließlich durch die mitgliedsstaatliche Vertretung auf Gemeinschaftsebene artikuliert.

---
[647] Vgl. ebd., S. 87.
[648] Mit der Ratifizierung der EEA erlangen die Bundesländer unmittelbaren Einfluss auf Gemeinschaftsentscheidungen. Von nun an überwiegt die konstruktive Kritik. Die grundsätzliche Ablehnungshaltung wird abgelegt: vgl. BARDONG: Einheitliche Europäische Akte, S. 38f.

Zweitens: Die Länder und Regionen bauen eigenständige Vertretungen (Niederlassungen) direkt auf der Ebene der Gemeinschaft auf. Unter Umgehung der nationalen Vertretung erhoffen sie damit, direkt vor Ort auf ihre Interessen aufmerksam machen zu können und ihre Interessen zu wahren (direkte Lobbyarbeit in Brüssel und Straßburg, jedoch ohne institutionellen Rahmen).
Drittens: Die Länder und Regionen drängen auf eine institutionalisierte regionale Interessenvertretung auf der Europäischen Ebene. Die Länder und Regionen erhalten somit einen festen Platz im institutionellen Machtgefüge der Gemeinschaft. So können sie sich offiziell in die gemeinschaftliche Meinungsbildung einbringen.[649]

Werden alle diese drei Bereiche regionaler Interessenvertretung gemeinsam wahrgenommen, wird das in der EU-Forschung diskutierte „Mehrebenen-Modell" Praxis.[650]

Innerstaatliche regionale Mitwirkung an Gemeinschaftsentscheidungen

Im Folgenden wird zunächst die *erste* Möglichkeit konstruktiver Interessenvertretung vorgestellt.
Die unmittelbare Beteiligung am innerstaatlichen Willensbildungsprozess ist besonders in Deutschland und Belgien stark ausgeprägt.[651]

Schon bei der Ratifikation der Römischen Verträge machen die deutschen Bundesländer deutlich, dass von nun an eine Beteiligung ihrerseits an gemeinschaftspolitischen Entscheidungen des Bundes notwendig ist, um wegfallende Kompetenzen kompensieren zu können.[652]
Eine solche Beteiligung wird seitens des Bundes jedoch nicht akzeptiert. Er gesteht den Bundesländern ausschließlich ein Informationsrecht zu relevanten Europäischen Vorgängen zu. Der Bundesrat als Vertretungskörperschaft der Bundesländer kann Stellungnahmen zu Themen der Gemeinschaft abgeben. Für die Bundesregierung besteht jedoch kein Zwang, diese Stellungnahmen in ihre politische Linie aufzunehmen, geschweige denn, diese auf der Gemeinschaftsebene einzubringen und auch umzusetzen.
Diese Missachtung von Länderinteressen ändert sich erst am Ende der 1970er Jahre. Die Bundesländer kritisieren, dass der Bund durch Beschlüsse im Rat (und Ministerrat) zunehmend Länderkompetenzen preisgibt.[653] Schließlich einigen sich Bund und Länder darauf, dass die Bundesregierung Stellungnahmen der Länder

---

[649] Vgl. auch BÖTTCHER: Europas Zukunft, S. 100.
[650] Vgl. HARTMANN: System der Europäischen Union, S. 47f.
[651] Vgl. LEPSZY, Norbert/ WOYKE, Wichard: Belgien: Geteilter Staat – geteilte politische Kultur. In: REICHEL, Peter (Hrsg.): Politische Kultur in Westeuropa. Bürger und Staaten in der Europäischen Gemeinschaft. Schriftenreihe der Bundeszentrale für politische Bildung. Bd. 209. Bonn 1984, S. 49f.
Auch in anderen Europäischen Mitgliedsstaaten erlangt regionale Mitsprache zunehmend Befürworter: vgl. LÜBBE, Hermann: Europa. Philosophische Aspekte. In: BISKUP, Reinhold (Hrsg.): Dimensionen Europas. Beiträge zur Wirtschaftspolitik. Bd. 68. Bern/ Stuttgart/ Wien 1998 (Paul Haupt), S. 92.
[652] Vgl. RIXECKER, Roland: Grenzüberschreitender Föderalismus – eine Vision der deutschen Verfassungsreform zu Artikel 24 Abs. 1 des Grundgesetzes. In: BOHR, Kurt (Hrsg.): Föderalismus. Demokratische Struktur für Deutschland und Europa. München 1992 (Beck), S. 202.
[653] Vgl. MEMMINGER: Forderungen der Länder, S. 140.

zwingend beachten muss, wenn konkret Länderinteressen durch die Gemeinschaftspolitik betroffen sind.[654] Beschlossen wird dieses Verfahren im Jahr 1979 nach einem heftigen Briefwechsel zwischen dem Bundeskanzler und dem Vorsitzenden der Ministerpräsidentenkonferenz.[655]

Mit dem beschlossenen Beteiligungsverfahren sind die Länder ein erhebliches Maß stärker in die Prozesse der Meinungsbildung zur Gemeinschaftspolitik einbezogen als bislang.

Die neue Vereinbarung enthält jedoch eine maßgebliche Einschränkung: Die artikulierten Länderinteressen sind nur *dann* zu beachten, wenn diesen auf Europäischer Ebene keine *integrationspolitischen* Gründe entgegenstehen. Gerade diese Einschränkung macht die getroffene Vereinbarung in ihrer Umsetzung schwierig, ist es doch gerade die Europäische *Integration*, die als angestrebtes Ziel den Großteil aller Gemeinschaftsentscheidungen dominiert. Im Zuge gerade dieser Integration verlieren die Mitgliedsstaaten und eben auch deren Untergliederungen Zuständigkeiten. Der von den Ländern beklagte Verlust hoheitlicher Kompetenzen resultiert ja geradezu aus eben dieser angestrebten Integration. Die Länderinteressen nun gerade in denjenigen Fällen nicht ernst nehmen zu müssen, in denen Integrationsbelange betroffen sind, ist deshalb geradezu paradox.

Mit der vorgenannten Einschränkung verliert die vereinbarte Mitwirkung der Länder erheblich an praktischem Wert: Konsultation und nicht Mitbestimmung ist das Ergebnis. Die Länder bzw. der Bundesrat artikulieren eigene Stellungnahmen zu gemeinschaftspolitischen Vorgängen, der Bund bzw. die Bundesregierung, nimmt diese zur Kenntnis.

Mit der Ratifizierung der Einheitlichen Europäischen Akte (EEA) im Jahr 1986 weicht diese Unverbindlichkeit des Beteiligungsprozesses einer verbindlicheren Lösung.[656] Der Beschlussfassung zur EEA durch die Bundesregierung folgt die Ratifizierung durch Bundestag und Bundesrat. Nun schlägt die Stunde der Ländervertreter. Der Bundesrat lässt sich seine Zustimmung zur EEA durch eine verbindlichere Regelung der Vertretung von Länderinteressen auf Gemeinschaftsebene abringen.[657] Der Bundesrat kann damit seine innerstaatlichen Mitwirkungsmöglichkeiten ausbauen.[658]

Das Ratifikationsgesetz zur Einheitlichen Europäischen Akte sichert den Bundesländern über den Bundesrat Mitbestimmung in Angelegenheiten der Europäischen Gemeinschaft zu.[659] Von nun an werden die Länder über sämtliche Vorgänge der Gemeinschaft, die für sie von Interesse sein könnten, informiert. Die Stellungnahme des Bundesrates wird nun grundsätzlich bei allen gemeinschaftlichen Überlegungen

---

[654] Vgl. HRBEK: Europa der Regionen, S. 88.
[655] Vgl. MAGIERA: Kompetenzverteilung in Europa, S. 26f.
[656] Vgl. ALEMANN, Ulrich von/ HEINZE, Rolf G./ HOMBACH, Bodo: Europa im doppelten Umbruch – Eine Einführung. In: DIES. (Hrsg.): Die Kraft der Region: Nordrhein-Westfalen in Europa. Bonn 1990 (Dietz), S. 21f; vgl. auch BÖTTCHER: Europas Zukunft, S. 103.
[657] Vgl. MÜLLER-BRANDECK-BOQUET: Europäische Integration, S. 171. Der Bundesrat wird durch die Bundesregierung „umfassend und zum frühestmöglichen Zeitpunkt über alle Vorhaben im Rahmen der Europäischen Gemeinschaft, die für die Länder von Interesse sein könnten", unterrichtet. (vgl. hierzu Art. 2 Abs. 1 EEAG).
[658] Vgl. HRBEK: Europa der Regionen, S. 88f.
[659] Vgl. Gesetz zur Einheitlichen Europäischen Akte vom 28.02.1986 – BGBl. II, S. 1102-1115.

mit Länderbezug berücksichtigt. Die Bundesregierung darf von nun an neuen Gemeinschaftsregelungen mit konkreten Auswirkungen auf die Länder nur dann zustimmen, wenn sie im Vorfeld die Stellungnahme des Bundesrates gehört und berücksichtigt hat.

Der Bundesrat richtet eine EG-Kammer ein, vermittels derer er gezielt Europäische Belange diskutieren und schließlich Stellungnahmen verabschieden kann.[660] Trotz dieses Fortschrittes in der Beteiligung besteht weiterhin die Klausel, dass Stellungnahmen und Positionen der Länder nur *dann* zu berücksichtigen sind, wenn wichtige Belange der Integration dieser nicht entgegenstehen.

Der Unterschied zum Verfahren vor Erlass des Ratifikationsgesetzes besteht darin, dass die Bundesregierung ein Abweichen von der Stellungnahme des Bundesrates rechtfertigen muss. Die Verbindlichkeit von Stellungnahmen des Bundesrates ist gestiegen, jedoch immer noch gering.

Der Erfolg des Ratifikationsgesetztes zur EEA besteht darin, dass sich die Kommunikation bezüglich gemeinschaftspolitischer Belange zwischen dem Bund und den Ländern verbessert. Die Bundesregierung erlangt Kenntnis von der Position des Bundesrates und macht sich diese, so weit als möglich, zu eigen. Die notwendige Rechtfertigung bei Verstoß gegen die Länderinteressen stellt zwar keine Garantie zur Umsetzung von Länderinteressen auf der Gemeinschafsebene dar, dieser Rechtfertigungszwang jedoch zwingt die Bundesregierung, nun die Interessen des Bundesrates ernster zu nehmen.

Neben diese indirekte Berücksichtigung von Länderinteressen tritt zusehends eine direkte und unmittelbare Einbeziehung von Ländervertretern in Europäische Rechtsetzungsprozesse. Bei Gemeinschaftsangelegenheiten, die ausschließlich Länderinteressen betreffen, verstärken Ländervertreter die bundesdeutsche Delegation. Auf diesem Weg erhalten die Länder einen unmittelbaren Einfluss auf die Entscheidungsfindung der Gemeinschaft. Auch wenn die Delegationsleitung stets bei den Vertretern der Bundesregierung verbleibt, haben die Ländervertreter nun einen Fuß in der Tür. Diese Beteiligung an der deutschen Delegation darf in ihrer Wirkung nicht unterschätzt werden: Die Bundesländer können nun direkt vor Ort ihre Interessen vertreten. Im Politikfeld der Kultur wird ihnen gar die Delegationsleitung übertragen.[661]
Mit den Maastrichter Verträgen schließlich erlangen die Bundesländer einen noch unmittelbareren und direkteren Einfluss auf die Europapolitik der Bundesregierung.[662] Mit Ratifikation des Vertrages von Maastricht wird das Grundgesetz der zunehmen-

---

[660] Mit Art. 45 GG erhält der Bundestag entsprechend dem Bundesrat einen Fachausschuss, welcher in Angelegenheiten der Europäischen Union die Rechte des Bundestages gegenüber der Bundesregierung aus Art. 23 GG wahrnimmt: vgl. hierzu HÖLSCHEIDT: Von Maastricht nach Karlsruhe, S. 84.
[661] Schon vor Beschluss über den Vertrag von Maastricht und gar vor der EEA wird den Bundesländern bei kulturpolitischen Europäischen Entscheidungen ein Mitspracherecht seitens des Bundes eingeräumt: vgl. BORCHMANN, Michael/ KAISER, Wilhelm: Die Mitwirkung der Länder im EG-Ministerrat. In: BORKENHAGEN, Franz H.U./ BRUNS-KLÖSS, Christian/ MEMMINGER, Gerhard/ STEIN, Otti (Hrsg.): Die deutschen Länder in Europa: Politische Union und Wirtschafts- und Währungsunion. Baden-Baden 1992 (Nomos), S. 38f; vgl. auch HRBEK: Europa der Regionen, S. 90.
[662] Vgl. ISENSEE: Einheit in Ungleichheit, S. 169.

den Übertragung von Kompetenzen auf die Europäische Ebene angepasst.[663] Die voranschreitende Entmachtung der Bundesländer wird durch ein geordnetes und formales Beteiligungs- und Mitwirkungsverfahren kompensiert.[664] Der neugefasste Art. 23 GG regelt die Zusammenarbeit zwischen der Bundesregierung, dem Bundestag und dem Bundesrat in Gemeinschaftsangelegenheiten. Der Bundesrat erlangt nun verfassungsrechtlich abgesicherte Mitwirkungsrechte.

Die Mitwirkungsmöglichkeiten der Bundesländer und des Bundesrates, mitgliedsstaatliche Entscheidungen der Europäischen Gemeinschaft betreffend, sind im Vergleich zu den Mitwirkungsmöglichkeiten der Regionen anderer Europäischer Mitgliedsstaaten enorm hoch. Dies liegt vor allem daran, dass kein anderes Europäisches Land solche stark verwurzelten föderalen Strukturen aufweist.

Der Mangel an föderaler Struktur in anderen Mitgliedsstaaten führt dazu, dass die Ausprägung regionaler Mitbestimmung dort eher schwach ist. Erst allmählich beginnt in diesen Mitgliedsstaaten ein regionales Bewusstsein zu wachsen. In denjenigen Mitgliedsstaaten, in denen ein solch regionales Bewusstsein bereits vorhanden ist, dieses aber verfassungsrechtlich nicht in eine innerstaatliche politische Beteiligung umgemünzt wird, entsteht ein enormer Druck auf die Einrichtung von Mitwirkungsmöglichkeiten. Besonders in Belgien, Italien und Spanien kann ein solcher nach Einfluss strebender Regionalismus festgemacht werden.[665]
Die Entwicklungsrichtung ist allerdings offen. Die Regionen pochen auf mehr Mitwirkungsrechte. Da diese Rechte aber noch keinen Verfassungsrang besitzen, bleibt der gesamte Mitwirkungsprozess dem politischen Kräfteverhältnis ausgeliefert.[666] Die Beteiligungsverfahren in den genannten Ländern sind bei weitem nicht so weit fortgeschritten wie in Deutschland, denn es fehlt an verfassungsmäßiger Verankerung. Den deutschen Bundesländern steht ein Gremium zur Verfügung, in welchem Länderinteressen gebündelt und koordiniert werden können. Ein solches Gremium fehlt den anderen Mitgliedsstaaten weitgehend. Die Wirkung eines solchen Gremiums ist jedoch nicht zu unterschätzen. Im Bundesrat bzw. in seiner EG-Kammer können die Bundesländer ihre Auffassungen austauschen und koordinieren. Damit gewinnt diese nun konzertierte Meinung der Länder erheblich an Gewicht.
In Mitgliedsstaaten ohne eine solche Vertretungskörperschaft streben die Positionen der Regionen und Länder oftmals auseinander. Ohne gemeinsame Vertretung und damit ohne einheitlich vorgetragene Stellungnahme verliert die Position der Länder und Regionen in diesen Mitgliedsstaaten an Durchsetzungskraft.[667]

---

[663] Vgl. HÖLSCHEIDT: Von Maastricht nach Karlsruhe, S. 66; vgl. auch CALLIEß: Innerstaatliche Mitwirkungsrechte, S. 15.
[664] Vgl. CALLIEß: Innerstaatliche Mitwirkungsrechte, S. 13.
[665] Vgl. KINSKY, Ferdinand: Föderalismus als Ordnungsmodell für Europa. In: HUBER, Stefan/ PERNTHALER Peter (Hrsg.): Föderalismus und Regionalismus in Europäischer Perspektive. Schriftenreihe des Instituts für Föderalismusforschung. Bd. 44/ Veröffentlichungen der österreichischen Sektion des CIFE. Bd. 10. Wien 1988 (Braumüller), S. 25; vgl. auch HUMMER, Waldemar: Subsidiarität und Föderalismus als Strukturprinzipien der Europäischen Gemeinschaften? In: Zeitschrift für Rechtsvergleichung (2/1992), Wien 1992, S. 90.
[666] Vgl. HRBEK: Europa der Regionen, S. 95.
[667] Vgl. BORKENHAGEN, Franz H.U.: Mitwirkung in Europa – eine Standortbestimmung der deutschen Länder. In: BORKENHAGEN, Franz H.U./ FISCHER, Thomas/ FRANZMEYER, Fritz u.a.: Arbeitsteilung in der Europäischen Union – die Rolle der Regionen. Gütersloh 1999 (Bertelsmann), S. 17.

Eigenständige Vertretung auf Gemeinschaftsebene – Regionaler Lobbyismus

Nach dieser Untersuchung zur *ersten* grundsätzlichen Möglichkeit konstruktiver Mitwirkung wird nun das Augenmerk auf die *zweite* Möglichkeit, die direkte Lobbyarbeit vor Ort gerichtet.
Neben der institutionellen Mitwirkung an der innerstaatlichen mitgliedsstaatlichen Vorbereitung von Gemeinschaftsentscheidungen versuchen die Regionen auch direkten Einfluss auf die Gremien und damit die Entscheidungen der Gemeinschaft zu erlangen. Direkte Lobbyarbeit wird zunehmend der gewählte Weg, eigene regionale Interessen darzustellen.

Die direkte regionale Vertretung hilft den Regionen, „(...) ihre individuellen Einzelinteressen zu verfolgen, während im Rahmen der innerstaatlichen Beteiligungsmöglichkeiten nur eine Verfolgung der gemeinsamen Interessen der subnationalen Einheiten des jeweiligen Staates erfolgversprechend ist."[668]

Die regionale Interessenvertretung auf nationaler innerstaatlicher Ebene ist auf *doppelte* Weise durch Kompromiss und Konsens eingeschränkt:
Zunächst einmal gilt es, mit den anderen Regionen oder Ländern einen gemeinsamen regionalen Standpunkt zu erarbeiten.
Jede Region unterscheidet sich von der anderen. Zwar mögen die Regionen gegenüber der nächst höheren staatlichen Ebene grundsätzlich gemeinsame Interessen verfolgen, untereinander aber haben sie, von der gemeinsamen Abgrenzung nach oben abgesehen, unterschiedliche politische Schwerpunkte und Ziele. Gerade diese Unterschiede stellen ja das Abgrenzungsmerkmal der Regionen dar. Aufgrund der regionalen Verschiedenartigkeit stellt der Zwang zu einem vereinheitlichten Standpunkt die Regionen und Länder vor eine schwere Aufgabe. Um innerstaatlich Gehör zu finden, ist es aber erforderlich, mit möglichst einer Stimme zu sprechen. Konsenssuche und damit die Bereitschaft zu Kompromissen ist notwendig.
Diese sodann geglättete Gesamtposition der Länder und Regionen wird *zum Zweiten* noch einmal verwässert. Im Ringen um eine sowohl für die Länder als auch für den Gesamtstaat akzeptable Position müssen *noch einmal* Kompromisse eingegangen werden. Erst diese so entstandene doppelt geglättete Gesamtposition kann nun in die Meinungsbildung der Europäischen Gemeinschaft eingebracht werden.

Grundsätzliche regionale Interessen finden den Weg nach Europa, dies vor allem deshalb, weil alle Regionen, unabhängig kultureller oder auch wirtschaftlicher Unterschiede, gemeinsame *grundsätzliche* Positionen in Abgrenzung zur mitgliedsstaatlichen oder gemeinschaftlichen Ebene artikulieren.
Die Wiedergabe *spezifischer* regionaler Teilinteressen dagegen ist über den erzwungenen Konsens mit anderen Regionen und schließlich den Konsens mit der nationalstaatlichen Regierung problematisch.[669]

---

[668] HRBEK: Europa der Regionen, S. 96f.
[669] Vgl. BORKENHAGEN, Franz H.U.: Mitwirkung in Europa – eine Standortbestimmung der deutschen Länder. In: BORKENHAGEN, Franz H.U./ FISCHER, Thomas/ FRANZMEYER, Fritz u.a.: Arbeitsteilung in der Europäischen Union – die Rolle der Regionen. Gütersloh 1999 (Bertelsmann), S. 16.

Sinnvoller erscheint es daher, spezifische regionale Interessen direkt vor Ort bei den Gremien der Gemeinschaft zu artikulieren, also direkte Interessenvertretung zu praktizieren. Die Besuchsreisen regionaler Vertreter nach Brüssel haben stark zugenommen.
Die Regionen und Länder versuchen darüber hinaus, falls sie finanziell dazu in der Lage sind, eigene Repräsentanzen in Brüssel aufzubauen.[670] Sie richten innerhalb ihrer eigenen Verwaltung EG-Referate ein und beschäftigen einen Stab von Verwaltungsmitarbeitern, welcher sich ausschließlich mit der Gemeinschaftspolitik befasst. Dieser Stab kann sodann regionale Auswirkungen aktueller Gemeinschaftspolitik prüfen und Stellungnahmen hierzu erarbeiten.[671]

Vermittels der Repräsentanzen vor Ort wird den Entscheidungsträgern der Gemeinschaft die Position der entsendenden Körperschaft dargelegt. Schließlich kann auf die anstehenden politischen Entscheidungen im Interesse der eigenen regionalen Belange Einfluss ausgeübt werden.[672]

Die deutschen Bundesländer haben inzwischen, jedes für sich, eine eigene Europa-Abteilung innerhalb ihrer Landesverwaltung aufgebaut sowie eine Vertretung auf Brüsseler Ebene installiert. Nach und nach ziehen auch die größeren Regionen der anderen Mitgliedsstaaten nach. Regionen aus Belgien, Frankreich, Spanien und Österreich, aber auch große Kommunen aus Dänemark und Schweden sowie einige Counties aus Großbritannien und Nordirland sowie Irland sind inzwischen vor Ort in Brüssel vertreten.[673]

Die Einrichtung souveräner Landes- und Regionalbüros stößt allerdings auf Widerstand der jeweiligen Mitgliedsstaaten, denn die Vertretung in Brüssel stellt einen Kontakt mit dem Ausland dar. Die Pflege des Kontaktes mit anderen Staaten oder suprastaatlichen Organisationen obliegt in der Regel ausschließlich dem Nationalstaat und nicht seinen Gliederungen.
Die Nationalstaaten beäugen daher diese aufkeimende Konkurrenz einer neuen „Nebenaußenpolitik"[674] kritisch, da sie eine Schwächung der eigenen Position befürchten, zumindest aber die Autorität verloren gehen sehen, für ihren Gesamtstaat zu sprechen. Diese Befürchtung ist nicht unbegründet, weil die Regionen und Länder ausschließlich für sich selbst werben und originäre eigene Interessen vertreten. Der einzelne Nationalstaat spricht schließlich nicht mehr mit einer Stimme. Eine innerstaatliche Konsenssuche zur Erlangung einer gemeinsamen Position wird nun umso schwieriger.[675]

---

[670] Vgl. CLOSTERMEYER, Claus-Peter: Die Mitwirkung der Länder in EG-Angelegenheiten. In: BORKENHAGEN, Franz H.U./ BRUNS-KLOSS, Christian/ MEMMINGER, Gerhard/ STEIN, Otti (Hrsg.): Die deutschen Länder in Europa: Politische Union und Wirtschafts- und Währungsunion. Baden-Baden 1992 (Nomos), S. 175; vgl. auch ALEMANN, Ulrich von/ HEINZE, Rolf G./ HOMBACH, Bodo: Europa im doppelten Umbruch – Eine Einführung. In: DIES. (Hrsg.): Die Kraft der Region: Nordrhein-Westfalen in Europa. Bonn 1990 (Dietz), S. 22f.
[671] Vgl. MAGIERA: Kompetenzverteilung in Europa, S. 26.
[672] Vgl. HRBEK: Europa der Regionen, S. 97.
[673] Vgl. ebd.
[674] Ebd.
[675] HARTMANN dokumentiert, dass die Bundesländer auf Gemeinschaftsebene nicht allzu aktiv werden können, da nach wie vor ein außenpolitisches Primat der Bundespolitik besteht: vgl. HARTMANN: System der Europäischen Union, S. 23.

Fraglich ist, ob diese Schwächung der nationalen Gesamtposition vertretbar ist. Zunächst ist festzuhalten, dass die nationalstaatliche Position dort nicht von der Einzelposition der Länder und Regionen abweicht, wo alle Beteiligten der gleichen Auffassung sind. In Bereichen jedoch, wo unterschiedliche Positionen vertreten werden, stellt sich die Frage, inwieweit die entstehende Stimmenvielfalt der Gesamtvertretung zuträglich ist.

Stimmenvielfalt entsteht, wenn Interessen weit auseinander gehen. Bei allen gemeinschaftlichen Entscheidungen, durch welche die Länder und Regionen direkt betroffen sind, herrscht demnach genau dann Unstimmigkeit, wenn zwischen einem Mitgliedsstaat und seinen Regionen oder auch zwischen den Regionen selbst unterschiedliche Positionen festzustellen sind. In einem solchen Fall würde eine vereinheitlichte Position die einzelnen Positionen nur zum Teil wiedergeben können. Es ist gar der Fall denkbar, dass eine vereinheitlichte Position Einzelpositionen völlig übergeht. Bei Gemeinschaftsentscheidungen, welche die Regionen nicht unmittelbar betreffen, sollte dies verwindbar sein. Bei Gemeinschaftsentscheidungen mit direkter Auswirkung auf regionale Interessen aber und bei direktem Eingriff gemeinschaftlicher Politik in die spezifischen Interessen der Regionen wäre eine Vereinheitlichung der Einzelpositionen ihrer Umsetzung abträglich. In diesen konkreten Fällen erscheint die Einzelvertretung vor Ort sinnvoller.

Dennoch muss der Frage nachgegangen werden, welche Durchsetzungskraft eine solch einzelne regionale Lobbystimme besitzt. Es ist einzusehen, dass die gemeinsame Interessenvertretung der Regionen eines Staates im Gegensatz zu einer solitären Lobbystimme durchaus auch Vorteile bietet. Im Einzelfall ist demnach abzuwägen, welcher Weg zur Erreichung regionaler Ziele erfolgversprechender ist: Lobbyarbeit oder gemeinsame Vertretung.

Dieser Erkenntnis folgend beschreiten die Länder und Regionen beide Wege der Einflussnahme. Es erfolgt eine konkrete solitäre Lobbyarbeit vor Ort. Darüber hinaus bleibt die Vertretung regionaler Interessen, gebündelt durch die Nationalregierung im Rat oder Ministerrat und seinen Unterausschüssen, unabdingbar.

Der Aufgabenkatalog des baden-württembergischen Landesbüros in Brüssel liest sich wie folgt:

Zur Aufgabe des Landesbüros gehört,
„ - die Landesregierung und Dienststellen möglichst frühzeitig über Entwicklungen, Vorhaben, Maßnahmen, Programme und Meinungsbildung in der EG, insbesondere im Zuständigkeitsbereich der Kommission, zu unterrichten;
- die Interessen des Landes gegenüber den Institutionen der EG (...) zu vertreten und Baden-Württembergs Stellung innerhalb der Bundesrepublik Deutschland zu verdeutlichen;
- Kontakte zu den Dienststellen der Kommission zu eröffnen, zu pflegen und für Mitglieder der Landesregierung und der Landesverwaltung zu vermitteln;
- Veranstaltungen durchzuführen, die auf Besonderheiten Baden-Württembergs aufmerksam machen, fachliche Anliegen darstellen und das Verständnis für die Bedeutung und die Vorteile des Föderalismus wecken und stärken;

- in Einzelfällen Hilfestellung zu geben und Kontakte zu vermitteln bei Anfragen und Anträgen von Unternehmen und Einrichtungen aus Baden-Württemberg an die EG-Kommission;
- Vorbereitung von Besuchsprogrammen und Betreuung von aus Baden-Württemberg anreisenden Besuchern und Besuchergruppen;
- Kontaktpflege zu der Vielzahl der übrigen im Umfeld der EG angesiedelten Organisationen und europäischen Spitzenverbänden."[676]

Institutionelle Vertretung auf Gemeinschaftsebene

Nun zur *dritten* der angeführten grundsätzlichen Möglichkeiten konstruktiver Mitwirkung: die institutionelle Teilhabe am Meinungsbildungsprozess.
Mit den Verträgen von Maastricht wird der Ausschuss der Regionen (AdR) in das Gefüge der Europäischen Institutionen eingeführt.
Der Ausschuss der Regionen ist das unmittelbare Vertretungsorgan der Regionen. Auch vorher gibt es zwar schon ein Gremium regionaler Interessenvertretung, erst mit dem AdR jedoch erlangt die Mitwirkung der Regionen ein formales und festes Gefüge.
So beschließt die Kommission im Jahr 1988, einen *„Beirat der regionalen und lokalen Gebietskörperschaften"* einzurichten. Mit diesem soll eine festere und verbindlichere Mitwirkung der Regionen am Willensbildungsprozess auf der Gemeinschaftsebene gewährleistet werden.[677]
Schon lange zuvor steht die Forderung der Länder und Regionen nach solch einer besseren Möglichkeit der Mitwirkung im Raum. Im Jahr 1984 wird dieser Wunsch bei einer gemeinsamen Konferenz zwischen dem Europäischem Parlament und den Gemeinde- und Regionalverbänden klar formuliert. Die bis dahin eher unkoordiniert und unkonkret vorgetragene Forderung nach Beteiligung der Regionen an Europäischer Politik bekommt bei dieser Konferenz klare Konturen. Erstmals wird sodann von einem Organ der Gemeinschaft, dem Europäischen Parlament, offiziell und gezielt die Forderung nach regionaler Mitwirkung artikuliert. Von diesem Zeitpunkt an erhält die Diskussion um die Frage, ob und inwieweit eine Beteiligung der Regionen sinnvoll ist, erheblich Schwung und Eigendynamik.

42 Mitwirkung der Regionen vor und nach Maastricht

Im Mittelpunkt der folgenden Auseinandersetzung steht die Frage, wie eine direkte regionale Beteiligung aussehen kann und wie eine solche Beteiligung im organischen Aufbau der Gemeinschaft einzuordnen ist.

Mit der Einrichtung des „Beirats der regionalen und lokalen Gebietskörperschaften" durch die Kommission im Jahr 1988 erfolgt ein erster Schritt zur Formalisierung und Institutionalisierung regionaler Mitwirkung. Im Dezember 1988 tritt dieser Beirat

---
[676] HRBEK: Europa der Regionen, S. 98f; vgl. auch NEWHOUSE: Sackgasse Europa S. 35.
[677] Vgl. SCHMIDHUBER, Peter M.: Die Bedeutung der Europäischen Gemeinschaften für die Kommunen. In: KNEMEYER: Charta der kommunalen Selbstverwaltung, S. 31f.

erstmals zusammen. Er besteht aus 42 mit lokalem oder regionalem Wahlmandat ausgestatteten Mitgliedern. Den großen Mitgliedsstaaten Deutschland, Frankreich, Großbritannien und Nordirland sowie Italien stehen je sechs Sitze zu, Spanien hat fünf, die kleineren und kleinen Staaten zwei oder einen.[678]
Die „Wahlperiode" des Beirates beträgt drei Jahre. Der Kommission obliegt das Recht, die Mitglieder des Beirates zu ernennen. Vorgeschlagen werden die Mitglieder aus einer gemeinsamen Liste der regionalen Dach- und Lobbyverbände „Versammlung der Regionen Europas" (VRE), „Internationaler Gemeindeverband" und „Rat der Gemeinden und Regionen Europas".[679]

Der „Beirat der regionalen und lokalen Gebietskörperschaften" ist als Konsultationsgremium konzipiert. Die Kommission wendet sich an den Beirat bei Fragen der Regionalpolitik, besonders bei Fragen, welche die Europäischen Strukturfonds betreffen.

Der Beirat „(...) kann von der Kommission zu allen Fragen der regionalen Entwicklung und insbesondere der Ausarbeitung und Durchführung der Regionalpolitik der Gemeinschaft, einschließlich der regionalen und lokalen Auswirkungen der anderen Politiken der Gemeinschaft, angehört werden."[680]

Die Mitwirkungsrechte des Beirates sind begrenzt. Die Kommission kann ihn konsultieren, der umgekehrte Weg aber, die Initiative des Beirates für eine Veränderung der Gemeinschaftspolitik ist nicht möglich.
Beratend tätig wird der Beirat besonders im Bereich der EG-Strukturfonds: RECHAR (Gemeinschaftsinitiative zur Förderung der Umstellung der Kohlereviere), ENVIREG (Förderung von Maßnahmen zugunsten der Umwelt) oder auch INTERREG (Förderung grenzüberschreitender Zusammenarbeit).
Auch wenn dieser Beirat keine großen Kompetenzen genießt, er also nur konsultativ und unverbindlich tätig wird, ist seine Ausstrahlung auf die Entwicklung zukünftiger regionaler Beteiligung beachtlich. Erstmals wird im Konzert der Gemeinschaftsorgane ein Gremium gegründet, welches explizit regionale und lokale Interessen verkörpert. Die Verantwortlichen haben erkannt, dass die Regionen und lokalen Gebietskörperschaften bislang nicht im Europäischen Machtgefüge verankert und repräsentiert sind und dass sich dies ändern muss. Die Notwendigkeit der Einbeziehung regionaler Kräfte wird von nun an nicht mehr bezweifelt. Die Debatte um eine festere und vor allem verbindlichere formale Beteiligung ist losgetreten.

Besonders die „Versammlung der Regionen Europas", welche sich erst im Jahr 1985 als „Rat der Regionen Europas" gegründet hat, ist als energischer Vertreter regionaler und lokaler Interessen in den Mittelpunkt der Betrachtung zu rücken.[681] Zunächst

---

[678] Vgl. HRBEK: Europa der Regionen, S. 100.
[679] Zur näheren Erläuterung und Unterscheidung der einzelnen Verbände mit ihren unterschiedlichen Strukturen, Aufgaben und Schwerpunkten sei auf weiter unten verwiesen.
[680] EUROPÄISCHE KOMMISSION: Einsetzungsbeschluss zur Einrichtung eines „Beirates der regionalen und lokalen Gebietskörperschaften". 24.06.1988 zitiert nach HRBEK: Europa der Regionen, S. 101.
[681] Vgl. BRUNS-KLÖSS, Christian/ SEMMELROGGEN, Bernd: Die Länder in Zusammenschlüssen der europäischen Regionen. In: BORKENHAGEN, Franz H.U./ DERS./ MEMMINGER, Gerhard/ STEIN, Otti (Hrsg.): Die deutschen Länder in Europa: Politische Union und Wirtschafts- und Währungsunion. Baden-Baden 1992 (Nomos), S. 200f.

als Vertretungsorgan besonders benachteiligter bzw. isolierter Regionen konzipiert, entwickelt sich dieser „Rat der Regionen Europas" in schnellen Etappen zu einer grundsätzlichen allgemeinen Vertretung regionaler Interessen. Die Idee für einen solchen „Rat der Regionen Europas" wird auf der zweiten „Konferenz der Inselregionen" im Frühjahr 1984 auf den Azoren geboren.[682] Gerade diese Regionen sind an einer speziellen Wahrnehmung ihrer besonderen Interessen interessiert.[683]

Auf den Konferenzen wird deutlich, dass nur eine gezielte und gut organisierte Vertretung erfolgversprechend ist – die Idee zu einer konzentrierteren Interessenvertretung über die zu noch gründende VRE ist geboren.[684]

Schnell wächst die Erkenntnis, dass die regionale Vertretung nicht auf mitgliedsstaatlicher Ebene endet, sondern eben auch auf der immer wichtigeren und mächtigeren Gemeinschaftsebene präsent sein muss. Der „Rat der Regionen Europas" öffnet sich unter dem Druck der nicht geographisch, sondern strukturell benachteiligten Regionen zur „Versammlung der Regionen Europas".

In ihrer Satzung legt die VRE folgendes Profil und folgende Aufgabe fest:

Die Agenda der VRE beinhaltet,
„1. den gemeinsamen Dialog, die gemeinsame Abstimmung, die gemeinsame Forschung und das gemeinsame Handeln der Regionen in Europa zu organisieren und weiterzuentwickeln, unter Beachtung der Verträge und Verfassungen der jeweiligen Staaten;
2. die Vertretung der Regionen bei den europäischen Institutionen zu verstärken und ihre Beteiligung am Aufbau Europas sowie am Entscheidungsprozeß auf Ebene der Gemeinschaft in allen ihren Belangen zu erleichtern; (...)
3. mit den europäischen Zusammenschlüssen lokaler Gebietskörperschaften zusammenzuarbeiten;
4. die Tätigkeit der ‚Regionalen Zusammenschlüsse' oder derjenigen Organisationen, die später der VRE beitreten können, zu unterstützen."[685]

Aus Auftrag 1 wird deutlich, welch generalisierte politische Stoßrichtung die VRE beansprucht. Die politische Vertretung grundsätzlich aller Regionen steht im Mittelpunkt. Mit dieser Aufgabe rückt die Lösung der strukturellen Problematik einer bis dahin nicht ausreichend grundsätzlichen Vertretung regionaler und lokaler Anliegen auf der Europäischen Ebene in den Mittelpunkt aller Bestrebungen.
Erst nach einer solch grundsätzlichen Besserstellung regionaler und lokaler Interessen auf der Gemeinschaftsebene folgt die Lösung zur Problematik der Einzelvertretung spezifisch minderbedachter Regionen.

---

[682] Die „Konferenz der Inselregionen", gestützt von Europarat und der „Konferenz peripherer Küstenregionen", vertritt die Probleme isolierter und benachteiligter Regionen.
[683] Vgl. MALCHUS: Partnerschaft an europäischen Grenzen, S. 27; vgl. auch die Regionalpolitik in der EEA (Art. 130a-e EGV-EEA) bei MAGIERA: Kompetenzverteilung in Europa, S. 20f.
[684] Vgl. WOCHNER, Anita: Stärkung der Handlungsfähigkeit der Länder durch regionale Netze und Koalitionen? Anmerkungen aus der politischen Praxis. In: HRBEK, Rudolf (Hrsg.): Europapolitik und Bundesstaatsprinzip. Die „Europafähigkeit" Deutschlands und seiner Länder im Vergleich mit anderen Föderalstaaten. Schriftenreihe des Europäischen Zentrums für Föderalismus-Forschung. Bd. 17. Baden-Baden 2000 (Nomos), S. 96.
[685] HRBEK: Europa der Regionen, S. 104.

Im Jahr 1987 umfasst die VRE 96 Mitglieder. Mit der Ausweitung ihrer Aufgaben finden immer mehr Regionen und lokale Gebietskörperschaften den Weg in die Versammlung der Regionen Europas. Im Jahr 1990 sind es bereits 160, im Jahr 1994 schon 250 Mitglieder.

Die deutschen Bundesländer stehen der „Versammlung der Regionen Europas" zunächst skeptisch gegenüber. Der Grund hierfür liegt in der ausgeprägt föderalen Struktur Deutschlands.[686] In Deutschland sind die Länder bereits souveräne, mit hoheitlichen Rechten ausgestattete Körperschaften. Sie sind den Regionen anderer eher einheitlich aufgebauter Staaten in den Möglichkeiten der Mitwirkung an innerstaatlicher Willensbildung erheblich voraus.[687]
Dieser Erkenntnis folgend sehen die Bundesländer ihre Chance der Mitwirkung zunächst eher innerstaatlich verwirklicht. Die Lobbyarbeit über die VRE direkt in Brüssel halten sie für weniger erfolgversprechend.
Mit der zunehmenden Zentralisierung der Gemeinschaft und der Zunahme von Kompetenz auf der Ebene der Gemeinschaft wächst allerdings auch bei deutschen Bundesländern die Erkenntnis, dass es notwendig ist, auf der gemeinschaftlichen Ebene präsent zu sein.[688]
Die Mitgliedsstaaten verlieren zunehmend Zuständigkeiten. Die Gemeinschaftsebene erlangt immer direkteren Einfluss auf regionale und lokale Politikfelder. Dieser doppelte Verlust von Souveränität – sowohl auf nationaler als auch auf regionaler und lokaler Ebene – zeugen die Einsicht in die Notwendigkeit einer direkten Vertretung vor Ort.[689] Nun treten auch die deutschen Länder in die Versammlung der Regionen Europas ein.[690] Hier übernehmen sie rasch das Heft des Handelns. Aufgrund ihrer guten Organisation und ihrer innerstaatlichen Machtfülle entwickeln sie sich zügig zu Meinungsführern und Stimmungsmachern für eine stärkere Beteiligung der Regionen im gemeinschaftlichen Machtgefüge.
Nicht nur die VRE ist als starker Lobbyverband der Regionen anzuführen, auch regionale Lobbygruppen spielen im Prozess „regionaler Selbstfindung" eine entscheidende Rolle. Neben der VRE ist besonders die „Konferenz Europa der Regionen" als Motor regionaler Mitbestimmung zu nennen.[691] Auf Initiative des bayerischen Ministerpräsidenten Max STREIBL konstituiert sich die erste Konferenz in München im

---

[686] Vgl. DOCKTER, Helmut: Die innerstaatliche Ratifikation – Mitwirkungsmöglichkeiten der dritten Ebene. In: BORKENHAGEN, Franz H.U./ BRUNS-KLÖSS, Christian/ MEMMINGER, Gerhard/ STEIN, Otti (Hrsg.): Die deutschen Länder in Europa: Politische Union und Wirtschafts- und Währungsunion. Baden-Baden 1992 (Nomos), S. 165.
[687] Vgl. MÜLLER-BRANDECK-BOQUET: Europäische Integration, S. 160f.
[688] Nordrhein-Westfalen tritt der VRE bei, um die regionale Vertretung auf Europäischer Ebene zu stärken: vgl. CLEMENT, Wolfgang: Auf dem Weg zum Europa der Regionen. In: HESSE, Joachim Jens/ RENZSCH, Wolfgang (Hrsg.): Föderalstaatliche Entwicklung in Europa (Schriften zur Innenpolitik und zur kommunalen Wissenschaft und Praxis. Bd. 5). Baden-Baden 1991 (Nomos), S. 21.
[689] Vgl. HRBEK: Europa der Regionen, S. 106.
[690] Vgl. BRUNS-KLÖSS, Christian/ SEMMELROGGEN, Bernd: Die Länder in Zusammenschlüssen der europäischen Regionen. In: BORKENHAGEN, Franz H.U./ DERS./ BRUNS-KLÖSS, Christian/ MEMMINGER, Gerhard/ STEIN, Otti (Hrsg.): Die deutschen Länder in Europa: Politische Union und Wirtschafts- und Währungsunion. Baden-Baden 1992 (Nomos), S. 201.
[691] Vgl. ENGEL, Christian: Regionen in der Europäischen Gemeinschaft – eine integrationspolitische Rollensuche. In: BORKENHAGEN, Franz H.U./ BRUNS-KLÖSS, Christian/ MEMMINGER, Gerhard/ STEIN, Otti (Hrsg.): Die deutschen Länder in Europa: Politische Union und Wirtschafts- und Währungsunion. Baden-Baden 1992 (Nomos), S. 184.

Jahr 1989.[692] Abweichend vom Ziel der VRE zur allgemeinen Stärkung regionaler Interessen beschränkt sich die „Konferenz Europa der Regionen" ausschließlich auf die Interessenvertretung auf der Ebene der Europäischen Gemeinschaft.[693] STREIBL skizziert in seinem Einladungsschreiben die drohende Gefahr eines europäischen Zentralismus, welcher die Souveränität der Mitgliedsstaaten, aber auch die der Regionen und Bundesländer bedroht. Das Ziel der Konferenz soll es sein, die bedrohliche Lage der Regionen zu verdeutlichen und Abhilfe zu schaffen.

Notwendig ist es, „(...) einen eigenverantwortlichen Spielraum für politisches Handeln auf regionaler Ebene zu schaffen oder zu bewahren und wirksame Mitspracherechte an allen Entscheidungen der Organe der Europäischen Gemeinschaften zu erlangen."[694]

Die Verbindlichkeit und Klarheit der aufgestellten Forderung wird durch die Zusammensetzung der eingeladenen Regionen unterstrichen, denn es werden nur starke Regionen eingeladen.

Gerade Regionen mit mitgliedsstaatlich strukturell verankerten Mitwirkungsrechten und eigenen hoheitlichen Befugnissen erleben die Zentralisierung Europas mit großer Sorge. Diese bislang materiell bzw. finanziell starken Regionen müssen um ihre Macht fürchten, denn gerade sie haben durch den Europäischen Einigungsprozess am meisten zu verlieren.[695] Diejenigen Regionen, die andererseits ohnehin schon schwach sind, verbinden mit der zunehmenden Gemeinschaftskompetenz weniger die Furcht vor Beschneidung ihrer Macht als vielmehr die Gefahr, völlig an den Rand gedrängt zu werden. Schwache Regionen sind schon in ihren Mitgliedsstaaten benachteiligt, schon dort bangen sie um die notwendige Aufmerksamkeit. Mit der Europäischen Einigung geht ihnen weitere Aufmerksamkeit verloren, denn *einerseits* ist der politische Weg nach Brüssel weiter als der bisherige zur eigenen Regierung, *andererseits* entsteht eine neue Konkurrenz durch schwache Regionen anderer Mitgliedsländer. Diese Konkurrenz unter den Schwachen minimiert die Chance auf die Durchsetzung ihrer spezifischen Interessen.

Erschwerend kommt der Umstand hinzu, dass gerade die schwachen Regionen kaum über die Mittel und Ressourcen verfügen, ihre Interessen im großem Rahmen der Gemeinschaft zu verdeutlichen. Lobbyarbeit ist kostenintensiv, Länderbüros wie die der deutschen Bundesländer sind eine erhebliche Kostenstelle.

Während also die Nöte der schwachen Regionen rein existentieller Natur sind, legen die starken Regionen den Schwerpunkt ihrer Interessenvertretung anders. Sie wollen ihre Macht erhalten, sowohl die institutionelle als auch die materielle.

---

[692] Das Bundesland Bayern präsentiert sich stets als Pate und Ideengeber des AdR.
Vgl. auch NEWHOUSE: Sackgasse Europa, S. 49; vgl. darüber hinaus auch BRUNS-KLÖSS, Christian/ SEMMELROGGEN, Bernd: Die Länder in Zusammenschlüssen der europäischen Regionen. In: BORKENHAGEN, Franz H.U./ DERS./ MEMMINGER, Gerhard/ STEIN, Otti (Hrsg.): Die deutschen Länder in Europa: Politische Union und Wirtschafts- und Währungsunion. Baden-Baden 1992 (Nomos), S. 204.
[693] Vgl. HRBEK: Europa der Regionen, S. 108.
[694] Ebd.
[695] Diese regionale Sorge vor Machtverlust stärkt den regionalen Zusammenhalt. So entwickelt sich das lockere regionale Selbstbewusstsein zu einem Regionalismus mit Anleihen am institutionellen Strukturprinzip des Föderalismus. Vgl. hierzu ISENSEE: Einheit in Ungleichheit, S. 154.

Die VRE setzt auf einen Beteiligungsföderalismus, während die „Konferenz Europa der Regionen" mit ihren starken Regionen eher auf einen Kompetenzföderalismus setzt.[696] Das Programm der „Konferenz Europa der Regionen" liest sich demnach wie folgt:

„Die künftige Europäische Union sollte in drei Säulen gegliedert sein: Europäische Gemeinschaften, Mitgliedsstaaten, Länder oder Regionen oder autonome Gemeinschaften. Das setzt voraus, daß die Mitgliedsstaaten die vorhandenen Länder, Regionen oder autonomen Gemeinschaften stärken und ihre Aufgaben und Rechte achten und wahren oder autonome Selbstverwaltungen schaffen und ihnen nach dem Subsidiaritätsprinzip Aufgaben zur selbständigen und eigenverantwortlichen Erledigung zuweisen. Dies gilt vor allem für die Bereiche regionale Entwicklung, Erziehungs-, Bildungs-, Medien- und Kulturpolitik, Umweltschutz, Gesundheitswesen, innere Sicherheit."[697]

In der grundsätzlichen Linie der Stärkung des regionalen und lokalen Standpunktes treffen sich beide Verbände trotz aller unterschiedlichen Schwerpunkte. Eine Kooperation beider Verbände erscheint im Sinne einer grundsätzlichen Stärkung gemeinsamer Interessen sinnvoll und notwendig.

Entwürfe und Diskussionen zur institutionellen regionalen Beteiligung

Mit dem in den Verträgen von Maastricht verankerten und sich schließlich im Jahr 1994 konstituierenden „Ausschuss der Regionen" (AdR) wird auf Gemeinschaftsebene ein Gremium geschaffen, welches grundsätzliche regionale und lokale Interessen widerspiegelt. Die „Versammlung der Regionen Europas" bleibt nach wie vor Stütze und Anker regionaler, nicht institutionalisierter Interessenvertretung. Sie arbeitet dem AdR zu und arbeitet nach wie vor grundsätzliche Stellungnahmen zur Sicherung regionaler Eigenständigkeit aus, steht dabei aber nicht in unmittelbarem Zusammenhang mit der Gemeinschaftsebene. Die „Konferenz Europa der Regionen" hat ihre Arbeit mit Verankerung des Ausschusses der Regionen im gemeinschaftlichen Machtgefüge eingestellt. Im Jahr 1992 tagt die Konferenz das letzte Mal in Braunschweig. Der AdR hat weitgehend die Aufgabe institutioneller Interessenvertretung übernommen.

Die Verankerung eines institutionalisierten Gremiums zur Wahrung regionaler und lokaler Anliegen ist im Vorfeld der Beschlüsse von Maastricht ein heiß umkämpftes Terrain.
Unterschiedliche Interessen stoßen aufeinander: Mitgliedsstaatliche Interessen stehen gegen gemeinschaftliche. Diesen stehen wiederum jeweils die regionalen und lokalen Forderungen nach Beteiligung entgegen.

---

[696] Vgl. hierzu auch die Unterscheidung FRANZMEYERs in „positive Föderalisierung" und „second-best-Lösungen" in einer „unechten Föderation" in FRANZMEYER, Fritz: Zentralisierungs- und Dezentralisierungskräfte im europäischen Mehrebenensystem – zur Dynamik von Wirtschafts- und Finanzpolitik in Binnenmarkt und EWU. In: BORKENHAGEN, Franz H.U./ FISCHER, Thomas/ FRANZMEYER, Fritz u.a.: Arbeitsteilung in der Europäischen Union – die Rolle der Regionen. Gütersloh 1999 (Bertelsmann), S. 50f.
[697] KONFERENZ EUROPA DER REGIONEN: Schlussresolution der 1. Konferenz zitiert nach BORCHMANN, Michael: Konferenzen „Europa der Regionen" in München und Brüssel. In: Die öffentliche Verwaltung. Jg. 1990. S. 881.

Im Folgenden soll der Prozess von den ersten Diskussionen zur Schaffung eines gemeinschaftlichen Gremiums der Regionen bis hin zur Beschlussfassung der Verträge von Maastricht mit Verankerung des AdR nachgezeichnet und analysiert werden.

Aus der kontrovers geführten Auseinandersetzung und der Darstellung unterschiedlicher Standpunkte zum Charakter des Regionalgremiums wird die Notwendigkeit regionaler und lokaler Mitwirkung am gemeinschaftlichen Willensbildungsprozess deutlich. Gerade die unterschiedlichen noch darzustellenden Schwerpunkte in der geführten Auseinandersetzung erlauben einen Blick auf die verschiedenen Legitimationsgrundlagen des Ausschusses der Regionen.

Mit der Verankerung des AdR und im Besonderen mit der Verankerung des Subsidiaritätsprinzips im Gemeinschaftsrecht nimmt die Europäische Union Abstand von einer rein auf das Zentrum hin orientierten Entwicklung. Integration wird nicht mehr ausschließlich mit der Zentralisierung von Befugnissen gleichgesetzt. Das Miteinander der unterschiedlichen Ebenen rückt stärker in den Mittelpunkt.

Grundsätzlich bekämpft die Gemeinschaft das Problem, sich von den direkten Interessen der Bürger weg zu entwickeln, denn die Transparenz von Entscheidungen der Gemeinschaft bleibt mangelhaft.

Ein Austausch zwischen der Gemeinschaft und ihren Bürgern findet nicht statt. Der Weg des Austausches zwischen der Gemeinschaft und den Menschen ist steinig. Genau an dieser zentralen neuralgischen Schwäche des Integrationsprozesses setzt die Auseinandersetzung um die Forderung nach einer stärkeren Beteiligung der Regionen und Kommunen an. Die Regionen und Kommunen sollen – sind sie einmal in die Gemeinschaftsaktivitäten eingebunden – eine Mittlerfunktion zwischen dem fernen Brüssel und den Menschen vor Ort übernehmen.[698]

„Dort, wo keine Regionen in institutionalisierter Form den zentralen Institutionen entgegentreten, versagt in der Regel die Regionalpolitik der zentralen Institutionen (...)."[699]

Die Mittlerfunktion der Länder/ Regionen und Kommunen darf sich jedoch nicht im bloßen Transfer und der bloßen Vermittlung von Gemeinschaftsentscheidungen erschöpfen. Vielmehr ist es erforderlich, dass die Regionen und Kommunen den Integrationsgedanken vor Ort implementieren, denn gerade die Regionen und Kommunen können für die Europäische Integration vor Ort werben.[700]

Bei der Vorberatung des Unionsvertrags von Maastricht gilt es, das gemeinschaftliche System der Willensbildung mit seinen komplizierten Verfahren und Entscheidungswegen auf den Prüfstand zu stellen. Ein besonderes Anliegen der Reformbestrebungen ist es, das demokratische Defizit gemeinschaftlicher Entscheidungen zu

---

[698] Vgl. BÖTTCHER: Mehr Demokratie für Europa, S. 54f.
[699] ESTERBAUER: Kriterien föderativer und konföderativer Systeme, S. 144.
[700] Vgl. ALBERTIN, Lothar: Der Spätstart der Bundesländer – Ein Demokratisierungsschub für die Europäische Gemeinschaft. In: ALEMANN, Ulrich von/ HEINZE, Rolf G./ HOMBACH, Bodo (Hrsg.): Die Kraft der Region: Nordrhein-Westfalen in Europa. Bonn 1990 (Dietz), S. 166f.

verringern.[701] Europäische Rechtsakte bedürfen einer weitaus stärkeren Legitimationsgrundlage.[702]

In dieser notwendigen Debatte, geführt von allen politischen Parteien, auf allen politischen Ebenen und in allen gemeinschaftlichen Organen, stößt nun die Initiative der Regionen und lokalen Gebietskörperschaften auf fruchtbaren und bereiteten Boden. Die Regionen bringen ihre Vorstellungen zur regionalen Beteiligung am gemeinschaftlichen Willensbildungsprozess ein.

In der Sache sind sich alle Akteure einig: Reformen sind notwendig. Dissens besteht jedoch über die geeignete Maßnahme zur Beilegung der erkannten Probleme. Nicht alle Akteure teilen die Auffassung der Regionen, dass der erste Schritt einer Reform die Beteiligung der Regionen am gemeinschaftlichen Willensbildungsprozess sein muss.

Im Folgenden sollen diese unterschiedlichen Positionen der unterschiedlichen Akteure einander gegenübergestellt werden.

Die Regionen und im Besonderen die deutschen Bundesländer entwickeln klare und rigorose Modelle einer aus ihrer Sicht geeigneten und notwendigen Interessenvertretung.[703] In der Mitte des Jahres 1990 formuliert eine von der Ministerpräsidentenkonferenz eingesetzte Arbeitsgruppe der Staats- und Senatskanzleien die Notwendigkeit zur institutionellen Beteiligung der Regionen an der Gemeinschaftspolitik.[704] Das Konzept trägt den Titel: „Europa der Regionen – Beteiligung der Länder an der interregionalen Zusammenarbeit sowie Fortentwicklung der Rechte und politischen Wirkungsmöglichkeiten der Regionen in Europa". Regionale Beteiligung an Gemeinschaftsentscheidungen erscheint der eingesetzten Arbeitsgruppe gerade deshalb von solch grundlegender Bedeutung, weil nur vermittels der Regionen und Kommunen eine ausreichende Nähe zu den Bürgern hergestellt werden kann. Der Europäische Integrationsprozess ist ohne die Regionen und Kommunen nicht machbar.

Konkret werden *vier* grundsätzliche Forderungen der Arbeitsgruppe der Senats- und Staatskanzleien auf die politische Tagesordnung gestellt:
Erstens: Das Subsidiaritätsprinzip muss in die Gemeinschaftsverträge aufgenommen werden. Es muss bindend sein für alle Organe der Gemeinschaft. Das Subsidiaritätsprinzip muss die grundsätzliche Norm allen politischen Handelns werden.
Zweitens: Innerhalb des Machtgefüges der Gemeinschaft, besonders im Ministerrat, soll den Ländern und Regionen eine Beratungsfunktion zukommen. Eine direkte Beteiligung an den Entscheidungen des Ministerrats wird angestrebt.

---

[701] Vgl. WORMS, Bernhard: Wie das Landesparlament das Europa der Regionen gestaltet. In: ALEMANN, Ulrich von/ HEINZE, Rolf G./ HOMBACH, Bodo (Hrsg.): Die Kraft der Region: Nordrhein-Westfalen in Europa. Bonn 1990 (Dietz), S. 197f.
[702] Vgl. BORKENHAGEN, Franz H.U.: Aufgaben und Perspektiven der Regionen in Europa. In: DERS. BRUNS-KLOSS, Christian/ MEMMINGER, Gerhard/ STEIN, Otti (Hrsg.): Die deutschen Länder in Europa: Politische Union und Wirtschafts- und Währungsunion. Baden-Baden 1992 (Nomos), S. 225; vgl. auch HRBEK: Europa der Regionen, S. 113.
[703] Vgl. MÜLLER-BRANDECK-BOQUET: Europäische Integration, S.. 179.
[704] Vgl. KALBFLEISCH-KOTTSIEPER: Europakommission der Ländern Europa: Politische Union und Wirtschafts- und Währungsunion. Baden-Baden 1992 (Nomos), S. 9.

Drittens: Zur Stärkung der Interessen der Länder und Regionen wird auf der Gemeinschaftsebene ein neues Organ geschaffen – ein Regionalorgan. Dieses neue Organ als Vertretungskörperschaft der Regionen soll im Gefüge der Gemeinschaftsorgane gleichberechtigt Politik machen können. Es soll den Europäischen Einigungsprozess vorantreiben, dabei aber stets die notwendigen Interessen der Länder und Regionen vertreten.
Viertens: Die Regionen und Bundesländer erhalten bei einer Verletzung ihrer Interessen durch die Gemeinschaft ein eigenständiges Klagerecht vor dem EuGH.[705]
Die vorgenannten Ergebnisse der Arbeitsgruppe mit ihren *vier* zentralen Forderungen erlangen durch Beschluss der Ministerpräsidentenkonferenz im Juni 1990 und schließlich durch einen entsprechenden Beschluss des Bundesrates im August desselben Jahres offiziellen Status.[706]

Die VRE und die Konferenz Europa der Regionen entwickeln grundlegend gleiche Anforderungen an eine Reform der Europäischen Gemeinschaft. Zum Subsidiaritätsprinzip formulieren sie wie folgt:

„Die Gemeinschaft übt die ihr nach diesem Vertrag zustehenden Befugnisse nur aus, wenn und insoweit das Handeln der Gemeinschaft notwendig ist, um die in diesem Vertrag genannten Ziele wirksam zu erreichen, und hierzu Maßnahmen der einzelnen Mitgliedsstaaten bzw. der Länder, Regionen und Autonomen Gemeinschaften als unmittelbar unterhalb der Ebene der Zentralstaaten bestehende regionale Gebietskörperschaften nicht ausreichen."[707]

Zwei Klauseln des unterbreiteten Vorschlags gehen in ihrer Reichweite weit über das hinaus, was schließlich in Art. 3b EGV-M als Subsidiaritätsprinzip mit seinen Rechtsfolgen verankert wird.
Zunächst einmal ist auffällig, dass das Subsidiaritätsprinzip für alle Themenfelder der Gemeinschaft Anwendung finden soll. Dem Prinzip der Einzelermächtigung folgend behandelt die Gemeinschaft demnach alle ihr durch Vertrag zugewiesenen Aufgaben nach dem Grundsatz der Subsidiarität. Eine Trennung der gemeinschaftlichen Aufgaben in solche, die ausschließlich in die Kompetenz der Gemeinschaft fallen und nicht dem Subsidiaritätsprinzip unterliegen, und solche, um welche die Gemeinschaft und die Mitgliedsstaaten konkurrieren, erfolgt nicht.
Die *zweite* erhebliche Ausweitung des angeführten Vorschlags im Vergleich zum Subsidiaritätsprinzip gemäß Art. 3b EGV-M besteht darin, dass das Prinzip der Subsidiarität nicht nur im Binnenverhältnis Mitgliedsstaat-EG, sondern auch innerhalb der Mitgliedsstaaten Wirkung entfalten soll. Damit würde das Subsidiaritätsprinzip zum allgemeinen Grundprinzip Europas werden.

---

[705] Vgl. ebd, S. 11.
Eine solche regionale Klagebefugnis ist nicht mehrheitsfähig. Lediglich über den Umweg mitgliedsstaatlicher interner Regelungen generiert sich eine regionale Klagebefugnis für Entscheidungen der EG. So kann in Deutschland bspw. der Bundesrat gemäß § 7 des „Gesetzes über die Zusammenarbeit von Bund und Ländern in Angelegenheiten der Europäischen Union" mit Umweg über die Bundesregierung Klage gegen gemeinschaftliche Entscheidungen erheben: vgl. CALLIEß: Innerstaatliche Mitwirkungsrechte, S. 20.
[706] Vgl. MINISTERPRÄSIDENTEN DER DEUTSCHEN BUNDESLÄNDER: Beschluss vom 07.06.1990/ DEUTSCHER BUNDESRAT: Entschließung vom 24.08.1990 zitiert nach HRBEK: Europa der Regionen, S. 114.
[707] VERSAMMLUNG DER REGIONEN EUROPAS (VRE): Resolution zur institutionellen Beteiligung der regionalen Ebene am Entscheidungsprozeß in der Europäischen Gemeinschaft. Beschlossen vom Vorstand am 06.09.1990, Punkt 1b.

Für die Mitwirkung der Regionen und Länder an den Beratungen und Entscheidungen des Ministerrats machen die Dachverbände folgenden Verfahrensvorschlag:

„Soweit der Rat über Angelegenheiten berät oder entscheidet, die innerstaatlich in die ausschließliche Zuständigkeit von Ländern, Regionen und Autonomen Gemeinschaften fallen oder deren wesentliche Interessen berühren, ist ein Vertreter der regionalen Ebene zu entsenden. Die Entsendung und die Stimmführerschaft richten sich nach innerstaatlichem Recht."[708]

Nicht alle der angeführten Forderungen sind in die Maastrichter Verträge eingeflossen. Der Ausschuss der Regionen erlangt zwar Mitwirkungsrechte, diese sind jedoch ausschließlich konsultativer Natur.

Auf der Gemeinschaftsebene ist keine Mitwirkung der regionalen Vertreter an Ratsentscheidungen vorgesehen, jedoch ist die angeführte Forderung in der Bundesrepublik Deutschland innerstaatlich umgesetzt. Über den Bundesrat findet ein Beteiligungsverfahren der Bundesländer an Europäischen Entscheidungsprozessen statt. Art. 23 GG bildet hierfür die entsprechende Grundlage.

Die Neuregelungen des Art. 23 GG zur direkten und indirekten Beteiligung der Länder an Gemeinschaftsentscheidungen sind von diesen durch vehementen und entschiedenen Einsatz erkämpft worden. Das drohende Veto im Bundesrat zu den Maastrichter Verträgen war ausreichendes Druckpotential, um eigene regionale Rechte zu stärken. Die regionale Mitwirkung an Gemeinschaftsangelegenheiten ist in Deutschland vorbildhaft.

Die zentrale Forderung der europäischen regionalen Dachverbände ist die Schaffung eines eigenen Regionalorgans im Machtgefüge der Gemeinschaft. Ein solcher Regionalrat soll über nachfolgende Kompetenzen verfügen: Abgabe von Stellungnahmen bei allen Planungen und Entscheidungen der Gemeinschaft sowie ein Initiativ- und Vorschlagsrecht zum Erlass solcher Rechtsakte, welche in die Zuständigkeit der Regionen oder Kommunen fallen. Schließlich wird ein grundsätzliches Klagerecht vor dem EuGH eingefordert, und zwar in solchen Fällen, wo die Beteiligungsrechte des Regionalorgans verletzt werden.[709] Organisatorisch soll der Regionalrat aufgebaut sein wie der Wirtschafts- und Sozialausschuss.

Die Vorstellungen der Dachverbände VRE und Konferenz Europa der Regionen sind weitreichend. Der neu zu schaffende Regionalrat wird mit Rechten ausgestattet, die ihn zu einem vollwertigen Organ innerhalb des Machtgefüges der Gemeinschaft machen würden. Er darf Stellungnahmen abgeben, eigenständig Initiativen einbringen, also die Gemeinschaftspolitik aktiv beeinflussen, und schließlich darf er klagen, falls er sich in der Ausübung seiner verankerten Rechte beeinträchtigt sieht.

An dieser Stelle ist noch einmal festzuhalten, dass diese Vorstellungen weit über das hinausgehen, was schließlich im Maastrichter Vertrag verankert wurde. Der Aus-

---
[708] Ebd., Punkt 2b.
[709] Vgl. ebd.

schuss der Regionen ist dem Vertrag folgend kein gemeinschaftliches Organ, sondern nur eine Institution. Der AdR kann durch die anderen Organe um Stellungnahme ersucht werden.[710] Zwar kann er auch aus sich heraus Stellungnahmen abgeben, dies aber nur, wenn er es für zweckdienlich hält. Dies muss er im Zweifel auch begründen können. Eine bindende Wirkung erlangt eine solche Stellungnahme nicht. Initiativrechte besitzt der Ausschuss der Regionen grundsätzlich nicht.

Trotzdem muss der AdR als Teilerfolg Europäischer Regionalisierung bezeichnet werden:

„Das Europa der Regionen steht erst am Anfang seiner Handlungs- und Wirkungsmöglichkeiten. Die Chancen sind nicht schlecht; die Widerstände sind gleichwohl beträchtlich. Die Regionen können für sich am besten dadurch werben, in dem sie pragmatische, bürgernahe Politik machen, deren Nutzen für die Regionen, für die Politik zwischen den Regionen und für die Gemeinschaft Früchte trägt."[711]

Die oben genannte Arbeitsgruppe der deutschen Länder hat in ihren Überlegungen zur Stärkung regionaler Mitwirkung *zwei* grundsätzliche Varianten erörtert. Dies war *einerseits* der bereits angeführte Vorschlag eines Regionalrates mit dargestellter Struktur und dargestellten Befugnissen. Über diese Vorstellung grundsätzlich weit hinaus geht *andererseits* die Überlegung zu einer „Dritten Kammer" im Entscheidungsverfahren der Gemeinschaft. Die Dritte Kammer besteht, dieser Vorstellung folgend, aus Vertretern der Regionen und lokalen Gebietskörperschaften und ist neben den anderen Organen gleichwertiges und gleichberechtigtes Organ.[712] Eine solche Regionalkammer kann jedoch nur durch eine grundsätzliche und sehr weitreichende Veränderung der gesamten Vertragsstruktur geschaffen werden.[713] Die Forderung nach Installation einer Dritten Kammer wäre kurzfristig nicht umsetzbar gewesen.[714] Die Regierungskonferenz von Maastricht ist zu kurzatmig, um solch grundlegenden Reformen möglich zu machen. Die VRE und die Konferenz Europa der Regionen artikulieren eine weitere grundlegende Forderung: Neben dem Klagerecht des zu schaffenden Regionalorgans soll auch den einzelnen Regionen selbst ein selbständiges Klagerecht vor dem EuGH zustehen.

Die Regionen sollen, dieser Vorstellung folgend, vor den Europäischen Gerichtshof ziehen können, „(...) soweit sie gemäß der innerstaatlichen Rechtsordnung durch das Handeln des Rates und der Kommission in eigenen Rechten berührt sein könnten."[715]

---

[710] Vgl. HOPPE, Ursel/ SCHULZ, Günther: Der Ausschuß der Regionen. In: BORKENHAGEN, Franz H.U./ BRUNS-KLÖSS, Christian/ MEMMINGER, Gerhard/ STEIN, Otti (Hrsg.): Die deutschen Länder in Europa: Politische Union und Wirtschafts- und Währungsunion. Baden-Baden 1992 (Nomos), S. 32 (Im Folgenden zitiert als HOPPE: Ausschuß der Regionen.).
[711] BORKENHAGEN, Franz H.U.: Aufgaben und Perspektiven der Regionen in Europa. In: DERS./ BRUNS-KLÖSS, Christian/ MEMMINGER, Gerhard/ STEIN, Otti (Hrsg.): Die deutschen Länder in Europa: Politische Union und Wirtschafts- und Währungsunion. Baden-Baden 1992 (Nomos), S. 228.
[712] Vgl. HRBEK: Europa der Regionen, S. 115f.
[713] Vgl. hierzu auch Kapitel 3 Abschnitt 3.
[714] Vgl. HOPPE: Ausschuß der Regionen, S. 30.
[715] VERSAMMLUNG DER REGIONEN EUROPAS (VRE): Resolution zur institutionellen Beteiligung der regionalen Ebene am Entscheidungsprozeß in der Europäischen Gemeinschaft. Beschlossen vom Vorstand am 06.09.1990, Punkt 4b.

Die Grundlage zur Klage vor dem EuGH besteht in der Verletzung bestehender Rechte vor Ort. Regionen mit innerstaatlich großem politischen Spielraum sind weitaus eher durch die Rechtsakte der Gemeinschaft berührt als relativ machtlose Regionen. Besonders die deutschen Bundesländer mit den ihnen obliegenden hoheitlich souveränen Befugnissen dürften als erste von einer solchen Klagebefugnis profitieren.

Ein weiterer Reformvorschlag der Dachverbände betrifft das Wahlverfahren zum Europäischen Parlament. Das bestehende Wahlverfahren soll einem Verfahren mit größerer regionaler Bindung der zu wählenden Abgeordneten weichen. Werden bislang die Europaparlamentarier über nationale Listen gewählt, soll dies durch Schaffung regionaler Wahlkreise geändert werden.[716]
Hinter dieser Forderung steckt die Hoffnung, dass über regionale Wahlkreise die Identifikation der Abgeordneten mit ihrer Region gesteigert wird. Der einzelne Abgeordnete fühlt sich in persönlicher Vertretung „seiner" Region. Das EP würde hierdurch regionalisiert.

Ein weiterer Vorteil besteht darin, dass sich die regionale Wählerschaft durch die regionalen Wahlkreise stärker mit ihrem Abgeordneten identifizieren kann. Das Verhältnis zwischen dem einzelnen Parlamentarier und dem Bürger wird enger. Es kommt zu einer doppelten und gegenseitig sich aufbauenden Identifikation.
Eine solche Identifikation wird jedoch durch die relativ geringe Zahl der Europaparlamentarier pro eine Million Unionsbürger erschwert. Die Bundestagsabgeordneten beispielsweise repräsentieren eine weitaus geringere Anzahl von Bürgern und können so einen quantitativ und damit auch qualitativ näheren Kontakt zu „ihren" Wählern halten.[717] Ein solcher Schlüssel ist für das Europäische Parlament sicherlich unmöglich, weil es sonst an die Grenzen seiner Arbeitsfähigkeit gelangen würde. Dennoch muss diese Problematik nicht ausreichender Repräsentanz ernst genommen werden. Regional und föderal konzipierte Vertretungskörperschaften können hier Hilfe bieten.

Die Reform von Maastricht: Der Ausschuss der Regionen

Nach dieser Untersuchung der Forderungen und Vorstellungen zur Ausgestaltung institutioneller Beteiligung der Regionen soll im Folgenden die reale regionale Mitwirkung, die „harte Realität" durch die beschlossenen Verträge erörtert werden.

Die im Vertrag zur Europäischen Union verankerten Mitwirkungsmöglichkeiten sind nicht als sehr weitreichend zu bewerten.[718] Nach wie vor stehen der Rat und die Kommission, ergänzt um den Europäischen Rat als Entscheidungsträger im Mittelpunkt.

---

[716] Vgl. hierzu auch ESTERBAUER: Kriterien föderativer und konföderativer Systeme, S. 143.
[717] Vgl. HÄNSCH, Klaus: Das Europäische Parlament – ein Ornament? In: ALEMANN, Ulrich von/ HEINZE, Rolf G./ HOMBACH, Bodo (Hrsg.): Die Kraft der Region: Nordrhein-Westfalen in Europa. Bonn 1990 (Dietz), S. 238.
[718] Vgl. ESTERBAUER: Europäische Integration, S. 93.

Der geschaffene Ausschuss der Regionen erlangt das Recht zur Eingabe von Stellungnahmen. In Kombination mit dem gleichzeitig in den Verträgen verankerten Subsidiaritätsprinzip wird einer sich beschleunigenden Zentralisierung der Gemeinschaft/ Union ein starker Riegel vorgeschoben.[719]
Einer regionalen Mitwirkung auf der *einen* Seite und einer deutlichen Regelung der Kompetenzverteilung zwischen Union und Mitgliedsstaaten auf der *anderen* Seite ist demnach die Tür geöffnet:[720]

„Mit der Einrichtung des Ausschusses der Regionen ist hier ein entscheidender Durchbruch gelungen. Regionen werden jetzt nicht nur als dritte Ebene in der Gemeinschaft anerkannt, sondern ihnen wird auch eine aktive Aufgabe im Prozeß der politischen Willensbildung auf Gemeinschaftsebene zugewiesen. Dies ist ein Fortschritt, auch wenn die Tätigkeit des Ausschusses als beratende Versammlung auf der untersten Stufe der Politikgestaltung in der Europäischen Gemeinschaft angesiedelt ist."[721]

Die Regelungen zur stärkeren regionalen Beteiligung an gemeinschaftlichen Entscheidungsprozessen finden sich im Vertrag an unterschiedlichen Stellen. Neben der grundsätzlichen Installierung des Ausschusses der Regionen sind besonders *zwei* Reformen hervorzuheben. Der *bedeutendste* Schritt zur Reform der Gemeinschaft in den Verträgen von Maastricht ist ohne Zweifel die Einführung des Subsidiaritätsprinzips.
Die *zweite* anzuführende Reform besteht in der grundsätzlich ermöglichten Beteiligung der Regionen an den Entscheidungen im Rat, denn als Vertreter der Mitgliedsstaaten können die Regionalvertreter an den Ratssitzungen teilnehmen.
Art. 146 Satz 1 EGV-M/ Art. 203 Satz 1 EGV-A-N lautet nach Maastricht wie folgt:

„Der Rat besteht aus je einem Vertreter jedes Mitgliedsstaats auf Ministerebene, der befugt ist, für die Regierung des Mitgliedsstaats verbindlich zu handeln."

Bislang wird der Ministerrat ausschließlich durch Mitglieder der nationalen Regierungen beschickt. Diese Einschränkung wird nun aus den Verträgen entfernt. Von nun an ist es möglich, dass Regierungsvertreter der subnationalen Ebene in Vertretung ihres Mitgliedslandes beratend im Rat tätig sind.[722] Die deutschen Bundesländer können eine solche Vertretungsfunktion für sich beanspruchen.[723] Auch regionale Regierungsvertreter anderer Mitgliedsstaaten könnten an der Meinungsbildung der

---

[719] Diese Beschleunigung Europäischer Integration wird deutlich, wenn man die bisherige Entwicklung Europäischer Integration chronologisch betrachtet: Die Römischen Verträge behalten beinahe 30 Jahre lang Gültigkeit, dann folgen immer schneller aufeinander folgende Zäsuren: EEA 1986, Maastricht 1992, Amsterdam 1996, Nizza Dezember 2000. Vgl. hierzu auch HARTMANN: System der Europäischen Union, S. 23.
[720] Vgl. GÖRNER: Einheit durch Vielfalt, S. 212.
[721] HOPPE: Ausschuß der Regionen, S. 33f.
[722] Einschränkend hierzu vgl. FISCHER, Thomas: Die Zukunft der Regionen in Europa – Kompetenzbestände und Handlungsspielräume. In: BORKENHAGEN, Franz H.U./ FISCHER, Thomas/ FRANZMEYER, Fritz u.a.: Arbeitsteilung in der Europäischen Union – die Rolle der Regionen. Gütersloh 1999 (Bertelsmann), S. 32f.
[723] Vgl. BORCHMANN, Michael/ KAISER, Wilhelm: Die Mitwirkung der Länder im EG-Ministerrat. In: BORKENHAGEN, Franz H.U./ BRUNS-KLÖSS, Christian/ MEMMINGER, Gerhard/ STEIN, Otti (Hrsg.): Die deutschen Länder in Europa: Politische Union und Wirtschafts- und Währungsunion. Baden-Baden 1992 (Nomos), S. 38.

Gemeinschaft teilhaben. Besonders auch in Belgien, Italien und Spanien mit ihren starken Regionen ist eine solche Vertretung denkbar.[724]

Mit der Neuformulierung des Art. 203 EGV-A-N entbindet sich die Gemeinschaftsebene von ihrer Verantwortung zur Beteiligung regionaler Vertreter im Ministerrat, denn von nun an obliegt es allein den Mitgliedsstaaten, den Regionen innerstaatlich eine solch grundsätzlich vertraglich legitimierte Mitwirkung zuzugestehen.[725]

In Deutschland haben sich die Bundesländer in dieser Frage bereits eine starke Position erarbeitet. Art. 23 GG und die daraus folgenden Gesetze und Vereinbarungen zwischen der Bundesregierung und dem Bundesrat steuern das Beteiligungsverfahren der Länder an Entscheidungsverfahren auf Gemeinschaftsebene.

Das „Gesetz über die Zusammenarbeit von Bund und Ländern in Angelegenheiten der Europäischen Union" vom 12. März 1993 regelt das angesprochene Beteiligungsverfahren.[726]
§ 6 Abs. 1 dieses Gesetzes lautet:

„Bei einem Vorhaben, bei dem der Bundesrat an einer entsprechenden innerstaatlichen Maßnahme mitzuwirken hätte, oder bei dem die Länder innerstaatlich zuständig wären oder das sonst wesentliche Interessen der Länder berührt, zieht die Bundesregierung auf Verlangen Vertreter der Länder zu den Verhandlungen in den Beratungsgremien der Kommission und des Rates hinzu, soweit ihr dies möglich ist. Die Verhandlungsführung liegt bei der Bundesregierung; Vertreter der Länder können mit Zustimmung der Verhandlungsführung Erklärungen abgeben."

Weitaus deutlicher formuliert § 6 Abs. 2 des „Gesetzes über die Zusammenarbeit von Bund und Ländern in Angelegenheiten der Europäischen Union" die weiteren Rechte der Länder:

„Bei einem Vorhaben, das im Schwerpunkt ausschließliche Gesetzgebungsbefugnisse der Länder betrifft, soll die Bundesregierung die Verhandlungsführung in den Beratungsgremien der Kommission und des Rates und bei Ratstagungen in der Zusammensetzung der Minister auf einen Vertreter der Länder übertragen. Für diese Ratstagungen kann vom Bundesrat nur ein Mitglied einer Landesregierung im Ministerrang ernannt werden. Die Ausübung der Rechte durch den Vertreter der Länder erfolgt unter Teilnahme von und in Abstimmung mit dem Vertreter der Bundesregierung. Die Abstimmung der Verhandlungsposition mit dem Vertreter der Bundesregierung im Hinblick auf eine sich ändernde Verhandlungslage erfolgt entsprechend den für die interne Willensbildung geltenden Regeln und Kriterien."

Mit § 6 Abs. 2 des „Gesetzes über die Zusammenarbeit von Bund und Ländern in Angelegenheiten der Europäischen Union" wird die regionale Beteiligung an Gemeinschaftsentscheidungen rechtlich belastbar verankert. Die Regionen – gemäß Gemeinschaftsverständnis sind dies in Deutschland die Bundesländer – erlangen für alle Gemeinschaftsentscheidungen, welche sie konkret betreffen, ein erhebliches

---

[724] Vgl. NEWHOUSE: Sackgasse Europa, S. 81f.
[725] Vgl. MAGIERA: Kompetenzverteilung in Europa, S. 22.
[726] Vgl. HÖLSCHEIDT: Von Maastricht nach Karlsruhe, S. 81.

Mitspracherecht. Sie erlangen die Verhandlungsführerschaft zur Regelung „ihrer" Angelegenheiten in den Gemeinschaftsgremien.
Dieses Zugeständnis ist im Zusammenhang mit der Verankerung des Subsidiaritätsprinzips folgerichtig: Sind die Regionen von Entscheidungen der Union betroffen, sollten sie im Vorfeld in die Entscheidungsprozesse einbezogen werden.

Zusammengefasst lässt sich Folgendes festhalten:
Für die Bundesrepublik gilt das Mitwirkungsrecht der Bundesländer bei allen Gemeinschaftsentscheidungen mit direktem regionalen Einfluss. Aus einer Position der Stärke heraus ist es den Bundesländern gelungen, ihre aus Art. 203 EGV-A-N grundsätzlich eröffnete Mitwirkung an Gemeinschaftsentscheidungen in das Bundesgesetz über die Zusammenarbeit von Bund und Ländern in Angelegenheiten der Europäischen Union umzumünzen. In anderen Mitgliedsstaaten mit erheblich schwächeren regionalen Strukturen und erheblich weniger stark ausgeprägter regionaler Souveränität wird die Entwicklung zeigen müssen, ob die Regionen ihre Interessen derart durchsetzen können.

Art. 203 EGV-A-N stellt einen Befreiungsschlag der Union dar. Grundsätzlich kann hiermit die Europäische Union vom latenten Vorwurf befreit werden, die Interessen der Regionen zu vernachlässigen und nur an der eigenen Machterweiterung interessiert zu sein.

Die Problematik homogener/ heterogener regionaler Mitwirkung

Die institutionelle Beteiligung der Regionen erfolgt über den mit dem Vertrag von Maastricht geschaffenen Ausschuss der Regionen. Der AdR setzt sich aus Vertretern der Regionen zusammen, konkret aus Vertretern der regionalen und lokalen Gebietskörperschaften (Art. 198a EGV-M/ Art. 263 EGV-A-N).[727]

---

[727] *Artikel 198a EGV-M:*
Es wird ein beratender Ausschuß aus Vertretern der regionalen und lokalen Gebietskörperschaften, nachstehend "Ausschuß der Regionen" genannt, errichtet.
Die Zahl der Mitglieder des Ausschusses der Regionen wird wie folgt festgesetzt: Belgien 12 Dänemark 9 Deutschland 24 Griechenland 12 Spanien 21 Frankreich 24 Irland 9 Italien 24 Luxemburg 6 Niederlande 12 Österreich 12 Portugal 12 Finnland 9 Schweden 12 Vereinigtes Königreich 24.
Die Mitglieder des Ausschusses sowie eine gleiche Anzahl von Stellvertretern werden vom Rat auf Vorschlag der jeweiligen Mitgliedstaaten durch einstimmigen Beschluß auf vier Jahre ernannt. Wiederernennung ist zulässig.
Die Mitglieder des Ausschusses sind an keine Weisungen gebunden. Sie üben ihre Tätigkeit in voller Unabhängigkeit zum allgemeinen Wohl der Gemeinschaft aus.
Artikel 198b EGV-M:
Der Ausschuß der Regionen wählt aus seiner Mitte seinen Präsidenten und sein Präsidium auf zwei Jahre.
Er gibt sich eine Geschäftsordnung. Der Ausschuß wird von seinem Präsidenten auf Antrag des Rates oder der Kommission einberufen. Er kann auch von sich aus zusammentreten.
Artikel 198c EGV-M:
Der Ausschuß der Regionen wird vom Rat oder von der Kommission in den in diesem Vertrag vorgesehenen Fällen und in allen anderen Fällen gehört, in denen eines dieser beiden Organe dies für zweckmäßig erachtet. Wenn der Rat oder die Kommission es für notwendig erachten, setzen sie dem Ausschuß für die Vorlage seiner Stellungnahme eine Frist; diese beträgt mindestens einen Monat, vom Eingang der diesbezüglichen Mitteilung beim Präsidenten des Ausschusses an gerechnet. Nach Ablauf der Frist kann das Fehlen einer Stellungnahme unberücksichtigt bleiben.

Die Regelung des Art. 263 EGV-A-N zur Besetzung des AdR eröffnet eine höchst heterogene Zusammensetzung. Diese heterogene Zusammensetzung erschwert die zukünftige Arbeit des AdR.[728] Die Mitgliedsstaaten der EU sind unterschiedlich verfasst. Die Beteiligung von Ländern, Regionen, lokalen Gebietskörperschaften und Kommunen wird in allen Staaten unterschiedlich gehandhabt.[729] Dies wird besonders deutlich an den grundsätzlich unterschiedlichen staatlichen Strukturen: Föderalismus versus Einheitsstaat.[730]

Folgende Aufstellung dokumentiert den heterogenen Charakter der Regionen innerhalb der Mitgliedsstaaten.[731]

Mitgliedstaat	Regionen	Einrichtungsdatum	Durchschn. Oberfläche der »Regionen« (in 1000 qkm)
Belgien	3 »Gemeinschaften« 3 »Regionen« (»communautés« und »régions« bzw. »gemeenschappen« und »gewesten«)	(1970) (1980)	10.16
Dänemark	14 »Kreisgemeinden« (»amdskommuner«)	(1970)	3.07
Deutschland	16 »Länder«	(1949/90)	22.31
Frankreich	22 »Regionen« (»regions«)	(1982)	24.72
Großbritannien	78 »Grafschaften« (9 »regional counties«, Schottland 47 »shire counties« und 6 »metropolitan counties«, England und Wales 26 »county districts«, Nord-Irland)	(1972-73)	3.12
Griechenland	13 »Regionen«	(1986)	10.15
Irland	31 »Grafschaften« (27 »counties« und 4 »county borouhgs«)	(1889)	2.26
Italien	20 »Regionen« (regioni)	(1948/70)	15.06
Luxemburg	3 »Distrikte«	(1868)	0.86
Niederlande	12 »Provinzen« (»provincien«)	(1850)	3.43
Portugal	18 »Distrikte (»distritos«)	(1984)	5.08
Spanien	17 »Autonome Gemeinschaften« (»communidades autónomas«)	(1979-83)	29.69

Wird der Wirtschafts- und Sozialausschuß nach Artikel 198 gehört, so wird der Ausschuß der Regionen vom Rat oder von der Kommission über dieses Ersuchen um Stellungnahme unterrichtet. Der Ausschuß der Regionen kann, wenn er der Auffassung ist, daß spezifische regionale Interessen berührt werden, eine entsprechende Stellungnahme abgeben.

[728] Vgl. HESSE, Joachim Jens: Die Begleitforschung zum Ausschuß der Regionen der Europäischen Union. In: DERS. (Hrsg.): Regionen in Europa. Die Institutionalisierung des Regionalausschusses (Bd. 1). Baden-Baden 1995/1996 (Nomos), S. 35f.
[729] Vgl. HOPPE: Ausschuß der Regionen, S. 28; vgl. auch SASSE: Regierungen. Parlamente. Ministerrat, S. 116; vgl. darüber hinaus SCHMIDHUBER, Peter M.: Die Bedeutung der Europäischen Gemeinschaften für die Kommunen. In: KNEMEYER: Charta der kommunalen Selbstverwaltung, S. 27.
[730] Vgl. MAGIERA: Kompetenzverteilung in Europa, S. 22.
[731] ENGEL, Christian: Regionen in der Europäischen Gemeinschaft – eine integrationspolitische Rollensuche. In: BORKENHAGEN, Franz H.U./ BRUNS-KLÖSS, Christian/ MEMMINGER, Gerhard/ STEIN, Otti (Hrsg.): Die deutschen Länder in Europa: Politische Union und Wirtschafts- und Währungsunion. Baden-Baden 1992 (Nomos), S. 186 (Fußnoten und dazugehöriger Fußnotentext aus dem Original entfernt.).

Die unterschiedlich breit angelegte politische Autonomie der unterstaatlichen Gliederungen in den einzelnen Mitgliedsstaaten macht eine Homogenität in der Besetzung des AdR unmöglich.[732] Art. 198a EGV-M/ Art. 263 EGV-A-N legt lediglich fest, dass der Ausschuss der Regionen durch Vertreter regionaler und lokaler Gebietskörperschaften zu besetzen ist. Es bleibt unberücksichtigt, dass der Status regionaler und lokaler Gebietskörperschaften in allen Mitgliedsstaaten höchst unterschiedlich ist. Es bleibt demnach auch unbestimmt, welche Ansprüche an Souveränität und Eigenstaatlichkeit regionale und lokale Gebietskörperschaften in den AdR einbringen und wie präzise ihr innerstaatlicher Kompetenzbereich abgegrenzt ist.

Es ist also festzuhalten, dass die Besetzung des AdR höchst indifferent ist. Die Festlegung des Art. 263 EGV-A-N reglementiert lediglich die Besetzung durch unterstaatliche Gliederungen. Die Vertreter der deutschen Bundesländer, ausgestattet mit erheblichen eigenstaatlichen Kompetenzen, treffen im AdR auf regionale oder lokalen Vertreter, die in ihren jeweiligen Mitgliedsstaaten kaum Einfluss haben.

Diese Heterogenität der Besetzung des AdR ist im Folgenden differenziert zu bewerten. Es muss vorangeschickt werden, dass diese Heterogenität bereits im Vorläufergremium des AdR, dem von der EG-Kommission im Jahr 1988 eingerichteten Beirat der regionalen und lokalen Gebietskörperschaften zu verzeichnen ist.[733]

Das zentrale Problem einer solch unterschiedlich strukturellen Herkunft seiner Mitglieder besteht für den AdR im nur schwer erreichbaren gemeinsamen Standpunkt. Die von eigener Souveränität verwöhnten Bundesländer entwickeln andere Vorstellungen einer regionalen Beteiligung am Europäischen Willensbildungsprozess als beispielsweise die Vertreter der britischen Kommunen.[734] Im AdR prallen unterschiedliche Welten der Beteiligung aufeinander.[735] Gemeinsame Standpunkte erscheinen schwer erreichbar.[736]

Gerade ein gemeinsames und konzertiertes Auftreten jedoch macht die Stärke eines Gremiums wie dem AdR aus. Im Kräftemessen mit den Gemeinschaftsorganen kommt es darauf an, eine klare und verbindliche Position zu vertreten. Die regionale

---

[732] Vgl. MÜLLER-BRANDECK-BOQUET: Europäische Integration, S. 160f.

[733] Vgl. BRUNS-KLÖSS, Christian/ SEMMELROGGEN, Bernd: Die Länder in Zusammenschlüssen der europäischen Regionen. In: BORKENHAGEN, Franz H.U./ DERS./ MEMMINGER, Gerhard/ STEIN, Otti (Hrsg.): Die deutschen Länder in Europa: Politische Union und Wirtschafts- und Währungsunion. Baden-Baden 1992 (Nomos), S. 209.

[734] Beteiligungsverwöhnte Regionen entwickeln weitaus weitreichendere Vorstellungen einer adäquaten Mitwirkung an Gemeinschaftsentscheidungen als Regionen eines Einheitsstaates; vgl. KALBFLEISCH-KOTTSIEPER, Ulla: Die Rolle der Landesregierungen und -verwaltungen sowie des Ausschusses der Regionen im Europäischen Integrationsprozeß im Hinblick auf die Regierungskonferenz von 1996. In: MAURER, Andreas/ THIELE, Burkhard (Hrsg.): Legitimationsprobleme und Demokratisierung der Europäischen Union (Schriftenreihe der Hochschulinitiative Demokratischer Sozialismus. Bd. 29). Marburg 1996 (Schüren), S. 80.

[735] Die Rechte der Bundesländer sind in Deutschland verfassungsmäßig verankert. Eine solche weitreichende Autonomie und Souveränität der unterstaatlichen Gliederungen ist in keinem anderen EU-Mitgliedsland zu erkennen. So werden die „Statuten" der einzelnen Regionen – mit Ausnahme in Spanien – nicht von den jeweiligen Regionen beschlossen, sondern von den jeweiligen nationalstaatlichen Regierungen.
Des Weiteren gibt es keine nationalstaatsweite regionale Vertretungskörperschaft wie den Bundesrat.
Regionale Beschlüsse unterliegen oftmals einer sogenannten „Opportunitätskontrolle", welche es der Nationalregierung erlaubt, diese aufzuheben; vgl. hierzu KINSKY, Ferdinand: Föderalismus als Ordnungsmodell für Europa. In: HUBER, Stefan/ PERNTHALER, Peter (Hrsg.): Föderalismus und Regionalismus in Europäischer Perspektive. Schriftenreihe des Instituts für Föderalismusforschung. Bd. 44/ Veröffentlichungen der österreichischen Sektion des CIFE. Bd. 10. Wien 1988 (Braumüller), S. 29; vgl. auch die bundesdeutsche Rechtsstellung der Kommunen: BEYERLIN, Ulrich: Rechtsprobleme der lokalen grenzüberschreitenden Zusammenarbeit. Beiträge zum ausländischen öffentlichen Recht und Völkerrecht. Bd. 96. Berlin/ Heidelberg/ New York u.a. 1988 (Springer), S. 150.

[736] Vgl. hierzu auch EINERT: Europa auf dem Weg zur politischen Union? S. 68.

Vertretung gegenüber der übergeordneten Ebene kann nur dann von Erfolgen begleitet sein, wenn sich die Regionen als „Schicksalsgemeinschaft"[737] verstehen. Inwieweit das Formulieren einer klaren Position bei solch gemischter Besetzung des AdR möglich ist, erscheint fraglich.
In der Zusammenfassung aller heterogenen regionalen und lokalen Interessen liegen aber auch erhebliche Vorteile. Trotz aller Unterschiede in der Möglichkeit innerstaatlicher Mitwirkung sind die Regionen von der Überzeugung beseelt, dass die regionale und lokale Macht unveräußerlich ist und ausgebaut werden muss. Diese sich durch alle Regionen und Kommunen durchziehende Forderung eint alle miteinander. Auch die Abwehrhaltung gegen eine Zentralisierung der Gemeinschaft und die Abwehr gegen eine schleichende Entmachtung der Mitgliedstaaten ruft Einigkeit hervor.[738]

Eine Trennung des AdR in solche Regionen, welche erhebliche Eigenstaatlichkeit bewahrt haben, und solche, die machtlos sind, wäre kein Ausweg. Letztendlich würde dies zu einer Marginalisierung regionaler Interessen in Gänze führen.
Die Gruppe der Schwachen wäre nicht in der Lage, ihre Position zu verbessern. Darüber hinaus wären sie nicht einmal in der Lage, ihre Position gegenüber einem integrationswilligen Europa mit seiner zentripetalen Kraft zu verteidigen.
Die Gruppe der Starken wiederum würde ihrerseits nun nicht mehr gesamtgemeinschaftliche regionale Interessen verfolgen, sondern ihre individuellen Partikularinteressen vertreten. Diese Einschränkung jedoch würde ihrer Forderung die Durchschlagskraft nehmen. Ein weiterer Vorteil der gemeinsamen Arbeit aller Regionen und lokalen Gebietskörperschaften im AdR ist anzuführen: Durch den Meinungs- und Erfahrungsaustausch zwischen den schwachen und starken Regionen wird das kritische Bewusstsein der Regionen allgemein geschärft.[739] Die schwachen Regionen beispielsweise lernen von den starken, wie sie sich innerstaatlich am besten zu positionieren haben, um sich selbst mehr politisches Gewicht zu verleihen.

Durch den politischen Austausch der Regionen untereinander erlebt die gesamte Gemeinschaft einen erheblichen Regionalisierungsschub. In allen Mitgliedstaaten ist die Debatte nach einer angemessenen regionalen und lokalen Vertretung entbrannt. Zusammen mit dem Subsidiaritätsprinzip begründet der AdR somit eine konzentrierte gemeinschaftsweite Auseinandersetzung über die Verfasstheit der Mitgliedstaaten und der Union.

Die politische und organisatorische Randstellung des AdR

Die Ungebundenheit der Mitglieder des Ausschusses der Regionen von Weisungen gemäß Art. 263 Satz 6 EGV-A-N wirft die Frage nach der elementaren Stoßrichtung

---

[737] NIEDERL, Friedrich: Grundlagen und Prinzipien des föderalen Systems. In: ASSMANN, Karl/ GOPPEL, Thomas (Hrsg.): Föderalismus. Bauprinzip einer freiheitlichen Grundordnung in Europa. München 1978 (Saur), S. 48.
[738] Vgl. CLEMENT, Wolfgang: Perspektiven der Länder der Bundesrepublik Deutschland im europäischen Integrationsprozeß. In: ALEMANN, Ulrich von/ HEINZE, Rolf G./ HOMBACH, Bodo (Hrsg.): Die Kraft der Region: Nordrhein-Westfalen in Europa. Bonn 1990 (Dietz), S. 642.
[739] Vgl. EINERT: Europa auf dem Weg zur politischen Union? S. 68.

dieses Gremiums auf. Aus der Genese seiner Entstehung muss der AdR als Gremium verstanden werden, welches die Interessen der Regionen und lokalen Gebietskörperschaften gegenüber den anderen Organen der EU vertreten soll. Der AdR soll einer ausgreifenden Zentralisierung der Union vorbeugen und das Beschneiden regionaler Kompetenzen durch gemeinschaftliche Entscheidungen begrenzen. Gleichzeitig aber gilt der AdR auch als eine Europäische Institution und ist deshalb verpflichtet, aktiv den Prozess der Integration zu unterstützen.
Aus der Gegenüberstellung dieser *beiden* gegensätzlichen Aufträge zeigt sich die Schwierigkeit einer eindeutigen Positionierung.

Die Vertretung regionaler Interessen findet sich in den Verträgen nicht explizit als Auftrag. Ein solches Mandat kann implizit durch Art. 265 EGV-A-N festgemacht werden. Gerade auch die Genese des Vertragswerks, die Entwicklung der regionalen und lokalen Mitwirkung, unterstreicht dieses Mandat des AdR.
Im Gegensatz dazu findet sich explizit der klare Auftrag, dem allgemeinen Wohl der Gemeinschaft zu dienen.[740] Die Integration der Gemeinschaft als abstraktes und fortzuentwickelndes Wohl steht somit im Mittelpunkt der Agenda.

Fraglich ist nun, wie dieser relativ unbestimmte Rechtsbegriff „Wohl" auszulegen ist. *Zwei* grundsätzliche Richtungen sind denkbar. Zum *einen* ist hiermit ganz konkret das Wohl der Gemeinschaft mit ihren Aufgaben und Zielen gemeint. Die Vertreter des AdR haben insoweit zuvorderst diesem Wohl zu dienen und die Integration voranzubringen.
An diesem Punkt der Betrachtung setzt die *zweite* grundlegende Variante der Auslegung an. Diese ist mittelbarer Natur. Das Wohl der Gemeinschaft ist nur dann zu mehren, wenn die Gemeinschaft ein ausreichendes Maß an Legitimation genießt. Dazu gehört auch, dass sich die Mitgliedsstaaten und ihre Regionen mit dem Prozess der fortschreitenden Integration identifizieren. Im Besonderen die Bürger der Union müssen der gesamten Bewegung positiv gegenüber stehen.
Das Gesamtwohl der Gemeinschaft ist also nur *mit* den Bürgern und in Zusammenarbeit *mit* den Regionen und Mitgliedsstaaten zu mehren. Aus diesem Grund ist eine zentripetale Entwicklung der Gemeinschaft, verbunden mit einer Ignoranz gegenüber den untergeordneten Interessen dem Gemeinschaftswohl abträglich.
Der AdR seinerseits kann Mittler zwischen der mitgliedsstaatlichen Ebene und ihren Untergliederungen auf der einen Seite und der Gemeinschaftsebene auf der anderen Seite sein. In dieser Funktion sollte er spezifisch regionale und lokale Interessen vermitteln und so einer subsidiär und regional konstituierten Gemeinschaft Vorschub leisten. Durch diese Vertretungstätigkeit dient der AdR daher mittelbar dem Wohl der Gemeinschaft.
Der AdR steht somit durch seine Mittlerrolle in einer Zwitterposition: Er ist der Integration verpflichtet und gleichzeitig darauf bedacht, diese Integration nicht auf Kosten der unterstaatlichen Einheiten ausufern zu lassen.
Eine *weitere* Frage bleibt bislang unbeantwortet: Inwieweit sind die regionalen oder lokalen Mitglieder des AdR an Weisungen ihrer Entsendungskörperschaft gebunden?

---

[740] Art. 263 Satz 7 EGV-A-N.

Als direkter Vertreter einer entsendenden Körperschaft wird die Abhängigkeit eines AdR-Mitgliedes kaum zu leugnen sein. Zuvorderst wird der Vertreter Rechenschaft darüber abzulegen haben, inwieweit er die spezifische Gemengelage vor Ort im Ausschuss der Regionen dargelegt und vertreten hat. Alle Entscheidungen und vor allem alle politischen Stellungnahmen des AdR werden von der entsendenden Körperschaft im Hinblick auf die eigenen Interessen begutachtet. An diesem Prüfungsverfahren wird sich der regionale oder lokale Vertreter messen lassen müssen. Formal ist zwar in den Verträgen eine Weisungsungebundenheit verankert, in der Praxis jedoch wird sich eine informelle Abhängigkeit nicht vermeiden lassen.[741]

Innerhalb des Machtgefüges der Union stellt der AdR nur ein kleines Licht dar.[742] Dies wird an einigen vertraglichen Einschränkungen seiner Befugnisse deutlich.

Die Mitglieder des AdR werden auf Vorschlag der Mitgliedsstaaten und nach Beschluss des Rates gewählt. Die *doppelte* Einschränkung regionaler bzw. lokaler Souveränität fällt ins Auge. *Zunächst* einmal unterliegen die Vertreter der Regionen bzw. der lokalen Gebietskörperschaften dem Vorbehalt einer Zustimmung durch ihren eigenen Staat. Die Mitgliederliste der nationalen Vertreter wird nicht durch die Regionen bestimmt, sondern formal letztinstanzlich durch die nationale Regierung. Zwar ist dies oftmals nur eine Formalie wie beispielsweise in Deutschland, dennoch aber steht der Staatsregierung letztendlich ein Veto zu.

Darüber *hinaus* muss die Liste sämtlicher Mitglieder und deren Vertreter den Rat passieren. Auch hier ist kaum Widerstand, allerhöchstens formaler Art, zu erwarten, dennoch, der Rat hat das letzte Wort.[743]

Eine Ausrichtung der Amtsperiode des AdR an die der anderen Gemeinschaftsorgane ist ausgeblieben. Sicherlich ist einzuwenden, dass die Maastrichter Verträge zur Europäischen Union inmitten einer Legislatur- bzw. Amtsperiode beschlossen werden und der AdR somit phasenverschoben das Licht des Lebens erblickt hat. Dieser Umstand reicht aber nicht als Erklärung *dafür* aus, dass die Vertragsschließenden darauf verzichtet haben, in naher Zukunft die Amtsperioden des AdR den Perioden der Gemeinschaftsorgane anzugleichen.[744] Durch diese mangelnde Angleichung wird die Randstellung des AdR im Machtgefüge der Gemeinschaft unterstrichen.

Eine weitere „Nachlässigkeit" ist zu erwähnen: Es fehlt eine Vergütungsregelung für die Mitglieder des AdR. Der Wirtschafts- und Sozialausschuss (WSA) besitzt eine solche. Gemäß Art. 258 Satz 4 EGV-A-N legt der Rat mit qualifizierter Mehrheit die Vergütungen für die Mitglieder des WSA fest. Eine solche Formulierung fehlt für den AdR gänzlich. Damit wird die mangelnde Wertigkeit des AdR im gemeinschaftlichen Machtgefüge demonstriert.

Eine Erklärung für das Fehlen einer Vergütungsregelung könnte darin liegen, dass die Mitglieder des AdR gegebenenfalls von ihrer Entsendungskörperschaft schadlos gehalten werden oder gar von hier eine Vergütung für ihre zusätzliche Tätigkeit

---

[741] Vgl. HRBEK: Europa der Regionen, S. 128.
[742] Vgl. BÖTTCHER: Europas Zukunft, S. 202f.
[743] Vgl. HRBEK: Europa der Regionen, S. 126.
[744] Vgl. ebd., S. 127.

erhalten. Diese Erklärung würde jedoch dem sowieso schon brüchigen Vorsatz einer Weisungsungebundenheit der Mitglieder des AdR zuwiderlaufen.

Wie abhängig der Ausschuss der Regionen von den anderen Organen der EU ist und wie wenig souverän und eigenständig er ist, dokumentiert auch die fehlende eigene Organisationshoheit. Anders als der Wirtschafts- und Sozialausschuss kann der AdR seine Geschäftsordnung nicht eigenständig beschließen. Diese unterliegt nach Beschluss im AdR zunächst dem Vorbehalt einstimmiger Zustimmung durch den Rat.[745] Dem Rat obliegt die finale Verantwortung für die organisatorische Ordnung des AdR.

Die erste Geschäftsordnung des AdR wird am 17./18. Mai 1994 beschlossen. Am 25. Mai 1994 erfolgt die Genehmigung durch den Rat.

Neben dieser organisatorischen Unterordnung unterliegt der AdR auch im Bereich inhaltlicher Tätigkeit der Fremdbestimmung durch andere Organe.

Einberufen wird der AdR gemäß Art. 264 Satz 3 EGV-A-N von seinem Präsidenten, jedoch auf Antrag des Rates oder der Kommission. Die zweite Möglichkeit der Einberufung, nämlich die Einberufung aus eigener Initiative, wird zuletzt und separat aufgezeigt.[746] Damit wird deutlich, dass der AdR in der Regel auf Wunsch der beiden Organe Rat oder Kommission zusammentritt. Der Anlass des Zusammentritts liegt somit außerhalb der Reichweite des AdR. Nur in Einzelfällen kann der AdR aus sich heraus zusammentreten.

Der AdR nimmt mit allen angeführten Einschränkungen seiner Souveränität und seiner politischen Reichweite eine ausschließlich dienende, konkret beratende Funktion ein.[747]

Auch das Verfahren der Beteiligung ist stark auf die Anforderungen der Gemeinschaftsorgane hin orientiert. Gemäß Art. 265 EGV-A-N ist geregelt, dass der AdR in den vom Vertrag normierten Fällen gehört wird.

Die Maßnahmen zum wirtschaftlichen und sozialen Zusammenhalt der Gemeinschaft, besonders die Arbeit der Strukturfonds, stehen dem AdR zur Mitwirkung offen.[748] Auch die Maßnahmen zum Europäischen Regionalfonds werden gemäß Art. 160, 162 EGV-A-N vom AdR begleitet.

Art. 161 EGV-A-N regelt die Ziele und Organisation der Strukturfonds sowie die Neuordnung des Kohäsionsfonds. Die Festlegung der Ziele und die Organisation der Strukturfonds wird nach Anhörung unter anderem des AdR durch den Rat beschlossen.

Der AdR wird demnach besonders in solchen Fällen um Stellungnahme gebeten, wo Fondsmittel ausgeschüttet werden, welche der regionalen Entwicklung oder der Verbesserung der regionalen Struktur dienen sowie der Kohäsion der Gemeinschaft.

---

[745] Mit dem Vertrag von Amsterdam wird diese Einschränkung aufgehoben.
[746] Vgl. HOPPE: Ausschuß der Regionen, S. 31.
[747] Vgl. ebd., S. 30.
[748] Die Reform der Europäischen Strukturfonds dokumentiert die Aufwertung der Regionen Europas: vgl. ebd., S. 26; vgl. auch HESSE, Joachim Jens: Die Begleitforschung zum Ausschuß der Regionen der Europäischen Union. In: DERS. (Hrsg.): Regionen in Europa. Die Institutionalisierung des Regionalausschusses (Bd. 1). Baden-Baden 1995/1996 (Nomos), S. 36.

Eine *zweite* grundsätzliche Möglichkeit zur Stellungnahme durch den AdR eröffnet sich, wenn der Rat oder die Kommission eine solche anfordern.[749] Dieses Procedere erfolgt jedoch nur dann, wenn der Rat oder die Kommission eine solche Stellungnahme für zweckmäßig halten. Auch das Europäische Parlament kann den Ausschuss der Regionen um Stellungnahmen bitten.

Die *dritte* grundsätzliche Möglichkeit des AdR zur aktiven Mitwirkung ist die Eigeninitiative. Gemäß Art. 265 Satz 5 EGV-A-N kann der AdR, wenn er der Auffassung ist, dass bei Gemeinschaftsentscheidungen spezifische regionale Interessen berührt sind, entsprechende Stellungnahmen abgeben. Diese Stellungnahmen fließen gemäß Art. 265 EGV-A-N in die laufende Auseinandersetzung zwischen den Gemeinschaftsorganen und dem WSA ein.

Art. 265 Satz 7 EGV-A-N normiert, dass der AdR auch ohne konkrete vertragliche Vorgabe und ohne konkret von einem Gemeinschaftsorgan um Stellungnahme gebeten worden zu sein, eine Stellungnahme *dann* abgeben kann, wenn er es für zweckdienlich hält.

Ob die Zweckdienlichkeit im Einzelnen zu begründen ist, lässt der Vertrag offen. Aus dem Duktus der Art. 263ff EGV-A-N muss dies jedoch angenommen werden, denn die vertraglich gewünschte Einschränkung der Möglichkeiten des AdR zum Eingriff in die Gemeinschaftspolitik wäre durch eine ausufernde Eigeninitiative des AdR aufgelöst. Nur in Einzelfällen kann demnach der AdR aus eigener Initiative tätig werden. Diese Einzelfälle müssen, dem Verständnis des Vertrags folgend, dann auch begründet sein.

Praktische Probleme der Institution „Ausschuss der Regionen"

Nach den bislang eher theoretischen und verfassungsrechtlichen Fragen zur Gründung des AdR sollen nun noch einige ganz konkrete und praktische Probleme zur Gründung des AdR und zur Arbeitsweise des AdR erörtert werden.

Der Ausschuss der Regionen konstituiert sich inmitten der Legislatur von Europäischem Parlament und der Kommission. Zahlreiche politische und organisatorische Fragen bleiben durch den Vertrag von Maastricht ungeklärt und müssen vor Konstituierung des Ausschusses gelöst werden, so z.B. die Zusammensetzung des Gremiums, Fragen zum Verwaltungsunterbau, zur Finanzausstattung und zur Geschäftsordnung. Auch sämtliche Personalentscheidungen für die Spitzenpositionen in Ausschuss und Verwaltung müssen getroffen werden.[750]

Die Frage der Geschäftsordnung bleibt dem AdR in Schlussabstimmung mit dem Rat anheim gestellt. Auch die Organisation des AdR bleibt weitgehend ungeklärt: Stellt der AdR einen Art Unterausschuss des WSA dar oder wird der AdR ein finanziell und organisatorisch unabhängiges Gremium?

Nach welchem Verfahren und vor allem nach welchem Schlüssel rekrutieren sich die nationalen Vertreter?

---

[749] Vgl. BÖTTCHER: Europas Zukunft, S. 204, 210.
[750] Vgl. HRBEK: Europa der Regionen, S. 134.

Art. 263 EGV-A-N formuliert, dass der Ausschuss der Regionen aus Vertretern der regionalen und lokalen Gebietskörperschaften besteht. Innerhalb der Mitgliedsstaaten kursieren, wie dargestellt, völlig unterschiedliche Auffassungen zu den originären Rechten und zur originären Souveränität von Regionen und lokalen Gebietskörperschaften. Diese Unklarheit über Charakter und Zuschnitt von Regionen bzw. lokalen Gebietskörperschaften setzt die Formulierung des Art. 263 EGV-A-N der Interpretation aus. Was ist nun konkret mit regionalen und lokalen Vertretern gemeint?

Die Formulierung des Art. 263 EGV-A-N lässt nicht nur offen, in welchem Zahlenverhältnis regionale Vertreter auf der einen Seite und lokale Vertreter auf der anderen in den AdR zu entsenden sind. Auch bleibt fraglich, ob die Vertragsschließenden überhaupt eine grundsätzliche Aufteilung in regionale und lokale Vertreter gewollt haben, also auch für solche Fälle, in denen in einem Mitgliedsstaat eine ausreichend klare regionale Struktur vorhanden ist und eigentlich lokale Vertreter überflüssig wären. Sollen aus einem Mitgliedsstaat mit starker föderaler Struktur, Deutschland beispielsweise, ausschließlich regionale Vertreter entsandt werden? Gilt die Vertretung durch lokale Gebietskörperschaften demnach nur für solche Mitgliedsstaaten, die keine ausreichend föderale Struktur aufweisen?

Es könnte der Standpunkt vertreten werden, dass die Vertreter des AdR aus Mitgliedsstaaten mit klare föderaler regionaler Struktur von eben dieser unterstaatlichen Ebene gestellt werden. Dies macht schon die Nomenklatur des geschaffenen Ausschusses deutlich: Ausschuss der *Regionen*. Die lokalen Gebietskörperschaften könnten, dieser Überzeugung folgend, nur dann Mitglieder entsenden, wenn es mitgliedsstaatlich an einer klaren regionalen Ebene mangelt.

Diesem regionalen Vorgriff steht die Genese der Vertragsbestandteile zum AdR entgegen: Nicht nur die Regionen, sondern auch die Kommunen und lokalen Gebietskörperschaften haben sich für eine Mitwirkung an Gemeinschaftsentscheidungen ausgesprochen. Die „Versammlung der Regionen Europas" besteht nicht nur aus Regionen, sondern eben auch aus Kommunen und lokalen Gebietskörperschaften. Die „Konferenz Europa der Regionen" besteht zwar im Großen und Ganzen aus mächtigen Bundesländern und strukturierten Regionen, in der Zusammenarbeit mit der VRE jedoch und ihrem gemeinsamen Einsatz für eine Vertretung auf Gemeinschaftsebene vermischen sich beide Interessengruppen. Erst mit der Verankerung des AdR brechen alte Gegensätze wieder auf.

Schlussendlich ist es jedem Mitgliedsstaat in Eigenverantwortung übertragen, seine Regionen und lokalen Gebietskörperschaften angemessen im AdR vertreten zu sehen, denn die mitgliedsstaatlichen Regierungen müssen gemäß Art. 263 EGV-A-N die Zustimmung zu den von ihnen entsandten Mitgliedern erteilen.

In Deutschland hat sich nach eingehender Diskussion zwischen dem Bund, den Ländervertretern und den kommunalen Spitzenverbänden folgender Schlüssel zur Verteilung der 24 Mitglieder ergeben: 16 Mitglieder entfallen auf die Bundesländer, jedes Bundesland entsendet einen Vertreter. Die drei kommunalen Spitzenverbände (Deutscher Städte- und Gemeindebund, Deutscher Städtetag sowie Deutscher Landkreistag) entsenden je einen Vertreter. Die übrig gebliebenen fünf Sitze werden auf die Bundesländer der Größe nach weiterverteilt.

Faktisch hat die Bundesregierung keinen Einfluss auf die Liste der zu entsendenden Mitglieder. Zwar sieht der Gemeinschaftsvertrag vor, dass die nationalstaatliche Regierung letztinstanzlich über die Mitglieder entscheidet. Das grundlegende Recht zur Entscheidung haben sich die Länder und Kommunalverbände jedoch nicht nehmen lassen. Das „Gesetz über die Zusammenarbeit von Bund und Ländern in Angelegenheiten der Europäischen Union" regelt auch dies. Der Vorsitzende der Ministerpräsidentenkonferenz übermittelt der Bundesregierung die gesamte Liste der 24 Vertreter und ihrer Stellvertreter. Diese Liste wird als beschlossen von der Bundesregierung sodann unmittelbar an den Rat weitergeleitet.[751]

Nicht in allen Mitgliedsstaaten ist ein solch klarer regionaler Schwerpunkt in der Auswahl der Mitglieder des AdR zu erkennen. Dies liegt besonders darin begründet, dass nicht in allen Mitgliedsländern solch klare kodifizierte föderale Strukturen vorherrschen.

Der Ausschuss der Regionen bildet demnach kein klares Bild einer *regionalen* Vertretungskörperschaft.[752] Bei der Konstituierung des AdR im Jahr 1994 entstammen 99 Mitglieder des AdR der regionalen Ebene, 90 der kommunalen Ebene.[753] In einzelnen Fällen ist eine klare Charakterisierung der Mitglieder als regionale oder lokale Vertreter schwierig, da die unterstaatlichen Strukturen der Mitgliedsstaaten uneinheitlich sind.[754]

Es wird deutlich, dass der AdR ein regional-kommunal gemischtes Gremium darstellt. Das Kräfteverhältnis ist in etwa ausgewogen. Damit wird der Ausschuss der Regionen keine klare Regionalpolitik betreiben können. Stets wird auch die lokale kommunale Ebene ein gehöriges Wort bei allen Stellungnahmen mitzureden haben.

43 Legitimation der Europäischen Union durch Regionalisierung

Der Maastrichter Vertrag schränkt die Möglichkeiten der Beteiligung des AdR an Gemeinschaftsentscheidungen erheblich ein.
Dies geschieht, wie bereits angeführt, auf *zweierlei* Weise:

---

[751] Vgl. ebd., S. 135f.
[752] Der erste Ausschuss der Regionen setzt sich wie folgt zusammen: Belgien: zwölf gewählte Vertreter der Sprachgemeinschaften und Regionen; Dänemark: vier Vertreter der Gemeinden, ein Mitglied direkt aus der Hauptstadt Kopenhagen; Deutschland: 21 Ländervertreter (fünf Ministerpräsidenten, 14 Vertreter der Landesregierungen, zwei Landtagsabgeordnete), drei kommunale Vertreter (ein Oberbürgermeister, ein Landrat ein Bürgermeister); Frankreich: 14 Vertreter aus der Region, sechs der Departements und vier der Gemeinden; Griechenland: zwölf lokale Vertreter; Irland: neun kommunale Vertreter; Italien: zwölf Vertreter der Regionen, fünf aus den Provinzen und sieben aus den Kommunen; Luxemburg: sechs kommunale Vertreter; Niederlande: je die Hälfte der Vertreter aus den Provinzen und den Kommunen; Portugal: zehn Vertreter aus den Kommunen, für die Azoren und Madeira je ein Vertreter als regionaler Vertreter; Spanien (ähnlich wie Deutschland): 17 regionale Vertreter und vier Vertreter der Kommunen; Vereinigtes Königreich: acht Vertreter der Counties und 16 lokale Vertreter der Districts und Boroughs.
[753] Vgl. KALBFLEISCH-KOTTSIEPER, Ulla: Die Rolle der Landesregierungen und -verwaltungen sowie des Ausschusses der Regionen im Europäischen Integrationsprozeß im Hinblick auf die Regierungskonferenz von 1996. In: MAURER, Andreas/ THIELE, Burkhard (Hrsg.): Legitimationsprobleme und Demokratisierung der Europäischen Union (Schriftenreihe der Hochschulinitiative Demokratischer Sozialismus. Bd. 29). Marburg 1996 (Schüren), S. 79.
[754] Vgl. FISCHER, Thomas: Die Zukunft der Regionen in Europa – Kompetenzbestände und Handlungsspielräume. In: BORKENHAGEN, Franz H.U./ FISCHER, Thomas/ FRANZMEYER, Fritz u.a.: Arbeitsteilung in der Europäischen Union – die Rolle der Regionen. Gütersloh 1999 (Bertelsmann), S. 31.

Zunächst ist die mangelnde formale Beteiligung anzusprechen. Die Beteiligung des AdR ist ausschließlich auf Stellungnahmen begrenzt. Die Gemeinschaftsorgane können sich die Empfehlungen und Stellungnahmen zu Nutze machen, eine darüber hinaus gehende Bindungswirkung entfaltet die Tätigkeit des AdR jedoch nicht.
Die *zweite* Einengung der Möglichkeiten des AdR liegt in der materiellen, sprich inhaltlichen Beschränkung seiner Tätigkeit. Nur in *ausgewiesenen* Politikfeldern der Gemeinschaft sieht der Vertrag eine Beteiligung mittels Stellungnahme vor.
Trotz dieser Einschränkung der Mitwirkungsmöglichkeiten und trotz der organisatorischen Mängel bei Implementierung des AdR erfüllt der Ausschuss der Regionen eine doppelte Funktion im Gemeinschaftsgefüge.
Folgende Kernargumente sind für die Verankerung des AdR maßgeblich: Die zunehmende Tendenz zur Zentralisierung soll gebrochen werden. Eine Lobby der Regionen und Kommunen soll über den Ausschuss der Regionen unter diesem Blickwinkel die Gesamtentwicklung der Gemeinschaft kritisch beäugen und begleiten.[755] Die Souveränitäts- und Hoheitsrechte der Regionen bzw. der lokalen Gebietskörperschaften sollen nicht unnötig beschnitten werden. Die Beschlüsse der Gemeinschaftsebene stehen nun, auch durch Implementierung des Subsidiaritätsprinzips, auf dem Prüfstand des AdR.
Diese Defensivfunktion des AdR – Abwehr einer zentripetal wirkenden Integration – wird ergänzt durch seine Mittlerfunktion. Die fortschreitende und von niemandem grundsätzlich als falsch gewertete Integration der Gemeinschaft braucht einen Mittler zu den Bürgern. Diese Aufgabe erfüllen die Regionen und lokalen Gebietskörperschaften. Der AdR stellt die organisatorische Basis hierfür dar. Die Mitglieder des AdR sind also einer doppelten Aufgabe und einer doppelten Funktion unterworfen.[756]
Aus dieser Bewertung heraus ergibt sich für die formal und materiell bescheidene Beteiligung des AdR an den Gemeinschaftsentscheidungen nachfolgende Wertung: Aus der Betrachtungsweise der Defensivfunktion des AdR erscheint seine Beschränkung der Beteiligung auf Gemeinschaftsentscheidungen mit regionalen Auswirkungen nachvollziehbar. Diejenigen Grundsatzentscheidungen der Gemeinschaft, welche keine Auswirkungen auf das interne Machtgefüge Union – Mitgliedsstaat – Region – Kommune haben, dürften zunächst einmal den AdR nicht berühren. Auch solche Gemeinschaftspolitik, welche auf die Regionen keine konkrete Auswirkung hat, kann, dieser Argumentation folgend, am AdR vorbei gelenkt werden.
Bei Gemeinschaftsentscheidungen, durch welche die Regionen und lokalen Gebietskörperschaften unmittelbar oder mittelbar betroffen sind, muss allerdings eine Beteiligung des AdR erfolgen.

Wird diese Betrachtung um den Blickwinkel der *zweiten* Aufgabe des AdR – seine Mittlerfunktion – erweitert, erscheint die bezogene Position zur Begrenzung des AdR auf regionale Entscheidungen der Gemeinschaft fraglich.

---

[755] Vgl. WOCHNER, Anita: Stärkung der Handlungsfähigkeit der Länder durch regionale Netze und Koalitionen? Anmerkungen aus der politischen Praxis. In: HRBEK, Rudolf (Hrsg.): Europapolitik und Bundesstaatsprinzip. Die „Europafähigkeit" Deutschlands und seiner Länder im Vergleich mit anderen Föderalstaaten. Schriftenreihe des Europäischen Zentrums für Föderalismus-Forschung. Bd. 17. Baden-Baden 2000 (Nomos), S. 96.

[756] Neben diese *zwei* zentralen Aufgaben der regionalen Vertretungskörperschaft tritt noch eine *dritte* Funktion der Regionen: Durch interregionale grenzüberschreitende Kooperation werden nationalstaatliche Interessen regionalen und schließlich auch gemeinschaftlichen Interessen untergeordnet: vgl. GÖRNER: Einheit durch Vielfalt, S. 100.

Die Mittlerfunktion verlangt eine Einbeziehung des AdR auch in andere als nur ausschließlich regional wirkende Gemeinschaftsentscheidungen. Sollen der AdR und konkret seine Mitglieder als Vertreter der Regionen und lokalen Gebietskörperschaften Gemeinschaftspolitik und fortschreitende Integration vermitteln, reicht es nicht aus, nur über die laufenden Prozesse informiert zu sein, vielmehr muss der AdR auch hinter den getroffenen Entscheidungen stehen. Dies erfordert eine Einbindung des AdR auch in über die originären regionalen Interessen hinausgehende Entscheidungsprozesse:

„Eine erfolgreiche Beteiligung der Regionen und Kommunen am gesamteuropäischen Geschehen ist der Schlüssel für die Identifizierung und Akzeptanz der Bürger mit Europa."[757]

Dennoch sollte sich der AdR aufgrund der begrenzten formalen und materiellen Ausstattung in seiner Arbeit auf wesentliche Kernbereiche der Gemeinschaftspolitik beschränken. Der Ausschuss der Regionen darf nicht der Gefahr erliegen, sich in alle politischen Entscheidungen mittels Stellungnahme einzumischen und sich hierdurch völlig zu verzetteln.[758] Mischt sich der AdR zunehmend auch in politische Bereiche der Gemeinschaft ein, welche nicht direkt mit seinem Vertretungsauftrag zusammenhängen, schiebt er also seinen Auftrag als Mittler in den Vordergrund, wird der AdR schnell zum Papiertiger, ohne überhaupt noch ernst genommen zu werden.

Zwischen beiden Polen der Mitwirkungsdichte gilt es einen tragbaren Mittelweg zu finden. Die dem AdR zur Verfügung stehenden Ressourcen sollten zunächst schwerpunktmäßig der originären Interessenvertretung zugute kommen. Dies legt auch der Vertrag zur Gründung der Europäischen Union nahe, denn im Aufgabenkatalog des Art. 265 EGV-A-N werden zunächst gerade diese Vertretungsrechte angeführt und erst zum Ende hin die eigenständige Einmischungsbefugnis des AdR. Letztlich wird die sich erarbeitete Reputation des AdR maßgeblich Auswirkung darauf haben, wie oft und wie bewusst die Gemeinschaftsorgane Stellungnahmen des AdR einfordern und diese sodann auch ernst nehmen.[759]

Sinn und Unsinn regionaler Klagebefugnis vor dem EuGH

Der Vertrag von Maastricht hat bei weitem nicht alle Forderungen der Regionen, der lokalen Gebietskörperschaften und deren Dachverbände aufgenommen. Bei Beeinträchtigung ihrer Souveränität oder bei Beschneidung ihrer Kompetenzen wollen die Regionen ein grundsätzliches Klagerecht vor dem EuGH eröffnet wissen.[760] Diese Forderung der Regionen wird nicht erfüllt.[761]

---

[757] WOCHNER, Anita: Stärkung der Handlungsfähigkeit der Länder durch regionale Netze und Koalitionen? Anmerkungen aus der politischen Praxis. In: HRBEK, Rudolf (Hrsg.): Europapolitik und Bundesstaatsprinzip. Die „Europafähigkeit" Deutschlands und seiner Länder im Vergleich mit anderen Föderalstaaten. Schriftenreihe des Europäischen Zentrums für Föderalismus-Forschung. Bd. 17. Baden-Baden 2000 (Nomos), S. 95.
[758] Vgl. HRBEK: Europa der Regionen, S. 130f.
[759] Vgl. ebd., S. 130.
[760] Der vorgelegte Entwurf des Konvents zur Europäischen Verfassung steht einer solchen regionalen Klagebefugnis durchaus offen gegenüber.
[761] Vgl. MEMMINGER: Forderungen der Länder, S. 144.

Maßgebliche Gründe sprachen und sprechen allerdings gegen die umgehende Erfüllung dieser Forderung.[762]

Ein eigenes Klagerecht wäre dem Duktus des Vertrags folgend nicht konsequent, denn der AdR ist auf eine beratende Funktion beschränkt. Er soll durch Stellungnahmen für den Rat, die Kommission und schließlich auch für das Europäische Parlament die gemeinschaftliche Entscheidungsfindung vorantreiben. Er ist kein Organ, sondern beratende Institution.
Aus den Verträgen könnte ein Klagerecht des AdR lediglich formaler Art bei Missachtung seiner Rechte entwickelt werden. Konkret würde ein solches den AdR *dann* zur Klage berechtigen, wenn vertragliche Mitwirkungsgebote verletzt werden.[763] Eine materielle Klagebefugnis steht dem AdR jedoch nicht zu.
Ein weiterer Grund der Nichterfüllung einer Klagebefugnis der Regionen und Kommunen vor dem EuGH ist praktischer Art. Die Zahl der Klagebefugten würde sich schlagartig vervielfachen. Es stünde zu befürchten, dass der EuGH mit einer Klagewelle zu rechnen hätte, welche nicht nur den Gerichtshof lahm legen könnte, sondern zudem das gesamte Gemeinschaftshandeln gefährlich lähmen könnte. Der Einigungsprozess könnte torpediert werden.

Den Europäischen Mitgliedsstaaten steht ein grundsätzliches Klagerecht vor dem EuGH bei einer Verletzung des Vertrags zu. Durch die Verankerung des Subsidiaritätsprinzips steht zudem eine ausgestaltete Präzisierung rechtskonformen Gemeinschaftshandelns zur Verfügung.
Werden die Regionen in ihren Rechten beschnitten, könnten sie über ihren Mitgliedsstaat Klage beim EuGH führen, denn die Verletzung regionaler Interessen bedeutet in der Mehrzahl aller Fälle gleichzeitig auch eine Verletzung gesamtstaatlicher mitgliedsstaatlicher Interessen. Dies gilt gerade für jene Mitgliedsstaaten, in denen die Regionen und Kommunen keine oder kaum Eigenständigkeit aufweisen und der gesamtstaatlichen Verantwortung unterstellt sind. Regionale und gesamtstaatliche Interessen vermischen sich. Über den gesamtstaatlichen Klageweg können regionale Interessen demnach gewahrt bleiben.
Den Regionen zusätzlich zu dieser Möglichkeit ein eigenständiges Klagerecht zu eröffnen, scheitert zur Zeit auch an der praktischen Schwäche, dass in den meisten Mitgliedsstaaten eine regionale Untergliederung nicht ausreichend formalisiert ist:

„Ebenso unterschiedlich wie die regionalen Erscheinungsformen selber sind auch die rechtlichen Grundlagen, auf denen ihre Einrichtung beruht und die ihren Status und den Grad ihrer Abhängigkeit vom Zentralstaat bestimmen."[764]

Die hoheitlichen Befugnisse der Bundesländer sind ein herausragendes positives Beispiel einer funktionierenden Formalisierung des Binnenverhältnisses zwischen

---

[762] Vgl. MAGIERA: Kompetenzverteilung in Europa, S. 27.
[763] Vgl. HRBEK: Europa der Regionen, S. 132.
[764] ENGEL, Christian: Regionen in der Europäischen Gemeinschaft – eine integrationspolitische Rollensuche. In: BORKENHAGEN, Franz H.U./ BRUNS-KLÖSS, Christian/ MEMMINGER, Gerhard/ STEIN, Otti (Hrsg.): Die deutschen Länder in Europa: Politische Union und Wirtschafts- und Währungsunion. Baden-Baden 1992 (Nomos), S. 187.

einer Nation und ihren unterstaatlichen Gliederungen im angeführten Sinne. Das Selbstverwaltungsrecht der Kommunen aus Art. 28 GG ist ebenfalls vorbildhaft. In anderen Europäischen Mitgliedsstaaten allerdings besitzen die Regionen und Kommunen keine solch explizit verfassungsrechtlich verankerten Rechte.[765] Eine klare geographische Abgrenzung der Regionen ist häufig ebenfalls nicht vorhanden. Vielen Regionen und lokalen Gebietskörperschaften fehlt innerstaatlich oftmals sogar die Klagebefugnis gegen ausufernde Kompetenzanmaßung des *eigenen* Staates. Vor dem Hintergrund dieses schon innerstaatlich mitgliedsstaatlich zu beklagenden Mangels stellt sich die kritische Frage der Ermöglichung einer regionalen Klagebefugnis vor dem EuGH umso deutlicher. Diesen Regionen trotz Fehlens innerstaatlich klarer Befugnisse ein eigenes Klagerecht vor dem Europäischen Gerichtshof einzuräumen, wäre zunächst nicht zu begründen.

In Deutschland ist mit dem „Gesetz über die Zusammenarbeit von Bund und Ländern in Angelegenheiten der Europäischen Union" vom 12. März 1993 der Verfahrensweg regionaler Klageführung vor dem EuGH innerstaatlich geregelt worden:

„Die Bundesregierung macht auf Verlangen des Bundesrates unbeschadet eigener Klagerechte der Länder von den im Vertrag über die Europäische Union vorgesehenen Klagemöglichkeiten Gebrauch, soweit die Länder durch ein Handeln oder Unterlassen von Organen der Union in Bereichen ihrer Gesetzgebungsbefugnisse betroffen sind und der Bund kein Recht zur Gesetzgebung hat. Dabei ist die gesamtgesellschaftliche Verantwortung des Bundes, einschließlich außen-, verteidigungs- und integrationspolitisch zu bewertenden Fragen, zu wahren."[766]

Damit haben sich die Bundesländer als Regionen im Gemeinschaftssinne eine Klagebefugnis vor dem EuGH erkämpft. Zwar steht ihnen keine direkte Klagemöglichkeit offen, sie haben sich jedoch diese Möglichkeit mit Umweg über den Bund eröffnet.

44 Drittes Fazit

Jacques DELORS, bei Vertragsschließung in Maastricht Kommissionspräsident, bezeichnet die in den Verträgen noch offen gelassene Entwicklungsrichtung des Ausschusses der Regionen als bewusst gewollt.[767] Die Maastrichter Vertragspartner haben das Subsidiaritätsprinzip und das Regionalgremium AdR zum Vertragsbestandteil der EU gemacht, um den notwendigen Rückhalt der Bürger und der unterstaatlichen Gliederungen für den fortschreitenden und weiter auszubauenden Integrationsprozess zu erlangen. Gerade der Druck der Regionen und lokalen Gebietskörperschaften auf eine angemessene Interessenvertretung auf der Gemeinschaftsebene hat erheblich dazu beigetragen, den AdR zu installieren.

Die Regelungen zum AdR lassen sich noch als relativ bescheiden beschreiben. Die Möglichkeiten der AdR auf aktive Beeinflussung der Gemeinschaftspolitik im regiona-

---

[765] Vgl. HRBEK: Europa der Regionen, S. 132.
[766] § 7 „Gesetz über die Zusammenarbeit von Bund und Ländern in Angelegenheiten der Europäischen Union" vom 12. März 1993.
[767] Vgl. HRBEK: Europa der Regionen, S. 155.

len und lokalen Sinne sind gering. Dennoch darf der Schritt zur Installierung des AdR nicht unterschätzt werden.
Alle Europäischen Beschlüsse entwickelten im Laufe der Zeit erhebliche Eigendynamik. Das Europäische Parlament beispielsweise gewinnt zunehmend an Einfluss. Auch wenn diese Entwicklung sicherlich noch lange nicht als abgeschlossen bezeichnet werden kann, zeigt sich aber, dass der Integrationsprozess auf der *einen* Seite und die Stärkung der Gemeinschaftsakteure auf der *anderen* Seite nicht aufzuhalten ist. Jedes Organ und jede Europäische Institution entwickelt zügig einen eigenen starken Charakter und kämpft um ihre Rechte und ihren Einfluss. Eine solche Entwicklung kann auch vom Ausschuss der Regionen erwartet werden.[768]

Zur Zeit der Vertragsschließung von Maastricht stellt der AdR noch keine einflussreiche Größe dar. Dies liegt *einerseits* an den Verträgen selbst, die eine solche Stärke nicht legalisieren.
Zum *anderen* liegt dies aber auch am jungen institutionellen Alter des AdR. Erst mit der Stärkung der eigenen Identität und erst nach der Schärfung der eigenen Positionen darf mit einer Ausweitung des Einflusses auf die Gemeinschaftspolitik gerechnet werden.

Noch immer gilt, dass der AdR nicht einheitlich zusammengesetzt ist. Nach wie vor widerstreben regionale und lokale Interessen. Nach wie vor stellt der AdR keine Gesamtlobby der Regionen und lokalen Gebietskörperschaften in toto dar. Die Mitglieder verstehen sich im Gegenteil eher als persönlich entsandte Vertreter ihrer Region oder ihrer Kommune.

„Nach wie vor gilt, daß die Gesamtheit der als ‚Regionen' bezeichneten territorialen Gebietskörperschaften unterhalb der Ebene der Nationalstaaten viel zu heterogen ist, als daß ihnen der Rang einer eigenständigen dritten Ebene gegeben werden könnte."[769]

Bevor nicht in allen Mitgliedsstaaten der Gesamtstatus der Regionen im Großen und Ganzen einheitlich konstituiert ist, erscheint es schwierig eine Dritte Kammer mit Organcharakter auf Gemeinschaftsebene zu installieren, denn zur Implementierung einer solchen bedarf es gemeinschaftsweiter, verfassungsrechtlich einheitlicher regionaler Strukturen.
Fraglich ist, wie eine solche Vereinheitlichung oder, milder formuliert, Angleichung auf den Weg gebracht werden könnte. An diese Frage schließt sich unmittelbar die Prüfung an, ob eine solche Angleichung überhaupt rechtlich – verfassungsrechtlich auf Ebene der Mitgliedsstaaten und gemeinschaftsrechtlich auf Unionsebene – legalisiert wäre. Dies ist deshalb so kritisch zu hinterfragen, weil mit der angestrebten Vereinheitlichung maßgeblich in die mitgliedsstaatliche innerstaatliche Souveränität eingegriffen würde.[770] Überlegungen und Prognosen dergestalt, dass die Regionen kurzfristig die Nation innerhalb des Europäischen Machtgefüges politisch an den

---

[768] Vgl. HESSE, Joachim Jens: Die Begleitforschung zum Ausschuß der Regionen der Europäischen Union. In: DERS. (Hrsg.): Regionen in Europa. Die Institutionalisierung des Regionalausschusses (Bd. 1). Baden-Baden 1995/1996 (Nomos), S. 39f.
[769] HRBEK: Europa der Regionen, S. 155.
[770] Auf die entsprechende Untersuchung in Kapitel 2 dieser Arbeit sei verwiesen.

Rand drängen werden, müssen vorerst in die Ferne rücken. Die Europäische Union bedarf nach wie vor nationalstaatlicher Souveränität, denn nur von den Nationalstaaten geht derzeit Souveränität aus. Die Souveränität der Union und Gemeinschaft auf der *einen* Seite und die der Regionen auf der *anderen* Seite ist im Vergleich hierzu eher gering ausgeprägt.

In der derzeitigen Ordnung wird es dem AdR zunächst einmal darum gehen müssen, seinen Platz im Machtgefüge der Gemeinschaft zu finden. Durch Sachkompetenz, gute Arbeit und starke Mitwirkung am Integrationsprozess wird sich der AdR zunächst gegenüber den Gemeinschaftsorganen behaupten. Er muss seine Legitimation unter Beweis stellen.

Erst allmählich wird an einen formalen Ausbau seiner Befugnisse und Mitwirkungsmöglichkeiten zu denken sein.

Die Regionen und lokalen Gebietskörperschaften ihrerseits sollten sich ähnlich positionieren. Ihre Aufgaben und Tätigkeiten beschränken sich mit Vertragsschließung zunächst einmal auf folgende Bereiche: Mitwirkung an nationalen Auseinandersetzungen zur Europäischen Union, Verstärkung der eigenen innerstaatlichen Machtposition, Ausbau eigener direkter Vertretung bei den Gemeinschaftsorganen, Stärkung der Position des AdR durch aktive Mit- und Zuarbeit und schließlich aktives Mitwirken an verbandlicher Vertretung.[771]

Der Ausschuss der Regionen sollte die gegebenen Möglichkeiten nutzen, sich und sein Profil zu schärfen. Einen Ausbau seiner Einflussmöglichkeiten erhält er zunächst kaum durch das Formulieren wie auch immer begründeter Forderungen. Nur durch aktive Mitarbeit im Rahmen seines vertraglichen Korsetts kann es dem AdR gelingen, sich Respekt bei den anderen Institutionen und Gemeinschaftsorganen zu verschaffen. Dazu gehört es zunächst, sich auf einige Kernkompetenzen zurückzuziehen. Diejenigen Politikfelder, welche die Regionen und Kommunen direkt betreffen, stehen im regionalen und lokalen Interesse. Gemeinschaftsentscheidungen, welche in die Zuständigkeit, zumindest aber in die Betroffenheit der Regionen und lokalen Gebietskörperschaften eingreifen, können durch den AdR kompetent begleitet werden. Die Mitglieder des AdR kennen die politischen Zustände vor Ort. Sie wissen um die Auswirkungen konkreter Gemeinschaftsbeschlüsse. Deshalb sollten sie bei solchen Gemeinschaftsentscheidungen erster Ansprechpartner sein. Zu den inhaltlichen Kernkompetenzen sind folgende Bereiche der Gemeinschaftspolitik zu zählen: Wachstum, Wettbewerbsfähigkeit und Beschäftigung, Kohäsionsfonds und Strukturfonds sowie transeuropäische Netze.[772] Bei den angeführten Politikfeldern vermischt sich die ausdrücklich vertragliche Vermutung einer bestehenden Kompetenz des AdR mit der realiter praktizierten Anwendung des Subsidiaritätsprinzips.

Der AdR darf sich in seiner Arbeit nicht verzetteln. Sollte er aufgrund der Generalermächtigung des Art. 265 Satz 7 EGV-A-N von sich aus zu allen Themen der Gemeinschaftspolitik Stellung beziehen wollen, würde er nicht nur seine ursprünglich aufgetragene Funktion vernachlässigen, sondern sich mit hoher Wahrscheinlichkeit selbst auf ein Abstellgleis schieben.

---

[771] Vgl. HRBEK: Europa der Regionen, S. 156.
[772] Vgl. hierzu MALCHUS: Partnerschaft an europäischen Grenzen, S. 37ff; vgl. auch HRBEK: Europa der Regionen, S. 157.

Art. 265 Satz 7 EGV-A-N enthält keine Einschränkung der politischen Bereiche, welche einer möglichen Stellungnahme des AdR ausgesetzt sind. Einzige Einschränkung ist der präzisierende Passus „wenn er dies für zweckdienlich hält". Bei diesem Passus handelt es sich um einen unbestimmten und weit dehnbaren Rechtsbegriff. Dennoch macht er deutlich, dass der Ausschuss der Regionen nicht auf das Geratewohl Stellungnahmen erarbeiten soll.
Der AdR sollte nur dann von sich aus Stellungnahmen abgeben, wenn er es demnach für zweckdienlich hält. Diese Zweckdienlichkeit muss eng auf die Belange der Regionen und lokalen Gebietskörperschaften zugeschnitten werden: zweckdienlich im Sinne regionaler oder kommunaler Interessen.

Neben dieser freiwilligen Selbstbeschränkung auf regionale und lokale Kernthemen sollte es dem AdR zunächst darum gehen, ein gesundes und kooperatives Miteinander mit den anderen Institutionen und Gemeinschaftsorganen zu suchen.[773] Besonders zur Kommission und zum Europäischen Parlament sollte er seine Fühler ausstrecken.
Die Zusammenarbeit mit der Kommission basiert weitgehend auf der Politik der bestehenden Fonds. Hier kann und sollte sich die Kommission dem geballten Wissen und der großen Erfahrung des AdR nicht verschließen.
Mit dem Europäischen Parlament sollte besonders gerade deswegen eine Partnerschaft gesucht werden, weil in diesem Gremium das Bewusstsein um die Notwendigkeit des Subsidiaritätsprinzips und die regionale und lokale Beteiligung an Gemeinschaftsprozessen am weitesten fortgeschritten ist. Das Europäische Parlament stellt in diesen Fragen einen natürlichen Partner des AdR dar.[774]
Ein *weiterer* zentraler Kernbereich des AdR liegt in der Mehrung von Legitimation der EU bei den Bürgern vor Ort. Die gesamte Debatte um Erweiterung von Zuständigkeiten der Union kreist um die Frage, wie Gemeinschaftsentscheidungen, getroffen fernab in Brüssel, Straßburg oder in den Räten, den Bürgern der Union besser vermittelt werden können. Die Beteiligung einer regionalen und lokalen Vertretungskörperschaft an Gemeinschaftsentscheidungen, wenn auch nur konsultativer Natur, ist als notwendiger Schritt zur besseren Legitimation festzumachen. Demnach muss es Aufgabe des Ausschusses der Regionen sein, Gemeinschaftsentscheidungen in die unterstaatlichen Ebenen zu transportieren, gegebenenfalls zu erläutern und zu rechtfertigen.[775]

„Wenn erfolgreiche Kooperationsbeziehungen, als Teil des Integrationsprozesses, den Zusammenhalt eines solchen Integrationsverbundes festigen helfen, Regionen sich ihres Beitrags dazu bewußt werden und zugleich als Mitträger einer solchen Vertiefung der Inte g-

---

[773] Die Akteure innerhalb des AdR tragen eine hohe Verantwortung, den AdR zu einem vollwertigen Mitglied innerhalb der Europäischen Organstruktur zu machen: vgl. HESSE, Joachim Jens: Die Begleitforschung zum Ausschuß der Regionen der Europäischen Union. In: DERS. (Hrsg.): Regionen in Europa. Die Institutionalisierung des Regionalausschusses (Bd. 1). Baden-Baden 1995/1996 (Nomos), S. 39.
[774] Schon früh unterstützt das EP die Institutionalisierung einer regionalen Vertretungskörperschaft. So verabschiedet das EP bereits im Jahr 1988 die sogenannte „Gemeinschaftscharta der Regionalisierung" und dokumentiert hiermit seine subsidiär und regional geprägte Orientierung: vgl. hierzu WORMS, Bernhard: Wie das Landesparlament das Europa der Regionen gestaltet. In: ALEMANN, Ulrich von/ HEINZE, Rolf G./ HOMBACH, Bodo (Hrsg.): Die Kraft der Region: Nordrhein-Westfalen in Europa. Bonn 1990 (Dietz), S. 200.
[775] Vgl. HRBEK: Europa der Regionen, S. 158f.

ration angesehen werden, wird das ihre politische Stellung als Akteure im Entscheidungsgefüge der EU aufwerten und kräftigen und ihren Bestrebungen zur institutionalisierten und rechtlich abgestützten Verankerung darin nur förderlich sein."[776]

Die Mitwirkung des Ausschusses der Regionen an der Gemeinschaftspolitik auf der *einen* Seite und die legitimationssteigernde Wirkung seiner Beteiligung auf der *anderen* Seite sind nicht voneinander zu trennen. Der Union werden zunehmend neue Aufgaben übertragen. Dazu bedarf die Union einer weitreichenden Legitimation. Legitimation benötigt sie besonders in den neuen Politikfeldern der zweiten und dritten Säule, da es sich hier um angestammte, bislang mitgliedsstaatlicher Souveränität unterstehende Kompetenzen handelt. Seitens der betroffenen Bürger ist zunächst eine Reaktion der Abwehr zu erwarten, denn die Entscheidungsebene der EU steht für sie in weiter Ferne. Leiden schon die Nationalstaaten unter dem Problem, ihre Entscheidungen den betroffenen Bürgern kaum vermitteln zu können und ihr Handeln legitimieren zu müssen, wird diese Problematik mit der Verlagerung von Zuständigkeiten auf die Europäische Ebene noch einmal verschärft. Gerade die Union bedarf einer erneuten und stärkeren Legitimation. Dieser Legitimation könnte der Ausschuss der Regionen mit seinen Kräften Vorschub leisten. Die Mitglieder des Ausschusses der Regionen vermitteln gemeinschaftliche Entscheidungen auf die untere Ebene, in ihre Verwaltungen, in ihre Parlamente und schließlich auch direkt dem interessierten Bürger.[777] Diese Mittlerfunktion gelingt jedoch nur dann, wenn sich der AdR innerhalb des Machtgefüges und Machtapparates der Union akzeptiert fühlt. Der AdR darf nicht reines Konsultativorgan bleiben. Seine Stellungnahmen sollten auf fruchtbaren Boden fallen. Die Fachkompetenz der Mitlieder des AdR sollte nutzbringend von der Kommission, vom Rat und vom Europäischen Parlament in die Gemeinschaftspolitik integriert werden. Nur wenn die Mitgliedsstaaten, deren unterstaatliche Gliederungen und vor allem auch die Bürger das Tätigwerden der Union akzeptieren, für richtig erachten und schließlich gar unterstützen, kann die Einigung Europas erfolgreich sein.[778]

Zukunftsfähige Europäisierung bedeutet demnach zugleich Regionalisierung.[779] Eine zukunftsfähige Europäisierung kann nur gelingen, wenn die Bürger und die unterstaatlichen Ebenen mitziehen. Diese Akzeptanz seitens der unteren Ebenen wird durch regionale und lokale Beteiligung auf der Gemeinschaftsebene beflügelt. Europäische Integration ist ohne eine ausreichende Rückkopplung zu den Regionen, den Kommunen und den Bürgern nicht denkbar.

„Europa wird umso demokratischer, stärker und politisch besser strukturiert sein, je mehr es sich auf die Regionen stützt."[780]

---

[776] Ebd., S. 161.
[777] Vgl. KOPP: Föderalismus, S. 176.
[778] Vgl. auch ISENSEE: Einheit in Ungleichheit, S. 163.
[779] Vgl. BÖTTCHER, Winfried: Europafähigkeit durch Regionalisierung. In: Zeitschrift für Rechtspolitik (9/1990, 23. Jg.), Frankfurt 1990 (Beck), S. 330f; vgl. auch HRBEK: Europa der Regionen, S. 166.
[780] FAURE, Edgar, Gründer des „Rates des Regionen Europas" zitiert nach ALEMANN, Ulrich von/ HEINZE, Rolf G./ HOMBACH, Bodo: Europa im doppelten Umbruch – Eine Einführung. In: DIES. (Hrsg.): Die Kraft der Region: Nordrhein-Westfalen in Europa. Bonn 1990 (Dietz), S. 17f.

5 VERGLEICHENDE UND KRITISCHE GESAMTANALYSE

Im Folgenden werden die Gedanken und Ergebnisse zu den Kernpunkten der vorangegangenen Untersuchung, die Prinzipien der Subsidiarität, des Föderalismus und des Regionalismus in ihrer Wirkung auf die Legitimation der EU und auf die Kompetenzverteilung zwischen den einzelnen staatlichen Ebenen zusammengefasst. Es konnte im Laufe der Untersuchung aufgezeigt werden, dass das Prinzip des Föderalismus die Klammer aller drei Prinzipien bildet, dass das Prinzip der Subsidiarität ohne den Föderalismus nicht vorstellbar ist und dass ein ausgeprägter Regionalismus ohne den Föderalismus nicht denkbar ist. Aus diesem Grund werden die Ergebnisse zum Föderalismus den Ergebnissen zur Subsidiarität vorangestellt. Die andere Reihenfolge im Vergleich zur vorliegenden Arbeit, wo als erstes der drei Prinzipien das Subsidiaritätsprinzip einer Erörterung unterzogen wurde, hat noch einen weiteren Grund. Das Subsidiaritätsprinzip tritt nämlich in den Europäischen Vertragstexten, anders als der Föderalismus, explizit in Erscheinung.

Die Prinzipien der Subsidiarität, des Föderalismus und des Regionalismus sind für die gesicherte Fortexistenz der Europäischen Union unverzichtbar. Gerade diese drei Prinzipien sind zur Schaffung notwendiger Legitimation der Europäischen Union erforderlich. Das Ziel aller Reformbestrebungen der EU muss, wie vorliegende Ausführungen gezeigt haben, darin bestehen, die Legitimation für voranschreitende Integration zu stärken bzw. eine solche Legitimation überhaupt erst herzustellen. Ohne ausreichende Legitimation ist die Zukunft der Europäischen Union in Frage gestellt.

Zusammengefasste Gedanken und Ergebnisse zur Legitimation

Legitimation bildet in *doppelter* Hinsicht die zentrale Grundvoraussetzung für den erfolgreichen Fortbestand einer schon jetzt mit 15 Mitgliedern unübersichtlichen und damit nur schwer steuerbaren Europäischen Union. Mit der Erweiterung der EU auf 25 Mitglieder wird die Notwendigkeit, ja Unabdingbarkeit ausreichender Legitimation umso höher einzuschätzen sein.

Der *erste* Ansatz zur Schaffung von Legitimation besteht darin, grundsätzlichen Widerstand gegen die sich beschleunigende Europäische Integration abzuschleifen. Nationalistische oder regionalistisch-separatistische Bewegungen müssen unterbunden werden. Schließlich müssen europa*feindliche* Einstellungen einem grundsätzlich europa*freundlichen* Verhalten Platz machen.

Eine wachsende integrative Europäische Union kann jedoch allein auf diese Art der Legitimation nicht bauen. Nur die Abschaffung von Widerständen allein führt noch lange nicht zu einem funktionierenden, wie auch immer konstituierten Europäischen Staatswesen, darüber hinaus ist eine positive Identifizierung mit diesem notwendig. Dies bedeutet also, dass die Entwicklung Europäischer Zusammenarbeit von den ersten Schritten der Montanunion im Jahr 1951 über die Römischen Verträge bis schließlich hin zu den Verträgen von Maastricht, Amsterdam und Nizza positiv be-

wertet wird. Legitimation dieser Entwicklung bedeutet, dass die empfundenen Vorteile Europäischer Einigung und fortschreitender Integration die auftauchenden und nachweislichen Nachteile deutlich in den Schatten stellen.
Grundsätzlich kann die Entwicklung in Europa und die sich daraus ableitende Legitimation Europäischer Integration aus der jüngsten Geschichte erklärt werden. Seit jeher sind die Menschen in Europa Opfer kriegerischer Auseinandersetzungen. Bis zum Ende des Zweiten Weltkrieges ist Krieg akzeptiertes und scheinbar probates Mittel zur Durchsetzung eigener nationalstaatlicher Interessen. Der Zusammenschluss der sechs Gründungsnationen der EWG unternimmt den Versuch, den Frieden in Europa durch Kooperation gemeinsamer Aufgaben und durch Koordination gemeinsamer Interessen zu sichern. Ein Krieg zwischen den Mitgliedsstaaten der EWG und heute zwischen den Mitgliedsstaaten der EU ist undenkbar geworden. Aus ehemaligen Feinden werden im Laufe der Europäischen Einigung Freunde. Über 50 Jahre des Friedens in Europa beweisen, dass der Zusammenschluss der sechs Gründungsnationen zur Europäischen Wirtschaftsgemeinschaft als Wendepunkt europäischer Geschichte zu bewerten ist.
Besonders die wirtschaftliche Prosperität, verbunden mit hohen sozialstaatlichen Standards, stellt eine maßgebliche Grundlage vorhandener Legitimation dar. Der Abbau von Handelshindernissen, die Realisierung des Gemeinsamen Marktes, die Vollendung des Binnenmarktes und schließlich die Wirtschafts- und Währungsunion haben die bis dahin nationalstaatlichen Wirtschaftsräume europäisiert. Der gesteigerte Austausch von Waren und Dienstleistungen führt gemeinschaftsweit zu einem bis dahin unbekannten wirtschaftlichen Aufschwung.

Legitimation der Europäischen Einigung und der voranschreitenden Integration verlangt, wie erörtert, neben dem Abbau von Widerständen darüber hinaus auch eine positive Identifikation mit dem Integrationsprozess.
Soll eine solche Identifikation fruchtbringend sein, muss sie *breit* ausgeprägt sein. Breit ausgeprägt bedeutet, dass nicht nur die einzelnen Regierungen die Vorteile Europäischer Einigung und voranschreitender Integration zu schätzen wissen, sondern gerade auch jeder einzelne Bürger. Die Menschen der EU müssen die grundlegenden Vorteile der Union erkennen. Aus den Bürgern der EU müssen Unionsbürger werden.

Nur ausreichende Legitimation erlaubt es der Union, eigenständig zu handeln und damit auch eine eigene Persönlichkeit zu entwickeln. Wie aufgezeigt, leitet das vereinigte Europa seine Befugnisse zunächst stets aus mitgliedsstaatlicher Übertragung ab. Mit voranschreitender Integration durch zunehmende Überforderung der Nationalstaaten, den Aufgaben des globalisierten Weltgeschehens gerecht zu werden, entwickelt die Gemeinschaft – ab dem Jahr 1992 die Union – zunehmend eine eigene Rechtspersönlichkeit. Dieser Prozess konnte dadurch erklärt werden, dass Europäisches Handeln sich von seiner ursprünglich zugewiesenen Grundlage entkoppelt. Die EU verselbständigt sich.
Mit dieser Entwicklung gibt die Europäische Ebene allerdings auch eine maßgebliche Grundlage ihrer Legitimation auf, denn die EU handelt mit zunehmender Eigenständigkeit weniger im unmittelbaren Auftrag ihrer Mitgliedsstaaten, sondern nur noch mittelbar und damit eher unabhängig. Die Europäische Union muss sich demzufolge

eine eigene Legitimationsgrundlage erarbeiten. Ansprüche der Union auf Ausweitung ihrer Zuständigkeiten und Kompetenzen sind stets vor diesem Hintergrund zu prüfen. Vorliegende Arbeit hat deutlich gemacht, dass die Europäische Union eine solch eigenständige Legitimation nur vermittels des Beweises darüber erlangt, dass sie zur Erreichung gemeinsamer Ziele unverzichtbar ist. Die Mitgliedsstaaten und die Bürger der Union müssen erkennen, dass die Union zur Verwirklichung bestimmter Aufgaben eine notwendige Voraussetzung darstellt. Nur mit einer solchen Unverzichtbarkeit wird die EU vollwertiger Partner im Gefüge der Gewalten. Nur so wird die Europäische Union ein unverzichtbares Element im Mehrebenenkonstrukt Europas: Bürger, Kommune, Region, Nation, Union.

Die Entwicklung zu dieser Funktion als unverzichtbarer Partner kann wie folgt nachgezeichnet werden: Die Union wird mit der Erfüllung fest umrissener Aufgaben beauftragt. Die Erledigung politischer Aufgaben, mit denen die Mitgliedsstaaten oder deren Untergliederungen schlichtweg überfordert sind, stellen die originäre Agenda der Union dar. Aus diesen Aufgaben leitet sich ihr Kompetenzkatalog ab. Legitimation der Union entsteht über die Zuständigkeit für die Erledigung bestimmter Aufgaben und daraus folgend über die adäquate Beanspruchung von Macht. Jedwede darüber hinaus reichende Ausweitung von Zuständigkeiten und daraus folgende Übertreibung von Ansprüchen auf Macht weckt, wie erörtert, den Widerstand der Mitgliedsstaaten und deren Gliederungen. Legitimation der Europäischen Union und ihrer Organe wird maßgeblich durch die adäquate Verteilung von Zuständigkeiten zwischen den einzelnen Ebenen determiniert.

Zusammengefasste Gedanken und Ergebnisse zur Kompetenzverteilung

Das Miteinander der einzelnen Ebenen innerhalb der Union muss umfassend neu strukturiert werden. Das Verhältnis zwischen Union und ihren Mitgliedsstaaten, aber auch das Verhältnis zwischen Union und den Regionen, muss auf eine belastbare Grundlage gestellt werden. Die Untersuchung dieser Grundlage war einer der Schwerpunkte vorliegender Arbeit.

Es wurde konkret dargestellt, dass alle beteiligten Ebenen, besonders aber die unteren Gliederungen, Mitsprache darüber erhalten müssen, wie Zuständigkeiten und damit Macht verteilt werden. Zur Zeit eher unproduktives Kräfteringen zwischen den einzelnen Ebenen um die Zuweisung von Kompetenzen muss zukünftig einem Dialog weichen. Ziel dieses Dialogs sollte es sein, nach fairen Auseinandersetzungen einen Konsens darüber zu erzielen, welche politischen und administrativen Aufgaben auf jeweils welcher Ebene anzusiedeln sind.
Eine solche Auseinandersetzung und ein solcher Dialog bedürfen einer Struktur. Darüber hinaus sind Regeln unerlässlich, welche sowohl die Auseinandersetzung und den Dialog als auch den abschließenden Konsens steuern helfen. Nur ein Regelwerk kann die Auseinandersetzungen zwischen der Union auf der *einen* und den Mitgliedsstaaten und deren Gliederungen auf der *anderen* Seite zu einem harmonischen Konsens führen. Auch das Verhältnis zwischen der Union und den Unionsbürgern muss einem überschaubaren und adäquaten Regelwerk unterworfen werden.

Diese Notwendigkeit konnte damit erklärt werden, dass Strukturen der Auseinandersetzung und Regeln für die Konsensfindung die allgemeine Zustimmung zur vereinbarten Verteilung von Macht und Kompetenz fördern. Enden angeführte Auseinandersetzungen durch die Hilfe von Regeln und Strukturen konsensual, sind grundsätzliche Widerstände gegen die beschlossene Verteilung von Zuständigkeiten nicht zu erwarten.

Neben einer verlässlichen Struktur und belastbaren Regeln zum Erfolg der Legitimierung und Demokratisierung der Europäischen Union ist ein Schmiermittel erforderlich. Regeln innerhalb eines festen Konstruktes finden nur dann adäquate Anwendung und Umsetzung, wenn es ein Medium gibt – ein Schmiermittel –, welches ein Ineinandergreifen der Kontrahenten ineinander und den gegenseitigen Bezug zueinander gewährleistet.

Über diese formale Regelung zur Verteilung von Kompetenzen hinaus ist eine materielle inhaltliche Prüfung unerlässlich. Es bedarf der Klärung, welche politische und administrative Ebene am ehesten geeignet ist, konkret stellende Aufgaben zu erfüllen. Diese Klärung sollte sich, so das Ergebnis dieser Arbeit, im subsidiären, föderalen und regionalen geprägten Miteinander zwischen Union und ihren Mitgliedsstaaten vollziehen.

Werden beide Verfahrenshilfen – formal und inhaltlich – akzeptiert und angewendet, erhält die schließlich erzielte Übereinkunft zwischen Union und Mitgliedsstaaten über die Verteilung von Zuständigkeiten und damit entsprechender Macht maximale Legitimation.
Die Strukturierung des Zuteilungsverfahrens befördert die Legitimation der Union. Entscheidungen und Erlasse der Organe der Europäischen Union bzw. Gemeinschaft erlangen somit eine hinreichend legitimierte Position bei den Mitgliedsstaaten und ihren Untergliederungen.

In der Auseinandersetzung mit ihren Mitgliedsstaaten und deren Gliederungen bedarf die Union einer Demokratisierung. Demokratisierung bedeutet, dass auch die „unterste Ebene der Union", das sind die Unionsbürger, in die Entscheidungsfindung mit einbezogen werden. Diese Mitsprache der Unionsbürger sollte sich, wie dargelegt, auf *zwei* grundlegende Bereiche beziehen.
Die Bürger müssen an den Auseinandersetzungen um die Verteilung von Zuständigkeiten beteiligt werden – zumindest mittelbar. Eine solche Mitsprache zur konkreten Verteilung der Macht ist allerdings nicht das vorderste Interesse der Bürger: Die Bürger haben Interessen und Ansprüche an das Staatswesen. Ob diese Ansprüche nun auf gemeinschaftlicher, mitgliedsstaatlicher, regionaler oder kommunaler Ebene erfüllt werden, ist zunächst einmal zweitrangig. Entscheidend ist nämlich nicht das „Ob", sondern das „Wie" der Ausführung.
Deshalb müssen die Unionsbürger *des weiteren* Mitsprache bei der inhaltlichen Ausgestaltung der Ausführung von Aufgaben erlangen. Die Bürger setzen die Parameter der inhaltlichen Ausführung fest. Die Bürger artikulieren ihre Ansprüche und fordern eine adäquate inhaltliche Umsetzung. Genau an *dieser* Stelle treffen sich die Interessen der Unionsbürger mit denen der Mitgliedsstaaten und deren Gliederun-

gen, denn die Festlegung der Qualität der Aufgabenerfüllung impliziert die Bestimmung der adäquaten Verteilung von Zuständigkeiten.

Die Demokratisierung des Verhältnisses zwischen der Union auf der *einen* und den Mitgliedstaaten, den Regionen und Unionsbürgern auf der *anderen* Seite verhilft dem Gesamtkonstrukt zu einer höheren Leistungsfähigkeit. Die Kontrolle der Unionsbürger, Regionen und Mitgliedstaaten über die Ausführung der Aufgaben bedeutet in idealtypischer Konsequenz, dass innerhalb der Union Aufgabenverteilung, Aufgabenerfüllung und damit auch Machtverteilung adäquat und harmonisch vollzogen werden und damit in hohem Maße legitimiert sind.

Zusammengefasste Gedanken und Ergebnisse zum Föderalismus

Die Prinzipien des Föderalismus, der Subsidiarität und des Regionalismus gewährleisten eine verlässliche Struktur, ein verbindliches Regelwerk und ein kommunikatives Schmiermittel. Vermittels der Prinzipien von Föderalismus, Subsidiarität und Regionalismus wird das Verhältnis zwischen der Europäischen Union und ihren Mitgliedstaaten mitsamt deren Gliederungen auf ein belastbares Miteinander eingestellt.

Die drei Prinzipien sorgen für einen Grundkonsens zwischen allen Ebenen über die Verteilung von Macht und Kompetenz. Föderalismus, Subsidiarität und Regionalismus helfen *hierdurch*, das Verhältnis zwischen Union und unteren Ebenen zu entkrampfen und in ein Verhältnis der Partnerschaft zu überführen.

Der Föderalismus ist für die EU nicht explizit konstitutiv. Föderalismus als Prinzip wird schon allein deshalb nicht Vertragsinhalt, weil durch ihn staatliche Souveränität generiert würde.

Ohne aber explizit genannt zu sein, konnte dennoch gezeigt werden, dass maßgebliche föderale Prinzipien innerhalb der Union vorhanden sind. Das Ringen um die adäquate Verteilung von Zuständigkeiten und das fruchtbare Konkurrenzverhältnis zwischen der Union und ihren Mitgliedstaaten dokumentieren diese Föderalität der Europäischen Union. Die Grundsätze der Einzelermächtigung, der Verhältnismäßigkeit und der Unionstreue sind für die politischen Prozesse innerhalb der EU elementar. Die Europäische Union stellt einen föderalen Zusammenschluss ihrer Mitgliedstaaten dar.

Die derzeitige föderale Ausprägung der EU könnte allerdings noch weitaus stärker sein. Sinnvoll wäre es, sich zwischen den Mitgliedstaaten darauf zu verständigen, die EU grundlegend föderal zu strukturieren. Diesem Prozess entgegen gebrachte Ängste vor einer Staatswerdung der Union sind unangemessen, denn die Europäische Union hat in vielen Politikfeldern bereits eigene staatsähnliche Qualität erlangt. Der Union also schlichtweg eigene Souveränität zu verwehren und keinerlei staatsähnlichen Charakter zuzugestehen ist realitätsfremd. Die EU ist teilsouverän und hat staatsähnlichen Charakter. Der Kampf um das Tabu des „F-Wortes" ist vor diesem Hintergrund also ein Schattenkampf.

Das elementare Vorhandensein föderaler Strukturen innerhalb der EU birgt – wie dargelegt – enorme Vorteile. Sollte der Föderalismus noch stärkere Betonung erfahren, werden diese Vorteile geschärft und ausgebaut. Diese Vorteile lauten wie folgt: Föderale Prinzipien sorgen für eine verlässliche Zuweisung von Kompetenzen. Föderale Prinzipien erlauben es, das Gegeneinander zwischen der Europäischen Union und ihren Mitgliedsstaaten in ein Miteinander zu verwandeln. Idealtypisch formuliert, generiert der Föderalismus einen allgemeinen Konsens zwischen der Union und den Mitgliedsstaaten um die vernünftige Verteilung von Zuständigkeiten.

In der Praxis verläuft dieser Prozess sicherlich nicht stets harmonisch und endet nicht immer im Konsens. Auch passiert es allzu häufig, dass Fehlentwicklungen wie Zentralismus und interessengeleitete, politisch motivierte Argumente idealtypisch angestrebte Objektivität in der Entscheidungsfindung verhindern und damit zu suboptimalen Ergebnissen führen. Dennoch aber wurde in den vorangegangen Ausführungen deutlich, dass der Föderalismus trotz aller Schwierigkeiten – mögliche Fehlentwicklungen eingeschlossen – *die* aussichtsreiche Struktur darstellt, um Kompetenzen sinnvoll zuzuweisen sowie staatliche Aufgaben adäquat und unter möglichst geringem Verlust von Ressourcen auszuführen.

Die vorangegangene Untersuchung zum EU-Föderalismus ist die Betrachtung eines elementaren, aber okkulten Föderalismus. Offiziell ist die Europäische Union keine Föderation. Die Ausprägungsmerkmale des Föderalismus sind nur mittelbar. Legitimationsprobleme können konsequent nur *dann* eingedämmt oder gar vermieden werden, wenn sich die Europäischen Vertragspartner gänzlich und offiziell auf das Prinzip des Föderalismus als Struktur der EU festlegen. Erst wenn eine solche Struktur erreicht wird bzw. erst dann, wenn eine Verfassung eine solch föderale Struktur zur offiziellen Grundlage des Gemeinschaftshandelns macht, kann abschließend über die Vorteile und Nachteile des Föderalismus als Struktur der Europäischen Union geurteilt werden. Eine abschließende Bewertung sollte erst dann erfolgen, wenn der Föderalismus die Chance erhalten hat, offiziell Strukturen zu konstituieren. Schon jetzt überzeugen die Vorteile des gelebten Föderalismus der Europäischen Union. Dieser Föderalismus muss ausgebaut und zum alles entscheidenden Strukturprinzip der Europäischen Union werden.

Zusammengefasste Gedanken und Ergebnisse zur Subsidiarität

Das Subsidiaritätsprinzip wird als Architekturprinzip der Europäischen Union bezeichnet. Diese Formulierung ist *einerseits* zutreffend, auf der *anderen* Seite aber erschwert diese Formulierung eine klare Abgrenzung zum Strukturprinzip des Föderalismus. Das Prinzip der Subsidiarität erlangt in der Auseinandersetzung um die Verfasstheit der Europäischen Union eine solch zentrale Position, weil der Föderalismus in der EU offiziell eine „conditio non grata" darstellt. Das Subsidiaritätsprinzip hat als Statthalter des Föderalismus Einzug in die Verträge der Union gehalten. In seiner Regelungswirkung kommt es föderalen Grundsätzen ziemlich nahe.

Die Verteilung von Zuständigkeiten zwischen der Gemeinschaft und den Europäischen Mitgliedsstaaten wird durch das Subsidiaritätsprinzip, wie nachgewiesen, weitgehend verlässlich geregelt. Es konnte offen gelegt werden, dass die Schwächen des Subsidiaritätsprinzips keine originären und genuinen Charakterschwächen darstellen, sondern vielmehr von außen, mitgliedsstaatlich motiviert einwirkende Einschränkungen sind. Es konnten drei grundsätzliche Einschränkungen des Subsidiaritätsprinzips aufgezeigt werden.

Zur *ersten* Einschränkung: Die Beschränkung des Subsidiaritätsprinzips auf solche Gemeinschaftsentscheidungen, welche nicht in die ausschließliche Zuständigkeit der Gemeinschaft fallen, ist willkürlich.
Mit einem Durchgriff auf alle Gemeinschaftsentscheidungen wären im Gegenteil *zwei* unmittelbare Vorteile verbunden:
Zum *einen* wird die Durchlässigkeit der Zuweisung von Verantwortlichkeiten größer und die Verteilung von Zuständigkeiten und Verantwortlichkeiten zwischen Union und ihren Mitgliedsstaaten variabler. Mit der starren Trennung in ausschließliche und konkurrierende Zuständigkeiten werden Übergänge von der einen in die andere Kategorie erschwert. Dadurch wird die Reaktion auf sich verändernde Rahmen- und Umweltbedingungen erheblich beeinträchtigt. Adäquate Zuweisung von Kompetenzen wird verkompliziert oder gar unmöglich gemacht.
Des *Weiteren* wird der Diskurs über die adäquate Ansiedlung von Kompetenzen durch eine solch harte Trennung der Zuständigkeitsbereiche unterbunden. Gerade dieser Diskurs zwischen den unterschiedlichen Ebenen über die fachgerechte Erfüllung von Aufgaben und die Ansiedlung von Zuständigkeiten ist ausschlaggebender Faktor föderaler Effizienz. Mit der Beschränkung des Subsidiaritätsprinzips auf die konkurrierenden Aufgabenfelder der Gemeinschaft wird ein solch fruchtbarer und effizienzsteigernder Diskurs weitgehend unterbunden.
Das Subsidiaritätsprinzip muss daher für *alle* Gemeinschaftsentscheidungen handlungsleitend werden.

Zur *zweiten* Einschränkung: Das Subsidiaritätsprinzip gilt ausschließlich für die Europäischen Gemeinschaften. Damit ist das Subsidiaritätsprinzip auf Gemeinschaftsentscheidungen beschränkt. Alle Beschlüsse und Entscheidungen der Union wie im Besonderen zur GASP oder zur gemeinsamen Innen- und Justizpolitik unterliegen der Letztentscheidung der Staats- und Regierungschefs bzw. des Ministerrates, denn die Politik der zweiten und dritten Säule wird, wie dargestellt, nicht durch Gemeinschaftsorgane bestimmt, sondern intergouvernemental. Daran wird zunächst auch der Vertrag von Nizza grundsätzlich nichts ändern.
Es wurde der Frage nachgegangen, warum nicht auch für diese Bereiche der zweiten und dritten Säule das Subsidiaritätsprinzip Geltung erlangen soll. Für den Durchgriff des Subsidiaritätsprinzips auch auf diese Politikfelder sprechen die bereits zur Trennung von ausschließlicher und konkurrierender Zuständigkeit angeführten Argumente.
Das Subsidiaritätsprinzip muss für alle Entscheidungen sowohl der Ebene der Union als auch der Ebene der Gemeinschaft Geltung erlangen.

Zur *dritten* Einschränkung: Das Subsidiaritätsprinzip regelt ausschließlich das unmittelbare Verhältnis zwischen der Europäischen Gemeinschaft und ihren Mitgliedsstaaten. Ein darüber hinausgehender Durchgriff auch auf die mitgliedsstaatlichen innerstaatlichen Verhältnisse ist ausdrücklich nicht gewollt. Wiederum handelt es sich um eine vertraglich beschlossene Einschränkung subsidiären Potentials. Wie gezeigt, kennt das Subsidiaritätsprinzip als solches eine derartige Einschränkung seiner Möglichkeiten nicht. Als Grund für diese Einschränkung ist vielmehr die Befürchtung der Mitgliedsstaaten erkannt worden, sie könnten mit regionalen und kommunalen Machtansprüchen konfrontiert werden.

Darüber hinaus ist die verfassungsrechtliche Problematik des Durchgriffs eines gemeinschaftlichen Regelungsprinzips auf den Staatsaufbau souveräner Nationalstaaten nicht von der Hand zu weisen.

Dennoch muss es Ziel Europäischer Integrationsbemühungen sein, das Subsidiaritätsprinzip von seiner Beschränkung auf das Verhältnis Gemeinschaft-Mitgliedsstaat zu befreien.

Es wurde deutlich, dass das Subsidiaritätsprinzip aus sich heraus keine Charakterschwäche für die Regelung von Kompetenzen aufweist. Vielmehr sind alle angeführten Einschränkungen politisch gewollt.

In seiner derzeitigen Ausprägung stellt das Subsidiaritätsprinzip das handlungsleitende Regelwerk der Gemeinschaft dar. Mangels anderer ähnlich verbindlicher Regeln kann das Subsidiaritätsprinzip zu Recht als Architekturprinzip der Union bezeichnet werden. Allerdings kann festgestellt werden, dass diese Funktion als Architekturprinzip nur mittelbarer Natur ist: Das Subsidiaritätsprinzip als Regelungsprinzip leitet sich vom Strukturprinzip des Föderalismus ab. Wie gezeigt, ist die Europäische Union implizit föderal verfasst, ohne allerdings sich selbst als föderal zu bezeichnen.

Der Föderalismus stellt trotz ausdrücklicher Verankerung des Subsidiaritätsprinzips die alles bestimmende Metaregel dar, welche das grundsätzliche Miteinander und Gegeneinander zwischen Union und ihren Mitgliedsstaaten strukturiert. Europäische Subsidiarität ist Ausprägungsmerkmal implizit föderaler Europäischer Strukturen.

Der angestellte Vergleich zwischen Föderalismus und Subsidiaritätsprinzip brachte die Erkenntnis, dass der Bezug zwischen beiden Prinzipien durch ihre unterschiedlichen Aufgaben entsteht, und zwar föderale Strukturbildung versus subsidiäre Regelanwendung. Beide Prinzipien bedingen einander. Europäische Subsidiarität ist ohne eine implizit föderale Struktur nicht denkbar. Umgekehrt würde der Föderalismus ohne die konkrete Regelungsinstanz der Subsidiarität verkümmern.

Das Verhältnis der Überordnung bzw. Unterordnung von Föderalismus und Subsidiarität wurde an der Wirkungstiefe beider Prinzipien deutlich: Föderalismus ist und bleibt dem Subsidiaritätsprinzip übergeordnet, weil föderale Zusammenschlüsse stets einen neuen Staatskörper generieren: Vor einem föderalen Zusammenschluss gibt es stets mehrere kleine souveräne Staatskörper. Mit ihrem Zusammenschluss zu einer Föderation entsteht mit dem Bund als Zusammenschluss etwas neues Souveränes. Der Föderalismus ist, wie erörtert, staatskonstitutiv. Das Subsidiaritätsprinzip konstituiert im Gegensatz zum Föderalismus keinen neuen Staatskörper. Das Subsidiaritätsprinzip setzt im Gegenteil das Vorhandensein unterschiedlicher Staatsebenen geradezu voraus. Das Subsidiaritätsprinzip bildet eine Regelungsinstanz für

bereits *bestehende* Konflikte. Die Gemeinschaft auf der *einen* Seite und die Mitgliedsstaaten auf der *anderen* Seite bilden diesen Rahmen subsidiärer Regelungswirkung. Dieser Rahmen ist jedoch bereits vorgegeben. Das Subsidiaritätsprinzip stellt somit nur ein Hilfsprinzip dar.
Gerade diese Unfähigkeit zur Staatskonstituierung macht das Subsidiaritätsprinzip für die Entscheidungsträger der Mitgliedsstaaten bei Fortentwicklung der EU so attraktiv. Das Subsidiaritätsprinzip vermag die unteren Ebenen – konkret die Mitgliedsstaaten – vor einem zu weit reichenden Kompetenzverlust zu schützen, gleichzeitig verändert es aber das Verhältnis zwischen Union und Mitgliedsstaaten nicht grundsätzlich.
Der Europäischen Union kann mittels des Subsidiaritätsprinzips der explizite Staatscharakter verwehrt bleiben. Das Subsidiaritätsprinzip ist demnach Werkzeug. Mangels Konkurrenz durch andere Prinzipien allerdings erlangt das Subsidiaritätsprinzip für die Europäische Union den Charakter eines Architekturprinzips.
Das Subsidiaritätsprinzip ist *konkret* in der Form seiner Regelungswirkung, aber *unkonkret* bzw. unfähig in der Möglichkeit der Konstituierung eines Staatskörpers. Das Prinzip des Föderalismus wiederum bleibt in der Europäischen Union unkonkret. Es bleibt implizit. Seine Wirkungstiefe zur Konstituierung eines Staatskörpers allerdings ist beträchtlich.

Zusammengefasste Gedanken und Ergebnisse zum Regionalismus

Das Prinzip des Regionalismus als drittes Schlüsselprinzip der Europäischen Integration entwickelt keinerlei Wirkungstiefe im aufgezeigten Sinne. Der Regionalismus generiert weder einen souveränen Staatskörper noch entwickelt er eine verfassungsrechtlich bindende Regelungswirkung zwischen einzelnen staatlichen Ebenen.

Die Abgrenzung des Regionalismus zu den Prinzipien der Subsidiarität und des Föderalismus wird, wie erörtert, durch seine schwach ausgeprägt bindende Charakteristik deutlich. Der Regionalismus entwickelt im Gegensatz zu den Prinzipien der Subsidiarität und des Föderalismus keine belastbare Wirkungstiefe. Der Regionalismus stellt kein Verfassungsprinzip dar. Das Prinzip des Regionalismus ist nicht staatskonstitutiv.
Trotz dieses Mangels an Verbindlichkeit darf jedoch seine legitimierende und demokratisierende Wirkung für die Europäische Union nicht unterschätzt werden, denn der Regionalismus bildet das konkreteste und unmittelbarste Prinzip zur Legitimierung und Demokratisierung der Europäischen Union. Das Prinzip des Regionalismus stellt lebendiges Legitimationsprinzip, Demokratisierungsprinzip und Identifikationsprinzip dar.

Die hohe demokratisierende und legitimierende Wirkung des Regionalismus konnte mit seiner Eigenschaft zur Stärkung von Bürgernähe erklärt werden. Die nationalstaatlichen Organe sind gerade in Flächenstaaten von ihren Bürgern weit entfernt: Werden nationalstaatliche Entscheidungen getroffen, sind hiervon mehrere Millionen Menschen betroffen. Bürgernähe und unmittelbare Bürgerbeteiligung sind so nur schwer erreichbar.

Innerhalb der Europäischen Union ist diese Problematik der Bürgerferne noch weitaus stärker ausgeprägt. Die Europäische Union umfasst zur Zeit rund 370 Millionen Menschen. Mit der Erweiterung auf voraussichtlich 25 Mitgliedsländer wird die Zahl der EU-Bürger auf circa 450 Millionen Menschen steigen. Ein solches Konstrukt wird aus sich heraus und unmittelbar kaum Bürgernähe entwickeln können. Bürgernähe wird demnach nur mittelbar erzeugt werden können. Regionale Strukturen innerhalb der Union fördern eine solch notwendige Bürgernähe erheblich.
Es wurde gezeigt, dass es der Union besonders über regionale Mitwirkung gelingen kann, eigene Entscheidungen transparenter zu gestalten. Die Regionen tragen maßgeblich dazu bei, Gemeinschaftsentscheidungen auf die regionale Ebene umzubrechen und vor Ort bei den Bürgern Erklärung und Rechtfertigung abzugeben. Gleichzeitig aber bilden die Regionen über diese Mittlerfunktion hinaus Regulativ und Korrektiv der Gemeinschaft. Diese regulierende und korrigierende Charakteristik der Regionen auf der *einen* und deren angeführte Mittlerfunktion auf der *anderen* Seite müssen den Kern einer symbiotischen Zusammenarbeit zwischen der Union und ihren mitgliedsstaatlichen Regionen bilden.

Zwar sind Volksentscheid und Verfassungsreferendum innerhalb der Union anzustrebende Beteiligungsformen, allerdings sind diese Instrumente der Beteiligung reichlich unflexibel und aufwendig. Der „kurze Dienstweg" zwischen der Union und ihren Unionsbürgern verläuft also über die Regionen. Entscheidungen und Beschlüsse der Union müssen sich über eine Beteiligung der Regionen legitimieren.

Es konnte gezeigt werden, dass die Regionen über den *Ausschuss der Regionen* Möglichkeiten der Einflussnahme auf Gemeinschaftsentscheidungen erhalten haben. Der AdR bildet das institutionelle Gerüst regionaler Beteiligung innerhalb der Union, auch wenn zur Zeit die Möglichkeiten der regionalen Einflussnahme noch sehr eingeschränkt sind.
Die Mitwirkung des AdR ist zur Zeit konsultativer Natur. Maßgebliche Eingriffsmöglichkeiten in die Politik der Union sind den Regionen verwehrt. Genau an dieser Stelle muss eine Reform der Europäischen Union ansetzen. Die Union muss erkennen, dass ihre Zukunftsfähigkeit und damit ihre gesicherte Fortexistenz von einer gesteigerten Legitimation ihrer selbst und von einer Demokratisierung ihrer Entscheidungsprozesse abhängt. Auch die Mitgliedsstaaten der EU müssen zur Einsicht gebracht werden, dass eine ausschließlich mitgliedsstaatliche Mitwirkung an Entscheidungen der Union zu kurz greift. Auch die Mitgliedsstaaten müssen sich regionalisierten Strukturen öffnen.
Der AdR stellt kein vollwertiges Organ innerhalb der Europäischen Union dar. Auch an dieser Stelle müssen Reformen ansetzen. Wie dargestellt, bedarf es eines massiven Ausbaus der regionalen Mitwirkungsrechte. Es bedarf einer Kammer der Regionen, welche gleichberechtigt neben einer Kammer der Völker (Europäisches Parlament) und einer Kammer der Staaten (Umbau des Rates) einzurichten ist.

Die Einbeziehung der Regionen in den Verteilungskampf um Kompetenzen führt bei regelgeleiteter Umsetzung nicht nur zu einer erheblichen Steigerung der Legitimation der Union und des Gesamtkonstrukts, sondern darüber hinaus auch zu einer erheblichen Steigerung der Effizienz bei der Umsetzung politischer und administrativer Aufgaben.

Der Regionalismus unterscheidet sich vom Separatismus gerade dadurch, dass die Regionen die Vorteile einer solchen aufgezeigten symbiotischen Beziehung zur Nation oder neuerdings eben auch zur Union erkennen. Zwar betonen die einzelnen Regionen zu Recht ihre Individualität und behaupten diese auch, zwar streiten die Regionen zu Recht um die adäquate Zuweisung von Kompetenzen, dennoch aber stellen sie das Gesamtkonstrukt als Mehrebenenmodell grundsätzlich nicht in Frage. Damit bildet sich trotz aller regionalen Individualität und Konkurrenz ein fruchtbares föderales Miteinander: Regionalismus ist gelebter Föderalismus. Die Gründung des Ausschusses der Regionen mit seinem Regelkonstrukt, erst recht aber ein Ausbau seiner Mitwirkungsmöglichkeiten bedingen und fördern föderale Strukturen. Der Regionalismus bildet die konkrete Umsetzung des abstrakten Prinzips des Föderalismus, denn Europäischer Regionalismus bedeutet mehr als nur die föderale Einbeziehung mitgliedsstaatlicher Interessen. Europäischer Föderalismus muss die Regionen als dritte Ebene in Meinungsbildungs- und Entscheidungsprozesse mit einbeziehen. Ebenso ein Ergebnis dieser Erkenntnis ist die Ausweitung des Subsidiaritätsprinzips vom unmittelbaren Verhältnis Gemeinschaft-Mitgliedsstaat auf die Regionen. Europäische Subsidiarität muss alle drei Ebenen einbeziehen, im Besonderen eben auch die Regionen.

Die Synthese aller drei Prinzipien – Ein Schlussgedanke

Die Entwicklung zu einer demokratisierten und damit legitimierten Europäischen Union kann als dialektischer Dreischritt im Sinne HEGELs (These, Antithese und Synthese) verständlich gemacht werden.

Zur These: Die nationalstaatliche Souveränität muss sich einer *doppelten* Zangenbewegung erwehren.
Der *erste* Aspekt dieser doppelten Zangenbewegung besteht darin, dass die Globalisierung der Märkte und die wachsende Komplexität grundlegender politischer Probleme die Nationalstaaten zunehmend überfordern. Der zur Zeit beschrittene Ausweg zur mittelbaren Wiedererlangung dieser verloren gegangenen Souveränität liegt in der Delegation von Kompetenz auf die Ebene der Europäischen Union. Das Werkzeug in diesem Prozess der Delegation bilden die Prinzipien der Subsidiarität und des Föderalismus, denn beide kompensieren bei adäquater Anwendung mitgliedsstaatlichen oder regionalen Souveränitätsverlust und garantieren darüber hinaus die mittelbare Wiedererlangung mitgliedsstaatlicher und regionaler Souveränität.
Der *zweite* Aspekt der Zangenbewegung besteht nicht wie beim ersten Aspekt in der Großräumigkeit zukünftiger Probleme, sondern im Gegenteil in der wachsenden Pluralität, der Kleinräumigkeit moderner Gesellschaften. Die Nationalstaaten sind zunehmend überfordert, von zentraler Stelle aus lokale politische und administrative Aufgaben auszuführen. Unwillig, aber ohne Alternative, findet ein Kompetenztransfer von nationalstaatlicher Ebene auf die Ebene der Regionen statt.

Zur Antithese: Souveränität liegt, (verfassungs-)geschichtlich bedingt, nach wie vor ausschließlich auf nationalstaatlicher Ebene. Der nationalstaatliche Kompetenztransfer auf die Ebene der Europäischen Union, aber auch die zunehmende Einbeziehung der Regionen in Entscheidungsverfahren führt zu der ambivalenten Situation, dass die Europäische Ebene auf der *einen* Seite und die Regionen auf der *anderen* Seite zwar zunehmend Kompetenzen gewinnen, ihnen aber eigenständige Souveränität versagt bleibt.

Zur Synthese: Die vorliegende Arbeit hat aufgezeigt, dass das dargelegte unkonstituierte Nebeneinander von Union, Nationalstaaten und Regionen behoben werden muss. Der Bundeszusammenschluss aller drei Ebenen zu einem Föderalen Europa ist anzustreben. Dieser Bundeszusammenschluss hat einen dreigliedrigen Aufbau. Den Kopf des Drei-Ebenen-Modells bildet die Europäische Ebene. An der Basis stehen die Regionen mit einem klaren und unmittelbaren Bezug zu den Unionsbürgern. Der Bundeszusammenschluss führt zu einer klaren und wirklichkeitsgerechten Abbildung gegenseitiger Abhängigkeiten. Unionstreue unter den einzelnen Ebenen und die Prinzipien der Verhältnismäßigkeit und der Einzelermächtigung gewährleisten in einem solch solidarisch verstandenen Bundeszusammenschluss die optimale Legitimation des Gesamtkonstrukts. Die Europäische Union erhält die ihr zustehende Souveränität. Die EU wird ein vollwertiger Staatskörper und auch die Regionen bilden ein konstitutionell verankertes Organ innerhalb dieses Gesamtkonstruktes.
Die Mitgliedsstaaten wiederum profitieren von dieser Synthese insofern, als dass sie über die Union verloren gegangene Souveränitäten mittelbar zurückerlangen und über die Regionen legitimiertere Entscheidungen treffen können. Dem Gesamtkonstrukt „Föderale Europäische Union" wird durch die allgemeine Solidarität und das fruchtbare Miteinander und Gegeneinander um die adäquate Zuweisung von Kompetenz maximale Effizienz bei der Erledigung aller notwendigen Aufgaben zuteil. Genau dies ist das Ziel eines jeden Staatskörpers.
Staaten besitzen keinen Selbstzweck. Sie dienen den Menschen, den Staatsbürgern. Nach den vorangegangenen Ausführungen wird offensichtlich, dass nur eine „Föderale, subsidiäre und regionale Europäische Union" diesem höchsten aller Staatsziele Rechnung tragen kann.

6 Quellen- und Literaturverzeichnis

61 Verzeichnis der Gesetzes- und Vertragstexte

EUROPÄISCHE VERTRAGSTEXTE:

GRUNDGESETZ FÜR DIE BUNDESREPUBLIK DEUTSCHLAND (i.d.F. vom 23.05.1949, BGBl. III/ FNA 100-1 zuletzt geändert durch Gesetz vom 16.07.1998, BGBl. I 1822)

VERTRAG ÜBER DIE EUROPÄISCHE UNION. (MAASTRICHTER VERTRAGSVERSION) (vom 07.02.1992, BGBl. II S. 1253, geändert durch Beitrittsvertrag vom 24.06.1994, BGBl. II S. 2022, i.d.F. des Beschlusses vom 01.01.1995, ABl. EG Nr. L 1/1)

VERTRAG ÜBER DIE EUROPÄISCHE UNION. (AMSTERDAMER VERTRAGSVERSION) (vom 07.02.1992. BGBl. II S. 1253, geändert durch Beitrittsvertrag vom 24.06.1994, BGBl. II S. 2022, i.d.F. des Beschlusses vom 01.01.1995, ABl. EG Nr. L 1/1, ber. ABl. 1997 Nr. L 179/12, geändert durch den Amsterdamer Vertrag vom 02.10.1997, BGBl. 1998 II S. 387, ber. BGBl. 1999 II S. 416)

VERTRAG VON NIZZA ZUR ÄNDERUNG DES VERTRAGS ÜBER DIE EUROPÄISCHE UNION, DER VERTRÄGE ZUR GRÜNDUNG DER EUROPÄISCHEN GEMEINSCHAFTEN SOWIE EINIGER DAMIT ZUSAMMENHÄNGENDER RECHTSAKTE. (NIZZAER VERTRAGSVERSIONEN) (vom 26.02.2001 – Abb EG Nr. C 80/1 vom 10.03.2001)

VERFASSUNGSENTWURF DES EUROPÄISCHEN KONVENTS: VORENTWURF DES VERFASSUNGSVERTRAGES, ARTIKEL UND PROTOKOLLE, ÄNDERUNGSVORSCHLÄGE. http://european-convention.eu.int, 18. Juni 2003

VERTRAG ZUR GRÜNDUNG DER EUROPÄISCHEN GEMEINSCHAFT. (MAASTRICHTER VERTRAGSVERSION) (vom 25.03.1957. BGBl. II S. 766 i.d.F. des Vertrags über die Europäische Union vom 07.02.1992. BGBl. II S. 1253/1255, geändert durch Beitrittsvertrag vom 24.06.1994, BGBl. II S. 2022, i.d.F. des Beschlusses vom 01.01.1995, ABl. EG Nr. L 1/1)

VERTRAG ZUR GRÜNDUNG DER EUROPÄISCHEN GEMEINSCHAFT. (AMSTERDAMER VERTRAGSVERSION) (vom 25.03.1957. BGBl. II S. 766 i.d.F. des Vertrags über die Europäische Union vom 07.02.1992. BGBl. II S. 1253/1256, geändert durch Beitrittsvertrag vom 24.06.1994, BGBl. II S. 2022, i.d.F. des Beschlusses vom 01.01.1995, ABl. EG Nr. L 1/1, ber. ABl. 1997 Nr. L 179/12, geändert durch den Amsterdamer Vertrag vom 02.10.1997, BGBl. 1998 II S. 387, ber. BGBl. 1999 II S. 416)

VERTRAG ZUR GRÜNDUNG DER EUROPÄISCHEN ATOMGEMEINSCHAFT (EURATOM). (MAASTRICHTER VERTRAGSVERSION) (vom 25.03.1957. BGBl. II S. 1014, i.d.F. des Vertrags über die Europäische Union vom 07.02.1992. BGBl. 1993 II S. 1253/1286, geändert durch Beitrittsvertrag vom 24.06.1994, BGBl. II S. 2022, i.d.F. des Beschlusses vom 01.01.1995, ABl. EG Nr. L 1/1)

VERTRAG ZUR GRÜNDUNG DER EUROPÄISCHEN ATOMGEMEINSCHAFT (EURATOM). (AMSTERDAMER VERTRAGSVERSION) (vom 25.03.1957. BGBl. II S. 1014, i.d.F. des Vertrags über die Europäische Union vom 07.02.1992. BGBl. II S. 1253/1286, geändert durch Beitrittsvertrag vom 24.06.1994, BGBl. II S. 2022, i.d.F. des Beschlusses vom 01.01.1995, ABl. EG Nr. L 1/1, ber. ABl. 1997 Nr. L 179/12, geändert durch den Amsterdamer Vertrag vom 02.10.1997, BGBl. 1998 II S. 387)

VERTRAG ÜBER DIE GRÜNDUNG DER EUROPÄISCHEN GEMEINSCHAFT FÜR KOHLE UND STAHL. (MAASTRICHTER VERTRAGSVERSION) (vom 18.04.1951. BGBl 1952 II S. 447 i.d.F. des Vertrags über die Europäische Union vom 07.02.1992. BGBl. 1993 II S. 1253/1282, geändert durch Beitrittsvertrag vom 24.06.1994, BGBl. II S. 2022, i.d.F. des Beschlusses vom 01.01.1995, ABl. EG Nr. L 1/1)

VERTRAG ÜBER DIE GRÜNDUNG DER EUROPÄISCHEN GEMEINSCHAFT FÜR KOHLE UND STAHL. (AMSTERDAMER VERTRAGSVERSION) (vom 18.04.1951. BGBl 1952 II S. 447 i.d.F. des Vertrags über die

Europäische Union vom 07.02.1992. BGBl. II S. 1253/1282, geändert durch Beitrittsvertrag vom 24.06.1994, BGBl. II S. 2022, i.d.F. des Beschlusses vom 01.01.1995, ABl. EG Nr. L 1/1, geändert durch den Amsterdamer Vertrag vom 02.10.1997, BGBl. 1998 II S. 387, ber. BGBl. 1999 II S. 416)

EINHEITLICHE EUROPÄISCHE AKTE (vom 28.02.1986 – BGBl. II S. 1102; ABl. 1987 Nr. L 169/1, i.d.F. des Europäischen Unionsvertrages vom 07.02.1992, BGBl. 1993 II S. 1253/1295)

EUROPÄISCHE CHARTA DER KOMMUNALEN SELBSTVERWALTUNG (In: KNEMEYER, Franz-Ludwig (Hrsg.): Die Europäische Charta der kommunalen Selbstverwaltung: Entstehung und Bedeutung. Länderberichte und Analysen. Baden-Baden 1989 (Nomos), S. 259-279)

DEUTSCHE GESETZE:

GESETZ ZU DEN VERTRÄGEN VOM 25. MÄRZ 1957 ZUR GRÜNDUNG DER EUROPÄISCHEN WIRTSCHAFTSGEMEINSCHAFT UND DER EUROPÄISCHEN ATOMGEMEINSCHAFT (vom 27.07.1957 – BGBl. II S. 753-1223

GESETZ ZUR EINHEITLICHEN EUROPÄISCHEN AKTE (vom 28.02.1986 – BGBl. II S. 1102-1115

GESETZ ÜBER DIE ZUSAMMENARBEIT VON BUNDESREGIERUNG UND DEUTSCHEM BUNDESTAG IN ANGELEGENHEITEN DER EUROPÄISCHEN UNION (vom 12.03.1993 – BGBl. I S. 311)

GESETZ ÜBER DIE ZUSAMMENARBEIT VON BUND UND LÄNDERN IN ANGELEGENHEITEN DER EUROPÄISCHEN UNION (EUZBLG). (vom 12.03.1993 – BGBl. I S. 313)

VEREINBARUNG ZWISCHEN DER BUNDESREGIERUNG UND DEN REGIERUNGEN DER LÄNDER ÜBER DIE ZUSAMMENARBEIT IN ANGELEGENHEITEN DER EUROPÄISCHEN UNION IN AUSFÜHRUNG VON § 9 DES GESETZES VOM 12.03.1993 ÜBER DIE ZUSAMMENARBEIT VON BUND UND LÄNDERN IN ANGELEGENHEITEN DER EUROPÄISCHEN UNION (vom 23.10.1993 – BAnz. 1993 Nr. 226 vom 02.12.1993 S. 10425)

GESETZ ÜBER DIE RECHTSVERHÄLTNISSE DER MITGLIEDER DES EUROPÄISCHEN PARLAMENTS AUS DER BUNDESREPUBLIK DEUTSCHLAND (EUABGG) (vom 06.04.1979 – BGBl. I S. 413, geänd. durch Gesetz vom 19.06.1996, BGBl. I S. 843)

GESETZ ÜBER DIE WAHL DER ABGEORDNETEN DES EUROPÄISCHEN PARLAMENTS AUS DER BUNDESREPUBLIK DEUTSCHLAND (EUWG) (vom 08.03.1994 – BGBl. I S. 424, ber. BGBl 1994 I S. 555)

BUNDESVERFASSUNGSGERICHT: BVERFGE 73, 339 – 338 SOLANGE II. Beschluss des Zweiten Senats vom 22.10.1986. In: GRIMM, Dieter/ KIRCHHOF, Paul (Hrsg.): Entscheidungen des Bundesverfassungsgerichts. Studienauswahl 2. Bd. 2. 2. erw. Aufl. Tübingen 1997 (Mohr Siebeck), S. 88-106

BUNDESVERFASSUNGSGERICHT: BVERFGE 89, 155 – 214 MAASTRICHT. Urteil des Zweiten Senats vom 12.10.1993. In: GRIMM, Dieter/ KIRCHHOF, Paul (Hrsg.): Entscheidungen des Bundesverfassungsgerichts. Studienauswahl 2. 2. erw. Aufl. Tübingen 1997 (Mohr Siebeck), S. 453ff

BUNDESVERFASSUNGSGERICHT (Hrsg.): Entscheidungen des Bundesverfassungsgerichts. Bd. 89. Tübingen 1994 (Mohr/Siebeck)

BUNDESRAT (KOMMISSION VERFASSUNGSREFORM DES BUNDESRATES): Stärkung des Föderalismus in Deutschland und Europa sowie weitere Vorschläge zur Änderung des Grundgesetzes. Bonn 1992 (BR-Drucksache 360/92)

BUNDESVERFASSUNGSGERICHT: BVERFGE 89, 155 – 214 MAASTRICHT. Urteil des Zweiten Senats vom 12.10.1993 (In: GRIMM, Dieter/ KIRCHHOF, Paul (Hrsg.): Entscheidungen des Bundesverfassungsgerichts. Studienauswahl 2. Bd. 2. 2. erw. Aufl. Tübingen 1997 (Mohr Siebeck), S. 453ff

ABKOMMEN:

ABKOMMEN ÜBER DIE GEMEINSAMEN ORGANE FÜR DIE EUROPÄISCHEN GEMEINSCHAFTEN (vom 25.03.1957 – BGBl- II S. 1156)

ABKOMMEN ÜBER DEN EUROPÄISCHEN WIRTSCHAFTSRAUM (EWR-ABKOMMEN) (vom 02.05.1992 – BGBl. II 1993 S. 267, i.d.F. des Anpassungs-Protokolls vom 17.03.1993, BGBl. II S. 1294)

BERICHTE:

BERICHT DER EUROPÄISCHEN KOMMISSION AN DEN EUROPÄISCHEN RAT ÜBER DIE ANPASSUNG DER GELTENDEN RECHTSVORSCHRIFTEN AN DAS SUBSIDIARITÄTSPRINZIP vom 24. November 1993 (Auszug) (In: **WEIDENFELD**, Werner (Hrsg.): Reform der Europäischen Union. Materialien zur Revision des Maastrichter Vertrages 1996. Gütersloh 1994 (Bertelsmann), S. 378-388)

BERICHT DES INSTITUTIONELLEN AUSSCHUSSES DES EUROPÄISCHEN PARLAMENTS ZUR VERFASSUNG DER EUROPÄISCHEN UNION vom 10. Februar 1994 (Bericht Herman) (In: **WEIDENFELD**, Werner (Hrsg.): Reform der Europäischen Union. Materialien zur Revision des Maastrichter Vertrages 1996. Gütersloh 1994 (Bertelsmann), S. 389-410)

BERICHT DER REFLEXIONSGRUPPE vom 05. Dezember 1995 (Auszüge) (In: **JOPP**, Mathias/ **SCHMUCK**, Otto (Hrsg.): Die Reform der Europäischen Union. Analysen – Positionen – Dokumente zur Regierungskonferenz 1996/97 (Analysen zur Europapolitik des Instituts für Europäische Politik. Bd. 11). Bonn 1996 (Europa Union), S. 107-114)

BERICHT DER EUROPÄISCHEN KOMMISSION AN DEN EUROPÄISCHEN RAT: Eine bessere Rechtsetzung 1999. 3. November 1999 (KOM-1999-562)

BERICHT DER EUROPÄISCHEN KOMMISSION AN DEN EUROPÄISCHEN RAT GEMÄß ARTIKEL 9 DES PROTOKOLLS ÜBER DIE ANWENDUNG DER GRUNDSÄTZE DER SUBSIDIARITÄT UND DER VERHÄLTNISMÄßIGKEIT: Bessere Rechtsetzung 2000. 30. November 2000 (KOM-2000-772/ C5-0097/2001)

BERICHT DER EUROPÄISCHEN KOMMISSION AN DEN EUROPÄISCHEN RAT GEMÄß ARTIKEL 9 DES PROTOKOLLS ÜBER DIE ANWENDUNG DER GRUNDSÄTZE DER SUBSIDIARITÄT UND DER VERHÄLTNISMÄßIGKEIT: Bessere Rechtsetzung 2001. 7. Dezember 2001 (C5-0102/2002)

BERICHT DER EUROPÄISCHEN KOMMISSION GEMÄß ARTIKEL 9 DES PROTOKOLLS ÜBER DIE ANWENDUNG DER GRUNDSÄTZE DER SUBSIDIARITÄT UND DER VERHÄLTNISMÄßIGKEIT: Bessere Rechtsetzung 2002. 10. Bericht. 11. Dezember 2002 (C5-0007-03)

BESCHLÜSSE:

BESCHLUSS ÜBER DIE FESTLEGUNG DER SITZE DER ORGANE UND BESTIMMTER EINRICHTUNGEN UND DIENSTSTELLEN DER EUROPÄISCHEN GEMEINSCHAFTEN (vom 12.12.1992 – ABl. Nr. C 341/1)

BESCHLUSS UND AKT ZUR EINFÜHRUNG ALLGEMEINER UNMITTELBARER WAHLEN DER ABGEORDNETEN DES EUROPÄISCHEN PARLAMENTS (AMSTERDAMER VERSION) (vom 20.09.1976 – BGBl. 1977 II S. 734, geändert durch Vertrag vom 28.05.1979, BGBl. 1980 II S. 229/236, durch Vertrag vom 12.06.1985, BGBl II S. 1249/1263, durch Beschluss 93/81/Euratom, EGKS, EWG vom 01.02.1993, BGBl. II S. 1242/1243, und durch Beitrittsvertrag vom 24.06.1994, BGBl II S. 2022/2032 i.d.F. des Beschlusses vom 01.01.1995, ABl. EG Nr. L 1/1, geändert durch den Amsterdamer Vertrag vom 02.10.1997, BGBl. 1998 II S. 387, ber. BGBl. 1999 II S. 416)

ENTSCHLIEßUNGEN:

ENTSCHLIEßUNG DER TEILNEHMER DER KONFERENZ „EUROPA DER REGIONEN" am 19. Oktober 1989 in München (In: BORKENHAGEN, Franz H.U./ BRUNS-KLÖSS, Christian/ MEMMINGER, Gerhard/ STEIN, Otti (Hrsg.): Die deutschen Länder in Europa: Politische Union und Wirtschafts- und Währungsunion. Baden-Baden 1992 (Nomos), S. 251-252)

ENTSCHLIEßUNG DES BUNDESRATES ZUR REGIERUNGSKONFERENZ DER MITGLIEDSSTAATEN DER EUROPÄISCHEN GEMEINSCHAFTEN ÜBER DIE POLITISCHE UNION UND ZUR WIRTSCHAFTS- UND WÄHRUNGSUNION vom 24. August 1990 (In: BORKENHAGEN, Franz H.U./ BRUNS-KLÖSS, Christian/ MEMMINGER, Gerhard/ STEIN, Otti (Hrsg.): Die deutschen Länder in Europa: Politische Union und Wirtschafts- und Währungsunion. Baden-Baden 1992 (Nomos), S. 245-247)

ENTSCHLIEßUNGSANTRAG DES EUROPÄISCHEN PARLAMENTS ZU DEN VERFASSUNGSMÄßIGEN GRUNDLAGEN DER EUROPÄISCHEN UNION (BERICHT: EMILIO COLOMBO) vom 13. November 1990 (In: WEIDENFELD, Werner (Hrsg.): Wie Europa verfaßt sein soll – Materialien zur Politischen Union (Strategien und Optionen für die Zukunft Europas. Arbeitspapiere 7). Gütersloh 1991 (Bertelsmann), S. 170-191)

ENTSCHLIEßUNG DES EUROPÄISCHEN PARLAMENTS ZUM GRUNDSATZ DER SUBSIDIARITÄT (BERICHT VALÉRY GISCARD D'ESTAING) vom 21. November 1990 (In: WEIDENFELD, Werner (Hrsg.): Wie Europa verfaßt sein soll – Materialien zur Politischen Union (Strategien und Optionen für die Zukunft Europas. Arbeitspapiere 7). Gütersloh 1991 (Bertelsmann), S. 192-194)

ENTSCHLIEßUNG DES BUNDESRATES ZU DEN EG-REGIERUNGSKONFERENZEN ZUR POLITISCHEN UNION UND ZUR WIRTSCHAFTS- UND WÄHRUNGSUNION vom 08. November 1991 (In: BORKENHAGEN, Franz H.U./ BRUNS-KLÖSS, Christian/ MEMMINGER, Gerhard/ STEIN, Otti (Hrsg.): Die deutschen Länder in Europa: Politische Union und Wirtschafts- und Währungsunion. Baden-Baden 1992 (Nomos), S. 248-250)

ENTSCHLIEßUNG DES EUROPÄISCHEN PARLAMENTS ZUR GESTALTUNG UND STRATEGIE DER EUROPÄISCHEN UNION IM HINBLICK AUF IHRE ERWEITERUNG UND DIE SCHAFFUNG EINER GESAMTEUROPÄISCHEN ORDNUNG (BERICHT HÄNSCH) vom 20. Januar 1993 (In: WEIDENFELD, Werner (Hrsg.): Reform der Europäischen Union. Materialien zur Revision des Maastrichter Vertrages 1996. Gütersloh 1994 (Bertelsmann), S. 351-364)

ENTSCHLIEßUNG DES EUROPÄISCHEN PARLAMENTS ZUR EINBERUFUNG DER REGIERUNGSKONFERENZ vom 13. März 1996 (Auszüge) (In: JOPP, Mathias/ SCHMUCK, Otto (Hrsg.): Die Reform der Europäischen Union. Analysen – Positionen – Dokumente zur Regierungskonferenz 1996/97 (Analysen zur Europapolitik des Instituts für Europäische Politik. Bd. 11). Bonn 1996 (Europa Union), S. 123-130)

ERKLÄRUNGEN:

ERKLÄRUNG DES EUROPÄISCHEN RATES IN BIRMINGHAM am 16. Oktober 1992 (In: WEIDENFELD, Werner (Hrsg.): Reform der Europäischen Union. Materialien zur Revision des Maastrichter Vertrages 1996. Gütersloh 1994 (Bertelsmann), S. 308-310)

INTERINSTITUTIONELLE ERKLÄRUNG DES EUROPÄISCHEN PARLAMENTS, DES RATES DER UNION UND DER EUROPÄISCHEN KOMMISSION ZU DEMOKRATIE, TRANSPARENZ UND SUBSIDIARITÄT vom 25. Oktober 1993 (In: WEIDENFELD, Werner (Hrsg.): Reform der Europäischen Union. Materialien zur Revision des Maastrichter Vertrages 1996. Gütersloh 1994 (Bertelsmann), S. 364-366)

ERKLÄRUNG ZUR ZUKUNFT DER EUROPÄISCHEN UNION (Schlussfolgerungen des Europäischen Rates in Laeken vom 14./15. Dezember 2001, Dok. SN 300/01)

PROTOKOLLE:

PROTOKOLL DER MINISTERPRÄSIDENTENKONFERENZ VOM 21. BIS 23. OKTOBER 1987 IN MÜNCHEN. Punkt 5a: Föderalismus in der Europäischen Gemeinschaft – allgemeine Grundsätze (In: BORKENHAGEN, Franz H.U./ BRUNS-KLÖSS, Christian/ MEMMINGER, Gerhard/ STEIN, Otti (Hrsg.): Die deutschen Länder in Europa: Politische Union und Wirtschafts- und Währungsunion. Baden-Baden 1992 (Nomos), S. 233-244)

PROTOKOLL DER MINISTERPRÄSIDENTENKONFERENZ VOM 20. BIS 21. DEZEMBER 1990 IN MÜNCHEN. Punkt 1: Europapolitik: Münchener Erklärung zum Föderalismus in Europa (In: BORKENHAGEN, Franz H.U./ BRUNS-KLÖSS, Christian/ MEMMINGER, Gerhard/ STEIN, Otti (Hrsg.): Die deutschen Länder in Europa: Politische Union und Wirtschafts- und Währungsunion. Baden-Baden 1992 (Nomos), S. 236-240)

PROTOKOLLE ZUM VERTRAG ÜBER DIE EUROPÄISCHE UNION (Bestandteil des Maastrichter Vertrags)

PROTOKOLL ÜBER DIE FESTLEGUNG DER SITZE DER ORGANE UND BESTIMMTER EINRICHTUNGEN UND DIENSTSTELLEN SOWIE DES SITZES VON EUROPOL (vom 02.10.1997 – Amsterdamer Vertrag. BGBl. 1998 II S. 437)

PROTOKOLL ÜBER DIE SATZUNG DES EUROPÄISCHEN SYSTEMS DER ZENTRALBANKEN UND DER EUROPÄISCHEN ZENTRALBANK (AMSTERDAMER VERSION) (vom 07.02.1992 – BGBl. II S. 1253, geändert durch den Amsterdamer Vertrag vom 02.10.1997, BGBl. 1998 II S. 387)

PROTOKOLL ÜBER DIE ROLLE DER EINZELSTAATLICHEN PARLAMENTE IN DER EUROPÄISCHEN UNION. (Integraler Bestandteil der Verträge zur Europäischen Union und Gemeinschaft. 1997)

PROTOKOLL ÜBER DIE ANWENDUNG DER GRUNDSÄTZE DER SUBSIDIARITÄT UND DER VERHÄLTNISMÄßIGKEIT (Integraler Bestandteil der Verträge zur Europäischen Union und Gemeinschaft. 1997)

SCHLUSSAKTEN:

SCHLUßAKTE ZUM VERTRAG ÜBER DIE EUROPÄISCHE UNION (07.02.1992 – Bestandteil des Maastrichter Vertrags)

SCHLUßAKTE ZUM VERTRAG ÜBER DIE EUROPÄISCHE UNION (02.10.1997 – Bestandteil des Amsterdamer Vertrags)

SCHLUSSFOLGERUNGEN:

SCHLUßFOLGERUNGEN DES VORSITZES DES EUROPÄISCHEN RATES IN EDINBURGH AM 11./12. DEZEMBER 1992 (In: WEIDENFELD, Werner (Hrsg.): Reform der Europäischen Union. Materialien zur Revision des Maastrichter Vertrages 1996. Gütersloh 1994 (Bertelsmann), S: 337-350)

SCHLUßFOLGERUNGEN DES VORSITZES DES EUROPÄISCHEN RATES IN BRÜSSEL AM 29. OKTOBER 1993 (In: WEIDENFELD, Werner (Hrsg.): Reform der Europäischen Union. Materialien zur Revision des Maastrichter Vertrages 1996. Gütersloh 1994 (Bertelsmann), S. 370-377)

SCHLUßFOLGERUNGEN DES VORSITZES DES EUROPÄISCHEN RATES IN MADRID AM 16. DEZEMBER 1995 (In: JOPP, Mathias/ SCHMUCK, Otto (Hrsg.): Die Reform der Europäischen Union. Analysen – Positionen – Dokumente zur Regierungskonferenz 1996/97 (Analysen zur Europapolitik des Instituts für Europäische Politik. Bd. 11). Bonn 1996 (Europa Union), S. 121-122)

SCHLUßFOLGERUNGEN DES VORSITZES DES EUROPÄISCHEN RATES IN TURIN AM 29. MÄRZ 1996 (Auszüge) (In: JOPP, Mathias/ SCHMUCK, Otto (Hrsg.): Die Reform der Europäischen Union. Analysen – Positionen – Dokumente zur Regierungskonferenz 1996/97 (Analysen zur Europapolitik des Instituts für Europäische Politik. Bd. 11). Bonn 1996 (Europa Union), S. 140-144)

SCHLUSSFOLGERUNGEN DES VORSITZES DES EUROPÄISCHEN RATES IN FLORENZ AM 22. JUNI 1996 (Auszüge) (In: JOPP, Mathias/ SCHMUCK, Otto (Hrsg.): Die Reform der Europäischen Union. Analysen – Positionen – Dokumente zur Regierungskonferenz 1996/97 (Analysen zur Europapolitik des Instituts für Europäische Politik. Bd. 11). Bonn 1996 (Europa Union), S. 145-147)

SCHLUSSKOMMUNIQUÉS:

SCHLUSSKOMMUNIQUÉ DER KONFERENZ DER STAATS- UND REGIERUNGSCHEFS VOM 01./02. DEZEMBER 1969 IN DEN HAAG (In: SASSE, Christoph: Regierungen. Parlamente. Ministerrat. Entscheidungsprozesse in der Europäischen Gemeinschaft. Europäische Studien des Instituts für Europäische Politik. Bd. 6. Bonn 1975 (Europa Union), S. 232-235)

SCHLUSSKOMMUNIQUÉ DER KONFERENZ DER STAATS- UND REGIERUNGSCHEFS VOM 19./20. OKTOBER 1972 IN PARIS (In: SASSE, Christoph: Regierungen. Parlamente. Ministerrat. Entscheidungsprozesse in der Europäischen Gemeinschaft. Europäische Studien des Instituts für Europäische Politik. Bd. 6. Bonn 1975 (Europa Union), S. 236-246)

SCHLUSSKOMMUNIQUÉ DER KONFERENZ DER STAATS- UND REGIERUNGSCHEFS VOM 14./15. DEZEMBER 1973 IN KOPENHAGEN (In: SASSE, Christoph: Regierungen. Parlamente. Ministerrat. Entscheidungsprozesse in der Europäischen Gemeinschaft. Europäische Studien des Instituts für Europäische Politik. Bd. 6. Bonn 1975 (Europa Union), S. 227-251)

SCHLUSSKOMMUNIQUÉ DER KONFERENZ DER STAATS- UND REGIERUNGSCHEFS VOM 09./10. DEZEMBER 1974 IN PARIS (In: SASSE, Christoph: Regierungen. Parlamente. Ministerrat. Entscheidungsprozesse in der Europäischen Gemeinschaft. Europäische Studien des Instituts für Europäische Politik. Bd. 6. Bonn 1975 (Europa Union), S. 252-260)

SCHLUSSKOMMUNIQUÉ DER KONFERENZ DER STAATS- UND REGIERUNGSCHEFS VOM 10./11. MÄRZ 1975 IN DUBLIN (In: SASSE, Christoph: Regierungen. Parlamente. Ministerrat. Entscheidungsprozesse in der Europäischen Gemeinschaft. Europäische Studien des Instituts für Europäische Politik. Bd. 6. Bonn 1975 (Europa Union), S. 261-268)

STELLUNGNAHMEN:

STELLUNGNAHME DES AUSSCHUSSES DER REGIONEN ZUR REGIERUNGSKONFERENZ vom 21. April 1995 (Auszüge) (In: JOPP, Mathias/ SCHMUCK, Otto (Hrsg.): Die Reform der Europäischen Union. Analysen – Positionen – Dokumente zur Regierungskonferenz 1996/97 (Analysen zur Europapolitik des Instituts für Europäische Politik. Bd. 11). Bonn 1996 (Europa Union), S. 138-139)

STELLUNGNAHME DER EUROPÄISCHEN KOMMISSION: „VERTIEFUNG DER POLITISCHEN UNION UND VORBEREITUNG DER ERWEITERUNG" vom 28. Februar 1996 (Auszüge) (In: JOPP, Mathias/ SCHMUCK, Otto (Hrsg.): Die Reform der Europäischen Union. Analysen – Positionen – Dokumente zur Regierungskonferenz 1996/97 (Analysen zur Europapolitik des Instituts für Europäische Politik. Bd. 11). Bonn 1996 (Europa Union), S. 131-137)

WEITERE QUELLEN:

CHARTA DER GRUNDRECHTE DER EUROPÄISCHEN UNION (vom Europäischen Rat am 07.12.2001 in Nizza feierlich proklamiert – ABl. Nr. C 364/01)

DEUTSCHER BUNDESRAT: Entschließung des Bundesrates zur Regierungskonferenz der Mitgliedsstaaten der Europäischen Gemeinschaften über die Politische Union und zur Wirtschafts- und Währungsunion. 24.08.1990. BR-Drucks. 550/90

DEUTSCHER BUNDESTAG/ BUNDESARCHIV (Hrsg.): Der Parlamentarische Rat 1948-1949. Akten und Protokolle (Bd. 2. Der Verfassungskonvent von Herrenchiemsee). Boppart (Rhein) 1981 (Boldt)

ERSTE ÜBERLEGUNGEN DER FRAKTION DER SOZIALDEMOKRATISCHEN PARTEI EUROPAS (SPE) ZUR REGIERUNGSKONFERENZ vom 29. März 1995 (Auszüge) (In: JOPP, Mathias/ SCHMUCK, Otto (Hrsg.): Die Reform der Europäischen Union. Analysen – Positionen – Dokumente zur Regierungskonferenz 1996/97 (Analysen zur Europapolitik des Instituts für Europäische Politik. Bd. 11). Bonn 1996 (Europa Union), S. 222-226)

EUROPÄISCHES PARLAMENT: ENTWURF EINES VERTRAGES ZUR GRÜNDUNG DER EUROPÄISCHEN UNION vom 14. Februar 1984 (In: BIEBER, Roland/ SCHWARZE, Jürgen: Verfassungsentwicklung in der Europäischen Gemeinschaft. Baden-Baden 1984 (Nomos), S. 89-128)

EUROPÄISCHES RAHMENÜBEREINKOMMEN ÜBER DIE GRENZÜBERSCHREITENDE ZUSAMMENARBEIT ZWISCHEN GEBIETSKÖRPERSCHAFTEN vom 21. Mai 1980 (nicht authentische deutsche Übersetzung: BGBl 1981 II, S. 966ff) (In: BEYERLIN, Ulrich: Rechtsprobleme der lokalen grenzüberschreitenden Zusammenarbeit. Beiträge zum ausländischen öffentlichen Recht und Völkerrecht. Bd. 96. Berlin/ Heidelberg/ New York u.a. 1988 (Springer), S. 474-500)

GESCHÄFTSORDNUNG DES EUROPÄISCHEN PARLAMENTS (i.d.F. vom 19.02.1997, ABl. 1997 Nr. L 49/1)

INTERINSTITUTIONELLE VEREINBARUNG ZWISCHEN DEM EUROPÄISCHEN PARLAMENT, DEM RAT UND DER EUROPÄISCHEN KOMMISSION ÜBER DIE VERFAHREN ZUR ANWENDUNG DES SUBSIDIARITÄTSPRINZIPS vom 25. Oktober 1993 (In: WEIDENFELD, Werner (Hrsg.): Reform der Europäischen Union. Materialien zur Revision des Maastrichter Vertrages 1996. Gütersloh 1994 (Bertelsmann), S. 367-369)

KONVENTION ZUM SCHUTZE DER MENSCHENRECHTE UND GRUNDFREIHEITEN (vom 04.11.1950 – BGBl. 1952 II S. 685, 953, zuletzt geändert durch Gesetz/ Protokoll vom 11.05.1994, BGBl. 1995 II S. 579)

MEMORANDUM DER REGIERUNG DER BUNDESREPUBLIK DEUTSCHLAND ZUM SUBSIDIARITÄTSPRINZIP vom 02. Oktober 1992 (In: WEIDENFELD, Werner (Hrsg.): Reform der Europäischen Union. Materialien zur Revision des Maastrichter Vertrages 1996. Gütersloh 1994 (Bertelsmann), S. 300-307)

MITTEILUNG DER EUROPÄISCHEN KOMMISSION AN DEN RAT UND AN DAS EUROPÄISCHE PARLAMENT ZUM SUBSIDIARITÄTSPRINZIP vom 27. Oktober 1992 (In: WEIDENFELD, Werner (Hrsg.): Reform der Europäischen Union. Materialien zur Revision des Maastrichter Vertrages 1996. Gütersloh 1994 (Bertelsmann), S. 311-336)

POLITISCHE STELLUNGNAHME DER FÖDERATION DER EUROPÄISCHEN GRÜNEN ZUR REGIERUNGSKONFERENZ vom 11. Februar 1996 (Auszüge) (In: JOPP, Mathias/ SCHMUCK, Otto (Hrsg.): Die Reform der Europäischen Union. Analysen – Positionen – Dokumente zur Regierungskonferenz 1996/97 (Analysen zur Europapolitik des Instituts für Europäische Politik. Bd. 11). Bonn 1996 (Europa Union), S. 236-239)

RESOLUTION DER VERSAMMLUNG DER REGIONEN EUROPAS ZUR INSTITUTIONELLEN BETEILIGUNG DER REGIONALEN EBENE AM ENTSCHEIDUNGSPROZESS IN DER EUROPÄISCHEN GEMEINSCHAFT vom 05./06. Dezember 1990 (In: BORKENHAGEN, Franz H.U./ BRUNS-KLÖSS, Christian/ MEMMINGER, Gerhard/ STEIN, Otti (Hrsg.): Die deutschen Länder in Europa: Politische Union und Wirtschafts- und Währungsunion. Baden-Baden 1992 (Nomos), S. 253-256)

RESOLUTION DER PARTEIVORSITZENDEN DER EUROPÄISCHEN LIBERALEN, DEMOKRATISCHEN UND REFORM PARTEI (ELDR): „FÜR EIN OFFENES EUROPA" vom 23. November 1995 (Auszüge) (In: JOPP, Mathias/ SCHMUCK, Otto (Hrsg.): Die Reform der Europäischen Union. Analysen – Positionen – Dokumente zur

Regierungskonferenz 1996/97 (Analysen zur Europapolitik des Instituts für Europäische Politik. Bd. 11). Bonn 1996 (Europa Union), S. 233-235)

SATZUNG DES EUROPARATES (vom 05.05.1949, zuletzt geändert durch Gesetz vom 09.12.1996, BGBl. 1997 II S. 159)

VERFASSUNG DES KÖNIGREICHES SPANIEN (vom 29.12.1978, i.d.F. vom 27.08.1992)

VERFASSUNG DES FREISTAATES BAYERN (i.d.F. vom 02.12.1946, BayRS 100-1-S, zuletzt geändert durch Gesetz vom 20.06.1984, GVBl. S. 223)

VERFASSUNG DES LANDES BADEN-WÜRTTEMBERG (i.d.F. vom 11.11.1953, GBl. S. 173, zuletzt geändert durch Gesetz vom 12.02.1991, GBl. S. 81)

VERFASSUNG DES LANDES TIROL (LGBl. 1988. 28. Stück vom 09.12.1988

VERFASSUNG DES LANDES VORARLBERG (LGBl. 1984. 12. Stück. Nr. 30 vom 31.05.1984)

VORSCHLÄGE UND ZIELSETZUNGEN DER EUROPÄISCHEN VOLKSPARTEI (EVP) FÜR DIE REGIERUNGSKONFERENZ vom 07. November 1995 (Auszüge) (In: JOPP, Mathias/ SCHMUCK, Otto (Hrsg.): Die Reform der Europäischen Union. Analysen – Positionen – Dokumente zur Regierungskonferenz 1996/97 (Analysen zur Europapolitik des Instituts für Europäische Politik. Bd. 11). Bonn 1996 (Europa Union), S. 227-232)

WEIßBUCH DER BRITISCHEN REGIERUNG: „EINE PARTNERSCHAFT VON NATIONEN" vom 21. März 1996 (Auszüge)

62 Literaturverzeichnis

ABROMEIT, Heidrun: Direkte Demokratie und Föderalismus in der Europäischen Union. In: ANTALOVSKY, Eugen/ MELCHIOR, Josef/ PUNTSCHER RIEKMANN, Sonja (Hrsg.): Integration durch Demokratie. Neue Impulse für die Europäische Integration. Marburg 1997 (Metropolis), S. 207-222

ALBER: Siegbert: Von der Einheitlichen Europäischen Akte zu Maastricht I. In: RINSCHE, Günter/ FRIEDRICH, Ingo (Hrsg.): Europa als Auftrag. Die Politik deutscher Christdemokraten im Europäischen Parlament 1957-1997. Von den Römischen Verträgen zur Politischen Union. Weimar/ Köln/ Wien 1997 (Böhlau), S. 261-270

ALBERT, Michel: Herausforderung Europa. Die Europäische Gemeinschaft als Chance. München 1985 (Piper)

ALBERTIN, Lothar: Der Spätstart der Bundesländer – Ein Demokratisierungsschub für die Europäische Gemeinschaft. In: ALEMANN, Ulrich von/ HEINZE, Rolf G./ HOMBACH, Bodo (Hrsg.): Die Kraft der Region: Nordrhein-Westfalen in Europa. Bonn 1990 (Dietz), S. 164-177

ALBERTIN, Lothar: Regionale kulturelle Identität. Selbstgenügsames Refugium oder europäisches Handlungselement? In: VIEHOFF, Reinhold/ SEGERS, Rien T. (Hrsg.): Kultur, Identität, Europa. Über die Schwierigkeiten und Möglichkeiten einer Konstruktion. Frankfurt (Main) 1999 (Suhrkamp), S. 321-332

ALBONETTI, Achille: Vorgeschichte der Vereinigten Staaten von Europa (Schriftenreihe zum Handbuch für europäische Wirtschaft. Bd. 22). Baden-Baden/ Bonn 1961 (Lutzeyer)

ALEMANN, Ulrich von/ HEINZE, Rolf G./ HOMBACH, Bodo: Europa im doppelten Umbruch – Eine Einführung. In: DIES. (Hrsg.): Die Kraft der Region: Nordrhein-Westfalen in Europa. Bonn 1990 (Dietz), S. 15-29

ALEMANN, Ulrich von/ HEINZE, Rolf G./ HOMBACH, Bodo (Hrsg.): Die Kraft der Region: Nordrhein-Westfalen in Europa. Bonn 1990 (Dietz)

ALTHUSIUS, Johannes: Politica methodice digesta of Johannes Althusius (Althaus). New York 1979 (Arno Press)

AMELN, Ralf von: Auswirkungen des Europäischen Binnenmarktes auf Kommunalpolitik und Kommunalrecht der EG-Mitgliedsstaaten – Am Beispiel der Bundesrepublik Deutschland. In: Deutsches Verwaltungsblatt. Jg. 1992. 15. April 1992, S. 477-484

AMELN, Ralf von: Die Entstehung des Ausschusses der Regionen: Die Festlegung der Modalitäten für die Auswahl der Mitglieder in den EU-Staaten. In: TOMUSCHAT, Christian (Hrsg.): Mitsprache der dritten Ebene in der europäischen Integration: Der Ausschuss der Regionen (Bonner Schriften zur Integration Europas. Bd. 2). Bonn 1995 (Europa Union), S. 39-54

ANDERSON, Malcolm/ DEN BOER, Monica/ MILLER, Gary: European Citizenship and Cooperation in justice and home affairs. In: DUFF, Andrew/ PINDER, John/ PRYCE, Roy (Hrsg.): Maastricht and Beyond. Building the European Union. 2. Aufl. London/ New York 1995 (Routledge), S. 104-122

ANTALOVSKY, Eugen/ MELCHIOR, Josef/ PUNTSCHER RIEKMANN, Sonja (Hrsg.): Integration durch Demokratie. Neue Impulse für die Europäische Integration. Marburg 1997 (Metropolis)

ARETIN, Karl O. von/ HÉROUD, Guy: Thesen und Antithesen zum Föderalismus. In: ASSMANN, Karl/ GOPPEL, Thomas (Hrsg.): Föderalismus. Bauprinzip einer freiheitlichen Grundordnung in Europa. München 1978 (Saur), S. 159-166

ARISTOTELES: Politik. Buch I. Berlin 1991 (Akademie)

ARISTOTELES: Politik. Buch II und III. Berlin 1991 (Akademie)

ASSMANN, Karl: Föderalismus als Politik des Ausgleichs – Versuch einer systemwissenschaftlichen Begründung. In: DERS./ GOPPEL, Thomas (Hrsg.): Föderalismus. Bauprinzip einer freiheitlichen Grundordnung in Europa. München 1978 (Saur), S. 137-158

ASSMANN, Karl/ GOPPEL, Thomas (Hrsg.): Föderalismus. Bauprinzip einer freiheitlichen Grundordnung in Europa. München 1978 (Saur)

BACH, Maurizio: Europa zwischen Demokratie und Regimebildung: Legitimation, Kompetenzen und Experten in der EG. In: HALLER, Max/ SCHACHNER-BLAZIZEK, Peter (Hrsg.): Europa – wohin? Wirtschaftliche Integration, soziale Gerechtigkeit und Demokratie. Graz 1994 (Leykam), S. 425-436

BAHN, Peter: Zur Authentizität autonomistischer Regionen in Europa – Interpretationsmuster und Typisierungsmöglichkeiten. In: DUWE, Kurt (Hrsg.): Regionalismus in Europa. Beiträge über kulturelle und sozio-ökonomische Hintergründe des politischen Regionalismus. (Demokratie, Ökologie, Föderalismus. Schriftenreihe der Internationalen Gesellschaft für Politik, Friedens - und Umweltforschung e.V. Bd. 4). Frankfurt (Main) 1997 (Lang), S. 15-20

BALCEROWICZ, Leszek: Europe growing together. In: CURZON PRICE, Victoria/ LANDAU, Alice/ WHITMAN, Richard G. (Hrsg.): The Enlargement of the European Union. Issues and strategies. London/ New York 1999 (Routledge), S. 3-9

BARDONG, Otto: Die Einheitliche Europäische Akte und die Kompetenzen der Länder der Bundesrepublik Deutschland. In: HUBER, Stefan/ PERNTHALER Peter (Hrsg.): Föderalismus und Regionalismus in Europäischer Perspektive (Schriftenreihe des Instituts für Föderalismusforschung. Bd. 44/ Veröffentlichungen der österreichischen Sektion des CIFE. Bd. 10). Wien 1988 (Braumüller), S. 33-40

BARTINIK, Czesław Stanisław: Gemeinwohl Europas: Definition, Consensus, Durchsetzung. In: KOSLOWSKY, Peter (Hrsg.): Europa imaginieren. Der europäische Binnenmarkt als kulturelle und wirtschaftliche Aufgabe. Berlin/ Heidelberg 1992 (Springer), S. 148-158

BAUBÖCK, Rainer: Citizenship and National Identities in the European Union. In: ANTALOVSKY, Eugen/ MELCHIOR, Josef/ PUNTSCHER RIEKMANN, Sonja (Hrsg.): Integration durch Demokratie. Neue Impulse für die Europäische Integration. Marburg 1997 (Metropolis), S. 297-334

BECK, Ulrich/ BECK-GERNSHEIM, Elisabeth (Hrsg.): Riskante Freiheiten. Frankfurt (Main) 1994 (Suhrkamp)

BECK, Ulrich: Wie wird Demokratie im Zeitalter der Globalisierung möglich? In: DERS. (Hrsg.): Politik der Globalisierung (Edition Zweite Moderne). Frankfurt (Main) 1998 (Suhrkamp), S. 7-66

BECK, Ulrich (Hrsg.): Politik der Globalisierung (Edition Zweite Moderne). Frankfurt (Main) 1998 (Suhrkamp)

BECKER, Peter: Der Ausschuss der Regionen als dritte Ebene – Zusammenfassung der Diskussion. In: TOMUSCHAT, Christian (Hrsg.): Mitsprache der dritten Ebene in der europäischen Integration: Der Ausschuss der Regionen (Bonner Schriften zur Integration Europas. Bd. 2). Bonn 1995 (Europa Union), S. 117-130

BEKKERS, V.J.J.M./ VAN DEN HURK, H.T.P.M./ LEENKNEGT, G.: Subsidiariteit en Europese integratie. Een oude wijsheid in een nieuwe context. Zwolle 1995 (W.E.J.)

BELLERMANN, Martin: Subsidiarität und Selbsthilfe – Entwicklungslinien in der Sozialstaatsdiskussion und heutige Aktualität. In: HEINZE, Rolf G. (Hrsg.): Neue Subsidiarität: Leitidee für eine zukünftige

Sozialpolitik? (Beiträge zur sozialwissenschaftlichen Forschung. Bd. 81). Opladen 1986 (Westdeutscher Verlag), S. 92-116

BEM, Daryl J.: Meinungen, Einstellungen, Vorurteile. Eine einführende sozialpsychologische Darstellung. Zürich/ Köln 1974 (Benziger/ Sauerländer)

BENDA, Ernst: Die USA, Deutschland und Maastricht: Erfahrungen mit und Prognosen über Föderalismus und Subsidiarität. In: WEIDENFELD, Werner (Hrsg.): Reform der Europäischen Union. Materialien zur Revision des Maastrichter Vertrages 1996. Gütersloh 1994 (Bertelsmann), S. 135-155

BENZ, Angelika/ BENZ, Arthur: Der Ausschuß der Regionen der Europäischen Union: Entstehung und Organisation. In: HESSE, Joachim Jens (Hrsg.): Regionen in Europa. Die Institutionalisierung des Regionalausschusses. Bd. 1. Baden-Baden 1995/1996 (Nomos), S. 229-261

BERGGREEN, Ingeborg: EG und Bildungspolitik – Aushöhlung des Föderalismus. In: EISENMANN, Peter/ RILL, Bernhard (Hrsg.): Das Europa der Zukunft. Subsidiarität, Föderalismus, Regionalismus (Zeitgeschehen-Analyse und Diskussion Hanns-Seidel-Stiftung e.V. Bd.5). Regensburg 1992 (Pustet), S. 10-23

BERNRATH, Hans Gottfried: Die europarechtlichen Schwerpunktbereiche in der parlamentarischen Arbeit des Innenausschusses. In: HELLWIG, Renate (Hrsg.): Der Deutsche Bundestag und Europa. München/ Landsberg (Lech) 1993 (mvg), S. 127-144

BERTRAND, Gilles/ MICHALSKI, Anna/ PENCH, Lucio R.: Scenarios Europe 2010. Five possible Futures for Europe (European Commission. Forward Studies Unit). Brüssel 1999

BEYERLIN, Ulrich: Rechtsprobleme der lokalen grenzüberschreitenden Zusammenarbeit. Beiträge zum ausländischen öffentlichen Recht und Völkerrecht. Bd. 96. Berlin/ Heidelberg/ New York u.a. 1988 (Springer)

BEYME, Klaus von: Zentripetale Kräfte und funktionale Sachzwänge. In: WEIDENFELD, Werner (Hrsg.): Reform der Europäischen Union. Materialien zur Revision des Maastrichter Vertrages 1996. Gütersloh 1994 (Bertelsmann), S. 97-110

BIEBER, Roland: Integrationspolitische Initiativen aus dem Europäischen Parlament. In: VORSTAND DES ARBEITSKREISES EUROPÄISCHE INTEGRATION E.V. (Hrsg.): Integrationskonzepte auf dem Prüfstand. Jahreskolloquium 1982. Baden-Baden 1983 (Nomos), S. 121-126

BIEBER, Roland/ SCHWARZE, Jürgen: Verfassungsentwicklung in der Europäischen Gemeinschaft. Baden-Baden 1984 (Nomos)

BIEDENKOPF, Kurt H.: Europa: Kultur und Politik. In: KULTURPOLITISCHE GESELLSCHAFT/ INTERNATIONALE CULTURELE STICHTING (Hrsg.): Kultur-Markt Europa. Jahrbuch für europäische Kulturpolitik. Köln 1989 (Volksblatt), S. 15-24

BINSWANGER, Hans Christoph/ WEPLER, Claus: Umweltschutz und Subsidiaritätsprinzip. Weiterentwicklung der Entscheidungsprozesse in der Europäischen Union. In RIKLIN, Alois/ BATLINER, Gerard (Hrsg.): Subsidiarität. Ein interdisziplinäres Symposium. Baden-Baden 1994 (Nomos), S. 411-432

BISKUP, Reinhold/ CLAPHAM, Ronald/ STARBATTY, Joachim: Das Bananen-Protokoll im EWG-Vertrag. Seine Bedeutung und die Prüfung von Änderungsabsichten. Köln 1966

BISKUP, Reinhold (Hrsg.): Dimensionen Europas. In: DERS. (Hrsg.): Dimensionen Europas. Beiträge zur Wirtschaftspolitik. Bd. 68. Bern/ Stuttgart/ Wien 1998 (Paul Haupt), S. 21-80

BISKUP, Reinhold (Hrsg.): Dimensionen Europas. Beiträge zur Wirtschaftspolitik. Bd. 68. Bern/ Stuttgart/ Wien 1998 (Paul Haupt)

BISKUP, Reinhold: Europa – Einheit in der Vielfalt. In: BISKUP, Reinhold (Hrsg.): Europa – Einheit in der Vielfalt. Orientierungen für die Zukunft der europäischen Integration. Beiträge zur Wirtschaftspolitik. Bd. 50. Bern/ Stuttgart/ Wien 1998 (Paul Haupt), S. 17-31

BISKUP, Reinhold (Hrsg.): Europa – Einheit in der Vielfalt. Orientierungen für die Zukunft der europäischen Integration. Beiträge zur Wirtschaftspolitik. Bd. 50. Bern/ Stuttgart/ Wien 1998 (Paul Haupt)

BITTERLICH, Joachim: Der Vertrag von Maastricht aus deutscher Perspektive. In: WEIDENFELD, Werner (Hrsg.): Reform der Europäischen Union. Materialien zur Revision des Maastrichter Vertrages 1996. Gütersloh 1994 (Bertelsmann), S. 127-132

BITTERLICH, Joachim: Die Verankerung des Subsidiaritätsprinzips und seine operative Umsetzung. In: WEIDENFELD, Werner (Hrsg.): Reform der Europäischen Union. Materialien zur Revision des Maastrichter Vertrages 1996. Gütersloh 1994 (Bertelsmann), S. 177-189

BLASCHE, Siegfried/ KÖHLER, Wolfgang R. u.a.: Die Europaidee im deutschen Idealismus und in der deutschen Romantik (Forum für Philosophie Bad Homburg. Bd. 1). Bad Homburg 1993

BLECKMANN, Albert: Nationales und europäisches Souveränitätsverständnis. Strukturalistisches Modelldenken im Europäischen Gemeinschaftsrecht und im Völkerrecht. In: RESS, Georg (Hrsg.): Souveränitätsverständnis in den Europäischen Gemeinschaften. Schriftenreihe des Arbeitskreises Europäische Integration e.V. Bd. 9. Baden-Baden 1980 (Nomos), S. 33-70

BLONDEL, Jean: Eine Einführung in Vergleichende Regierungslehre. In: STAMMEN, Theo (Hrsg.): Vergleichende Regierungslehre. Beiträge zur theoretischen Grundlegung und exemplarische Einzelstudien. Wege der Forschung. Bd. CCCLVII. Darmstadt 1976 (Wissenschaftliche Buchgesellschaft), S. 63-131

BOHLEY, Peter: Chancen und Gefährdungen des Föderalismus. In: BOHR, Kurt (Hrsg.): Föderalismus. Demokratische Struktur für Deutschland und Europa. München 1992 (Beck), S. 31-84

BÖHM, Winfried/ LINDAUER, Martin (Hrsg.): Europäischer Geist – Europäische Verantwortung. Ein Kontinent fragt nach seiner Identität und Zukunft (6. Würzburger Symposium der Universität Würzburg). Stuttgart 1993 (Klett)

BOHR, Kurt (Hrsg.): Föderalismus. Demokratische Struktur für Deutschland und Europa. München 1992 (Beck)

BOLDT, Hans/ REH, Werner: Instrumente der Landespolitik in der Europäischen Gemeinschaft. In: ALEMANN, Ulrich von/ HEINZE, Rolf G./ HOMBACH, Bodo (Hrsg.): Die Kraft der Region: Nordrhein-Westfalen in Europa. Bonn 1990 (Dietz), S. 59-71

BOLDT, Hans: Die Europäische Gemeinschaft – ein „Über-Bundesstaat"? In: HECKER, Hans (Hrsg.): Europa – Begriff und Idee. Historische Streiflichter (Schriften der Philosophischen Fakultät der Heinrich-Heine-Universität Düsseldorf. Bd. 8). Bonn 1991 (Bouvier), S. 139-150

BOLDT, Hans : Von der Wirtschaftsgemeinschaft zur Politischen Union. Probleme der politischen Einigung Europas. In: HUDEMANN, Rainer/ KAELBLE, Hartmut/ SCHWABE, Klaus (Hrsg.): Europa im Blick der Historiker (Historische Zeitschrift (Beihefte). Bd. 21). München 1995 (Oldenbourg), S. 241-266

BORCHMANN, Michael: Konferenzen „Europa der Regionen" in München und Brüssel. In: Die öffentliche Verwaltung. Jg. 1990. S. 879-882

BORCHMANN, Michael: Der Art. 235: Generalklausel für EG-Kompetenzen. In: BORKENHAGEN, Franz H.U./ BRUNS-KLÖSS, Christian/ MEMMINGER, Gerhard/ STEIN, Otti (Hrsg.): Die deutschen Länder in Europa: Politische Union und Wirtschafts- und Währungsunion. Baden-Baden 1992 (Nomos), S. 100-106

BORCHMANN, Michael/ KAISER, Wilhelm: Die Mitwirkung der Länder im EG-Ministerrat. In: BORKENHAGEN, Franz H.U./ BRUNS-KLÖSS, Christian/ MEMMINGER, Gerhard/ STEIN, Otti (Hrsg.): Die deutschen Länder in Europa: Politische Union und Wirtschafts- und Währungsunion. Baden-Baden 1992 (Nomos), S. 36-46

BORCHMANN, Michael/ MEMMINGER, Gerd: Das Subsidiaritätsprinzip. In: BORKENHAGEN, Franz H.U./ BRUNS-KLÖSS, Christian/ MEMMINGER, Gerd/ STEIN, Otti (Hrsg.): Die deutschen Länder in Europa: Politische Union und Wirtschafts- und Währungsunion. Baden-Baden 1992 (Nomos), S. 17-25

BORKENHAGEN, Franz H.U.: Aufgaben und Perspektiven der Regionen in Europa. In: DERS. BRUNS-KLÖSS, Christian/ MEMMINGER, Gerhard/ STEIN, Otti (Hrsg.): Die deutschen Länder in Europa: Politische Union und Wirtschafts- und Währungsunion. Baden-Baden 1992 (Nomos), S. 220-229

BORKENHAGEN, Franz H.U./ BRUNS-KLÖSS, Christian/ MEMMINGER, Gerhard/ STEIN, Otti (Hrsg.): Die deutschen Länder in Europa: Politische Union und Wirtschafts- und Währungsunion. Baden-Baden 1992 (Nomos)

BORKENHAGEN, Franz H.U.: Mitwirkung in Europa – eine Standortbestimmung der deutschen Länder. In: DERS./ FISCHER, Thomas/ FRANZMEYER, Fritz u.a.: Arbeitsteilung in der Europäischen Union – die Rolle der Regionen. Gütersloh 1999 (Bertelsmann), S. 13-18

BORKENHAGEN, Franz H.U./ FISCHER, Thomas/ FRANZMEYER, Fritz u.a.: Arbeitsteilung in der Europäischen Union – die Rolle der Regionen. Gütersloh 1999 (Bertelsmann)

BORMANN, Alexander von (Hrsg.): Volk – Nation – Europa. Zur Romantisierung und Entromantisierung politischer Begriffe. Würzburg 1998 (Königshausen & Neumann)

BORNEWASSER, Manfred/ WAKENHUT, Roland: In: DIES. (Hrsg.): Ethnisches und nationales Bewußtsein. Zwischen Globalisierung und Regionalisierung. Frankfurt (Main)/ Berlin/ Bern 1999 (Lang), S. 41-64

BORNEWASSER, Manfred/ WAKENHUT, Roland (Hrsg.): Ethnisches und nationales Bewußtsein. Zwischen Globalisierung und Regionalisierung. Frankfurt (Main)/ Berlin/ Bern 1999 (Lang)

BORRIES, Reimer von/ ZACKER, Christian (Hrsg.): Europarecht von A-Z. Das Recht der Europäischen Union nach dem Vertrag von Nizza. 3. Aufl. München 2003 (Beck)

BOTHE, Michael: Föderalismus – ein Konzept im geschichtlichen Wandel. In: EVERS, Tilmann (Hrsg.): Chancen des Föderalismus in Deutschland und Europa. Föderalismus-Studien. Bd. 2. Baden-Baden 1994 (Nomos), S. 19-32

BÖTTCHER, Winfried: Europafähigkeit durch Regionalisierung in: Zeitschrift für Rechtspolitik (9/1990, 23. Jg.), Frankfurt 1990 (Beck), S. 330-332

BÖTTCHER, Winfried: Stellenwert und Funktion des Sozialen im Integrationsprozeß. In: ALEMANN, Ulrich von/ HEINZE, Rolf G./ HOMBACH, Bodo (Hrsg.): Die Kraft der Region: Nordrhein-Westfalen in Europa. Bonn 1990 (Dietz), S. 452-463

BÖTTCHER, Winfried: Zur Identität Europas. In: Regional Contact. Journal for regional information and the exchange of experience and ideas in the field of European Regionalism. Copenhagen/ München/ Gronau 1991, S. 21-30

BÖTTCHER, Winfried: Solidarität als Integrationsfaktor europäischer Politik. In: HALLER, Max/ SCHACHNER-BLAZIZEK, Peter (Hrsg.): Europa – wohin? Wirtschaftliche Integration, soziale Gerechtigkeit und Demokratie. Graz 1994 (Leykam), S. 311-324

BÖTTCHER, Winfried: Zukunft der Regionen – Vier Thesen. In: Region: Internationales Forum für lokale, regionale und globale Entwicklung (Jahrbuch 1998). Opladen 1998, S. 7-12

BÖTTCHER, Winfried/ KRAWCZYNSKI, Johanna: Europas Zukunft. Subsidiarität. Ein Plädoyer für eine europäische Verfassung. Aachen 2000 (Shaker)

BÖTTCHER, Winfried: Mehr Demokratie für Europa wagen durch Regionalismus. In: DERS. (Hrsg.): Europäische Perspektiven. Zur Zukunft Europas. Bd. 3. Münster/ Hamburg/ London, 2002 (Lit), S. 45-66

BÖTTCHER, Winfried (Hrsg.): Europäische Perspektiven. Zur Zukunft Europas. Bd. 3. Münster/ Hamburg/ London, 2002 (Lit)

BÖTTCHER, Winfried: Europäische Union. Quo vadis Europa? In: d'Letzebuergerland. Nr.1 2003. 03. Januar 2003, S. 26

BRACHER, Karl-Dietrich: Europa zwischen Demokratie und Nationalstaat. In: WEIDENFELD, Werner (Hrsg.): Reform der Europäischen Union. Materialien zur Revision des Maastrichter Vertrages 1996. Gütersloh 1994 (Bertelsmann), S. 243-255

BRETON, Albert: Öffentliche Güter und die Stabilität des Föderalismus. In: KIRSCH, Guy/ WITTMANN, Walter (Hrsg.): Föderalismus. Wirtschaftswissenschaftliches Seminar. Bd. 5. Stuttgart/ New York 1977 (Fischer), S. 128-141

BROK, Elmar: Regierungskonferenz 1996: Kein "Maastricht II". In: RINSCHE, Günter/ FRIEDRICH, Ingo (Hrsg.): Europa als Auftrag. Die Politik deutscher Christdemokraten im Europäischen Parlament 1957-1997. Von den Römischen Verträgen zur Politischen Union. Weimar/ Köln/ Wien 1997 (Böhlau), S. 271-280

BRUHA, Thomas: Das Subsidiaritätsprinzip im Recht der Europäischen Gemeinschaft. In RIKLIN, Alois/ BATLINER, Gerard (Hrsg.): Subsidiarität. Ein interdisziplinäres Symposium. Baden-Baden 1994 (Nomos), S. 373-410

BRUNS-KLÖSS, Christian/ SEMMELROGGEN, Bernd: Die Länder in Zusammenschlüssen der europäischen Regionen. In: BORKENHAGEN, Franz H.U./ BRUNS-KLÖSS, Christian/ MEMMINGER, Gerhard/ STEIN, Otti (Hrsg.): Die deutschen Länder in Europa: Politische Union und Wirtschafts- und Währungsunion. Baden-Baden 1992 (Nomos), S. 199-214

BUCHANAN, James M.: Wer sollte was in einem föderativen System verteilen? In: KIRSCH, Guy/ WITTMANN, Walter (Hrsg.): Föderalismus. Wirtschaftswissenschaftliches Seminar. Bd. 5. Stuttgart/ New York 1977 (Fischer), S. 51-65

BUCK, August (Hrsg.): Der Europa-Gedanke (Villa Vigoni. Bd. 7). Tübingen 1992 (Niemeyer)

BULLMANN, Udo/ EIBEL, Dieter: „Europa der Regionen". Entwicklungen und Perspektiven. In: Aus Politik und Zeitgeschichte. 20-21/93. Bonn 1993, S. 3-15

BUNDESREGIERUNG (Presse- und Informationsamt) (Hrsg.): Europa wird eins. Bonn 1990
BUNDESREGIERUNG (Presse- und Informationsamt) (Hrsg.): Auf dem Weg zur Europäischen Union. Die Beschlüsse des Europäischen Rates von Maastricht. Bonn 1992

BUTTIGLIONE, Rocco: Eine philosophische Interpretation des sozialethischen Prinzips der Subsidiarität. In RIKLIN, Alois/ BATLINER, Gerard (Hrsg.): Subsidiarität. Ein interdisziplinäres Symposium. Baden-Baden 1994 (Nomos), S. 47-62

CACIAGLI, Mario: Das Europa der Regionen. Regressive Utopie oder politische Perspektive? In: Österreichische Zeitschrift für Politikwissenschaft. 1/90. Wien 1990, S. 421-432

CALLIEß, Christian: Föderalismus und Subsidiarität im Bereich der Umweltpolitik der Europäischen Gemeinschaft. In: EVERS, Tilmann (Hrsg.): Chancen des Föderalismus in Deutschland und Europa. Föderalismus-Studien. Bd. 2. Baden-Baden 1994 (Nomos), S. 173-191

CALLIEß, Christian: Innerstaatliche Mitwirkungsrechte der deutschen Bundesländer nach Art. 23 GG und ihre Sicherung auf europäischer Ebene. In: HRBEK, Rudolf (Hrsg.): Europapolitik und Bundesstaatsprinzip. Die „Europafähigkeit" Deutschlands und seiner Länder im Vergleich mit anderen Föderalstaaten. (Schriftenreihe des Europäischen Zentrums für Föderalismus-Forschung. Bd. 17). Baden-Baden 2000 (Nomos), S. 13-26

CALLIEß, Jörg (Hrsg.): Europa und das Fremde. Die Entwicklung von Wahrnehmungsmustern, Einstellungen und Reaktionsweisen in der Geschichte unserer Kultur (Loccumer Protokolle 11/97). Rehburg-Loccum 1998

CAPOTORTI, Francesco/ HILF, Meinhard et al.: Der Vertrag zur Gründung der Europäischen Union. Kommentar zu dem vom Europäischen Parlament am 14. Februar 1984 verabschiedeten Entwurf. Baden-Baden 1996 (Nomos)

CARSTENS, Karl: Integratoren im Prozeß der europäischen Einigung. In: BISKUP, Reinhold (Hrsg.): Europa – Einheit in der Vielfalt. Orientierungen für die Zukunft der europäischen Integration. Beiträge zur Wirtschaftspolitik. Bd. 50. Bern/ Stuttgart/ Wien 1998 (Paul Haupt), S. 33-52

CARSTENS, Uwe/ SCHLÜTER-KNAUER, Carsten (Hrsg.): Der Wille zur Demokratie. Traditionslinien und Perspektiven (Beiträge zur Sozialforschung. Schriftenreihe der Ferdinand-Tönnies-Gesellschaft e.V. Kiel. Bd. 9). Berlin 1998 (Duncker und Humblot)

CASTORIADIS, Cornelius: Freiheit als Demokratie und Freiheit als Philosophie. Europas unverwechselbarer Beitrag zur Emanzipation der Menschheit. In: KULTURPOLITISCHE GESELLSCHAFT/ INTERNATIONALE CULTURELE STICHTING (Hrsg.): Kultur-Markt Europa. Jahrbuch für europäische Kulturpolitik. Köln 1989 (Volksblatt), S. 48-51

CHRISTLICH DEMOKRATISCHE UNION DEUTSCHLANDS (CDU-Bundesgeschäftsstelle): Die Programme der CDU. Dokumentation. Ahlener Programm (1947). Düsseldorfer Leitsätze (1949). Hamburger Programm (1953). Berliner Programm (1971) mit Beschlüssen des Hamburger Parteitages (1973). Mannheimer Erklärung (1975). Bonn o.J.

CHURCHILL, Winston: The Tragedy of Europe. In: NELSON, Brent F./ STUBB, Alexander C.-G. (Hrsg.) : The European Union. Readings on the Theory and Practice of European Integration. Boulder (Colorado/ USA) 1994 (Lynne Rienner), S. 5-10

CHURCHILL, Winston: Rede von Winston Churchill an die akademische Jugend. Aula der Universität Zürich. 19. September 1946. In: Neue Zürcher Zeitung. Nr. 217, 18.09.1996, S. 3

CLAVAL, Paul: Europe in Change – Old problems and new opportunities. In: MARQUARDT-KURON, Arnulf/ MAGER, Thomas J./ CARMONA-SCHNEIDER, Juan-J. (Hrsg.): Die Vereinigten Staaten von Europa. Anspruch und Wirklichkeit (Material zur angewandten Geographie. Bd. 21). Berlin 1991 (Ifk), S. 33-46

CLEMENT, Wolfgang: Perspektiven der Länder der Bundesrepublik Deutschland im europäischen Integrationsprozeß. In: ALEMANN, Ulrich von/ HEINZE, Rolf G./ HOMBACH, Bodo (Hrsg.): Die Kraft der Region: Nordrhein-Westfalen in Europa. Bonn 1990 (Dietz), S. 638-644

CLEMENT, Wolfgang: Auf dem Weg zum Europa der Regionen. In: HESSE, Joachim Jens/ RENZSCH, Wolfgang (Hrsg.): Föderalstaatliche Entwicklung in Europa (Schriften zur Innenpolitik und zur kommunalen Wissenschaft und Praxis. Bd. 5). Baden-Baden 1991 (Nomos), S. 15-26

CLEMENT, Wolfgang: Der Ausschuss der Regionen: Kritik und Ausblick – Eine politische Bewertung. In: TOMUSCHAT, Christian (Hrsg.): Mitsprache der dritten Ebene in der europäischen Integration: Der Ausschuss der Regionen (Bonner Schriften zur Integration Europas. Bd. 2). Bonn 1995 (Europa Union), S. 97-116

CLEMENT, Wolfgang: The Committee of the Regions: More than an Alibi? In: HESSE, Joachim Jens (Hrsg.): Regionen in Europa. Die Institutionalisierung des Regionalausschusses. Bd. 1. Baden-Baden 1995/1996 (Nomos), S. 13-28

CLOSTERMEYER, Claus-Peter: Die Mitwirkung der Länder in EG-Angelegenheiten. In: BORKENHAGEN, Franz H.U./ BRUNS-KLÖSS, Christian/ MEMMINGER, Gerhard/ STEIN, Otti (Hrsg.): Die deutschen Länder in Europa: Politische Union und Wirtschafts- und Währungsunion. Baden-Baden 1992 (Nomos), S. 171-182

CLOSTERMEYER, Claus-Peter: Fragen zur „Europafähigkeit" Deutschlands und seiner Länder im internationalen Vergleich – eine Einführung. In: HRBEK, Rudolf (Hrsg.): Europapolitik und Bundesstaatsprinzip. Die „Europafähigkeit" Deutschlands und seiner Länder im Vergleich mit anderen Föderalstaaten. Schriftenreihe des Europäischen Zentrums für Föderalismus-Forschung. Bd. 17. Baden-Baden 2000 (Nomos), S. 9-11

COOMBES, David: Problems of Governance in the Union. In: DUFF, Andrew/ PINDER, John/ PRYCE, Roy (Hrsg.): Maastricht and Beyond. Building the European Union. 2. Aufl. London/ New York 1995 (Routledge), S. 157-178

CORBET, Richard: Representing the People. In: DUFF, Andrew/ PINDER, John/ PRYCE, Roy (Hrsg.): Maastricht and Beyond. Building the European Union. 2. Aufl. London/ New York 1995 (Routledge), S. 207-228

COSGROVE-SACKS, Carol: The role of the Economic Commission for Europe. In: CURZON PRICE, Victoria/ LANDAU, Alice/ WHITMAN, Richard G. (Hrsg.): The Enlargement of the European Union. Issues and strategies. London/ New York 1999 (Routledge), S. 56-66

COX, H.L. (Hrsg.): Kulturgrenzen und nationale Identität (Rheinisches Jahrbuch für Volkkunde. Bd. 30. 1993/94). Bonn 1994 (Dümmlers)

CRANSTON, Maurice: Christentum, Kultur und das Konzept „Europa". In: KULTURPOLITISCHE GESELLSCHAFT/ INTERNATIONALE CULTURELE STICHTING (Hrsg.): Kultur-Markt Europa. Jahrbuch für europäische Kulturpolitik. Köln 1989 (Volksblatt), S. 61-66

CROMME, Franz: Verankerung der Grundvoraussetzungen kommunaler Selbstverwaltung in einer europäischen Verfassung. In: KNEMEYER, Franz-Ludwig (Hrsg.): Die Europäische Charta der kommunalen Selbstverwaltung: Entstehung und Bedeutung. Länderberichte und Analysen. Baden-Baden 1989 (Nomos), S. 223-229

CURZON-PRICE, Victoria/ LANDAU, Alice: Introduction: the enlargement of the European Union: dealing with complexity. In: CURZON-PRICE, Victoria/ WHITMAN, Richard G. (Hrsg.): The Enlargement of the European Union. Issues and strategies. London/ New York 1999 (Routledge), S. 10-24

CURZON-PRICE, Victoria/ LANDAU, Alice/ WHITMAN, Richard G. (Hrsg.): The Enlargement of the European Union. Issues and strategies. London/ New York 1999 (Routledge)

CZABA, László: Mitteleuropa auf dem Weg zum EU-Beitritt. In: WAGENER, Hans-Jürgen/ FRITZ, Heiko (Hrsg.): Im Osten was Neues. Aspekte der EU-Osterweiterung. EINE-Welt: Texte der Stiftung Entwicklung und Frieden. Bd. 7. Bonn 1998 (Dietz), S. 44-67

DAHRENDORF, Ralf: Plädoyer für die Europäische Union. München 1973 (Piper)

DAHRENDORF, Ralf/ FURET, François/ GEREMEK, Bronisław: Wohin steuert Europa? Ein Streitgespräch. Frankfurt (Main)/ New York 1993 (Campus)

DARNSTÄDT, Thomas: Die enthauptete Republik. Warum die Verfassung nicht mehr funktioniert. In: Der Spiegel, 20/2003, S. 36-49

DAUSES, Manfred: Grundrechte als Elemente einer Verfassungsordnung der EU. In: BÖTTCHER, Winfried (Hrsg.): Europäische Perspektiven. Zur Zukunft Europas. Bd. 3. Münster/ Hamburg/ London, 2002 (Lit), S. 29-44

DE GAULLE, Charles: A Concert of European States. In: NELSON, Brent F./ STUBB, Alexander C.-G. (Hrsg.) : The European Union. Readings on the Theory and Practice of European Integration. Boulder (Colorado/ USA) 1994 (Lynne Rienner), S. 25-42

DEITERS, Jürgen: Wettbewerb der Regionen? Zu den räumlichen Wirkungen des EG-Binnenmarktes. In: HURRELMANN, Klaus/ KNOCH, Peter u.a. (Hrsg.): Wege nach Europa. Spuren und Pläne (Friedrich Jahresheft IX). Seelze 1991 (Friedrich), S. 43-48

DELANTY, Gerald: Die Transformation nationaler Identität und die kulturelle Ambivalenz europäischer Identität. Demokratische Identifikation in einem post-nationalen Europa. In: VIEHOFF, Reinhold/ SEGERS, Rien T. (Hrsg.): Kultur, Identität, Europa. Über die Schwierigkeiten und Möglichkeiten einer Konstruktion. Frankfurt (Main) 1999 (Suhrkamp), S. 267-288

DELMARTINO, Frank: Belgien in der Europäischen Union: Europapolitische Mitwirkungsrechte der Regionen und Gemeinschaften und nationaler Zusammenhalt. In: HRBEK, Rudolf (Hrsg.): Europapolitik und Bundesstaatsprinzip. Die „Europafähigkeit" Deutschlands und seiner Länder im Vergleich mit anderen Föderalstaaten. Schriftenreihe des Europäischen Zentrums für Föderalismus-Forschung. Bd. 17. Baden-Baden 2000 (Nomos), S. 143-148

DELORS, Jacques: Das neue Europa. München/ Wien 1993 (Hanser)

DELORS, Jacques: A Necessary Union. In: NELSON, Brent F./ STUBB, Alexander C.-G. (Hrsg.) : The European Union. Readings on the Theory and Practice of European Integration. Boulder (Colorado/ USA) 1994 (Lynne Rienner), S. 51-64

DENZINGER, Heinrich: Kompendium der Glaubensbekenntnisse und kirchlichen Lehrentscheidungen. 37. Aufl. Freiburg (Breisgau), Basel, Rom, Wien 1991 (Herder)

DEUBNER, Christian (Hrsg.): Die Europäische Gemeinschaft in einem neuen Europa. Herausforderungen und Strategien (Aktuelle Materialien zur Internationalen Politik. Stiftung Wissenschaft und Politik. Bd. 29). Baden-Baden 1991 (Nomos)

DEUTSCH-FRANZÖSISCHES INSTITUT (Hrsg.): Frankreich-Jahrbuch 1990. Politik, Wirtschaft, Gesellschaft, Geschichte, Kultur. Opladen 1990 (Leske + Budrich)

DI FABIO, Udo: Der neue Art. 23 des Grundgesetzes. Positivierung vollzogenen Verfassungswandels oder Verfassungsneuschöpfung? In: Der Staat. Zeitschrift für Staatslehre, öffentliches Recht und Verfassungsgeschichte. Heft 1/4 Bd. 32. 1993. Berlin 1993 (Duncker und Humblot), S. 191-217

DICK, Alfred: Landesentwicklung und Umweltschutz unter föderalistischem Aspekt. In: ASSMANN, Karl/ GOPPEL, Thomas (Hrsg.): Föderalismus. Bauprinzip einer freiheitlichen Grundordnung in Europa. München 1978 (Saur), S. 113-121

DINZELBACHER, Peter (Hrsg.): Europäische Mentalitätsgeschichte. Hauptthemen in Einzeldarstellungen (Kröner TB. Bd. 469). Stuttgart 1993 (Kröner)

DOCKTER, Helmut: Die innerstaatliche Ratifikation – Mitwirkungsmöglichkeiten der dritten Ebene. In: BORKENHAGEN, Franz H.U./ BRUNS-KLÖSS, Christian/ MEMMINGER, Gerhard/ STEIN, Otti (Hrsg.): Die deutschen Länder in Europa: Politische Union und Wirtschafts- und Währungsunion. Baden-Baden 1992 (Nomos), S. 161-170

DONGES, Jürgen B./ ENGELS, Wolfram u.a.: Einheit und Vielfalt in Europa. Für weniger Harmonisierung und Zentralisierung (Frankfurter Institut für wirtschaftspolitische Forschung e.V. Bd. 25). Bad Homburg 1992

DUCHARDT, Heinz: Europabewußtsein und politisches Europa – Entwicklungen und Ansätze im frühen 18. Jahrhundert am Bespiel des Deutschen Reiches. In: BUCK, August (Hrsg.): Der Europa-Gedanke (Villa Vigoni. Bd. 7). Tübingen 1992 (Niemeyer), S. 120-131

DUFF, Andrew/ PINDER, John/ PRYCE, Roy (Hrsg.): Maastricht and Beyond. Building the European Union. 2. Aufl. London/ New York 1995 (Routledge)

DUWE, Kurt (Hrsg.): Regionalismus in Europa. Beiträge über kulturelle und sozio-ökonomische Hintergründe des politischen Regionalismus. (Demokratie, Ökologie, Föderalismus. Schriftenreihe der Internationalen Gesellschaft für Politik, Friedens- und Umweltforschung e.V. Bd. 4). Frankfurt (Main) 1997 (Lang)

DYCZEWSKI, Leon: Europäische Kultur versus Nationalkultur. In: KOSLOWSKY, Peter (Hrsg.): Europa imaginieren. Der europäische Binnenmarkt als kulturelle und wirtschaftliche Aufgabe. Berlin/ Heidelberg 1992 (Springer), S. 31-54

EDER, Klaus: Integration durch Kultur? Das Paradox der Suche nach einer europäischen Identität. In: VIEHOFF, Reinhold/ SEGERS, Rien T. (Hrsg.): Kultur, Identität, Europa. Über die Schwierigkeiten und Möglichkeiten einer Konstruktion. Frankfurt (Main) 1999 (Suhrkamp), S. 147-179

EDWARDS, Geoffrey/ NUTTAL, Simon: Common foreign and security policy. In: DUFF, Andrew/ PINDER, John/ PRYCE, Roy (Hrsg.): Maastricht and Beyond. Building the European Union. 2. Aufl. London/ New York 1995 (Routledge), S. 84-103

EHRING, Walter: EG-Strukturfonds und Regionalförderung der Länder – Aushöhlung des Föderalismus? In: EISENMANN, Peter/ RILL, Bernhard (Hrsg.): Das Europa der Zukunft. Subsidiarität, Föderalismus, Regionalismus (Zeitgeschehen-Analyse und Diskussion Hanns-Seidel-Stiftung e.V. Bd. 5). Regensburg 1992 (Pustet), S. 24-42

EICHENBERGER, Reiner/ HOSP, Gerald: Die institutionellen Leitplanken wirkungsvollen Föderalismus – Erfahrungen aus der Schweiz. In: PERNTHALER, Peter/ BUßJÄGER Peter (Hrsg.): Ökonomische Aspekte des Föderalismus. Institut für Föderalismus. Bd. 83. Wien 2001 (Braumüller), S. 87-104

EINERT, Günther: Europa auf dem Weg zur politischen Union? Politische Entwicklungsaspekte aus nordrhein-westfälischer Sicht. In: ALEMANN, Ulrich von/ HEINZE, Rolf G./ HOMBACH, Bodo (Hrsg.): Die Kraft der Region: Nordrhein-Westfalen in Europa. Bonn 1990 (Dietz), S. 47-58

EISENMANN, Peter/ HIRSCHER, Gerhard (Hrsg.): Die deutsche Identität und Europa. Mainz 1991 (Hase & Köhler)

EISENMANN, Peter/ RILL, Bernhard (Hrsg.): Das Europa der Zukunft. Subsidiarität, Föderalismus, Regionalismus (Zeitgeschehen-Analyse und Diskussion Hanns-Seidel-Stiftung e.V. Bd. 5). Regensburg 1992 (Pustet)

ENGEL, Christian: Regionen in der Europäischen Gemeinschaft – eine integrationspolitische Rollensuche. In: BORKENHAGEN, Franz H.U./ BRUNS-KLÖSS, Christian/ MEMMINGER, Gerhard/ STEIN, Otti (Hrsg.): Die deutschen Länder in Europa: Politische Union und Wirtschafts- und Währungsunion. Baden-Baden 1992 (Nomos), S. 183-198

ENGEL, Christian: Der Ausschuß der Regionen im institutionellen Wandel der Europäischen Union. In: HESSE, Joachim Jens (Hrsg.): Regionen in Europa. Die Institutionalisierung des Regionalausschusses. Bd. 1. Baden-Baden 1995/1996 (Nomos), S. 263-280

ENGEL, Christian: Kooperation und Konflikt zwischen den Ländern: Zur Praxis innerstaatlicher Mitwirkung an der deutschen Europapolitik aus der Sicht Nordrhein-Westfalens. In: HRBEK, Rudolf (Hrsg.): Europapolitik und Bundesstaatsprinzip. Die „Europafähigkeit" Deutschlands und seiner Länder im Vergleich mit anderen Föderalstaaten. Schriftenreihe des Europäischen Zentrums für Föderalismus-Forschung. Bd. 17. Baden-Baden 2000 (Nomos), S. 49-60

ESDERS, Elke/ GRAU, Christine: Die Innen- und Justizpolitik. In: MAURER, Andreas/ THIELE, Burkhard (Hrsg.): Legitimationsprobleme und Demokratisierung der Europäischen Union (Schriftenreihe der Hochschulinitiative Demokratischer Sozialismus. Bd. 29). Marburg 1996 (Schüren), S. 195-207

ESKEN, Frank/ HECKMANN, Dieter (Hrsg.): Bewußtsein und Repräsentation. Paderborn 1998 (Schöningh)

ESTERBAUER, Fried: Kriterien föderativer und konföderativer Systeme. Unter besonderer Berücksichtigung Österreichs und der Europäischen Gemeinschaften. Österreichische Schriftenreihe für Rechts- und Politikwissenschaft. Bd. 1. Wien 1976 (Braumüller)

ESTERBAUER, Fried: Die institutionelle Sachgasse der Europäischen Gemeinschaft auf dem Wege zur Föderation. In: DERS./ KALKBRENNER, Helmut/ MATTMÜLLER, Markus/ ROEMHELD, Lutz (Hrsg.): Von der freien Gemeinde zum föderalistischen Europa. Festschrift für Adolf Gasser zum 80. Geburtstag. Berlin 1983 (Duncker und Humblot), S. 603-627

ESTERBAUER, Fried/ KALKBRENNER, Helmut/ MATTMÜLLER, Markus/ ROEMHELD, Lutz (Hrsg.): Von der freien Gemeinde zum föderalistischen Europa. Festschrift für Adolf Gasser zum 80. Geburtstag. Berlin 1983 (Duncker und Humblot)

ESTERBAUER, Fried: Die „Regionalistischen Leitsätze". In: HUBER, Stefan/ PERNTHALER Peter (Hrsg.): Föderalismus und Regionalismus in Europäischer Perspektive. Schriftenreihe des Instituts für Föderalismusforschung. Bd. 44/ Veröffentlichungen der österreichischen Sektion des CIFE. Bd. 10. Wien 1988 (Braumüller), S. 69-78

ESTERBAUER, Fried: Regionalisierung und Föderalisierung Europas – aktuelle Perspektiven. In: DERS./ PERNTHALER, Peter (Hrsg.): Europäischer Regionalismus am Wendepunkt. Bilanz und Ausblick (Schriftenreihe des Instituts für Föderalismusforschung. Bd. 49). Wien 1991 (Braumüller), S. 169-180

ESTERBAUER, Fried/ PERNTHALER, Peter (Hrsg.): Europäischer Regionalismus am Wendepunkt. Bilanz und Ausblick (Schriftenreihe des Instituts für Föderalismusforschung. Bd. 49). Wien 1991 (Braumüller)

ESTERBAUER, Fried: Europäische Integration von den Anfängen zum Vertrag von Maastricht (Veröffentlichungen der österreichischen Sektion des CIFE. Bd. 13). Wien 1994 (Braumüller)

ESTERBAUER, Fried: Zur Notwendigkeit von Demokratiereformen. In: BÖTTCHER, Winfried (Hrsg.): Europäische Perspektiven. Zur Zukunft Europas. Bd. 3. Münster/ Hamburg/ London, 2002 (Lit), S. 13-28

EUROPÄISCHE VOLKPARTEI: Für eine föderale Verfassung der Europäischen Union (Dublin, 12.-16. November 1990). In: WEIDENFELD, Werner (Hrsg.): Wie Europa verfaßt sein soll – Materialien zur Politischen Union (Strategien und Optionen für die Zukunft Europas. Arbeitspapiere 7). Gütersloh 1991 (Bertelsmann), S. 151-169

EUROPARECHT. 13. Aufl. München 1995 (Beck)

EUROPARECHT. 16. Aufl. München 2000 (Beck)

EUROPARECHT. 17. Aufl. München 2001 (Beck)

EVERLING, Ulrich: Zur Aufteilung der Kompetenzen in einer föderal gegliederten Europäischen Union. In: WEIDENFELD, Werner (Hrsg.): Wie Europa verfaßt sein soll – Materialien zur Politischen Union (Strategien und Optionen für die Zukunft Europas. Arbeitspapiere 7). Gütersloh 1991 (Bertelsmann), S. 41-49

EVERLING, Ulrich: Die Rolle des Europäischen Gerichtshofs. In: WEIDENFELD, Werner (Hrsg.): Reform der Europäischen Union. Materialien zur Revision des Maastrichter Vertrages 1996. Gütersloh 1994 (Bertelsmann), S. 256-264

EVERLING, Ulrich: Kompetenzordnung und Subsidiarität. In: WEIDENFELD, Werner (Hrsg.): Reform der Europäischen Union. Materialien zur Revision des Maastrichter Vertrages 1996. Gütersloh 1994 (Bertelsmann), S. 166-176

EVERS, Tilmann: Durch Teile Eins. Nationalstaat, Republik und Demokratie als Kategorien des Föderalismus in der politischen Moderne. In: DERS. (Hrsg.): Chancen des Föderalismus in Deutschland und Europa. Föderalismus-Studien. Bd. 2. Baden-Baden 1994 (Nomos), S. 45-76

EVERS, Tilmann (Hrsg.): Chancen des Föderalismus in Deutschland und Europa. Föderalismus-Studien. Bd. 2. Baden-Baden 1994 (Nomos)

EYLMANN, Horst: Die Umsetzung von EG-Recht in nationales Recht und die Mitwirkung des Rechtsausschusses. In: HELLWIG, Renate (Hrsg.): Der Deutsche Bundestag und Europa. München/ Landsberg (Lech) 1993 (mvg), S. 114-126

FALKNER, Gerda: Die Sozialpolitik der EG. Rechtsgrundlagen und Entwicklung von Rom bis Maastricht. In: HALLER, Max/ SCHACHNER-BLAZIZEK, Peter (Hrsg.): Europa – wohin? Wirtschaftliche Integration, soziale Gerechtigkeit und Demokratie. Graz 1994 (Leykam), S. 221-246

FARTHMANN, Friedhelm: Die Bedeutung der Regionen in der Europäischen Gemeinschaft der Zukunft. In: ALEMANN, Ulrich von/ HEINZE, Rolf G./ HOMBACH, Bodo (Hrsg.): Die Kraft der Region: Nordrhein-Westfalen in Europa. Bonn 1990 (Dietz), S. 178-189

FECHTNER, Detlef/ HANNES, Matthias: „Lessons from american federalism": Länder und Regionen in der Europäischen Gemeinschaft. In: Zeitschrift für Parlamentsfragen. 24. Jg. Heft 1/93, Opladen 1993, S. 133-152

FILC, Wolfgang/ KÖHLER, Claus (Hrsg.): Integration oder Desintegration der Weltwirtschaft? (Veröffentlichungen des Instituts für Empirische Wirtschaftsforschung. Bd. 31). Berlin 1994 (Duncker und Humblot)

FISCHER, Klemens H.: Die Positionierung der österreichischen Bundesländer im institutionellen Gefüge der Europäischen Union. In: HRBEK, Rudolf (Hrsg.): Europapolitik und Bundesstaatsprinzip. Die „Europafähigkeit" Deutschlands und seiner Länder im Vergleich mit anderen Föderalstaaten. Schriftenreihe des Europäischen Zentrums für Föderalismus-Forschung. Bd. 17. Baden-Baden 2000 (Nomos), S. 117-141

FISCHER, Thomas: Die Zukunft der Regionen in Europa – Kompetenzbestände und Handlungsspielräume. In: BORKENHAGEN, Franz H.U./ FISCHER, Thomas/ FRANZMEYER, Fritz u.a.: Arbeitsteilung in der Europäischen Union – die Rolle der Regionen. Gütersloh 1999 (Bertelsmann), S. 31-42

FITZMAURICE, John: The European Commission. In: DUFF, Andrew/ PINDER, John/ PRYCE, Roy (Hrsg.): Maastricht and Beyond. Building the European Union. 2. Aufl. London/ New York 1995 (Routledge), S. 179-189

FLEINER-GERSTER, Thomas: Die Gemeindeautonomie, der Föderalismus und das Prinzip der Subsidiarität. In: RIKLIN, Alois/ BATLINER, Gerard (Hrsg.): Subsidiarität. Ein interdisziplinäres Symposium. Baden-Baden 1994 (Nomos), S. 321-342

FOUCHER, Michel: The strategies of enlargement. In: CURZON PRICE, Victoria/ LANDAU, Alice/ WHITMAN, Richard G. (Hrsg.): The Enlargement of the European Union. Issues and strategies. London/ New York 1999 (Routledge), S. 129-134

FRANCO, Marc: The Enlargement: the European Commission's viewpoint. In: CURZON PRICE, Victoria/ LANDAU, Alice/ WHITMAN, Richard G. (Hrsg.): The Enlargement of the European Union. Issues and strategies. London/ New York 1999 (Routledge), S. 67-75

FRANKFURTER ALLGEMEINE ZEITUNG. Jg. 1992. 26.11.1992, S. 15

FRANZMEYER, Fritz: Das Problemlösungspotential der abgestuften Integration in wichtigen Politikbereichen. In: VORSTAND DES ARBEITSKREISES EUROPÄISCHE INTEGRATION E.V. (Hrsg.): Integrationskonzepte auf dem Prüfstand. Jahreskolloquium 1982. Baden-Baden 1983 (Nomos), S. 79-90

FRANZMEYER, Fritz: Zentralisierungs- und Dezentralisierungskräfte im europäischen Mehrebenensystem – zur Dynamik von Wirtschafts- und Finanzpolitik in Binnenmarkt und EWU. In: BORKENHAGEN, Franz H.U./ FISCHER, Thomas/ FRANZMEYER, Fritz u.a.: Arbeitsteilung in der Europäischen Union – die Rolle der Regionen. Gütersloh 1999 (Bertelsmann), S. 43-54

FREI, Daniel: Integrationsprozesse. Theoretische Erkenntnisse und praktische Folgerungen. In: WEIDENFELD, Werner (Hrsg.): Die Identität Europas. Fragen, Positionen, Perspektiven. München/ Wien 1985 (Hanser), S. 113-131

FREIBURGHAUS, Dieter: Die Schweiz als Zukunftsmodell föderaler Staatlichkeit im europäischen Mehrebenensystem? Ein Beitrag aus politikwissenschaftlicher Perspektive. In: HRBEK, Rudolf (Hrsg.): Europapolitik und Bundesstaatsprinzip. Die „Europafähigkeit" Deutschlands und seiner Länder im Vergleich mit anderen Föderalstaaten. Schriftenreihe des Europäischen Zentrums für Föderalismus-Forschung. Bd. 17. Baden-Baden 2000 (Nomos), S. 167-174

FRIEDRICH, Carl Joachim: Europa – Nation im Werden? Bonn 1972 (Europa Union)

FRIEDRICH, Carl Joachim: Johannes Althusius und sein Werk im Rahmen der Entwicklung der Theorie von der Politik. Berlin 1975 (Duncker und Humblot)

FRIEDRICH, Carl Joachim: Die Verantwortung der Regierung in den Vereinigten Staaten, Großbritannien und der Bundesrepublik. In: STAMMEN, Theo (Hrsg.): Vergleichende Regierungslehre. Beiträge zur theoretischen Grundlegung und exemplarische Einzelstudien. Wege der Forschung. Bd. CCCLVII. Darmstadt 1976 (Wissenschaftliche Buchgesellschaft), S. 223-252

FRITZSCHE, K. Peter: Europa in deutschen Politiklehrbüchern. In: PINGEL, Falk (Hrsg.): Macht Europa Schule? Die Darstellung Europas in Schulbüchern der Europäischen Gemeinschaft (Studien zur internationalen Schulbuchforschung. Bd. 84). Frankfurt (Main) 1995 (Diesterweg), S. 81-94

FROEMER, Fried (Hrsg.): Parteiprogramme. Grundsatzprogrammatik und aktuelle Ziele. SPD, CDU, CSU, F.D.P., DKP, NPD, Die Grünen. Das Parteiengesetz; Daten, Finanzen, Fakten (Heggen-Dokumentation 1). 13. akt. u. erw. Aufl. Leverkusen 1982 (Heggen)

GALTUNG, Johan: Europe in the making. New York 1989 (Taylor & Francis)

GASTEYGER, Curt: Europa zwischen Spaltung und Einigung 1945-1990 (Bundeszentrale für politische Bildung. Studien zur Geschichte und Politik. Bd. 285). 2., akt. Aufl. Bonn 1991

GASTEYGER, Curt: Europa von der Spaltung und Einigung. Darstellung und Dokumentation 1945-1997. Bonn 1997 (Europa Union)

GEIßLER, Heiner: Die Nation ist nicht alles. Deutsches Europa oder europäisches Deutschland? In: HURRELMANN, Klaus/ KNOCH, Peter u.a. (Hrsg.): Wege nach Europa. Spuren und Pläne (Friedrich Jahresheft IX). Seelze 1991 (Friedrich), S. 22-25

GERDES, Dirk (Hrsg.): Aufstand der Provinz. Regionalismus in Westeuropa. Frankfurt (Main)/ New York 1980 (Campus)

GERDES, Dirk: Dimensionen des Regionalismus in Westeuropa. In: Österreichische Zeitschrift für Politikwissenschaft. Jg. 10. 03/81. Wien/ München 1981, S. 305-318

GESER, Hans: Ist die EG „europafähig"? Gesellschaftliche Sprengkräfte gemeinschaftlich-institutioneller Integration. In: HALLER, Max/ SCHACHNER-BLAZIZEK, Peter (Hrsg.): Europa – wohin? Wirtschaftliche Integration, soziale Gerechtigkeit und Demokratie. Graz 1994 (Leykam), S. 397-420

GESER, Hans: „Subsidiarität" im gesellschaftlichen Wandel. In RIKLIN, Alois/ BATLINER, Gerard (Hrsg.): Subsidiarität. Ein interdisziplinäres Symposium. Baden-Baden 1994 (Nomos), S. 163-192

GIANDOMENICO, Majone: The European Union: Positive State or Regulatory State? In: ANTALOVSKY, Eugen/ MELCHIOR, Josef/ PUNTSCHER RIEKMANN, Sonja (Hrsg.): Integration durch Demokratie. Neue Impulse für die Europäische Integration. Marburg 1997 (Metropolis), S. 149-166

GIERING, Claus: Europa zwischen Zweckverband und Superstaat. Die Entwicklung der politikwissenschaftlichen Integrationstheorie im Prozeß der europäischen Integration (Münchener Beiträge zur Europäischen Einigung. Bd. 1). München 1997 (Europa Union)

GIORDANO, Christian: So viel Staat wie nötig, so wenig Staat wie möglich: Ein interkultureller Vergleich. In RIKLIN, Alois/ BATLINER, Gerard (Hrsg.): Subsidiarität. Ein interdisziplinäres Symposium. Baden-Baden 1994 (Nomos), S. 133-162

GIROUD, Françoise/ GRASS, Günter: Wenn wir von Europa sprechen. Ein Dialog. Frankfurt (Main) 1989 (Luchterhand)

GLATZER, Wolfgang (Hrsg.): Einstellungen und Lebensbedingungen in Europa. Soziale Indikatoren XVII. Frankfurt (Main)/ New York 1993 (Campus)

GLUCKSMANN, André: Am Ende des Tunnels. Das falsche Denken ging dem katastrophalen Handeln voraus. Eine Bilanz des 20. Jahrhunderts. Berlin 1991 (Siedler)

GOODMAN, James: Die Europäische Union: Neue Demokratieformen jenseits des Nationalstaats. In: BECK, Ulrich (Hrsg.): Politik der Globalisierung (Edition Zweite Moderne). Frankfurt (Main) 1998 (Suhrkamp), S. 331-373

GOPPEL, Alfons: Föderalismus – Bauprinzip Europas. In: ASSMANN, Karl/ GOPPEL, Thomas (Hrsg.): Föderalismus. Bauprinzip einer freiheitlichen Grundordnung in Europa. München 1978 (Saur), S. 9-19

GÖRNER, Rüdiger: Einheit durch Vielfalt. Föderalismus als politische Lebensform. Opladen 1996 (Westdeutscher Verlag)

GORZELAK, Grzegorz: Europäische Integration und Regionalpolitik in den Transformationsländern. In: WAGENER, Hans-Jürgen/ FRITZ, Heiko (Hrsg.): Im Osten was Neues. Aspekte der EU-Osterweiterung. EINE-Welt: Texte der Stiftung Entwicklung und Frieden. Bd. 7. Bonn 1998 (Dietz), S. 303-325

GRABITZ, Eberhard: Das integrationspolitische Anliegen des Abstufungskonzeptes und sein Verhältnis zum rechtlich-institutionellen Gefüge der Gemeinschaft. In: VORSTAND DES ARBEITSKREISES EUROPÄISCHE INTEGRATION E.V. (Hrsg.): Integrationskonzepte auf dem Prüfstand. Jahreskolloquium 1982. Baden-Baden 1983 (Nomos), S. 67-78

GRAF KIELMANSEGG, Peter: Einige historische Bemerkungen zum Thema „Föderation". In: WEIDENFELD, Werner (Hrsg.): Wie Europa verfaßt sein soll – Materialien zur Politischen Union (Strategien und Optionen für die Zukunft Europas. Arbeitspapiere 7). Gütersloh 1991 (Bertelsmann), S. 50-61

GRAF KIELMANNSEGG, Peter: Läßt sich die Europäische Union demokratisch verfassen? In: WEIDENFELD, Werner (Hrsg.): Reform der Europäischen Union. Materialien zur Revision des Maastrichter Vertrages 1996. Gütersloh 1994 (Bertelsmann), S. 229-242

GRAF KIELMANSEGG, Peter: Läßt sich die Europäische Union demokratisch verfassen? In: WEIDENFELD, Werner (Hrsg.): Reform der Europäischen Union. Materialien zur Revision des Maastrichter Vertrages 1996. Gütersloh 1994 (Bertelsmann), S.229-242

GREEN, Pauline: Erste Überlegungen zu der Konferenz 1996 zur Revision des Vertrags. In: MAURER, Andreas/ THIELE, Burkhard (Hrsg.): Legitimationsprobleme und Demokratisierung der Europäischen Union (Schriftenreihe der Hochschulinitiative Demokratischer Sozialismus. Bd. 29). Marburg 1996 (Schüren), S. 276-286

GREICH, Jean: Europa weiterdenken. In: KOSLOWSKY, Peter (Hrsg.): Europa imaginieren. Der europäische Binnenmarkt als kulturelle und wirtschaftliche Aufgabe. Berlin/ Heidelberg 1992 (Springer), S. 393-411

GREIFFENHAGEN, Martin: Vom Obrigkeitsstaat zur Demokratie: Die politische Kultur in der Bundesrepublik Deutschland. In: REICHEL, Peter (Hrsg.): Politische Kultur in Westeuropa. Bürger und Staaten in der Europäischen Gemeinschaft. Schriftenreihe der Bundeszentrale für politische Bildung. Bd. 209. Bonn 1984, S. 52-76

GRETSCHMANN, Klaus: Das Binnenmarktprojekt 1992 – Herausforderung, Chance oder Irrweg für Nordrhein-Westfalen? In: ALEMANN, Ulrich von/ HEINZE, Rolf G./ HOMBACH, Bodo (Hrsg.): Die Kraft der Region: Nordrhein-Westfalen in Europa. Bonn 1990 (Dietz), S. 281-300

GREVEN, Michael T.: Political Parties between National Identity and Eurofication. In: NELSON, Brian/ ROBERTS, David/ VEIT, Walter (Hrsg.): The Idea of Europe. Problems of National and Transnational Identity. New York/ Oxford 1992 (Berg), S. 75-95

GRIMM, Dieter: Braucht Europa eine Verfassung? (Carl Friedrich von Siemens Stiftung. Themenband 60). München 1994

GRIMM, Dieter/ KIRCHHOF, Paul (Hrsg.): Entscheidungen des Bundesverfassungsgerichts. Studienauswahl 2. 2. erw. Aufl. Tübingen 1997 (Mohr Siebeck)

GROSSER, Dieter: Keil oder Klammer? Ökonomie und Integration. In: WEIDENFELD, Werner (Hrsg.): Die Identität Europas. Fragen, Positionen, Perspektiven. München/ Wien 1985 (Hanser), S. 132-151

GUTHMÜLLER, Bodo: Europa – Kontinent und antiker Mythos. In: BUCK, August (Hrsg.): Der Europa-Gedanke (Villa Vigoni. Bd. 7). Tübingen 1992 (Niemeyer), S. 5-44

GYSI, Gregor: Ja zu Europa, aber nein zu Maastricht – Der Standpunkt der PDS/ Linke Liste. In: HELLWIG, Renate (Hrsg.): Der Deutsche Bundestag und Europa. München/ Landsberg (Lech) 1993 (mvg), S. 190-194

HÄBERLE, Peter: Föderalismus, Regionalismus, Kleinstaaten – in Europa. In: Die Verwaltung. 1/1992, S. 1-19

HÄBERLE, Peter: Das Prinzip der Subsidiarität aus der Sicht der vergleichenden Verfassungslehre. In RIKLIN, Alois/ BATLINER, Gerard (Hrsg.): Subsidiarität. Ein interdisziplinäres Symposium. Baden-Baden 1994 (Nomos), S. 267-310

HABERMAS, Jürgen: Jenseits des Nationalstaats? Bemerkungen zu Folgeproblemen der wirtschaftlichen Globalisierung. In: BECK, Ulrich (Hrsg.): Politik der Globalisierung (Edition Zweite Moderne). Frankfurt (Main) 1998 (Suhrkamp), S. 67-84

HÄFNER, Gerald: Der Verfassungsprozeß als Identitätsfindung. In: SCHMIDT-BRABANT, Manfred (Hrsg.): Idee und Aufgabe Europas. Von der nationalen zur europäischen Identität. Dornach (CH) 1993 (Philosophisch-Anthroposophischer Verlag), S. 89-124

HAHN, Alois: Identität und Nation in Europa. In: RIEDEL-SPANGENBERGER, Ilona/ FRANZ, Albert (Hrsg.): Fundamente Europas. Christentum und europäische Identität. Trier 1995 (Paulinus), S. 55-80

HAHN, Hugo J.: Der Vertrag von Maastricht als völkerrechtliche Übereinkunft und Verfassung. Anmerkungen anhand Grundgesetz und Gemeinschaftsrecht. Baden-Baden 1992 (Nomos)

HAHN, Karl: Föderalismus. Die demokratische Alternative. Eine Untersuchung zu P.-J. Proudhons sozial-republikanisch-föderativem Freiheitsbegriff. München 1975 (Vögel)

HALLER, Max: Auf dem Weg zu einer „europäischen Nation"? In: DERS./ SCHACHNER-BLAZIZEK, Peter (Hrsg.): Europa – wohin? Wirtschaftliche Integration, soziale Gerechtigkeit und Demokratie. Graz 1994 (Leykam), S. 363-386

HALLER, Max: Über die Notwendigkeit einer objektiven und kritischen Aufklärung über den Prozeß der europäischen Integration. In: DERS./ SCHACHNER-BLAZIZEK, Peter (Hrsg.): Europa – wohin? Wirtschaftliche Integration, soziale Gerechtigkeit und Demokratie. Graz 1994 (Leykam), S. 11-40

HALLER, Max/ SCHACHNER-BLAZIZEK, Peter (Hrsg.): Europa – wohin? Wirtschaftliche Integration, soziale Gerechtigkeit und Demokratie. Graz 1994 (Leykam)

HALLSTEIN, Walter: Die echten Probleme der europäischen Integration. Kieler Vorträge gehalten im Institut für Weltwirtschaft an der Universität Kiel. Bd. 37. Kiel 1965

HALLSTEIN, Walter: Der unvollendete Bundesstaat. Europäische Erfahrungen und Erkenntnisse. Düsseldorf/ Wien 1969 (Econ)

HAMMERSTEIN, Notker: Heiliges Römisches Reich deutscher Nation und Europa: Übereinstimmung oder Entgegensetzung? In: BUCK, August (Hrsg.): Der Europa-Gedanke (Villa Vigoni. Bd. 7). Tübingen 1992 (Niemeyer), S. 132-146

HANKEL, Wilhelm: Zwischen globaler Geld- und nationaler Wohlfahrtsökonomie: Die Grenzen der Währungsintegration in Europa. In: HALLER, Max/ SCHACHNER-BLAZIZEK, Peter (Hrsg.): Europa – wohin? Wirtschaftliche Integration, soziale Gerechtigkeit und Demokratie. Graz 1994 (Leykam), S. 65-76

HÄNSCH, Klaus: Das Europäische Parlament – ein Ornament? In: ALEMANN, Ulrich von/ HEINZE, Rolf G./ HOMBACH, Bodo (Hrsg.): Die Kraft der Region: Nordrhein-Westfalen in Europa. Bonn 1990 (Dietz), S. 236-250

HANSEN, Georg: Die exekutierte Einheit. Vom deutschen Reich zur Nation Europa. Frankfurt (Main) 1991 (Campus)

HARBRECHT, Wolfgang : Die Europäische Gemeinschaft. Stuttgart/ New York 1978 (Fischer/ UTB)

HARTMANN, Jürgen: Das amerikanische Regierungssystem: eine Skizze aus der Sicht der Vergleichenden Regierungslehre. In: DERS. (Hrsg.): Vergleichende politische Systemforschung: Konzepte und Analysen. Köln/ Wien 1980 (Böhlau), S. 63-82

HARTMANN, Jürgen (Hrsg.): Vergleichende politische Systemforschung: Konzepte und Analysen. Köln/ Wien 1980 (Böhlau)

HARTMANN, Jürgen: Westliche Regierungssysteme. Parlamentarismus, präsidentielles und semipräsidentielles Regierungssystem. Grundwissen Politik. Bd. 29. Opladen 2000 (Leske + Budrich)

HARTMANN, Jürgen: Das politische System der Europäischen Union. Eine Einführung. Frankfurt (Main) 2001 (Campus)

HARTMANN, Klaus: Politische Philosophie (Handbuch Philosophie). Freiburg (Breisgau)/ München 1981 (Alber)

HASLAUER, Wilfried: Der Föderalismus Österreichs in der politischen Praxis. In: ESTERBAUER, Fried/ KALKBRENNER, Helmut/ MATTMÜLLER, Markus/ ROEMHELD, Lutz (Hrsg.): Von der freien Gemeinde zum föderalistischen Europa. Festschrift für Adolf Gasser zum 80. Geburtstag. Berlin 1983 (Duncker und Humblot), S. 357-379

HASSE, Rolf H.: Asymmetrien in der Integrationskonzeption von Maastricht/ Amsterdam – Ein Beitrag zur Identifikation von Störungspotentialen. In: BISKUP, Reinhold (Hrsg.): Dimensionen Europas. Beiträge zur Wirtschaftspolitik. Bd. 68. Bern/ Stuttgart/ Wien 1998 (Paul Haupt), S. 241-263

HECKER, Hans (Hrsg.): Europa – Begriff und Idee. Historische Streiflichter (Schriften der Philosophischen Fakultät der Heinrich-Heine-Universität Düsseldorf. Bd. 8). Bonn 1991 (Bouvier)

HEGEL, Georg Wilhelm Friedrich: Vorlesungen über die Philosophie der Geschichte (Werke in zwanzig Bänden. Bd. 12). Theorie Werkausgabe. Frankfurt (Main) 1976 (Suhrkamp)

HEGEL, Georg Wilhelm Friedrich: Frühe Schriften (Werke in zwanzig Bänden. Bd. 1). Theorie Werkausgabe. Frankfurt (Main) 1985 (Suhrkamp)

HEINZE, Rolf G.: „Neue Subsidiarität" – Zum soziologischen und politischen Gehalt eines aktuellen sozialpolitischen Konzepts. In: DERS. (Hrsg.): Neue Subsidiarität: Leitidee für eine zukünftige Sozialpolitik? Beiträge zur sozialwissenschaftlichen Forschung. Bd. 81. Opladen 1986 (Westdeutscher Verlag), S. 13-38

HEINZE, Rolf G. (Hrsg.): Neue Subsidiarität: Leitidee für eine zukünftige Sozialpolitik? Beiträge zur sozialwissenschaftlichen Forschung. Bd. 81. Opladen 1986 (Westdeutscher Verlag)

HEINZE, Rolf G./ VOELZKOW, Helmut: Subsidiarität und Binnenmarktintegration. Konzeptionelle Überlegungen zur europäischen Regionalpolitik. In: ALEMANN, Ulrich von/ HEINZE, Rolf G./ HOMBACH, Bodo (Hrsg.): Die Kraft der Region: Nordrhein-Westfalen in Europa. Bonn 1990 (Dietz), S. 252-268

HELLWIG, Renate: Die Europa-Institutionen des Bundestages und seine großen Europa-Initiativen. In: DIES. (Hrsg.): Der Deutsche Bundestag und Europa. München/ Landsberg (Lech) 1993 (mvg), S. 21-48

HELLWIG, Renate (Hrsg.): Der Deutsche Bundestag und Europa. München/ Landsberg (Lech) 1993 (mvg)

HERDER, Johann Gottfried: Ideen zur Philosophie der Geschichte der Menschheit (Textausgabe). Wiesbaden o.J. (Löwit)

HÉROUD, Guy: Regionale Konflikte und das Europa der Regionen. In: HUBER, Stefan/ PERNTHALER Peter (Hrsg.): Föderalismus und Regionalismus in Europäischer Perspektive. Schriftenreihe des Instituts für Föderalismusforschung. Bd. 44/ Veröffentlichungen der österreichischen Sektion des CIFE. Bd. 10. Wien 1988 (Braumüller), S. 91-97

HERZ, Dietmar: Die Europäische Union. München 2002 (Beck)

HERZOG, Roman: Vision Europa. Antworten auf globale Herausforderungen. Hamburg 1996 (Hoffmann und Campe)

HESSE, Joachim Jens/ RENZSCH, Wolfgang: Zehn Thesen zur Entwicklung und Lage des deutschen Föderalismus. In: DIES. (Hrsg.): Föderalstaatliche Entwicklung in Europa (Schriften zur Innenpolitik und zur kommunalen Wissenschaft und Praxis. Bd. 5). Baden-Baden 1991 (Nomos), S. 29-48

HESSE, Joachim Jens/ RENZSCH, Wolfgang (Hrsg.): Föderalstaatliche Entwicklung in Europa (Schriften zur Innenpolitik und zur kommunalen Wissenschaft und Praxis. Bd. 5). Baden-Baden 1991 (Nomos)

HESSE, Joachim Jens: Die Begleitforschung zum Ausschuß der Regionen der Europäischen Union. In: DERS. (Hrsg.): Regionen in Europa. Die Institutionalisierung des Regionalausschusses. Bd. 1. Baden-Baden 1995/1996 (Nomos), S. 33-41

HESSE, Joachim Jens (Hrsg.): Regionen in Europa. Die Institutionalisierung des Regionalausschusses. Bd. 1. Baden-Baden 1995/1996 (Nomos)

HEUBL, Franz: Föderalismus in der praktischen Bewährung. In: ASSMANN, Karl/ GOPPEL, Thomas (Hrsg.): Föderalismus. Bauprinzip einer freiheitlichen Grundordnung in Europa. München 1978 (Saur), S. 65-80

HIESTAND, Rudolf: „Europa" im Mittelalter – vom geographischen Begriff zur politischen Idee. In: HECKER, Hans (Hrsg.): Europa – Begriff und Idee. Historische Streiflichter (Schriften der Philosophischen Fakultät der Heinrich-Heine-Universität Düsseldorf. Bd. 8). Bonn 1991 (Bouvier), S. 33-48

HILF, Meinhard: Völkerrechtliche und gemeinschaftsrechtliche Elemente des Beschlusses vom 20. September 1976 im Lichte des Souveränitätsdenkens der EG. In: RESS, Georg (Hrsg.): Souveränitätsverständnis in den Europäischen Gemeinschaften. Schriftenreihe des Arbeitskreises Europäische Integration e.V. Bd. 9. Baden-Baden 1980 (Nomos), S. 21-32

HILF, Meinhard: Grundrechte für die Europäische Verfassung. In: WEIDENFELD, Werner (Hrsg.): Wie Europa verfaßt sein soll – Materialien zur Politischen Union (Strategien und Optionen für die Zukunft Europas. Arbeitspapiere 7). Gütersloh 1991 (Bertelsmann), S. 62-71

HILF, Meinhard: Thesen zur föderalen Balance. In: WEIDENFELD, Werner (Hrsg.): Reform der Europäischen Union. Materialien zur Revision des Maastrichter Vertrages 1996. Gütersloh 1994 (Bertelsmann), S. 223-225

HINDESS, Barry: Democracy and Big Government. In: NELSON, Brian/ ROBERTS, David/ VEIT, Walter (Hrsg.): The Idea of Europe. Problems of National and Transnational Identity. New York/ Oxford 1992 (Berg), S. 96-108

HINTZE, Peter (Hrsg.): Die CDU-Parteiprogramme. Eine Dokumentation der Ziele und Aufgaben. Bonn 1995 (Bouvier)

HÖFFE, Otfried: Subsidiarität als staatsphilosophisches Prinzip? In RIKLIN, Alois/ BATLINER, Gerard (Hrsg.): Subsidiarität. Ein interdisziplinäres Symposium. Baden-Baden 1994 (Nomos), S. 19-46

HOFMANN, Josef: Verankerung der Grundvoraussetzungen kommunaler und regionaler Selbstverwaltung in einer Europäischen Verfassung. In: KNEMEYER, Franz-Ludwig (Hrsg.): Die Europäische Charta der kommunalen Selbstverwaltung: Entstehung und Bedeutung. Länderberichte und Analysen. Baden-Baden 1989 (Nomos), S. 211-222

HÖLSCHEIDT, Sven/ SCHOTTEN, Thomas: Von Maastricht nach Karlsruhe: Der lange Weg des Vertrages über die Europäische Union. Rheinbreitbach 1993 (NDV)

HOMBACH, Bodo: Nordrhein-Westfalen: Eine europäische Region formiert sich. Ausgangslage, Perspektiven und Handlungsbedarf. In: ALEMANN, Ulrich von/ HEINZE, Rolf G./ HOMBACH, Bodo (Hrsg.): Die Kraft der Region: Nordrhein-Westfalen in Europa. Bonn 1990 (Dietz), S. 72-91

HOMBACH, Bodo: Nordrhein-Westfalen – Das Herz des zusammenwachsenden Europas. In: MARQUARDT-KURON, Arnulf/ MAGER, Thomas J./ CARMONA-SCHNEIDER, Juan-J. (Hrsg.): Die Vereinigten Staaten von Europa. Anspruch und Wirklichkeit (Material zur angewandten Geographie. Bd. 21). Berlin 1991 (Ifk), S. 17-32

HOMUTH, Karl: Kulturelle Identität und europäische Integration. In: KULTURPOLITISCHE GESELLSCHAFT/ INTERNATIONALE CULTURELE STICHTING (Hrsg.): Kultur-Markt Europa. Jahrbuch für europäische Kulturpolitik. Köln 1989 (Volksblatt), S. 84-88

HOPPE, Ursel/ SCHULZ, Günther: Der Ausschuß der Regionen. In: BORKENHAGEN, Franz H.U./ BRUNS-KLÖSS, Christian/ MEMMINGER, Gerhard/ STEIN, Otti (Hrsg.): Die deutschen Länder in Europa: Politische Union und Wirtschafts- und Währungsunion. Baden-Baden 1992 (Nomos), S. 26-35

HÖRBURGER, Hortense: Europa – ratlos statt grenzenlos: Der Vertrag von Maastricht auf dem Prüfstand. Marburg 1992 (Schüren)

HÖRBURGER, Hortense: Europäische Union mit neuem Elan? Forderungen an die europäische Regierungskonferenz. Marburg 1994 (Schüren)

HÖRBURGER, Hortense: Europäische Union – was nun? Wegweiser für Europäerinnen und Europäer. Marburg 1994 (Schüren)

HORGREBE, Wolfram: Heinrich Heine und Europa (Jenaer philosophische Vorträge und Studien. Bd. 8). Erlangen/ Jena 1993 (Palm und Enke)

HRBEK, Rudolf: Die SPD – Deutschland und Europa. Die Haltung der Sozialdemokratie zum Verhältnis von Deutschland-Politik und West-Integration (1945-1957). Bonn 1972 (Europa Union)

HRBEK, Rudolf/ SCHWEITZER, Carl-Christoph: Die deutschen Europa-Parlamentarier. Ergebnisse einer Befragung der deutschen Mitglieder des Europäischen Parlaments. In: Aus Politik und Zeitgeschichte. 3/89. Bonn 1989, S. 3-18

HRBEK, Rudolf/ WEYAND, Sabine: betrifft: Das Europa der Regionen. Fakten, Probleme, Perspektiven. München 1994 (Beck)

HRBEK, Rudolf (Hrsg.): Die Reform der Europäischen Union. Positionen und Perspektiven anläßlich der Regierungskonferenz (Schriftenreihe des Arbeitskreises Europäische Integration e.V. Bd. 41). Baden-Baden 1997 (Nomos)

HRBEK, Rudolf (Hrsg.): Europapolitik und Bundesstaatsprinzip. Die „Europafähigkeit" Deutschlands und seiner Länder im Vergleich mit anderen Föderalstaaten. Schriftenreihe des Europäischen Zentrums für Föderalismus-Forschung. Bd. 17. Baden-Baden 2000 (Nomos)

HUBER, Stefan/ PERNTHALER Peter (Hrsg.): Föderalismus und Regionalismus in Europäischer Perspektive. Schriftenreihe des Instituts für Föderalismusforschung. Bd. 44/ Veröffentlichungen der österreichischen Sektion des CIFE. Bd. 10. Wien 1988 (Braumüller)

HUBER, Stefan: EG-Regionalpolitik auf dem Weg zum Regionalismus? In: ESTERBAUER, Fried/ PERNTHALER, Peter (Hrsg.): Europäischer Regionalismus am Wendepunkt. Bilanz und Ausblick (Schriftenreihe des Instituts für Föderalismusforschung. Bd. 49). Wien 1991 (Braumüller), S. 161-168

HUBER, Peter M.: Differenzierte Integration und Flexibilität als neues Ordnungsmuster der Europäischen Union? In: Europarecht. Jg. 31. 04/1996. Baden-Baden 1996, S. 347-361

HUDEMANN, Rainer: Zur Methodendiskussion in der Erforschung der europäischen Integration. In: DERS./ KAELBLE, Hartmut/ SCHWABE, Klaus (Hrsg.): Europa im Blick der Historiker. Historische Zeitschrift (Beihefte). Bd. 21. München 1995 (Oldenbourg), S. 99-104

HUDEMANN, Rainer/ KAELBLE, Hartmut/ SCHWABE, Klaus (Hrsg.): Europa im Blick der Historiker. Historische Zeitschrift (Beihefte). Bd. 21. München 1995 (Oldenbourg)

HÜGLIN, Thomas O.: Althusius – Vordenker des Subsidiaritätsprinzips. In RIKLIN, Alois/ BATLINER, Gerard (Hrsg.): Subsidiarität. Ein interdisziplinäres Symposium. Baden-Baden 1994 (Nomos), S. 97-118

HUMMER, Waldemar/ BOHR, Sebastian: Die Rolle der Regionen im Europa der Zukunft. Subsidiarität – Föderalismus – Regionalismus in vergleichender Betrachtung. In: EISENMANN, Peter/ RILL, Bernhard (Hrsg.): Das Europa der Zukunft. Subsidiarität, Föderalismus, Regionalismus (Zeitgeschehen-Analyse und Diskussion Hanns-Seidel-Stiftung e.V. Bd. 5). Regensburg 1992 (Pustet), S. 65-101

HUMMER, Waldemar.: Subsidiarität und Föderalismus als Strukturprinzipien der Europäischen Gemeinschaften? In: Zeitschrift für Rechtsvergleichung. 33. Jg., 1992. Heft 2, S. 81-91

HÜNERMANN, Peter (Hrsg.): Das neue Europa. Herausforderungen für Kirche und Theologie (Quaestiones disputatae. Bd. 144). Freiburg (Breisgau)/ Basel/ Wien 1993 (Herder)

HÜNERMANN, Peter: Wurzeln europäischer Identität. Der Zusammenhang von Philosophie, Religion und Ideologie in der Geistesgeschichte Europas. In: RIEDEL-SPANGENBERGER, Ilona/ FRANZ, Albert (Hrsg.): Fundamente Europas. Christentum und europäische Identität. Trier 1995 (Paulinus), S. 5-30

HURRELMANN, Klaus/ KNOCH, Peter u.a. (Hrsg.): Wege nach Europa. Spuren und Pläne (Friedrich Jahresheft IX). Seelze 1991 (Friedrich)

HÜTTENBERGER, Peter: Die Gründung der Europäischen Gemeinschaft. In: HECKER, Hans (Hrsg.): Europa – Begriff und Idee. Historische Streiflichter (Schriften der Philosophischen Fakultät der Heinrich-Heine-Universität Düsseldorf. Bd. 8). Bonn 1991 (Bouvier), S. 123-138

IMMERFALL, Stefan/ SOBISCH, Andreas: Europäische Integration und europäische Identität. Die Europäische Union im Bewußtsein ihrer Bürger. In: Aus Politik und Zeitgeschichte. 10/97. Bonn 1997, S. 25-37

INSTITUT FÜR EUROPÄISCHE POLITIK/ LANDESZENTRALE FÜR POLITISCHE BILDUNG NRW (Hrsg.): Europa der Regionen. Akzeptanz durch Bürgernähe (Materialien zur Europapolitik. Bd. 12). Bonn 1994 (Europa Union)

IPSEN, Hans-Peter: Zur Tragfähigkeit der Verfassungsprinzipien der EG. In: VORSTAND DES ARBEITSKREISES EUROPÄISCHE INTEGRATION E.V. (Hrsg.): Integrationskonzepte auf dem Prüfstand. Jahreskolloquium 1982. Baden-Baden 1983 (Nomos), S. 9-30

ISAK, Hubert: Regionalismus, Föderalismus und Subsidiarität – Strukturelemente der Europäischen Union? In: STEINER, Michael/ DERS./ MARKO, Joseph (Hrsg.): Alle Macht nach unten? Regionen und Gemeinden gestalten die neuen Demokratien Europas. Graz 1992 (Leykam), S. 3-16

ISENSEE, Josef: Subsidiaritätsprinzip und Verfassungsrecht. Eine Studie über das Regulativ des Verhältnisses von Staat und Gesellschaft (Schriften zum Öffentlichen Recht. Bd. 80). Berlin 1968 (Duncker und Humblot)

ISENSEE, Josef: Einheit in Ungleichheit: der Bundesstaat – Vielfalt der Länder als Legitimationsbasis des deutschen Föderalismus. In: BOHR, Kurt (Hrsg.): Föderalismus. Demokratische Struktur für Deutschland und Europa. München 1992 (Beck), S. 139-162

JACHTENFUCHS, Markus/ KOHLER-KOCH, Beate (Hrsg.): Europäische Integration. Opladen 1996 (Leske + Budrich)

JAECKLE, Erwin: Die Idee Europa. Frankfurt (Main) 1988 (Propyläen)

JANNING, Josef: Politische und institutionelle Konsequenzen der Erweiterung. In: WEIDENFELD, Werner (Hrsg.): Reform der Europäischen Union. Materialien zur Revision des Maastrichter Vertrages 1996. Gütersloh 1994 (Bertelsmann), S. 265-280

JANSSEN, Bernd (Hrsg.): Europäische Integration. Grundlagen, Modelleinheiten und Materialien für die Erwachsenenbildung (Reihe Europäische Bildung des Instituts für Europäische Politik. Bd. 1). Bonn 1979 (Europa Union)

JEFFREY, Charlie: Devolution und Europapolitik im Vereinigten Königreich. In: HRBEK, Rudolf (Hrsg.): Europapolitik und Bundesstaatsprinzip. Die „Europafähigkeit" Deutschlands und seiner Länder im Vergleich mit anderen Föderalstaaten. Schriftenreihe des Europäischen Zentrums für Föderalismus-Forschung. Bd. 17. Baden-Baden 2000 (Nomos), S. 175-183

JIMÉNEZ BLANCO, Antonio: Das Spanische System der autonomen Regionen: Homogenität und Heterogenität. In: EISENMANN, Peter/ RILL, Bernhard (Hrsg.): Das Europa der Zukunft. Subsidiarität, Föderalismus, Regionalismus (Zeitgeschehen-Analyse und Diskussion Hanns-Seidel-Stiftung e.V. Bd. 5). Regensburg 1992 (Pustet), S. 54-64

JOPP, Mathias: Reformziel Stärkung der außen- und sicherheitspolitischen Handlungsfähigkeit der EU. In: DERS./ SCHMUCK, Otto (Hrsg.): Die Reform der Europäischen Union. Analysen – Positionen – Dokumente zur Regierungskonferenz 1996/97 (Analysen zur Europapolitik des Instituts für Europäische Politik. Bd. 11). Bonn 1996 (Europa Union), S. 41-58

JOPP, Mathias/ SCHMUCK, Otto (Hrsg.): Die Reform der Europäischen Union. Analysen – Positionen – Dokumente zur Regierungskonferenz 1996/97 (Analysen zur Europapolitik des Instituts für Europäische Politik. Bd. 11). Bonn 1996 (Europa Union)

JOPP, Mathias: Die außen- und sicherheitspolitische Identität Europas mit der Perspektive einer gemeinsamen Verteidigungspolitik. In: HRBEK, Rudolf (Hrsg.): Die Reform der Europäischen Union. Positionen und Perspektiven anläßlich der Regierungskonferenz (Schriftenreihe des Arbeitskreises Europäische Integration e.V. Bd. 41). Baden-Baden 1997 (Nomos), S. 331-344

JUDT, Tony: Große Illusion Europa. Gefahren und Herausforderungen einer Idee. München/ Wien 1996 (Carl Hanser)

JUNNE, Gerd: Chancen für eine Reregionalisierung der Politik. In: ALEMANN, Ulrich von/ HEINZE, Rolf G./ HOMBACH, Bodo (Hrsg.): Die Kraft der Region: Nordrhein-Westfalen in Europa. Bonn 1990 (Dietz), S. 376-385

KAELBLE, Hartmut: Europabewußtsein, Gesellschaft und Geschichte. Forschungsstand und Forschungschancen. In: HUDEMANN, Rainer/ DERS./ SCHWABE, Klaus (Hrsg.): Europa im Blick der Historiker. Historische Zeitschrift (Beihefte). Bd. 21. München 1995 (Oldenbourg), S. 1-30

KALBFLEISCH-KOTTSIEPER, Ulla: Die Europakommission der Länder und die Verhandlungen in Brüssel – auf dem Weg zu einer neuen Staatspraxis? In: BORKENHAGEN, Franz H.U./ BRUNS-KLÖSS, Christian/ MEMMINGER, Gerhard/ STEIN, Otti (Hrsg.): Die deutschen Länder in Europa: Politische Union und Wirtschafts- und Währungsunion. Baden-Baden 1992 (Nomos), S. 9-16

KALBFLEISCH-KOTTSIEPER, Ulla: Die Fortentwicklung des Föderalismus in Europa: Nur ein Anliegen der deutschen Länder? In: HESSE, Joachim Jens (Hrsg.): Regionen in Europa. Die Institutionalisierung des Regionalausschusses. Bd. 1. Baden-Baden 1995/1996 (Nomos), S. 129-140

KALBFLEISCH-KOTTSIEPER, Ulla: Die Rolle der Landesregierungen und -verwaltungen sowie des Ausschusses der Regionen im Europäischen Integrationsprozeß im Hinblick auf die Regierungskonferenz von 1996. In: MAURER, Andreas/ THIELE, Burkhard (Hrsg.): Legitimationsprobleme und Demokratisierung der Europäischen Union (Schriftenreihe der Hochschulinitiative Demokratischer Sozialismus. Bd. 29). Marburg 1996 (Schüren), S. 65-84

KALKBRENNER, Helmut: Die föderative Konzeption der Gemeinde bei Constantin Frantz. In: ESTERBAUER, Fried/ DERS./ MATTMÜLLER, Markus/ ROEMHELD, Lutz (Hrsg.): Von der freien Gemeinde zum föderalistischen Europa. Festschrift für Adolf Gasser zum 80. Geburtstag. Berlin 1983 (Duncker und Humblot), S. 121-158

KALTENBRUNNER, Gerd-Klaus: Europa. Seine geistigen Quellen in Porträts aus zwei Jahrhunderten. Bd. III. Heroldsberg (Nürnberg) 1985 (Glock und Lutz)

KAUFFMANN, Hans (Hrsg.): Rechtswörterbuch. Begründet von Carl Creifelds. 14. Aufl. München 1997 (Beck)

KAUFMANN-BÜHLER, Werner: Die Entstehung der Vertragsartikel über den Ausschuss der Regionen. In: TOMUSCHAT, Christian (Hrsg.): Mitsprache der dritten Ebene in der europäischen Integration: Der Ausschuss der Regionen (Bonner Schriften zur Integration Europas. Bd. 2). Bonn 1995 (Europa Union), S. 23-38

KEOHANE, Robert O./ HOFFMANN, Stanley: Institutional Change in Europe in the 1980s. In: NELSON, Brent F./ STUBB, Alexander C.-G. (Hrsg.) : The European Union. Readings on the Theory and Practice of European Integration. Boulder (Colorado/ USA) 1994 (Lynne Rienner), S. 237-256

KIMMINICH, Otto (Hrsg.): Subsidiarität und Demokratie (Schriften der Katholischen Akademie in Bayern. Bd. 99). Düsseldorf 1981 (Patmos)

KINSKY, Ferdinand: Föderalismus als Ordnungsmodell für Europa. In: HUBER, Stefan/ PERNTHALER Peter (Hrsg.): Föderalismus und Regionalismus in Europäischer Perspektive. Schriftenreihe des Instituts für Föderalismusforschung. Bd. 44/ Veröffentlichungen der österreichischen Sektion des CIFE. Bd. 10. Wien 1988 (Braumüller), S. 25-31

KIRCHNER, Christian/ HAAS, Joachim: Rechtliche Grenzen für Kompetenzübertragungen auf die Europäische Gemeinschaft. In: Juristenzeitung. 48. Jg. Nr. 15/16 1993. Tübingen 1993, S. 760-771

KIRN, Michael: Der deutsche Staat in Europa. Aufgaben und Ziele des vereinigten Deutschland. Stuttgart 1991 (Urachhaus)

KIRSCH, Guy/ WITTMANN, Walter (Hrsg.): Föderalismus. Wirtschaftswissenschaftliches Seminar. Bd. 5. Stuttgart/ New York 1977 (Fischer)

KISKER, Gunter: Die Bundesländer im Spannungsfeld zwischen deutsch-deutscher Vereinigung und europäischer Integration. In: HESSE, Joachim Jens/ RENZSCH, Wolfgang (Hrsg.): Föderalstaatliche Entwicklung in Europa (Schriften zur Innenpolitik und zur kommunalen Wissenschaft und Praxis. Bd. 5). Baden-Baden 1991 (Nomos), S. 117-140

KITTELMANN, Peter/ PFENNIG, Gero: Das Europäische Parlament und der Deutsche Bundestag als Garanten für eine demokratische und bürgernahe Europapolitik. In: RINSCHE, Günter/ FRIEDRICH, Ingo (Hrsg.): Europa als Auftrag. Die Politik deutscher Christdemokraten im Europäischen Parlament 1957-1997. Von den Römischen Verträgen zur Politischen Union. Weimar/ Köln/ Wien 1997 (Böhlau), S. 309-318

KLATZKY, Roberta L.: Gedächtnis und Bewußtsein. Stuttgart 1989 (Klett Cotta)

KLEINSTEUBER, Hans J./ ROSSMANN, Torsten: Kommunikationsraum Europa? Die Medienpolitik der EG und die europäische Integration. In: KREILE, Michael (Hrsg.): Die Integration Europas. Politische Vierteljahreschrift. Sonderheft 23/1992. Opladen 1992 (Westdeutscher Verlag), S. 292-320

KLOSE, Hans-Ulrich: Grundfragen der Europäischen Integration – Eine sozialdemokratische Politik für Europa. In: HELLWIG, Renate (Hrsg.): Der Deutsche Bundestag und Europa. München/ Landsberg (Lech) 1993 (mvg), S. 161-171

KNAPP, Manfred: Europa aus der Sicht der USA. In: BISKUP, Reinhold (Hrsg.): Dimensionen Europas. Beiträge zur Wirtschaftspolitik. Bd. 68. Bern/ Stuttgart/ Wien 1998 (Paul Haupt), S. 329-358

KNEMEYER, Franz-Ludwig: Gemeindefreiheit – kommunale Selbstverwaltung – als Stütze der Demokratie. In: ESTERBAUER, Fried/ KALKBRENNER, Helmut/ MATTMÜLLER, Markus/ ROEMHELD, Lutz (Hrsg.): Von der freien Gemeinde zum föderalistischen Europa. Festschrift für Adolf Gasser zum 80. Geburtstag. Berlin 1983 (Duncker und Humblot), S. 285-302

KNEMEYER, Franz-Ludwig: Die Vorgeschichte der Europäischen Kommunalcharta. In: DERS. (Hrsg.): Die Europäische Charta der kommunalen Selbstverwaltung: Entstehung und Bedeutung. Länderberichte und Analysen. Baden-Baden 1989 (Nomos), S. 39-42

KNEMEYER, Franz-Ludwig (Hrsg.): Die Europäische Charta der kommunalen Selbstverwaltung: Entstehung und Bedeutung. Länderberichte und Analysen. Baden-Baden 1989 (Nomos)

KNEMEYER, Franz-Ludwig: Subsidiarität – Föderalismus, Dezentralisation. Initiative zu einem „Europa der Regionen". In: Deutsches Verwaltungsblatt 1990. Köln 1990, S. 449-454

KNEMEYER, Franz-Ludwig: Subsidiarität – Föderalismus, Dezentralisation. Initiativen zu einem „Europa der Regionen". In: Zeitschrift für Rechtspolitik. Jg. 23. 5/1990, S. 173-174

KOHLER-KOCH, Beate: Interessen und Integration. Die Rolle organisierter Interessen im westeuropäischen Einigungsprozeß. In: KREILE, Michael (Hrsg.): Die Integration Europas. Politische Vierteljahreschrift. Sonderheft 23/1992. Opladen 1992 (Westdeutscher Verlag), S. 81-119

KOHLHASE, Norbert: Strategien der Europapolitik. In: WEIDENFELD, Werner (Hrsg.): Die Identität Europas. Fragen, Positionen, Perspektiven. München/ Wien 1985 (Hanser), S. 255-278

KONOW, Gerhard: Überlegungen zum Ausschuss der Regionen. In: TOMUSCHAT, Christian (Hrsg.): Mitsprache der dritten Ebene in der europäischen Integration: Der Ausschuss der Regionen (Bonner Schriften zur Integration Europas. Bd. 2). Bonn 1995 (Europa Union), S. 79-96

KOPP, Reinhold: Föderalismus – demokratische Struktur für Deutschland und Europa. In: BOHR, Kurt (Hrsg.): Föderalismus. Demokratische Struktur für Deutschland und Europa. München 1992 (Beck), S. 163-199

KOSLOWSKY, Peter (Hrsg.): Europa imaginieren. Der europäische Binnenmarkt als kulturelle und wirtschaftliche Aufgabe. Berlin/ Heidelberg 1992 (Springer)

KRAMER, Heinz: Die Ostpolitik der Europäischen Gemeinschaft im Kontext der westeuropäischen Integrationsdynamik. In: NÖTZOLD, Jürgen (Hrsg.): Europa im Wandel: Entwicklungstendenzen nach der Ära des Ost-West-Konflikts (Aktuelle Materialien zur Internationalen Politik. Bd. 25). Baden-Baden 1990 (Nomos), S. 93-118

KRAMER, Heinz: Erweiterung: Auf dem Weg zu einer EU-27. In: HRBEK, Rudolf (Hrsg.): Die Reform der Europäischen Union. Positionen und Perspektiven anläßlich der Regierungskonferenz (Schriftenreihe des Arbeitskreises Europäische Integration e.V. Bd. 41). Baden-Baden 1997 (Nomos), S. 299-308

KRAUSE, Rolf-Dieter: Europa auf der Kippe. Vierzehn Argumente gegen den Vertrag von Maastricht. München 1992 (Heyne)

KREILE, Michael (Hrsg.): Die Integration Europas. Politische Vierteljahreschrift. Sonderheft 23/1992. Opladen 1992 (Westdeutscher Verlag)

KREILE, Michael: Integrationspolitische Rahmenbedingungen der Regierungskonferenz. Eine politikwissenschaftliche Skizze. In: HRBEK, Rudolf (Hrsg.): Die Reform der Europäischen Union. Positionen und Perspektiven anläßlich der Regierungskonferenz (Schriftenreihe des Arbeitskreises Europäische Integration e.V. Bd. 41). Baden-Baden 1997 (Nomos), S. 17-22

KRONZUCKER, Dieter: Mein Europa. 2. Aufl. Berlin 1999 (Rütten & Loening)

KRÜGER, Peter: Europabewußtsein in Deutschland in der ersten Hälfte des 20. Jahrhunderts. In: HUDEMANN, Rainer/ KAELBLE, Hartmut/ SCHWABE, Klaus (Hrsg.): Europa im Blick der Historiker. Historische Zeitschrift (Beihefte). Bd. 21. München 1995 (Oldenbourg), S. 31-54

KUHN, Helmut: Der Staat. Eine philosophische Darstellung. München 1967 (Kösel)

KÜHNHARDT, Ludger: Föderalismus und Subsidiarität. Betrachtungen zu einer deutschen und europäischen Frage. In: Aus Politik und Zeitgeschichte. 45/91. Bonn 1991, S. 37-45

KÜHNHARDT, Ludger: Europäische Union und föderale Idee. Europapolitik in der Umbruchzeit (Schriftenreihe des Bundeskanzleramtes: Perspektiven und Orientierungen. Bd. 14). München 1993 (Beck)

KÜHNHARDT, Ludger/ PÖTTERING, Hans-Gert: Kontinent Europa. Kern, Übergänge, Grenzen. Zürich 1998 (Interfrom)

KULTURPOLITISCHE GESELLSCHAFT/ INTERNATIONALE CULTURELE STICHTING (Hrsg.): Kultur-Markt Europa. Jahrbuch für europäische Kulturpolitik. Köln 1989 (Volksblatt)

LAFONTAINE, Oskar: Globalisierung und internationale Zusammenarbeit. In: BECK, Ulrich (Hrsg.): Politik der Globalisierung (Edition Zweite Moderne). Frankfurt (Main) 1998 (Suhrkamp), S. 254-262

LAMBRECHT, Lars/ LOSURDO, Domenico (Hrsg.): Versprechen Europa (Dialektik. Enzyklopädische Zeitschrift für Philosophie und Wissenschaften, 1997/2). Hamburg 1997 (Meiner)

LANG, Winfried: Regionen und Grenzen: Auf dem Weg zum neuen Europa. In: ESTERBAUER, Fried/ PERNTHALER, Peter (Hrsg.): Europäischer Regionalismus am Wendepunkt. Bilanz und Ausblick (Schriftenreihe des Instituts für Föderalismusforschung. Bd. 49). Wien 1991 (Braumüller), S. 145-160

LANGER, Alexander: Verfassungsgebende Versammlung statt Maastricht? In: HALLER, Max/ SCHACHNER-BLAZIZEK, Peter (Hrsg.): Europa – wohin? Wirtschaftliche Integration, soziale Gerechtigkeit und Demokratie. Graz 1994 (Leykam), S. 449-456

LAUFER, Heinz: Föderalismus in der Kritik. In: ASSMANN, Karl/ GOPPEL, Thomas (Hrsg.): Föderalismus. Bauprinzip einer freiheitlichen Grundordnung in Europa. München 1978 (Saur), S. 21-37

LAUFER, Heinz: Föderalismus und Verfassungsgerichtsbarkeit. Die bundesstaatliche Ordnung der Bundesrepublik Deutschland in der Rechtsprechung des Bundesverfassungsgerichts. In: ESTERBAUER, Fried/ KALKBRENNER, Helmut/ MATTMÜLLER, Markus/ ROEMHELD, Lutz (Hrsg.): Von der freien Gemeinde zum föderalistischen Europa. Festschrift für Adolf Gasser zum 80. Geburtstag. Berlin 1983 (Duncker und Humblot), S. 419-432

LAUFER, Heinz/ ARENS, Uwe: Die kontinuierliche Ausweisung der EG-Kompetenzen. In: WEIDENFELD, Werner (Hrsg.): Reform der Europäischen Union. Materialien zur Revision des Maastrichter Vertrages 1996. Gütersloh 1994 (Bertelsmann), S. 193-200

LAUFER, Heinz: Kriterien der Kompetenzabgrenzung. In: WEIDENFELD, Werner (Hrsg.): Reform der Europäischen Union. Materialien zur Revision des Maastrichter Vertrages 1996. Gütersloh 1994 (Bertelsmann), S. 201-213

LAUFER, Heinz/ FISCHER, Thomas: Zur Kompetenzverteilung zwischen Europäischer Union und den Mitgliedsstaaten. In: WEIDENFELD, Werner (Hrsg.): Reform der Europäischen Union. Materialien zur Revision des Maastrichter Vertrages 1996. Gütersloh 1994 (Bertelsmann), S. 214-222

LECHELER, Helmut: Das Subsidiaritätsprinzip. Strukturprinzip der Europäischen Union (Soziale Orientierung. Veröffentlichung der Wissenschaftlichen Kommission bei der Katholischen Sozialwissenschaftlichen Zentralstelle Mönchengladbach. Bd. 8). Berlin 1993 (Duncker und Humblot)

LECLERCQ, Jean-Michel: Die europäische Dimension im Geschichtsunterricht und in der staatsbürgerlichen Erziehung. In: PINGEL, Falk (Hrsg.): Macht Europa Schule? Die Darstellung Europas in Schulbüchern der Europäischen Gemeinschaft (Studien zur internationalen Schulbuchforschung. Bd. 84). Frankfurt (Main) 1995 (Diesterweg), S. 1-14

LEGGEWIE, Claus: Eine immer unbestimmtere Idee von Frankreich. Anmerkungen zur französischen politischen Kultur. In: REICHEL, Peter (Hrsg.): Politische Kultur in Westeuropa. Bürger und Staaten in der Europäischen Gemeinschaft. Schriftenreihe der Bundeszentrale für politische Bildung. Bd. 209. Bonn 1984, S. 118-144

LE GOFF, Jacques: Das alte Europa und die Welt der Moderne. München 1996 (Beck)

LEHNE, Klaus-Heiner: Die Reform des Europäischen Parlaments – ein sinnvolleres Arbeiten für die Zukunft Europas. In: RINSCHE, Günter/ FRIEDRICH, Ingo (Hrsg.): Europa als Auftrag. Die Politik deutscher Christdemokraten im Europäischen Parlament 1957-1997. Von den Römischen Verträgen zur Politischen Union. Weimar/ Köln/ Wien 1997 (Böhlau), S. 281-288

LEONTJEW, Alexej: Tätigkeit. Bewußtsein. Persönlichkeit (Studien zur Kritischen Psychologie. Bd. 7). Köln 1982 (Pahl-Rugenstein)

LEPSIUS, M. Rainer: Die Europäische Union. Ökonomisch-politische Integration und kulturelle Pluralität. In: VIEHOFF, Reinhold/ SEGERS, Rien T. (Hrsg.): Kultur, Identität, Europa. Über die Schwierigkeiten und Möglichkeiten einer Konstruktion . Frankfurt (Main) 1999 (Suhrkamp), S. 201-222

LEPSZY, Norbert: Die „Versäulungsdemokratie" in der Krise? Zur politischen Kultur der Niederlande. In: REICHEL, Peter (Hrsg.): Politische Kultur in Westeuropa. Bürger und Staaten in der Europäischen Gemeinschaft. Schriftenreihe der Bundeszentrale für politische Bildung. Bd. 209. Bonn 1984, S. 270-291

LEPSZY, Norbert/ WOYKE, Wichard: Belgien: Geteilter Staat – geteilte politische Kultur. In: REICHEL, Peter (Hrsg.): Politische Kultur in Westeuropa. Bürger und Staaten in der Europäischen Gemeinschaft. Schriftenreihe der Bundeszentrale für politische Bildung. Bd. 209. Bonn 1984, S. 34-51

LHOTTA, Roland: Der „verkorkste Bundesstaat" – Anmerkungen zur bundesstaatlichen Reformdiskussion. In: Zeitschrift für Parlamentsfragen. 24. Jg. Heft 1/93, Opladen 1993, S. 117-132

LINK, Ewald: Das Subsidiaritätsprinzip. Sein Wesen und seine Bedeutung für die Sozialethik. Freiburg 1955 (Herder)

LIPGENS; Walter: Die Anfänge der europäischen Einigungspolitik 1945-1950. Erster Teil: 1945-1947. Stuttgart 1977 (Klett)

LOTH, Wilfried: Der Weg nach Europa. Geschichte der europäischen Integration 1939-1957. 2. Aufl. Göttingen 1991 (Vandenhoeck und Ruprecht)

LOTH, Wilfried: Vertiefung in der Erweiterung? Die Regierungskonferenz in historischer Perspektive. In: HRBEK, Rudolf (Hrsg.): Die Reform der Europäischen Union. Positionen und Perspektiven anläßlich der Regierungskonferenz (Schriftenreihe des Arbeitskreises Europäische Integration e.V.. Bd. 41). Baden-Baden 1997 (Nomos), S. 13-16

LOTTES, Günther: Zur Einführung: Staat, Nation, Region – Zu drei Prinzipien der Formationsgeschichte Europas. In: DERS. (Hrsg.): Region, Nation, Europa. Historische Determinanten der Neugliederung eines Kontinents (Schriftenreihe der Europa-Kolloquien im Alten Reichstag. Bd. 1). Heidelberg/ Regensburg 1992 (Physica/ Mittelbayerischer), S. 10-44

LOTTES, Günther (Hrsg.): Region, Nation, Europa. Historische Determinanten der Neugliederung eines Kontinents (Schriftenreihe der Europa-Kolloquien im Alten Reichstag. Bd. 1). Heidelberg/ Regensburg 1992 (Physica/ Mittelbayerischer)

LOTTES, Günther: Subsidiarität und Souveränität in den Staatsbildungsprozessen im Westeuropa der Frühen Neuzeit. In RIKLIN, Alois/ BATLINER, Gerard (Hrsg.): Subsidiarität. Ein interdisziplinäres Symposium. Baden-Baden 1994 (Nomos), S. 243-266

LÜBBE, Hermann: Die große und die kleine Welt. Regionalismus als europäische Bewegung. In: WEIDENFELD, Werner (Hrsg.): Die Identität Europas. Fragen, Positionen, Perspektiven. München/ Wien 1985 (Hanser), S. 191-205

LÜBBE, Hermann: Föderalismus und Regionalismus in der Europäischen Union. In: WEIDENFELD, Werner (Hrsg.): Reform der Europäischen Union. Materialien zur Revision des Maastrichter Vertrages 1996. Gütersloh 1994 (Bertelsmann), S. 111-126

LÜBBE, Hermann: Europa. Philosophische Aspekte. In: BISKUP, Reinhold (Hrsg.): Dimensionen Europas. Beiträge zur Wirtschaftspolitik. Bd. 68. Bern/ Stuttgart/ Wien 1998 (Paul Haupt), S. 81-100

LUCAS, Hans-Dieter: Europa vom Atlantik bis zum Ural? Europapolitik und Europadenken im Frankreich der Ära de Gaulle (1958-1969) (Pariser Historische Studien. Bd. 35). Bonn/ Berlin 1992 (Bouvier)

LUDWIG, Klemens: Europa zerfällt. Völker ohne Staaten und der neue Nationalismus. Reinbek bei Hamburg 1993 (Rowohlt)

LUSTER, Rudolf/ PFENNIG, Gero/ FUGMANN, Friedrich: Bundesstaat Europäische Union: Ein Verfassungsentwurf (1988). In: WEIDENFELD, Werner (Hrsg.): Wie Europa verfaßt sein soll – Materialien zur Politischen Union (Strategien und Optionen für die Zukunft Europas. Arbeitspapiere 7). Gütersloh 1991 (Bertelsmann), S. 105-134

LUSTER, Rudolf: Europa in guter Verfassung? In: RINSCHE, Günter/ FRIEDRICH, Ingo (Hrsg.): Europa als Auftrag. Die Politik deutscher Christdemokraten im Europäischen Parlament 1957-1997. Von den Römischen Verträgen zur Politischen Union. Weimar/ Köln/ Wien 1997 (Böhlau), S. 245-260

LÜTZELER, Paul Michael: Europäische Identität und Multikultur. Fallstudien zur deutschsprachigen Literatur seit der Romantik (Stauffenburg Discussion: Studien zur Inter- und Multikultur. Bd. 8). Tübingen 1997 (Stauffenburg)

LÜTZELER, Paul Michael: Europäische Identität. Der mühsame Weg zur Multikultur. In: BORMANN, Alexander von (Hrsg.): Volk – Nation – Europa. Zur Romantisierung und Entromantisierung politischer Begriffe. Würzburg 1998 (Königshausen & Neumann), S. 227-238

MAGIERA, Siegfried: Kompetenzverteilung in Europa – Möglichkeiten und Grenzen der Beachtung der dritten Ebene. In: BORKENHAGEN, Franz H.U./ FISCHER, Thomas/ FRANZMEYER, Fritz u.a.: Arbeitsteilung in der Europäischen Union – die Rolle der Regionen. Gütersloh 1999 (Bertelsmann), S. 20-29

MAIHOFER, Werner: Föderativverfassung und Kompetenzverteilung einer Europäischen Union. In: WEIDENFELD, Werner (Hrsg.): Reform der Europäischen Union. Materialien zur Revision des Maastrichter Vertrages 1996. Gütersloh 1994 (Bertelsmann). S. 61-74

MALANGRÉ, Kurt: Der Beginn einer Europäischen Innenpolitik. In: RINSCHE, Günter/ FRIEDRICH, Ingo (Hrsg.): Europa als Auftrag. Die Politik deutscher Christdemokraten im Europäischen Parlament 1957-1997. Von den Römischen Verträgen zur Politischen Union. Weimar/ Köln/ Wien 1997 (Böhlau), S. 199-204

MALCHUS, Viktor Freiherr von: Partnerschaft an europäischen Grenzen. Integration durch grenzüberschreitende Zusammenarbeit. Bonn 1975 (Europa Union)

MARKO, Joseph: Zur Renaissance der Selbstverwaltung in den neuen Demokratien. In: STEINER, Michael/ ISAK, Hubert/ MARKO, Joseph (Hrsg.): Alle Macht nach unten? Regionen und Gemeinden gestalten die neuen Demokratien Europas. Graz 1992 (Leykam), S. 77-82

MARQUARDT-KURON, Arnulf/ MAGER, Thomas J./ CARMONA-SCHNEIDER, Juan-J. (Hrsg.): Die Vereinigten Staaten von Europa. Anspruch und Wirklichkeit (Material zur angewandten Geographie. Bd. 21). Berlin 1991 (Ifk)

MÄRZ, Peter/ OBERREUTER, Heinrich (Hrsg.): Weichenstellung für Deutschland. Der Verfassungskonvent von Herrenchiemsee. München 1999 (Olzog)

MATTMÜLLER, Markus: Föderalismus aus der Bibel. Ein Beitrag zum Staatsverständnis des Schweizer Theologen Leonhard Ragaz. In: ESTERBAUER, Fried/ KALKBRENNER, Helmut/ DERS./ ROEMHELD, Lutz (Hrsg.): Von der freien Gemeinde zum föderalistischen Europa. Festschrift für Adolf Gasser zum 80. Geburtstag. Berlin 1983 (Duncker und Humblot), S. 159-167

MATZNER-HOLZER, Gabriele: Die Spannung Volk – Nation – Europa am Beispiel Österreichs I. In: BORMANN, Alexander von (Hrsg.): Volk – Nation – Europa. Zur Romantisierung und Entromantisierung politischer Begriffe. Würzburg 1998 (Königshausen & Neumann), S. 269-272

MAURER, Andreas: Die Demokratisierung der Europäischen Union: Perspektiven für das Europäische Parlament. In: DERS./ THIELE, Burkhard (Hrsg.): Legitimationsprobleme und Demokratisierung der Europäischen Union (Schriftenreihe der Hochschulinitiative Demokratischer Sozialismus. Bd. 29). Marburg 1996 (Schüren), S. 15-38

MAURER, Andreas: Reformziel Effizienzsteigerung und Demokratisierung: Die Weiterentwicklung der Entscheidungsmechanismen. In: JOPP, Mathias/ SCHMUCK, Otto (Hrsg.): Die Reform der Europäischen Union. Analysen – Positionen – Dokumente zur Regierungskonferenz 1996/97 (Analysen zur Europapolitik des Instituts für Europäische Politik. Bd. 11). Bonn 1996 (Europa Union), S. 23-40

MAURER, Andreas/ THIELE, Burkhard (Hrsg.): Legitimationsprobleme und Demokratisierung der Europäischen Union (Schriftenreihe der Hochschulinitiative Demokratischer Sozialismus. Bd. 29). Marburg 1996 (Schüren)

MAUS, Robert/ RITSCHERLE, Wolfgang/ SUND, Horst (Hrsg.): Aufbruch nach Europa. Chancen und Perspektiven des Bodenseeraums nach 1992. 1. Bodensee-Forum 1989. Konstanz 1990 (Universitätsverlag)

MCGREW, Anthony: Demokratie ohne Grenzen? In: BECK, Ulrich (Hrsg.): Politik der Globalisierung (Edition Zweite Moderne). Frankfurt (Main) 1998 (Suhrkamp), S. 374-422

MELCHIOR, Josef: Perspektiven und Probleme der Demokratisierung der Europäischen Union. In: ANTALOVSKY, Eugen/ MELCHIOR, Josef/ PUNTSCHER RIEKMANN, Sonja (Hrsg.): Integration durch Demokratie. Neue Impulse für die Europäische Integration. Marburg 1997 (Metropolis), S. 11-68

MEMMINGER, Gerd: Die Forderungen der Länder im Gefüge des Grundgesetzes. In: BORKENHAGEN, Franz H.U./ BRUNS-KLÖSS, Christian/ DERS./ STEIN, Otti (Hrsg.): Die deutschen Länder in Europa: Politische Union und Wirtschafts- und Währungsunion. Baden-Baden 1992 (Nomos), S. 139-160

MENTLER, Michael: Kooperation und Konflikt zwischen den Ländern: Zur Praxis innerstaatlicher Mitwirkung an der deutschen Europapolitik aus der Sicht Bayerns. In: HRBEK, Rudolf (Hrsg.): Europapolitik und Bundesstaatsprinzip. Die „Europafähigkeit" Deutschlands und seiner Länder im Vergleich mit anderen Föderalstaaten. Schriftenreihe des Europäischen Zentrums für Föderalismus-Forschung. Bd. 17. Baden-Baden 2000 (Nomos), S. 61-65

MENZ, Lorenz: Föderalismus: Stärke oder Handicap deutscher Interessenvertretung in der EU? (I). In: HRBEK, Rudolf (Hrsg.): Europapolitik und Bundesstaatsprinzip. Die „Europafähigkeit" Deutschlands und seiner Länder im Vergleich mit anderen Föderalstaaten. Schriftenreihe des Europäischen Zentrums für Föderalismus-Forschung. Bd. 17. Baden-Baden 2000 (Nomos), S. 67-74

METTE, Stefan: Steuerpolitik zwischen nationaler Souveränität und europäischer Harmonisierung. In: KREILE, Michael (Hrsg.): Die Integration Europas. Politische Vierteljahresschrift. Sonderheft 23/1992. Opladen 1992 (Westdeutscher Verlag), S. 254-273

METTLER, Hans Jörg: Föderalismus und Ökologie auf europäischer Ebene. In: ASSMANN, Karl/ GOPPEL, Thomas (Hrsg.): Föderalismus. Bauprinzip einer freiheitlichen Grundordnung in Europa. München 1978 (Saur), S. 123-136

METZINGER, Thomas (Hrsg.): Bewußtsein. Beiträge aus der Gegenwartspsychologie. Paderborn 1995 (Schöningh)

MICHEL, Karl Markus/ SPENGLER, Tilmann (Hrsg.): Mehr Europa (Kursbuch 12/1990. Heft 102). Berlin 1990 (Rowohlt)

MICKEL, Wolfgang, W.: Europäische Einigungspolitik Band 2. Neuwied/ Berlin 1974 (Luchterhand)

MICKEL, Wolfgang W.: Kulturelle Aspekte und Probleme der europäischen Integration. In: Aus Politik und Zeitgeschichte. 10/97. Bonn 1997, S. 14-24

MILLON-DELSOL, Chantal: L'État subsidiaire. Ingérence et non-ingérance de l'Etat : le principe de subsidiarité aux fondements de l'histoire européenne. Paris 1992 (Presses Universitaires des France)

MINC, Alain: Die Wiedergeburt des Nationalismus in Europa. Hamburg 1992 (Hoffmann und Campe)

MÖCKL, Karl: Föderalismus und Regionalismus im Europa des 19. und 20. Jahrhunderts. Eine Skizze. In: ESTERBAUER, Fried/ KALKBRENNER, Helmut/ MATTMÜLLER, Markus/ ROEMHELD, Lutz (Hrsg.): Von der freien Gemeinde zum föderalistischen Europa. Festschrift für Adolf Gasser zum 80. Geburtstag. Berlin 1983 (Duncker und Humblot), S. 529-549

MOHN, Reinhard: Geistige Orientierung als Grundlage der Gemeinschaftsfähigkeit im Prozeß der europäischen Integration. In: BISKUP, Reinhold (Hrsg.): Dimensionen Europas. Beiträge zur Wirtschaftspolitik. Bd. 68. Bern/ Stuttgart/ Wien 1998 (Paul Haupt), S. 101-110

MONAR, Jörg: Reformziel Innere Sicherheit: Die Notwendigkeit einer Gemeinsamen Innen- und Justizpolitik. In: JOPP, Mathias/ SCHMUCK, Otto (Hrsg.): Die Reform der Europäischen Union. Analysen – Positionen – Dokumente zur Regierungskonferenz 1996/97 (Analysen zur Europapolitik des Instituts für Europäische Politik. Bd. 11). Bonn 1996 (Europa Union), S. 59-73

MONAR, Jörg: Die Bereiche Inneres und Justiz im Prozeß der Integration. In: HRBEK, Rudolf (Hrsg.): Die Reform der Europäischen Union. Positionen und Perspektiven anläßlich der Regierungskonferenz (Schriftenreihe des Arbeitskreises Europäische Integration e.V. Bd. 41). Baden-Baden 1997 (Nomos), S. 241-252

MONAR, Jörg: Die Unionsbürgerschaft als konstitutives Element des Unionssystems. In: HRBEK, Rudolf (Hrsg.): Die Reform der Europäischen Union. Positionen und Perspektiven anläßlich der Regierungskonferenz (Schriftenreihe des Arbeitskreises Europäische Integration e.V. Bd. 41). Baden-Baden 1997 (Nomos), S. 203-218

MORASS, Michael: Die Interessenvertretung regionaler Akteure im Dreiebenensystem der Europäischen Gemeinschaften. Problemaufriß nach „Maastricht" am Beispiel der deutschen Länder. In: Österreichische Zeitschrift für Politikwissenschaft. 1/92, Wien 1992, S. 289-308

MORASS, Michael: Mehrheitsdemokratie versus Föderalismus. Demokratie im Mehrebenensystem der Europäischen Union. In: ANTALOVSKY, Eugen/ MELCHIOR, Josef/ PUNTSCHER RIEKMANN, Sonja (Hrsg.): Integration durch Demokratie. Neue Impulse für die Europäische Integration. Marburg 1997 (Metropolis), S. 223-242

MORAVCSIK, Andrew: Negotiating the Single European Act: National Interests and Conventional Statecraft in the European Community. In: NELSON, Brent F./ STUBB, Alexander C.-G. (Hrsg.) : The European Union. Readings on the Theory and Practice of European Integration. Boulder (Colorado/ USA) 1994 (Lynne Rienner), S. 211-236

MORIN, Edgar: Europa denken. Frankfurt (Main)/ New York 1988 (Campus)

MÜCKL, Wolfgang J. (Hrsg.): Die Enzyklika Qudragessimo anno und der Wandel der sozialstaatlichen Ordnung (Rechts- und Staatswissenschaftliche Veröffentlichungen der Görres-Gesellschaft. Neue Folge. Heft 62). Paderborn/ München u.a. 1991 (Schöningh)

MÜLLER, Günther: Faß ohne Boden. Die Eurokratie von Brüssel und unser Geld. München 1994 (Herbig)

MÜLLER-BRANDECK-BOQUET, Gisela: Ein föderalistisches Europa? Zur Debatte über die Föderalisierung und Regionalisierung der zukünftigen Europäischen Politischen Union. In: Aus Politik und Zeitgeschichte. 45/91. Bonn 1991, S. 13-36

MÜLLER-BRANDECK-BOQUET, Gisela: Europäische Integration und deutscher Föderalismus. In: KREILE, Michael (Hrsg.): Die Integration Europas. Politische Vierteljahreschrift. Sonderheft 23/1992. Opladen 1992 (Westdeutscher Verlag), S.160-184.

MÜLLER-BRANDECK-BOCQUET, Gisela: Der Amsterdamer Vertrag zur Reform der Europäischen Union. In: Aus Politik und Zeitgeschichte. 47/97. Bonn 1997, S. 21-29

MÜLLER-GRAF, Peter-Christian: Zentralisierungs- versus Dezentralisierungstendenzen – Vektoren in der Entwicklung eines europäischen Gemeinwesens. In: BORKENHAGEN, Franz H.U./ FISCHER, Thomas/ FRANZMEYER, Fritz u.a.: Arbeitsteilung in der Europäischen Union – die Rolle der Regionen. Gütersloh 1999 (Bertelsmann), S. 55-64

MÜNCH, Richard: Das Projekt Europa. Zwischen Nationalstaat, regionaler Autonomie und Weltgesellschaft. Frankfurt (Main) 1993 (Suhrkamp)

MÜNCH, Richard: Europäische Identitätsbildung. Zwischen globaler Dynamik, nationaler und regionaler Gegenbewegung. In: VIEHOFF, Reinhold/ SEGERS, Rien T. (Hrsg.): Kultur, Identität, Europa. Über die Schwierigkeiten und Möglichkeiten einer Konstruktion. Frankfurt (Main) 1999 (Suhrkamp), S. 223-252

MÜNKLER, Herfried: Subsidiarität, Zivilgesellschaft und Bürgertugend. In RIKLIN, Alois/ BATLINER, Gerard (Hrsg.): Subsidiarität. Ein interdisziplinäres Symposium. Baden -Baden 1994 (Nomos), S. 63-80

MURPHY, Detlef: Großbritannien und Italien: eine vergleichende Studie. In: HARTMANN, Jürgen (Hrsg.): Vergleichende politische Systemforschung: Konzepte und Analysen. Köln/ Wien 1980 (Böhlau), S. 83-162

MURSWIEK, Dietrich: Maastricht und der Pouvoir Constitutant. Zur Bedeutung der verfassungsgebenden Gewalt im Prozeß der europäischen Integration. In: Der Staat. Zeitschrift für Staatslehre, öffentliches Recht und Verfassungsgeschichte. Bd. 32. Berlin 1993, S. 161-190

NASSAUER, Hartmut: Der dritte Pfeiler des Maastrichter Vertrags – zwischenstaatliche Zusammenarbeit oder gemeinschaftliches Handeln. In: RINSCHE, Günter/ FRIEDRICH, Ingo (Hrsg.): Europa als Auftrag. Die Politik deutscher Christdemokraten im Europäischen Parlament 1957-1997. Von den Römischen Verträgen zur Politischen Union. Weimar/ Köln/ Wien 1997 (Böhlau), S. 205-210

NEISSER, Heinrich: Optionen der Parlamentarisierung der Europäischen Union. In: ANTALOVSKY, Eugen/ MELCHIOR, Josef/ PUNTSCHER RIEKMANN, Sonja (Hrsg.): Integration durch Demokratie. Neue Impulse für die Europäische Integration. Marburg 1997 (Metropolis), S. 193-206

NELL-BREUNING, Oswald von: Aktuelle Fragen der Gesellschaftspolitik. Köln 1970 (Bachem)

NELSON, Brent F./ STUBB, Alexander C.-G. (Hrsg.) : The European Union. Readings on the Theory and Practice of European Integration. Boulder (Colorado/ USA) 1994 (Lynne Rienner)

NELSON, Brian/ ROBERTS, David/ VEIT, Walter (Hrsg.): The Idea of Europe. Problems of National and Transnational Identity. New York/ Oxford 1992 (Berg)

NENNING, Günther: Vision Europa, Illusion EG. Karlsruhe oder die deutsche Chuzpe. In: HALLER, Max/ SCHACHNER-BLAZIZEK, Peter (Hrsg.): Europa – wohin? Wirtschaftliche Integration, soziale Gerechtigkeit und Demokratie. Graz 1994 (Leykam), S. 469-476

NEUE ZÜRICHER ZEITUNG. Nr. 217. Zürich 18.09.1996

NEWHOUSE, John: Sackgasse Europa: Der Euro kommt, die EU zerbricht. München 1998 (Droemer)

NICOLAYSEN, Gert: Funktionalität und Kontrolle der Subsidiarität. In WEIDENFELD, Werner (Hrsg.): Reform der Europäischen Union. Materialien zur Revision des Maastrichter Vertrages 1996. Gütersloh 1994 (Bertelsmann), S. 156-165

NICOLL, William: Representing the States. In: DUFF, Andrew/ PINDER, John/ PRYCE, Roy (Hrsg.): Maastricht and Beyond. Building the European Union. 2. Aufl. London/ New York 1995 (Routledge), S. 190-206

NIEDERL, Friedrich: Grundlagen und Prinzipien des föderalen Systems. In: ASSMANN, Karl/ GOPPEL, Thomas (Hrsg.): Föderalismus. Bauprinzip einer freiheitlichen Grundordnung in Europa. München 1978 (Saur), S. 39-49

NIEDERMAYER, Oskar: Die Europäisierung der Parteienlandschaft. In: MAURER, Andreas/ THIELE, Burkhard (Hrsg.): Legitimationsprobleme und Demokratisierung der Europäischen Union (Schriftenreihe der Hochschulinitiative Demokratischer Sozialismus. Bd. 29). Marburg 1996 (Schüren), S. 85-96

NIETZSCHE, Friedrich: Sämtliche Werke (Kritische Studienausgabe. Bd. 5). München 1980 (dtv)

NOELLE-NAUMANN, Elisabeth: Europa in der öffentlichen Meinung. In: GLATZER, Wolfgang (Hrsg.): Einstellungen und Lebensbedingungen in Europa. Soziale Indikatoren XVII. Frankfurt (Main)/ New York 1993 (Campus), S. 11-44

NÖTZOLD, Jürgen (Hrsg.): Europa im Wandel: Entwicklungstendenzen nach der Ära des Ost-West-Konflikts (Aktuelle Materialien zur Internationalen Politik. Bd. 25). Baden-Baden 1990 (Nomos)

OLK, Thomas: „Neue Subsidiaritätspolitik" – Abschied vom Sozialstaat oder Entfaltung autonomer Lebensstile? In: HEINZE, Rolf G. (Hrsg.): Neue Subsidiarität: Leitidee für eine zukünftige Sozialpolitik? Beiträge zur sozialwissenschaftlichen Forschung. Bd. 81. Opladen 1986 (Westdeutscher Verlag), S. 283-302

OLSON, Mancur: Das Prinzip „fiskalischer Gleichheit": Die Aufteilung der Verantwortung zwischen verschiedenen Regierungsebenen. In: KIRSCH, Guy/ WITTMANN, Walter (Hrsg.): Föderalismus. Wirtschaftswissenschaftliches Seminar. Bd. 5. Stuttgart/ New York 1977 (Fischer), S. 66-76

OST, Friedhelm: Der Europäische Binnenmarkt. In: HELLWIG, Renate (Hrsg.): Der Deutsche Bundestag und Europa. München/ Landsberg (Lech) 1993 (mvg), S. 66-80

PAPCKE, Sven: Who Needs European Identity and What Could It Be? In: NELSON, Brian/ ROBERTS, David/ VEIT, Walter (Hrsg.): The Idea of Europe. Problems of National and Transnational Identity. New York/ Oxford 1992 (Berg), S. 61-74

PAUL-KLEINEWEFERS-STIFTUNG KREFELD: Europa in der Neuorientierung. 1. Leutherheider Forum. 10.-13. April 1991. Krefeld 1991

PELINKA, Anton: Federation or Confederation: The Dilemma of Democracy. In: ANTALOVSKY, Eugen/ MELCHIOR, Josef/ PUNTSCHER RIEKMANN, Sonja (Hrsg.): Integration durch Demokratie. Neue Impulse für die Europäische Integration. Marburg 1997 (Metropolis), S. 143-148

PERISSISH, Riccardo: Le principe de subsidiarité, fil conducteur de la politique de la Communauté dans les années a venir. In : Revue du Marche Unique Européen 3/1992, S. 5-11

PERNTHALER, Peter: Föderalismus als moderner Weg interregionaler Aufgabenteilung. In: ESTERBAUER, Fried/ KALKBRENNER, Helmut/ MATTMÜLLER, Markus/ ROEMHELD, Lutz (Hrsg.): Von der freien Gemeinde zum föderalistischen Europa. Festschrift für Adolf Gasser zum 80. Geburtstag. Berlin 1983 (Duncker und Humblot), S. 505-518

PERNTHALER, Peter: Föderalismus und Regionalismus. Ein Ansatz zur Überwindung ihrer Gegensätze. In: HUBER, Stefan/ DERS. (Hrsg.): Föderalismus und Regionalismus in Europäischer Perspektive. Schriftenreihe des Instituts für Föderalismusforschung. Bd. 44/ Veröffentlichungen der österreichischen Sektion des CIFE. Bd. 10. Wien 1988 (Braumüller), S. 13-22

PERNTHALER, Peter: Der österreichische Föderalismus im Spannungsfeld von ökonomischen Notwendigkeiten und politisch-historischer Identität. In: DERS./ BUßJÄGER Peter (Hrsg.): Ökonomische Aspekte des Föderalismus. Institut für Föderalismus. Bd. 83. Wien 2001 (Braumüller), S. 15-30

PERNTHALER, Peter/ BUßJÄGER Peter (Hrsg.): Ökonomische Aspekte des Föderalismus. Institut für Föderalismus. Bd. 83. Wien 2001 (Braumüller)

PETRICH, Heide: Ideologie und Sozialstruktur in Europa. Eine Analyse von ethnographischen Debatten. Berlin 1989 (Reimer)

PETROVIC, Madeleine: Europäische Integration: Ein Plädoyer für mehr Ehrlichkeit. In: HALLER, Max/ SCHACHNER-BLAZIZEK, Peter (Hrsg.): Europa – wohin? Wirtschaftliche Integration, soziale Gerechtigkeit und Demokratie. Graz 1994 (Leykam), S. 201-206

PHILIP, Alan Butt: Old Policies and new Competences. In: DUFF, Andrew/ PINDER, John/ PRYCE, Roy (Hrsg.): Maastricht and Beyond. Building the European Union. 2. Aufl. London/ New York 1995 (Routledge), S. 123-139

PHILIPP, Otmar: Der Ärger über die Europäische Gemeinschaft. In: TIMMERMANN, Heiner (Hrsg.): Impulse für Europa. (Dokumente und Schriften der Europäischen Akademie Otzenhausen. Bd. 78). Berlin 1996 (Duncker & Humblot), S. 117-132

PIEPENSCHNEIDER, Melanie: Die Positionen der Mitgliedsstaaten und EU-Organe im Überblick: Standpunkte, Spielmaterial und Sprengsätze. In: JOPP, Mathias/ SCHMUCK, Otto (Hrsg.): Die Reform der Europäischen Union. Analysen – Positionen – Dokumente zur Regierungskonferenz 1996/97 (Analysen zur Europapolitik des Instituts für Europäische Politik. Bd. 11). Bonn 1996 (Europa Union), S. 75-100

PIEPENSCHNEIDER, Melanie: Spezifische Aspekte der Regierungskonferenz: Institutionelle Reform. In: HRBEK, Rudolf (Hrsg.): Die Reform der Europäischen Union. Positionen und Perspektiven anläßlich der Regierungskonferenz (Schriftenreihe des Arbeitskreises Europäische Integration e.V. Bd. 41). Baden-Baden 1997 (Nomos), S. 219-232

PIEPER, Stefan Ulrich: Subsidiaritätsprinzip – Strukturprinzip der Europäischen Union. In: Deutsches Verwaltungsblatt. 13/1993. 108. Jg. Köln 1993 (Carl Heymanns), S. 705-712

PIEPER, Stefan Ulrich: Subsidiarität: Ein Beitrag zur Begrenzung der Gemeinschaftskompetenzen (Völkerrecht – Europarecht – Staatsrecht. Bd. 6). Köln 1994 (Carl Heymanns)

PINDER, John: Building the Union: Policy, Reform, Constitution. In: DUFF, Andrew/ DERS./ PRYCE, Roy (Hrsg.): Maastricht and Beyond. Building the European Union. 2. Aufl. London/ New York 1995 (Routledge), S. 269-285

PINGEL, Falk (Hrsg.): Macht Europa Schule? Die Darstellung Europas in Schulbüchern der Europäischen Gemeinschaft (Studien zur internationalen Schulbuchforschung. Bd. 84). Frankfurt (Main) 1995 (Diesterweg)

PIPPAN, Christian: Die Europäische Union nach Amsterdam: Stärkung ihrer Identität auf internationaler Ebene? Zur Reform der Gemeinsamen Außen- und Sicherheitspolitik der EU. In: Aus Politik und Zeitgeschichte. 47/97. Bonn 1997, S. 30-39

PISTONE, Sergio: Altiero Spinelli and the Strategy for the United States of Europe. In: NELSON, Brent F./ STUBB, Alexander C.-G. (Hrsg.) : The European Union. Readings on the Theory and Practice of European Integration. Boulder (Colorado/ USA) 1994 (Lynne Rienner), S. 69-76

PLATON: Der Staat. Politeia. Düsseldorf/ Zürich 2000 (Artemis & Winkler)

PLATZER, Hans-Wolfgang: Lernprozeß Europa. Die EU und die neue europäische Ordnung. 3., akt. u. überarb. Aufl. Bonn 1995 (Dietz)

POSTLEB, Rolf-Dieter: Gewichtsverlagerung im föderativen Staatsaufbau der Bundesrepublik Deutschland unter EG-Einfluß. In: EISENMANN, Peter/ RILL, Bernhard (Hrsg.): Das Europa der Zukunft. Subsidiarität, Föderalismus, Regionalismus (Zeitgeschehen-Analyse und Diskussion Hanns-Seidel-Stiftung e.V. Bd. 5). Regensburg 1992 (Pustet), S. 105-148

PRAUSSELLO, Franco: Lega lombarda (lombardischer Bund) und Liga veneta (venezianischer Bund) – Ansatzpunkte zur Föderalisierung Italiens? In: EISENMANN, Peter/ RILL, Bernhard (Hrsg.): Das Europa der Zukunft. Subsidiarität, Föderalismus, Regionalismus (Zeitgeschehen-Analyse und Diskussion Hanns-Seidel-Stiftung e.V. Bd. 5). Regensburg 1992 (Pustet), S. 102-103

PRYCE, Roy: The Maastricht Treaty and the new Europe. In: DUFF, Andrew/ PINDER, John/ DERS. (Hrsg.): Maastricht and Beyond. Building the European Union. 2. Aufl. London/ New York 1995 (Routledge), S. 3-18

PUNTSCHER RIEKMANN, Sonja: Demokratie im supranationalen Raum. In: ANTALOVSKY, Eugen/ MELCHIOR, Josef/ DIES. (Hrsg.): Integration durch Demokratie. Neue Impulse für die Europäische Integration. Marburg 1997 (Metropolis), S. 69-110

REESE-SCHÄFER, Walter: Supranationale oder transnationale Identität. Zwei Modelle kultureller Integration in Europa. In: VIEHOFF, Reinhold/ SEGERS, Rien T. (Hrsg.): Kultur, Identität, Europa. Über die Schwierigkeiten und Möglichkeiten einer Konstruktion. Frankfurt (Main) 1999 (Suhrkamp), S. 253-

REGELSBERGER, Elfriede: Gemeinsame Außen- und Sicherheitspolitik (GASP). In: HRBEK, Rudolf (Hrsg.): Die Reform der Europäischen Union. Positionen und Perspektiven anläßlich der Regierungskonferenz (Schriftenreihe des Arbeitskreises Europäische Integration e.V. Bd. 41). Baden-Baden 1997 (Nomos), S. 253-262

REICHEL, Peter: Was blieb von der Europa-Euphorie? Zur politischen Kultur der Europäischen Gemeinschaft. In: DERS. (Hrsg.): Politische Kultur in Westeuropa. Bürger und Staaten in der Europäischen Gemeinschaft. Schriftenreihe der Bundeszentrale für politische Bildung. Bd. 209. Bonn 1984, S. 292-319

REICHEL, Peter (Hrsg.): Politische Kultur in Westeuropa. Bürger und Staaten in der Europäischen Gemeinschaft. Schriftenreihe der Bundeszentrale für politische Bildung. Bd. 209. Bonn 1984

REITER, Janusz: Wie weit reicht Europa? Hoffnungen und Erwartungen der Beitrittsländer in Ost- und Südosteuropa. In: BISKUP, Reinhold (Hrsg.): Dimensionen Europas. Beiträge zur Wirtschaftspolitik. Bd. 68. Bern/ Stuttgart/ Wien 1998 (Paul Haupt), S. 359-370

REMSPERGER, Hermann: Subsidiarität in der Zentralbankpolitik: Erfahrungen und Perspektiven. In: FILC, Wolfgang/ KÖHLER, Claus (Hrsg.): Integration oder Desintegration der Weltwirtschaft? (Veröffentlichungen des Instituts für Empirische Wirtschaftsforschung. Bd. 31). Berlin 1994 (Duncker und Humblot), S. 13-36

RENGELING, Hans-Werner: Grundrechtsschutz in der Europäischen Gemeinschaft. Bestandsaufnahme und Analyse der Rechtsprechung des Europäisches Gerichtshofs zum Schutz der Grundrechte als allgemeine Rechtsgrundsätze. München 1992 (Beck)

RENZSCH, Wolfgang: Die Subsidiaritätsklausel des Maastrichter Vertrags: Keine Grundlage für die Kompetenzabgrenzung in einer Europäischen Politischen Union. In: Zeitschrift für Parlamentsfragen. 24. Jg. Heft 1/93. Opladen 1993, S. 104-116

RESS, Georg: Souveränitätsverständnis in den Europäischen Gemeinschaften als Rechtsproblem. In: DERS. (Hrsg.): Souveränitätsverständnis in den Europäischen Gemeinschaften. Schriftenreihe des Arbeitskreises Europäische Integration e.V. Bd. 9. Baden-Baden 1980 (Nomos), S. 11-18

RESS, Georg (Hrsg.): Souveränitätsverständnis in den Europäischen Gemeinschaften. Schriftenreihe des Arbeitskreises Europäische Integration e.V. Bd. 9. Baden-Baden 1980 (Nomos)

RIBHEGGE, Wilhelm: Europa – Nation – Region. Perspektiven der Stadt- und Regionalgeschichte. Darmstadt 1991 (Wiss. Buchges.)

RIDOLA, Paolo: Das Prinzip der Subsidiarität im Regionalstaat. Die Beispiele Spaniens und Italiens: Eine kritische Würdigung. In: RIKLIN, Alois/ BATLINER, Gerard (Hrsg.): Subsidiarität. Ein interdisziplinäres Symposium. Baden-Baden 1994 (Nomos), S.343-371

RIEDEL-SPANGENBERGER, Ilona/ FRANZ, Albert (Hrsg.): Fundamente Europas. Christentum und europäische Identität. Trier 1995 (Paulinus)

RIEMER, Horst-Ludwig: Das Landesparlament und das Europa der Regionen. In: ALEMANN, Ulrich von/ HEINZE, Rolf G./ HOMBACH, Bodo (Hrsg.): Die Kraft der Region: Nordrhein-Westfalen in Europa. Bonn 1990 (Dietz), S. 202-207

RIKLIN, Alois: Ursprung, Begriff, Bereiche, Probleme und Grenzen des Subsidiaritätsprinzips. In: DERS./ BATLINER, Gerard (Hrsg.): Subsidiarität. Ein interdisziplinäres Symposium. Baden-Baden 1994 (Nomos), S. 441-446

RIKLIN, Alois/ BATLINER, Gerard (Hrsg.): Subsidiarität. Ein interdisziplinäres Symposium. Baden-Baden 1994 (Nomos)

RINSCHE, Günter/ FRIEDRICH, Ingo (Hrsg.): Europa als Auftrag. Die Politik deutscher Christdemokraten im Europäischen Parlament 1957-1997. Von den Römischen Verträgen zur Politischen Union. Weimar/ Köln/ Wien 1997 (Böhlau)

RIXECKER, Roland : Grenzüberschreitender Föderalismus – eine Vision der deutschen Verfassungsreform zu Artikel 24 Abs. 1 des Grundgesetzes. In: BOHR, Kurt (Hrsg.): Föderalismus. Demokratische Struktur für Deutschland und Europa. München 1992 (Beck), S. 201-220

ROEMHELD, Lutz: Europäische Föderation aus mono-ethnischen Regionen – ein alternatives politisches Strukturmodell des Integrationsföderalisten Guy Héroud. In: DUWE, Kurt (Hrsg.): Regionalismus in Europa. Beiträge über kulturelle und sozio-ökonomische Hintergründe des politischen Regionalismus. (Demokratie, Ökologie, Föderalismus. Schriftenreihe der Internationalen Gesellschaft für Politik, Friedens- und Umweltforschung e.V. Bd. 4). Frankfurt (Main) 1997 (Lang), S. 40-55

ROEMHELD, Lutz/ ROEMHELD, Regine/ ROJAHN, Gerd: Der Begriff ‚Region' im Spannungsfeld zwischen Regionalwissenschaft und Regionalpolitik – Versuch der Problematisierung eines ambivalenten Begriffs. In: DUWE, Kurt (Hrsg.): Regionalismus in Europa. Beiträge über kulturelle und sozio-ökonomische Hintergründe des politischen Regionalismus. (Demokratie, Ökologie, Föderalismus. Schriftenreihe der Internationalen Gesellschaft für Politik, Friedens- und Umweltforschung e.V. Bd. 4). Frankfurt (Main) 1997 (Lang), S. 72-87

ROHE, Karl: Großbritannien: Krise einer Zivilkultur. In: REICHEL, Peter (Hrsg.): Politische Kultur in Westeuropa. Bürger und Staaten in der Europäischen Gemeinschaft. Schriftenreihe der Bundeszentrale für politische Bildung. Bd. 209. Bonn 1984, S. 167-193

ROSEN, Klaus (Hrsg.): Das Mittelalter – Die Wiege der europäischen Kultur (Schriftenreihe des Centre for International Cooperation in Advanced Education and Research an der Rheinischen Friedrich-Wilhelms-Universität Bonn. Bd. 3). Bonn 1998 (Bouvier)

ROTHACHER, Albrecht: Beitrittsszenarien. Die Verhandlungen zur EU-Osterweiterung. In: WAGENER, Hans-Jürgen/ FRITZ, Heiko (Hrsg.): Im Osten was Neues. Aspekte der EU-Osterweiterung. EINE-Welt: Texte der Stiftung Entwicklung und Frieden. Bd. 7. Bonn 1998 (Dietz), S. 246-264

ROUGEMONT, Denis de: Die Devise des Regionalismus: Keine Freiheit ohne Verantwortung! In: ESTERBAUER, Fried/ KALKBRENNER, Helmut/ MATTMÜLLER, Markus/ ROEMHELD, Lutz (Hrsg.): Von der freien Gemeinde zum föderalistischen Europa. Festschrift für Adolf Gasser zum 80. Geburtstag. Berlin 1983 (Duncker und Humblot), S. 519-528

ROVAN, Joseph: Nation und Europa. In: WEIDENFELD, Werner (Hrsg.): Die Identität Europas. Fragen, Positionen, Perspektiven. München/ Wien 1985 (Hanser), S. 219-234

ROVAN, Joseph: Ideen zu Entscheidungsstrukturen. In: WEIDENFELD, Werner (Hrsg.): Wie Europa verfaßt sein soll – Materialien zur Politischen Union (Strategien und Optionen für die Zukunft Europas. Arbeitspapiere 7). Gütersloh 1991 (Bertelsmann), S. 72-78

ROVAN, Joseph: Europa der Vaterländer oder Nation Europa? In: KOSLOWSKY, Peter (Hrsg.): Europa imaginieren. Der europäische Binnenmarkt als kulturelle und wirtschaftliche Aufgabe. Berlin/ Heidelberg 1992 (Springer), S. 55-69

ROYEN, Christoph: Ausblick auf ein neues Europa in einer „transkontinentalen Staatengemeinschaft". In: NÖTZOLD, Jürgen (Hrsg.): Europa im Wandel: Entwicklungstendenzen nach der Ära des Ost-West-Konflikts (Aktuelle Materialien zur Internationalen Politik. Bd. 25). Baden-Baden 1990 (Nomos), S. 165-186

RUBART, Frauke: Dänemark: Kleinbürgerkultur im Wandel. In: REICHEL, Peter (Hrsg.): Politische Kultur in Westeuropa. Bürger und Staaten in der Europäischen Gemeinschaft. Schriftenreihe der Bundeszentrale für politische Bildung. Bd. 209. Bonn 1984, S. 77-117

RUBINSTEIN, Sergej L.: Sein und Bewußtsein. Die Stellung des Psychischen im allgemeinen Zusammenhang der Erscheinungen der materiellen Welt. 4., unveränd. Aufl. Berlin 1962 (Akademie)

RÜDIGER, Horst: Goethe und Europa. Essays und Aufsätze 1944-1983 (Komparatistische Studien. Bd. 14). Berlin/ New York 1990 (de Gruyter)

RÜHLE, Hans: Die sicherheitspolitische Dimension der europäischen Integration. In: BISKUP, Reinhold (Hrsg.): Europa – Einheit in der Vielfalt. Orientierungen für die Zukunft der europäischen Integration. Beiträge zur Wirtschaftspolitik. Bd. 50. Bern/ Stuttgart/ Wien 1998 (Paul Haupt), S. 73-87

RUMMEL, Reinhardt: Westeuropäische Ostpolitik in amerikanischer Bewertung. In: NÖTZOLD, Jürgen (Hrsg.): Europa im Wandel: Entwicklungstendenzen nach der Ära des Ost-West-Konflikts (Aktuelle Materialien zur Internationalen Politik. Bd. 25). Baden-Baden 1990 (Nomos), S. 9-30

SÆTER, Martin: Europa politisch. Alternativen, Modell und Motive der Integrationspolitik (Politologische Schriften. Bd. 2). 2., überarb. u. erw. Aufl. Berlin 1977 (Berlin)

SALISCH, Heinke/ MANZ, Michael: Die Menschen- und Grundrechtepolitik der Europäischen Union. In: MAURER, Andreas/ THIELE, Burkhard (Hrsg.): Legitimationsprobleme und Demokratisierung der Europäischen Union (Schriftenreihe der Hochschulinitiative Demokratischer Sozialismus. Bd. 29). Marburg 1996 (Schüren), S. 129-139

SASSE, Christoph: Regierungen. Parlamente. Ministerrat. Entscheidungsprozesse in der Europäischen Gemeinschaft. Europäische Studien des Instituts für Europäische Politik. Bd. 6. Bonn 1975 (Europa Union)

SCHACHNER-BLAZIZEK, Peter: Soziale Gerechtigkeit und Demokratie im Vereinten Europa. In: HALLER, Max/ DERS. (Hrsg.): Europa – wohin? Wirtschaftliche Integration, soziale Gerechtigkeit und Demokratie. Graz 1994 (Leykam), S. 41-48

SCHÄFER, Wolf: Das EWS im Spannungsfeld zwischen Regionalisierung und Globalisierung. In: BISKUP, Reinhold (Hrsg.): Europa – Einheit in der Vielfalt. Orientierungen für die Zukunft der europäischen Integration. Beiträge zur Wirtschaftspolitik. Bd. 50. Bern/ Stuttgart/ Wien 1998 (Paul Haupt), S. 211-223

SCHAFFNER, Urs: Vereinigte Staaten von Europa? Der Einfluss von externen Faktoren auf die Integrationsentwicklung von neun Internationalen Staatlichen Organisationen in Europa (Europäische Hochschulschriften. Reihe XXXI. Politikwissenschaft. Bd. 235). Bern 1993 (Lang)

SCHARNAGL, Wilfried: Konzern Europa. Wunsch und Wirklichkeit. München 1972 (Ehrenwirth)

SCHARPF, Fritz W.: Regionalisierung des europäischen Raums. Die Zukunft der Bundesländer im Spannungsfeld zwischen EG, Bund und Kommunen. In: ALEMANN, Ulrich von/ HEINZE, Rolf G./ HOMBACH, Bodo (Hrsg.): Die Kraft der Region: Nordrhein-Westfalen in Europa. Bonn 1990 (Dietz), S. 32-46

SCHARPF, Fritz W.: Autonomieschonend und gemeinschaftsverträglich. Zur Logik einer europäischen Mehrebenenpolitik. In: WEIDENFELD, Werner (Hrsg.): Reform der Europäischen Union. Materialien zur Revision des Maastrichter Vertrages 1996. Gütersloh 1994 (Bertelsmann), S. 75.96

SCHARPF, Fritz: Demokratie in der transnationalen Politik. In: BECK, Ulrich (Hrsg.): Politik der Globalisierung (Edition Zweite Moderne). Frankfurt (Main) 1998 (Suhrkamp), S. 228-253

SCHÄUBLE, Wolfgang: Grundfragen der Europäischen Integration aus der Sicht der CDU/CSU-Fraktion. In: HELLWIG, Renate (Hrsg.): Der Deutsche Bundestag und Europa. München/ Landsberg (Lech) 1993 (mvg), S. 145-160

SCHAUER, Hans: Nationale und europäische Identität. Die unterschiedlichen Auffassungen in Deutschland, Frankreich und Großbritannien. In: Aus Politik und Zeitgeschichte. 10/97. Bonn 1997, S. 3-13

SCHEICH, Manfred: Die Europäische Gemeinschaft als sicherheitspolitischer Gravitationsanker Europas. In: HALLER, Max/ SCHACHNER-BLAZIZEK, Peter (Hrsg.): Europa – wohin? Wirtschaftliche Integration, soziale Gerechtigkeit und Demokratie. Graz 1994 (Leykam), S. 479-482

SCHELTER, Kurt: Bayern in Europa: Gestaltungsmöglichkeiten eines Landes in der Europapolitik. In: EISENMANN, Peter/ RILL, Bernhard (Hrsg.): Das Europa der Zukunft. Subsidiarität, Föderalismus, Regionalismus (Zeitgeschehen-Analyse und Diskussion Hanns-Seidel-Stiftung e.V. Bd. 5). Regensburg 1992 (Pustet), S. 43-53

SCHERB, Margit: Die Europäische Gemeinschaft zwischen Desintegration und demokratischer Neuordnung. In: HALLER, Max/ SCHACHNER-BLAZIZEK, Peter (Hrsg.): Europa – wohin? Wirtschaftliche Integration, soziale Gerechtigkeit und Demokratie. Graz 1994 (Leykam), S. 437-448

SCHIEDERMEIER, Edgar: Die Regionalpolitik in der Europäischen Union – Ausdruck europäischer Solidarität. In: RINSCHE, Günter/ FRIEDRICH, Ingo (Hrsg.): Europa als Auftrag. Die Politik deutscher Christdemokraten im Europäischen Parlament 1957-1997. Von den Römischen Verträgen zur Politischen Union. Weimar/ Köln/ Wien 1997 (Böhlau), S. 161-170

SCHLOTEN, Dieter/ BRUCKMANN, Wolfgang: Wie demokratiefähig ist die Europäische Union? In: MAURER, Andreas/ THIELE, Burkhard (Hrsg.): Legitimationsprobleme und Demokratisierung der Europäischen Union (Schriftenreihe der Hochschulinitiative Demokratischer Sozialismus. Bd. 29). Marburg 1996 (Schüren), S. 39-64

SCHLUMBERGER, Jörg A./ SEGL, Peter (Hrsg.): Europa – aber was ist es? Aspekte seiner Identität in interdisziplinärer Sicht (Bayreuther Historische Kolloquien. Bd. 8). Köln/ Weimar/ Wien 1994 (Böhlau)

SCHMID, Karl: Europa zwischen Ideologie und Verwirklichung. Psychologische Aspekte der europäischen Integration. Schaffhausen/ Stäfa (CH) 1991 (Novalis/ Rothenhäusler)

SCHMIDHUBER, Peter M.: Die Bedeutung der Europäischen Gemeinschaften für die Kommunen. In: KNEMEYER, Franz-Ludwig (Hrsg.): Die Europäische Charta der kommunalen Selbstverwaltung: Entstehung und Bedeutung. Länderberichte und Analysen. Baden-Baden 1989 (Nomos), S. 25-36

SCHMIDHUBER, Peter M.: Die Verwirklichung des europäischen Gemeinwohls im Rahmen der Institutionen der Europäischen Gemeinschaft. In: KOSLOWSKY, Peter (Hrsg.): Europa imaginieren. Der europäische Binnenmarkt als kulturelle und wirtschaftliche Aufgabe. Berlin/ Heidelberg 1992 (Springer), S. 171-181

SCHMIDT, Helmut: Die Selbstbehauptung Europas. Perspektiven für das 21. Jahrhundert. Stuttgart/ München 2000 (Deutsche Verlags-Anstalt)

SCHMIDT, Renate: Die Bedeutung der Regionen und Bundesländer im Vereinten Europa. Konsequenzen aus 35 Jahren Erfahrung in der Europäischen Gemeinschaft. In: HALLER, Max/ SCHACHNER-BLAZIZEK, Peter (Hrsg.): Europa – wohin? Wirtschaftliche Integration, soziale Gerechtigkeit und Demokratie. Graz 1994 (Leykam), S. 457-464

SCHMIDT-BRABANT, Manfred (Hrsg.): Idee und Aufgabe Europas. Von der nationalen zur europäischen Identität. Dornach (CH) 1993 (Philosophisch-Anthroposophischer Verlag)

SCHMIDT-HARTMANN, Eva (Hrsg.): Formen des nationalen Bewußtseins im Lichte zeitgenössischer Nationalismustheorien. Vorträge der Tagung des Collegium Carolinum in Bad Wiessee vom 31. Oktober bis 3. November 1991 (Bad Wiesseer Tagungen des Collegium Carolinum. Bd. 20). München 1994 (Oldenbourg)

SCHMUCK, Otto: Die Regierungskonferenz 1996/97: Reformbedarf, Rechtsgrundlagen, Tagesordnung, Erwartungen. In: JOPP, Mathias/ DERS. (Hrsg.): Die Reform der Europäischen Union. Analysen – Positionen – Dokumente zur Regierungskonferenz 1996/97 (Analysen zur Europapolitik des Instituts für Europäische Politik. Bd. 11). Bonn 1996 (Europa Union), S. 9-21

SCHNEIDER. Hans-Peter: Der Föderalismus im Prozess der deutsch-deutschen Vereinigung. In: EVERS, Tilmann (Hrsg.): Chancen des Föderalismus in Deutschland und Europa. Föderalismus-Studien. Bd. 2. Baden-Baden 1994 (Nomos), S. 79-94

SCHNEIDER, Heinrich/ STEINDL, Michael u.a. für Europa-Haus-Schliersee e.V. (Institut für Politische Bildungs- und Öffentlichkeitsarbeit) (Hrsg.): Einheit und Einigung Europas. Arbeitsbuch für die politische Bildung. München 1964 (Oldenbourg)

SCHNEIDER, Heinrich: Leitbilder der Europapolitik 1. Der Weg zur Integration (Europäische Studien des Instituts für Europäische Politik. Bd. 9). Bonn 1977 (Europa Union)

SCHNEIDER, Heinrich: Europäische Integration: die Leitbilder und die Politik. In: KREILE, Michael (Hrsg.): Die Integration Europas. Politische Vierteljahreschrift. Sonderheft 23/1992. Opladen 1992 (Westdeutscher Verlag), S. 3-35

SCHNEIDER, Heinrich/ WESSELS, Wolfgang: Föderale Union – Europas Zukunft? Analysen, Kontroversen, Perspektiven (Schriftenreihe des Bundeskanzleramtes: Perspektiven und Orientierungen. Bd. 15). München 1994 (Beck)

SCHNEIDER, Heinrich: Verfassungskonzeptionen für die Europäische Union. In: ANTALOVSKY, Eugen/ MELCHIOR, Josef/ PUNTSCHER RIEKMANN, Sonja (Hrsg.): Integration durch Demokratie. Neue Impulse für die Europäische Integration. Marburg 1997 (Metropolis), S. 111-142

SCHÖNBERGER, Peter: Hauptsache Europa. Perspektiven für das Europäische Parlament (Dokumente und Schriften der Europäischen Akademie Otzenhausen. Bd. 72). Berlin 1994 (Duncker und Humblot)

SCHÖNBERGER, Peter: Maastricht und die Folgen – Wer hat Angst vor dem Europäischen Parlament? In: TIMMERMANN, Heiner (Hrsg.): Impulse für Europa (Dokumente und Schriften der Europäischen Akademie Otzenhausen. Bd. 78). Berlin 1996 (Duncker & Humblot), S. 133-146

SCHÖNDUBE, Claus/ RUPPERT, Christel: Eine Idee setzt sich durch. Der Weg zum vereinten Europa. 2. Aufl. Hangelar (Bonn) 1964 (Warnecke)

SCHÖNFELDER, Wilhelm: Föderalismus: Stärke oder Handicap deutscher Interessenvertretung in der EU? (II). In: HRBEK, Rudolf (Hrsg.): Europapolitik und Bundesstaatsprinzip. Die „Europafähigkeit" Deutschlands und seiner Länder im Vergleich mit anderen Föderalstaaten. Schriftenreihe des Europäischen Zentrums für Föderalismus-Forschung. Bd. 17. Baden-Baden 2000 (Nomos), S. 75-79

SCHOO, Johann: Demokratische Willensbildung in einem Vereinigten Europa: Demokratische und regionale Repräsentation. In: HESSE, Joachim Jens/ RENZSCH, Wolfgang (Hrsg.): Föderstaatliche Entwicklung in Europa (Schriften zur Innenpolitik und zur kommunalen Wissenschaft und Praxis. Bd. 5). Baden-Baden 1991 (Nomos), S. 149-166

SCHOSER, Franz: Die wirtschaftliche Dimension Europas: Wirtschaft als Grundlage und Antriebskraft der europäischen Integration. In: BISKUP, Reinhold (Hrsg.): Dimensionen Europas. Beiträge zur Wirtschaftspolitik. Bd. 68. Bern/ Stuttgart/ Wien 1998 (Paul Haupt), S. 111-130

SCHOSER, Franz: Die Vollendung des Europäischen Binnenmarktes – End- oder Zwischenstufe der europäischen Integration? In: BISKUP, Reinhold (Hrsg.): Europa – Einheit in der Vielfalt. Orientierungen für die Zukunft der europäischen Integration. Beiträge zur Wirtschaftspolitik. Bd. 50. Bern/ Stuttgart/ Wien 1998 (Paul Haupt), S. 89-103

SCHREIER, Torsten: Das Europäische Parlament – Europarechtliche und politikwissenschaftliche Perspektiven. In: TIMMERMANN, Heiner (Hrsg.): Impulse für Europa. (Dokumente und Schriften der Europäischen Akademie Otzenhausen. Bd. 78). Berlin 1996 (Duncker & Humblot), S. 147-168

SCHREINER, Helmut: Subsidiarität oder Zentralismus? Zum Demokratiepotential des innerstaatlichen und supranationalen Föderalismus. In: ANTALOVSKY, Eugen/ MELCHIOR, Josef/ PUNTSCHER RIEKMANN, Sonja (Hrsg.): Integration durch Demokratie. Neue Impulse für die Europäische Integration. Marburg 1997 (Metropolis), S. 242-264

SCHREINER, Helmut: Rückwirkungen der europäischen Integration auf den österreichischen Bundesstaat und die Stellung der Länder. In: HRBEK, Rudolf (Hrsg.): Europapolitik und Bundesstaatsprinzip. Die „Europafähigkeit" Deutschlands und seiner Länder im Vergleich mit anderen Föderalstaaten. Schriftenreihe des Europäischen Zentrums für Föderalismus-Forschung. Bd. 17. Baden-Baden 2000 (Nomos), S. 101-115

SCHREINER, Peter/ SPINDER, Hans (Hrsg.): Identitätsbildung im pluralen Europa. Perspektiven für Schule und Religionsunterricht. Münster/ New York 1997 (Waxmann)

SCHUBERT, Klaus: Föderalismus im Spannungsfeld von Politik und Wissenschaft. In: EVERS, Tilmann (Hrsg.): Chancen des Föderalismus in Deutschland und Europa. Föderalismus-Studien. Bd. 2. Baden-Baden 1994 (Nomos), S. 33-44

SCHUBERT, Klaus: Die Nation zwischen Globalisierung und Regionalisierung am Beispiel Deutschland. In: BORNEWASSER, Manfred/ WAKENHUT, Roland (Hrsg.): Ethnisches und nationales Bewußtsein. Zwischen Globalisierung und Regionalisierung. Frankfurt (Main)/ Berlin/ Bern 1999 (Lang), S. 11-30

SCHULTE, Hubert: Länderbelange bei der Wirtschafts- und Währungsunion. In: BORKENHAGEN, Franz H.U./ BRUNS-KLÖSS, Christian/ MEMMINGER, Gerhard/ STEIN, Otti (Hrsg.): Die deutschen Länder in Europa: Politische Union und Wirtschafts- und Währungsunion. Baden-Baden 1992 (Nomos), S. 127-138

SCHULZ, Werner: Grundfragen der Europäischen Integration. Die Position der Gruppe Bündnis 90/ DIE GRÜNEN. In: HELLWIG, Renate (Hrsg.): Der Deutsche Bundestag und Europa. München/ Landsberg (Lech) 1993 (mvg), S. 195-201

SCHULZE, Hagen: Wiederkehr Europas. Zur Neuentdeckung eines alten Kontinents. In: HURRELMANN, Klaus/ KNOCH, Peter u.a. (Hrsg.): Wege nach Europa. Spuren und Pläne (Friedrich Jahresheft IX). Seelze 1991 (Friedrich), S. 29-33

SCHÜRMANN, Leo: Der Föderalismus der Schweiz als Beispiel für die Integration Europas. In: BISKUP, Reinhold (Hrsg.): Europa – Einheit in der Vielfalt. Orientierungen für die Zukunft der europäischen Integration. Beiträge zur Wirtschaftspolitik. Bd. 50. Bern/ Stuttgart/ Wien 1998 (Paul Haupt), S. 67-72

SCHWARZ, Hans-Peter: Adenauer und Europa (Straßburger Gespräche. Heft 1). Melle 1985 (Knoth)

SCHWENGEL, Hermann: European way of life. In: KULTURPOLITISCHE GESELLSCHAFT/ INTERNATIONALE CULTURELE STICHTING (Hrsg.): Kultur-Markt Europa. Jahrbuch für europäische Kulturpolitik. Köln 1989 (Volksblatt), S. 25-34

SEGERS, Rien T./ VIEHOFF Reinhold: Die Konstruktion Europas. Überlegungen zum Problem der Kultur in Europa. In: DIES. (Hrsg.): Kultur, Identität, Europa. Über die Schwierigkeiten und Möglichkeiten einer Konstruktion. Frankfurt (Main) 1999 (Suhrkamp), S. 9-49

SEIDELMANN, Reimund: NATO, WEU oder KSZE? Zur Neuordnung der europäischen Sicherheitsarchitektur in den 90er Jahren. In: DEUBNER, Christian (Hrsg.): Die Europäische Gemeinschaft in einem neuen Europa. Herausforderungen und Strategien (Aktuelle Materialien zur Internationalen Politik. Stiftung Wissenschaft und Politik. Bd. 29). Baden-Baden 1991 (Nomos), S. 209-224

SEIDELMANN, Reimund: Zur Neuordnung der westeuropäischen Sicherheitspolitik. In: KREILE, Michael (Hrsg.): Die Integration Europas. Politische Vierteljahreschrift. Sonderheft 23/1992. Opladen 1992 (Westdeutscher Verlag), S. 333-361

SEIDELMANN, Reimund: Eine neue und demokratische Sicherheitspolitik für die EU. In: MAURER, Andreas/ THIELE, Burkhard (Hrsg.): Legitimationsprobleme und Demokratisierung der Europäischen Union (Schriftenreihe der Hochschulinitiative Demokratischer Sozialismus. Bd. 29). Marburg 1996 (Schüren), S. 165-180

SEIFERT, Karl-Heinz/ HÖMIG, Dieter (Hrsg.): Grundgesetz für die Bundesrepublik Deutschland. Taschenkommentar. 4. Aufl. Baden-Baden 1991 (Nomos)

SENGHAAS, Dieter: Europa 2000. Ein Friedensplan. Frankfurt (Main) 1990 (Suhrkamp)

SIEGER, Gerd J.: Die Europäische Gemeinschaft. Eine Hoffnung für den Frieden (Iris-Bücher. Nr. 502). München 1983 (Schulz)

SIEVERNICH, Gereon/ BUDDE, Hendrik (Hrsg.): Europa und der Orient 800-1900 (Ausstellung des 4. Festivals der Weltkulturen Horizonte 1989). Berlin 1989 (Bertelsmann)

SIEVERT, Olaf: Europa – Dominanz des Wirtschaftlichen. In: BISKUP, Reinhold (Hrsg.): Dimensionen Europas. Beiträge zur Wirtschaftspolitik. Bd. 68. Bern/ Stuttgart/ Wien 1998 (Paul Haupt), S. 131-177

SIMSON, Werner von/ SCHWARZE, Jürgen: Europäische Integration und Grundgesetz. Maastricht und die Folgen für das deutsche Verfassungsrecht. Berlin/ New York 1992 (de Gruyter)

SINGER, Alex: Nationalstaat und Souveränität. Zum Wandel des europäischen Staatensystems (Europäische Hochschulschriften. Reihe XXXI. Politikwissenschaft. Bd. 232). Frankfurt (Main) 1993 (Lang)

SOLMS, Hermann Otto: Grundfragen der Europäischen Integration wie sie die F.D.P. sieht. In: HELLWIG, Renate (Hrsg.): Der Deutsche Bundestag und Europa. München/ Landsberg (Lech) 1993 (mvg), S. 172-189.

SPÄTH, Lothar: 1992. Der Traum von Europa. 2. Aufl. Stuttgart 1989 (Deutsche Verlags Anstalt)

SPAUTZ, Jean: Die Stellung der Kommunen im europäischen Einigungswerk. In: KNEMEYER, Franz-Ludwig (Hrsg.): Die Europäische Charta der kommunalen Selbstverwaltung: Entstehung und Bedeutung. Länderberichte und Analysen. Baden-Baden 1989 (Nomos), S. 11-24

STAMMEN, Theo (Hrsg.): Vergleichende Regierungslehre. Beiträge zur theoretischen Grundlegung und exemplarische Einzelstudien. Wege der Forschung. Bd. CCCLVII. Darmstadt 1976 (Wissenschaftliche Buchgesellschaft)

STARBATTY, Joachim: Politik oder Markt als Wegbereiter der Integration Europas? In: BISKUP, Reinhold (Hrsg.): Dimensionen Europas. Beiträge zur Wirtschaftspolitik. Bd. 68. Bern/ Stuttgart/ Wien 1998 (Paul Haupt), S. 179-212

STARZACHER, Karl: Europa – Ende des Föderalismus? In: Verwaltungsrundschau. 39. Jg. 7/1993. Stuttgart 1993, S. 217-221

STEFFANI, Winfried: Amerikanischer Kongreß und Deutscher Bundestag – ein Vergleich. In: STAMMEN, Theo (Hrsg.): Vergleichende Regierungslehre. Beiträge zur theoretischen Grundlegung und exemplarische Einzelstudien. Wege der Forschung. Bd. CCCLVII. Darmstadt 1976 (Wissenschaftliche Buchgesellschaft), S. 196-222

STEINER, Michael/ ISAK, Hubert/ MARKO, Joseph (Hrsg.): Alle Macht nach unten? Regionen und Gemeinden gestalten die neuen Demokratien Europas. Graz 1992 (Leykam)

STRAUBHAAR, Thomas: Strategien für die europäische Integration. In: BISKUP, Reinhold (Hrsg.): Dimensionen Europas. Beiträge zur Wirtschaftspolitik. Bd. 68. Bern/ Stuttgart/ Wien 1998 (Paul Haupt), S. 213-240

STREINZ, Rudolf: Die Stellung des Ausschusses der Regionen im institutionellen Gefüge der EU – Eine europarechtliche Bewertung. In: TOMUSCHAT, Christian (Hrsg.): Mitsprache der dritten Ebene in der europäischen Integration: Der Ausschuss der Regionen (Bonner Schriften zur Integration Europas. Bd. 2). Bonn 1995 (Europa Union), S. 55-78

STRÜBEL, Michael: Nationale Interessen und europäische Politikformulierung in der Umweltpolitik. In: KREILE, Michael (Hrsg.): Die Integration Europas. Politische Vierteljahreschrift. Sonderheft 23/1992. Opladen 1992 (Westdeutscher Verlag), S. 274-291

STUMM, Thomas: Der Regionalisierungsprozeß und die Europäisierung dezentraler Politik in Frankreich. In: HRBEK, Rudolf (Hrsg.): Europapolitik und Bundesstaatsprinzip. Die „Europafähigkeit" Deutschlands und seiner Länder im Vergleich mit anderen Föderalstaaten. Schriftenreihe des Europäischen Zentrums für Föderalismus-Forschung. Bd. 17. Baden-Baden 2000 (Nomos), S. 185-192

STURM, Roland: Die Zukunft des Bundesstaates in der Dynamik europäischer Integration. Ein Beitrag aus politikwissenschaftlicher Perspektive. In: HRBEK, Rudolf (Hrsg.): Europapolitik und Bundesstaatsprinzip. Die „Europafähigkeit" Deutschlands und seiner Länder im Vergleich mit anderen Föderalstaaten. Schriftenreihe des Europäischen Zentrums für Föderalismus-Forschung. Bd. 17. Baden-Baden 2000 (Nomos), S. 193-196

SÜSSMUTH, Rita: Die Rolle des deutschen Bundestages im Europäischen Einigungsprozeß zwischen Anspruch und Wirklichkeit. In: HELLWIG, Renate (Hrsg.): Der Deutsche Bundestag und Europa. München/ Landsberg (Lech) 1993 (mvg), S. 10-20

THATCHER, Margaret: A Family of Nations. In: NELSON, Brent F./ STUBB, Alexander C.-G. (Hrsg.): The European Union. Readings on the Theory and Practice of European Integration. Boulder (Colorado/ USA) 1994 (Lynne Rienner), S. 45-50

THEILER, Tobias: Identität und Legitimität in der Europäischen Union. In: BORNEWASSER, Manfred/ WAKENHUT, Roland (Hrsg.): Ethnisches und nationales Bewußtsein. Zwischen Globalisierung und Regionalisierung. Frankfurt (Main)/ Berlin/ Bern 1999 (Lang), S. 191-210

THIEL, Elke: Die Europäische Union. Von der Integration der Märkte zu gemeinsamen Politiken. 5. Aufl. Baden-Baden 1998 (Leske + Budrich)

THRÄNHARDT, Dietrich: Ein deutscher Nationalstaat zwischen europäischer Integration und Eigenständigkeit der Länder. In: ALEMANN, Ulrich von/ HEINZE, Rolf G./ HOMBACH, Bodo (Hrsg.): Die Kraft der Region: Nordrhein-Westfalen in Europa. Bonn 1990 (Dietz), S. 133-155

THURNER, Paul W.: Nationale öffentliche Meinungen und internationale Verhandlungssysteme. Die Regierungskonferenz 1996. In: HRBEK, Rudolf (Hrsg.): Die Reform der Europäischen Union. Positionen und Perspektiven anläßlich der Regierungskonferenz (Schriftenreihe des Arbeitskreises Europäische Integration e.V.. Bd. 41). Baden-Baden 1997 (Nomos), S. 187-202

TICHY, Gunther: Geliebte Vielfalt in der nötigen Einheit. Zur Langsamkeit des europäischen Integrationsprozesses. In: HALLER, Max/ SCHACHNER-BLAZIZEK, Peter (Hrsg.): Europa – wohin? Wirtschaftliche Integration, soziale Gerechtigkeit und Demokratie. Graz 1994 (Leykam), S. 49-64

TIMMERMANN, Heiner (Hrsg.): Impulse für Europa. (Dokumente und Schriften der Europäischen Akademie Otzenhausen. Bd. 78). Berlin 1996 (Duncker & Humblot)

TÖMMEL, Ingeborg: System-Entwicklung und Politikgestaltung in der Europäischen Gemeinschaft am Beispiel der Regionalpolitik. In: KREILE, Michael (Hrsg.): Die Integration Europas. Politische Vierteljahreschrift. Sonderheft 23/1992. Opladen 1992 (Westdeutscher Verlag), S. 185-208

TOMUSCHAT, Christian: Einleitung: Der Ausschuss der Regionen als Verfassungsorgan der Europäischen Gemeinschaft. In: DERS. (Hrsg.): Mitsprache der dritten Ebene in der europäischen Integration: Der Ausschuss der Regionen (Bonner Schriften zur Integration Europas. Bd. 2). Bonn 1995 (Europa Union), S. 9-22

TOMUSCHAT, Christian (Hrsg.): Mitsprache der dritten Ebene in der europäischen Integration: Der Ausschuss der Regionen (Bonner Schriften zur Integration Europas. Bd. 2). Bonn 1995 (Europa Union)

TONDL, Gabriele: Die Regionalpolitik der EG – Ein Beitrag zur Verringerung der Wohlstandsdifferenzen zwischen Zentrum und Peripherie? In: HALLER, Max/ SCHACHNER-BLAZIZEK, Peter (Hrsg.): Europa – wohin? Wirtschaftliche Integration, soziale Gerechtigkeit und Demokratie. Graz 1994 (Leykam), S. 247-266

TRAUTMANN, Günter: Italien – Eine Gesellschaft mit gespaltener politischer Kultur. In: REICHEL, Peter (Hrsg.): Politische Kultur in Westeuropa. Bürger und Staaten in der Europäischen Gemeinschaft. Schriftenreihe der Bundeszentrale für politische Bildung. Bd. 209. Bonn 1984, S. 220-260

TSCHUDI, Hans Martin: Die Schweiz als Zukunftsmodell föderaler Staatlichkeit im europäischen Mehrebenensystem? Ein Beitrag aus der Praxis. In: HRBEK, Rudolf (Hrsg.): Europapolitik und Bundesstaatsprinzip. Die „Europafähigkeit" Deutschlands und seiner Länder im Vergleich mit anderen Föderalstaaten. Schriftenreihe des Europäischen Zentrums für Föderalismus-Forschung. Bd. 17. Baden-Baden 2000 (Nomos), S. 159-165

URBANEK, Walter: Europa im Gedicht. Lyrik des XX. Jahrhunderts. Bamberg 1993 (Buchner)

UTERWEDDE, Henrik: Die Europäische Gemeinschaft. Entwicklung, Zwischenbilanz und Perspektiven zum Binnenmarkt 1992. Opladen 1990 (Leske + Budrich)

UTZ, Arthur-Fridolin: Die Friedensenzyklika Papst Johannes' XXXIII. Pacem in Terris. Über den Frieden unter allen Völkern in Wahrheit, Gerechtigkeit, Liebe und Freiheit. Freiburg (Breisgau) 1963 (Herder)

VERNY, Arsène: Rechtsangleichung und EU-Integration. Die Reformen in den assoziierten Ländern Mittel- und Osteuropas. In: WAGENER, Hans-Jürgen/ FRITZ, Heiko (Hrsg.): Im Osten was Neues. Aspekte der EU-Osterweiterung. EINE-Welt: Texte der Stiftung Entwicklung und Frieden. Bd. 7. Bonn 1998 (Dietz), S. 265-282

VETTER, Erwin: The Institutionalisation of the Committee of the Regions within the European Union. In: HESSE, Joachim Jens (Hrsg.): Regionen in Europa. Die Institutionalisierung des Regionalausschusses. Bd. 1. Baden-Baden 1995/1996 (Nomos), S. 29-31

VIEHOFF, Reinhold/ SEGERS, Rien T. (Hrsg.): Kultur, Identität, Europa. Über die Schwierigkeiten und Möglichkeiten einer Konstruktion. Frankfurt (Main) 1999 (Suhrkamp)

VOIGT, Rüdiger: Europäischer Regionalismus und föderalistische Staatsstruktur. Grundlagen – Erscheinungsformen – Zukunftsperspektive. In: Aus Politik und Zeitgeschichte. 3/89. Bonn 1989, S. 19-29

VOIGT, Rüdiger: Föderalismus in der Bundesrepublik: Modell für Europa? In: ALEMANN, Ulrich von/ HEINZE, Rolf G./ HOMBACH, Bodo (Hrsg.): Die Kraft der Region: Nordrhein-Westfalen in Europa. Bonn 1990 (Dietz), S. 92-104

VORLÄNDER, Hans: Die Verfassung: Idee und Geschichte. München 1999 (Beck)

VORSTAND DES ARBEITSKREISES EUROPÄISCHE INTEGRATION E.V. (Hrsg.): Integrationskonzepte auf dem Prüfstand. Jahreskolloquium 1982. Baden-Baden 1983 (Nomos)

WAGENER, Hans-Jürgen/ FRITZ, Heiko: Transformation – Integration – Vertiefung. Zur politischen Ökonomie der EU-Osterweiterung. In: DIES. (Hrsg.): Im Osten was Neues. Aspekte der EU-Osterweiterung. EINE-Welt: Texte der Stiftung Entwicklung und Frieden. Bd. 7. Bonn 1998 (Dietz), S. 16-43

WAGENER, Hans-Jürgen/ FRITZ, Heiko (Hrsg.): Im Osten was Neues. Aspekte der EU-Osterweiterung. EINE-Welt: Texte der Stiftung Entwicklung und Frieden. Bd. 7. Bonn 1998 (Dietz)

WAGNER, Adolf: Das Europa der Regionen – Zukunftssicherung durch Bewahrung der Identitäten? In: BISKUP, Reinhold (Hrsg.): Dimensionen Europas. Beiträge zur Wirtschaftspolitik. Bd. 68. Bern/ Stuttgart/ Wien 1998 (Paul Haupt), S. 305-328

WAGNER, Helmut: Das engere und das größere Vaterland – Europa und seine Nationen. In: TIMMERMANN, Heiner (Hrsg.): Impulse für Europa. (Dokumente und Schriften der Europäischen Akademie Otzenhausen. Bd. 78). Berlin 1996 (Duncker & Humblot), S. 233-252

WASCHKUHN, Arno: Was ist Subsidiarität? Ein sozialpsychologisches Ordnungsprinzip: Von Thomas von Aquin bis zur „Civil Society". Opladen 1995 (Westdeutscher Verlag)

WEIDENFELD, Werner (Hrsg.): Die Identität Europas. Fragen, Positionen, Perspektiven. München/ Wien 1985 (Hanser)

WEIDENFELD, Werner: Die Schlüsselrolle der deutsch-französischen Zusammenarbeit für den Fortschritt Europas. In: BISKUP, Reinhold (Hrsg.): Europa – Einheit in der Vielfalt. Orientierungen für die Zukunft der europäischen Integration. Beiträge zur Wirtschaftspolitik. Bd. 50. Bern/ Stuttgart/ Wien 1998 (Paul Haupt), S. 53-65

WEIDENFELD, Werder: Notwendigkeiten und Kriterien für eine Europäische Verfassung. In: DERS. (Hrsg.): Wie Europa verfaßt sein soll – Materialien zur Politischen Union (Strategien und Optionen für die Zukunft Europas. Arbeitspapiere 7). Gütersloh 1991 (Bertelsmann), S. 79-84

WEIDENFELD, Werner (Hrsg.): Wie Europa verfaßt sein soll – Materialien zur Politischen Union (Strategien und Optionen für die Zukunft Europas. Arbeitspapiere 7). Gütersloh 1991 (Bertelsmann)

WEIDENFELD, Werner: Zur Rolle der Europäischen Gemeinschaft in der Transformation Europas. In: KREILE, Michael (Hrsg.): Die Integration Europas. Politische Vierteljahreschrift. Sonderheft 23/1992. Opladen 1992 (Westdeutscher Verlag), S. 321-334

WEIDENFELD, Werner (Hrsg.): Reform der Europäischen Union. Materialien zur Revision des Maastrichter Vertrages 1996. Gütersloh 1994 (Bertelsmann)

WEINGARTNER, Wendelin: Wettbewerb als Bedingung der Leistungsfähigkeit des Föderalismus. In: PERNTHALER, Peter/ BUßJÄGER Peter (Hrsg.): Ökonomische Aspekte des Föderalismus. Institut für Föderalismus. Bd. 83. Wien 2001 (Braumüller), S. 5-14

WEISS, Friedl: Die Spannung Volk – Nation – Europa am Beispiel Österreichs II. In: BORMANN, Alexander von (Hrsg.): Volk – Nation – Europa. Zur Romantisierung und Entromantisierung politischer Begriffe. Würzburg 1998 (Königshausen & Neumann), S. 273-288

WEITZ, Norbert: Europa – Vision und Wirklichkeit. In: DERS. (Hrsg.): Europa. Vision und Wirklichkeit. Probleme, Fakten, Perspektiven. Aachen 1997 (Meyer und Meyer), S. 20-36

WEITZ, Norbert (Hrsg.): Europa. Vision und Wirklichkeit. Probleme, Fakten, Perspektiven. Aachen 1997 (Meyer und Meyer)

WENDLAND, Martin/ ROEMHELD, Regine: Euregio – Region der Vernunft. In: DUWE, Kurt (Hrsg.): Regionalismus in Europa. Beiträge über kulturelle und sozio-ökonomische Hintergründe des politischen Regionalismus. (Demokratie, Ökologie, Föderalismus. Schriftenreihe der Internationalen Gesellschaft für Politik, Friedens- und Umweltforschung e.V. Bd. 4). Frankfurt (Main) 1997 (Lang), S. 260-279

WERNER, Harald: Individualität, Bewußtsein und politische Kultur. Einführung in die Sozialpsychologie revolutionärer Politik. 2. Aufl. Marburg 1989 (Verlag Arbeiterbewegung und Gesellschaftswissenschaft)

WERNICKE, Christian: Die Zeit. Hamburg 26. März 1998

WESSELS, Wolfgang: Staat und (westeuropäische) Integration. Die Fusionsthese. In: KREILE, Michael (Hrsg.): Die Integration Europas. Politische Vierteljahreschrift. Sonderheft 23/1992. Opladen 1992 (Westdeutscher Verlag), S. 36-61

WESELS, Wolfgang/ BIRKE, Jantz: Flexibilisierung: Die Europäische Union vor einer neuen Grundsatzdebatte? Grundmodelle unter die Lupe. In: HRBEK, Rudolf (Hrsg.): Die Reform der Europäischen Union. Positionen und Perspektiven anläßlich der Regierungskonferenz (Schriftenreihe des Arbeitskreises Europäische Integration e.V. Bd. 41). Baden-Baden 1997 (Nomos), S. 345-368

WESTHEIDER, Rolf: Europa ist nicht Europa – Zur Geschichte einer verhinderten Identität. Die Darstellung Europas in ausgewählten Geschichtslehrbüchern der Bundesrepublik Deutschland. In: PINGEL, Falk (Hrsg.): Macht Europa Schule? Die Darstellung Europas in Schulbüchern der Europäischen Gemeinschaft (Studien zur internationalen Schulbuchforschung. Bd. 84). Frankfurt (Main) 1995 (Diesterweg), S. 15-62

WHITMAN, Richard G.: The Common Foreign and Security Policy after enlargement. In: CURZON PRICE, Victoria/ LANDAU, Alice/ WHITMAN, Richard G. (Hrsg.): The Enlargement of the European Union. Issues and strategies. London/ New York 1999 (Routledge), S. 135-162

WIECZOREK-ZEUL, Heidemarie: Ansprüche an Maastricht – und darüber hinaus. In: MAURER, Andreas/ THIELE, Burkhard (Hrsg.): Legitimationsprobleme und Demokratisierung der Europäischen Union (Schriftenreihe der Hochschulinitiative Demokratischer Sozialismus. Bd. 29). Marburg 1996 (Schüren), S. 269-275

WINDOLF, Paul: Mitbestimmung und „corporate control" in der Europäischen Gemeinschaft. In: KREILE, Michael (Hrsg.): Die Integration Europas. Politische Vierteljahreschrift. Sonderheft 23/1992. Opladen 1992 (Westdeutscher Verlag), S. 120-142

WOCHNER, Anita: Stärkung der Handlungsfähigkeit der Länder durch regionale Netze und Koalitionen? Anmerkungen aus der politischen Praxis. In: HRBEK, Rudolf (Hrsg.): Europapolitik und Bundesstaatsprinzip. Die „Europafähigkeit" Deutschlands und seiner Länder im Vergleich mit anderen Föderalstaaten. Schriftenreihe des Europäischen Zentrums für Föderalismus-Forschung. Bd. 17. Baden-Baden 2000 (Nomos), S. 91-99

WORMS, Bernhard: Wie das Landesparlament das Europa der Regionen gestaltet. In: ALEMANN, Ulrich von/ HEINZE, Rolf G./ HOMBACH, Bodo (Hrsg.): Die Kraft der Region: Nordrhein-Westfalen in Europa. Bonn 1990 (Dietz), S. 190-201

WOYKE. Wichard: Das „Zwischenland": Zur politischen Kultur Luxemburgs. In: REICHEL, Peter (Hrsg.): Politische Kultur in Westeuropa. Bürger und Staaten in der Europäischen Gemeinschaft. Schriftenreihe der Bundeszentrale für politische Bildung. Bd. 209. Bonn 1984, S. 261-269

WOYKE. Wichard: Europäische Gemeinschaft – Europäisches Parlament – Europawahl. Opladen 1984 (Leske + Budrich)

ZÖPEL, Christoph: Wirtschafts- und finanzpolitische Autonomie der Länder in einer europäischen Union. In: HESSE, Joachim Jens/ RENZSCH, Wolfgang (Hrsg.): Föderalstaatliche Entwicklung in Europa (Schriften zur Innenpolitik und zur kommunalen Wissenschaft und Praxis. Bd. 5). Baden-Baden 1991 (Nomos), S. 141-148

ZULEEG, Manfred: Die Regierungskonferenz aus juristischer Sicht. In: HRBEK, Rudolf (Hrsg.): Die Reform der Europäischen Union. Positionen und Perspektiven anläßlich der Regierungskonferenz (Schriftenreihe des Arbeitskreises Europäische Integration e.V. Bd. 41). Baden-Baden 1997 (Nomos), S. 23-30

7 ANHANG

Die Ausgestaltung eines Kompetenzkataloges könnte wie folgt aussehen:[781]

I. Primärkompetenzen der Mitgliedstaaten / Partialkompetenzen der Union

Primärkompetenzen der Mitgliedstaaten	Partialkompetenzen der Union
1. Außenpolitik, Äußere Sicherheit und Friedenssicherung, Militärwesen	1. Gemeinsame Außen- und Sicherheitspolitik (GASP) - außenpolitische Koordinierung - gegenseitige Unterrichtung - Gemeinsame Aktion - Durchführungsbeschlüsse
2. Innere Sicherheit und Ordnung, Justiz, darunter - Polizeiwesen - Verbrechensbekämpfung - Justizwesen, Gerichtsbarkeit - Zivilrecht - Strafrecht, Strafvollzug	2. Justiz und Inneres - Asylpolitik - Außengrenzkontrollen - Einwanderungspolitik - Drogenpolitik - Justizielle Zusammenarbeit in Zivil- und Strafsachen - Zollwesen - polizeiliche Zusammenarbeit zur Bekämpfung internationaler Kriminalität - Bestimmung visumspflichtiger Länder - einheitliche Visagestaltung
3. Staatsorganisation, innere Verwaltung, öffentliches Leben - Staatsangehörigkeit - Melde-/Ausweiswesen - Vereins- und Versammlungswesen - Wahlrecht - Verfassungspolitik	3. Rahmenbestimmungen zur Unionsbürgerschaft, zum Europawahlrecht und zum EG-Kommunalwahlrecht, europäischer Paß
4. Wirtschaftsordnung/-politik	4. Wirtschaftspolitik - konjunkturpolitische Maßnahmen - Beistand bei Zahlungsbilanzdefiziten - Maßnahmen bei übermäßigen Defiziten - Maßnahmen bei Versorgungsschwierigkeiten - Kohle- und Stahlpolitik (EGKSV) ...

---

[781] WEIDENFELD: Reform der Europäischen Union, S. 26-30 (Fußnoten und dazugehörige Fußnotentexte aus dem Original sind entfernt.).

5. Finanz- und Steuerordnung	5. Steuerharmonisierung - Beseitigung steuerlicher Hindernisse im Warenverkehr - Beseitigung v. Doppelbesteuerung bei grenzüberschreitenden Kapitalbewegungen
6. Arbeits- und Sozialpolitik	6. Sozialpolitik - Arbeitsbedingungen - Durchführungsbestimmungen Sozialfonds
7. Energiepolitik	7. Energiepolitik - gemeinsame Regeln zur Kohlepolitik (EGKSV) - gemeinsame Regeln zur Atomenergie (EAGV)
8. Raumplanung, Wohnungs- und Städtebaupolitik	8. —
9. Schulwesen	9. Schulwesen - Empfehlungen - Fördermaßnahmen (europäische Dimension im Fremdsprachenunterricht, Europa-Schulen)
10. Hochschulwesen	10. Hochschulwesen - Empfehlungen - Fördermaßnahmen (Austausch und Mobilität von Studenten, Europäisches Hochschulinstitut)
11. Berufliche Bildung	11. Berufliche Bildung - Empfehlungen - Fördermaßnahmen (Berufstraining, Sprachförderung, Zusammenarbeit mit Drittstaaten und internationalen Institutionen)
...	...

12. Kulturpolitik, darunter - Denkmalpflege - Buchwesen - Bibliothekswesen - Kultureinrichtungen und Veranstaltungen	12. Kulturpolitik - Empfehlungen - Fördermaßnahmen (Erhaltung des kulturellen Erbes, europäische Naturdenkmäler, Literaturübersetzungen, europäische Bibliotheken und Kultureinrichtungen, Kulturveranstaltungen)
13. Jugend- und Familienpolitik	13. Jugendpolitik - Empfehlungen - Fördermaßnahmen zum Jugendaustausch
14. Verbraucherschutz	14. Verbraucherschutz - spezifische Aktionen
15. Gesundheitspolitik	15. Gesundheitspolitik - Empfehlungen - Fördermaßnahmen
16. Infrastrukturpolitik	16. Transeuropäische Netze - Leitlinien - spezifische Aktionen
17. Industriepolitik	17. Industriepolitik - ergänzende Maßnahmen zur Förderung der Wettbewerbsfähigkeit
18. Struktur- und Regionalpolitik	18. Struktur- und Regionalpolitik, soziale Kohäsion - Strukturfonds (Ziele) - Regionalfonds (Durchführung) - spezifische Aktionen - Kohäsionsfonds - Durchführungsbestimmungen EAGFL/Sozialfonds
...	...

19. Forschung und Technologie	19. Forschung und Technologie - Rahmenprogramme - Zusatzprogramme - Zusammmenarbeit mit Drittländern
20. Entwicklungspolitik	20. Entwicklungszusammenarbeit - Koordinierung - gemeinsame Mehrjahresprogramme
21. Medienpolitik/Telekommunikationspolitik - Presse - Rundfunk - Fernsehen	21. Europäische Medienpolitik - Grenzüberschreitendes Fernsehen - Förderung europäischer Film- und Fernsehproduktionen

II. Primärkompetenzen der Union / Partialkompetenzen der Mitgliedstaaten

Primärkompetenzen der Union	Partialkompetenzen der Mitgliedstaaten
1. Zoll- und Handelspolitik, darunter - Koordinierung der Ausfuhrbeihilfen - Zollsätze und -verfahren - Handelsabkommen - Ausfuhrpolitik - Schutzmaßnahmen	1. Handelspolitik - Handelskooperationen, soweit gemeinsame Handelspolitik nicht berührt ist - Waffenexporte
2. Agrar- und Fischereipolitik	2. Agrar- und Fischereipolitik - nationale Agrarstrukturpolitik
...	...

3. Binnenmarkt - Warenverkehr - Freizügigkeit - Niederlassungsfreiheit - Anerkennung von Diplomen/ Zeugnissen - Dienstleistungsfreiheit - Kapitalverkehr - Wettbewerb - Rechtsangleichung	3. Binnenmarkt - nationale Wirtschaftsstrukturpolitik - Berufspolitik - nationale Fusionskontrolle
4. Währung*, darunter - Geldpolitik (EZB) - Geld- und Münzumlauf - Drittländer-Wechselkurse - Prüfung der Erfüllung der Konvergenzkriterien - Festlegung der unwiderruflichen Wechselkurse	4. Währungspolitik**
5. Umweltpolitik - grenzüberschreitende Fragen - Festlegung von Mindeststandards - Abkommen mit Drittstaaten - Koordinierung globaler Umweltpolitik - Aktionsprogramme - Kontrollverfahren vorläufiger Maßnahmen der Mitgliedstaaten	5. Umweltpolitik - alle nicht durch EG/Unionsbestimmungen geregelten Bereiche - Maßnahmen über das gemeinschaftliche Schutzniveau hinaus - Verhandlungen und Abkommen mit Drittstaaten, soweit kein gemeinsames Vorgehen vorgesehen ist - vorläufige, nicht wirtschaftlich bedingte Maßnahmen
6. Verkehrspolitik - gemeinsame Regeln - Zulassung von Verkehrsunternehmen - Maßnahmen zur Verkehrssicherheit	6. Verkehrspolitik - alle nicht durch EG/Unionsbestimmungen geregelten Bereiche - regionale Infrastruktur

* nach dem Vertrag von Maastricht ab spätestens 1999 für die in der WWU zusammengeschlossenen Mitgliedstaaten
** bleibt, bis zur 3. Stufe der WWU und in EU-Staaten, die der WWU nicht angehören, bis auf weiteres Primärkompetenz der Mitgliedstaaten

ÜBER DEN AUTOR

Dr. Lars Döring hat an der Rheinisch-Westfälischen Technischen Hochschule Aachen Politische Wissenschaft, Soziologie, Philosophie, Volkswirtschaftslehre und Psychologie studiert, sowie an der FernUniversität Gesamthochschule Hagen Rechtswissenschaft.

Wissenschaftliche Paperbacks
Politikwissenschaft

Hartmut Elsenhans
Das Internationale System zwischen Zivilgesellschaft und Rente
Gegen derzeitige Theorieangebote für die Erklärung der Ursachen und die Auswirkungen wachsender transnationaler und internationaler Verflechtung setzt das hier vorliegende Konzept eine stark durch politökonomische Überlegungen integrierte Perspektive, die auf politologischen, soziologischen, ökonomischen und philosophischen Ansatzpunkten aufbaut. Mit diesem Konzept soll gezeigt werden, daß der durch Produktionsauslagerungen/Direktinvestitionen/neue Muster der internationalen Arbeitsteilung gekennzeichnete (im weiteren als Transnationalisierung von Wirtschaftsbeziehungen bezeichnete) kapitalistische Impuls zur Integration der bisher nicht in die Weltwirtschaft voll integrierten Peripherie weiterhin zu schwach ist, als daß dort nichtmarktwirtschaftliche Formen der Aneignung von Überschuß entscheidend zurückgedrängt werden können. Das sich herausbildende internationale System ist deshalb durch miteinander verschränkte Strukturen von Markt- und Nichtmarktökonomie gekennzeichnet, die nur unter bestimmten Voraussetzungen synergetische Effekte in Richtung einer autonomen und zivilisierten Weltzivilgesellschaft entfalten werden. Dabei treten neue Strukturen von Nichtmarktökonomie auf transnationaler Ebene auf, während der Wiederaufstieg von Renten die zivilgesellschaftlichen Grundlagen funktionierender oder potentiell zu Funktionsfähigkeit zu bringender, dann kapitalistischer Systeme auf internationaler und lokaler Ebene eher behindert.
Bd. 6, 2001, 140 S., 12,90 €, br.,
ISBN 3-8258-4837-x

Klaus Schubert
Innovation und Ordnung
In einer evolutionär voranschreitenden Welt sind statische Politikmodelle und -theorien problematisch. Deshalb lohnt es sich, die wichtigste Quelle für die Entstehung der policy-analysis, den Pragmatismus, als dynamische, demokratieendogene politisch-philosophische Strömung zu rekonstruieren. Dies geschieht im ersten Teil der Studie. Der zweite Teil trägt zum Verständnis des daraus folgenden politikwissenschaftlichen Ansatzes bei. Darüber hinaus wird durch eine konstruktiv-spekulative Argumentation versucht, die z. Z. wenig innovative Theorie- und Methodendiskussion in der Politikwissenschaft anzuregen.
Bd. 7, 2003, 224 S., 25,90 €, br.,
ISBN 3-8258-6091-4

Politik: Forschung und Wissenschaft

Klaus Segbers; Kerstin Imbusch (eds.)
The Globalization of Eastern Europe
Teaching International Relations Without Borders
Bd. 1, 2000, 600 S., 35,90 €, br.,
ISBN 3-8258-4729-2

Hartwig Hummel; Ulrich Menzel (Hg.)
Die Ethnisierung internationaler Wirtschaftsbeziehungen und daraus resultierende Konflikte
Mit Beiträgen von Annabelle Gambe, Hartwig Hummel, Ulrich Menzel und Birgit Wehrhöfer
Bd. 2, 2001, 272 S., 30,90 €, br.,
ISBN 3-8258-4836-1

Theodor Ebert
Opponieren und Regieren mit gewaltfreien Mitteln
Pazifismus – Grundsätze und Erfahrungen für das 21. Jahrhundert.
Band 1
Bd. 3, 2001, 328 S., 20,90 €, br.,
ISBN 3-8258-5706-9

LIT Verlag Münster – Hamburg – Berlin – Wien – London
Grevener Str./Fresnostr. 2 48159 Münster
Tel.: 0251 – 23 50 91 – Fax: 0251 – 23 19 72
e-Mail: vertrieb@lit-verlag.de – http://www.lit-verlag.de

Theodor Ebert
Der Kosovo-Krieg aus pazifistischer Sicht
Pazifismus – Grundsätze und Erfahrungen für das 21. Jahrhundert.
Band 2
Mit dem Luftkrieg der NATO gegen Jugoslawien begann für den deutschen Nachkriegspazifismus ein neues Zeitalter. Ebert hat sich über Jahrzehnte als Konfliktforscher und Schriftleiter der Zeitschrift "Gewaltfreie Aktion" mit den Möglichkeiten gewaltfreier Konfliktbearbeitung befasst. Von ihm stammt der erste Entwurf für einen Zivilen Friedensdienst als Alternative zum Militär.
Aus dem Vorwort: "Wer sich einbildet, auch in Zukunft ließe sich aus großer Höhe mit Bomben politischer Gehorsam erzwingen, unterschätzt die Möglichkeiten, die fanatische Terroristen haben, in fahrlässiger Weise. Jedes Atomkraftwerk ist eine stationäre Atombombe, die von Terroristen mit geringem Aufwand in ein Tschernobyl verwandelt werden kann. Wir haben allen Grund, schleunigst über zivile Alternativen zu militärischen Einsätzen nachzudenken und die vorhandenen Ansätze solch ziviler Alternativen zu entwickeln."
Bd. 4, 2001, 176 S., 12,90 €, br.,
ISBN 3-8258-5707-7

Wolfgang Gieler
Handbuch der Ausländer- und Zuwanderungspolitik
Von Afghanistan bis Zypern
In der Literatur zur Ausländer- und Zuwanderungspolitik fehlt ein Handbuch, dass einen schnellen und kompakten Überblick dieses Politikbereichs ermöglicht. Das vorliegende Handbuch bemüht sich diese wissenschaftliche Lücke zu schließen. Thematisiert werden die Ausländer- und Zuwanderungspolitik weltweiter Staaten von Afghanistan bis Zypern. Zentrale Fragestellung ist dabei der Umgang mit Fremden, das heißt mit Nicht-Inländern im jeweiligen Staat. Hierbei werden insbesondere politische, soziale, rechtliche, wirtschaftliche und kulturelle Aspekte mitberücksichtigt. Um eine Kompatibilität der Beiträge herzustellen beinhaltet jeder Beitrag darüber hinaus eine Zusammenstellung der historischen Grunddaten und eine Tabelle zur jeweiligen Anzahl der im Staat lebenden Ausländer. Die vorgelegte Publikation versteht sich als ein grundlegendes Nachschlagewerk. Neben dem universitären Bereich richtet es sich besonders an die gesellschaftspolitisch interessierte Öffentlichkeit und den auf sozialwissenschaftlichen Kenntnissen angewiesenen Personen in Politik, Verwaltung, Medien, Bildungseinrichtungen und Migranten-Organisationen.
Bd. 6, 2003, 768 S., 98,90 €, gb.,
ISBN 3-8258-6444-8

Harald Barrios; Martin Beck; Andreas Boeckh; Klaus Segbers (Eds)
Resistance to Globalization
Political Struggle and Cultural Resilience in the Middle East, Russia, and Latin America
This volume is an important contribution to the empirical research on what globalization means in different world regions. "Resistance" here has a double meaning: It can signify active, intentional resistance to tendencies which are rejected on political or moral grounds by presenting alternative discourses and concepts founded in specific cultural and national traditions. It can also mean resilience with regard to globalization pressures in the sense that traditional patterns of development and politics are resistant to change. The book shows the that the local, sub-national, national, and regional patterns of politics and development coexist with globalized structures without yielding very much ground and in ways which may turn out to be a serious barrier to further globalization. Case studies presented focus on Venezuela, Brazil, the Middle East, Iran, and Russia.
Bd. 7, 2003, 184 S., 20,90 €, br.,
ISBN 3-8258-6749-8

Ellen Bos; Antje Helmerich
Neue Bedrohung Terrorismus
Der 11. September 2001 und die Folgen.
Unter Mitarbeit von Barry Adams und Harald Wilkoszewski
Die terroristischen Anschläge des -11. September 2001 haben die Weltöffentlichkeit erschüttert. Ihre weitreichenden Auswirkungen auf die Lebenswirklichkeit des Einzelnen, den Handlungsspielraum der Nationalstaaten und das internationale System stehen im Mittelpunkt des Sammelbandes. Er basiert auf einer Ringvorlesung, in der sich Wissenschaftler der Ludwig-Maximilians-Universität München aus den Fächern Amerikanistik, Jura, Geschichte, Politik-, Religions-, Kommunikations- und Wirtschaftswissenschaft mit den geistigen Hintergründen und den Konsequenzen des Terrorismus auseinandersetzten.
Bd. 9, 2003, 232 S., 19,90 €, br.,
ISBN 3-8258-7099-5

LIT Verlag Münster – Hamburg – Berlin – Wien – London
Grevener Str./Fresnostr. 2 48159 Münster
Tel.: 0251 – 23 50 91 – Fax: 0251 – 23 19 72
e-Mail: vertrieb@lit-verlag.de – http://www.lit-verlag.de

Heinz-Gerhard Justenhoven; James Turner (Eds.)
Rethinking the State in the Age of Globalisation
Catholic Thought and Contemporary Political Theory

Since Jean Bodin and Thomas Hobbes, political theorists have depicted the state as „sovereign" because it holds preeminent authority over all the denizens belonging to its geographically defined territory. From the Peace of Westphalia in 1648 until the beginning of World War I in 1914, the essential responsiblities ascribed to the sovereign state were maintaining internal and external security and promoting domestic prosperity. This idea of „the state" in political theory is clearly inadequate to the realities of national governments and international relations at the beginning of the twenty-first century. During the twentieth century, the sovereign state, as a reality and an idea, has been variously challenged from without and within its borders. Where will the state head in the age of globalisation? Can Catholic polilical thinking contribute to an adequate concept of statehood and government? A group of German and American scholars were asked to explore specific ways in which the intellectual traditions of Catholicism might help our effort lo rethink the state. The debate is guided by the conviction that these intellectual resources will prove valuable to political theorists as they work to revise our understanding of the state.
Bd. 10, 2003, 240 S., 19,90 €, br.,
ISBN 3-8258-7249-1

Zur Zukunft Europas
herausgegeben von
Prof. Dr. Winfried Böttcher (RWTH Aachen)

Winfried Böttcher;
Johanna Krawczynski
Subsidiarität für Europa
Im gerade begonnenen 3. Jahrtausend unserer Zeitrechnung können die europäischen Integrationsbemühungen große Erfolge vorweisen. Aber auch das wesentliche Defizit ist offenkundig, nämlich: Europa fehlt eine Finalitätsbestimmung. Dieses Buch entwickelt mit Hilfe eines Subsidiaritätsprinzips, das weit über den Artikel 5 im Amsterdamer Vertrag hinausweist, eine Innen- und Außenfinalität für eine andere Europäische Union nach der Ost-Erweiterung. Hierbei dient Subsidiarität sowohl als Struktur- als auch als Gestaltungsprinzip einer zukünftigen föderalistisch verfaßten europäischen Zivilgesellschaft. Die Macht siedeln wir dort an, wo sie gehört, beim europäischen Bürger in seiner Region.
Bd. 1, 2002, 336 S., 24,90 €, br.,
ISBN 3-8258-6056-6

Michael F. Klinkenberg
Die Rolle der EU im Nahost-Friedensprozeß
Ausgehend von einem grundlegenden Blick auf die Rolle Europas im Nahost-Konflikt, sowie auf die Realitäten des Friedensprozesses, analysiert und bewertet diese Untersuchung die Rolle der EU im Nahost-Friedensprozeß. Der am Völkerrecht orientierten deklaratorischen Politik der EU steht die gezielte politische Marginalisierung Europas durch die USA gegenüber. Der ausschließlich wirtschaftspolitische Lösungsansatz der EU für den Nahost-Konflikt hat sich indes als verfehlt erwiesen.
Bd. 2, 2002, 144 S., 15,90 €, br.,
ISBN 3-8258-6076-0

Winfried Böttcher (Hg.)
Europäische Perspektiven
In „Europäische Perspektiven", Band 3 der Reihe *Zur Zukunft Europas* beschäftigen sich 9 Wissenschaftler aus 6 Ländern mit dem Thema: Europa. 5 Beiträge untersuchen mehr die Innen-, 4 Aufsätze mehr die Außendimension der EU. Nach einer historischen Einordnung des alten und modernen Europa behandeln 4 weitere Untersuchungen demokratiereformerische, menschenrechtsrelevante und regionspolitische Aspekte der EU. Die 4 Beiträge mit der Außendimension zielen auf die Politik der EU zu Süd-Ost-Europa, die EU als Friedens- oder Kriegsfaktor, die innere und äußere Sicherheit und die Rolle Rußlands.
Bd. 3, 2002, 184 S., 17,90 €, br.,
ISBN 3-8258-6055-8